ル・コルビュジエ図面撰集
―美術館篇―

LE CORBUSIER CHOIX DE PLANS
MUSÉE

千代　章一郎
SHOICHIRO SENDAI

中央公論美術出版

MUSEE

Le Corbusier

© FLC / ADAGP, Paris & JASPAR, Tokyo, 2016 E2069

本書は平成 27 年度科学研究費助成事業（科学研究費補助金）（研究成果公開促進費）（課題番号 15HP5212）の交付を受けた出版である。

ル・コルビュジエ図面撰集
──美術館篇──

LE CORBUSIER CHOIX DE PLANS

MUSÉE

SHOICHIRO SENDAI

目　次

はじめに　5

第一部
序論：「限りなく成長する美術館」の生成 ……………… 9

第二部
第一章　アーメダバードの市立サンスカール・ケンドラ美術館 … 41
　第一節　制作論：「ファサードのない」こと　43
　第二節　図面解題：（39 図面）　59

第二章　東京の国立西洋美術館 ……………………………… 103
　第一節　制作論：中心の光へ　105
　第二節　図面解題：（56 図面）　121

第三章　チャンディガールのパンジャブ州立美術館 ………… 177
　第一節　制作論：螺旋の終焉、そして再び大地へ　179
　第二節　図面解題：（45 図面）　191

ル・コルビュジエ書簡撰：美術館篇 ……………………………… 235

参考文献　335

おわりに　339

索引　341

凡　　例

＊ル・コルビュジエ財団所蔵の資料のうち、図面については FLC、書簡については AFLC を附している。

＊作品年代については、原則として竣工年としているが、その限りではない。

＊図面解題における図面の縮尺は、小見出し単位で統一している。

＊引用は原則として、すべて原文のままである。邦訳がある資料については、訳語の統一のために一部改訳している。また、筆者による補足や推定については、［　］で示している。

＊図面・書簡のイタリックは、ル・コルビュジエ（あるいはアトリエの所員）の手書き文字を示している。

＊各章第一節の制作論の**図補**は、各章第二節図面解題において掲載している図面を示している。

＊図面・書簡の**太字**（**FLC**、**AFLC**）は、各章第二節図面解題及び書簡選において掲載している図面・書簡を示している。

はじめに

　本研究は、ル・コルビュジエ Le Corbusier（1887〜1965）の建築制作に論究する建築図面論である。建築家ル・コルビュジエが生涯に残した3万5千点におよぶ膨大な図面資料のなかから、建築制作論として重要な図面を「選択」し、さらに各々の図面の背景・主題・手法に「註」（理解を助けるための補足というだけではなく、ある事象について理論的に探求することの一つの方法論としての「註」）を附して、制作の生成・再生産のプロセスを明らかにしていく試みである。本書は、とくに「美術館」というル・コルビュジエの建築制作の根本的主題について、その歴史的な位置づけを含めて包括的に研究している。

　序論では、古代に遡る「美術館」概念が今日において制度化されていく過程のなかで、ル・コルビュジエの「限りなく成長する美術館」の理論的新規性と独創性について明らかにし、歴史的な再評価を行っている。

　ル・コルビュジエが青年期に発想し、晩年になってようやくアーメダバード、東京、チャンディガールにおいて実現した美術館は、「限りなく成長する美術館」の挫折の過程であり、また「美術館」の理論的深化の過程でもある。「美術館」という主題は、とりわけ非西洋的な土地との関わりのなかで、ル・コルビュジエの建築制作に通底する「どこにでも」あり得るプロトタイプ的発想と「ここにしか」ない発想との交叉を物語っている。

　以下の各論は、ル・コルビュジエが建設したアーメダバード（1951〜1957）、東京（1955〜1959）、チャンディガール（1957〜1964）それぞれの美術館の構想について、制作論と図面解題から構成している。制作論では、普遍的なプロトタイプの探求とその実践という観点から、ル・コルビュジエの「限りなく成長する美術館」というプロトタイプが場所と呼応して変容する過程を再編している。図面解題では、構想の過程を如実に示す図面について、1 図面の主題とその背景の記述、2 図面表現の手法や空間の仕掛けの比較検討、3 主題の制作論的再読解によって、ル・コルビュジエの建築図面に論究している。

　なお、本研究に関連するル・コルビュジエ書簡の原史料から、本書で引用している手紙・文書・メモなどの全文に翻訳と訳註を附している。図面と照合させてみれば、空間をつくること、図面に描くこと、文字で記述することの差異と同一性が浮かび上がってくるはずである。

第一部

序論：「限りなく成長する美術館」の生成

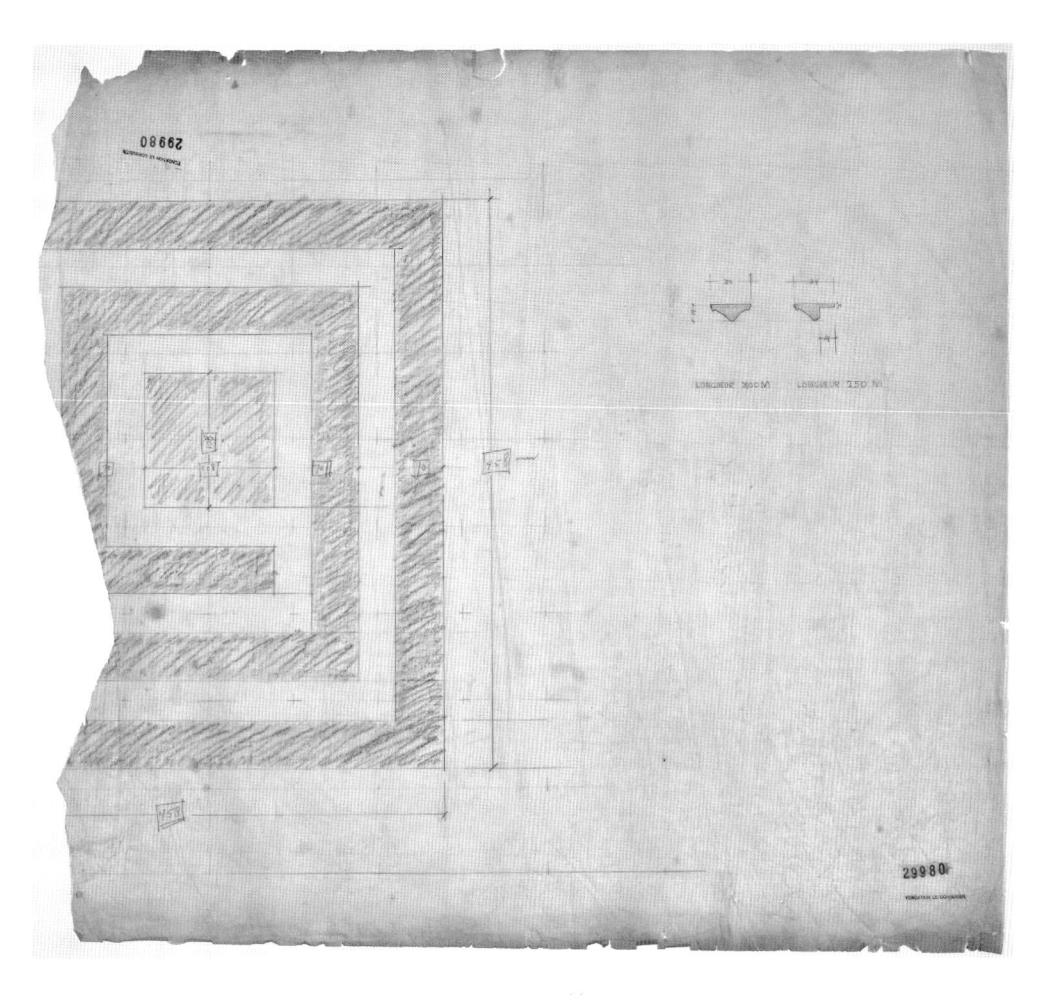

「限りなく成長する美術館」の平面空間図式と梁型の詳細 ［1939年］[1]

表1 ル・コルビュジエの美術館の構想一覧[2]

年代	Œuvre	作品	限りなく成長する美術館 螺旋型	限りなく成長する美術館 卍型	展示館	不思議の箱	自発劇場	展示内容
1910	Atelier d'Artistes, La Chaux-de-Fonds	ラ・ショー＝ド＝フォンの芸術家のアトリエ						
1923	Villa La Roche, Paris	パリのヴィラ・ラ・ロッシュ						ル・コルビュジエ、オザンファン、グリス、ボーシャンなどの絵画
1925	Pavillon de L'Esprit Nouveau, Paris	パリのレスプリ・ヌーヴォー館						ル・コルビュジエの都市計画・絵画、オザンファンの絵画
1929	Mundaneum, Musée Mondial, Genève	ジュネーヴのムンダネウムのための世界博物館	○					考古学・歴史学（時系列的展示）作品・時代・場所の同時展示
1931	Musée d'Art contemporain à Paris	パリの現代芸術美術館	○					絵画・野外彫刻
1931	Musée des Artistes vivants, Nesle-la-Vallée, France	ネル＝ラ＝ヴァレの存命芸術家の美術館	○					
1932	Plan Macia de Barcelone	バルセロナのマシア計画	○					
1933	Urbanisation de la rive gauche de l'Escaut, à Anvers	アンヴェルスの都市計画	○					
1935	Plans pour les musée de la Ville et de l'Etat à Paris	パリ国立および市立美術館						
1935	Urbanisme de Bat'a, Zlin, République tchèque	ツリン渓谷の工業都市	○					
1936	Exposition internationale Paris 1937 « Projet C » Un centre d'esthétique contemporaine	"1937年パリ国際博覧会のための〈計画C〉現代美学センター"	○					絵画・彫刻
1936	Rio de Janeiro: Cité universitaire du Brésil	リオ・デ・ジャネイロの大学都市	○					
1938	Pavillon de la France à l'exposition de l'eau - Liège	リエージュの水の博覧会のためのフランス館		○	○			
1939	Musée à Croissance illimitée, Philippeville	フィリップヴィルの限りなく成長する美術館	○	○				
1945	Urbanisation de Saint-Dié	サン・ディエの都市計画	○					
1946	Musée et lotissement Delaunay, sans lieu	ドローネ美術館	○					ドローネの絵画作品
1948	Urbanisme de Izmir, Turquie	イズミールの都市計画	○					
1950	Exposition "Synthèse des Arts Majeurs", Porte Maillot	ポルト・マイヨの「主要芸術の綜合」展	○		○			
1957	Musée, Ahmedabad	アーメダバードの美術館	○	○		○	△	インドの伝統芸術 人類学・考古学・自然史等の分野別展示室
1958	Pavillon Philips à l'Exposition Internationale Bruxelles	ブリュッセル万博のフィリップス館			○			ヴァレーズとル・コルビュジエによる「電子詩」
1959	Musée national des beaux-arts l'Occident à Tokyo	東京国立西洋美術館	○		○	○		松方コレクション（印象派の絵画・彫刻）写真壁
1957	Concours interational d'urbanisme de Berlin	ベルリンの都市計画国際競技	○	○				
1960	Centre culturel, Fort Lamy, Chad	フォール・ラミーの文化センター	○		○	○	○	
1960	Musée de la Connaissance, Chandigarh	チャンディガールの知の博物館	△					工学・経済学・社会学・倫理学の4つの研究所
1961	Orsay-Paris, Centre de Culture	オルセー＝パリの文化センター				○		
1961	Pavillon d'exposition, Maison de l'homme, Zurich	チューリッヒの展示館「人間の家」			○			ル・コルビュジエの造形作品（絵画・彫刻・タペストリー）
1962	Pavillon d'exposition, Stockholm	ストックホルムの展示館			○			ピカソ、マチス、ル・コルビュジエの芸術作品
1963	Centre d'Art contemporain, Erlenbach	エルレンバッハの現代芸術センター	○	○	○	○	○	
1964	Musée et Galerie d'Art, Chandigarh	チャンディガールの美術館	○	○	○	○	○	ガンダーラやバハーリーの細密画 インドの現代芸術
1965	Le Musée du XXe siècle à Nanterre (Paris)	ナンテール（パリ）の20世紀美術館	○	○	○	○	○	フランスの芸術活動

「美術館」としてのルーヴル

「博物館」もしくは「美術館」は元々矛盾した空間の制度である。

「収集（コレクション）」そのものは古今東西人間の基本的欲求であり、聖なるものの象徴を取り集める行為は旧石器時代の洞窟に遡ることができる[3]。西洋では、ギリシア神話のムーサイの女神が司る詩や舞踊や悲喜劇の書物を集める学堂ムセイオン、あるいは美術品収蔵所ピナコテークが、「博物館」「美術館」の原型と言われている[4]。やがて、中世の教会権力は壁画・絵画・聖像・装身具・写本などを収集し、宝物庫に所蔵するようになる[5]。教会は祈りの空間であると同時に布教の空間でもあり、宗教的な世界観を共有するための物品を摂り集める。

しかしながら、ルネサンス以降、16〜17世紀に西洋の王侯貴族が邸宅内に競って設ける「驚異の部屋 Wunderkammer」や「珍品陳列室 cabinets of curiosities, cabinet de curieux」の類は、「収集」そのものが目的化した知的欲望空間であり、必ずしも宗教的な世界観を体現しているわけではない[6]。際限のない収集癖は自己完結することなく自己顕示欲をふくらませ、集められたものを階級社会で秘密裏に、あるいは公然と開示する。メディチ家のフランチェスコ一世が構想したガレリア・デッリ・ウフィッツィのような大規模な部屋は、王侯貴族のための空間として最大規模の一つである。

「驚き」は、異国的なものが喚起する感情でもある[7]。エキゾチズム、すなわち外に出ること。外なる世界の収集は、観察というよりも略奪である。収集は書物にはじまり、植物（種子）、動物、香辛料、食物、工芸品、あげくのはてにはオベリスクや建築物におよび、オブジェの収集のための空間、すなわち「博物館」が要請される。

フランス革命期の建築家エティエンヌ＝ルイ・ブーレーは、『建築、芸術試論』（1782）において知の保管所としての「偉人たちの名声を収める寺院」を提案する[8]。権力のアイデンティティを保証する「博物館」のおそらく最初の類型の一つである。ブーレーの弟子でありフランス新古典主義建築理論家ジャン＝ニコラ＝ルイ・デュランの『建築講義』（1819）における集中型の建築物もまた、ブーレーの空間構成を引き継いでいる（**図1**）[9]。デュランの啓蒙主義的な知の博物館は「収蔵すること renfermer」を主眼とし、展示する

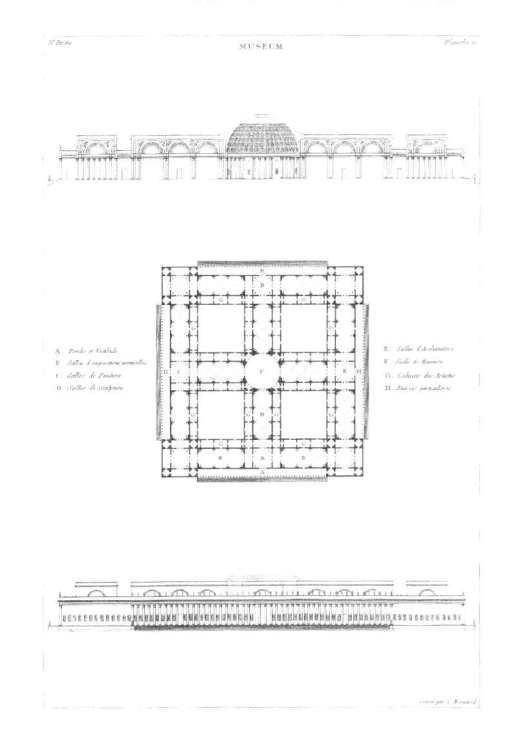

図1 ジャン＝ニコラ＝ルイ・デュランによる「博物館」の類型（1819年）[10]

ことにはとりわけ関心を払わない[11]。ロンドンの大英博物館（1847）やドイツ新古典主義建築家カール・フリードリヒ・シンケルによるベルリンの「古代博物館」（1830）もまた、古代ギリシアのピナコテークやギャラリーを原型として、古典主義的様式のファサードを装い、収集されたオブジェや芸術作品を内側に囲い込み、王政国家権力を象徴する装置＝モニュメントとする。

それに対して、大衆を前提とする国家の誕生は、特権階級による「収集」をイデオロギーとして認めることを許さない。新しい時代の国家は、植民地支配によって略奪したオブジェを一般大衆に「公開」することによって、国家的な私利私欲を曖昧にし、「私益」と「公益」の境界を解消しようとする[12]。

しかし、大衆への公開は、必ずしも自由な見方を保証しない。オブジェは、大衆を教育するための材料でもあり続ける[13]。オブジェを無造作に置くことはできない。リンネやビュフォンなどの18世紀の博物学者たちがつくりあげる「分類」概念に基づいてオブジェを配列し、人類の発展を啓蒙する道具として効果的に「展示」しなければならない。かくして、様々な時間、様々な場所を封印した「ヘテロトピア」[14]において、年代展示が常套化する。王朝宮殿を再生したフランス革命後のルーヴル美術館（1793）は、その象徴である。

図2　ミース・ファン・デル・ローエによるナショナル・ギャラリー（1968年）[15]

図3　フランク・ロイド・ライトによるグッゲンハイム美術館（1959年）[16]

アウラの喪失と「ホワイト・キューブ」

大衆に供する施設として、やがて動物が「動物園」に、植物が「植物園」に分類されるように、芸術作品[17]に特化した（あるいはオブジェを芸術作品と見なす）「美術館」は、既存の教会や邸宅や王宮を転用した空間を準備するだけでは存在意義が見出せなくなってくる。芸術作品というものを再定義する新しい建築類型を構想しなければならない[18]。

にもかかわらず、啓蒙主義と「ルーヴル」型の理論が無効になったわけではない。芸術作品そのものの個性的な価値よりも、依然として芸術作品の合理的配列が最重要課題であり続ける。啓蒙の素材として供される芸術作品の空間的な脱文脈化は著しい。畢竟、フランスの建築理論家カトルメール・ド・カンシーが『芸術作品の使途に関する道徳的考察』（1815）において批判するように[19]、芸術作品における「いま」「ここ」を喪失せざるを得ない。「一回性の現れであるアウラ」[20]の喪失は、必ずしも複製を可能にする科学技術の問題に還元されるわけではなく、すでに「収集」と「展示」という二重の操作によって脱文脈化されている。

アウラの喪失という問題を抱えた芸術作品展示の最終型は、ニューヨーク近代美術館（MoMA）（1929、1939）に端を発する「ホワイト・キューブ」[21]である。アウラの問題は等閑視され、場所から剥奪されて中性化した「芸術作品」のための空間がモダニズムの建築言語を借りて具現化される。芸術作品は、いつでも、どこでも、展示可能である。美術館のなかのある特定の一室である必然性はない。そもそも、同時代の芸術作品は、アウラの現象からも、美術館のなかで形成される歴史からも脱し、自律的であることを前提としている。

ミース・ファン・デル・ローエは、ナショナル・ギャラリー（1968）において、いわばデュランの類型を透明のガラス壁面に置き換え、均一な光の横溢する空間を大衆的な価値観の分母として設定し、芸術作品が開かれていることを視覚的に演出する（図2）。

外部に対して物理的に開かれていく展示空間とは対照的に、ルイス・カーンはキンベル美術館（1972）において、ヴォールト屋根頂部からの自然光を調整して展示空間を均一に満たし、自律する芸術作品に奉仕す

る⁽²²⁾。このとき、美術館は芸術作品を鑑賞する大衆に奉仕する機械そのものとなる⁽²³⁾。

　一方で、アウラの喪失を補填するかのように、芸術作品に代わって、芸術作品を包む美術館建築そのものが「作品」となることも可能である。フランク・ロイド・ライトのグッゲンハイム美術館（1959）は、円筒型のヴォリュームの中央に空けられた吹き抜けのスロープを巡りながら、円形の壁面に掲げられた絵画作品を途切れなく鑑賞する動線を規定することによって、箱型の摩天楼が支配するニューヨークのモニュメントになろうとする（図3）。リチャード・マイヤーのゲッティ・センター（1997）は、王侯貴族に代わる個人収集家による「陳列室」であるが⁽²⁴⁾、モダニズムの建築言語の過剰な操作に美術館としての固有の仕掛けがあるわけではない。対照的に、モダニズムの建築言語から逸脱していくフランク・ゲーリーのグッゲンハイム美術館ビルバオ（1997）もまた、ビルバオ市のランドマークとしての役割を担う⁽²⁵⁾。芸術作品の存在がもたらす諸条件が、必ずしも建築空間の輪郭を決定しているわけではない。「ホワイト・キューブ」の変型である。ダニエル・リベスキンドのユダヤ博物館（2001）にいたると、芸術作品の自律性を演出すべき展示空間そのものが、展示作品へと転倒する。

「空想の美術館」の芸術作品

　芸術作品のアウラの喪失という問題は、「ホワイト・キューブ」における芸術作品の自律性の措定によって決着したわけではない。そもそも、アウラの喪失の議論の直接的な契機となった機械技術による複製物や工業製品という問題は、唯一性や本物性によって定義される「芸術作品」の概念変更を促す。

　オブジェを「略奪」の成果としてではなく「平和」の素材とする思想家ポール・オトレは、ムンダネウム（1929）⁽²⁶⁾の構想において、学術・芸術・教育・社会事業の複合施設のなかの中心的な施設として「世界博物館 musée mondial」を位置づけ⁽²⁷⁾、「ホワイト・キューブ」とは異なる発想に基づいて、「芸術作品」という概念そのものを改編しようとする。

　　「かつての博物館（ムーセーウム）という概念からは、見せるという理念と、たえず入れるという理念しか引き出せないであろう。美術館ではオブジェと素材一式が提示されることになるが、その

図4　ブリュッセル万博でのムンダネウムの展示空間（1910年）⁽²⁸⁾

　　本質的な目的は、事物の背後にあってその事物を説明するような観念、感情、意図をヴィジュアル化することである。それこそが「イデアリウム」なのだ。さまざまなオブジェが収集・保管されるが、それらは必ずしも希少で高価なものというわけではなく、模倣品や複製であっても諸理念を支えるに十分である。わたしたちが求めているのは、研究が誰にとっても開かれており、コレクションが最大限に活用されることなのだ。」⁽²⁹⁾

　オトレの「博物館」では、珍品であれ芸術作品であれ、収集管理と現物展示だけではもはや「博物館」でも「美術館」でもない。背景や文脈を含めて、オブジェや芸術作品に体現される「知」を鑑賞者へ伝達しなければならない（図4）。そのためには、展示すべきものそのものは複製であってもよい、展示の仕方によっては知の伝達は可能である、という論理へ飛躍する。作品の芸術性やアウラの問題どころか、作品の実在性そのものが問題にならない⁽³⁰⁾。

　「芸術作品」の拡大解釈は、フランスの作家アンドレ・マルローの『空想の美術館』（1947）⁽³¹⁾にも通底する論理である。

　　「戯曲を読むことにたいして劇場の上演があり、レコードをきくことにたいして音楽家の演奏会がある。それと同じような意味で、美術館［musée］があるが、その美術館［musée］の他に、今や、人間が今まで知ることのできた、もっとも大きな芸術的認識［connaissances artistiques］の領域がわれわれ

13

の前に展開している。この領域は、その内容が豊かになり、その普及の範囲が拡がるにつれて、より知的になるのである。この領域こそ、まさしく、はじめて世界の遺産となったのである。」[32]

マルローは、世界の虚妄性に立ち向かうために芸術に望みを託し、オトレによる芸術作品の情報化と空間管理とは別の観点から芸術鑑賞における「認識＝知」そのものを主観化する。認識論的な観点から見れば、芸術作品とは、あるオブジェを取り巻く時間と空間を引き剥がして所有することによって成立する[33]。それゆえに、マルローによれば、「芸術作品」の本物性は場所性の問題ではない。極論すれば、フレスコ画は壁面から剥がされることによって、はじめて芸術作品としての価値が見出されることもある。

マルローの論理を敷衍すれば、「複製 reproduction」は芸術的な知を助ける手段となる。「複製」を集めた「空想の美術館」は、「ほんもの」と「にせもの」を弁別する17世紀の啓蒙主義的な知とは異なる空間である。そもそも、作品もガラスの展示ケースに守られて触れることができなければ仮想現実であるともいえ、本物と仮想の境界は極めて状況的なものに過ぎない。

反対に、フランスの作家ポール・ヴァレリーは、カンシーと同様に、「美術館」の展示物に芸術作品としての価値を認めない。

「芸術の分野において博識とは一種の敗北である。博識が照らし出すのは最も繊細なものではなく、それが追求するのはいささかも本質的ならざるものだからである。博識は自分の生み出した仮定を感覚の代わりに置き、その異常な記憶を眼前にある驚異に代置してしまう。そして、巨大な博物館［美術館 musée］にはてしのない図書館を併合せしめる。ヴィーナスが資料に帰せられてしまうのだ。」[34]

「博物館」や「美術館」を絵画や彫刻の母たる建築の死とするヴァレリーの抗いは、さながら書くことを語り合うことの影として斥けたソクラテスのようであり、突き詰めればミメーシス（模倣）を巡る古代以来の芸術論上の難問ではある。しかし、ヴァレリーは「複製」を可能にする科学技術という根本問題を等閑視しているために、マルロー的発想を修正するにはいたらない。マルローの着想が勝利する。「造形芸術が音楽、映画、図書、映像研究……等々と隣り合う文化センター」[35]であるポンピドゥ・センター（1977）は、知的遺産としての芸術作品を蓄積して所蔵する「美術館」ではなく、むしろ作品を情報として「編集」していくことそのものに重点を置く新しい「博物館」である[36]。おそらく、芸術の有する本来的な宗教性は完全に駆逐され、知性そのものが宗教性に取って代わる[37]。「博物館」の土壌となる階級社会を否定した新しい時代の社会は、「美術館」という制度を産出したにもかかわらず、あるいはそのことによって、再び知の情報空間としての「博物館」に包摂される。こうして、ポンピドゥ・センターは現代の最初の大聖堂の一つとなるのである。

「芸術の綜合」という理念

20世紀の芸術思潮が「美術館」を主題化するなかで、1920年代、『レスプリ・ヌーヴォー』誌によってパリの芸術運動の最前線に身を置き、新しい時代の建築理論を喧伝するル・コルビュジエは、問題を芸術作品に限定せず、むしろもう一度「博物館」を根本的に問い直す。ル・コルビュジエはオトレと接触する以前の1925年、すでに「博物館」を次のように描き出している。

「真の博物館は一切のものを網羅し、過ぎ去った世紀の一切について説明し得るものでなければならない。かくのごとき博物館こそはわれわれをして一切に対し肯定否定の選択を許し、物に秘められたる道理を捉え完全への示唆を与える忠実で正直な博物館ということができる。しかし、こうした博物館はまだ生まれていない。」[38]

カンシーが批判したあの「博物館」の全面的な肯定である。しかし、「博物館」は、遺物＝オブジェの無批判な崇拝の証ではない。「一切」は、単に物量の問題でもない。現代の百科全書的博物館に展示されるものは、珍品でも貴重品でも骨董品でも芸術作品でもない（あるいは、そのすべてである）。ル・コルビュジエによれば、日常品も含めてあらゆるオブジェが虚飾なく「丸裸の人間 homme tout nu」による「人間精神の創造 création de son esprit」[39]であるものが、博物館には相応しい。オトレが問うことのなかった博物館に相応しいオブジェの資格とは、「オブジェ型 objet-type」[40]と

図5 ル・コルビュジエの『全集』に掲載されたパリ装飾芸術博覧会におけるレスプリ・ヌーヴォー館（1925）。住宅型の室内写真［1925年］[41]

図6 ［ル・コルビュジエによる］ポルト・マイヨ展覧会場の施設の一つ、展示館（1950）の素描［1950年］[42]

なるものであり、前芸術作品 ex-œuvre としての匿名性と普遍性を有していなければならない[43]。

しかしながら、オブジェの匿名性を強調することは、逆説的に、オブジェにあふれる住宅という日常空間もまた、「博物館」たり得るという主張をも含意する[44]。実際、レスプリ・ヌーヴォー館（1925）において示された住宅の「装備 équipement」は、工業製品から近代絵画、トーネットの曲げ木の椅子、そして壺のような民族伝承 folkore のオブジェまでもが等価に混在する「博物館」としての展示でもある[45]（図5）。

ル・コルビュジエは、「芸術作品」を解体しようとして前衛に陣取ることはない[46]。むしろ、芸術作品と「型」としてのオブジェを自律的なものとして併置し、混在させる。問題設定そのものは、「ホワイト・キューブ」や「空想の美術館」と変わりはない。しかしながら、「型」の問題は、芸術作品を脱歴史化することや情報に還元すること以上に、魅惑的な主題に通じている。型を分母とする「芸術の綜合 synthèse des arts」である。

たしかに、かつて絵画や彫刻のしかるべき価値は、たとえば教会堂のような空間のなかで全体として見出され、継承されていた。ところが、「母たる建築」が歴史的様式の陳列台となり、あげく「美術館」が「ホワイト・キューブ」として黒子に徹するようになると、展示される芸術作品は時代、場所、形式、そして「イズム」によってさらに細分化され、自閉していく[47]。

「芸術の綜合」は、「ホワイト・キューブ」に対するアーツ・アンド・クラフツの中世的世界観とは別の仕方による批判理論である。しかし、「芸術の綜合」という抗いは、ル・コルビュジエにはじまるものではない[48]。

芸術の自律化と細分化に対する逆流は、劇場や舞台という空間と音楽や演出という時間をすべて統括しようと企てる19世紀ドイツ・ロマン派の音楽家リヒャルト・ヴァーグナーの「楽劇 Musikdrama」を源流の一つとする。20世紀初頭のデ・ステイルや新造形主義は、視覚的抽象表現の探求においてヴァーグナーの流れをくみ、ドイツの芸術学校バウハウスは、ウィリアム・モリスの理想とする手仕事的なクラフトだけではなく、工業製品にも芸術性を認め、空間を芸術化することを綜合芸術 Gesamtkunstwerk と捉え、「建築」こそが芸術の頂点に立つものであると主張し、ヘーゲル的思考を反転させる[49]。

ル・コルビュジエが建築とその他の芸術との関係について言及するのは1930年代からであるが[50]、明確に「主要芸術の綜合」を言明するのは、第二次世界大戦後の都市論[51]、とりわけポルト・マイヨの展覧会（1950）の主題として、都市空間における「芸術の綜合」を提案するときである（図6）。

「造形芸術の状況は抜け道がないみたいだった。無数の画家、彫刻家はそれぞれの道を歩んでいた。建築家たちは造形の現象、時代の精神に関心を示さず、あるいは有効な結び目を見出せずにいた。そこで考えられたのが、「綜合の現場」として建築的な性格のなかに絵画や彫刻の任務を見出させることを目的とした場所をつくることであった。」[52]

ル・コルビュジエによれば、建築物はあくまで表現形式の異なる様々な芸術作品のための器である。綜合

という出来事が現象する「現場 chantier」であり、それ自体は空虚である。したがって、絵画や彫刻の芸術作品は自律していなければならず、「建築的な絵画」や「絵画的な建築」によって、安易に建築空間と芸術作品とが様式的に同化すべきではない。絵画・彫刻・工業製品などの表現形式の融合を目指す新造形主義的な芸術の綜合の前衛性からは後退したところに、ル・コルビュジエは位置しているのである。

それでも、ル・コルビュジエの「芸術の綜合」の理念は、単に芸術形式の異なる作品の混在を推奨しているわけではない。ル・コルビュジエは、表現形式いかんにかかわらず、あらゆる芸術作品を「空間（拡がり）」として一般化する。

ポルト・マイヨの展覧会（1950）と同時期、ル・コルビュジエは「造形的な音響学 acoustique plastique」として（あるいは「言語を絶する空間 espace indicible」として）芸術的現象を表現する。

> 「空間を所有することは、生命あるものの本源的な身ぶりである。人間、動物、植物、雲、それは均衡と存続の根本的な表示である。存在することの第一の証拠、それは空間を占めることである。
>
> 花、草、木、山は立ち上がり、一つの時空のなかで生きている。それらが真に落ち着き堂々とした姿勢で魅了するとしたら、それらが解き放たれ、しかも周囲に一面に共鳴を起こしているように見えるからである。我々は立ち止まり、自然の連関に感じ入る。我々は眼を向け、これほど多くの空間が交響曲のように合致していることに感動する。そうして、我々は眼を向けるものが照らされていることを測る。
>
> 建築、彫刻、絵画はとくに空間に依存し、各々に適した方法で空間を統括する必要性につながれている。ここでの根源的なことを言おう。それは美的感動の鍵が空間的な作用にあるということである。」[53]

たしかに、ル・コルビュジエは既成概念としての「芸術作品」を前提とし、絵画・彫刻・建築などの各々の表現形式については等閑視している。しかしながら、一見ベンヤミンの「アウラ」を言い換えたかのようなル・コルビュジエの第二次世界大戦後の芸術論の独創が、芸術作品の本物性や一回性を論じる「もの」の認識論ではなく、「こと」の現象学であるならば、芸術の綜合のための空間の問題は、「博物館」や「美術館」という建築類型の枠のなかで「もの」を「展示」したり「編集」したりすることではない。「博物館」は、芸術の綜合の空間において、芸術作品同士が、芸術作品と鑑賞者が、（そして芸術作品と建築家が）「対話する」[54]という双方向的な行為の「こと」の場とならなければならない。

「芸術の綜合」のための空間

ル・コルビュジエが「芸術の綜合」の理念において前提としている「芸術」は、絵画や彫刻などの造形芸術だけではない。「芸術の綜合」の理念を明文化する以前から、ル・コルビュジエにおける表現形式としての芸術の幅は広い。

> 「美術館は芸術的な生活のとても力強い中心施設となるはずである。
>
> 　絵画、彫像、建築、詩、音楽、さらに演劇と映画。公演、祭典、会議、特別展示などは現代における芸術の表現である。」[55]

ポルト・マイヨの展覧会（1950）における展示館（**図6**）は、絵画や彫刻の仮設的な展示空間であるが、「芸術の綜合」に含意されるものは、造形芸術だけではなく、音楽や映画などの視聴覚芸術、演劇などの身体芸術[56]など、あらゆる種類の表現形式である[57]。

実際、ポルト・マイヨの展覧会（1950）の初期の全体構想は、様々な表現形式の芸術を網羅しようとして、「展示館」に加えて、後述する「美術館」、はては建築研究施設まで含んでいる[58]。その後、インドのチャンディガールで新都市の構想をはじめる頃、ル・コルビュジエはヒマラヤ山脈を背景とした芸術の綜合の空間を原理的に描き出す（**図7**）。すなわち、造形芸術のための展示空間としての「限りなく成長する美術館 musée à croissance illimitée」「展示館 pavillon」[59]、そして「不思議の箱 boîte à miracle」[60]演劇のための空間としての「自発劇場 théâtre spontané」[61]である。アーメダバードの美術館（1957）、東京の美術館（1959）、チャンディガールの美術館（1964）の建設事業においても、ル・コルビュジエはこの4つの施設を状況に応じて自在に組み合わせて施主に提案する[62]。したがって、ル・コルビュジエにとって、現実の敷地のうえに建設される美術館は、「芸術の綜合」の断片である。しかしな

がら、ル・コルビュジエが最初から、そして最後まで探求し続ける「芸術の綜合」の空間の理論が、「限りなく成長する美術館」であることも事実である（**表1**）。

「限りなく成長する美術館」の誕生

　ル・コルビュジエにとって、「芸術の綜合」の理念を体現する施設の中核は、「美術館」である。「展示館」は本来仮設的な施設であり、巡回展示や企画展示のための展示空間であるが、「美術館」は常設の展示空間である。時間を無駄にする「ホワイト・キューブ」は埒外である。「考古学」と「現代」は別ものではなく、同じ系の問題としてつながっていなければならないからである[63]。保守的アカデミズムの代名詞であるルーヴル美術館（1793）と同根ではある。しかし、それは過去へと遡行し、そこに留まることではない。現在生きている人間が知的に時間を再構成することでなければならない。たしかに、ル・コルビュジエの「美術館」もまた、「ヘテロトピア」として時間の恣意的な切り取りであることを避けられない。しかし、ル・コルビュジエは、「ヘテロトピア」の閉じられた永遠性を否定する。マルロー的な「空想の美術館」概念とも異なる仕方によって、時間の凍結ではなく、時間の生成へと空間を転換しようとする。

　それが、ル・コルビュジエが1920年代以来研究するあたかも刻々と生成する一つの「器官 organe」としてはたらくような「美術館」[64]、すなわち「限りなく成長する美術館 musée à croissance illimitée」の構想である（**図8上**）。たしかに、生物学的な用語の借用は「もの」の次元、あるいは数量的な情報の次元を超えた「芸術の綜合」に相応しい。

　「限りなく成長する」というル・コルビュジエの構想の萌芽は、故郷ラ・ショー＝ド＝フォンに構想した芸術家のアトリエ（1910）に遡ることができる[65]。中庭を囲んで個室を配した芸術家集団の建築物は、モスクのような形態、僧院のような平面構成によって宗教的な印象を与える。たしかに、アトリエは「美術館」ではないが[66]、中庭という中心と周りを囲む空間という図式は、ムンダネウムの世界博物館（1929）に受け継がれていく[67]（**図8下**）。

　世界博物館（1929）は壮大な四角錐のピラミッドであり、中央に大規模な吹き向けに祈祷室 sacrarium があり、宗教的な感性と芸術的な感性とが同根であることを物語っている[68]。求心的な平面構成は、オトレ

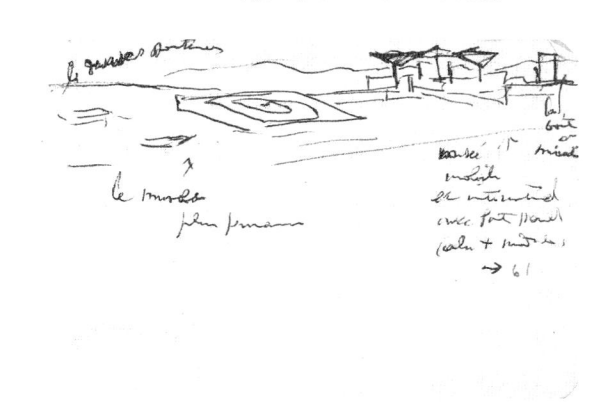

図7　ル・コルビュジエによる新都市チャンディガールの芸術空間の鳥瞰素描［1951年11月頃］[69]
"*les danses spontanées / le musée plus permanent / musée mobile et international avec porte Maillot (alu + module) / la boîte à miracle*"
「自発的な舞踏／より常設的な美術館／ポルト・マイヨのように移動可能で国際的に使用可能な美術館（アルミ＋モデュール）／不思議の箱」

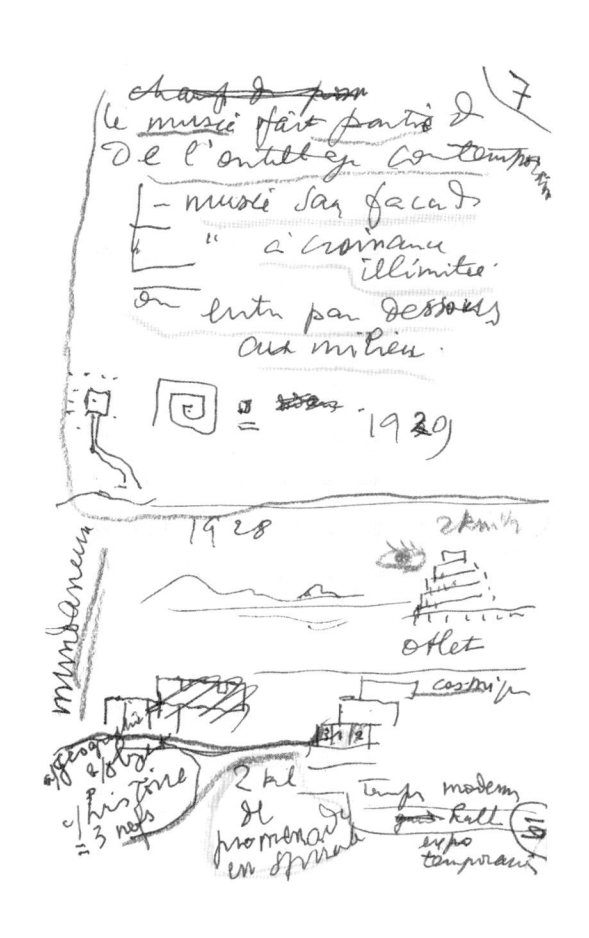

図8　ル・コルビュジエによるムンダネウムをめぐる「博物館」と「美術館」の原理の考察［1961年］[70]
"*Le musée fait partie d de l'outillage contemporain / - musée sans façade / [musée] à croissance illimitée / on entre par dessous au milieu. / 1929 / 1928 / Mundaneum / 2ke 1/2 / Otlet / cosmique / a/ géographie b/ objet c/ histoire = 3 nefs / 2 kil de promenade en spirale / temps modernes / hall / expo temporaires*"
「美術館は現代的な道具となる／ファサードのない美術館／限りなく成長する［美術館］／下から中央に入る／1929年／1928年／ムンダネウム／2キロ半／オトレ／宇宙的／a 地理　b オブジェ　c 歴史＝3側廊／2キロの螺旋のプロムナード／新しい時代［の展示］／ホール／企画展示」

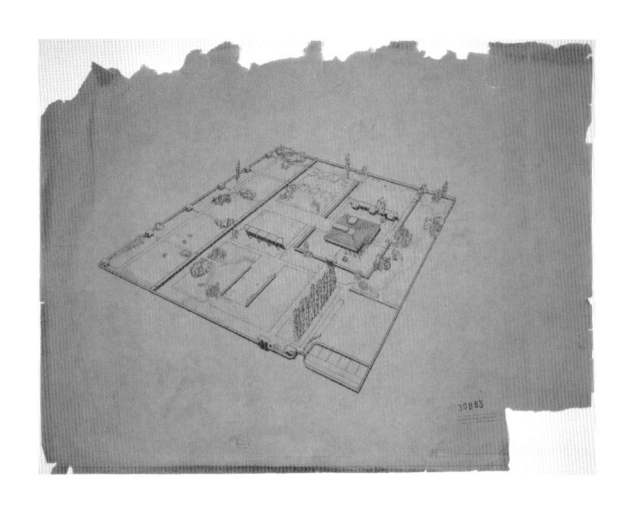

図9 ［ル・コルビュジエによる］パリの現代美術館（1931）の鳥瞰図［1931年］[71]

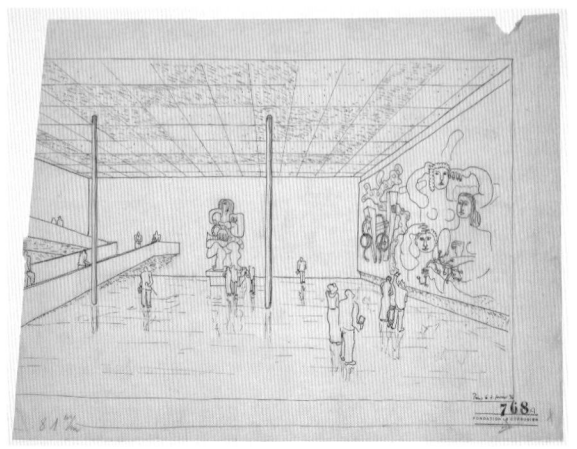

図10 ［ル・コルビュジエによる］パリの現代美学センター（1935）の中央大ホールの素描［1935年］[72]

の構想をそのまま受け継いでいる[73]。ただし、祈祷室の周りを螺旋のスロープが取り巻き、中心頂部から作品・時・場所の三層並列構造[74]になった展示空間を螺旋に拡がって下っていく動線の構成は、おそらくル・コルビュジエ独自の構想である[75]。ル・コルビュジエは、時間を外延することによって、デュランの求心的な権力機構としての「博物館」を反転してみせる。そして、ルーヴル美術館（1793）のような歴史的建造物の代用では各階層によって切断を余儀なくされる展示空間を螺旋のスロープによって連続させると同時に、螺旋のスロープという仕掛けによって規則性を付与し、「ホワイト・キューブ」のような無時間的な空間もまた否定する。

しかしながら、頂部からスロープを下ることによって途切れのない空間を演出するにしても、いずれ鑑賞は地上にある庭園のフォーラムで終わりを迎える。住宅のスロープでは、地上の玄関から頂部へとスロープが上昇するが、地上からどこまでも天空に向かっていくことはできない。スロープによる空間体験は、屋上庭園からの風景の開けによって象徴的に終焉を迎える。ヴィラ・サヴォワ（1931）の屋上庭園のピクチャー・ウィンドウは、ヴェルギリウス的景観の終わりのない永続性を視覚的に演出する装置でしかない。

パリの現代美術館（1931）は、途切れることのない鑑賞動線を定型化するための研究である（**図9**）。世界博物館（1929）のような垂直の移動はなく、地下から通じる中央のホールから矩型の平面に沿った矩型の螺旋 spiral carrée の動線の仕掛けを水平方向に展開し、定められた螺旋の延長線上に展示空間をどこまでも増築可能とする。美術館はいつまでも未完成である。

したがって、ル・コルビュジエの「美術館」での鑑賞は、必ず展示空間の端部で中断させられる。しかし、それはプロムナードの唐突な終焉ではなく、未来に築かれる芸術空間の暗示である。ファサードは堅牢であってはならない。ファサードを形成する外壁は、やがて内部の展示壁面となるからである。それゆえに、「美術館にはファサードがない le musée n'a pas de façade」[76]。照準化した柱や天井、可動式の壁など、「限りなく成長する美術館」の主題は他にもあるが、恒常的な外観を持たないという「ファサードのないこと sans façade」こそが、ル・コルビュジエにおける「美術館」の最大の建築学的論点である。

「美術館」はさらに進化する。パリの現代美学センター（1935）[77]では、地下を通らず地上からそのまま中央の吹き抜けの大ホールに入館するために、美術館はピロティによって支持されたヴォリュームとなる。

ル・コルビュジエが美術館内部の展示空間の素描に絵画や彫刻の作品を描くようになるのも、この時期である（**図10**）。現代美学センター（1935）の中央の大ホールの吹き抜けや大壁面を芸術作品によって充填し[78]、付随するスロープによって上階の展示室とつながり[79]、鑑賞はより連続的に水平方向に展開する[80]。

それでも、水平的な螺旋の動線は、距離の長短はともかく、いずれ暫定的な出口につながる。ル・コルビュジエは、出口の延長線上にも螺旋模様の植栽を施す。野外の植栽は単に将来の増築計画予定地を示すだけではない。ル・コルビュジエは外部空間を野外彫刻の展示空間と見なし、彫刻を配置して、展示空間が「限りのない」ことを演出する[81]。

「美術館」の動線の建築学的研究はさらに発展し、標準の型となる。北アフリカのフィリップヴィルに提案する美術館（1939）において、ル・コルビュジエは、

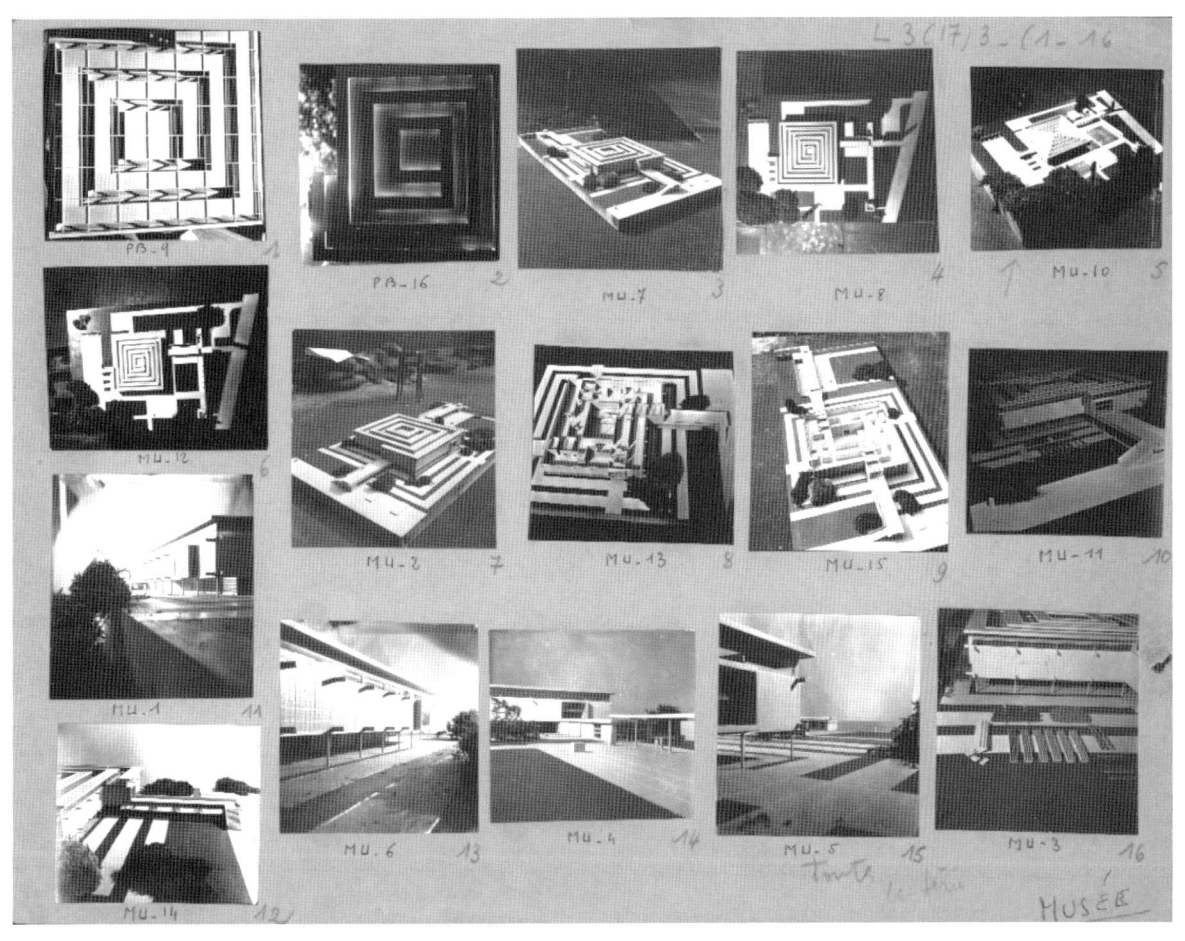

図11 ル・コルビュジエによる「限りなく成長する美術館」(1939) の模型の検討 [1939年] [82]

標準化された柱・梁・床・天井による矩型のヴォリューム、螺旋型の拡張を暗示するためのファサードに突出する梁、そして螺旋型の動線に加えて卍 svastika 型 [83] の動線を組み込むことによって、拡張の可能性に自由度を与える。「限りなく成長する美術館」(1939) の完成である（**図11**）[84]。

動線（増築）の主題に加えて、「美術館」の展示空間の天井からの自然採光もまた、継続的な主題である。現代美術センター (1935) においては、太陽の軌道によって展示空間にもたらされる光量が変わってはならず、太陽光を抑制・制御して「合理的に配分 distributeur rationnel de la lumière」[85] しなければならない。「ホワイト・キューブ」と同じ発想の採光の仕掛けである。

現代美学センター (1935) では、美術館全体を覆う全面ガラス天井の自然採光とするために、「限りなく成長する」展示空間における螺旋型の動線と対応していない。そこで、螺旋型を強調するために、ル・コルビュジエはフィリップヴィルの美術館 (1939) において螺旋型の動線と対応する帯状の自然採光装置を研究する（**図11左上**）[86]。

こうして、「限りなく成長する美術館」は、芸術作品を積んだ船のように、さしずめ敷地に縛られることなく地上の海を「どこにでも」航海可能となる [87]。そのうえ、船は「一切のものを網羅している」だけではなく、時間という生成の流れを秩序化する。

ル・コルビュジエは、「美術館」をはじめて具現化することになるアーメダバードの美術館 (1957) の内部展示空間について、次のように述べている。

「展覧会自体については、このうえなく柔軟な仕掛けを研究する。四角い室を並べる旧来の考え方を捨てるべきである。融通性のある空間をつくり、企画に応じて展示を調整する。単一動線ではあるが平行動線にすることもできるようにする。年代順の場合には、全体を綜合する仕掛けが必要である。

人間の関心は長続きしない。一般公開された美といえど疲労感を生むこともある。心理的要因に配慮すべきである。疲労感という問題はとても重要である。鑑賞者に「自己発見」を実感させるこ

19

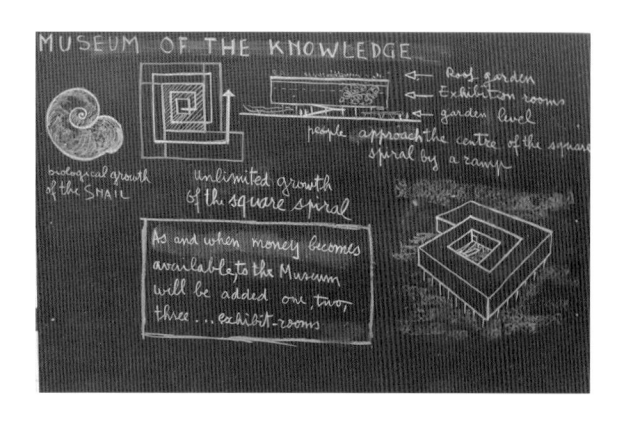

図12　アーメダバードの美術館の工事現場見学会のための説明板（1957年）[88]と竣工時のアーメダバードの美術館
"MUSEUM OF THE KNOWLEDGE / biological growth of the SNAIL / Unlimited growth of the square spiral / Roof garden Exhibition rooms garden level / people approach the centre of the square spiral by a ramp / As and when money becomes available, to the Museum will be added one, two, three... exhibit-room"
「知の博物館／巻き貝の生物学的成長／矩型の螺旋による限りなき成長／屋上庭園　展示室　庭園階／中心のスロープを登ってアプローチする／経済的に可能になれば、1室2室3室と展示室を増築する」

と。複数の動線を準備しておくことである。様々な社会的背景をもつ鑑賞者に対処しなければならない。美術館は学習の部屋である。主題は無尽であるが、（題材の）指標が必要である。美術館がつくり出す秩序において、ものや、ことが順次繰り広げられるように見せなければならない。過去と現在を結び合わせる配慮が必要である。問題は革命的な過去の黄金期を美化することではない。過去の人々の努力を描き出すこと。遺産の調和を描き出すべきである。未来は時間の繰り返しではない。しかしそれは過去の時間への尊重から生み出される。」[89]

ル・コルビュジエの「美術館」は、芸術作品を時間のなかに秩序化することによって、はじめて「芸術の綜合」の空間として空間的な対話を誘引し、鑑賞者に自由がもたらされる[90]。つまり、ル・コルビュジエの「美術館」の理論は、自律した芸術作品のための空間として「ホワイト・キューブ」でありながら、しかし芸術作品がつねに生成的に現象する空間として「ホワイト・キューブ」ではない。そして、時間的秩序に支配される空間として「ルーヴル」でありながら、しかし歴史の封印を解こうとする空間として「ルーヴル」ではないのである。

＊＊＊

「限りなく成長する美術館」の実践

ル・コルビュジエは第二次世界大戦後、アーメダバード（1957）、東京（1959）、チャンディガール（1964）という現実の場所に「限りなく成長する美術館」の理論を実践する機会を得る。

しかし、「限りなく成長する」ことの無限性は、予算という経済的理由だけではなく、敷地や展示作品の有限性や特殊性によって阻まれる。後者の障碍は、前者に比べてはるかに困難な問題である。アーメダバードの敷地は工業都市の要所であり、東京の敷地は自国フランスからはほど遠い極東の都市のなかの文化地区に宛がわれた一区画である。一方、チャンディガールの敷地は新都市に計画された更地の一区画である。いずれも、「限りない成長」が約束されるほど余裕のある敷地ではない[91]。展示作品に関しても、アーメダバードやチャンディガールではインドの芸術風土として伝統的に彫刻作品が主体であり、東京では19世紀の西洋絵画の収蔵展示が命題である。与件には、「芸術の綜合」の理念を反映するほどの芸術作品の多様性がない。

それだけではない。とくにヨーロッパの大陸性気候とは著しく異なるインドのアーメダバードやチャンディガールにおいて、ル・コルビュジエは「どこにでも」あり得る「限りなく成長する美術館」の「ここにしか」ない非西洋的気候条件への適応という問題に直面する。

「限りなく成長する美術館」の最初の実践であるアーメダバードの美術館（1957）において、ル・コルビュジエは、インドの気候への配慮、とりわけ灼熱の太陽光への配慮から、「美術館」の矩型のヴォリュームの中心をくり抜いて中庭とし、天井からの自然採光を断

念し、屋上には水盤を張って屋上庭園とする（**図12**）。自然的条件に配慮した結果、ル・コルビュジエの理論に反して、内部の展示空間は人工照明による極めて反自然的な空間となる。

　アーメダバードの美術館（1957）の構想において、予算の上限から、当面の増築が見込めないことははじめからわかっている。「限りなく成長する美術館」の理論の痕跡は、美術館の外壁に突出する小梁の端部だけである。ファサードに突出した小梁だけが、「ファサードのない」美術館の存在証明である。ところが、ル・コルビュジエは美術館内部の断熱効果を期待して壁面緑化を企てる。しかし、外壁を伝う植物の繁茂は、ファサードの小梁を覆い隠してしまうことになりかねない。「限りなく成長する」ことの造形的表現は、植物によって削がれる危険性を孕む。

　アーメダバードにおける「限りなく成長する美術館」の実践によって、ル・コルビュジエが「ファサードのないこと」の不可能性を悟ったのかどうかはわからない。しかし、ル・コルビュジエがアーメダバードの美術館（1957）の工事着工時期に、東京の美術館（1959）の建設依頼を受託したことは事実である。おそらく、ユニテ・ダビタシオンという理論のマルセイユでの実践（1952）において、「打ち放しコンクリート béton bruit」の美学を発見したように、また住戸に張り出すロジアの側壁に施工不良を隠す多彩色の主題を見出したように、アーメダバードにおける「美術館」の理論の実践においてはじめて顕在化した主題があるからである。

　たしかに、狭隘な敷地に建設しなければならない東京の美術館（1959）において、螺旋型の拡張の不可能性ははじめから明らかである。外壁の石貼りの平滑なファサードには、増築を暗示するディテールは何一つない。ル・コルビュジエは図面上に増築予定地を明記するが、狭隘な敷地境界線がそれを許さないことは明白である。卍型も組み込んでいるが、事務・管理機能によって充足することになる。

　ル・コルビュジエの主題は、螺旋型の動線そのものよりも、鑑賞の出発地点へと遡行する。すなわち、ル・コルビュジエはアーメダバードの美術館（1957）において開放した中庭に、ピラミッド型の自然採光装置を冠してもう一度室内化する（**図13**）。さらにル・コルビュジエは、太陽光の横溢する中央の大ホールの吹き抜けに美術館所蔵の絵画作品（加えて数点のロダンの彫刻作品）や自らの制作する「写真壁」によって、「芸

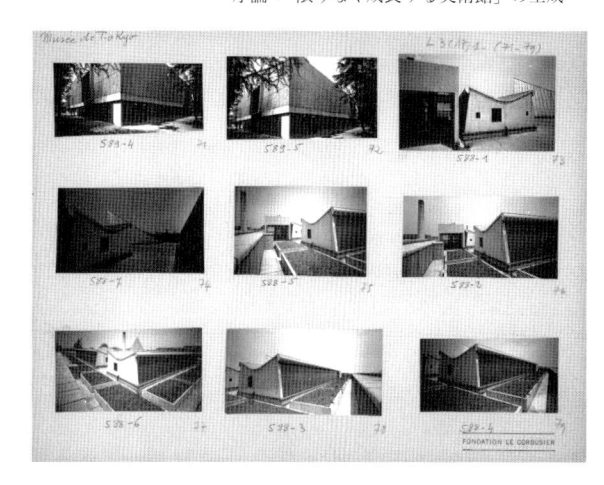

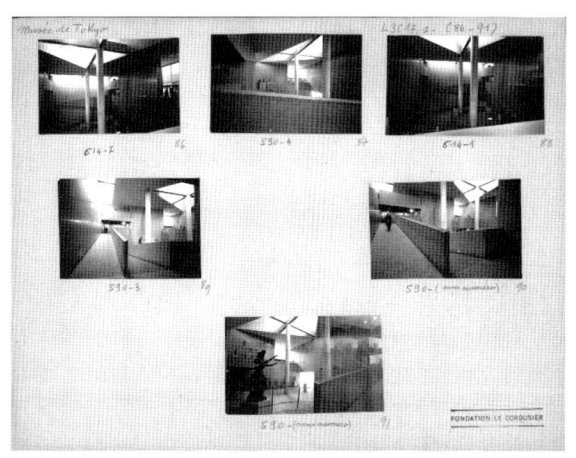

図13　竣工当時の東京の美術館屋上の自然採光装置と「19世紀大ホール」（1959年）[92]

術の綜合」の理念を凝縮しようとする。

　しかしながら、ル・コルビュジエの目論みに反して、自然光を人為的に完璧に制御することは不可能である。それでも、大ホールはあくまで自然光の横溢する空間でなければならない。ル・コルビュジエは、むしろ24時間の太陽の周期や夏至と冬至の軌跡を積極的に受け入れているようにも見える。

　螺旋型の動線による展示空間についても同様に、人工照明を補助的に用いながら、ル・コルビュジエは作品の劣化防止と光量の恒常性が求められる空間において、螺旋型の動線と対応し、照度の変化する自然採光にあくまで固執する。人工照明によって完全に制御されたアーメダバードの美術館（1957）の展示空間を繰り返すわけにはいかないからである。

　いずれにしても、東京（1959）での「限りなく成長する美術館」の適応において、ル・コルビュジエは諦念混りとはいえ、多かれ少なかれ増築の可能性について言及し、展示空間における螺旋型と卍型の動線を研究している。しかし、チャンディガールの美術館（1964）

においては、もはや増築可能性を造形として主題にすることはない。そのうえ、ル・コルビュジエは螺旋型の動線だけではなく、螺旋型の動線の基点となる中心の大ホールの研究さえ主題にしない。

代わりに、ル・コルビュジエは、アーメダバードの美術館（1957）では断念したものの、東京の美術館（1959）ではまがりなりにも実現した天井からの自然採光をチャンディガールの美術館（1964）でもう一度実現しようとする（**図14**）。

チャンディガールの美術館（1964）は灼熱の太陽光を緩衝する複雑な採光装置を屋根面に搭載する。ル・コルビュジエは東京の美術館（1959）においてさして問題にならなかった雨季の雨水処理も併せて主題とし、横樋装置を兼ねた天井の自然採光装置を背後のヒマラヤ山脈を意識した巨大な屋根として表現する。

陸屋根面の雨水の効率的な処理は、横樋の水平配置である。当然のことながら、螺旋の鑑賞動線とは一致しない。それゆえに、自然採光と雨水処理を兼ねた装置の実現は、螺旋型の動線そのものの断念と直結する。卍型の鑑賞動線もまた、もはや美術館の全体を綜合する仕掛にはならない。チャンディガールの美術館（1964）には、雨水の流れに沿った自然の「秩序」だけがある。

こうして、歴史という時間の生成は、自然現象の時間のなかに解消される。ムンダネウム（1929）にはじまり、チャンディガール（1964）にいたる「芸術の綜合」のための空間は、雨風を凌ぎ、自然光のもとで芸術作品の現象する、より原初的な空間へと回帰していくのである。

* * *

「限りなく成長する美術館」の迷宮

ル・コルビュジエの「美術館」の研究は続く。3つの美術館の実践を経て、フォール・ラミーの文化センターの構想（1960）においても、ル・コルビュジエは「芸術の綜合」のための空間として、いつものように「美術館」「展示館」「不思議の箱」「自発劇場」を寄せ集めてコラージュする。しかも、「美術館」自体、アーメダバードの美術館（1957）と東京の美術館（1959）のコラージュである[94]。特殊解として具現化した建築作品もまた一般解になり得ると言わんばかりである。それでも、ル・コルビュジエにとって、フォール・ラ

図14 竣工当時のチャンディガールの美術館のヴォリュームと展示空間（1964年）[93]

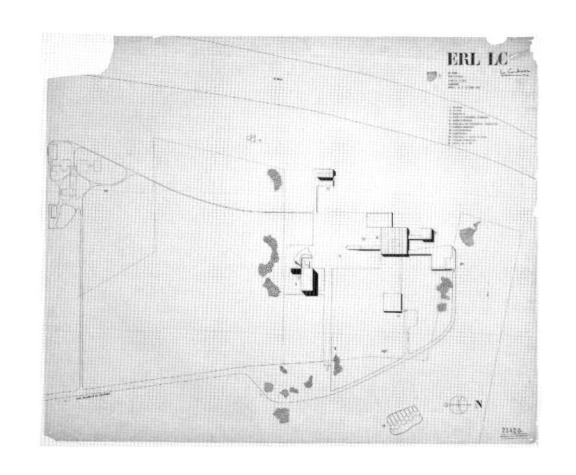

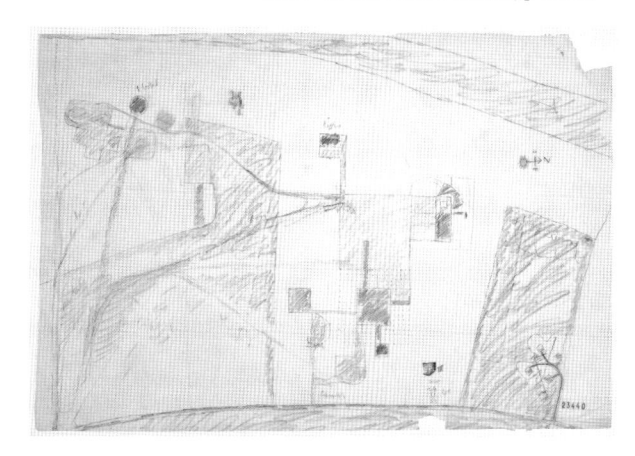

図15 エルレンバッハの国際芸術センターの敷地配置図（1963年10月12日）とル・コルビュジエによるプロムナード修正検討素描（1963年11月26日）[95]
"1 Hotêl / Expo / Parking / Bon / Bon / Camion / oui 26/11/63 L-C"
「1棟の宿泊施設／展覧会施設／駐車場／よし／よし／トラック搬入／了承　63年11月26日　ル・コルビュジエ」

ミーの美術館（1960）はれっきとした「限りなく成長する美術館」である[96]。ル・コルビュジエの「美術館」においては、内在的な理念から構築された理論型と外在的要因との接触によって具現化された実践型とが弁別できない。むしろ、複雑に絡み合って多産に余剰を生み出しつつ、進化と退化を繰り返していく。

最晩年のエルレンバッハの国際芸術センター（1963）の構想においてもまた、ル・コルビュジエは当然のことのように30年近く前に構想した「限りなく成長する美術館」を反復しようとする[97]。しかし、「迷宮 labyrinth」[98] と呼ぶエルレンバッハの国際芸術センター（1963）の美術館は、螺旋型や卍型の動線による拡張によって、芸術作品を鑑賞するという行為の「秩序」をどこまでも強制しようとしているわけではない[99]。ル・コルビュジエは美術館内部中央のホールに螺旋の基点を求めながら、独立した附属施設、すなわち巡回展示の「展示館」、前衛演劇のための「不思議の箱」、民族舞踊のための「自発劇場」を美術館の周囲に点在させて配置し、敷地全体を巡るより自由な「建築的プロムナード la promenade architecturale」を構想する[100]（図15）。「秩序」の自己否定である。

ル・コルビュジエは、エルレンバッハの国際芸術センター（1963）の構想に取りかかる直前、全体構想をすでに次のように説明している。

「私が署名してきた仕事です。つまり三十年間少しずつ手を加えてきた美術館です。すべてエルレンバッハに適応できます。

敷地配置図では、与条件である芸術家のアトリエの他に、景観を豊かにするための彫刻が庭園に配されています。内部空間については、まったく新しい解決策で、半階をつくり、ときには地上にも通じることによってとても多様な諸室が提供できます。全体として、素晴らしく多様な雰囲気がつくり出され、絵画作品や彫刻作品の予期せぬ展示ができます。」[101]

ル・コルビュジエが30年かけて理論化し、実践してきた「美術館」は、「美術館」内部の展示空間の演出の問題に留まらない。様々な断念と選択と発明を伴って「美術館」を実践したル・コルビュジエにとって、「美術館」は「展示館」「不思議の箱」「自発劇場」、あるいは屋外彫刻によって補完され、外部空間を含めて「芸術の綜合」の現場となる。「多様な雰囲気」「予期せぬ展示」の出会いにおいて、展示空間にもはや内部と外部の区別はない。

それはアーメダバード（1957）、東京（1959）、そしてチャンディガール（1964）における「美術館」の実践における「限りなく成長する」ことの増築不可能性を補償する仕掛けである。つまり、美術館を中心として附属施設を点在させ、敷地全体を円環するように巡る水平的なプロムナードによって、美術館の展示空間の内部と外部の境界を曖昧にすることで、「美術館」の増築によらずとも、「限りない」空間は演出することはできるというわけである。それは、ル・コルビュジエが東方への旅（1911）のアクロポリスの丘のピクチュアレスクな建築構成において発見した「外はつねに内である」という現象である[102]。いわば、「美術館」、

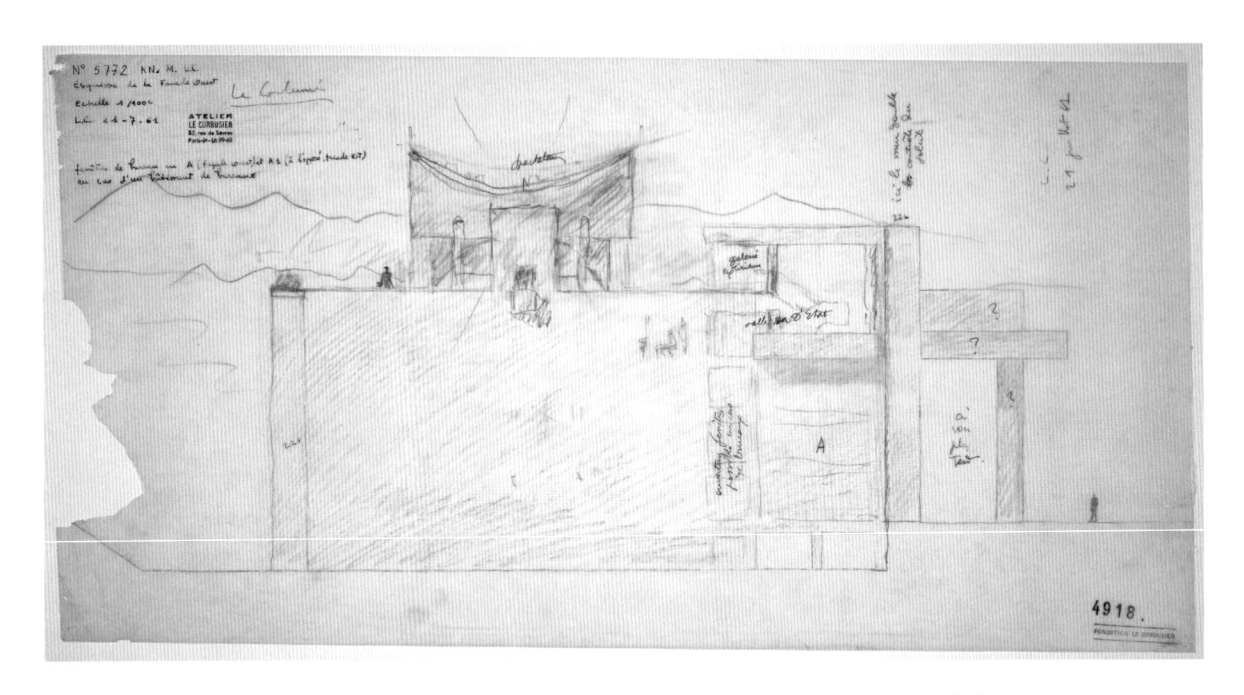

図16　ル・コルビュジエによるチャンディガールのカピトールにおける「知の博物館」の考察（1961年7月21日）[103]
"N° 5772 KN. M. L.C. Esquisse de la Façade Ouest Échelle 1/100 L.C. 21-7-61 / Le Corbusier / fenêtres de bureau en A (façade ouest) et A1 (à l'opposé, façade EST) au cas d'un bâtiment de bureaux / 226 / Spectateurs / 226 ici le mur double ~~les~~ contrôle du soleil / galerie extérieure / salle d'État / ? / ? / ? / ouvertures fenêtres possible en cas de bureaux / A / à voir plans Tavé / L.C. 21 juillet 61"
「図面番号5772　ル・コルビュジエの知の博物館　西側立面図の素描　縮尺1/100　ル・コルビュジエ　61年7月21日／ル・コルビュジエ／Aの箇所（西側立面）の事務所の窓とA1（反対の東側立面）は建物全体が事務所棟の場合／226／観覧者／226　ここは二重壁にして太陽の制御／野外展示室／議会室／？／？／？／開口部、窓は事務所とする場合に／A／［ル・コルビュジエのアトリエの所目］タヴェの図面を参照／ル・コルビュジエ　61年7月21日」

「展示館」、「不思議の箱」、「自発劇場」というヴォリュームの内外が入り交じる「建築的プロムナード」において、「芸術の綜合」のための空間が現象するのである[104]。もはや芸術と自然との境界はない。

「博物館」への昇華

ル・コルビュジエは「芸術の綜合」のための空間を描き出したチャンディガールの行政区、カピトールの案件に関わりながら、1961年5月24日と25日に手帖においてもう一度「博物館 musée」を詩的な次元で考察する。

　<u>「美術館</u>＝<u>愛おしく、尊重すべき、賞賛すべきこ</u>
　<u>とば</u>
　それは<u>知ること</u>を学ぶことだから
　他者との出会い＝<u>行為者、オブジェ、人間</u>（男・女・貴方・私・我々すべて）
　<u>オブジェ</u>：偉大なるオブジェ＝<u>自然</u>＝一切は限りなく
　美術館の概念＝今日まで＝芸術
　しかし機械文明は<u>知ること</u>を要請する
　「<u>知の博物館</u>」」[105]

「限りなく成長する美術館」の実践によって、ル・コルビュジエが帰結していく主題は、再び「博物館」である。ル・コルビュジエの「博物館」は、「芸術」に特化した「限りなく成長する美術館」でも、オブジェによって世界を説明する1920年代の「博物館」でもない。人間的な「知 connaisance」の生成の場とならなければならない[106]。

しかし、問題は「知ること」そのものである。それは単に情報を検索して学習することではない。芸術を含め、人間や自然がつくりだすものすべてに「出会い」、そこに知を見出し、「編集」していく創造的作業である。

「［ハリウッドでの美術館建設への売り込みの手紙の］最後に、このような美術館の用途について説明させてください。この美術館は必ずしも美術館ではありません。原則としてこれは「知」の博物館です。つまりある時代、過去、現在、そして未来の構想に統一をもたらすようなあらゆるオブジェを取り集めて多様に展示するのです。巧妙な照明と

多様な諸室があれば思いもよらない編集ができます。お望みであれば、大展示室を設置することもできます。さらに、間仕切りをなくして一時的な展示空間を区切ることもできます。」[107]

たしかに、ル・コルビュジエは、マルロー同様、芸術作品の本物性と場所性の関連をはじめから等閑視しているが、芸術と芸術以外、すなわちオブジェや自然との境界線はマルロー以上に曖昧である。そして、マルロー以上に「限りなく生成する」ための時間の流れ、歴史に意識的である。ル・コルビュジエは、「芸術」の概念そのものを解体するというよりも、むしろ「芸術」を技術、あるいは歴史によってどこまでも書き加え、「世界」の豊穣を展示しようとする。

ル・コルビュジエはカピトールの総督官邸（1956）の代案として視聴覚技術を全面的に取り入れたチャンディガールの知の博物館 musée de la connaissance（1960）[108]について、次のように説明する。

「知の博物館の創設には、建物にまず書籍部（「ラウンド＝ブックス」出版）を置き、「人間と宇宙」の関係性としての世界を説明し、視聴覚（文字と画像の電子記録）という新しい形式によって人間の思想を伝える。政府関係者、すなわち行政官、大学人（新しい時代の世界の若者たち）に向けて発信し、一般大衆を教唆する（映写技術による「ラウンド＝ブックス」）。

提案はル・コルビュジエによる探求活動の成果である。博物館における研究と展示の問題は1928年にジュネーヴの国際連盟に提出されたムンダネウムにはじまり、1930年のパリ（ポルト・マイヨ）の「限りなく成長する美術館」の原理の創造から導かれた。1946年のアメリカ合衆国の国際連合本部、アフリカのフィリップヴィル、インドのアーメダバード（建設）、日本の東京（建設）、アフリカのフォール＝ラミー（建設中）、リオの新大学都市などにも応用されている。ボストン、ケンブリッジのハーヴァード大学の中心施設となるVAC（視覚芸術センター）もそうである。」[109]

たしかに、独立を果たした新しい国家インドという場所は、ル・コルビュジエの「知の博物館」を表現するにふさわしい場所であるのかもしれない。あるいは逆に、西洋的概念からはほど遠いインドという場所がル・コルビュジエの「美術館」に「知」の概念を要請したのかもしれない。そもそも、アーメダバードの美術館（1957）でさえ、理念としてはじめから「いわゆる美術館ではない」[110]。

しかしながら、収蔵展示すべき芸術作品が存在する限り、「知の博物館」ではなくいわゆる「美術館」が要請される。建築家は芸術作品を展示するための様々な問題に直面し、螺旋型や卍型の動線、そして建築的プロムナードの断片化を余儀なくされる。「限りなく成長する」という建築的表現は、敷地の境界線、予算の上限によって部分的に断念せざるを得ない。ル・コルビュジエが実践する「美術館」の敷地は、若きル・コルビュジエが「建築的プロムナード」を見出したアクロポリスの丘[111]のように広大ではない。

そのうえ、アクロポリスの丘へのプロムナードは、眼下の海を見下ろすために登らなければならない。ル・コルビュジエにおける建築的プロムナードは元来、水平的であると同時に垂直的な身体運動である。しかしアーメダバード以降（1957）、最晩年のエルレンバッハ（1963）まで、美術館が螺旋型であるにせよ、卍型であるにせよ、敷地全体のプロムナードであるにせよ、水平的な拡がりの探求であることには変わりはない[112]。展示階へ向かうスロープもまた、それ自体では展示空間にはならない[113]。

たしかに、ル・コルビュジエの垂直への隠された欲望は、「限りなく成長する美術館」の理論にはなかった屋上庭園を「美術館」の実践の過程において構想していることからも明らかである[114]。一方で、チャンディガールの知の博物館（1960）の屋上庭園への垂直的な運動は、垂直への欲望をはじめから露わにしている（**図16**）。螺旋型のような水平的に拡がる動線は、もはや主題ではない。むしろ垂直的な動線を演出するスロープが建物から分離して独立したヴォリュームとなり、研究室と隣接する展示室を結んで、最上階へとつながっている。「知」を体現するものは、もはや「ファサードのないこと」ではなく、逆ヴォールト屋根の下での屋上での景観への開けなのである[115]。たしかに、建築的プロムナードの水平的展開には敷地境界線の物理的限界がある。垂直方向へ転換して、屋上庭園での象徴的な無限性を演出することは、ヴィラ・サヴォワ（1931）の屋上庭園が典型的に示すように、一つの方策である。

「この建物では、最上階に重要人物の接待のため

に特別室を設けることにしました。建物の4階です。地平線に拡がるヒマラヤの眺望が開ける屋上につながっています。農村、農夫、サトウキビ、麦畑の生命は、この宮殿の大地にあって、牛や羊が群がっています。この宮殿はチャンディガールの北端に建てられる最後の建物です。まったくもって素晴らしい光景が見えるこの屋上庭園には植物を植え、パラペットを周囲に巡らせ、セメントタイルを敷きます。

　　ここで問題があります：

　　この屋上庭園では立ったり座ったり出来る階段席と舞台をつくりたい。舞台で踊ったり演奏したりするのはインド人です。」[116]

垂直運動によって辿り着いた屋上庭園における劇場的空間は、文字通り（考古学的かつ現代的な）博物館における「芸術」の無限の風景的拡がりをもたらす。ムンダネウムの世界博物館（1929）において最上階から地上の大地へ螺旋に下っていく道程が反転し、インドのヒマラヤ山脈を背景とした人為とも自然とも、ある

いは歴史とも現在ともつかない音響的な風景へと開かれていく[117]。それは「箱」の概念とは無縁な、時空の交錯する芸術・知の風景に他ならない。新しい時代の精神と伝統の二項対立、あるいはその弁証法という論理はそもそもない。「知」はもはや合理的精神ではなく、身体における感性的なるものに積層される新しい知の形式として暗示されている。

ル・コルビュジエは知の博物館（1960）に最後まで執着し、実現のための可能性を探り続ける[118]。総督官邸（1956）は、紆余曲折を経て、ル・コルビュジエの構想のなかで、「知の博物館」としてカピトールの中心的存在となる作品へと昇華していくのである[119]。

しかしながら、ニュー・デリーの政治的焦点としてのラッチェンスのインド総督官邸とは異なり、市民的なモニュメンタリズムの新しい表現となるはずの「知の博物館」の敷地は、現在でも野原のままに放置されている。これが、芸術という多様な言語を摂り集めてどこまでも成長を続けようとしてル・コルビュジエが築き上げた20世紀のバベルの塔の幕引きである[120]。

註

(1) 出典：FLC29980、[1939].
(2) 出典：ル・コルビュジエ財団保管の図面・書簡、及び『全集』より筆者作成。ル・コルビュジエの「美術館」に限らず、芸術作品の展示に関わる建築作品、構想案を列挙している。
(3) クシシトフ・ポミアン、吉田城・吉田典子訳、『コレクション　趣味と好奇心の歴史人類学』、平凡社、1992を参照。
(4) 谷川渥、「比較芸術学と美術館的知」、『美学の逆説』、筑摩書房、2003、pp.281-321所収などを参照。
(5) 江戸時代に根付いた社寺の宝物殿への収集とご開帳は、日本における「博物館」の原初形態かもしれない。
(6) 世俗の収集癖の一方で、修道院における写本室 scriptorium のような自己教育的な空間の系譜があり、ルネサンス期には、書物だけではなく知的関心を満たすためのさまざまなオブジェを収集する「ストゥディーロ（書斎）」の空間へと変容していく。

　　日本の中世社会では、権力者は唐物を競って収集し、阿弥号をもつ同朋衆の目利きが書院の座敷を飾り、一味同心の陳列空間を準備しているが、「座敷飾り」にははじめから宗教的な世界観に乏しい。
(7) 「異国異邦の品物」の本物性の起源については、フランソワ・ラブレー、宮下志朗訳、『第四書　ガルガンチュアとパンタグリュエル4』、筑摩書房、2009、pp.78-83を参照。パンタグリュエル一行がメダモチ島

で求めた絵画やタペストリーあるいは動物は、新規性だけではなく、すでに芸術的価値を内包している。

地理的な隔たりだけではなく、時間的な隔たりも「驚き」を喚起する。たとえば、ジョヴァンニ・バッティスタ・ピラネージは古代『ローマの遺蹟』（1756）の創造的景観を描いたが、18世紀イタリアにおける遺跡の発掘は、アルバーニ枢機卿の別荘博物館のような施設の需要を生んでいる。
(8) cf., Aurélien Lemonier, " L'architecture du musée : « un espace autre »", Chefs-d'œuvre ?, Centre Pompidou-Metz, Metz, 2010, p.37. しかしながら、フランス革命期の建築家クロード＝ニコラ・ルドゥが『芸術、風俗、法制との関係の下に考察された建築』（1804）においてショーの理想都市として描き出す場所には、美術館は構想されていない。市門、工場、裁判所、劇場、教会堂、邸館など、権力の「監視」＝パノプティコンとしての様々な館があるだけである（白井秀和編著、『ルドゥー「建築論」注解II』、中央公論美術出版、1994、pp.43-48を参照）。
(9) パーモンティエによれば、啓蒙の時代の収集・展示の空間は集中形式によるオブジェの神聖化と、回廊形式によるオブジェの歴史化の2つの系譜がある（ミヒャエル・パーモンティエ、眞壁宏幹訳、『ミュージアム・エデュケーション』、慶應大学出版会、2012、p.90を参照）。この観点から見れば、デュランの「博物館」は両者

の融合型である。

(10) 出典：J.N.L. Durand, *Précis des leçons d'architecture*, Second volume, L'École royale polytchnique, Paris, 1817, planche11；邦訳、p.190.

(11) cf., Jean-Nicolas-Louis Durand, *Précis des leçons d'architecture*, Second volume, L'École royale polytchnique, Paris,1817, pp.56-57；邦訳、pp.153-154. デュランの「博物館」は展示空間による「監視」であると同時に（岡田温司、『芸術と生政治』、平凡社、2006を参照）、収集空間による権力の「所有」でもあり、後者の強度は無視できない。

(12) 日本の場合、明治政府の成立が契機となり、西欧から「博覧会」「博物館」「美術館」の概念が一度に押し寄せ、国威称揚、国民啓蒙、殖産興業の目的が混在している。明治時代初期に日本国家としての自己同一性を保証する物品を収集する「博物館」の訳語が定着する一方、収集の機能を持たず、美術品の展示空間から出発するのが、大正期の「美術館」である（石森秀三、『改訂版　博物館概論』、放送大学教育振興会、2003を参照）。

(13) 18世紀後半から産業革命を背景として開催され、フランスで一般化した「博覧会」という制度もまた、国家の威信を仮設の場で定着させる作業であり、「博物館」と無関係ではない。博覧会という帝国主義の空間化については、吉見俊哉、『博覧会の政治学』、講談社、2010を参照。

(14) 「ふつうは相容れず、相容れるはずもないような複数の空間を一つの場所に併置する」別の場所、「ヘテロトピア」については、ミシェル・フーコー、佐藤嘉幸訳、『ユートピア的身体／ヘテロトピア』、水声社、2013、pp.43-44を参照。

(15) 出典：Terence Riley and Barry Bergdoll, *Mies in Berlin*, The Museum of Modern Art, New York, 2001, p.359.

(16) 出典：Bruce Brooks Pfeiffer, *Frank Lloyd Wright 1943-1959 The Complete Works*, Taschen, Köln, 2009, p. 29.

(17) オブジェと作品、あるいは人工品と作品の相違については、佐々木健一、『作品の哲学』、東京大学出版会、1985、pp.21-32を参照。作家性、自律性、機能性の差異が両者を隔てているが、明確な概念規定は本質的に不可能である。

(18) 分類がもたらす視覚による経験の規制については、ミシェル・フーコー、渡辺一民・佐々木明訳、『言葉と物』、新潮社、1974、pp.148-186を参照。

(19) カンシーの美術館批判の理論の詳細については、岡田温司、『もうひとつのルネサンス』、平凡社、2007、pp.325-359などを参照。

(20) ヴァルター・ベンヤミン、佐々木基一編、『複製時代における芸術作品』、晶文社、1995（1935）を参照。ベンヤミンの「アウラ」は、「いま」「ここ」における作品の近づきがたい「遠さ」の体験に基づくが、体験し得ない「いま」「ここ」の想起の問題は等閑視している（ヴァルター・ベンヤミン、山口裕之編訳、「ボー

ドレールにおけるいくつかのモティーフについて」、『ベンヤミン・アンソロジー』、河出書房新社、2011所収を参照）。

したがって、反論もある。アドルノは、美術館を芸術作品の墓所となることを認めながら、プルーストの小説のなかに、美術館が土地と結びついた記憶を誘引する機能を読み取っている（テオドール・W・アドルノ、「ヴァレリー　プルースト　美術館」、渡辺裕邦・三原弟平訳、『プリズメン』、筑摩書房、1996、pp.265-287所収を参照）。ガダマーもまた、芸術作品はそれ自体として固有の場を要求するが、その場から引き離されても本来の使命の痕跡が消し去りがたく残っているとしている（ハンス・ゲオルグ・ガダマー、『真理と方法I』、法政大学出版局、1986、p.227を参照）。さらにリオタールは、美術館のなかでの芸術作品の現前そのものの変容を問題にしている（ジャン＝フランソワ・リオタール、篠原資明・上村博・平芳幸浩訳、『非人間的なもの ―時間についての講話』、法政大学出版局、2002、pp.196-206を参照）。

(21) 展示作品を自律させるために装飾を廃して白い壁で覆われた「ホワイト・キューブ」は、ヴィルヘルム・フォン・ボーデによるカイザー・フリードリヒ美術館の展示手法にすでにその徴候が認められるが（パーモンティエ、『前掲書』、pp.97-100を参照）、おそらくフィリップ・ジョンソンによるニューヨーク近代美術館での展示企画やアルフレッド・バー・ジュニアによる常設展示で実践され、かなり遅れて批評家たちが概念化している（cf., Brian O'Doherty, *Inside the White Cube*, Art Forum Magazine, 1976；大坪健二、『アルフレッド・バーとニューヨーク近代美術館の誕生』、三元社、2012、pp.243-253）。後年では、「ホワイト・キューブ」に展示する芸術作品の「中性化」が批判され、美術館の積極的な「演出」がかえって評価されることになる（W・ヴェルシュ、小林信之訳、『感性の思考　美的リアリティの変容』、勁草書房、1998を参照）。

(22) 「［美術館の］ヴォールトの内面には自然光を拡散させるように形成された反射板が取り付けられています。光はオブジェに直射することなく、そのルームに銀色の輝きを与え、しかし一日の時間の推移を知るという安らいだ感情を与えるでしょう」（ルイス・カーン、前田忠直編訳、『ルイス・カーン建築論集』、鹿島出版会、1992、p.199）。

(23) 「美術館」の起源をギロチンの処刑台と重ね合わせるバタイユもまた、「美術館」における鑑賞者の問題を看破している。「ぜひとも考慮せねばならぬことは、陳列室および展示品は容器にすぎず、訪問者こそがその内容を形成するという事実である。美術館を個人コレクションと区別するのはその内容なのだ」（ジョルジュ・バタイユ、片山正樹訳、「美術館」、『ドキュマン』、二見書房、1974（1930）、pp.132-134）。しかし顛末は、ベンヤミンによれば、大衆はもはや芸術作品のアウラを礼拝する者ではなく、「散漫な試験官」へと変わっていく（ベンヤミン、『前掲書』を参照）。

(24) 印象派以後、20世紀の芸術作品そのものの脱文脈化（アウラの自己喪失）の一方で、美術館を運営管理して

芸術作品を収集展示する主体も、国家から個人の資産家へと拡大していく。1960年代にはじまる欧米でのメセナの組織化は、肥大した芸術作品市場の象徴である。

(25) 美術館自体の作品化の一方で、カルロ・スカルパによるカステル・ヴェッキオ美術館（1964）の改修、ガエ・アウレンティによるオルセー美術館への改修（1986）、ヘルツォーク＆ド・ムーロンのテート・モダン（2000）などは、芸術作品を現実の歴史的空間へ再配置している。あるいは、周辺環境へ限りなく同化して透明化する妹島和代と西沢立衛（SANAA）の金沢21世紀美術館（2004）なども、「美術館」や「博物館」における作品の再文脈化の取り組みである。

(26) cf., Le Corbusier et Paul Otlet, *Mundaneum*, Publication n°128 de l'Union des associations internationales, Bruxelles, 1928.『ムンダネウム』は、オトレとル・コルビュジエが2章を分担した共同執筆であり、重複している論点は明らかにオトレによる理念であるが、オトレの空間構成に関わる記述は、ル・コルビュジエの影響もあり、両者の役割分担や影響関係は必ずしも明瞭ではない（註（67）を参照）。

(27) オトレによる「芸術」の解釈によれば、
　"On a défini l'art une interprétation du monde, de la réalité, et la recherché, à l'intention des humains, d'un sens qui s'élève au-dessus des lois et des faits. Sans la vision esthétique, tout aspect du monde est incomplet."
　「芸術とは、世界や現実の解釈として、また、法や事実を超越した意味を人間の意図に基づいて探究することとして定義されてきた。美学的な見方がなければ、世界の全貌は不完全なものとなる。」(Paul Otlet, "Expose general du Mundaneum", *op.cit.*, p.17；邦訳、p.26)。
　いわば、「芸術」という概念によって人間の知的活動のすべてを包含しようとする博愛主義的理想論である。

(28) 出典：Charlotte Dubray, dir., *Le Mundaneum, les archives de la connaissance*, Les Impressions Nouvelles, Bruxelles, 2008, p.57.

(29) "De la conception ancienne du Musée (Museum) on ne retiendra que l'idée de faire voir et celle d'un accès permanent à tous. Il y aura présentation d'objets et d'ensembles matériels, mais le but essentiel sera de visualiser les idées, les sentiments, les intentions placés à l'arrière des choses et qui les expliquent. Ce sera un « Idearium ». On collectionnera et on conservera des objets, mais ils ne devront pas nécessairement être rares ou précieux, des copies et des reproductions étant suffisantes pour venir à l'appui des idées. On cherchera l'utilisation maximum des collections par la mise à la disposition des études." (*ibid.*, p.10；邦訳、pp.15-16)

(30) しかし、アウラへの希求は別のかたちで存続している。たとえば18世紀グランド・ツアーのごとく、アウラが残存する現地へ赴くことへの衝動が高まることもある（岡田温司、『グランドツアー　18世紀イタリアへの旅』、岩波書店、2010を参照）。

(31) cf., André Malraux, *Le musée imaginaire*, 1947, 1965.

(32) マルロオ、小松清訳、『空想の美術館』、新潮社、1957、p.38。

(33) マルロー、小松清訳、「芸術的創造」、『世界の大思想 II-14』、河出書房、1968、pp.53-58所収を参照。

(34) ポール・ヴァレリー、渡辺一夫・佐々木明訳、「博物館の問題」（1936）、『ヴァレリー全集10 芸術論集』、筑摩書房、1967、p.196。

(35) 西野嘉章、『博物館学』、東京大学出版会、2000、p.176。

(36) 梅棹忠夫、『メディアとしての博物館学』、平凡社、1987、は、展示空間の情報化という機能からはポンピドゥ・センターと同系列に位置づけられるが、梅棹の場合、情報メディアはあくまで実在する「もの」の従である。

(37) 突き詰めれば、芸術作品は「大衆のシミュレーション遊び用のモニュメント」ともなり得る（ジャン・ボードリヤール、今村仁司・塚原史訳、『シミュラークルとシミュレーション』、法政大学出版局、1984、p.76を参照）。

(38) "Le vrai musée est celui qui contient tout, qui pourra renseigner sur tout lorsque les siècles auront passé. Ce serait là le musée loyal et honnête; il serait bon, car il permettrait de choisir, d'approuver ou de nier; il permettrait de saisir la raison des choses et inciterait au perfectionnement. Ce musée n'existe pas encore." (Le Corbusier, *L'art décoratif d'aujourd'hui*, G. Crès et Cie, Paris, 1925, p.13；邦訳、p.25)

(39) *ibid*, p.24；邦訳、p.38.

(40) cf., *ibid.*, pp.67-79；邦訳、pp.81-97. しかし、「オブジェ型」は規格化された工業製品だけではない。たとえば、レスプリ・ヌーヴォー館（1925）に展示される壺をはじめ（cf., Le Corbusier, *Almanach d'architecture moderne*, G. Crès et Cie, Paris, 1926, pp.167-169；邦訳、pp.188-190）、1920年代のル・コルビュジエ自身の絵画制作で探求されたオブジェ（「原初的形態 forme primaire」）の図像や1920年代後半から拾い集められた骨、小石、貝殻、樹皮などの「詩的反応を喚起するオブジェ objets à réaction poétique」（cf., Danière Pauly, "Objets à reaction poétique", in Jaques Lucan dir., *Le Corbusier une encyclopédie*, Les Éditions du Centre Pompidou/CCI, Paris, 1987, pp.338-340；邦訳、pp.338-340）も含まれている。

(41) 出典：Le Corbusier et Pierre Jeanneret, W. Boesiger et O. Stonorov éd., *Œuvre complète 1910-1929*, Girsberger, Zürich, 1929, p.101.

(42) 出典：[Le Corbusier], FLC18154, [1950].

(43) ル・コルビュジエは、「複製」あるいは「量産住宅」を積極的に肯定しているが、非個性的なものを意図的に希求する「新しい新古典主義」の感性とは異なっている（スーザン・ソンタグ、喜志哲雄訳、「一つの文化と新しい感性」、『反解釈』、筑摩書房、1996所収を参照）。

(44) ナンシー・トロイ、天野知香訳、「ル・コルビュジエのモダニズムとフランスにおける装飾芸術を巡

る言説」、『ル・コルビュジエと日本』、鹿島出版会、1999，」pp.61-84 を参照（仏語版論文未掲載）。

(45) "Un nouveau terme a remplacé le mot de *mobilier*; ce terme incarnait les traditions accumulées et les usages périmés. Le mot nouveau, c'est l'*équipement* de la maison. L'équipement, c'est, par l'analyse du problème, classer les divers éléments nécessaires à l'exploitation domestique. Remplaçant les innombrables meubles affublés aux formes et aux noms varies, des *casiers* standard sont incorporés aux murs ou appuyés au mur, disposés en chaque endroit de l'appartement où s'effectue une fonction quotidienne précise, équipés à l'intérieur suivant leur destination exacte (Penderie, ligne de corps, ligne de maison, vaisselle, verrerie, bibelots, bibliothèque, etc.)."

「**家具**という語に代わる新しい語ができた。家具ということばには蓄積された伝統や古くなった慣習がしみこんでいる。新しい語は住宅の**装備**と呼ばれた。装備とは、家庭生活に必要な各種要因を分類し問題を解明することである。無数の家具、いろいろな姿形をまとい、様々な名をつけられてきたものに代わって、標準の**整理棚**が壁に組み込まれ、壁に寄せて置き、住戸の中で毎日正確に使われる場に、目的に応じて配される（衣服棚、肌着棚、布類棚、皿用の棚、カラス器の棚、飾り棚、書棚等々）」(Le Corbusier et Pierre Jeanneret, W. Boesiger et O. Stonorov éd., *Œuvre complète 1910-1929*, Girsberger, Zürich, 1929, p.100；邦訳，p.92)

　ル・コルビュジエにおける「装備 équipement」の概念は、家具と建築との一体化の問題だけではない。レスプリ・ヌーヴォー館（1925）の表象に明らかなように、動くものとしての椅子やさまざまな日用品のオブジェが「装備」に介在してくる。さらに、「芸術は人生に必要なもの」であるならば（cf., Le Corbusier, *L'art décoratif d'aujourd'hui*, op. cit., p.81；邦訳，p.99)、住宅の生活空間に絵画や彫刻を展示してもよい。

(46) たとえば、リーグルの歴史相対主義的様式論とは異なり（アイロス・リーグル、尾関幸訳、『現代の記念物崇拝』、中央公論美術出版、2007, pp.70-71 を参照）、ル・コルビュジエの芸術史観は普遍史と発展史の混合である（cf., Amédée Ozanfant et Charles-Édouard Jeanneret, "Idées personnelles", *L'Esprit Nouveau*, n°27, Paris, s. p., 1924.11)。したがって、「芸術」という普遍的概念そのものを解体する作業は、ル・コルビュジエには無意味である。

"Il ne peut avantage y avoir l'art décoratif qu'il ne saurait subsister de « style ». Les styles ne sont au style d'une époque que la modalité accidentelle, superficielle, surajoutée pour faciliter la composition de l'œuvre, accolée pour masque les défaillances, multipliée pour créer le faste. ... L'œuvre d'art, ce « double vivant » d'un être existant ou disparu, ou inconnu; ... Art toujours. L'art est inséparable de l'être, véritable puissance indissoluble d'élévation apte à donner un Bonheur pur."

「「様式」が存続しえないように、ましてや永らえる装飾芸術はありえない。様式がある時代の様式となるのは偶然的な、表面的な付け加えによって、作品の構成をやりやすくし、不具合をどんどんと取り繕って豪華にしていくからである。……芸術作品とは、生きている人間存在、亡くなった人間存在、または無名の人間存在が生きられた「二重の生命」である。……芸術はつねにある。芸術は人間存在と区別できない。純粋の喜びを与え得る本当の高みへ導く確固たる力である」(Le Corbusier et Pierre Jeanneret, *Œuvre complète 1910-1929*, op.cit., p.106；邦訳，p.96)

(47) 新しい時代の芸術が、美術館という制度のなかで、歴史化から逃れているわけではない。1936年にニューヨーク近代美術館で開催された「キュビスムと抽象芸術」でさえ、アルフレッド・バー・ジュニアは「イズム」の系譜を筋立てて、鑑賞者につくり上げられた歴史の動線を強要している。

(48) たとえば、彫刻、絵画、工芸品は同じ場所に展示されるべきであるとするボーデの「様式の間 Stilräume」の理論（パーモンティエ、『前掲書』、pp.97-99 を参照）。

(49) バウハウスにおける理論的実験的な劇場の研究より以前にも、ヴァルター・グロピウスとアドルフ・マイヤーによるゾマーフェルト邸（1921）が「綜合芸術」の試みとして知られている。バウハウス宣言を飾った理想像としてのゴシック大聖堂において、内装や外装の立体的な装飾が建築と不可分に結び付いている。

(50) cf., Le Corbusier, "Les tendances de l'architecture rationaliste en rapport avec la peinture et la sculpture", à la réunion Volta, 1936 in *L'Architecture vivante*, vol.7, 1937. ル・コルビュジエの「芸術の綜合」は、おそらく 1929 年に設立された UAM（近代建築家同盟）における専門家たちの「協働」の理念とも関連している（ル・コルビュジエも 1931 年に会員になっている）。UAM の場合、バウハウスとは異なって、あくまで個の主体性に基づく分業を志向している。

(51) 第二次世界大戦後、1947 年にイギリスのブリッジウォーターで開催された第 6 回 CIAM（近代建築国際会議）において、ジークフリード・ギーディオンは「芸術の綜合と新しいモニュメンタリティ the synthesis of the arts and the new monumentality」を会議のテーマとしている（cf., Eric Mumford, *The CIAM Discourse on Urbanism, 1928-1960*, The MIT Press, Cambridge, Massachusetts, 2000, p.170）。宗教性を喪失した新しい時代における「擬似記念性」に代わる絵画や彫刻の芸術作品の公共性に関する議論であり、建築家と芸術家の協働可能性や建築物そのものの社会的芸術としての表現性について議論をしている（cf., M. Christine Boyer, *Le Corbusier, Homme de Lettres*, Princeton Architectural Press, New York, 2011, pp.677-680）。

　ル・コルビュジエはすでに、サン＝ディエの復興都市計画（1945）の構想において、都市の「コア」となるべき広場の構成要素の一つとして「美術館」を

適用し、1951年の第8回CIAMにおいても論じている（cf., Le Corbusier, "The Core as a Meeting Place of the Arts", in J. Tyrwhitt, J. L. Sert and E. N. Roger ed., *The Heart of the City*, Lund Humphries, London, 1952, pp.41-52）。第二次世界大戦後の都市復興計画に関しては、マルセイユ、サン＝ディエ、サン・ゴダン、ラ・ロッシェル、イズミール（トルコ）、ボゴタ（コロンビア）、ベルリンなどについて研究しているが、住宅の再建が急務であり、「美術館」を提案しているのは、サン＝ディエ（1945）とイズミール（1948）、そしてベルリン（1957）である。

振り返れば、ル・コルビュジエの1930年来の都市計画でも、多かれ少なかれ「美術館」が重要な役割を担っている。バルセロナ（1932）、アンヴェルス（1933）の2つの都市計画、チェコスロヴァキアのツリン渓谷の工業都市（1935）、そしてリオ・デ・ジャネイロの大学都市（1936）において、ル・コルビュジエは「美術館」を新都市における主要機能として位置づけて検討している。

(52) "La situation des arts plastiques paraissait inextricable: des peintres innombrables, des sculpteurs, chacun de leur côté. Et les architectes indifférents au phénomène plastique et à l'esprit d'époque ou ne trouvant pas le moyen d'établir le contact utile. L'idée est donc venue de créer des « Chantiers de Synthèse » ayant pour objet de mettre les peintres et les sculpteurs à pied d'œuvre devant des tâches de nature architecturale et cela dans des conditions architecturales." (Le Corbusier, W. Boesiger éd., *Œuvre complète 1946-1952*, Girsberger, Zürich, 1953, p.67；邦訳、p.65)

(53) "Prendre possession de l'espace est le geste premier des vivants, des hommes et des bêtes, des plantes et des nuages, manifestation fondamentale d'équilibre et de durée. La preuve première d'existence, c'est d'occuper l'espace.

La fleur, la plante, l'arbre, la montagne sont debout, vivant dans un milieu. S'ils attirent un jour l'attention par une attitude véritablement rassurante et souveraine, c'est qu'ils apparaissent détachés dans leur contenu mais provoquant des résonnances tout autour. Nous nous arrêtons, sensibles à tant de liaison naturelle; et nous regardons, émus par tant de concordance orchestrant tant d'espace; et nous mesurons alors ce que nous regardons irradie.

L'architecture, la sculpture et la peinture sont spécifiquement dépendantes de l'espace, attachées à la nécessité de gérer l'espace, chacune par des moyens appropriés. Ce qui sera dit ici d'essentiel, c'est que la clef de l'émotion esthétique est une fonction spatiale." (Le Corbusier, "L'espace indicible", *L'Architecture d'Aujourd'hui*, numéro hors série, 1946, pp.9-10)

(54) "Or, si la peinture, ou la sculpture, veut entrer dans la bâtisse, deux méthodes sont possibles. L'une, c'est que le bâtisseur, ayant réalisé sa bâtisse, rencontre par le bienfait des dieux, sur son chemin, quelque part, telle sculpture qui lui dire : il me faut cette sculpture dans mon bâtiment; ou lui fait dire : je mettrait cette peinture dans mon bâtiment. Toutes deux, peinture et sculpture, peuvent entrer en parfaite harmonie à ce moment-là dans l'architecture. L'autre méthode, c'est que le bâtisseur se mette en dialogue avec le sculpteur et le peintre."

「さて、絵画や彫刻を建物のなかに入れたいのなら、二つの方法がある。一つは、建物を建てる者が、その途上のどこかで神の恩恵に授かることである。建物のなかにこの彫刻が必要だ、建物のなかにこの絵画を置かなければと思わせるように、作品が語りかけるときである。絵画と彫刻のこの二つは、このとき建築のなかで完全なる調和の状態になる。もう一つの方法は、彫刻家や画家と対話することである。」(préface de Le Corbusier, Paul Damaz, *Art in European architecture. Synthèse des Arts*, 1956, p.viii, le 9 Mai 1955)

「芸術の綜合」において、ル・コルビュジエがここで問題にしているのは、鑑賞者ではなく、あくまで制作する建築家である。それにしても、建築空間における芸術作品の適材適所は、様式的な類似の問題ではない。丹下健三もまた、この問題設定をなぞっている。「建築と絵画と彫刻は、それぞれが自己を主張しながら、デモーニッシュな統一を成し遂げている。」（丹下健三、「近代建築の問題」、芸術新潮、6巻5号、1995年5月、pp.71-73）。

(55) "Le Musée pourrait devenir un centre intense de vie artistique.

Des séances publiques, festivals, conférences, expositions temporaires, etc. manifesteraient l'unité des arts contemporains: peinture, statuaire, architecture, poésie, musique, voire théâtre et cinéma." **(AFLC, F1-9-20, Le Corbusier, Création, à Paris, d'un musée de la connaissance de l'art contemporain, 1943.3.15)**

(56) アンリ・ヴァン・ド・ヴェルドの工作連盟劇場（1914）やヴァルター・グロピウスの全体劇場（1927）の構想など、20世紀のドイツやフランスにおける文化の大衆化において、劇場は特権的な役割を与えられているが、ル・コルビュジエにおける劇場は、おそらく社会改革的な文脈とは異なる美学的動機を持っている。

(57) 実際、ル・コルビュジエの「美術館」は、空間芸術と時間芸術に関する古代ギリシアの以来の芸術形式分類に準拠している。

(58) **cf., AFLC, J1-5-9, Le Corbusier, esquisse pour l'exposition synthèse des arts majeurs, Porte Maillot, 1950, 1949.7.18, 1949.7.7.**

(59) モデュロール尺による蜂巣状空間と「傘型 parasol」の屋根を持つ「展示館 pavillon」は、ネスレ館（1928）を発端とし、ポルト・マイヨの「芸術の総合」展のための展示館（1950）として定型化されている。ル・コルビュジエは、一時的な企画展示のための空間である「展示館」について、次のように説明している。

"Ce type de parasol ou de parapluie métallique pouvait être adopté comme abri type tant à Milan, qu'à Berlin, qu'à Londre, New York, etc... Porte Maillot (et ce terrain existe) et d'un parapluie, c'est-à-dire du bâtiment permanent permettant d'abriter les panneaux et les sculptures places ici dans « des conditions architecturales » infiniment variables."

「この種の金属の日傘または雨傘的なものは、基本型としてミラノでも、ベルリンでも、ロンドンでも、ニューヨークでもどこでも採用可能である。……ポルト・マイヨ（その敷地は存在する）と雨傘、すなわちその下にパネルや彫刻を保護しながら、無限に変化し得る「建築的条件」をつくり出す。」(Le Corbusier, Œuvre complète 1946-1952, op.cit., p.67；邦訳、p.65)

「展示館」は、自律した芸術作品のための空間として、「ホワイト・キューブ」以上に「ホワイト・キューブ」的である。しかし、「ホワイト・キューブ」のように恒久的な壁を備えているわけではない。むしろ、状況に応じて展示空間の変更可能な空間である。「避難所 abri」として空洞であり、「綜合の場所」としての「展示館」は、中性的というよりも原初的である。

「展示館」は、ル・コルビュジエ・センター（1967）として単独で実現している（ル・コルビュジエはこの美術館「人間の家」（1961）をパリに組み立てるという（cf., AFLC, I3-17-46, lettre de Le Corbusier à Heidi Weber, 1964.11.6））。ブリュッセル万博のフィリップス館（1958）もまた、傘状屋根だけを綜合芸術の実験的な音響空間に特化・変型させた構想である（cf., AFLC, J2-19-151, lettre de Le Corbusier à L.C. Kalff, 1958.1.6; AFLC, R3-6-76, lettre de Le Corbusier à F. Ouellette, 1960. 6. 4）。

しかしながら、本来「展示館」は基本的に「美術館」の拡張を保証する附属的な装置としての位置づけである。東京の美術館（1959）の構想での適用が最初である。

(60)「不思議の箱 boîte à miracle」は、ル・コルビュジエによれば、パリのソルボンヌでの演劇会議における演劇空間の改革案である（Le Corbusier, Œuvre complète 1946-1952, op.cit., p.160；邦訳、p.152）。改革案の具体的内容は不明であるが、伝統とはまったく無関係な現代的照明と音響による前衛演劇をル・コルビュジエは志向している（cf., AFLC, E1-12-154, lettre de Le Corbusier à A. Camus, 1957.2.13）。

1951年9月下旬には手帖にも描いているが（Le Corbusier, Le Corbusier Carnets 2, op.cit., p.557）、「美術館」の附属施設としての「不思議の箱」の初出は、アーメダバードの美術館（1957）の構想であり、東京（1959）、チャンディガール（1952）、フォール・ラミー（1960）、エルレンバッハ（1963）、ナンテール（1965）と最晩年まで美術館計画の附属施設として構想している。理念としては、ケンブリッジ、ハーヴァードの視覚芸術センター（1964）もまた、「不思議の箱」の特殊解である（AFLC, J3-7-22, note de Le Corbusier, 1959.7.23）。

(61) ル・コルビュジエが「自発劇場 théâtre spontané」と名付ける野外の演劇空間は、ソヴィエト・パレス（1931）や10万人の祝祭センター（1936）の野外劇場の構想に遡る。第二次世界大戦後のユニテ・ダビタシオンの屋上庭園の野外劇場も同じ系譜であるが、そもそも劇場という類型は、ル・コルビュジエにとって「時代の強度 intensité d'une époque」の表明であり、1936年にブラジルのブエノス・アイレスで見かけた路上劇が最初の契機となっていることをル・コルビュジエは披瀝している（cf., Le Corbusier, "Le théâtre spontané", in André Villiers, Architecture et dramaturgie, Flammarion, Paris, 1948.11, pp.149-168）。さらにル・コルビュジエは、ヒンディー劇に感銘を受け（cf., AFLC, P2-3-83, lettre de Le Corbusier à O.D. Sondhi, 1953.1.15）、「不思議の箱」とは対照的に伝統的な（あるいは民族的な）演劇空間を余暇の谷（1951）の構想において研究している（cf., Le Corbusier, Le Corbusier Carnets 2, op.cit., pp.502-509, ［1951.7.8］；Le Corbusier, FLC5638, 1958.3.15; Le Corbusier, FLC33186,1959.3.15, 1959.4.19）。

「美術館」の附属施設としては、アーメダバードの美術館（1957）の野外劇場を原型とし、チャンディガールの美術館（1964）の構想で半野外の舞台空間として定型化され、フォール・ラミー（1960）、エルレンバッハ（1963）、ナンテール（1965）とインド以外の土地でも最晩年まで「美術館」の附属施設として構想し続けている。最終的には映画や集会の機能を取り込んで、「不思議の箱」とは対照的な屋外に拡がる舞台の空間性を強調するようになる（cf., Le Corbusier et son atelier rue de Sèvres 35, W. Boesiger éd., Œuvre complète 1957-1965, Les Éditions d'Architecture, Artemis, Zürich, 1965, pp.171-172; 邦訳、pp.171-172）。

(62) アーメダバードの美術館（1957）の構想のはじめから、ル・コルビュジエは「限りなく成長する美術館 musée à croissance illimitée」だけではなく演劇空間、すなわち前衛芸術のための「不思議の箱 boîte à miracle」や民族舞踊のための「自発劇場 théâtre spontané」の原型となる野外劇場を提案している。

附属施設や美術館の増築と同様、これらの演劇空間はアーメダバードでは実現していないが、東京の美術館（1959）の最初の構想では、さらに「展示館 pavillon」が「美術館」と「不思議の箱」とともに広場を形成している。

そして、チャンディガールの美術館（1964）の構想では、「美術館」「展示館」「不思議の箱」「自発劇場」が点在するピクチュアレスクな空間の拡がりを演出している。

(63) ル・コルビュジエの晩年、美術館や博物館の建設依頼の可否は、時間の組織化という主題に関わっている。
"Hier soir, à l'inauguration de l'exposition du Musée d'Art Moderne, au milieu de la cohue, vous m'avez demandé : "Accepteriez-vous de faire notre Musée Archéologique?"

Je réponds : parfaitement d'accord. Oui, d'accord. Car avec de l'archéologie, on peut faire un musée moderne admirable. Tandis qu'avec des tableaux et de la peinture de Montparnasse on ne peut qu'entrer dans l'ère difficultés inextricables. L'archéologie est stable et solide sur ses pattes et on peut l'organiser. D'ailleurs elle porte tout le potentiel de la poésie. Je réponde donc : "oui", à votre demande."
　「昨日、大観衆のなかで行われた、近代美術館の展覧会の開会式で、こうお頼みでした。「私たちの考古学博物館をつくっていただけませんか」、と。
　お答えします。まったくもって承知いたしました。ええ、承知しました。考古学によって、素晴らしい新しい時代の博物館がつくれるからです。モンパルナスの絵画や画布を見ても混沌とした時代を感じるだけです。考古学は揺るぎのない軸足です。そういう考古学を組織できるのです。そのうえ潜在的な詩情を引き出すこともできるのです。それゆえにお答えします。ご依頼に「ウィ」です。」(**AFLC, I1-18-328, lettre de Le Corbusier à M. Quonian (Inspecteur general des Musées de Province Musée du Louvre), 1962.11.15**)
　一方で、ル・コルビュジエは、慣習的な芸術作品のための美術館の依頼を「芸術」の新しい展示方法を研究するという立場から拒否している（cf., **AFLC, I2-16-35, lettre de Le Corbusier à Oscar Ghez, 1963.1.9**）。

(64) ル・コルビュジエは1930年代の美術館構想についても、「器官」にたとえて次のように説明している。
　"Et puis il faudra que nous nous voyions comme vous le dites, car tout ce qui est sur papier n'est que triste aventure architecturale. Il n'y a de vrai dans notre métier que ce qui se dresse dans l'espace et je crois que mon projet de Musée est une organe des Temps Modernes qui doit prendre vie, comme ont pris tant d'autres machines de toutes sortes, dans cette période de rénovation totale. Et ce serait logique, naturel et régulier, que soit le Musée de Grenoble qui commence, puisque c'est le seul jusqu'ici en France qui ait eu le courage de croire à Aujourd'hui."
　「おっしゃられるように、検討を詰めていかなければなりません。紙の上のことは虚しい建築的冒険に過ぎません。空間において立ち現れるものこそ私たちの本当の仕事です。私の美術館の構想は生活というものを変える新しい時代の器官なのです。革新が行き渡るこの時代において、いろいろな機械を使っているのと同じことです。美術館は論理的で、自然で、精密です。まずはグルノーブルの美術館から。そして現代について考える勇気を持ったフランスで。」(**AFLC, J3-1-21, lettre de Le Corbusier à André Farcy, 1935.3.23**)

(65) ル・コルビュジエによる最初の美術館の構想は、1913年のラ・スオ＝デーフォンの美術館とされるが（スタニスラウス・フォン・モース、住野天平訳、『ル・コルビュジエの生涯』、彰国社、1981、p.47を参照）、ル・コルビュジエ財団では未登録の構想であり、図面も所蔵されていない。

(66) 芸術家のアトリエ（1910）以外にも、1920年代のル・コルビュジエの住宅、とくにヴィラ・ラ・ロッシュ（1923）におけるギャラリーは、ラ・ロッシュが収集した作品展示空間であり、住宅内の「建築的プロムナード」が後の「美術館」における螺旋型の動線へ発展していく（ベアトリス・コロミーナ、太田泰人訳、「ル・コルビュジエの美術館―ラ・ロッシュ邸から東京まで」、『ル・コルビュジエと日本』、鹿島出版会、1999、pp.40-42（仏語版では論文未掲載）を参照）。

(67) 実際、ムンダネウムの世界博物館（1929）の構想において、ル・コルビュジエは芸術家のアトリエ（1910）を参照している（cf., [Le Corbusier], FLC24612B）。したがって、ル・コルビュジエの「美術館」の出自は、必ずしもオトレの「博物館」ではない。

(68) 後に、ル・コルビュジエはロンシャンの礼拝堂（1953）やラ・トゥーレットの修道院（1959）の制作に関して、「芸術の綜合」（あるいは「言語を絶する空間」）とほとんど同じ空間現象について述べている（cf., Le Corbusier, *Texte et dessins pour Ronchamp*, Association œuvre de Notre-Dame-du-Haut, Ronchamp, Genève, 1965, s.p.; Le Corbusier, Jean Petit éd., *Un couvent de Le Corbusier*, Les Éditions Forces Vives, Paris, 1961, p.29）。新しい時代の精神は宗教を否定したというより、自我の批判精神によって、芸術性と宗教性とが同根であることを見出した、というわけである。

(69) 出典：Le Corbusier, *Le Corbusier Carnets 2*, Éditions Herscher / Dessain et Tolra, Paris, 1981, p.641.

(70) 出典：Le Corbusier, *Le Corbusier Carnets 4*, Éditions Herscher / Dessain et Tolra, Paris, 1982, p.739, [1961.6.-.].

(71) 出典：[Le Corbusier], FLC30883A, [1931].

(72) 出典：[Le Corbusier], FLC768A, [1935].

(73) ただし、オトレの構想する博物館は放射状の空間構成である（cf., Paul Otlet, FLC24573, 1927.11.15; Paul Otlet, FLC24574, 1927.12.; [Le Corbusier], FLC24519, [1929.4]; [Le Corbusier], FLC24509, [1929.4]; [Le Corbusier], FLC24510, [1929.4]）。

(74) 世界博物館（1929）の作品・時間・空間の分類学の一方で、ル・コルビュジエはパリ（1953）やリヨン（1956）で開催された自らの展覧会の構成では、むしろ建築・絵画・彫刻などの表現形式と時代区分を意図的に混合して展示している（cf., Le Corbusier, FLC33374B, 1962.7.12; [Le Corbusier], FLC33845A, 1956.5.18）。

(75) cf., **AFLC, F1-14-187, dessin de Le Corbuier, la section de Mundaneum, 1929, s.d**. ピラミッド型の形態はル・コルビュジエの建築言語としては例外的であり、歴史的モニュメントを暗示させる時代錯誤性が批判されることになる（cf., Karel Taige, "Mundaneum", *Stavba*, vol.7, Praha, 1929, pp.145 sqq.）。

一方、上部から地上へ螺旋状に下る空間構成そのものは、フランク・ロイド・ライトのゴートン・ストロング・プラネタリウム（1914）の構想案と酷似している。ライトの案では円筒型であり、螺旋状の動線は自動車のためのものである。事業が頓挫したためにライトは構想案を公表していないが、1929年にライトは図面を施主から取り戻そうとしている（B・B・ファイファー、遠藤楽訳、『フランク・ロイド・ライト 幻の建築計画』、グランドプレス、1987、pp.14-15を参照）。ル・コルビュジエとおぼしき人物が類似する空間構成の博物館を構想して喧伝していることと無関係ではないのかもしれない。少なくとも、後にル・コルビュジエは、ゴートン・ストロング・プラネタリウム（1914）を応用したライトのグッゲンハイム美術館（1959）（**図3**）を批判している（註（79）および註（90）を参照）。

(76) Le Corbusier et Pierre Jeanneret, W. Boesiger éd., *Œuvre complète 1929-1934*, Ginsberger, Zürich, 1934, p.73; 邦訳、p.63; **AFLC, F1-9-1, Manuscrit de Le Corbusier sur le Musée d'art contemporain à Paris 1931 (manuscrit sur la lettre de Le Corbusier à Zervos, 1930.2.19), non datée.**

(77) ル・コルビュジエはパリの現代美術館（1931）と現代美学センター（1936）の期間に、パリ国立及び市立美術館（1935）を構想しているが（ex., [Le Corbusier], FLC28807, [1935]）、市立と国立の美術館の併設という特殊な与条件に答えた案であり、ル・コルビュジエの「美術館」概念生成の系譜に位置づけることはできない。

(78) ル・コルビュジエの壁への偏愛は、「芸術の綜合」の主題の一つである壁画にも示されている。

"Un « mur » (manière de parler) est en réalité un fragment d'un ensemble volumétrique. Il faut connaître la valeur des volumes, leur signification, leur puissance, leur capacité de pression ou d'oppression, et cela ne s'acquiert que par la fréquentation des volumes bâtis, c'est-à-dire des chantiers et des ateliers où se font les plans et où il faudrait apprendre à connaître la technique par laquelle, au moyen de simple épures, l'idée architecturale s'incarne, se manifeste et se réalise un jour."

「「壁」（語りかける方法）は実際ヴォリューム全体の一部である。ヴォリュームの価値、意味、力、圧力や圧迫の可能性を理解しなければならない。そしてそれは建設されたヴォリュームとの関係を不断に検討することによってしか獲得されない。つまり現場であり、アトリエでは図面を作成しながら、技術を磨き、いつか建築的なアイディアを具現して表現し、実現する。」（préface de Le Corbusier, Antoine Fasani, *Éléments de peinture murale*, Bordas, Paris, 1951, s.p.）

"Pour qu'un art mural du XXe siècle puisse apparaître, il faut auparavant que la synthèse des arts majeurs se soit opérée, c'est-à-dire que se soient réalisées l'unité dans la pensée et l'union parmi ceux qui commandent aux divertes disciplines de l'art."

「20世紀の壁画芸術のために、まず主要芸術の綜合が遂行されなければならない。つまり理念の統一、芸術の様々な規則を要請するものの連合が実現されなければならない」（*ibid.*）

実際、ル・コルビュジエは1930年以降、「芸術の綜合」の実践の一つとして、「写真壁」や壁画を断続的に制作し、建築作品に組み込んでいる。スイス学生会館（1932）のホールにおける写真壁（1932）や壁面制作（1948）などは典型である。東京の美術館においても、中央の大ホールに「写真壁」を企てることになる。

(79) しかしながら、ムンダネウムの世界博物館（1929）のようなスロープの傾斜した床面に立ち上がる壁そのものは、展示壁面にならない。ル・コルビュジエは1960年代の「限りなく成長する美術館」での概説でも、スロープそのものは展示空間ではないことを強調し、垂直的な移動経路の傾斜する床面に芸術作品を置くグッゲンハイム美術館（1959）（**図3**）の前衛性を暗に批判している。

"c - le Musée à Croissance Illimitée étant un Musée à développement horizontal comportant un niveau principal (niveau 1) complété par deux niveaux secondaires (niveau 0 et niveau 2, ou terrasse) et un demi-niveau intermédiaire, le problème des déplacements dans le sens vertical peut être aisément résolu, sans escaliers, ascenseurs ni monte-charges, par quelques rampes à faible pente, accessibles aux chariots électrique de manutention."

「c — 限りなく成長する美術館は水平的に発展していく美術館である。主階（1層階）には、補助的に二層がある（0層階と2層階もしくはテラス）。そして半層階もある。垂直的な移動の問題は簡単に解決されるであろう。階段やエレベーターや搬入昇降機などなくても、緩やかなスロープや電動の荷台があればこと足りる。」（**AFLC, I3-18-100, ""Musée à Croissance Illimitée" et "Musée du 20ème siècle"" par Le Corbusier, [1963.2.18]**）

(80) すでにル・コルビュジエは、パリの現代美術館（1931）の構想について理解を示した批評家ゼルヴォスのために、存命芸術家の美術館（1931）を構想し、はじめて美術館への地上からの入館動線を検討している（cf., [Le Corbusier], FLC33271, [1931]; [Le Corbusier], FLC33395, [1931]）。ただし、中央ホールの吹き抜けは階段であり、1931年の時点では展示階との不連続性は残されている。

(81) cf., [Le Corbusier], FLC934, [1936]; [Le Corbusier], FLC933, [1936].

(82) 出典：AFLC, L3-20-40.

(83) Le Corbusier, *Œuvre complète 1938-1946*, op.cit., p.16; 邦訳、p.16. 卍型の動線は、おそらくリエージュの水の博覧会のフランス館（1937）の動線を踏襲して定型化されている（cf., [Le Corbusier], FLC24299, [1937]）。後の構想では、螺旋型（展示階）と組み合わされた卍型

33

(展示階中階)の動線は、外部への動線としてだけではなく、附属施設とつながることもできるようになる。

(84) 「限りなく成長する美術館」の最初の直接的な命名は、パリの現代美学センター (1936) である (Le Corbusier et Pierre Jeanneret, Max Bill éd., *Œuvre complète 1934-1938*, Ginsberger, Zürich, 1938, p.153; 邦訳、p.135)。

(85) Le Corbusier et Pierre Jeanneret, *Œuvre complète 1934-1938*, op.cit., p.153; 邦訳、p.135.

(86) 帯状の自然採光装置については、おそらくパリの現代美術館 (1931) においても主題の一つとなっているが、天井からの自然採光装置の詳細は研究されていない。実際、東京の美術館(1959)では大きな問題になっている。言説とは矛盾しているが、すでにこのときから、ル・コルビュジエは自然光を積極的に許容し、移ろいゆく「24時間の太陽」という都市空間像を「美術館」という特殊な空間にも適応しようとしているのかもしれない (cf., FLC29982, [1939]; FLC894, [1939])。

(87) "Je vous éctis ce mot parce que je me dis que, fort probablement, vous ne connaissez pas cette étude. Il s'agit en fait d'un Musée pour n'importe qui, tout comme un bateau est un bateau, pour n'importe quoi, etc, etc... Sa caractéristique, c'est que c'est un Musée sans façade, qui part par son milieu et se développe à l'entour sans que personne s'aperçoive que le chantier est en construction permanente. Ainsi le développement se fait-il régulièrement dans une économie extraordinaire d'argent et de circulation."
「このように書いているのは、おそらくきっとこの研究をご存じないからです。実際、美術館は船がそうであるように、誰にでも、何でも、適えることができるのです。特徴はファサードがないことです。中央から外に向けて発展し、たえず建設を続ける現場のようにしか見えません。規則正しく発展していけば、これほど経済的なことはありません。」(**AFLC, J3-1-20, lettre de Le Corbusier à André Farcy (conservateur du Musée de Grenoble), 1935.2.15**)

(88) 出典：AFLC, L3-8-92; L3-8-67.

(89) "Pour l'exposition elle-même on cherche une grande souplesse où il faut pouvoir nous affranchir de la vieille notion des salles rectangulaires. Il faut des espaces flexibles pour moduler au gré des programmes les présentations. On peut avoir un circuit unique mais quelquefois des circuits parallèles. Si on veut donner un déroulement chronologique il faut présenter avec une sorte de synthèse.

L'attention de l'homme est limitée au bout d'un certain temps. Quelque soit la beauté offerte au public à un certain moment naît la fatigue. Il faut jouer des facteurs psychologique. La question de la lassitude est très important. Il faut susciter chez le visiteur la "self découverte". Il faut disposer de plusieurs circuits. Le public est composé de categories socials très variés auxquels il faut faire face dans les musées. Il faut des salles d'étude. L'immensité du thème nécessite des jalons (des filons). Il faut arriver à regarder les choses, les événements successifs dans un ordre favorable qui doit être créé par le Musée. Il faut avoir le soucis de relier le passé au présent. Le problème consiste à ne pas montrer le passé comme un âge d'or révolu ni de dire que tout ce qui a été fait avant c'est de la saleté. Il faut illustrer l'effort de la génération passée, l'<u>harmonie</u> du patrimoine. C'est un temps qui ne reviendra plus jamais et tout ce qui se fera dans l'avenir doit se faire avec le respect du temps passé." (**AFLC, P3-4-114, Quelques notes prise lors de la conversation entre L-C et G.H. Rivière le directeur du Musée des Traditions Populaires de Paris, 1954.10.6**)

(90) 後年、ル・コルビュジエはグッゲンハイム美術館 (1959) (図3) における展示空間の自己完結性を否定している。
"a - la <u>spirale carée</u> sur laquelle il repose n'est pas (à l'opposé du colimaçon conçu par F. L. Wright pour le musée Guggenheim, qui n'en n'est qu'une caricature) une fixe imposée au contenu et imposant au Visiteur un parcours invariable, elle est au contraire un <u>principe d'organisation structurale</u> n'impliquant aucun traitement formel a priori, et permettant une adaptation totale (et une réadaptation constante) du bâtiment aux besoins fonctionnels du Musée.

b - l'idée d'un Musée <u>sans façade</u> n'a pas seulement la valeur d'une prise de position polémique contre les "Palais des Beau-Arts" du XIX ème siècle; le visiteur est introduit directement au cœur meme du Musée ce qui permet de lui offrir immédiatement le <u>choix</u> entre plusieurs circuits dont le développement peut se faire de la façon la plus libre et la plus naturelle."
「a ― 矩型の螺旋は内容を固定する形式でも鑑賞者の順路を決めてしまう形式でもない（グッゲンハイム美術館でＦ・Ｌ・ライトが構想したカタツムリのような螺旋階段とは対照的）。<u>組織化のための構造的な原理</u>であり、先験的な形態の問題ではない。美術館の機能に完全に対応することができる。

b ― ファサードのない美術館の理念は単に19世紀における「美の宮殿」に対して論戦を挑んでいるだけではない。鑑賞者は美術館の中心に直接導かれ、そこから様々な順路を<u>選択</u>できるようになっている。そうしてより自由により自然に鑑賞できる。」(**AFLC, I3-18-100, ""Musée à Croissance Illimitée" et "Musée du 20ème siècle"" par Le Corbusier, [1963.2.18]**)

(91) 敷地を選ばないル・コルビュジエの「美術館」の理論は、しかしはじめから「限りなく成長する」ための敷地として都市の郊外や新都市を想定せざるを得ないことも事実である (cf., Le Corbusier et Pierre Jeanneret, *Œuvre complète 1929-1934*, op.cit., p.73；邦訳、p.63)。

(92) 出典：AFLC, L3-15-129; L3-15-131.

(93) 出典：AFLC, L3-13-58; L3-13-57.

(94) ex., Oubrerie, FLC23458B, 1960.5.27. フォール・ラミーの美術館（1960）建設に向けた打ち合わせでも、ル・コルビュジエはアーメダバード（1957）、東京（1959）、チャンディガール（1964）の建設法を参照している（cf., AFLC, I3-16-49, "Rendrez-vous Biasini, Ruboz, L-C, le 17 septembre 1960", 1960.9.17）。

(95) 出典：Le Corbusier, FLC23420A, 1963.10.12; Le Corbusier, FLC23440, 1963.11.26.

(96) 一方で、ル・コルビュジエは、フォール・ラミーの美術館（1960）に構想においても、フィリップヴィルの「限りなく成長する美術館」（1939）の理論を参照するように指示することを忘れていない（cf., AFLC, I3-16-55, lettre de Le Corbusier à E. Biasini, 1960.10.21）。

(97) cf., **AFLC, F1-16-15, Note à l'attention de Gardien, 1962.1.10**.

(98) cf., Le Corbusier, *Le Corbusier Carnets 4*, op.cit., p.1003, p.1004.

(99) 対照的に、外部空間に依存しない「美術館」を建設する方法は、チャンディガールの美術館（1964）の構想において見出された卍型の動線による水平的拡張の造形への特化である。マルローに依頼された最後の構想の一つである20世紀美術館（1965）の初期構想から、ル・コルビュジエは螺旋型の動線の可能性を検討していない。もっぱら、卍型による水平的拡張の空間図式を描き、美術館と4つの芸術教育施設（建築・装飾芸術・映画・音楽）とを同等の規模に位置づけて卍型に連結している。

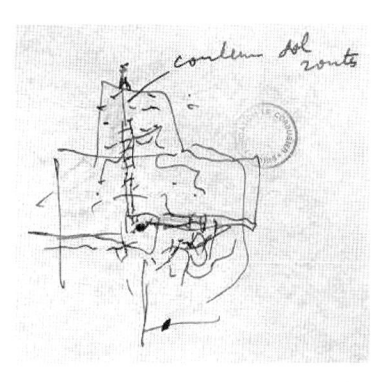

図17　ル・コルビュジエによる20世紀美術館の素描と考察（部分）
［1963年］（出典：**AFLC, I3-18-12, dessin du Musée du XXe siècle, Nanterre, 1965, 1963.2.8**）

(100) かりに絵画作品もまた一つの景観であるならば（ベアトリス・コロミーナ、「前掲論文」を参照）、すでにパリの現代美術館（1931）の内部の展示空間の連続するシークエンスの素描は（Le Corbusier et Pierre Jeanneret, *Œuvre complète 1929-1934*, op.cit., p.72; 邦訳, p.62）、たとえばヴィラ・メイエル（1925）の住宅における建築的プロムナードの典型的な素描（cf., Le Corbusier et Pierre Jeanneret, *Œuvre complète 1910-1929*, op.cit., pp.88-90; 邦訳、pp.80-82）と同じ意図の反映である。

(101) "Il s'agit ici d'un travail qui comporte ma signature, c'est à dire d'un musée qui a été étudié au cours de trente années, mis au point petit à petit, dont la totalité sera appliquée pour la première fois à Erlenbach.

Je comprendrai dans l'ensemble de mes plans, les maisons d'artistes prévues au programme, la distribution du jardin pour la sculpture et les perspectives utiles. Quant à l'intérieur, je fournirai des solutions absolument neuves et extrêmement variées de salles de musée à demi-étage et touchant parfois au sol, de façon à créer, par cet ensemble, une atmosphère extraordinaire de diversité de perspectives permettant une présentation chaque fois inattendue d'œuvres peints ou sculptulées." (AFLC, F1-16-37, lettre de Le Corbusier à Heiner Ruths (secrétaire général, Internationales Kunstzentrum), 1962.4.4)

(102) ル・コルビュジエは、パルテノン神殿のあるアクロポリスの丘を逍遥する行為的知覚を次のように説明している。

"En résumé, dans les spectacles architecturaux, les éléments du site interviennent en vertu de leur cube, de leur densité, de la qualité de leur matière, porteurs de sensations bien définies et bien différentes (bois, marbre, arbre, gazon, horizons bleus, mer proche ou lointaine, ciel). Les éléments du site se dressent comme des murs affublés en puissance de leur coefficient «cube», stratification, matière, etc., comme les murs d'une salle. Murs et lumière, ombre ou lumière, triste, gai ou serein, etc. Il faut composer avec ces éléments :"
「要約すれば、建築的光景では、敷地の諸要素（木材、大理石、樹木、芝生、海の水平線、深淵の海、天空）が立方体として関与する。それらの立方体は諸要素の密度、材料の質に関係し、それによって諸要素の差異が明確になる。敷地の諸要素は、さながら広間を取り囲む壁のように、「立方体」という指数に準拠し、積層し、最終的に素材によって立ち現れる。壁と光、影と光、悲哀と喜び、あるいは明朗さがそこにある。これらの諸要素とともに構成しなければならない。」(Le Corbusier-Saugnier, "Architecture II l'illusion des plans", *L'Esprit nouveau*, n°15, Paris, 1922.2., p.1776 (Le Corbusier, *Vers une architecture*, G. Crès et Cie, Paris, 1923, p.154; 邦訳, p.150)

(103) 出典：Le Corbusier, FLC4918, 1961.7.21.

(104) アーメダバードの美術館（1957）以降、ル・コルビュジエは、ほとんどすべての美術館構想を附属施設とともに構成しているが、それらの建築的ヴォリュームの余白を等しく「エスプラナード」と名付けていることは、芸術空間の「建築的プロムナード」の意図を反映している。

(105) "Musée = le mot chéri, respecté, adulé :
car apprendre savoir
face l'un à l'autre = Les acteurs, des objets, des hommes / un homme, une femme, vous moi nous tous
les objets : le grand objet = la nature = illimitée qui contient tout
notion musée = jusqu'à aujourd'hui = art

Mais la civilisation machiniste désire, a besoin de connaître "Musée de la Connaissance"" (Le Corbusier, *Le Corbusier Carnets 4*, op.cit., p.731)

(106) そもそも、「知の博物館」の概念はル・コルビュジエの最晩年に到達した概念ではなく、「限りなく成長する美術館」がフィリップヴィルの構想で定型化されるのと平行して、美術収集家でもあったラウル・ラ・ロッシュが提案した現代美術に関する概念である (cf., AFLC, F1-9-20, Le Corbusier, "Création, à Paris, d'un musée de la connaissance de l'art contemporain", 1943.3.15)。

(107) "Permettez-moi, pour finir, de vous exprimer mon idée sur la destination d'un tel musée : ce musée n'est pas forcément un musée des Beaux-Arts. C'est en principe un musée de la "Connaissance", c'est-à-dire qu'il peut rassembler dans une diversité d'exposition extraordinaire tous les objets susceptibles de former une unite autour d'une époque, pasée, présent ou projets d'avenir. L'excellent éclairage et la diversité des formes de salles permettent de faire faire des groupements innatendus. J'ajoute qu'il est possible, à volonté, de faire intervenir de très grandes salles. D'autre part, il est possible de localiser des expositions momentanées par les déplacements de cloisons, etc…" (AFLC, J3-1-30, lettre de Le Corbusier à Walter Arenberg, 1939.6.27)

(108) ル・コルビュジエによれば、カピトールに構想した総督官邸 (1956) は、街区とカピトールを結ぶ軸線の端点に位置する最も重要な建築物となるはずであった。しかし、ル・コルビュジエの再三の建設開始要請にもかかわらず、独立民主主義の建築として相応しくないとするパンジャブ州政府の有言無言の圧力によって建設予算が下りていない。実現不可能と判断したル・コルビュジエは、「知の博物館」を代案として提案することになる。1959年初頭のことである (cf., Le Corbusier, *Le Corbusier Carnets 4*, op.cit., p.263, 1959.1.2)。

(109) "By its creation, the building called Museum of Knowledge will institute a beginning for a library (editions of "Round-Books") which will constitute the practical manifestation of an explanation of the world in the relationship between "Man and Cosmos", new practical form of human thought by audio-visualization (electrical recording of the word and the image) intended for the men of the Government – the men of the administration, the people of the University (the youth of the modern world) and for the teaching of populations in general (as the "Round-Books" only require use of the actual means of cinematographic projection).

These proposals are the sequel of an activity consecrated by Le Corbusier to the problem of the study and the demonstration by the museums since the MUNDANEUM submitted in 1928 to the league of Nations at Geneva until the creation from 1930 of the principle of the "Museum of unlimited growth" for Paris (Porte Maillot); for the seat of the United Nation in U.S.A., 1946, for the town of Philippeville in Africa, for Ahmedabad in India (built), Tokyo in Japan (built), for Fort-Lamy in Africa (being built), for the new University-City of Brazil at Rio, etc; the actual construction of "V.A.C." (Visual Art Centre) at the heart itself of the University of Harvard at Cambridge, Boston." (AFLC, P1-18-42, Repport by Le Corbusier to the Chief Minister, Mr. Paratap Singh Kairon, 1961.3.29)

(110) cf., AFLC, P1-18-26, Note de M. Le Corbusier relative au "Musée de la Connaissance" (Museum of the Knowledge), 1954, 12.13.

(111) 註 (102) を参照。

(112) ただし、エルレンバッハの現代芸術センター (1963) の初期構想において、ル・コルビュジエは屋上に電子詩のための屋上庭園を構想している (cf., FLC23424, 1962.12.9)。ル・コルビュジエは、結果的に断念している。

(113) 註 (79) を参照。

(114) 実現しているか否かにかかわらず、少なくともアーメダバード (1957)、東京 (1959)、エルレンバッハ (1963) の美術館の構想の過程において、ル・コルビュジエは屋上庭園を構想している。

(115) 知の博物館の屋上に架けた逆ヴォールト屋根は、おそらくポルト・マイヨの芸術の綜合の場としての展示館 (1950) の「傘型 parasol」の発展型である (cf., AFLC, J1-5-149, lettre de Le Corbusier à Jean Prouvé, 1950.1.12)。

(116) "J'ai profité de ce bâtiment pour mettre, au sommet, le State Room destiné aux receptions, aux visiteurs exceptionnels. Ce State Room, qui est au Niveau IV du bâtiment, ouvre sur le toit avec toute la vue de l'Himalaya étendue d'un bout à l'autre de l'horizon. La vie paysanne, les labours, les cannes à sucre, les champs de blé, sont au pied de ce palais avec les bœufs, les troupeaux, ce palais étant la dermière bâtisse à l'extrêmité nord de Chandigarh. Il s'agit donc d'un spectacle absolument merveilleux et exceptionnel visible de ce toit-jardin qui comportera des plantes, un parapet tout autour et des dallages de ciment.

Voici l'objet de ma question :

Sur ce roof garden j'ai l'intention d'élever un dance stage accompagné d'un amphithéâtres recevant, assis ou debout, les visiteurs; les danseurs ou les musiciens indiens occupant le stage." (AFLC, P1-18-176, lettre de Le Corbusier à Ove Arup, 1962.1.17)

(117) cf., AFLC, J2-19-185, lettre de Le Corbusier à L.C. Kalff, 1959.10.2.

(118) 立法・行政・司法の集積地区であるカピトールに「知の博物館」のような構想を実現する必要性をパンジャブ州政府が認めることはない。すでに施術作品のための美術館などの文化地区が市内セクター10に設定されているため、その必要性を説得力を持って示す

ことができないからである。そもそも総督官邸（1956）の代案であっただけに、迎賓館としての機能と博物館としての機能には何ら関係性がない（cf., **AFLC, P1-18-42, Repport by Le Corbusier to the Chief Minister, Mr. Paratap Singh Kairon, 1961.3.29**）。州政府にとって、芸術とはあくまで美術品であり、美術館は伝統的な民芸や社会的に認知された芸術作品の収蔵施設以上の意味を持っていない。

(119) ル・コルビュジエにおける都市の「コア」とは、政府の権力機関としてのカピトールの諸施設ではない（註（51）を参照）。伝統的な都市の大聖堂に匹敵する都市のコアは、芸術を包含する「知の博物館」である。伝統的な都市の中心性の問題を等閑視（あるいは批判）したル・コルビュジエの「輝く都市」の理論は、しかし最終的に、フィルミニの郊外都市計画における教会堂（1963、竣工 2006）という宗教的な都市の「コア」の建設にいたっている。

(120)「限りなく成長する美術館」の螺旋型は、坂倉準三の神奈川県立近代美術館（1951）やルイ・ミシェルのブザンソン芸術考古学美術館（1976）に形式的な影響を与えている。いずれもル・コルビュジエのアトリエの所員による建築作品であり、造形的な影響は比較的限定的である（cf., *Chefs-d'œuvre ?*, op. cit.）。むしろ、「知の博物館」による芸術の再定義は、ポンピドゥ・センター（1977）を嚆矢として、美術館や図書館などの建築類型を横断して影響を与え続けている。

第二部

第一章

アーメダバードの市立サンスカール・ケンドラ美術館

第一章　第一節

アーメダバードの市立サンスカール・ケンドラ美術館

制作論：「ファサードのない」こと

制作論:「ファサードのない」こと

はじめに

図1 建設中のアーメダバードの美術館[1]

ル・コルビュジエは、ムンダネウムの世界博物館（1929）にはじまり、様々な研究を経て、フィリップヴィルに提案した「限りなく成長する美術館」（1939）において「美術館」を定型化する。「どこにでも」建設可能な理論としてのプロトタイプであり、アーメダバードの美術館は最初の実践である（図1）。

15世紀に起源を持ち、19世紀には製糸工業によって繁栄した都市アーメダバードの工業家たちは、1951年3月20日から3日間、チャンディガールの都市建設のために訪印しているル・コルビュジエを帰国直前にアーメダバードに招いている。第二次世界大戦後に独立したインドの一大都市に相応しい形態を付与する公共建築の建設を直接ル・コルビュジエに依頼するためである[2]。市長チヌバイ・チマンバイが依頼することになる博物館の建設事業は、その一つである。ル・コルビュジエは事前に事業の概要を知らされているが、施主からの要請は、芸術作品の展示に特化したいわゆる美術館ではなく、一種の文化センターの建設である。芸術だけではなく、考古学、自然史、産業技術史を含む総合的な博物館を建設すること、また財政上の問題から美術館、考古学館、自然史館、工業館、科学館、商業館などを漸次建設していくことが与条件である

る（図2）[3]。単なる芸術作品の収蔵・展示の美術館ではなく、展示作品や美術館の概念を根源的に問い直して研究を重ねてきたル・コルビュジエには、理想の与条件である[4]。

ル・コルビュジエは、依頼を受けたその場で、鉄筋コンクリート構法の適用、地域産の煉瓦、石材、木材などの仕上げ素材の選択、インドの気候（雨風）への対応など、建設に関わる地域的な問題を具体的に列挙して書き留める[5]。しかし一方で、構想の基本理念に関わる記述は、一切ない。ル・コルビュジエの頭のなかでは、すでにかたちができあがっているからである。ル・コルビュジエには、「限りなく成長する美術館」のプロトタイプの適用以外に選択肢はない[6]。

「限りなく成長する美術館」のプロトタイプは、ピロティに浮く矩型のヴォリュームである。鑑賞者は地上階中央吹き抜けの大ホールから入り、スロープによって上階の展示空間にいたり、中心から螺旋型に沿って隅部で折れ曲がりながら順路を辿っていく。天井からの自然採光装置によって制御される自然光もまたm螺旋型の動線を強調する。

展示空間はつねに同一階にあるために、展示動線に上下移動はない。螺旋型に沿った水平的な増築が可能であれば、展示空間を上下移動によって途切れることなく「限りなく」拡張していくことができる。漸次的な増築によって、外壁はやがて展示空間の間仕切り壁になる。したがって、ル・コルビュジエの「美術館」には「ファサードがない」[7]。

とはいえ、矩型のヴォリュームを巡る螺旋型の動線

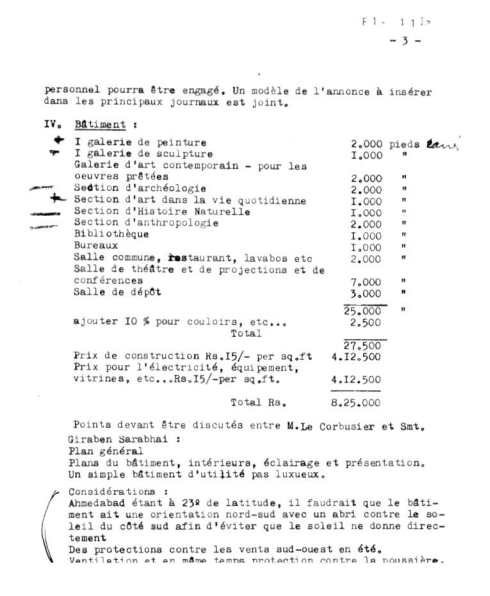

図2 施主による博物館の概要書（部分。手書きはル・コルビュジエによる）（1951年3月23日）[8]

は、隅部で折れ曲がるにしても単調である。「卍型」は単調さを回避するための仕掛けである。螺旋型に成長する矩型のヴォリュームに卍型のヴォリュームを中二階に挿入すれば、螺旋型の動線を妨げることなく、中央ホールにも庭園にも出ることができる。

もちろん、アーメダバードの美術館は、ル・コルビュジエの研究成果としてのプロトタイプの複製というわけではない。建築の制作である限り、敷地の地理、地域の気候風土、所蔵作品の性格、予算などの外在的要因に影響を受けながら、「ここにしか」ない建築作品となる。とりわけアーメダバードの美術館の場合、ル・コルビュジエのチャンディガールへの定期的な現場訪問に合わせて、アーメダバードの施主たちとの打ち合わせを重ね、プロトタイプとしての「限りなく成長する美術館」が変容していく（図3）。

第I期　草案

文化センターの敷地は、市街を縦断するサヴァルマティ川沿いに接し、城砦に囲まれた旧市街地の対岸に位置する[9]。1951年3月、ル・コルビュジエは、はじめてのアーメダバードの訪問に際して美術館の敷地を訪問し、サヴァルマティ川への眺望や、サヴァルマティ川を掛かる橋に通じる南側通りの都市計画的な重要性をその場で手帖に書き留める（図4）。

しかしながら、ル・コルビュジエはすぐには美術館の構想を描かない。ル・コルビュジエが文化センターの全体構想をはじめて素描するのは1951年9月19日、つまり、施主からアーメダバードで直接に建設依頼を受けてから6ヶ月後である（図補1）[10]。ル・コルビュジエによる構想は、美術館（芸術作品による展示空間）と劇場（演者による演劇空間）による萌芽的な全体配置であるが、美術館よりもむしろ「劇場」が中心的な場所を占める。ル・コルビュジエにとって、美術館そのものは文化センターを演出する一つの装置に過ぎない。実際、最初の素描から1週間後の1951年9月26日、ル・コルビュジエは、美術館と劇場を外壁で明確に分離する一連の平面図を素描する。劇場のある演劇空間を敷地の中心とする構成がますます明白である[11]。

演劇空間については、前衛的な舞台装置である「不思議の箱」、隣接する野外の舞台と野外の階段席、さらに野外民俗芸能のための野外舞台で構成する[12]。いずれもル・コルビュジエのプロトタイプであるが、劇場という装置そのものはインド文化との関連も深い[13]。

美術館については、50m四方のヴォリュームのなかに螺旋に展開する展示室と卍型の通路によって3つの附属施設（考古学、自然史、人類史）を連結する[14]。フィリップヴィルに提案した「限りなく成長する美術館」のプロトタイプに、アーメダバードの機能的な要件をそのまま充足した美術館である。

しかしながら、アーメダバードは猛烈な太陽光を特徴とする気候条件下にある。乾季の酷暑に差しかかるアーメダバードをはじめて訪れたル・コルビュジエは、ヨーロッパの大陸性気候とは著しく異なる気候条件を実感したはずである[15]。ル・コルビュジエは、50m四方の美術館のプロトタイプの中央部に20m四方の「穴」を植栽された中庭として開放し、「限りなく成長する美術館」のヴォリュームをロの字型とする。

たしかに、中庭形式は「限りなく成長する美術館」のプロトタイプの地域的受容の一形態である[16]。中心に空隙を開けた中庭そのものを野外の展示室とするならば、中庭は螺旋型に展開する展示空間との連続性を妨げることもない。中庭は、「内なる外」の中央ホールとして機能する。

一方で、ル・コルビュジエは、「限りなく成長する美術館」のプロトタイプとは異なる天井からの自然採光装置を検討する。「限りなく成長する美術館」では、天井に鑑賞動線と対応する螺旋型に沿った自然採光装置を備えているが、アーメダバードの美術館では、天井採光と雨水処理が一体となった装置を平行に配置する（図5）。雨季の雨水処理への配慮であるが、代わりに、鑑賞動線と採光面がまったく対応していない。

1951年10月9日、ル・コルビュジエは建築配置図を作成する（図補2）。文化センターの敷地の中心は、主要アクセスのある敷地西側の演劇空間である。一方、美術館へは、敷地東側のピクチュアレスクな庭園からアクセスとし、美術館を外壁で囲い、演劇空間とは視覚的に隔てる。演劇空間と展示空間の連続性には乏しい。

第II期　基本案その1

1951年11月の第2回目のアーメダバード訪問後、数ヶ月の空白期間をおいて、ル・コルビュジエは敷地の都市計画上の位置づけについて認識を変える[17]。1952年3月の第3回目のアーメダバード訪問直前のことである。ル・コルビュジエは演劇空間と展示空間

制作論:「ファサードのない」こと

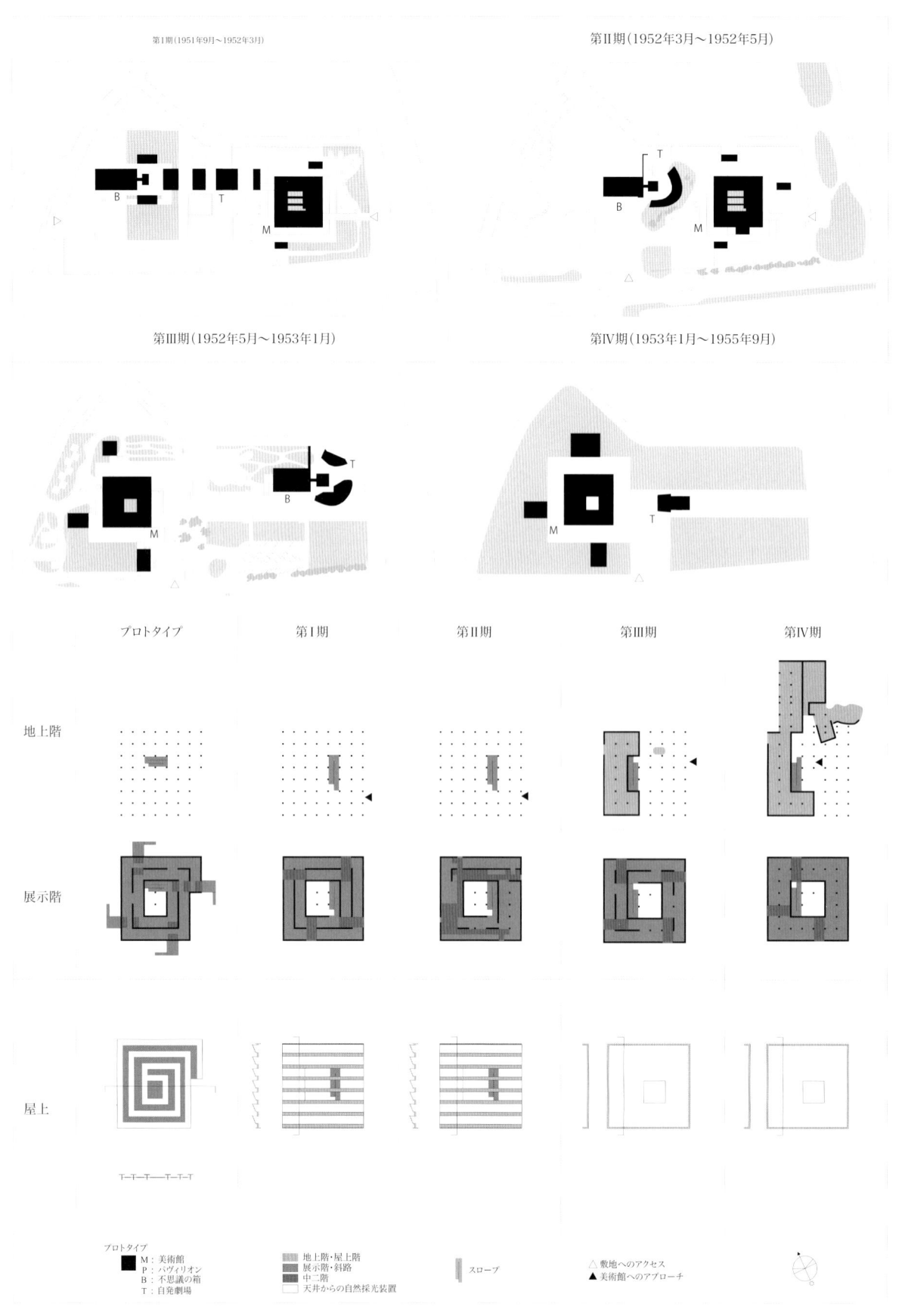

図3 アーメダバードにおける「限りなく成長する美術館」の生成過程[18]

第一章　アーメダバードの市立サンスカール・ケンドラ美術館

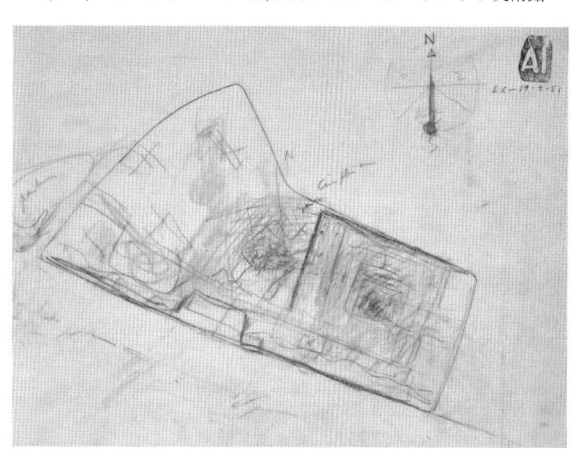

図補1　ル・コルビュジエによる最初期の構想（部分）（1951年9月19日）[19]

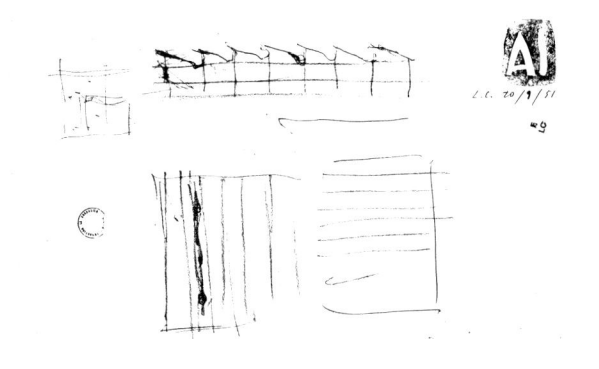

図5　ル・コルビュジエによる天井からの自然採光装置の検討（1951年9月20日）[21]

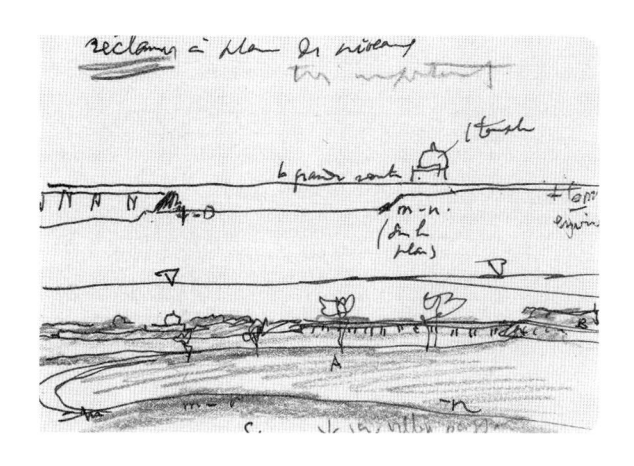

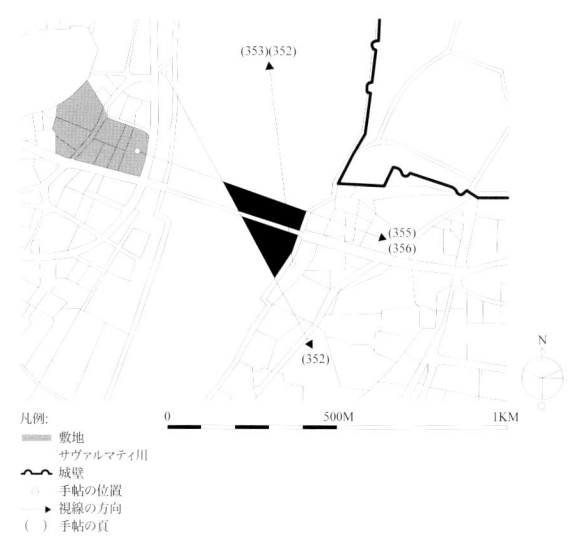

図4　ル・コルビュジエによる敷地訪問時の手帖の素描と視点の位置（1951年3月20日〜22日）[20]
"*réclamer à plan de niveaux très important / la grande route 1 temple +0 m-n (sur le plan) +6m environ / ici: village paysan*"
「等高線図を要請すること　きわめて重要　幹線道路　1寺院　＋0　m-n（平面図上の）　＋約6m／ここは農村」

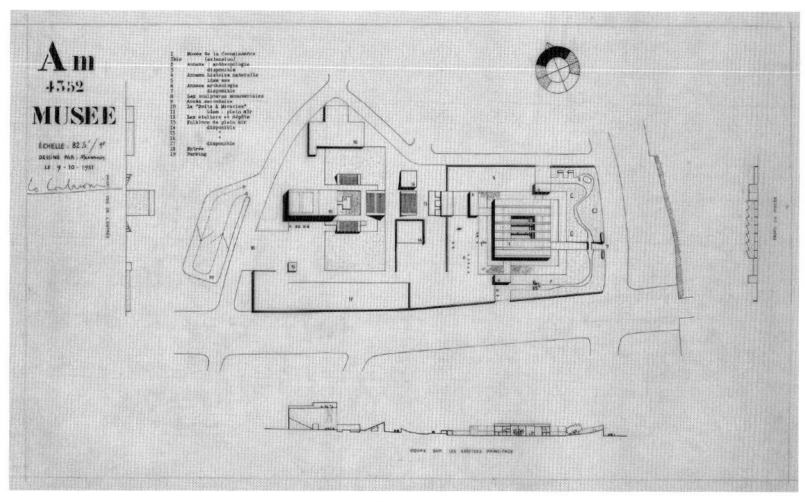

図補2　最初の全体配置図（1951年10月9日）[22]

の関係性を再検討し[23]、文化センターへの主要アクセスを西側からではなく、都市計画上重要な南側の主要道路から敷地中央に入るように変更し、エントラ ンス正面の「不思議の箱」、野外の舞台、半円形の野外階段によって演劇空間を再編する（**図補3**）。

　ル・コルビュジエは、文化センターへの主要アクセ

制作論:「ファサードのない」こと

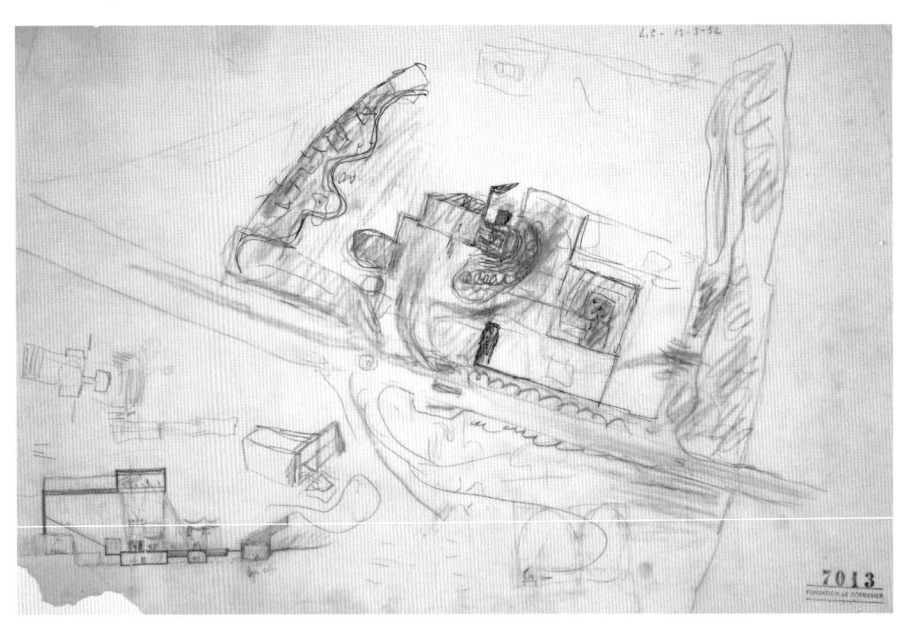

図補3 ル・コルビュジエによる配置構成再編の検討（1952年3月13日）[24]

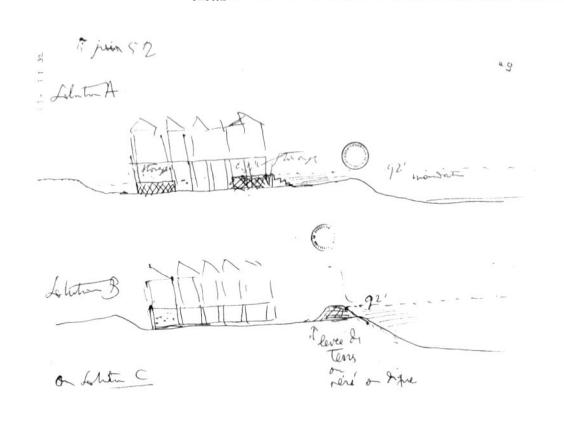

図6 ル・コルビュジエによるピロティによる洪水対策の検討（1952年6月5日）[25]
"5 juin 52 / Solution A strages strages 92' inodation / Solution B 92' levée de terres ou péré ou digue / Solution C"
「52年6月5日／案A 収蔵 収蔵 92年［1892年はサヴァルマティ川に最初のエリス橋が建設された年］洪水／案B 92年 地面を嵩上げか堤防／案C」

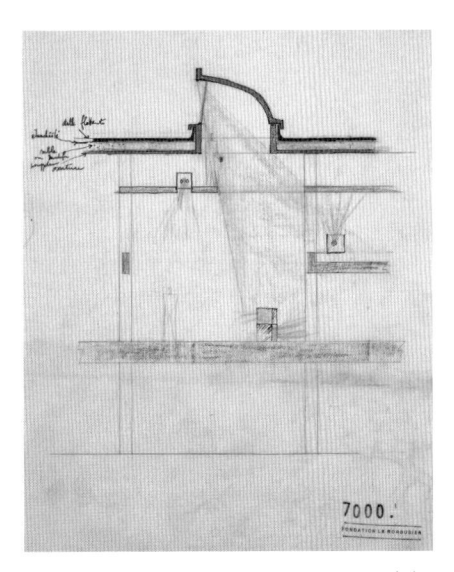

図補4 美術館の展示階の照明に関する検討［日付不明］[26]

スの変更によって演劇空間を再編する一方、美術館については、ピロティ部分の洪水対策を検討するものの（**図6**）、建築的な輪郭については抜本的な検討を加えない。主要アクセスとは別に設けた東側からの美術館へのアクセス形式も変わらない。中心はあくまで演劇空間である。

敷地の全体構成とは別に、ル・コルビュジエは美術館は美術館として、天井からの自然採光と同時に、人工照明を比較的早い段階から検討する（**図補4**）[27]。ル・コルビュジエは、「限りなく成長する美術館」のプロトタイプの研究においては、人工照明を主題的に研究していないが[28]、アーメダバードにおける「美術館」のプロトタイプの実践においては、作品保護や一定照明の観点から日射の問題を解決するために機械設備に頼らざるを得ないからである。

第III期　基本案その2

1952年3月18日、ル・コルビュジエはアーメダバードで施主との第3回目の打ち合わせをしている。このとき施主は、ル・コルビュジエによる敷地の全体構成の修正にもかかわらず、文化センターの過大な事業規模に大きな疑問を呈している。すなわち、「不思議の箱」は縮小して美術館本体に組み込み、主要アクセス付近のオーディトリアムなどの施設も断念すべきである[29]。つまり、施主は伝統芸能にも対応可能な野外劇場そのものを否定しないものの、あくまで美術館の建設を望み、演劇空間が敷地南側からの主要アクセス

48

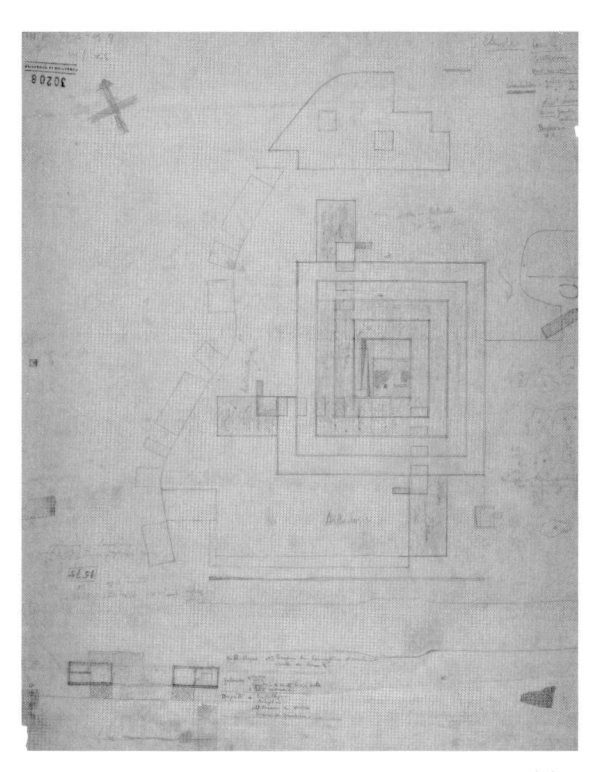

図補5 ル・コルビュジエのよる美術館の反転（1952年5月30日）[30]

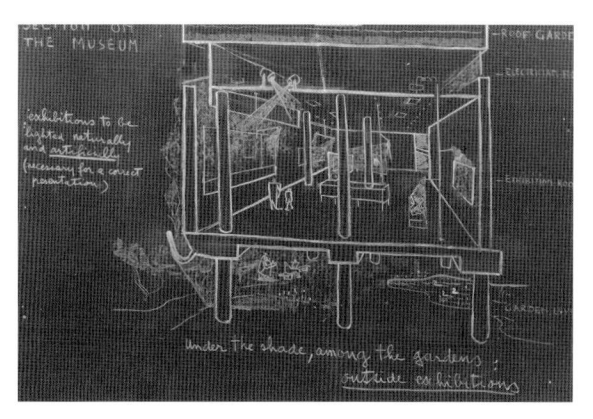

図7 展示空間と外部空間の関係を示す建設現場説明会資料［日付不明］[31]
"SECTION ON THE MUSEUM / exhibitions to be lighted naturally and artificially (necessary for a correct presentation) / - ROOF-GARDEN / - ELECTRICIAN-FLOOR / - EXHIBITION-ROOM / GARDEN LEVEL / Under the shade, among the gardens : outside exhibitions"
「美術館断面／自然光と人工照明（正しく表示するため）による展示／屋上庭園／機械設備階／展示室／庭園面／庭園に囲われた日陰では野外展示」

付近の中心的広場にあることを暗に否定している。

ル・コルビュジエは、早速打ち合わせでの施主の要求に対応している。1952年5月30日、ル・コルビュジエはかつて「不思議の箱」や「オーディトリアム」のあった中心的広場に美術館を動かす（**図補5**）。配置構成の変更だけではない。ル・コルビュジエは美術館の移動に伴って、敷地中央の南北軸を基準に、美術館の平面構成をまるで鏡像のように左右反転させる。

加えて、ル・コルビュジエは、施主からの追加要求のあった「図書館・事務室・会議室」を美術館の屋上に設置することを検討する（**図補5左下**）。天井からの自然採光を部分的にでも断念せざるを得なくなるにもかかわらずである。

結果的に、ル・コルビュジエは最上階の「図書館・事務室・会議室」を廃案とするが、天井からの自然採光を再び採用することはない。1952年7月2日、ル・コルビュジエは「図書館・事務室・会議室」の代わりに、屋上に15cmの水盤を一面に設置する（**図7**）[32]。

屋上の水盤は、ル・コルビュジエの「美術館」のプロトタイプとしては異質である。「美術館」のプロトタイプでは、螺旋の動線に加えて天井からの自然採光の合理的な配分、すなわち太陽の制御が主題である[33]。ところが、ル・コルビュジエは屋上に水盤を設置することによって、草案における自然採光装置の水平配置どころか、自然採光そのものを断念する。

ル・コルビュジエは、次のように釈明する。

「こうして太陽の影響から守られた天井の下には、全面に電気設備が配された。これによって光を音楽の演奏のように、低くまたは鋭く、独奏的に、二重奏的に、三重奏的に、あるいは交響曲的に扱うことができる。光は観客に対する美術館活動の欠くべからざる部分に含まれることになる。感性に訴える要素に昇格した。建築を決定する要因となったのである。」[34]

アーメダバードの美術館において、展示作品と太陽の自然光との関係は、少なくとも天井面に関しては完全に絶たれる。美術館という機能上、絵画を掛ける壁面に窓を開けて採光を取ることもできない。灼熱の太陽光の降り注ぐアーメダバードの文化センターの敷地において、もはや「輝く都市」の空間像[35]、すなわち「太陽・空間・緑」を実現することは不可能である。アーメダバードの気候を前にしたル・コルビュジエの理論の敗北である。ル・コルビュジエは自然光の代わりに、人工的な照明制御に建築的な価値を見出し、プロトタイプの限界を乗り越える手がかりを求めようとする[36]。

一方、ファサードについては、「限りなく成長する美術館」のプロトタイプを踏襲し、増築可能性を暗示

制作論：「ファサードのない」こと

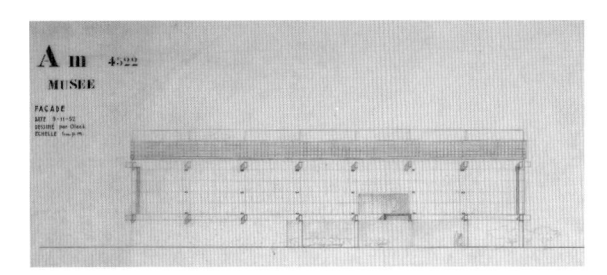

図補6 プロトタイプとしての美術館のファサードの土着化の検討（1952年11月9日）[37]

図8 ル・コルビュジエによるハーティーシング寺院の素描［1951年11月24日～26日］[38]
"employer les claustras Marseille comme pan de verre sans verre tout le tour d'un balcon tout le tour / (SING) HUTHING Temple / les 3 échelles / ouvert claustras claustras / limestone dalles sols ou c'est le meilleur marché"
「ガラスのないマルセイユのクラウストラのように用いている　バルコニーの全周囲に　全周囲／（シン）ハッシング寺院／3種類の寸法体系／開口　クロストラ　クロストラ／石灰岩　敷石　あるいは　最も安価な素材」

する梁部分を一部外壁から突出させる。しかし、それだけではない。通風の問題と関連して適用した中庭側と外壁側の「クロストラ」は、アーメダバードの美術館独自のファサード表現である（**図補6**）。

「クロストラ」は、ル・コルビュジエが集合住宅の住戸などに採光や通風のために適用する付随的なプロトタイプであるが、アーメダバードの「クロストラ」は、この地方の伝統的な寺院建築の石材多孔口「ジャリー」の参照でもある[39]（**図8**）。ル・コルビュジエのプロトタイプは、一回的な敷地での建設の過程において、歴史的建造物を二重写しにしながら生成しているのである。

1952年11月、ル・コルビュジエは同月の第4回のアーメダバード訪問の資料として全体配置図を作成する（**図補7**）[40]。施主の意向を概ね忠実に反映して、オーディトリアムは廃案となり、美術館が敷地の中心部分を占め、敷地への主要なアクセスである南側からのアプローチして広場を形成する。

しかし一方で、「不思議の箱」については、施主が縮小して美術館本体に組み込むことを要請していたにもかかわらず、ル・コルビュジエはそうはしない。美術館を基点としたサヴァルマティ川へ向かって延びる東西軸に沿って、「不思議の箱」と「水の舞台」を配置することによって、むしろ「不思議の箱」の重要性が増している。

美術館の中庭からサヴァルマティ川へ抜けていくこの東西の動線は、ル・コルビュジエが「エスプラナード」と命名する遊歩道である[41]。1951年11月にはじめて敷地を訪れたときに、ル・コルビュジエが書き留めたサヴァルマティ川への眺望が、1年後になって改

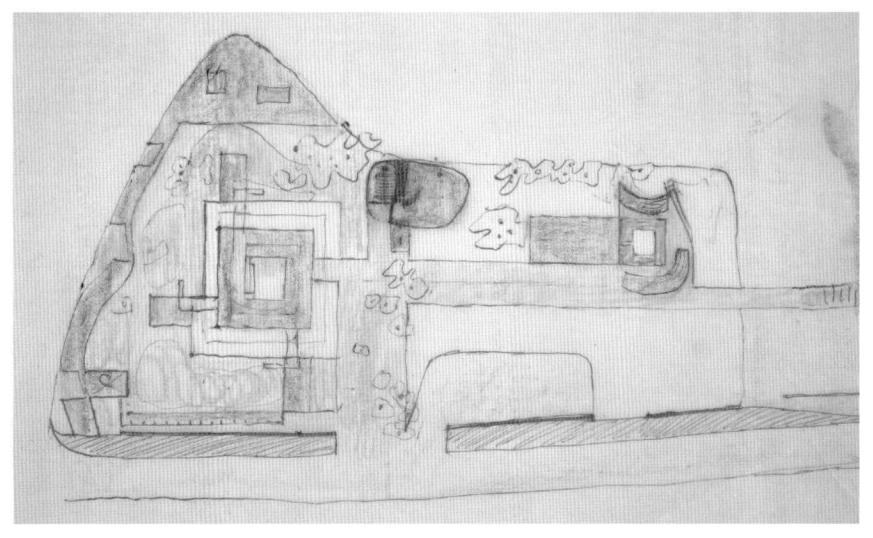

図補7［ル・コルビュジエ推定による］美術館を中心とする配置構成再編の検討［日付不明］[42]

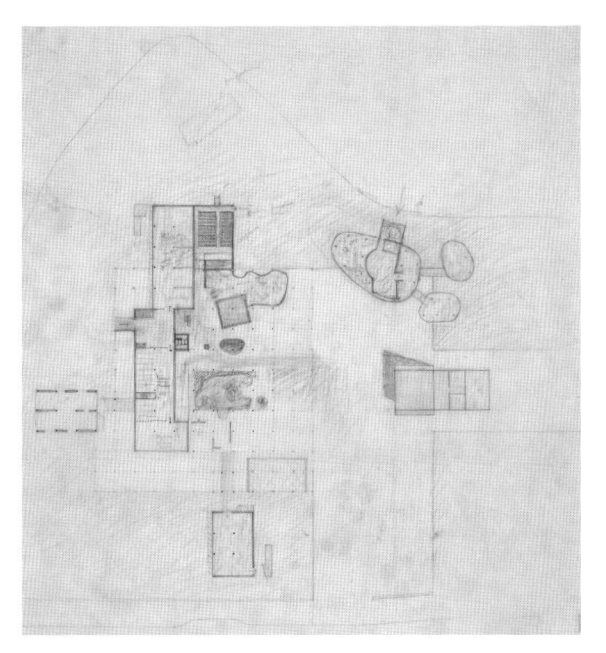

第一章 アーメダバードの市立サンスカール・ケンドラ美術館

図補8 メゾニエとル・コルビュジエによる美術館の平面構成の再構成の検討（部分）（1953年1月16日、19日）[43]

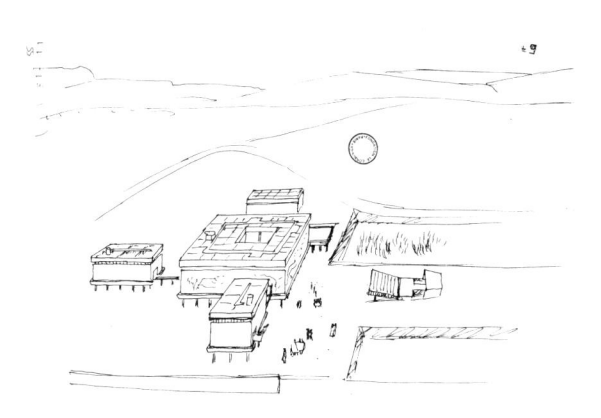

図8 ［ル・コルビュジエによる］美術館の敷地鳥瞰図［日付不明］[44]

図9 ル・コルビュジエによる中庭の透視図（1953年6月21日）と竣工当時の中庭（1957年）[45]

めて主題化されている（**図4**）。

第IV期 実施案

　第4回目のアーメダバード訪問（1952年11月13日～17日）において、ル・コルビュジエは施主とさらなる予算規模の縮小を議論している。その後、1953年1月から、ル・コルビュジエは配置構成や美術館の平面構成の詳細を再検討し（**図補8**）、短期間のうちに実施案の要点をまとめる[46]。

　まず、ル・コルビュジエは敷地の全体構成に関して再検討を行う。卍型に接続する自然史・考古学・人類史の3つの附属施設の1つを講堂に置き換え、機能上は自然史部門がなくなる。おそらく施主との協議と合意による決定である。

　さらに、敷地の東西軸の延長線上に、かつて断念した野外舞台をもとに野外劇場だけを再び配置する（**図8**）。以前から施主に疑問視されていた「不思議の箱」の実質的な断念である[47]。しかしながら、東西の軸線上への野外劇場の再配置は、ル・コルビュジエが尊重していた東のサヴァルマティ川側への眺望を遮る。すでに演劇空間は敷地の中心施設ではないが、それでも、ル・コルビュジエは眺望を犠牲にしてまで、あくまで演劇空間に固執する。

　一方、ル・コルビュジエは中庭の植栽を水盤へ変更し、ピロティ下の美術館の中心を造形する（**図9**）。

　同時に、演劇空間を実現するために遮断されたサヴァルマティ川への東西軸上の眺望を回復するかのように、ル・コルビュジエは屋上庭園へのアプローチ経路を検討する（**図補9**）。美術館の屋上では、水中植物

51

制作論：「ファサードのない」こと

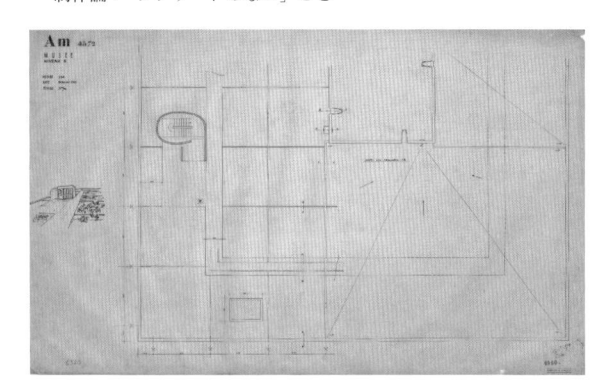

図補9 美術館の屋上庭園の構想（1953年2月）[48]

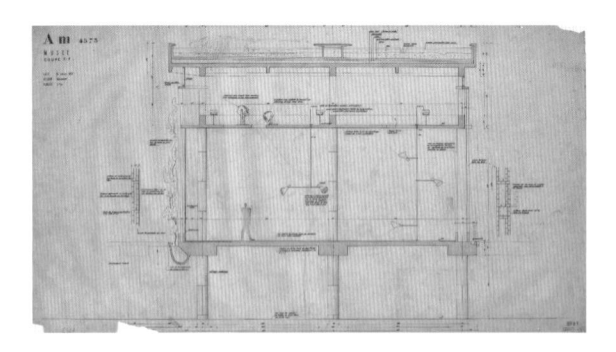

図補10 美術館の壁面緑化の検討（1953年2月10日）[49]

が繁茂する水盤を巡りながら、地上の水盤とはまた違う別世界の眺望を体感することができる仕掛けである。

ル・コルビュジエは、美術館の屋上を次のように説明する。

> 「鑑賞は主として夕方から夜に行われるものとして、その終わりに屋上に出て、45余りの水盤の花園、それぞれ50m²、深さ40cmの水をたたえたものを楽しむことができるだろう。この水をはげしい太陽から守るために、密生する植物を水いっぱいに植え、葉や花で青、緑、白、黄等の基盤縞をつくる。」[50]

しかし、美術館の屋上庭園とでもいうべき場所は、鑑賞動線と切り離され、展示空間とはなんら明快な関係を持たない。アーメダバードの気候に対処するために、天井からの自然採光を断念したことによる苦肉の策である。しかしまた、アーメダバード以前のル・コルビュジエの「美術館」のプロトタイプでは決してあり得なかった屋上庭園という仕掛けが、プロトタイプの変容のはてに、住宅における屋上庭園とは異なる眺めを演出する。ル・コルビュジエは明確に述べないが、少なくとも、日常生活のなかで屋上の花園を眺めることと、芸術作品を鑑賞した後で屋上の花園を眺めることとは、別次元の体験である。

美術館のファサードについても、ル・コルビュジエは修正を加える。美術館のファサード上部の「クロストラ」を断念し、水平横長窓へ変更して壁面を充足することによって、ファサードを簡素化する[51]。外壁の素材についても、より安価な現地の煉瓦貼りへと修正する。おそらく、地域素材を用いることをはじめから想定していたル・コルビュジエにとって、プロトタイプの適用において、地域素材の適応は問題ではない。

さらに、ル・コルビュジエは、通風のための「クラウストラ」の替わりに、外壁面に壁面緑化を検討する（**図補10**）。むろん、気候へ適応するための一つの方策である。それにしても、植物の成長は、おそらく美術館の増築より早い。突出した梁が植物で覆われ、「限りなく成長する美術館」の造形を否定することにもなりかねない。しかしたしかに、壁面を緑化して、いわば「カムフラージュ」[52]することは、「ファサードのない」美術館を演出する一つの手立ての一つではある。

1954年4月からは、工事が着工する[53]。実際には、野外劇場も「卍型」に接続する附属施設も建設されず、屋上庭園や壁面緑化もほとんど維持されずに今日にいたっている。

おわりに（図10）

アーメダバードの美術館の生成の過程は、特殊な気候ゆえの「限りなく成長する美術館」の土着化に他ならない。ル・コルビュジエは美術館の中央部分を中庭として外部化するだけではなく、「美術館」のプロトタイプにおける主題の一つである天井からの自然採光を断念する。ファサードの表現においても、「限りなく成長する」ことの造形表現には固執しなくなっていく。ル・コルビュジエは、事後的に「この美術館は限りなく成長するものではないと知っていた」[54]と述べ、本来は増築によって否定されるはずの「ファサード」そのものにインド特有の美を見出していくのである[55]。

しかし他方では、竣工するアーメダバードの美術館が今後「限りなく成長」し、美術館として増築・発展

第一章　アーメダバードの市立サンスカール・ケンドラ美術館

である。しかしまた一方で、美術館の壁面そのものが緑を偽装（カムフラージュ）し、建築的な「成長」を保証する梁の存在を否定して、植物的な「成長」を受容している。

図10　竣工後の緑に覆われていくアーメダバードの美術館のファサード（1957年）[56]

していくことも言明している[57]。さらに、ル・コルビュジエは、変節を遂げた「ファサードのない」美術館をインドに増殖させようと企て、首相ネルーに働きかけるのである[58]（**図11**）。つまり、アーメダバードの美術館の生成の過程は、理想から現実へプロトタイプがなし崩しにされていく過程というわけではなく、理想化と土着化の相互作用の過程なのである。

　地域の気候風土に同化していく建築作品と、普遍的に応用可能なプロトタイプの境界の曖昧さは、「ファサード」に顕著である。すなわち、一方では、アーメダバードの「ファサードのない」美術館の存在理由は、増築を示唆するファサードに突出する梁

```
                    Paris, le 27 Décembre 1954




                    Mr J. NEHRU
                    Prime Minister
                    Prime Minister's Secretariat
                    NEW DELHI, Indes


Cher Monsieur Nehru,
            La Municipalité d'Ahmedabad a l'honneur
de vous remettre une documentation provisoire sur la cons-
truction actuelle du premier "Musée de la Connaissance"
(Museum of the Knowledge). Cet outil de travail des temps
modernes destiné à éduquer les foules et à renseigner les
édiles et les autorités sur la bonne direction à faire
prendre à l'activité moderne doit, à mon point de vue,
se multiplier dans divers régions. Elle devrait être l'art
des parties constituantes du Mémorial Ghandi au sujet
duquel je suis consulté et pour lequel je remettrai sous
peu un rapport.
            Je crois en toute simplicité que l'in-
vention des "Museums of the Knowledge" vous apparaîtra
comme utile à votre pays et j'en serais ravi.
            Je vous prie de croire, cher Monsieur
Nehru, à l'assurance de mes sentiments les plus dévoués.
```

図11　ル・コルビュジエがネルーに宛てた手紙（1954年12月27日）[59]

53

制作論：「ファサードのない」こと

註

(1) 出典：AFLC, L3-8-56 ; AFLC, L3-8-55.
(2) 結果的に、ル・コルビュジエがアーメダバードに建設するのは、製糸業者協会会館（1954）、美術館（1957）の公共建築に加えて、サラバイ住宅（1955）、ショーダン住宅（1956）の2件の個人住宅である。
(3) cf., AFLC, F1-11-18, "Propositions pour le Musée Municipal par Shri Gautam Sarabhai, 1951-3-23". ただし、施主の提案書は、具体的な展示作品の規模や数量について記載していない。財政問題と関わって不確定要素も多く、その後も施主が収蔵作品について文書で明記することはない。
(4) Le Corbusier, L'art décoratif d'aujourd'hui, G. Crès et Cie, Paris, 1925. とりわけ、「今ひとつの聖像、すなわち博物館 Autres icons, les musées」の章を参照。
(5) cf., AFLC, F1-11-18, Propositions pour le Musée Municipal par Shri Gautam Sarabhai, 1951-3-23.
(6) 実際、ル・コルビュジエは、「芸術はどこにあっても同じである」というサラバイ夫人の主張に賛同している（cf., Le Corbusier, Le Corbusier Carnets 2, Éditions Herscher / Dessain et Tolra, Paris, 1981, p.404, [1951.3.23]）。場所や時間を超越する芸術作品には、ル・コルビュジエの「美術館」が相応しい。
(7) cf., Le Corbusier et Pierre Jeanneret, W. Boesiger éd., Œuvre complète 1929-1934, Girsberger, Zürich, 1934, p.73；邦訳, p.63; AFLC, F1-9-1, Manuscrit de Le Corbusier sur le musée à croissance illimitée 1939, non datée.
(8) 出典：AFLC, F1-11-18, "Propositions pour le Musée Municipal par Shri Gautam Sarabhai, 1951-3-23". ル・コルビュジエによる手描きの点検項目は、とりわけ気候への注視を示している。
(9) ル・コルビュジエは施主から3つの敷地を提案されているが（cf., FLC7069, 1951.5.25; FLC7070）、はじめから最もサヴァルマティ川縁に近く、旧市街の城壁が見える建設地を選択している。
(10) 建築的な構想の意図的な熟成期間については、ル・コルビュジエ自身がしばしば言及している。
"Lorsqu'une tâche m'est confiée, j'ai / par habitude de la mettre au dedans de ma mémoire, / c'est-à-dire de ne me permettre aucun croquis, / pendant des mois. La tête humaine est ainsi / faite qu'elle possède une certaine indépendance : C'est / une boîte dans laquelle on peut verser en vrac les / éléments d'un problème. On laisse aller "flotter", "mijoter", / "fermenter".
// Puis un jour, dans une initiative spontanée de / l'être intérieur, le déclic se produit : on prend un / crayon, un fusain, des crayons de couleur（la couleur est / la clef de la démarche）et on accouche / sur le papier : L'idée sort, - l'enfant sort, il / est venu au monde, il est né."
「一つの仕事を任されたら、私はそれを記憶の中に置いておくことにしている。つまり描くことを何カ月も自分に許さないことにしている。人間の脳はこのようにある種の独立性をもつよう出来ている。それは一つの箱であり、なかには問題の多くの要素が乱雑に注ぎ込まれている。それらの要素が「漂い」、「沸騰し」、「発酵する」ように放っておく。
そしてある日、内的存在の自発性の中で始動が起こる。つまり鉛筆を、木炭を、色鉛筆を手に取り（色は歩みの鍵である）、紙の上に産出する。着想が芽生え、子どもが生まれる。それは世界に至り、誕生する」
（Le Corbusier, Keller Smith ed., The Development by Le Corbusier of the Design for l'Église de Firminy a Church in France, Student Publications of School of Design North Carolina State of University of North Carolina at Raleigh, Vol.14, n°2, 1964, s.p.）
(11) cf., Le Corbusier, FLC7018, 1951.9.19; Le Corbusier, FLC7003, 1951.9.26; Le Corbusier, FLC7004, 1951.9.26; Le Corbusier, FLC7001, 1951.9.26; Le Corbusier, FLC7002, 1951.9.26. ル・コルビュジエはインドへの訪問を重ねるにつれ、インドの美術作品よりもインドの舞踏に惹かれていく（cf., AFLC, P2-3-83, lettre de Le Corbusier à O.G. Sondhi, 1953.1.15）。
(12) 「不思議の箱」と一体化する屋外舞台は、後のチャンディガールの美術館（1964）の構想において、「自発劇場」のプロトタイプになる（cf., AFLC, W1-8-126, Le Corbusier, Album Nivola, 1957.11.27. d.）。
(13) cf., Le Corbusier, Œuvre complète 1946-1952, op.cit., p.160；邦訳、p.152.「美術館」以外の劇場施設のプロトタイプは、おそらくル・コルビュジエがインドの旅で見学した民族舞踊からも着想を得ている（cf., Le Corbusier, Le Corbusier Carnets 2, op.cit., p.307, [1951.7.8]; ibid., p.508 [1952.6.14]）。
(14) 施主が要請していたアーメダバードの産業技術史などは、おそらく、人類史に含まれている。
(15) 加えて、ル・コルビュジエはアーメダバードの気候の特殊性（気温・湿度・風・雨）について、構想以前の段階で断片的な情報を得ている（cf., AFLC, F1-11-18, Propositions pour le Musée Municipal par Shri Gautam Sarabhai, 1951. 3. 23）。さらに、ル・コルビュジエは、サラバイ夫人から6月から9月までの降雨量の多さについて注意を促されている（cf., AFLC, F1-11-28, Passage de la lettre de Melle Gira SARABHAI du 1/10/51）。川から浸水する可能性が大きいために、美術館の地上階はおそらくピロティにせざるを得ないともいえるが、ピロティに持ち上げられた「限りなく成長する美術館」のプロトタイプに汎用性があるともいえる。
(16) 実際、ル・コルビュジエははじめてのアーメダバードの敷地訪問において、典型的なジャイナ教の寺院の中庭の構成を書き留めている（Le Corbusier, Le Corbusier Carnets 2, op.cit., p.350, [1951.3.2]）。
(17) 配置図については、cf., Le Corbusier, FLC6945,

1952.3.11.
(18) 筆者作成。Le Corbusier, W. Boesiger éd., *Œuvre complète 1946-1952*, Girsberger, Zürich, 1953, pp.160-161; Le Corbusier et son atelier rue de Sèvres 35, W. Boesiger éd., *Œuvre complète 1952-1957*, Girsberger, Zürich, 1957, pp.158-167 に加えて、Le Corbusier, *Le Corbusier Plans*, DVD Volume 10, Echelle-1, Tokyo, 2006 のアーメダバードの美術館に関する建築図面類176枚（日付記入枚数101枚）、及び Le Corbusier, *Le Corbusier Carnets 2-4*, Éditions Herscher/Dessain et Tolra, Paris, 1981-1982 よりアーメダバードの美術館に関わる素描や記述、ならびにル・コルビュジエ財団保管の書簡資料 AFLC, C3-8, F1-11, P3-4, L3-8 を一次資料として制作過程を整理している。敷地の配置構成（施主との打ち合わせやそれに伴う図面作成・送付時期にも対応している）を基準に敷地の空間構成の変容を復元すると、全4期に分類できる。

なお、時期区分の重複や空白時期については、ル・コルビュジエ財団保管の図面で日付が確定しているものを規準としているため、実際はその限りではない。
(19) 出典：Le Corbusier, FLC7018, 1951.9.19.
(20) 出典：Le Corbusier, *Le Corbusier Carnets 2*, Éditions Herscher / Dessain et Tolra, Paris, 1981, p.352; 筆者作成。ル・コルビュジエによる素描の視点の位置と視線の方向については、以下の資料と現地調査に基づいている。cf., Le Corbusier, *Le Corbusier Carnets 2*, op.cit., pp.352-356, [1951.3.20-22].
(21) 出典：AFLC, F1-11-26, Le Corbusier, 1951.9.20. 天井からの自然採光と雨水処理を兼ね備えた屋根については、ル・コルビュジエは後のチャンディガールの美術館（1964）において、より造形的な検討を加えて建設することになる。
(22) 出典：Maisonnier, Le Corbusier, FLC6944, 1951.10.9.
(23) ル・コルビュジエによる敷地配置構成の再考については、1951年11月の第2回アーメダバード訪問に際しての施主の助言があったのかもしれない。詳細は不明である。
(24) 出典：Le Corbusier, FLC7013, 1952.3.13.
(25) 出典：AFLC, F1-11-30, Le Corbusier, 1952.6.5.
(26) 出典：FLC7000. cf., FLC7024; FLC7039; Xenakis, FLC7023, 1952.6.8; [Xenakis], FLC7040.
(27) 加えて、ル・コルビュジエは展示作品を納める可動／固定の展示ケースをモデュロール尺によって検討している。cf., Maisonier, FLC29078, 1952.5.7; [Le Corbusier], FLC7005, 1952.5.26.
(28) cf., Le Corbusier, W. Boesiger éd., *Œuvre complète 1938-1946*, Girberger, Zürich, 1946, p.17；邦訳、p.17.
(29) cf., AFLC, P3-4-217, letter of B. P. Patel (Municipal Commissioner) to Le Corbusier, 1952.7.7.

(30) 出典：Maisonnier, FLC30208, 1952.5.30.
(31) 出典：AFLC, L3-8-95. アトリエ・ル・コルビュジエが作成した工事現場での一般向け解説。
(32) さらに、ル・コルビュジエは夏期のアーメダバードの気温と湿度（最高温度48℃、最高湿度86%）への配慮から、中空壁を設けて空気を循環させ、中庭に植栽を施している。cf., Masionnier, FLC7009, 1952.7.22.
(33) cf., Le Corbusier, W. Boesiger éd., *Œuvre complète 1938-1946*, op.cit., p.17；邦訳、p.17.
(34) "Sous ce plafond, ainsi mis à l'abri des effets du soleil, s'étend sous toute sa surface le local des installations électriques. La lumière est désormais employable en solo, en duo, en trio, en symphonie – au grave ou à l'aigu, selon des méthodes semblables à des partitions musicales. La lumière est devenue partie intégrante de l'action du musée sur le visiteur. Elle est élevée au range de puissance émotive. Elle est devenue un élément déterminant de l'architecture."（Le Corbusier et son atelier rue de Sèvres 35, *Œuvre complète 1952-1957*, op.cit., p.158；邦訳、p.154）
(35) cf., Le Corbusier, *Sur les quatre routes*, Gaillimard, Paris, 1941, p.89.
(36) cf., FLC7022; [Le Corbusier], FLC7056; FLC7072, 1952.11.23.
(37) 出典：Olek, FLC6952, 1952.11.9. その他のファサードの検討については、cf., [Le Corbusier], FLC29074; Olek, FLC6951, 1952.11.9.
(38) 出典：Le Corbusier, *Le Corbusier Carnets 2*, Foundation Le Corbusier, Paris, The Architectural History Foundation, New York, Éditions Herscher / Dessain et Tolra, Paris, 1981, p.357.
(39) 素描は残されていないが、ジャリーによって構成されるサルケジの霊廟に対するル・コルビュジエの賞賛が証言として残されている（Balkrishna Doshi, *Architectural Legacies of Ahmedabad*, Vastu-Shilpa Foundation for Studies and Research in Environmental Design, 2000, s.p.）。アーメダバードに建設された2つの住宅、サラバイ住宅（1955）とショーダン住宅（1956）におけるジャリーの引用については、cf., Shoichiro Sendai, "Idea of Environment and Architectural Form in India by Le Corbusier - On the Creation of Villa Shodhan at Ahmedabad –", *Journal of Asian Architecture and Building Engineering*, Vol.4, No.1, Architectural Instutute of Japan, Architectural Institute of Korea, Architectural Society of China, 2005.5., pp.37-42; Shoichiro Sendai, "Realization of the "Roof Garden" in Ahmedabad by Le Corbusier - On the Creation of Villa Sarabhai –", *Journal of Asian Architecture and Building Engineering*, Vol.11, No.1, Architectural Instutute of Japan, Architectural Institute of Korea, Architectural Society of China, 2012.5., pp.17-23.
(40) cf., Maisonnier, FLC6946, 1952.11.4.
(41) cf., Maisonnier, FLC6946, 1952.11.4. 実際、ル・コルビュジエは、美術館とサヴァルマティ川を視覚

制作論：「ファサードのない」こと

的に結び合わせるために、美術館の地上階部分の収蔵機能を持つヴォリュームを部分的に削減してピロティを開放している。

(42) 出典：[Le Corbusier], FLC6844. 1952 年 11 月 4 日には図面化し、ル・コルビュジエは『全集』第 6 巻に 2 次案として掲載している (Maisonnier, FLC6946, 1952.11.4; Le Corbusier et son atelier rue de Sèvres 35, Œuvre complète 1952-1957, op.cit., p.159；邦訳, p.155)。

(43) 出典：Maisonnier, Le Corbusier, FLC7043, 1953.1.16, 1953.1.19.

(44) 出典：AFLC, F1-11-55.

(45) 出典：AFLC, L3-8-94, Le Corbusier, 1953.6.21; L3-8-69.

(46) cf., Maisonnier, Le Corbusier, FLC6953, 1953.2.10. 次回第 5 回目のル・コルビュジエのアーメダバード訪問は 1953 年 6 月 20 〜 23 日であり、1953 年 2 月に図面を早急にまとめたことの理由は不明である。いずれにしても、草案にいたる過程の時間の長さに比べると、非常に短期間の作業である。そして、このときの 2 枚の図面 (cf., Maisonnier, FLC6970, 1953.2.10; Maisonnier, Le Corbusier, FLC6953, 1953.2.10) を『全集』第 6 巻に掲載することになる (Le Corbusier et son atelier rue de Sèvres 35, Œuvre complète 1952-1957, op.cit., p.159；邦訳, p.155)。『全集』第 6 巻には竣工写真も併記し、この平面図が最終案であることを示している。

(47) 「不思議の箱」の断念の直前の素描については、cf., [Le Corbusier], AFLC, F1-11-33。

(48) 出典：Olek, FLC6960, 1953.2.10. cf., [Le Corbusier], FLC6974; Olek, FLC6960, 1953.2.10; Olek, FLC6972, 1953.2.25; Doshi, FLC7075, 1955.8.30.

(49) 出典：Maisonnier, FLC6961, 1953.2.10. cf., FLC6997; [Le Corbusier], FLC6991, 1953.1.22; Véret, [Le Corbusier], FLC6967, 1953.2.10.

(50) "On admet que les visites se feront particulièrement le soir et à la nuit; elles s'achèveront sur la toiture qui offrira un étonnant parterre fleuri formé de plus de 45 bassins, de 50m^2 chacun, tous remplis d'eau sur une épaisseur de 40cm. Cette eau est mise à l'abri su soleil torride par une végétation touffue; chaque bassin est semé, à pleine eau, de feuillages ou de fleurs, l'ensemble formant un damier bleu, rouge, vert, blanc, jaune, etc…" (Le Corbusier et son atelier rue de Sèvres 35, W. Boesiger éd., Œuvre complète 1952-1957, op. cit., 1957, p.158；邦訳, p. 154)

(51) cf., [Le Corbusier], FLC7078; FLC7079; [Olek], FLC6934, 1955.5.20; Olek, FLC6938, 1954.7.28.

(52) ル・コルビュジエによる「建築的カムフラージュ」は、本来色彩に対する生理的・心理的反応の恒常性を用いて、鉄筋コンクリートを塗装して空間の拡がりを演出することであり、ピュリスムの色彩理論の建築空間への応用である (cf., Le Corbusier et Pierre Jeanneret, W. Boesiger et O. Stonorov éd., Œuvre complète 1910-1929, Girsberger, Zürich, 1929, p.60; 邦訳, p.52; Le Corbusier, Claviers de couleurs, Salubra, Basel, 1931, 1959、及び千代章一郎・鈴木基紘、「ル・コルビュジエの建築色彩理論と環境概念」、日本建築学会計画系論文集、第 582 号、2004 年 8 月、pp.185-191 を参照)。

(53) ル・コルビュジエのアトリエの元所員で現場責任者であるドーシは、すでにアーメダバードに建設された製糸業者協会館 (1954) において、打ち放しコンクリートの型枠模様や外部家具を手がけている。ル・コルビュジエは、同じアーメダバードの美術館 (1957) のガーゴイユ、波動ガラス面、換気口、池、舗装、外部植栽、塀などの詳細をドーシの美的感覚に委ねている。そこには、ル・コルビュジエの理念や造形感覚だけではなく、現地の状況にも精通しているドーシへの全面的な信頼がある。

"Vous êtes très genti; de me demander touts ces details mais ce sont des choses que vous pouvez liquider fort vous-même, sur place, avec le goût de vos clients et votre goût, sans me trahir."
「すべての部分詳細について伺いを立ててくれることはとてもうれしいのですが、自分で決めてもよいのですよ。現場で、施主やあなた自身の好みを入れて、私を裏切ることなく。」(AFLC, P3-4-149, lettre de Le Corbusier à Doshi, 1955.5.21)

(54) "On sait que le Musée est à croissance non pas illimitée" (Le Corbusier et son atelier rue de Sèvres 35, Œuvre complète 1952-1957, op.cit., p.158；邦訳, p. 154)

(55) "Avant de partir voulez-vous me faire quelques belles photos du chantier du Musée: le dessous qui si joli (si vous arrivez à le prendre bien), par fragments et l'ensemble. Je voudrais quelques fragments montrant la beauté du béton brut. Je compte sur vous."
「出発する前に美術館の写真でよいものを準備してもらえますか。(うまく撮れるのなら) 下階の [ピロティ階の吹き抜け部分] 部分と全体が写ったものを。コンクリート打ち放しの美を表すようなものがいい。お任せします。」(AFLC, P3-4-265, lettre de Le Corbusier à Jean-Louis Véret, 1954.12.22)

(56) 出典：AFLC, L3-8-66.

(57) cf., AFLC, P3-4-24, P1-18-26, Note de M. Le Corbusier relative au "Musée de la Connaissance" (Museum of the Knowledge), Ahmedabad, 1954.12.13.

(58) "La Municipalité d'Ahmedabad a l'honneur de vous remettre une documentation provisoire sur la construction actuelle du premier "Musée de la Connaissance" (Museum of Knowledge). Cet outil de travail des temps modernes destiné à éduquer les foules et à renseigner les édiles et les autorités sur la bonne direction à faire prendre à l'activité moderne doit, à mon point de vue, se multiplier dans divers régions."
「アーメダバード当局から最初の「知の博物館」の建

設の現況に関する暫定的な記録文書をお渡しいたします。この新しい時代の施設は大衆を教化して新しい時代を主導する権力を持つ人々のためにあります。私見ですが、様々な地域に増やしていくべきです。」(AFLC, P3-4-78, lettre de Le Corbusier à Mr. J. Nehru, 1954.12.27)

(59) 出典：AFLC, P3-4-78, lettre de Le Corbusier à Mr. J. Nehru, 1954.12.27.

第一章　第二節

アーメダバードの市立サンスカール・ケンドラ美術館

図面解題：（39 図面）

図面解題

劇場と美術館の空間表象

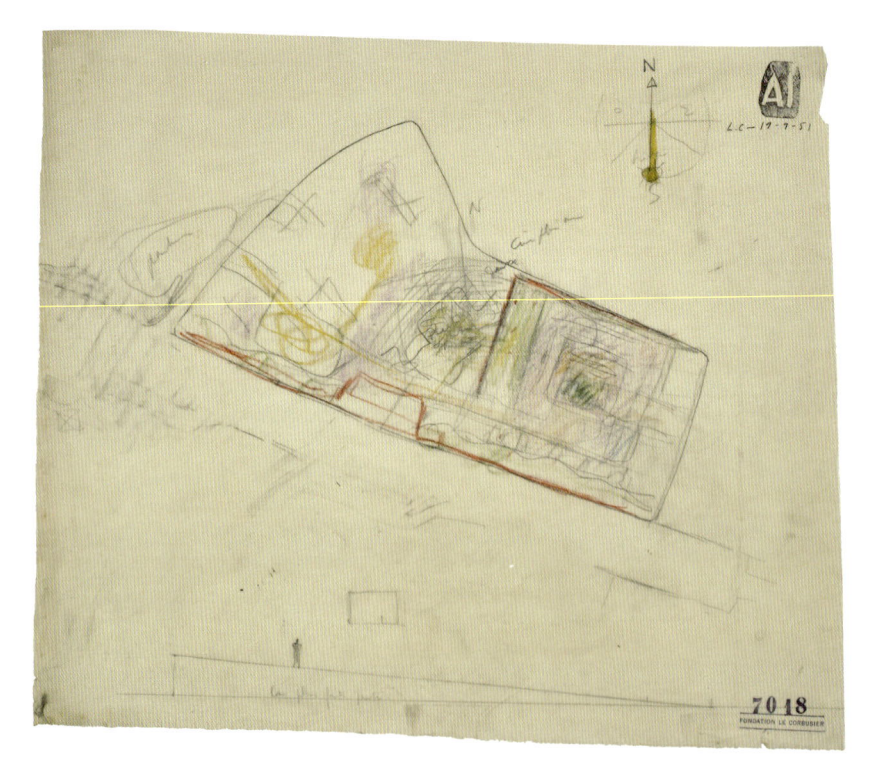

Le Corbusier, FLC7018, 1951.9.19

"Al L.C – 19-9-51 / parking / théâtre spontané danse ici plein air / la plus forte pente"
「アーメダバード　ル・コルビュジエ―51年9月19日／駐車場／自発劇場／舞踏／ここは野外／最急勾配のスロープ」

　ル・コルビュジエは、チャンディガールの新都市建設のためにはじめてインドを訪問する際、アーメダバードにも招かれ、文化センターの中核施設として美術館を含む総合的な博物館構想を委ねられる。ル・コルビュジエは受託を即答するが、すぐには筆をとらない。かねてより構想が熟成するまで決して筆を取らないと自ら語っているように、構想が頭のなかで比較的明瞭な輪郭を描くまでの時間が必要である。ル・コルビュジエは、とある夏のヴァカンスの後、1枚の敷地配置図に（おそらくたった1枚の紙の上に）文化センターの全体構想を一気に素描する。

＊

　ル・コルビュジエは方位を明記し、通常の黒鉛筆だけではなく、紫色・黄色・赤色の色鉛筆を用いて複合的な施設を敷地に宛がう（**FLC7018**）。文化センターは2つの領域からなる。敷地の中央部は紫色と黄色の面で描き、線描の重なりに「舞踏」「野外」の文字を記す。野外劇場の舞台であり、施主から依頼された施設ではない。自主的な提案である。

　建設すべき美術館は、敷地東側の紫色の渦を巻く矩型、ル・コルビュジエの「限りなく成長する美術館」である。さらに、ル・コルビュジエは美術館の中心部をくり抜いて中庭とし、緑色で着色する。インドの気候条件へ対応である。

　劇場と美術館、言い換えれば舞踏（身体）と作品（もの）の2つの空間が、アーメダバードにおけるル・コルビュジエの構想に他ならない。それにしても、ル・コルビュジエは、赤色の線描によって美術館と劇場を明瞭に分割する。敷地南側の道路境界線もまた、同じ赤色によって区切る。おそらく外壁である。比較的領域性が明瞭な全体構成であり、ポルト・マイヨの展覧会（1950）をはじめとする壁を取り払ったル・コルビュ

ジエの複合的な文化施設とは異なる配置構成である。

*

　ル・コルビュジエは部分を積み上げて全体を構築することはない。手はつねに全体を志向する。事後的に見れば、アーメダバードの場合、ル・コルビュジエの頭のなかで熟成した構想の空間表象は、ル・コルビュジエの他の構想がしばしばそうであるように、様々な外的要因や素材との出会いによって変節を遂げる。しかし、まったく別物になるわけではない。ル・コルビュジエは、ものの展示空間と身体の演劇空間の分節という空間図式を最後まで強固に保持する。最初の１枚の素描は芸術空間としての決定的な表象であるとも、またそうでないともいえる。

図面解題

劇場と美術館の隔離

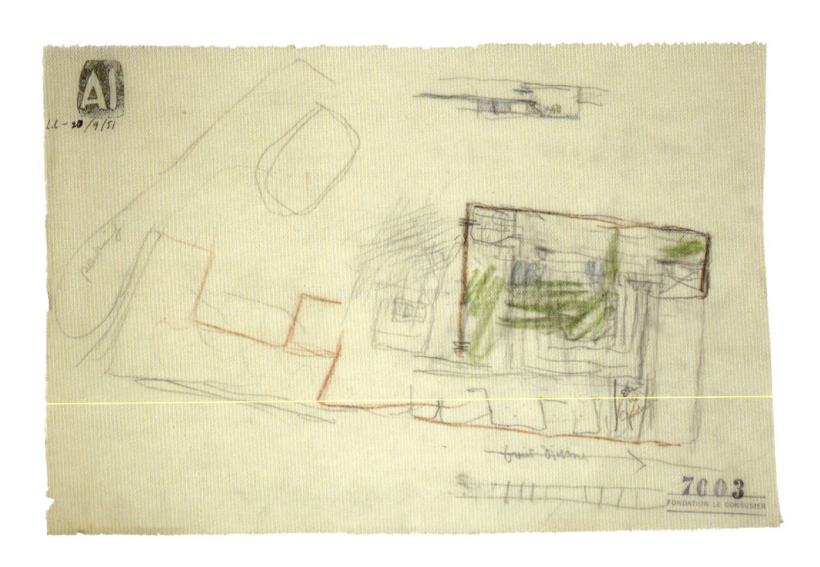

Le Corbusier, FLC7003, 1951.9.20

"Al L.C – 20-9-51 / parking / 350 / Entrée vie quotidienne / bruit diurne"
「アーメダバード　ル・コルビュジエ—51年9月20日／駐車場／350／通常の入口／昼間の騒音」

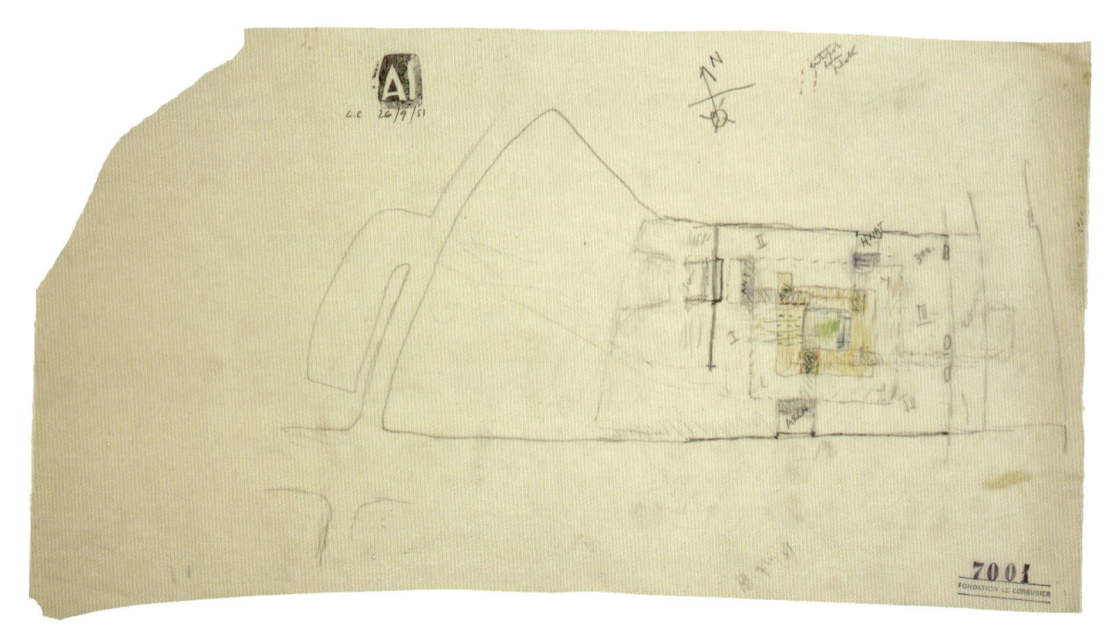

Le Corbusier, FLC7001, 1951.9.26

"Al L.C – 26-9-51 / entrepôt sous pilotis / Scène / ANT / H. NAT / 300 / B（A）/ B（A）/ ARCH / I / II / III / IV / route"
「アーメダバード—ル・コルビュジエ　51年9月26日／ピロティの倉庫／舞台／人類学／自然史／300／B（A）／B（A）／考古学／I／II／III／IV／道路」

　はじめての素描の翌日も、素描は続く。ル・コルビュジエは3枚の平面を描き、文化センターの輪郭を明確にしていく。おそらくル・コルビュジエは、自宅などで描いていた素描に署名と日付を入れてアトリエに持ち込み、整理している。ル・コルビュジエの日常的なやり方であり、なかでも重要な素描については、手製の判子を押して整理する（アーメダバードの美術館の場合、「**Al**」）。たとえ廃案になるにしても、思考の過程を示す図面は大切に保管しなければならない（アトリエの所員の証言によると、図面の日付と署名は「歴史」である）。場合によっては、別の構想に適応できる主題が含まれているかもしれないからである。

＊

　ル・コルビュジエはまず、中庭のある美術館の基本

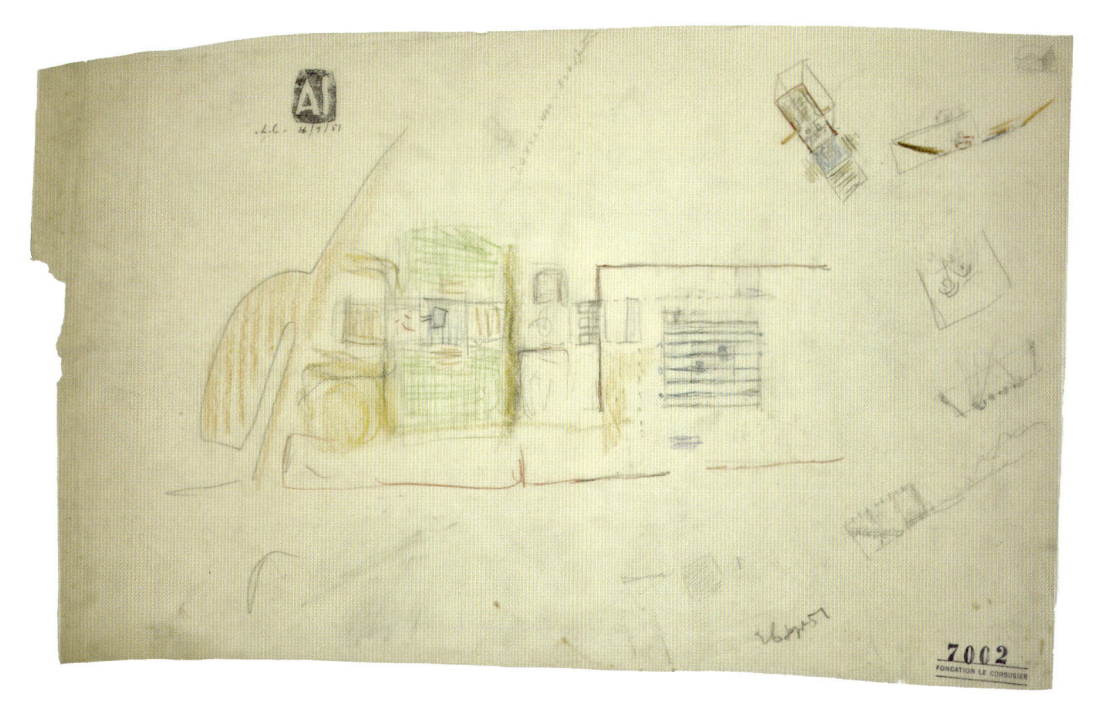

第一章　アーメダバードの市立サンスカール・ケンドラ美術館

Le Corbusier, FLC7002, 1951.9.26

"Al L.C – 26-9-51 / 20 X 20 = 400 = 800 spectateurs / 26 Sept 51"
「アーメダバードール・コルビュジエ　51年9月26日／20×20＝400＝800人の観客／51年9月26日」

的な原理を再確認する（**FLC7003**）。敷地の空間構成そのものは前日の素描（cf., **FLC7018**）とほぼ同様である。全体構成の再確認であるが、美術館にはさらに3つの附属施設（考古学、自然史、人類史）を描き加え、断面図では、中階で美術館本体と卍型の通路で連結する（**FLC7003上**）。一方、ル・コルビュジエが自主的に提案する劇場は、まだ明瞭な輪郭を伴わず、中央の舞台とそれを取り囲む舞台の図式しかない。施主から依頼された美術館に優先的に取り組むのは、当然ではある。

　平面構成はより詳細に及ぶ（**FLC7001**）。ル・コルビュジエは、地上階において美術館と3つの附属施設を卍型に連結すると同時に、敷地の東に隣接するサヴァルマティ川からのアプローチを定め、中庭に附属するスロープを備え、螺旋型の空間を構成する。

　次は、美術館の屋上階である（**FLC7002**）。「限りなく成長する美術館」において、天井からの自然採光もまた主題の一つであり、螺旋型の動線に沿った螺旋型の自然採光装置を天井に備えなければならない。しかし、アーメダバードの美術館では、展示作品のための自然採光と雨水処理が一体となった装置を水平に配置する。美術館中央の中庭化と同様に、インドの雨季

の気候への配慮である。さらに、ル・コルビュジエは美術館の西側に隣接する演劇空間を一気に素描する。「不思議の箱」と呼ぶことになる単純幾何学の空間と水盤に浮く舞台、そして民俗芸能のための野外舞台が軸上に並ぶ（**FLC7002左**）。インドの舞踊文化に触発された野外舞台とは対照的に、「不思議の箱」は、インドの山並みを背景にした幾何学的形態内部の人工照明を用いた演劇空間の演出である。美術館の内部空間よりも、格段に具体的である。断面図やアクソノメトリックの「不思議の箱」は、ル・コルビュジエがアーメダバードの文化センターに構想するものの核心を物語っている（**FLC7002右**）。

＊

　ル・コルビュジエは揺らぐことなく慎重に最初の空間表象を具体化する。明確に区画した演劇空間と展示空間の原理は変わらない。一方は、作品という「もの」のための空間である。もう一方は、演劇する「ひと」のための空間である。革新的であるか伝統的であるかは別にして、ともに芸術空間であるが、携帯生成は同期せず、境界はますます明瞭であり、互いにますます自律して隔たっている。敷地全体を結ぶ動線を検討する黄色の色鉛筆の線描は、限りなく弱々しい。

63

図面解題

建築的プロムナードの断片

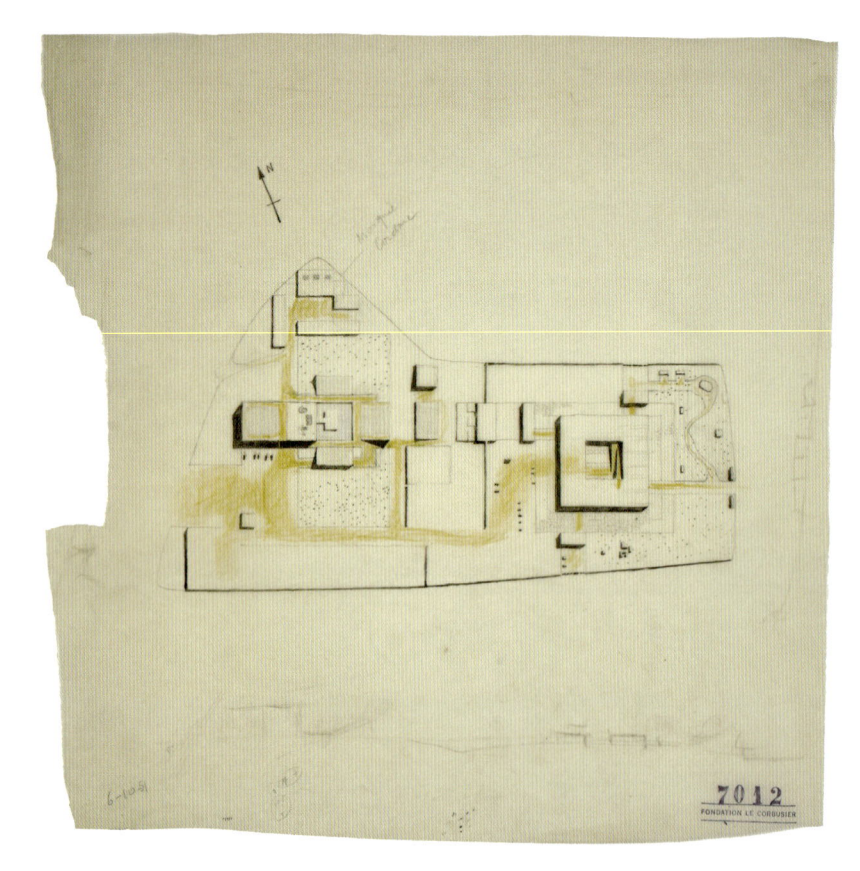

[Le Corbusier], FLC7012, 1951.10.6

"Mosquée Cordoue / 6-10-51"
「コルドバのモスク／51年10月6日」

　はじめて敷地の全体構成を素描してから、ル・コルビュジエは構想案の図面記号（アーメダバードの美術館の場合、「**Am MUSEE**」）を附した最初の全体配置面をアトリエで作成させ、最後に「*Le Corbusier*」（「*L-C*」ではなく）の署名を添える。素描的なものから建築図面への翻訳作業は、比較的短期間である。たとえ素描であっても、描く時点で構想そのものはすでに明快になっているからである。

*

　1枚の配置図は、下図を重ねてトレーシングペーパーに描いた素描である。（**FLC7012**）。おそらくル・コルビュジエによる素描であり、幾何学的なヴォリューム群を縫うように、西側に当たる図面左から順に黄土色の色鉛筆で色づけし、「**AI**」を付した図面（cf., **FLC7002**）では未検討の「建築的プロムナード」を敷地全体に渡って描く。

　「不思議の箱」の周囲は、美術館とは対照的に幾何学的な外構であり、動線を示す黄土色の線描は「不思議の箱」のあちこちをくまなくめぐる。一方、美術館の周囲は、将来的な「拡張」位置を示す外構を螺旋型の幾何学によって規定する一方で、美術館のモニュメンタリティを和らげるかのような前庭のピクチュアレスク庭園を描く。ピクチュアレスク庭園と幾何学式庭園の混在は、敷地形状や規模にかかわらずル・コルビュジエの典型的な手法である（たとえば、ガルシュのヴィラ・シュタイン＝ド・モンジー（1927））。

　配置面の素描の脇の立面のヴォリュームにおいても、「不思議の箱」が突出する。文化センターのランドマークとしての演劇空間と展示空間の連結部分には、建築的な仕掛けの痕跡はない。演劇空間と展示空間を隔てる外壁は、「建築的プロムナード」の演出の連続性を断片化するものでしかなく、物語性を欠いている。

64

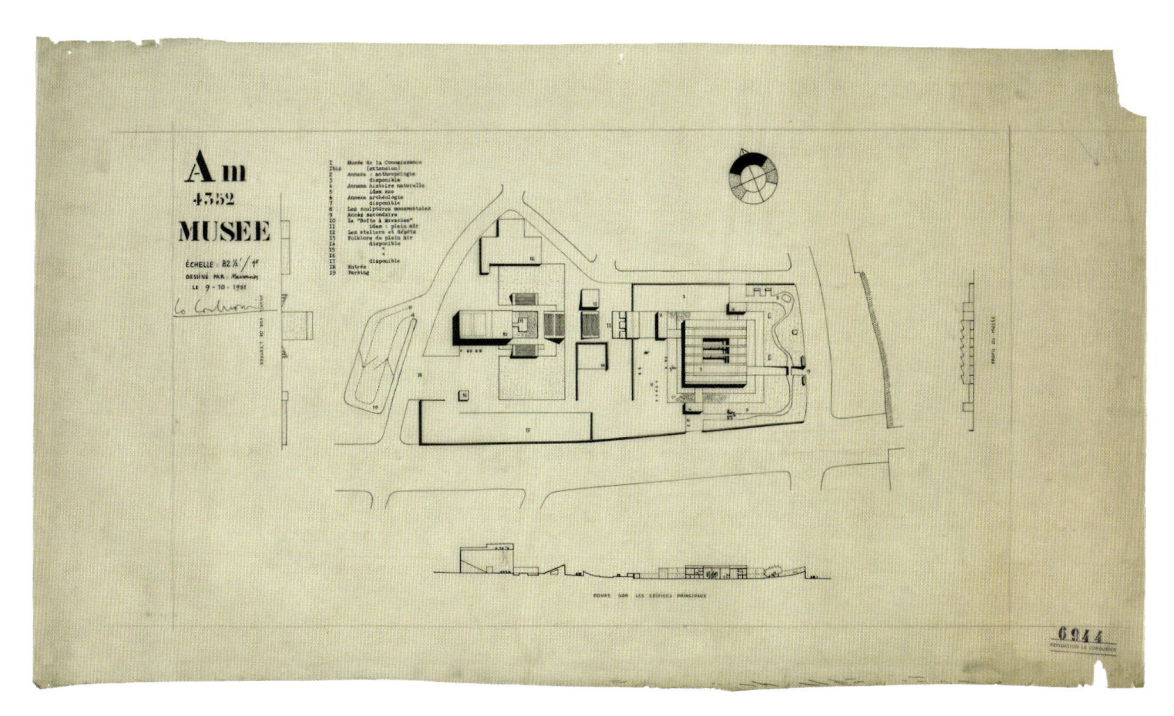

第一章　アーメダバードの市立サンスカール・ケンドラ美術館

Maisonnier, Le Corbusier, FLC6944, 1951.10.9

"ÉCHELLE : 82 1/2'/1" DESSINÉ PAR : Maisonnier Le 9 – 10 – 1951 Le Corbusier / 1 Musée de la Connaissance 1bis（extension）2 Annexe : anthropologie 3 disponible 4 Annexe histoire naturelle 5 idem zoo 6 Annexe archéologie 7 disponible 8 Les sculptures monumentales 9 Accès secondaire 10 La "Boîte à Miracles" 11 idem : plein air 12 Les ateliers et dépôts 13 Folklore de plein air 14 disponible 15 〃 16 〃 17 disponible 18 Entrée 19 Parking / PROFIL VUE DE L'ENTRÉE / PROFIL DU MUSÉE / COUPE SUR LES EDIFICES PRINCIPAUX"

「縮尺：82 1/2'/1" メゾニエ作成　1951年10月9日　ル・コルビュジエ／1　知の博物館　1の2（拡張）　2　附属施設：人類学　3　空地　4　自然史の附属施設　5　同上：動物園　6　考古学の附属施設　7　空地　8　彫刻モニュメント　9　第二のアクセス　10　「不思議の箱」　11　同上：野外　12　アトリエと倉庫　13　野外の民俗芸能　14　空地　15　同上　16　同上　17　空地　18　入口　19　駐車場／入口からの外観／博物館の外観／主要施設群の断面図」

　ル・コルビュジエは、すぐさま各々の施設名を明記した全体配置図を作成させる（**FLC6944**）。北側天井採光を備えた「限りなく成長する美術館」、「人類学」「自然史」「考古学」に関する附属施設、周辺の「彫刻モニュメント」、そして美術館とは壁で分離した「不思議の箱」「野外の民俗芸能」の舞台。東西の軸性の強い構成は、ル・コルビュジエの素描のままである（cf., **FLC7012**）。美術館と劇場のあいだには、「空地」しかない。「駐車場」のある西側が文化センターへの主要なアクセスとなり、演劇空間の「エントランス」となる。サヴァルマティ川側から美術館へは、「第二のアクセス」を通ることになる。図面脇の3面の立面図では、建築的ヴォリュームの仕上げはアーメダバードにおける新しい時代の建築としてすべて打ち放しコンクリートの表現であるが、美術館中庭の彫刻作品と「不思議の箱」の演者たちは何の関係もない。それでも、ル・コルビュジエは躊躇いなく署名する。

＊

　ル・コルビュジエが署名する図面は、多かれ少なかれ「建築的プロムナード」の仕掛けを内包する。幾何学的な建築的ヴォリュームの配置が合理的な動線を規定しているように見えても、軸線を破綻させるかのような非対称性を内包する。プロムナードする身体は有機的である。たしかに、ル・コルビュジエの描くプロムナードの線は有機的であるが、しかし展示空間と演劇空間の両者はいまだ統合された一つの空間ではない。プロムナードは未完である。

図面解題

演劇空間という中心

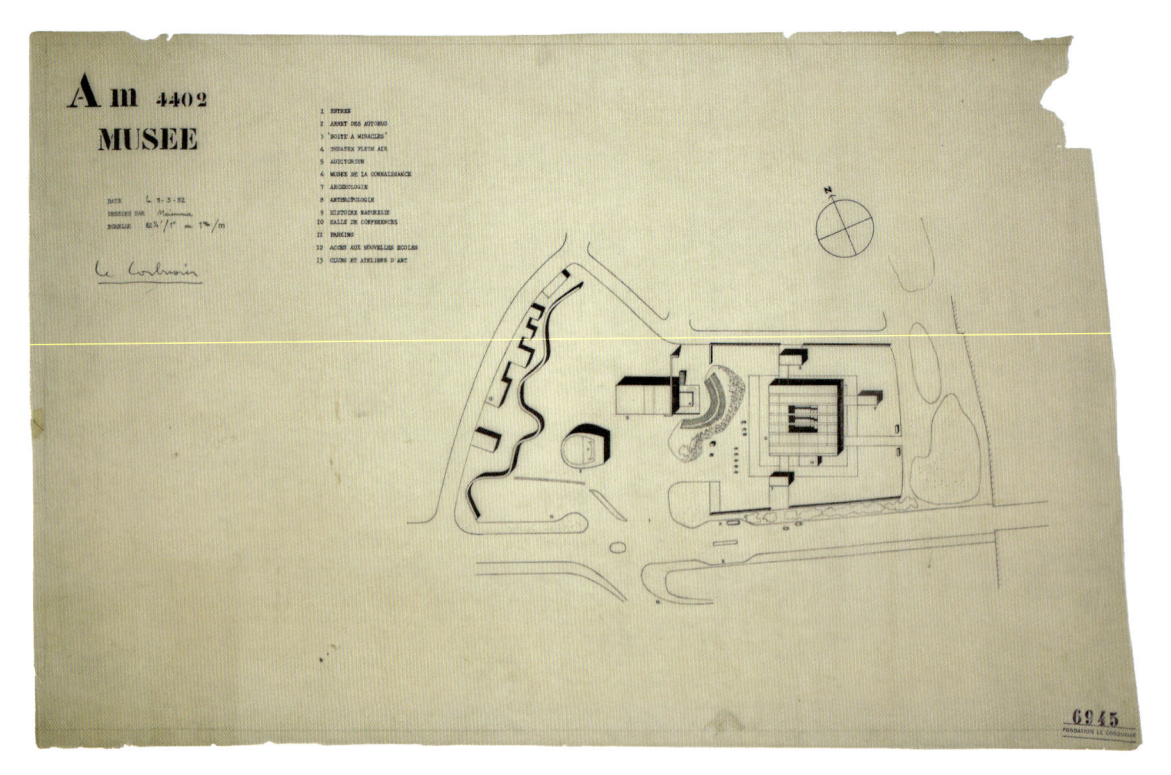

Maisonnier, Le Corbusier, FLC6945, 1952.3.11

"*DATE le 11 - 3 - 52 DESSINE PAR Maisonnier ECHELLE 82 1/2'/1" ou 1ᵐᵐ/m Le Corbusier* / 1 ENTREE 2 ARRET DES AUTOBUS 3 "BOITE A MIRACLES" 4 THEATRE PLEIN AIR 5 AUDITORIUM 6 MUSEE DE LA CONNAISSANCE 7 ARCHEOLOGIE 8 ANTHROPOLOGIE 9 HISOTIRE NATURELLE 10 SALLE DE CONFERRENCES 11 PARKING 12 ACCES AUX NOUVELLES ECOLES 13 CLUBS ET ATELIERS D'ART"
「日付　1952年3月11日　メゾニエ作成　縮尺：82 1/2'/1" もしくは 1ᵐᵐ/m　ル・コルビュジエ／1　入口　2　バス停　3　「不思議の箱」　4　野外劇場　5　オーディトリアム　6　知の博物館　7　考古学　8　人類学　9　自然史　10　講堂　11　駐車場　12　新設学校へのアクセス　13　芸術アトリエと集会所」

　第2回目のアーメダバード滞在において構想を説明したル・コルビュジエは、パリに戻ると、文化センターの全体構成について大幅に変更する。施主からの指摘が反映されていることは間違いない。

＊

　ル・コルビュジエがアトリエの所員に口頭で指示して作成させ、署名する新たな配置計画図の最も大きな修正は、敷地へのアクセスの西側から南側への変更である（**FLC6945**）。南側道路は、都市計画上の幹線道路となるからである。ル・コルビュジエは新しいアクセス空間である「エントランス」と接して「オーディトリアム」を設置し、民俗芸能の野外舞台を事実上断念して、「不思議の箱」を野外舞台と野外階段で取り囲んで新たな「野外劇場」とする。

　半円の野外階段は、丘の上に建つロンシャンの礼拝堂（1953）においても検討した造形であり、ロンシャンの丘の頂きでの野外典礼において音響的な拡がりをもたらす仕掛けである。アーメダバードの文化センターの敷地は平坦であるが、ル・コルビュジエは盛土の造成によって起伏をつくり出し、演劇空間として音響との一体化を図る。美術館を隔てる外壁は撤去しても、盛土の野外階段によって演劇空間と展示空間とを柔らかに区切ることには変わりがない。実際、美術館のエントランスは南側とは別に、東側に設定したままである。

　新しい配置図（**FLC6945**）は、比較的完成度の高

第一章　アーメダバードの市立サンスカール・ケンドラ美術館

Le Corbusier, FLC7013, 1952.3.13

"L.C – 13-3-52 / loges acteurs"
「ル・コルビュジエ―52年3月13日／俳優の楽屋」

い面図であり、『全集』第5巻にもアーメダバードの美術館の最初案として掲載する図面である。これまでの過程にル・コルビュジエによる素描がなかったとは考え難いが、ル・コルビュジエが素描を残すのは、逆に新しい配置図への署名の2日後である（**FLC7013**）。

ル・コルビュジエは主要な建築的ヴォリューム、「美術館」「オーディトリアム」「不思議の箱」を赤茶色の色鉛筆で着色し、鉛筆線の輪郭にインクの線を再度重ねる。しかし、「美術館」の3つの附属施設（考古学、自然史、人類史）は淡く描くだけで、螺旋型の展開も線描としては強調しない。むしろ、半円の野外階段や「不思議の箱」に隣接して水に浮かぶ屋外舞台を青鉛筆で力強く描き足し、黄土色の色鉛筆によって、敷地南側から「不思議の箱」に人が吸い込まれるような動線を描く。

「不思議の箱」の断面では、野外舞台と野外階段が一体となり、天井照明によって調整される室内外の空間で演者が演劇や音楽を繰り広げる（**FLC7013左下**）。はたして、この演劇空間は後のフィリップス館（1958）の有機的形態内部での「電子詩」の世界の前触れである。

*

ル・コルビュジエは、施主の要求に誠実に対応するのがつねである。敷地へのアクセスの変更もその一つである。それでも、文化センターの中心が美術館ではなく、野外での演劇空間の舞台であることがますます明白になってくる。施主にとって主要施設であるはずの美術館は、ル・コルビュジエの文化センターの構想において、南道路の喧噪から離れてサヴァルマティ川から静かにアプローチする別世界である。

67

図面解題

展示空間の「棚」

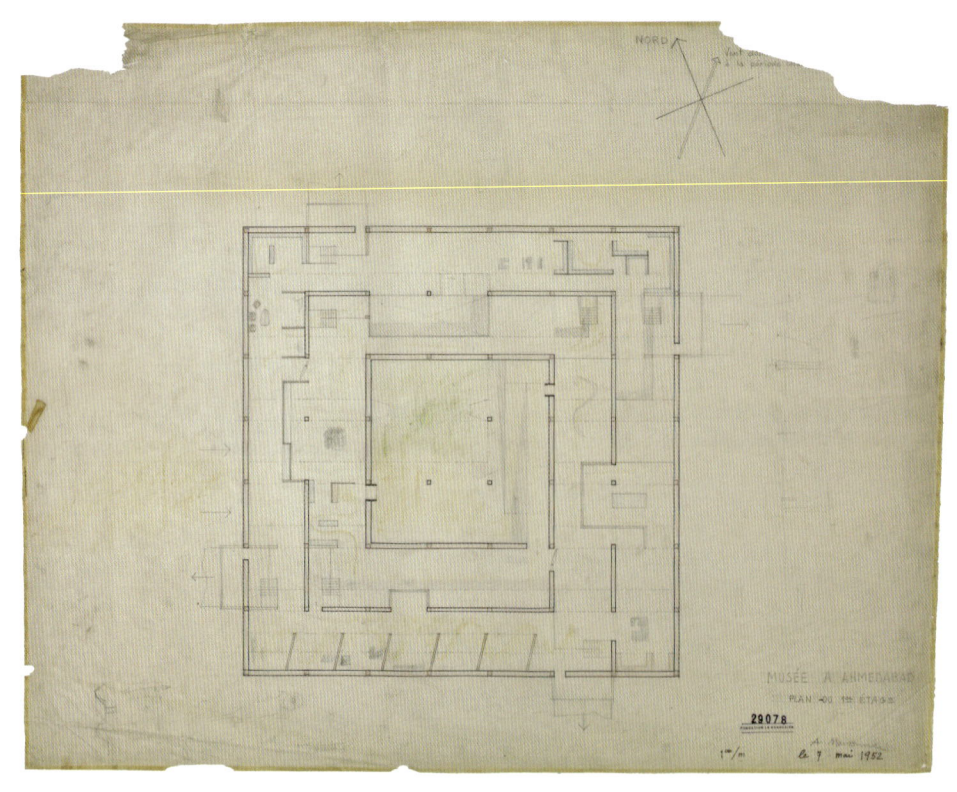

Maisonnier, FLC29078, 1952.5.7

　文化センターの全体構想と平行して、ル・コルビュジエは施主からの直接の依頼である美術館について別途検討を進める。螺旋型の動線はすでに既定の原理であり、平面構成上に大きな変更はない。したがって、具体的な展示作品の設置方法が主題となる。

＊

　螺旋型の図式的な平面図において、植栽のある中庭から延びるスロープ、右回りに螺旋型の順路を誘導する主要な壁面の構成（ただし、螺旋型の終点は外壁で固く閉ざされている）、そして連結路によって4方位に示す卍型の拡張位置は明快である（**FLC29078**）。角柱はパネルで埋めて外壁とする。さらに薄い間仕切り壁によって展示空間を細分し、水色の色鉛筆によってガラスの展示棚を壁に組み込み、あるいは自立させて配置する。グラン・パレで開催された「海外フランス」展（1940）での展示空間の演出がそうであるように、壁・棚の可動・固定の対位法による展示空間内部の「建築的プロムナード」の演出である。美術館の場合、機能上壁面量が多くならざるを得ず、窓の開口部も少ない。住宅のように外部の景観を取り込む「建築的プロムナード」を演出することには限界がある。作品の舞台や背景となる壁や展示棚を景観として慎重に検討しなければならない。

　したがって、景観構成要素としての展示棚の詳細は、

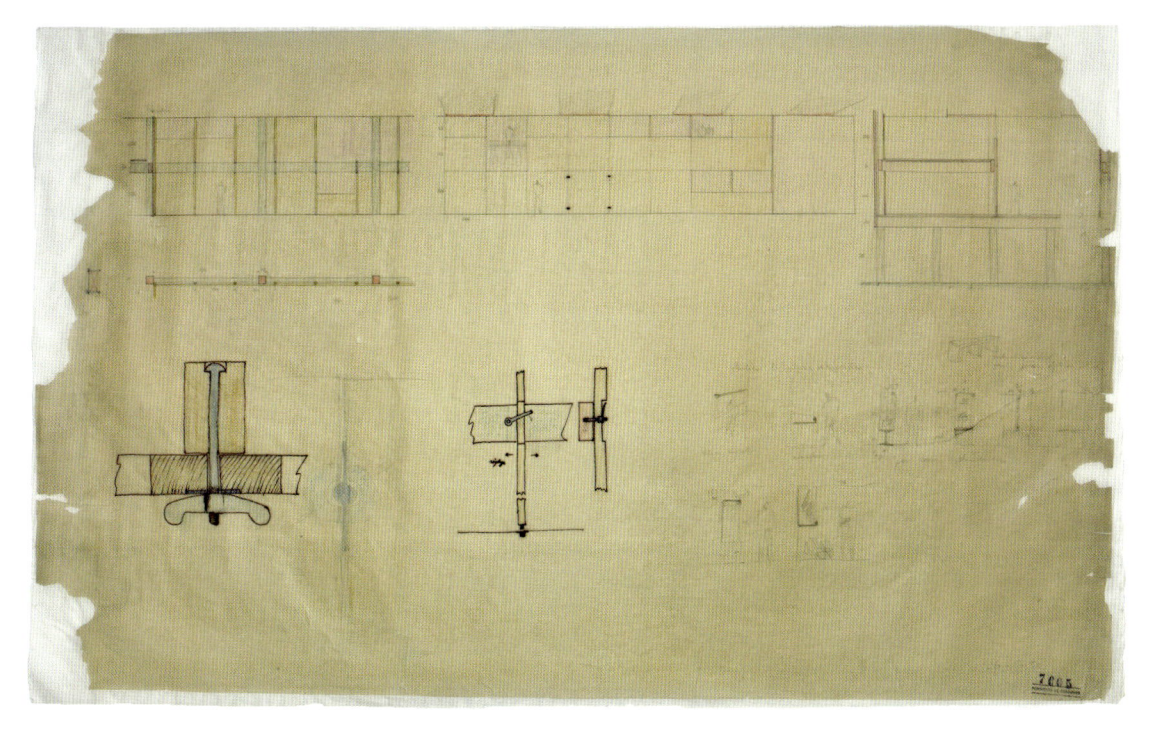

第一章　アーメダバードの市立サンスカール・ケンドラ美術館

[Le Corbusier], FLC7005, 1952.5.26

"*réglage / rétudier les vitrines d'exposition / socle indépendant pour poser objets ou vitrine / vitrine murale / accrochée / 183 113 70 43 large / 1 de 43 élément socle / 2 de 26 ou 33 / par casiers standardisés / 183 113 70 / 226 113*"
「調節／展示ガラスケースの検討／オブジェを設置する独立台座もしくはガラスケース／壁に設置するカラスケース／壁に掛ける／*183　113　70　43 幅　1　43　展示品　台座／2　26から33／標準の棚よる／183　113　70／226　113*」

立面構成も平面構成に等しく重要である（**FLC7005**）。美術館の壁は床面から天井面まで、226、183、113、70のモデュロール尺によるパネル貼りとする。さらに、展示棚はおそらくル・コルビュジエの素描とおぼしきの8つの類型とする（4つの壁一体型と4つの自立型）（**FLC7005 右中**）。美術館という特殊な機能のために、はじめて展示棚を考え出したのではない。「棚」はサロン・ドートンヌの展覧会（1929）に始まる住宅設備の主題であり、ユニテ・ダビタシオンの住戸やル・コルビュジエのアパルトマンの書斎（1933）、カバノン（1952）に組み込む机や天井の押入などでも反復する主題である。「棚」は、人間の身体動作や行為と調和する空間の「装備」である。

＊

ル・コルビュジエは、美術館の展示空間に絵画を掛ける壁だけではなく、様々な立体作品を展示する棚の類型を準備する。いかなるものも棚に挿入可能であり、いつでも、どこでも新しい空間の文脈をつくり出すことができなければならない。

図面解題

「光のもと」で

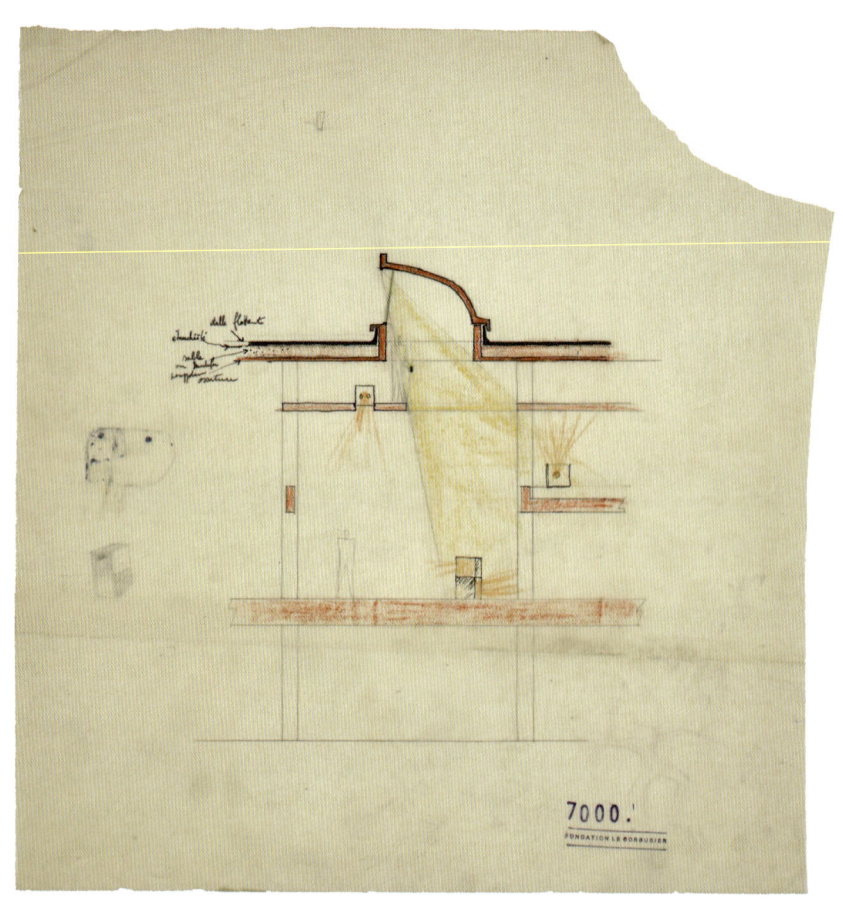

FLC7000

"*dalle flottante / étanchéité / sable ou mâchefer / [...] ossature*"
「浮床板／防水／砂　あるいは　スラグ／［……］構造体」

　耐力壁に穿つ窓や、自立する柱間に自由に設定する開口部の場合、切り取られる外部の景観と採光面は基本的に一致する。「建築的プロムナード」の構成として、景観の演出はすなわち採光の演出と連動する。しかし美術館の場合、プロムナードに変化を与えるものは、芸術作品であり、芸術作品を展示する棚や壁であり、そして芸術作品を照らす光である。

＊

　黄土色の色鉛筆で描かれる北側からの自然光だけではなく、アーメダバードの美術館では、天井や展示棚に人工照明を組み込み、直接・間接に展示作品を照らし出す（**FLC7000**）。ル・コルビュジエは、「海外フランス」展（1940）同様、自然採光・人工照明の取り合わせを主題化し、人工照明／自然採光、可動／固定、直接／間接、壁／天井／展示棚、埋め込み／露出の対位法を検討する。

　天井からの自然採光面について、ル・コルビュジエはガラス壁面の割付の詳細検討をアトリエの所員に指示する（**FLC7023**）。音楽家でもある所員クセナキスによる検討では、割付比例を A（1：2：3：2）と B（2：1：2：3）の2つとし、それらをそれぞれ逆転させた比例と合わせて計4つの比例を適用している。通常のガラス壁面とは異なり、展示空間の鑑賞者が天井の採光面を見上げることは希であり、採光効果としてもさほど

70

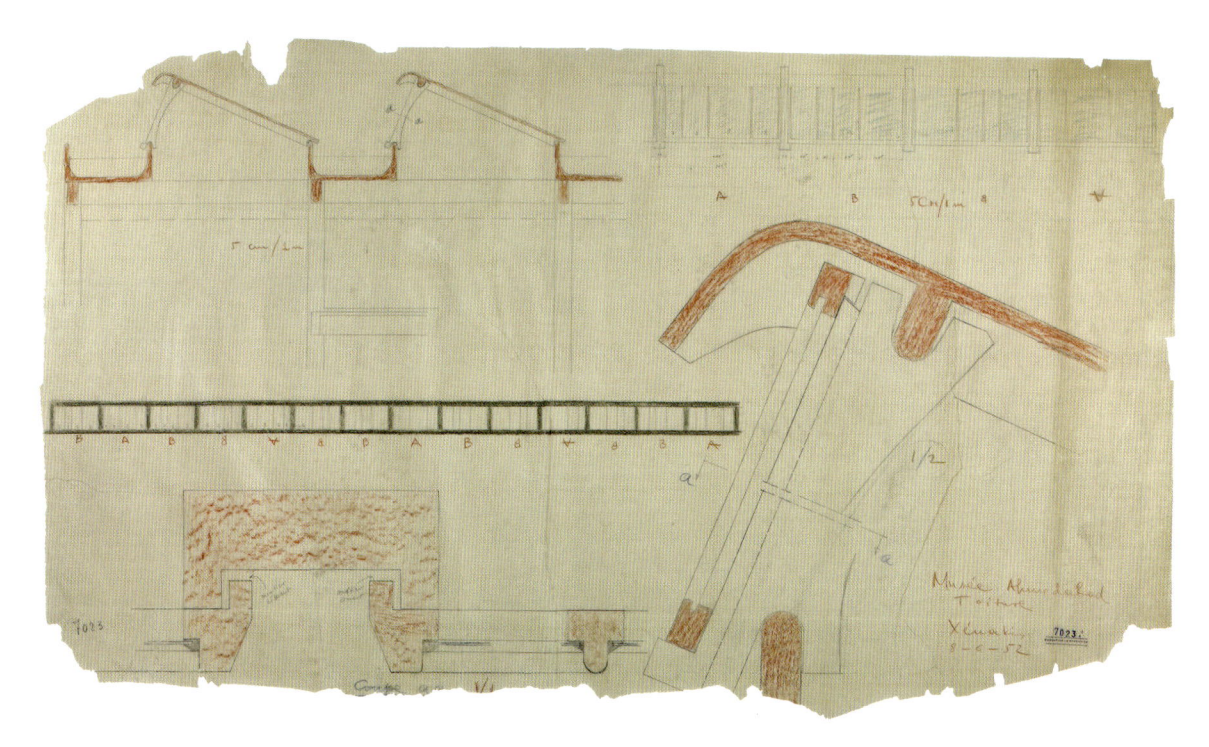

第一章　アーメダバードの市立サンスカール・ケンドラ美術館

Xenakis, FLC7023, 1952.6.8

"5cm/1m / 5CM/1 / AB Ƃ Ɐ / BABB Ɐ Ƃ BAB Ɐ Ƃ BA / morfier ciment / 1/2 / Musée Ahmedabad Xénakis 8-6-52"
「5cm/1m／5CM/1／AB Ƃ Ɐ／BABB Ɐ Ƃ BAB Ɐ Ƃ BA／セメント充填／1/2／アーメダバードの美術館　クセナキス　52年6月8日」

違いがあるわけではない。それでも、少なくともクセナキスには、何らかの作為的な操作によって光を変換しようとする意図がはたらいている（後に、このガラス壁の割付はチャンディガールの行政区カピトールにおける建築群の「波動ガラス壁」へと発展していく。ラ・トゥーレットの修道院（1959）の食堂室などのファサードでは、「波動ガラス壁」はさらに洗練された詳細部位を備え、東京の美術館（1959）やチャンディガールの美術館（1964）の地上階のファサードにも適用されている）。

＊

もちろん、光はル・コルビュジエの建築作品の最大の主題の一つである。「建築は光のもとで繰り広げられる巧みで正確で、壮麗なヴォリュームの戯れである」（『建築をめざして』、1923）。ル・コルビュジエは、原則として自然採光によって展示空間を演出しようとする。おそらく、太陽の光の制御は必ずしも容易ではない。アーメダバードでは、灼熱の太陽が降り注ぐ。自然採光を極力抑制する人工照明による作品展示検討が必須である。しかし、ル・コルビュジエにとって、人工照明は補助装置である。ル・コルビュジエが人工照明装置の詳細な技術的検討をアトリエの所員に指示することは最後までない。ル・コルビュジエはあくまで自然光に固執する。このとき、おそらく壁は絶対的な白である。

図面解題

美術館の反転

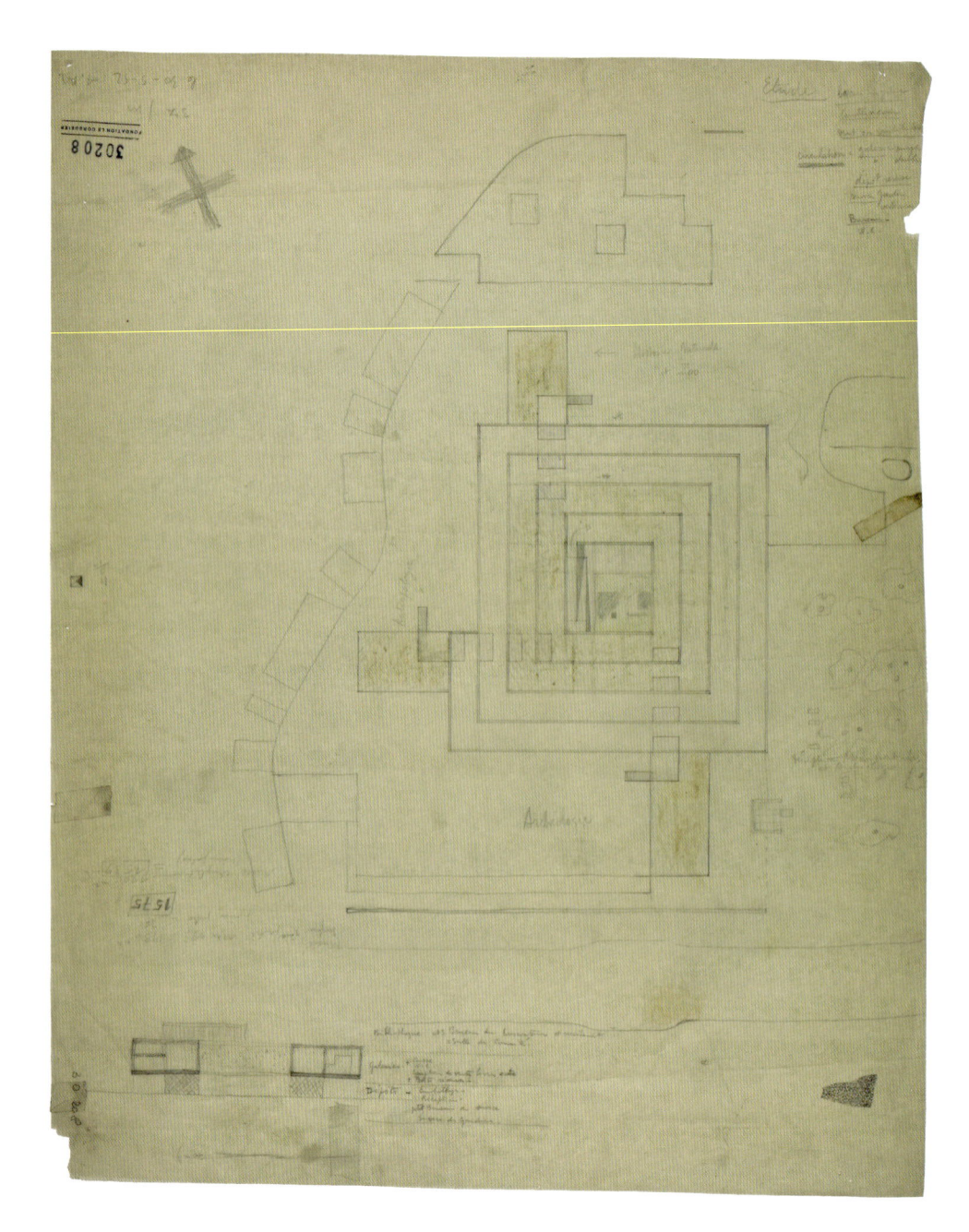

Maisonnier, FLC30208, 1952.5.30

"*Étude bassin du jardin lanterneau vent ou ventilation circulation = galerie simple galerie double dépôt réserve services gardien vestiaire bureaux W.C. / Histoire Naturelle et Zoo Anthropologie Archéologie Sculpture Monumentale et Archéologique / Bibliothèque et 3 Bureaux du conservateur et secrétariat 2 salles du Comité / Galeries + Caisse W.C. Comptoir de vente livres et + Petites réserves / Dépôts + Emballages Réception petit Bureau de service Service des gardiens / Musée Surface 1ère partie 44.³ x 44.³ = 1936 ^{m2} moins patio = 361 1575 Musée complet (moins patio) 4900^{m2} = 4539^{m2}*"

「検討項目　庭の池　天窓　通風や換気　動線＝単室と複室の展示室　収蔵庫　守衛室　更衣室　事務室　手洗室／自然史と生態史　人類学　考古学　モニュメント彫刻と考古学彫刻／図書室と美術館長と秘書のための3つの事務室　2つの会議室／展示室＋会計　手洗　売店＋小予備室／倉庫＋梱包　勝手口　小事務室　守衛室／［主階の］美術館面積　44.3×44.3 = 1936^{m2}　差引パティオ＝ 361　計 1575　美術館総面積　4900^{m2}（差引パティオ）= 4539^{m2}」

第3回目のアーメダバード訪問の際、施主は、文化センターの全体構想の規模縮小、つまり美術館を中心とした文化センターとし、施設を統廃合するという極めて重大な要請をル・コルビュジエに伝えている。要請に応えるべく、ル・コルビュジエが着手するのは、敷地の全体構想ではなく、美術館そのものの空間再構成である。

＊

　ル・コルビュジエの指示による図面では、図式的な美術館が従来の敷地東側に位置していない（**FLC30208**）。かつて「不思議の箱」や「オーディトリアム」のあった文化センターの中心的広場に位置している。そのうえ、美術館自体の平面構成もスロープを含めて左右反転している。鏡の写像のような配置構成の修正は、動線の処理の問題もあるが、これまでのル・コルビュジエの建築制作としては、おそらく前例のない手法である。

　アトリエの所員が記している断面の素描では、施主から指示された施設を図式的に美術館内部に充填している（**FLC30208左下**）。地階からは「講堂」がなくなり（後に独立棟となる）、代わりに、「倉庫」によってピロティを充填し、屋上には「図書室・事務室・会議室」を新たに加えている。仮に施主の要求を受け入れた場合、屋上がなくなるために天井採光は部分的にでも断念せざるを得なくなるはずである。天井からの自然採光というル・コルビュジエの「美術館」に不可欠な主題を探究することと、施主の要求を満足させることとが錯綜している。

＊

　文化センターの中心を劇場の演劇空間から美術館の展示空間へ切り替えることは、施主の要請とはいえ、大胆かつ唐突な選択である。しかし図面には、躊躇や迷いの痕跡はない。

図面解題

屋上の水盤

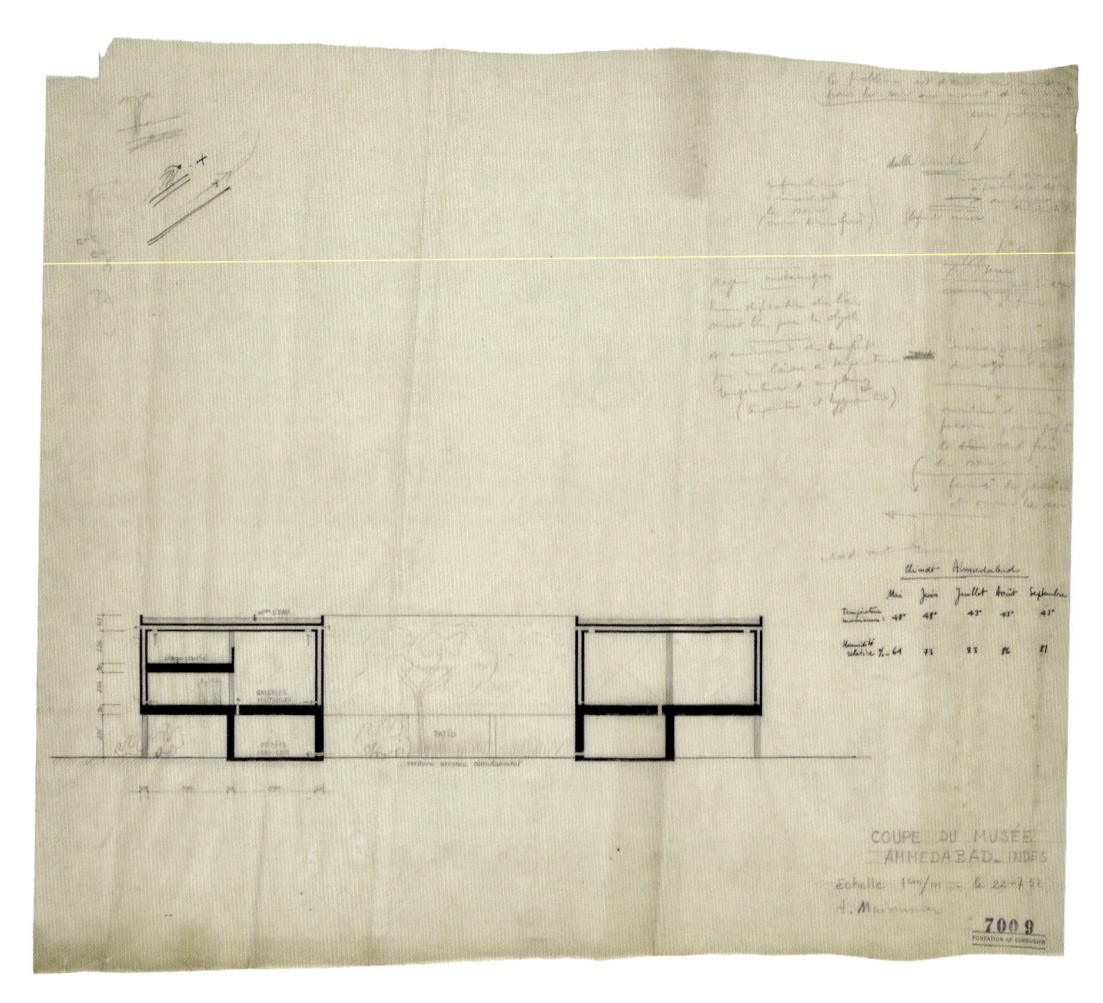

Maisonnier, FLC7009, 1952.7.22

"*le problème est d'avoir un musée frais le soir au moment de la visite / eau pulvérisée / rafraîchissement immédiat le soir（avoir l'air frais）/ dalle <u>étanche</u> mouvement d'air à partir de 40 cm ouverture aux extrémités plafond musée / herbe terre air 3 à 4 cm plafond / Moyens <u>mécaniques</u> humidification de l'air serait bien pour les objets et amènerait du confort par une baisse de température température de compteur（température et hygrométrie）/ Murs protégés <u>du rayonnement direct</u> / ouverture du mur pour profiter de l'air vent frais <u>du soir</u> / fermer la journée et ouvrir le soir / entrée du vent / <u>Climat Ahmedabad</u> Mai Juin Juillet Août Septembre Température maximum: 48° 48° 43° 43° Humidité relative % 64 73 83 86 81 / 15cm D'EAU étage partiel GALERIES VISITABLE DÉPÔTS SERVICES PATIO verdure arrosée abondamment*"

「開館中の美術館の夜間冷気の問題／散水／夜の即事空気入れ替え（冷気）／<u>防水性</u>の舗装　40cm のところから空気の循環　端部に開口　美術館の天井／草　土　充填　3 から 4cm の空気層　天井／<u>機械的</u>方法　加湿は展示品にはよい　温度を下げることで快適さの導入　計器測定温度（温度と湿度）／<u>直接光からの壁の保護</u>／<u>夜間冷気風取り入れの壁の開口部</u>／日中閉鎖と夜間開放／通風口／<u>アーメダバードの気候</u>　5月6月7月8月9月　最高位気温：48度 48度 43度 43度　相対湿度％　64 73 83 86 81 ／ 15cm の水の層　中階　鑑賞ギャラリー　倉庫・事務室　パティオ　たっぷりの水を与えた緑」

施主の機能的な要請を満たすだけではなく、アーメダバードの気候条件も解決しなければならない。たしかに、ル・コルビュジエははじめから美術館の中央に中庭を組み込むことによって、敷地の気候を受容しようとする。それは「美術館」にとっての障碍ではない。野外彫刻が中庭を野外の展示空間に変えるからである。しかし、気候条件への対応はそれだけでは済まされない。日射しの問題は重大である。

＊

　屋上の天井からの採光が取れない最初の図面がある（**FLC7009**）。しかし最上階には、施主が要請している「図書室・事務室・会議室」はない。アトリエの所員は、たっぷりと水を与えて植栽を茂らせた中庭の「パティオ」、通風のための中空壁、15cmの水を張った陸屋根を描いている。図面の脇には、夏期のアーメダバードの気温と湿度を表にし（最高温度48℃、最高湿度86％）、美術館には通風と断熱が不可欠であることを記している（**FLC7009右**）。

＊

　ル・コルビュジエは、検討を重ねてきた自然採光による展示空間の演出よりも、地域の気候に対する配慮を優先し、自然採光の断念を選択する。天井からの自然採光の場合、ファサードのガラス壁に「ブリーズ・ソレイユ」の日焼け装置を取り付けて側面からの太陽光を制御するようなわけにはいかない。それにしても、水盤はル・コルビュジエの「美術館」にはない新しい構想である。自然光の造形を断念することは、ル・コルビュジエには稀な選択である。

図面解題

自由な人工照明

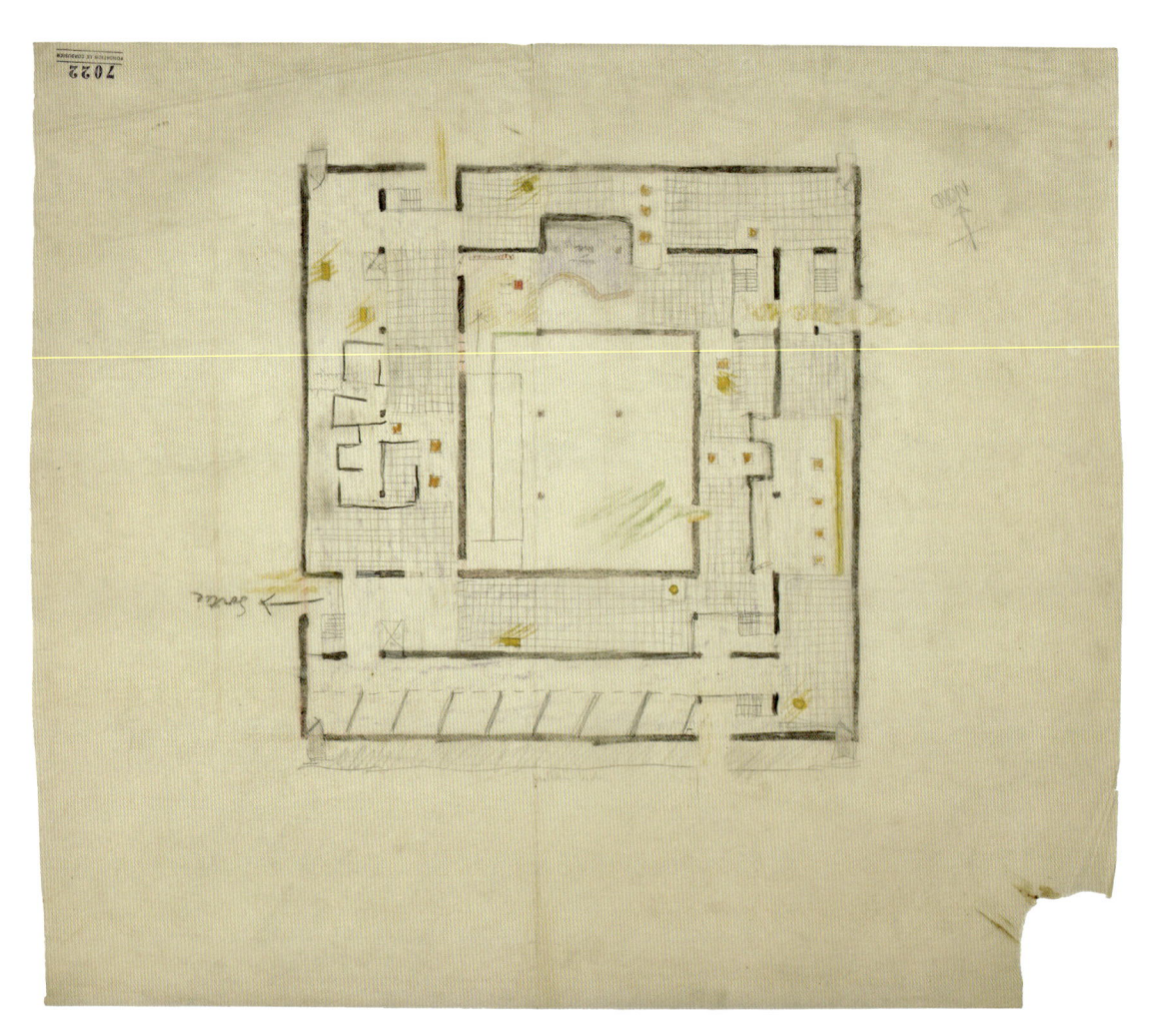

FLC7022

"*protection Sud / sortie/ La Grande Galerie / Vente de livres / caisse / Vestiaire et W.C / W.C*"
「南面の保護／出口／大ギャラリー／売店／棚／更衣室と手洗／手洗」

　屋上の水盤設置は、天井からの自然採光の断念と同義である。人工照明は、自然採光の補助装置というわけにはいかなくなる。人工照明だけで、壁面の少ない空間をどのように演出するのかが主題になる。

＊

　おそらくアトリエの所員による平面構成の素描は（北 NORD の方位の筆跡がル・コルビュジエの筆跡と異なっている）、これまでの自然光と人工照明を組み合わせた展示空間に比べて（cf., **FLC29078**）、螺旋型の順路を規定する間仕切り壁がさらに凸凹に折れ曲がっている（**FLC7022**）。より変化に富んだ鑑賞動線の演出である。黄色の色鉛筆による□や○の印は人工照明の設置位置を示しているが、自然採光のような空間的な拡がりはなく、ピンポイントの採光である。設置位置の基準となる規則はない。人工照明は様々な位置に設置可能であり、自然採光に比べて自由度が高い。

　もう1枚の素描では、人工照明の直接光・間接光を平面的にも断面的にもより自由に装備している（おそらく、部分的にル・コルビュジエの手が入っている）（**FLC7056**）。立面の素描では、天井からの自然採光に代わって、深緑色や黄色の色鉛筆で描いた人工照明が、あたかも自然採光であることを偽装するかのように天井に埋め込まれて展示作品を照らしている（**FLC7056 右下**）。自然光のような移ろいを演出する

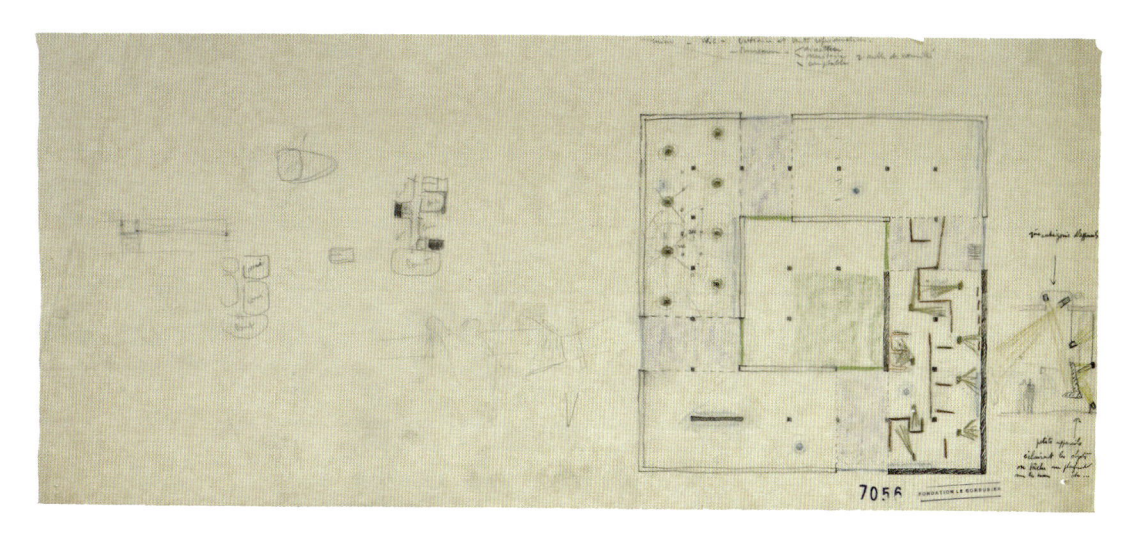

第一章　アーメダバードの市立サンスカール・ケンドラ美術館

[Le Corbusier], FLC7056

"servi [service] Comi [comité] Comi [comité] / Comi [comité] servi [service] Comi [comité] Comi [comité] Comi [comité] / - Caisse - W.C - Vestiaire et Vent reproduction - Bureaux - directeur - secrétaire - comptable 2 salles de comités / 226 226 / 1ère catégorie d'appareils / petites appareils éclairant les objets ou tâches au plafond sur les murs etc..."

「事務室　会議室　事務室／会議室　事務室　会議室　会議室　会議室／‐棚‐手洗‐預かり所と複製品の売店／事務所‐館長室‐秘書室‐会計室　2会議室／226　226／第一級器機／小器具は展示品を照らすか天井や壁に」

ことはできないが、人工照明に代替することによって、太陽の軌道に影響されない天井からの採光を得ることができる。あるいは、より操作的で変化に富んだ採光効果を可変的に演出することができる。しかしながら、展示空間の各々のシーンの断片を結ぶ仕掛けはない。人工照明による演出は、展示空間の各々の区画のなかで完結している。素描は、螺旋型のプロムナードの破綻を暗示している。

＊

　もちろん、人工照明によって螺旋型の「建築的プロムナード」を演出することはできる。しかし、自然採光による演出よりも、人工照明の方がはるかに単調である。ル・コルビュジエには、均質な光の展示空間をはじめから念頭にない。太陽の自然照明が得られないのであれば、多様に演出可能な人工照明の仕掛けを装備する以外にない。しかし、所員は人工照明によって演出する肝心の芸術作品をどこにも描いていない。『全集』第6巻の平面図においても、ル・コルビュジエは展示空間構成を示す間仕切り壁や展示作品を（もちろん人工照明も）一切描かない。建築作品は建築作品として、あくまで自律的である。

図面解題

装置としての外壁

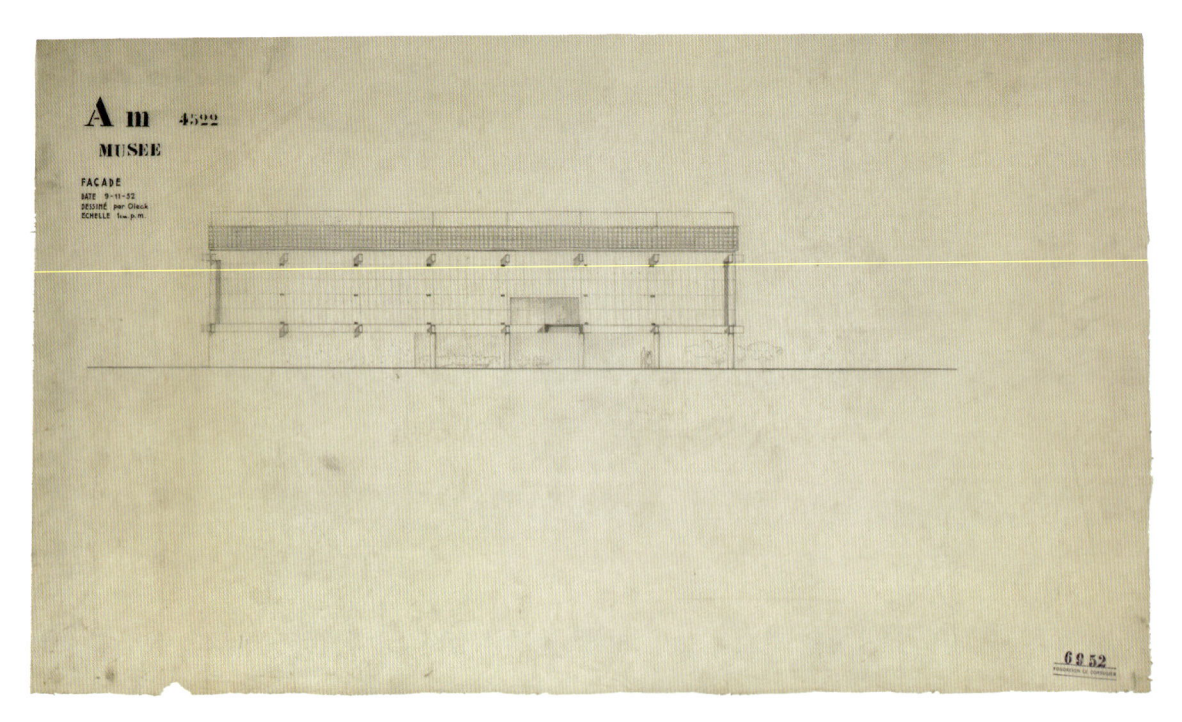

Olek, FLC6952, 1952.11.9

"FAÇADE DATE 9-11-52 DESSIN par Oleck ECHELLE 1cm. p. m."
「ファサード　日付　52年11月9日　オレク作図　縮尺 1cm/m」

　「限りなく成長する」ための「ファサードのない」美術館であっても、屋上の水盤同様、外壁もまた中空壁を持つ気候制御装置である（cf., FLC7009）。外壁は容易に取り替え可能な装飾や機械設備ではない。ル・コルビュジエは、外壁を建築的な造形にまで高めようとする。

＊

　中庭側、外壁側ともに、展示室上部の人工照明を設置する機械室の層は格子状の孔の空いた「クロストラ」の立面である（**FLC6952**）。マルセイユのユニテ・ダビタシオン（1952）のエントランス・ホールやロンシャンの礼拝堂（1953）の南壁面、あるいはショーダン住宅（1956）の側壁にル・コルビュジエが適応する採光装置としての「クロストラ」の量塊的な造形とは異なって、あくまで通風のための格子状の開口部に簡略化している。しかし、アーメダバードの「クロストラ」は、グジャラート地方の寺院建築の多孔口「ジャリー」に着想を得てもいる（ル・コルビュジエは、かつてのアトリエの所員ドーシとともにジャリーで構築されたサルケジの霊廟を訪れて賞賛している）。歴史の参照と形態変換は、ル・コルビュジエの常套手段である。すなわち、上部に「ジャリー」＝「クロストラ」を持つ現代の寺院は、この地域で採取される石板貼り壁面のファサードをまとって歴史的なコンテクストに従いつつ、梁部分が一部突出して増築可能性を暗示し、新しい時代の美術館としての増築可能性を表現している。

78

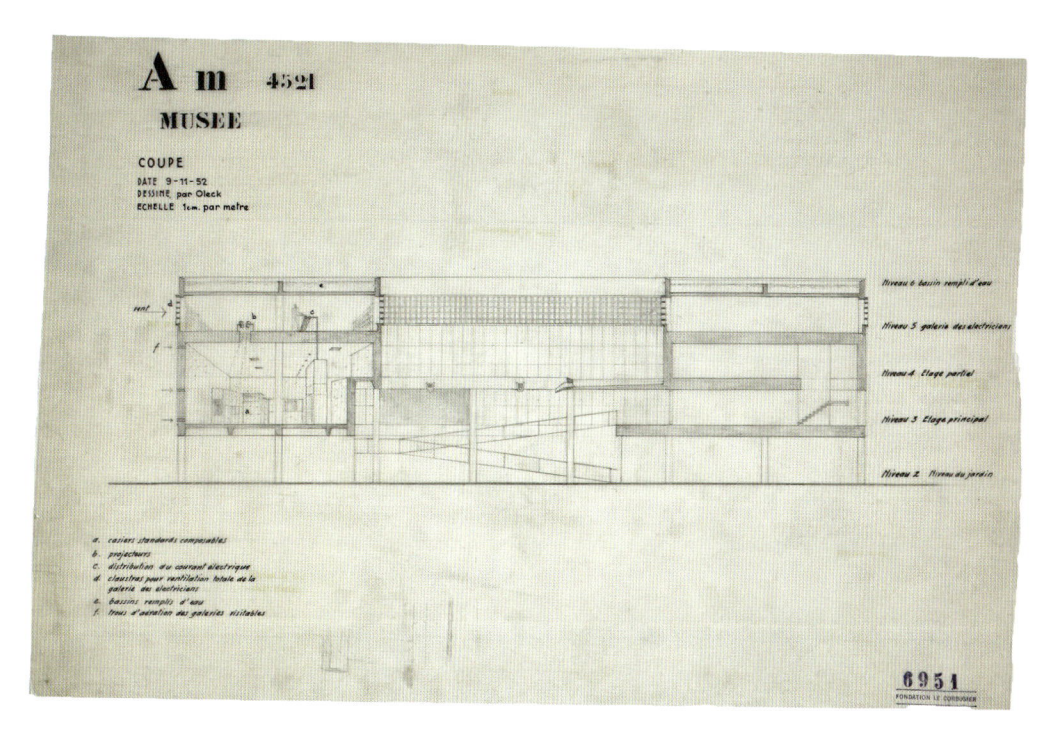

第一章　アーメダバードの市立サンスカール・ケンドラ美術館

Olek, FLC6951, 1952.11.9

"COUPE DATE 9-11-52 DESSIN par Oleck ECHELLE 1cm. par mètre / Niveau 6 bassin rempli d'eau Niveau 5 galerie des électriciens Niveau 4 Etage partiel Niveau 3 Etage principal Niveau 2 Niveau du jardin / a. casier standards composables b. projecteurs c. distribution du courant électrique d. claustras pour ventilation totale de la galerie des électriciens e. bassins remplis d'eau f. trous d'aération des galeries visitable"

「断面図　日付　52年11月9日　オレク作図　縮尺 1cm/メートル／6層階水盤　5層階電気室　4層階中階　3層階主階　2層階庭園／a. 標準棚による構成　b. 投射機　c. 電気系統の配電　d. 電気室全体の換気のためのクロストラ　e. 水盤　f. 鑑賞者展示室の通気口」

　断面図では、中庭側にも外壁やクロストラに通風口を設け、雨水処理のためにガーゴイユを設置する（**FLC6951**）。ガーゴイユはロンシャンの礼拝堂（1953）以来、ショーダン住宅（1956）やサラバイ住宅（1955）において外壁面に適用するプロトタイプであり、雨季のあるインドの気候には必要不可欠である。アーメダバードの美術館においてガーゴイユが中庭側にしかないのは、外壁は増築可能性を示す必要があるためである（東京の美術館（1959）では内樋処理であるが、チャンディガールの美術館（1964）では外壁にガーゴイユを造形している）。中庭は、アーメダバードの雨を一手に受け入れ、自然の証を中心に摂り集める中心となる。

*

　美術館の外壁は、一見、ル・コルビュジエの建築語彙のコラージュである。しかし、アトリエの所員にも共有されている「クロストラ」やガーゴイユは、土地の気候に対応可能な装置となり、それゆえに歴史的な形態とも親和性を帯びてくる。外壁は、現代と土地固有の歴史を同時にまとい、「装置」は「空間」としてはたらくようになる。

79

図面解題

「エスプラナード」の開放系

[Le Corbusier], FLC6844

　ル・コルビュジエは機能を拡充して美術館を西側へ移動した後、文化センターの敷地の全体構成をもう一度見直し、第4回目のアーメダバード訪問の資料とする。

＊

　おそらくル・コルビュジエが青インクで描く素描が、美術館移動・反転後の最初の配置図である（FLC6844）。短い線をつなぐかのような独特の線描による配置図は、諸施設の統廃合を求めている施主の意向を概ね忠実に反映し、「オーディトリアム」に代わる「講堂」をはじめ、展示空間以外の諸機能を集約した卵型のヴォリュームを敷地北側に置く。しかし、ル・コルビュジエは、施主が規模縮小を希望している「不思議の箱」を断念しない。美術館を基点とし、サヴァルマティ川へ向かって延びる東西の軸を明確に設定し、「不思議の箱」と「水の舞台」を軸に沿って配置することによって、展示空間と演劇空間を明快に関係づけて、サヴァルマティ川へと開かれる広場、「エスプラナード」を形成する。黄色の色鉛筆で着色する「エスプラナード」は、チャンディガールの行政区カピトール（1955）のように、十字に交差する2軸による構成である。

　素描をもとに、ル・コルビュジエはアトリエの所員に比較的完成度の高い図面を作成させ、『全集』第6巻に2次案として掲載する（FLC6946）。卵型の「講堂」のヴォリュームに「図書室」や「レストラン」の機能を集約する一方、美術館の地階部分は、収蔵機能を持つヴォリュームをスロープの西側背面に配置して、東西の軸におけるサヴァルマティ川への眺望を確保する。外構は、ピクチュアレスクで非幾何学的な構成の庭園が草案以上に多くの場所を占める（cf., FLC6944）。

　美術館の躯体についても、ル・コルビュジエは柱を角柱から丸柱に変更する。少なくとも、エスプラナードの形成と同期の変更であることは事実であるが、理由は不明である。アトリエの所員ドーシの助言によってショーダン住宅（1956）の柱を丸柱から角柱に変更

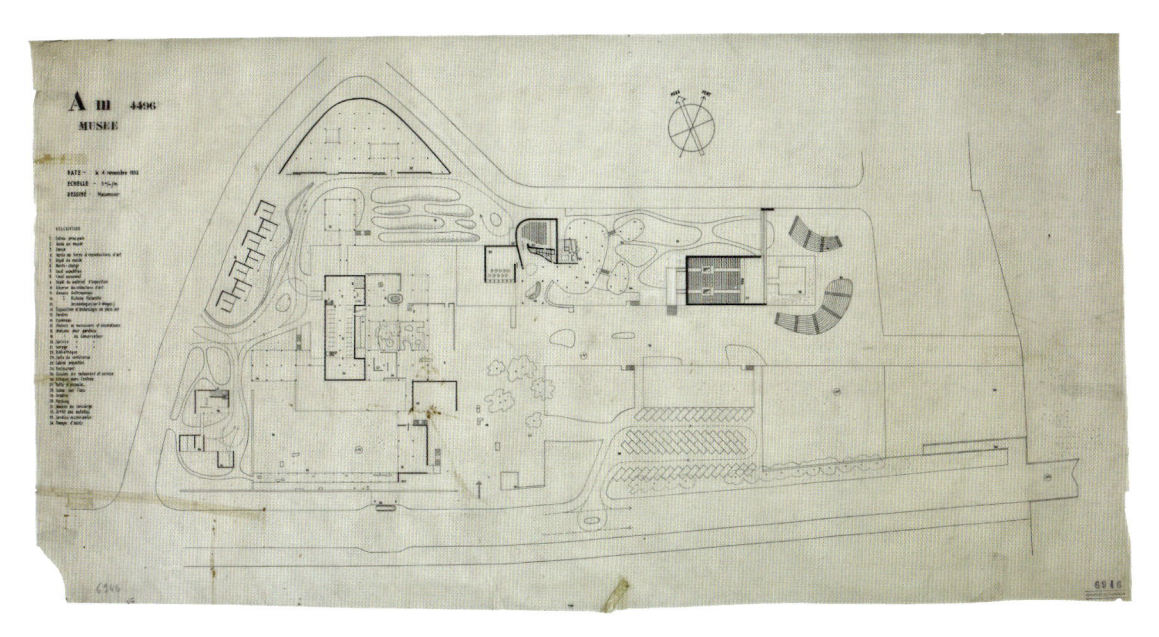

第一章　アーメダバードの市立サンスカール・ケンドラ美術館

Maisonnier, FLC6946, 1952.11.4

"*DATE – le 4 novembre 1952 ECHELLE – 3ᵐ/ᵐ/m. DESSINE – Maisonnier* / DESCRIPTION 1. Entrée principale 2. Accès au musée 3. Caisse 4. Vente de livres et reproductions d'art 5. Dépôt du musée 6. Monte-charge 7. Local expedition [expédition] 8. Local personnel 9. Dépôt du matériel d'exposition 10. Réserve des collections d'art 11. Annexe Anthropologie 12. " Histoire Naturelle 13. " Archéologie (sur 2 étages) 14. Exposition d'Archéologie en plein air 15. Jardin 16. Esplanade 17. Ateliers de menuisiers et décorateurs 18. Maisons pour gardiens 19. " du Conservateur 20. Service " " 21. Garage " " 22. Bibliothèque 23. Salle de conférence 23'. Cabine projection 24. Restaurant 25. Cuisine du restaurant et service 26. Kiosque dans l'entrée 27. "Boîte à Miracle" 28. Scène sur l'eau 29. Gradins 30. Parking 31. Maison du concierge 32. Arrêt des autobus 33. Jardins municipaux 34. Rampe d'accès"
「日付― 1952年11月4日　縮尺：3m/m/m　メゾニエ作成／記載事項　1.　主要入口　2.　美術館へのアクセス　3.　会計　4.　図書と複製品の販売　5.　美術館の倉庫　6.　昇降機　7.　地方発送品　8.　地方職員室　9.　美術館資材倉庫　10.　収蔵作品倉庫　11.　人類学の附属施設　12.　自然史の附属施設　13.　考古学の附属施設（2層）　14.　考古学の野外展示　15.　庭園　16.　エスプラナード　17.　建具と設営のアトリエ　18.　守衛室　19.　美術館長の家　20.　美術館長使用人の家　21.　美術館長のガレージ　22.　図書室　23.　講堂　23'.　映写室　24.　レストラン　25.　レストラン厨房と事務室　26.　入口のキオスク　27.　「不思議の箱」　28.　水上舞台　29.　階段席　30.　駐車場　31.　管理人の家　32.　バス停　33.　市立庭園　34.　アクセス・スロープ」

するように、アーメダバードの美術館における柱の断面形状の変更は、感性的な選択である。

＊

　かつて文化センターの中心であった演劇空間は、展示空間である美術館へとその位置を譲る。しかし、美術館それ自体は、物理的な中心に配置しているわけではない。中心は展示空間と演劇空間の交叉する開放系の広場である。アーメダバードではじめて命名する「エスプラナード」は、囲われた広場であると同時に散歩道でもある（東京の美術館（1959）やチャンディガールの美術館（1964）にも、「エスプラナード」がある）。「エスプラナード」を軸とする建築群の構成は、「建築的プロムナード」の応用であるが、「エスプラナード」にはヴィラ・サヴォワ（1931）のように屋上庭園という終点がない。どこまでも開放系である。

81

図面解題

広場の縮約

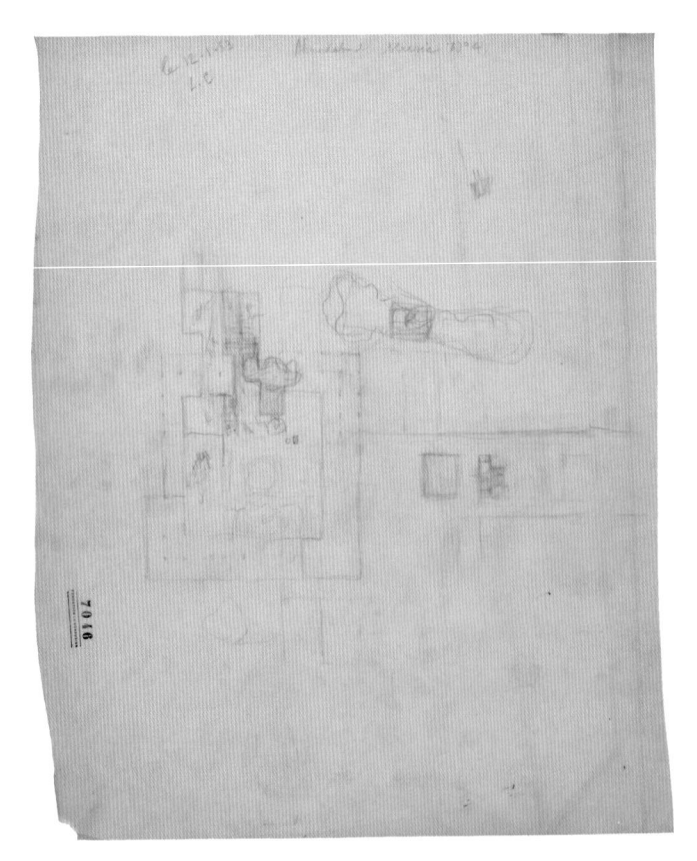

Le Corbusier, FLC7046, 1953.1.12

"*le 12-1-53 L.C Ahmedabad Musée N°4 / Atelier Atelier Atelier / Conférence / WC WC / lav［lavabos］/ C / lav［lavabos］*"

「53年1月12日　ル・コルビュジエ　アーメダバードの美術館 N°4／アトリエ　アトリエ　アトリエ／講堂／手洗　手洗／洗面室／棚／洗面室」

　アーメダバードでのル・コルビュジエと施主の4回目の打ち合わせの詳しい内容は不明であるが、おそらく施主はさらなる予算規模の小さな構想案への変更を求めている。ル・コルビュジエが文化センターの全体構想をさらに再編・縮小するのは、その証左である。

＊

　線描は淡く弱々しい。配置変更は確定的ではないが、ル・コルビュジエは美術館北東隣の独立棟である「講堂」と「図書室」のヴォリュームを美術館に組み入れ、中庭のある地上階を機能的に高密度化する（**FLC7046**）。美術館の外には、独立棟の「レストラン」を卵型の輪郭で描き、美術館を貫く東西の軸線上には、おそらく伝統的な民俗芸能のための「野外劇場」を描く。以前から施主に疑問視されている、前衛芸術のための「不思議の箱」の実質的な断念である。代わりに、ル・コルビュジエはかつての屋外舞台を再び採用し（cf., **FLC6944**）、美術館と野外劇場に囲まれる閉鎖系の広場とする。代償は小さくはない。ル・コルビュジエは「不思議の箱」ばかりか、美術館からサヴァルマティ川に向かって開かれる「エスプラナード」の眺望も断念することになる。

　素描はアトリエの所員が図面化し、ル・コルビュ

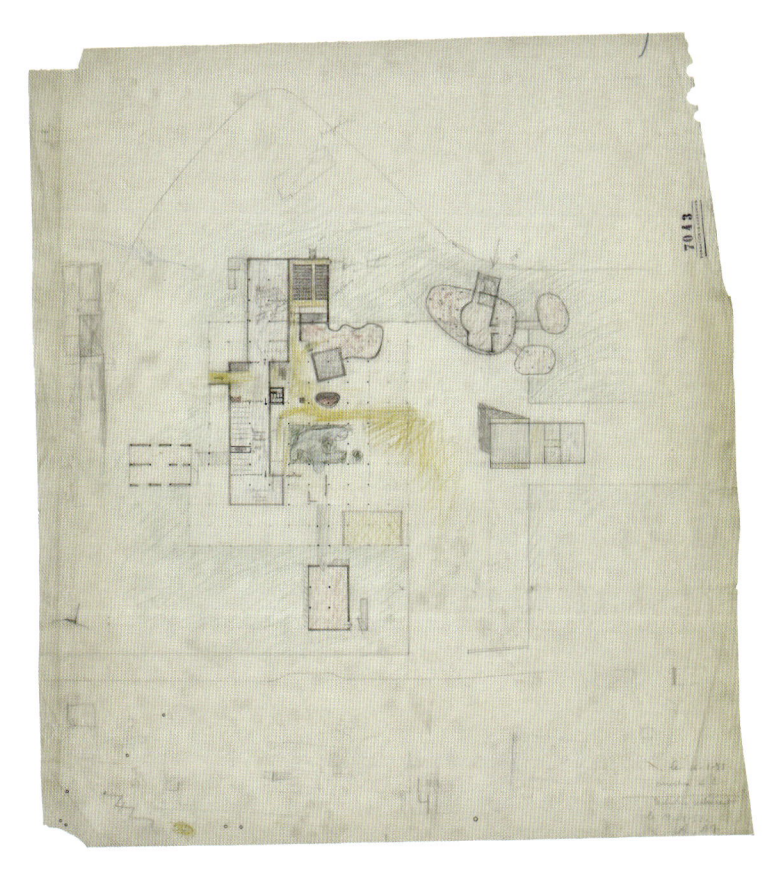

第一章　アーメダバードの市立サンスカール・ケンドラ美術館

Le Corbusier, Maisonnier, FLC7043, 1953.1.16, 1953.1.19

"*projection / <u>Atelier</u> fabrication des expositions opérations photo-chimiques etc. / Emballage / esc〔escalier〕secours cabine projection au dehors 220 places / 370m² / <u>Réserve</u> Musée 288m² / Objets de valeurs. 130m² / le 16-1-53 correction L.C / rédaction le 19-1-53 A. M.*"

「映写／展覧会製作や写真現像の<u>アトリエ</u>／梱包／階段　非常口　映写機を外に　220 席／370m²／美術館<u>収蔵庫</u>　288m²／貴重作品 130m²／53 年 1 月 16 日修正ル・コルビュジエ／作成 53 年 1 月 19 日アンドレ・メゾニエ」

ジエが手を加え、さらに所員が手が加えている（**FLC7043**）。この過程で、レストランはさらに規模縮小する。ル・コルビュジエによる修正は、おそらく色鉛筆による手描きの箇所である。黄色の色鉛筆は美術館へのアプローチを辿るが、広場で弱々しく途切れてしまう。美術館の中庭には植栽だけではなく、水盤を描き、広場の単調さを回避する。「エスプラナード」の開放系の広場の代わりに、美術館の中庭の水盤そのものが広場の基点になろうとしている。

*

ル・コルビュジエは、美術館と野外劇場に囲われた比較的閉鎖性の強い広場として文化センターの中心を再編する。様々な断念の過程を経て、展示空間と演劇空間は、初期構想とは異なるかたちで、広場において緊密に結びつく。幾何学と有機的形態の造形の横溢する景観は、さながら、議事堂・高等法院・総督官邸によって取り囲まれたチャンディガールのカピトール（1955）の縮約版である。しかしながら、縮約は単なる希釈、あるいは高密度化ではない。文化センターの中心は、広場ではなく、水を湛えた中庭の吹き抜けになりつつある。

83

図面解題

中庭という宇宙

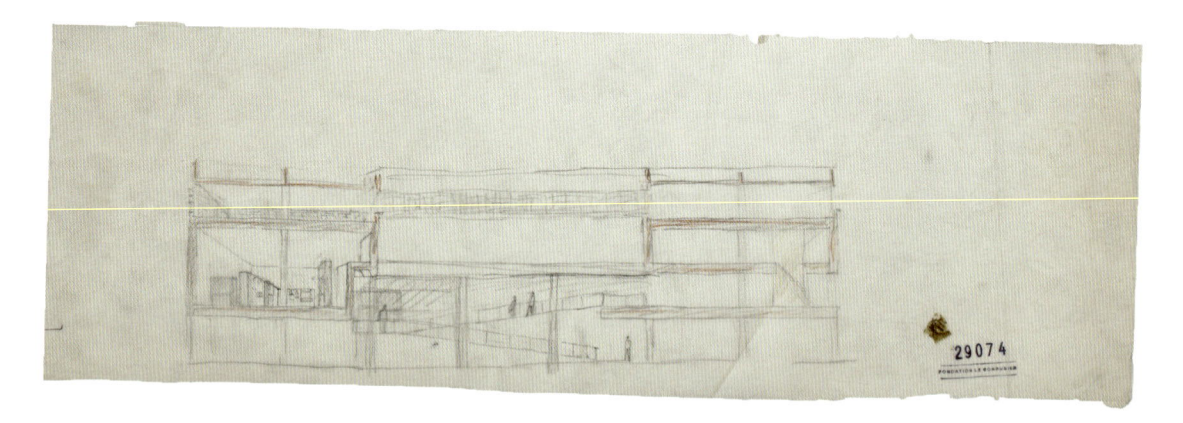

FLC29074

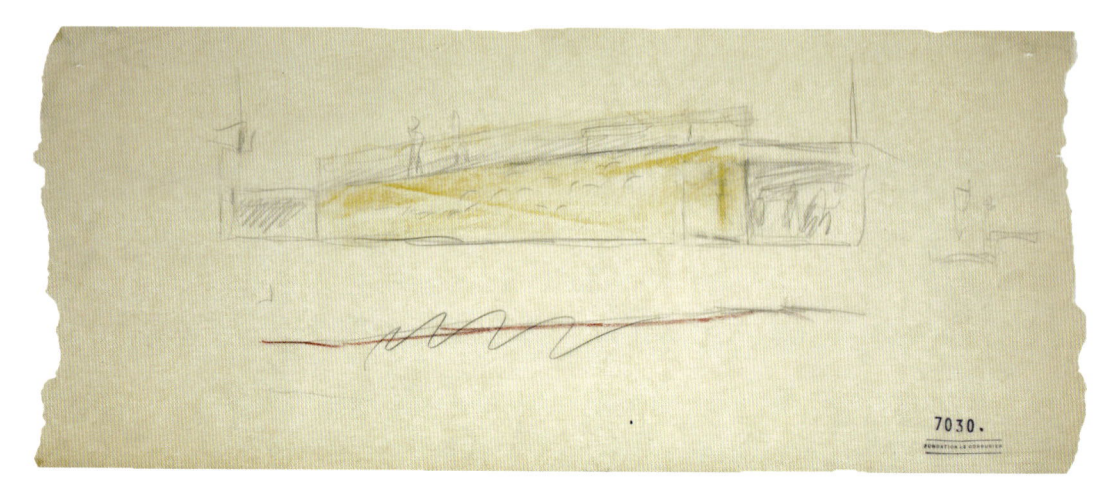

FLC7030

84

「不思議の箱」の代わりとなる「野外劇場」は広場の求心性を高める反面、サヴァルマティ川への眺望を遮断する。呼応するかのように、ル・コルビュジエは美術館のスロープの経路を変更する。

＊

　「野外劇場」を設置する以前は、美術館の地上階のピロティからは、図面手前の東のサヴァルマティ川に向かって直線的な視界が開かれている（cf., **FLC6946**）。美術館中庭側に設けたスロープを登るとき、ピロティ下の地上に拡がるサヴァルマティ川が徐々に消えていき、鑑賞者を美術館内部の展示空間へと誘う仕掛けである（**FLC29074**）。
　しかし後の素描では、スロープの始点が中庭側にはない（**FLC7030**）。スロープの中庭の奥側に設けたスロープの始点からは、側壁によってはじめからサヴァルマティ川への景観は閉ざされている。スロープの折り返しの踊り場でようやく一部広場が見えるだけである。そもそも、東西軸上に「野外劇場」が据えられているために、中庭や広場からはサヴァルマティ川への景観が遮られている。スロープを川に向かって開く必要はない。中庭のスロープを登る鑑賞者ははじめから、もっぱら中庭の水盤と天空への景観の抜けを体感しながら、美術館内部の展示空間へと移動する。ラ・トゥーレットの修道院（1959）の中庭にも似た、垂直的に天空とつながる中庭が、宇宙的で神聖な閉ざされた空間として現象し、広場からは自律していく。

＊

　ル・コルビュジエは、美術館の中庭を開放系から閉鎖系の空間へと景観演出の手法を変更する。景観的に閉ざされる中庭は、それ自体自律した一つの展示空間となる。日射しの強度はともかく、中庭における天空の景観は、どこか宇宙的で匿名的である。

図面解題

中心としての美術館

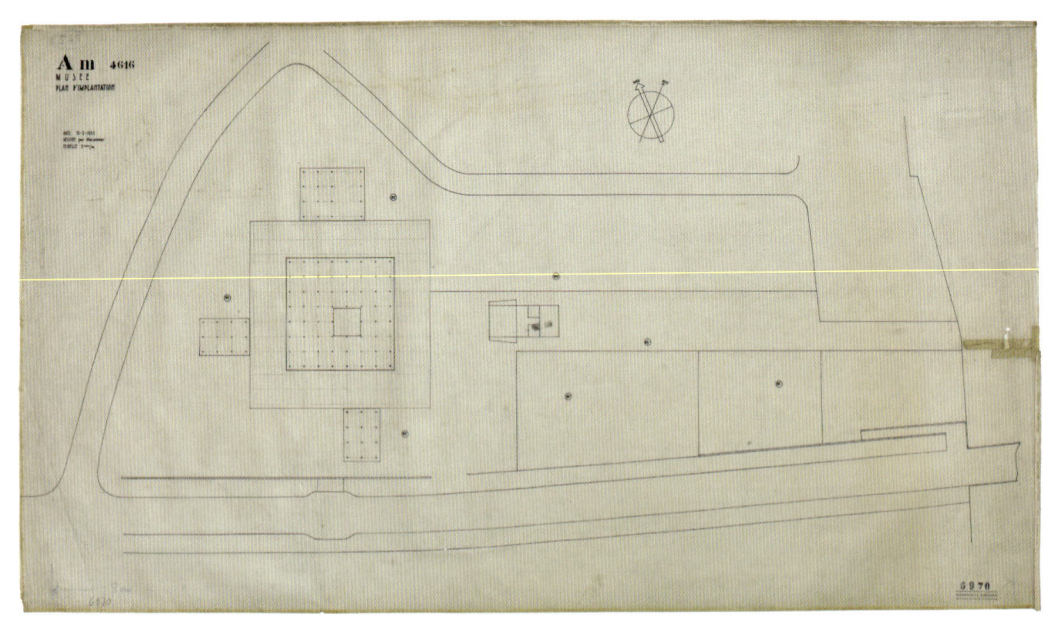

Maisonnier, FLC6970, 1953.2.10

"*MUSEE PLAN D'IMPLANTATION DATE 10-2-1953 DESSINE par Maisonnier ECHELLE 3$^{mm}/m$*"
「美術館配置図　日付　1953年2月10日　メゾニエ作成　縮尺　3$^{mm}/m$」

　敷地の全体構成の縮小化は、短期間のうちにさらに加速する。最終的に、ル・コルビュジエは「レストラン」の独立棟のヴォリュームも断念し、美術館と「野外劇場」だけが対峙する構成とする。『全集』第6巻に竣工写真とともに掲載する実質的な最終案である。

＊

　配置図では、「野外劇場」と対面する美術館に矩型の中庭の平面寸法を基準に7スパンの矩型の柱間を設定し、さらに美術館の拡張のために2スパンの余地を与え、外周に3つの附属施設(講堂・考古学・人類史)と「野外劇場」を卍型の拡張に沿って定める(**FLC6970**)。しかしそれにしても、ル・コルビュジエは野外彫刻や作為的な植栽を何一つ描かない(『全集』に掲載する図面であり、未完成というわけではない)。美術館は、さながら野生の自然のなかで自立する巨大なヴィラ・サヴォワ(1931)である。

　地上階平面図では、ル・コルビュジエは建設すべきピロティの丸柱を黒塗りで、将来的な丸柱を白抜きで描く(**FLC6953**)。美術館の地上階の内外に横溢するヴォリューム群の戯れを美術館の地上階に縮約して配置する。中庭は植栽を失い、有機的な輪郭の水盤を平面図上に描く。規模の縮小によって、レストラン、水盤、受付、洗面所などの有機的な形態の戯れの体験は、広場そのものから、美術館のピロティ下の中庭へと撤退する。

＊

　美術館と「野外劇場」の2つのヴォリュームは、結果的に、ル・コルビュジエがアーメダバードの文化センターの構想において最初に描いた構想の残余である。しかし、美術館と「野外劇場」が形成する広場に建築的な仕掛けはない(実際の美術館建設に際して、「野外劇場」は建設されず、卍型を演出する附属施設も建設されていない。結果的に、ピロティに浮遊する美術館のヴォリュームが際立つことになる)。

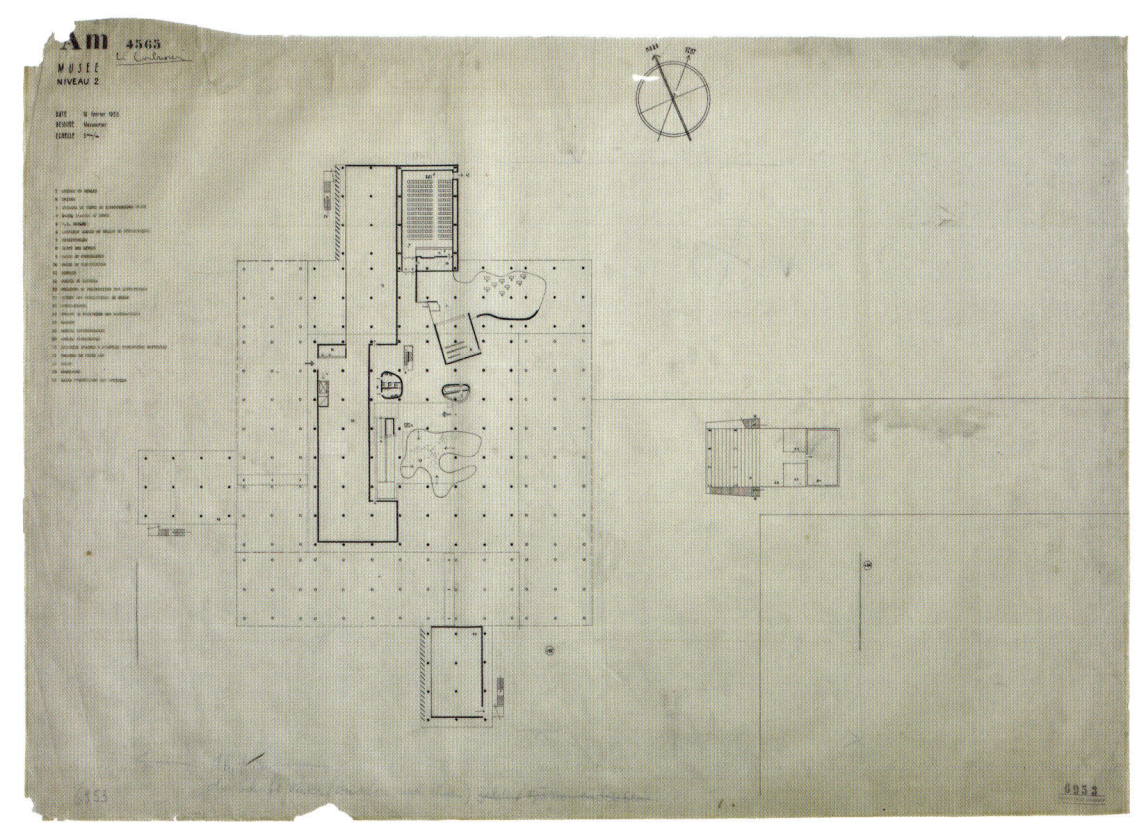

第一章　アーメダバードの市立サンスカール・ケンドラ美術館

Maisonnier, Le Corbusier, FLC6953, 1953.2.10

"*Le Corbusier* MUSEE NIVEAU 2 DATE 10 février 1953 DESSINE Maisonnier ECHELLE 5^{mm}/m. / 1 ENTREE DU PUBLIC 2 CAISSE 3 KIOSQUE ET VENTE DE REPRODUCTION D'ART 4 RAMPE D'ACCES AU MUSEE 5 W.C. PUBLIC 6 ESCALIER MENANT AU BUREAU DU CONSERVATEUR 7 BIBLIOTHEQUE 8 DEPOT DES LIVRES 9 SALLE DE CONFERENCES 10 SALLE DU CONFERENCIER 11 ESTRADE 12 SORTIE DE SECOURS 13.ATELIERS DE PREPARATION DES EXPOSITION 14 DEPOT DES COLLECTIONS DU MUSEE 15 MONTE-CHARGE 16 BUREAU DE RECPTION DES MARCHANDISES 17 BASSIN 18 ANNEXE ARTHROPOLOGIE 19 ANNEXE ARCHEOLOGIE 20 ESCALIER D'ACCES A L'ANNEXE D'HISTOIRE NATURELLE 21 THEATRE EN PLEIN AIR 22 SCENE 23 ORCHESTRE 24. SALLE D'HABILLAGE DES ARTISTES"

「ル・コルビュジエ　美術館2層階　日付　1953年2月10日　メゾニエ作成　縮尺　5^{mm}/m／1 一般入口　2 会計　3 キオスクと複製品の販売　4 美術館へのスロープ　5 一般用手洗　6 美術館室への階段　7 図書室　8 書庫　9 講堂　10 講演者控え室　11 演壇　12 非常口　13 展示室設営のアトリエ　14 美術館収蔵作品倉庫　15 昇降機　16 物品受付　17 水盤　18 人類学の附属施設　19 考古学の附属施設　20 自然史の附属施設への階段　21 野外劇場　22 舞台　23 オーケストラ　24 演者衣装室」

87

図面解題

造形的多産の必然性

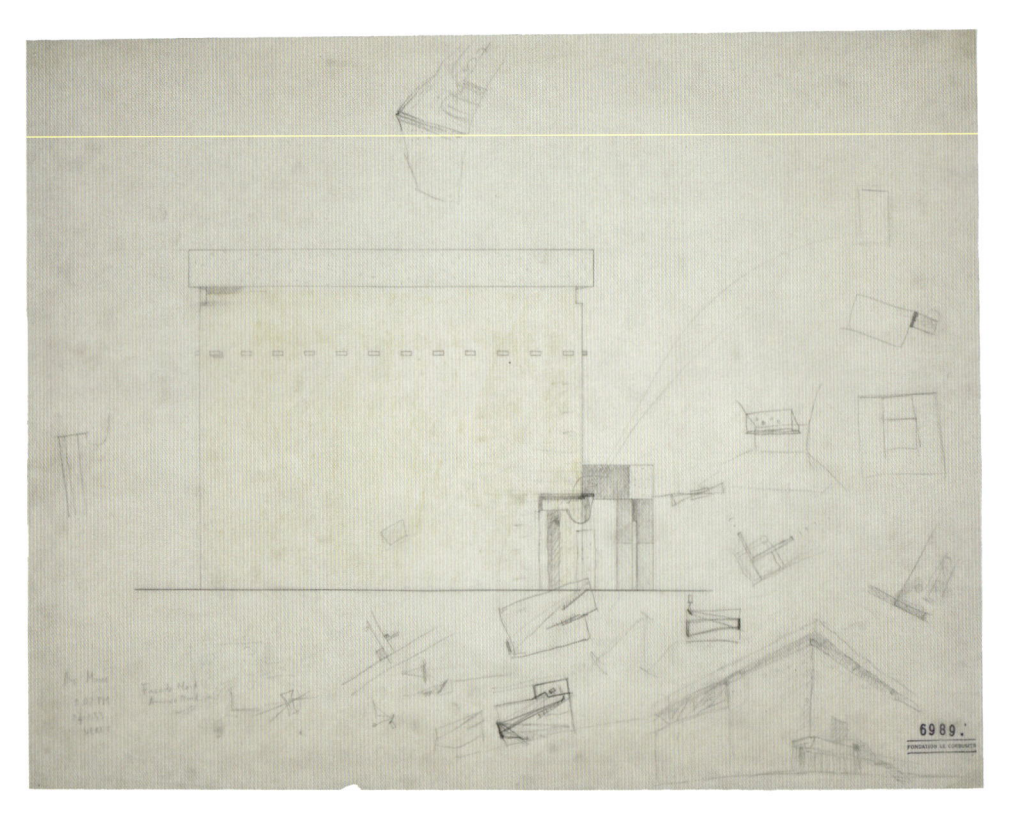

Véret, FLC6989, 1953.2.24

　美術館の中庭にある水盤や受付や手洗（cf., **FLC6953**）、ヴォリュームを貫いて屋上庭園へといたる階段室（cf., **FLC6960**）などは、配置に必然性はなく、それ自体彫刻的であり、ピロティによって実現可能な「自由な平面」の産物である。さらにル・コルビュジエは、矩型のヴォリュームから溢れ出すいくつかの付加的なヴォリュームを産み出す。

＊

　マルセイユのユニテ・ダビタシオン（1952）の構想の最終段階において、彫塑的な外部非常階段を付加し、箱の単調さを緩和するように、あるいはラ・トゥーレットの修道院（1959）の簡素で静寂に満ちた中庭に、祈祷室や外部階段を付加し、造形的な喧噪をもたらすように、機能的要件を満たしつつ巧妙に仕組むヴォリュームのル・コルビュジエ的多産は、アーメダバードの美術館や附属施設の外部階段にも顕著である。おそらくル・コルビュジエによる指示に基づいて、アトリエの所員が外部動線を確保するために、講堂の外壁に取り付ける直線階段の検討を重ねている（**FLC6989**）。

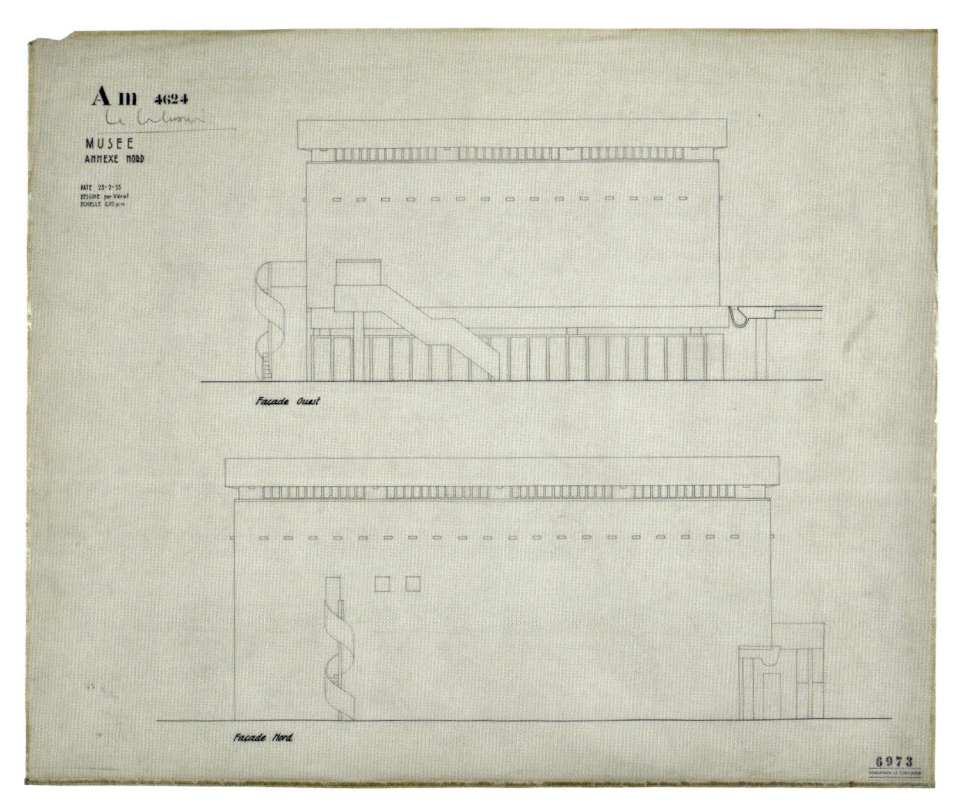

第一章　アーメダバードの市立サンスカール・ケンドラ美術館

Véret, Le Corbusier, FLC6973, 1953.2.25

"*Le Corbusier* MUSEE ANNEXE NORD DATE 25-2-53 DESSINE par Véret ECHELLE 0,02 p.m / Façade Ouest"
「ル・コルビュジエ　美術館北側附属施設　日付　1953年2月25日　ヴェレ作成　縮尺　0.02/m／西立面図」

　翌日には図面化し、直線階段に加えて、さらに螺旋階段を追加している（**FLC6973**）。おそらく、すべてル・コルビュジエの建築作品で実現した階段の造形の借用であり、新たな造形の可能性を吟味することなく図面化し、ル・コルビュジエは結果を承認して署名する（ただし、ル・コルビュジエは建設がはじまってから付加的造形の詳細を変更することもある）。

＊

　多産は構想の最終段階、しかも短期間の出来事である。付随的な造形処理であるが、建築的ヴォリュームの純粋性を阻害するとも限らない。もちろん、無意味な装飾ではない。美術館本館での螺旋型の空間構成同様に、附属施設の機能動線を根拠として、ル・コルビュジエは「建築的プロムナード」を微に入り細に入り造形する。

89

図面解題

美術館の屋上庭園

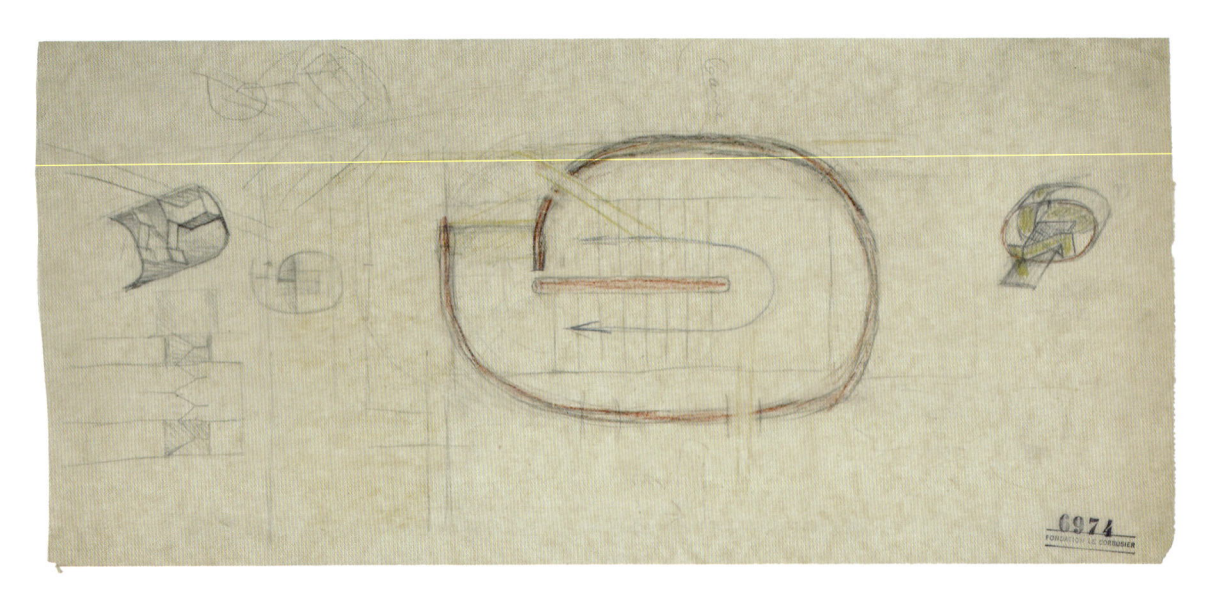

[Le Corbusier], FLC6974

　美術館の最終的な建設位置と規模を定めた時点において、ル・コルビュジエは屋上の水盤の詳細を検討する。屋上の水盤は日射しの問題に対処する装置であるが、検討は、水盤のある場所だけに留まらない。ル・コルビュジエは地上階から屋上へいたる階段の動線とヴォリュームを検討する。

*

　地上から屋上へとつながる建築的な仕掛けは、ヴィラ・サヴォワ（1931）の場合、住宅の建築的ヴォリュームの中央を貫くスロープとヴォリュームを垂直に串刺しにする階段である。一方、アーメダバードの美術館の中庭のスロープは、展示階までしかないために、別途地上から屋上までの昇降装置が必要になる。ル・コルビュジエは、まるでロンシャンの礼拝堂（1953）の小礼拝室のような小ヴォリュームに、階段を組み込んだ洞窟的な筒を美術館のヴォリュームに串刺しにして、地上と天空を結ぶ（**FLC6974**）。

　屋上では、水中植物が繁茂する水盤の矩型の通路を巡りながら、地上の水盤とはまた違う別世界が突如として開かれる（**FLC6960**）。たしかに、屋上は動線上、展示空間となんら明快な関係を持たない。アーメダバードの気候に対応し、屋上を断熱装置とするために、天井からの自然採光を断念したことによる苦肉の策でもある。それにしても、屋上庭園の素描には植生植物が繁茂し、伝統的なインドの大地とも、工業都市化したアーメダバードの都市とも思えない景観に開か

90

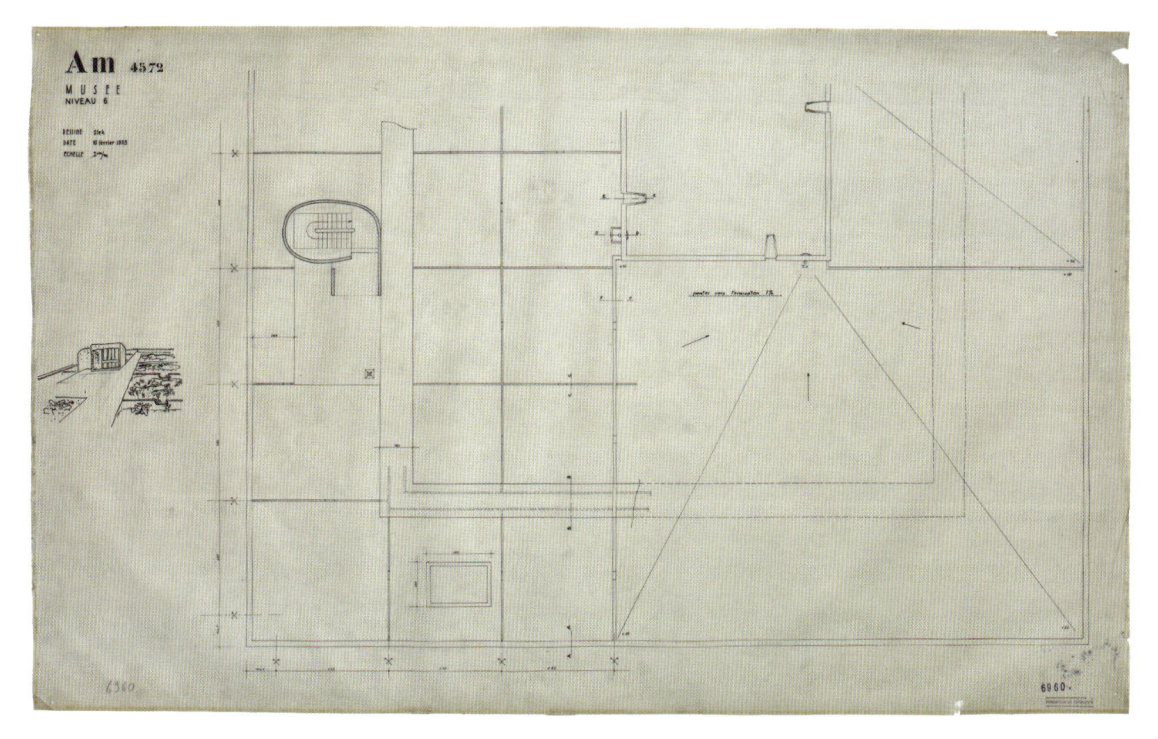

第一章　アーメダバードの市立サンスカール・ケンドラ美術館

Olek, FLC6960, 1953.2.10

"*MUSEE NIVEAU 6 DESSINE Olek DATE 10 février 1953 ECHELLE 2^{cm}/m / pentes vers l'évacuation 1%*"
「美術館6層階　北側附属施設　オレク作成　日付　1953年2月10日　縮尺　2^{cm}/m／排水勾配1%」

れる（**FLC6960左中**）。ピクチャー・ウィンドウの仕掛けはなくとも、ヴィラ・サヴォワ（1931）の屋上庭園と同じように、現実の表象でありながら、しかし現実とはかけ離れたアルカディア的な景観に開かれる。

*

　屋上庭園は、現実の敷地の景観を背景とする限り、まったくの別世界ではない。アーメダバードの美術館の屋上庭園は、地上階の中庭では意図的に隠されるサヴァルマティ川への景観の再発見という驚きを演出する装置である。しかしながら、アーメダバードの美術館は住宅ではない。ル・コルビュジエが初期の構想で地上の外構に検討した庭園は、アーメダバードの美術館の屋上庭園において、芸術と自然が溶け合う屋上庭園の景観として生成する。それにしても、構想は未完である。展示階の平面図には、展示空間を貫く屋上庭園への階段室は描いていない。

91

図面解題

外壁の脱参照

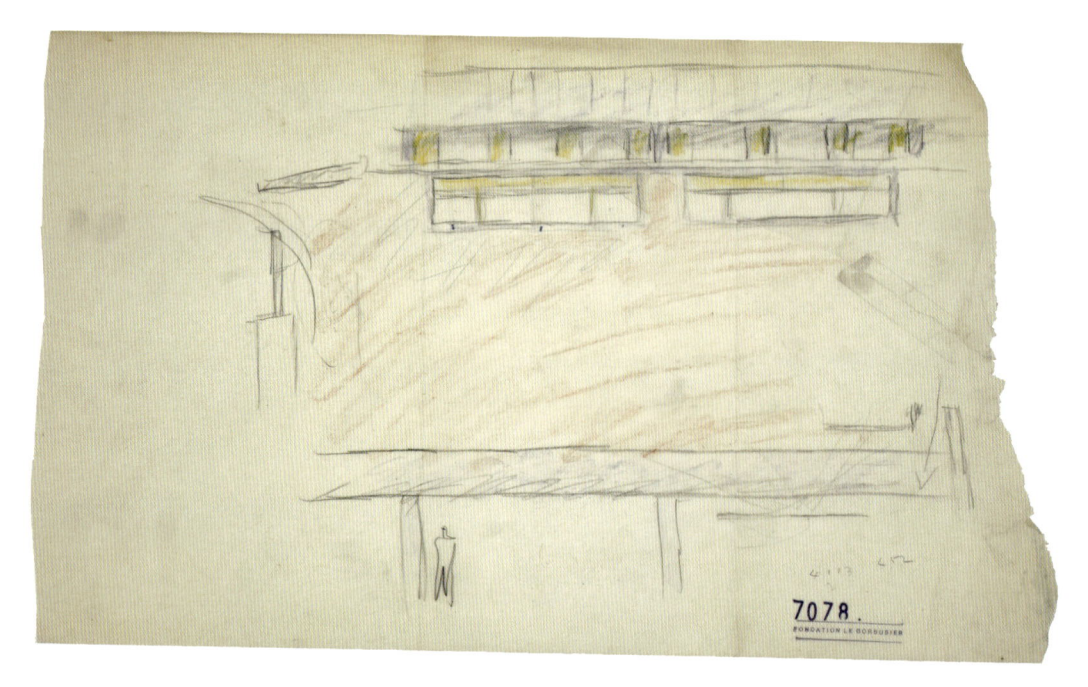

[Le Corbusier], FLC7078

"4 113 452"
「4　113　452」

構想の最終段階において、ル・コルビュジエは美術館の展示階の外壁素材を再検討する。それは同時に、ファサードそのものの構成について再検討することでもある。

*

おそらくル・コルビュジエによる部分的な外壁の素描は、茶色の色鉛筆の着色が大半を占める（**FLC7078**）。地域産の石板貼りから、より安価な煉瓦の外壁への変更である（cf., **FLC6952**）。それに伴って、「クロストラ」を水平横長窓へと変更し、煉瓦の外壁の水平性を強調する。

ル・コルビュジエの素描の水平横長窓は、影を伴っている。つまり、ル・コルビュジエは屋根面からやや張り出した凸型断面の「クロストラ」（cf., **FLC6951**）を凹型断面の開閉可能な水平横長窓へ変更し、より透明性の高いガラス壁に置き換えることによって、通風の機能を確保しながら、視覚的には屋上庭園の水盤を秘蔵する屋根スラブが美術館のヴォリュームから分離する視覚的効果を演出する。ロンシャンの礼拝堂（1953）における曲面屋根と曲面壁のスリットによる分離と同じ手法であり、屋根の造形的自立性を強調する仕掛けである。

*

ル・コルビュジエは、煉瓦という地域素材を用いながら、「クロストラ」という歴史的参照物を美術館の外壁から取り去る（あるいは、参照物を極度に抽象化する）。たしかに、外壁が単純であればあるほど量塊性が増し、かえってピロティによる建築的ヴォリュームの浮遊感は増す（素描もピロティが接地していない）。それにしても、ル・コルビュジエの素描や図面には、将来的な増築を保証する壁面に突出する梁はない。どこまでも重厚な煉瓦の壁面である。

図面解題

壁面緑化

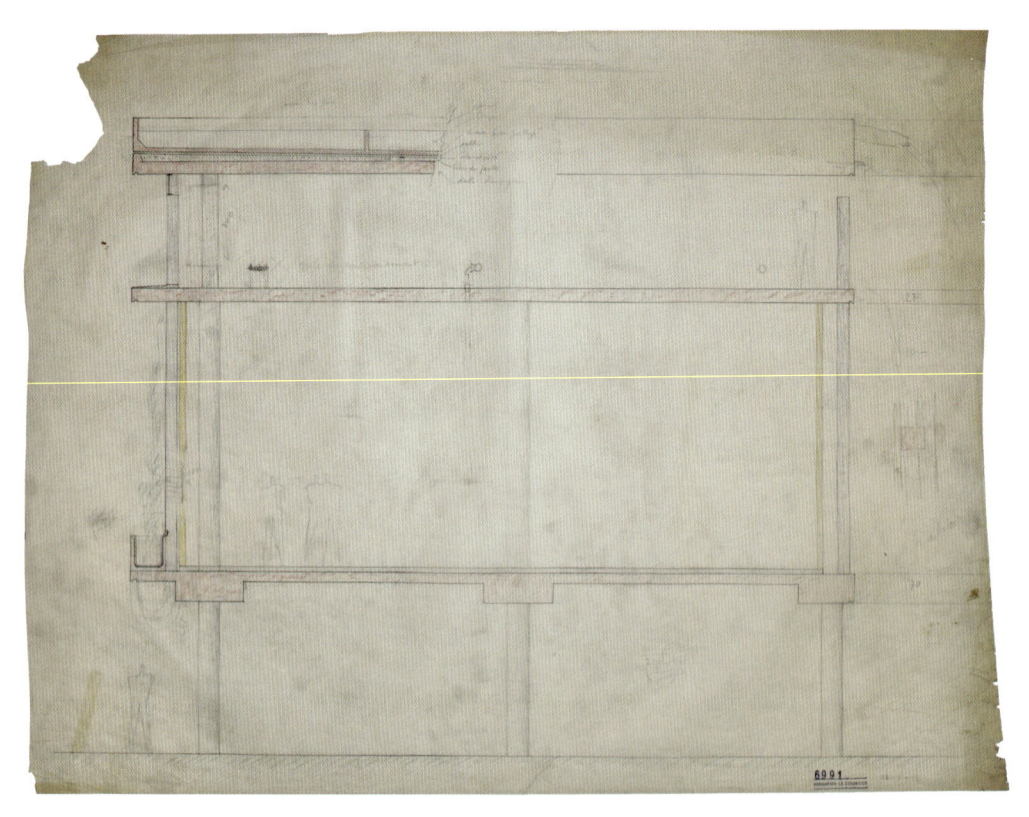

[Le Corbusier], FLC6991, 1953.1.22

"*eau terre bassin béton grillagé sable étanchéité béton de pente dalle champignon / 200 / voile de contreventement / 27 / eau / patio / 70 / coir? briques apparentes gros joint aplati / 295 / 22-1-53*"
「水　土　金網コンクリート水盤　砂　防水　コンクリート傾斜　マッシュルーム型の天板／200／金網／27／水／パティオ／70／ココ椰子果皮の繊維？　煉瓦貼り　平坦な大結合／295／53年1月22日」

　美術館の中庭を水盤に置き換える以外、文化センターの外構についてはまったくの白紙である。一方、水盤に水草が浮く屋上庭園と呼応するかのように、ル・コルビュジエは日射しの問題への対処として、美術館の外壁面にまとわりつく植物を描く。

*

　まず、外壁側に植物を植えるための升のような受け皿を梁の片持ちの上に設け、壁面に植物を這わせている（FLC6991）。おそらくル・コルビュジエが加筆する手描きの素描では、受け皿をさらに下げて修正し、梁の上端から植物を外壁一面に繁茂させる（**FLC6991 左**）。

　ル・コルビュジエの指示による修正断面図では、展示階の梁と一体化した受け皿から、平滑な壁面を伝って、植物は展示階床面から天井まで一面に這っていく（**FLC6961**）。屋上の水草と相まって、美術館はさながら全身を緑で武装するかのようなヴォリュームとなる。対照的に、内部の展示空間は、張り巡らした人工照明によって、直接・間接に展示物を照らし出して人工的に展示空間を制御する。きわめて対比的な装備である。

　外壁の素材は煉瓦貼りであるが（cf., **FLC7078**）、他の部位にも様々な自然素材が検討されている（たとえば、「ココナッ繊維」）。ル・コルビュジエにとって、鉄筋コンクリートが新しい時代の技術の象徴として重要であると同時に、建築材料が「地域産」であることも重要である。ル・コルビュジエが素材の選択に審美的な嗜好を持ち出すことは少ない。施工技術についても同様である。ルイス・カーンがアーメダバードのインド経営大学（1962）で煉瓦を積むこと、それも寸分の狂いなく仕上げることに建築的原初性を見出していくのとは対照的に、ル・コルビュジエは施工の不完全さ

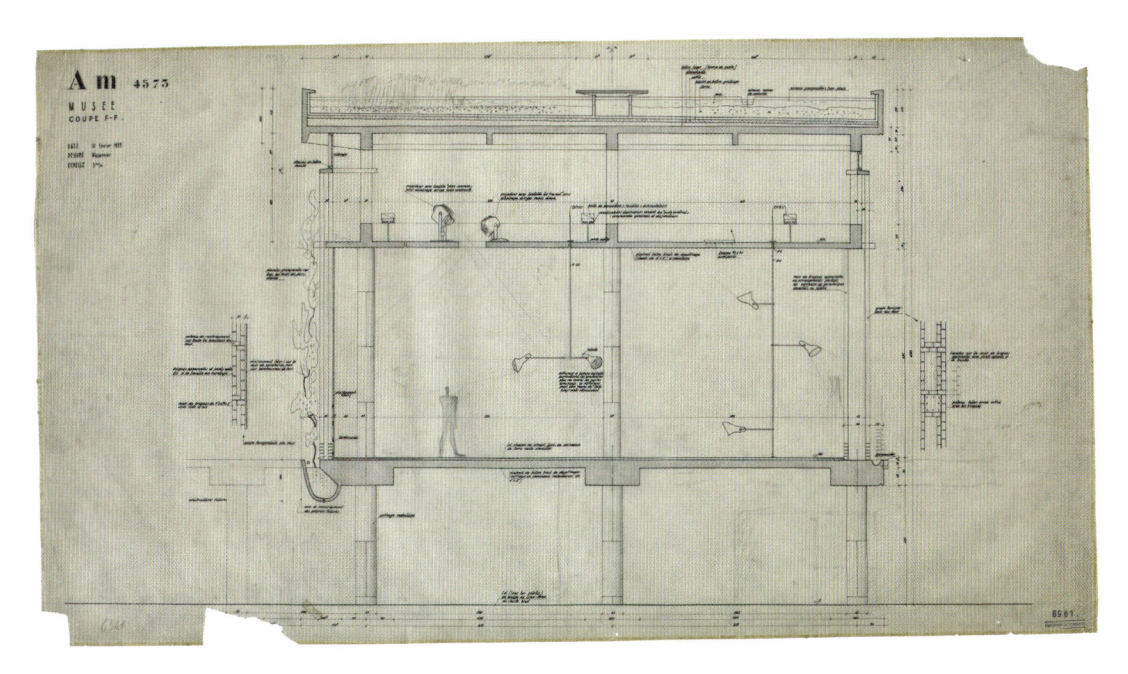

第一章　アーメダバードの市立サンスカール・ケンドラ美術館

Maisonnier, FLC6961, 1953.2.10

"béton léger étanchéité sable bassin en béton grillagé terre eau niveau verre de sécurité niveau gargouille : trop-plein / châssis en béton moulé vitrage projecteur avec lentille "plan convexe" pour éclairage dirigé mais contrasté projecteur avec "de Fresnel" pour éclairage dirigé mais doux boîte de dérivation + fusibles + commutateurs canalisation électroniques venant du "poste central" : commande générale et disjoncteurs porte cables / poteau de renforcement sur toute la hauteur du mur. briques apparents et joints aplatis à la truelle au montage. murs de brique de 9" X 4$^{1/2}$ X 3" avec vide d'air coïr [coir] (coconut fiber) sur le mur de périphérie, pose sur lambourdes de bois coupe horizontale du mur / plantes grimpantes sur tous les murs de périphérie coïr [coir] (coconut fiber) lambourdes Sol, chappe [chape] de ciment tissé, ou carreaux de terre cuite émaillés diffuseur à lampe réglable permettant de concentrer plus au moins les rayons lumineux. le diffuseur peut être muri de "Spill Ring" anti-éblouissant rotule plafond béton brut de décoffrage (sheets de 4' X 2') et peinture trappe 70 X 70 avec porte mur en briques apparentes, ou arrangements partiels de carreaux de céramique émaillées, ou plâtre. coupe horizontale du mur / façades sur la cour en briques apparentes avec joints aplatis à la truelle. gargouilles poteau béton armé coffré avec les briques / constructions futures axe de raccordement des galeries futures coffrage métallique plafond en béton brut de décoffrage (coffrage en panneaux de 4' X 2') Sol (sous les pilotis) en dalles de lime-stone ou shiste brut"

「捨てコン　防水　砂　金網コンクリート水盤　土　水　防犯上の水面高　ガーゴイユ高：満水／コンクリート型のサッシ　ガラス　コントラストの強い「凸型」レンズの投射機　コントラストの弱い「フレネル式」レンズの投射機　配電＋フューズ＋交換器の箱　「中央機」から配電される電気配線：安全制御装置　ケーブル配電／立面すべてを補強する柱。　左官で見かけ上平滑に仕上げた煉瓦。　空洞のある9インチ×4$^{1/2}$インチ×3インチの煉瓦壁　木の根太上の外壁にココ椰子果皮の繊維（ココナツ繊維）壁の水平断面／すべての壁の表面のつる植物　ココ椰子果皮の繊維（ココナツ繊維）　根太　地面はセメント仕上げ、もしくは釉薬焼きタイル　ランプで調整可能な散光器はある程度照明光を一箇所に集めることができる。散光器はグレアをさけるためにおそらく「スピル・リング」を付ける　玉継手　コンクリート打ち放し天井（4フィート×2フィートの型枠パネル）と塗装　70×70の下降口扉付き　煉瓦壁、もしくは部分的に陶製タイル、あるいはプラスター。　壁の水平断面／左官で平滑に仕上げた中庭側のファサード。　ガーゴイユ　煉瓦で固めた鉄筋コンクリートの柱／将来の建設　将来の展示室の接続軸　金属製型枠　コンクリート打ち放し天井（4フィート×2フィートの型枠）（ピロティ下の）地面は石灰岩の敷石もしくは頁岩の直敷」

を「人間的（もしくは自然的）」であると見なす。

*

　意図的な壁面緑化は、おそらく他のル・コルビュジエの建築作品にはない手法である。アーメダバードの製糸業者協会会館（1954）などでは、ファサードに植物が溢れ出ているが、いずれも「ブリーズ・ソレイユ」という日射しの緩衝帯に事後的に植えている植物であり、植物のために特別な造形的処理を施すわけではない。壁面緑化は、たとえば壁面の窓割りを規制する「トラッセ・レギュラトゥール（規準線）」のような数学的比例のファサードを視覚的には否定するからである。

95

図面解題

「ファサードのない」美術館と成長する植物

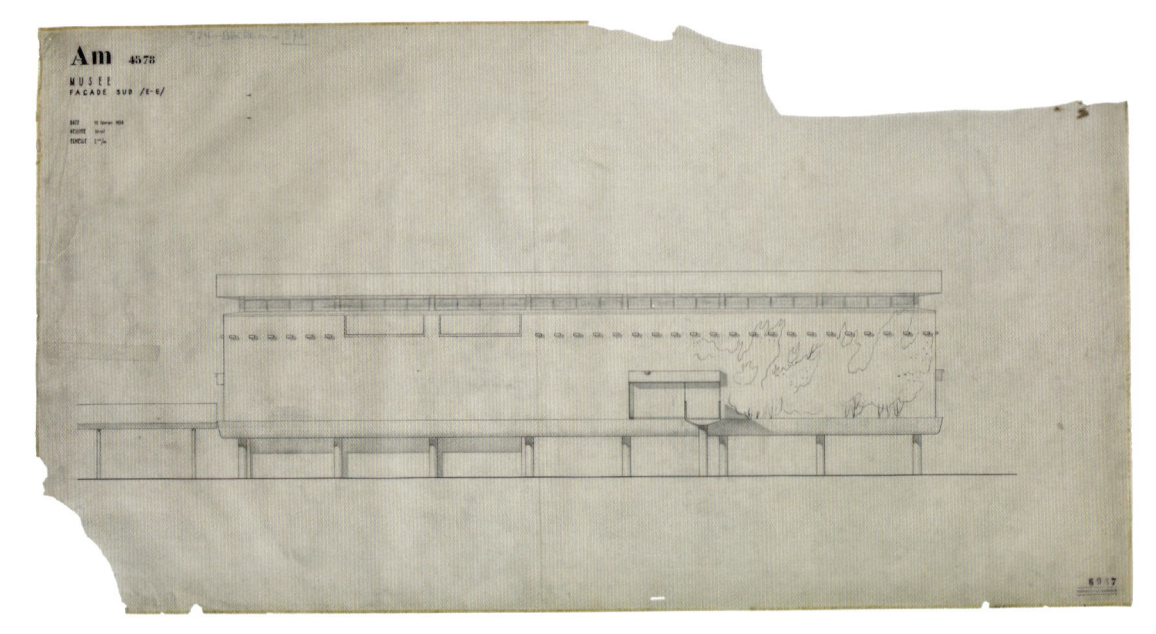

Véret, [Le Corbusier], FLC6967, 1953.2.10

"*MUSEE FAÇADE SUD / E – E / DATE 10 février 1953 DESSINE Véret ECHELLE 2^{cm}/m*"
「美術館南ファサード／E－E／日付　1953年2月10日　ヴェレ作成　縮尺　2^{cm}/m」

年月を経て朽ちていくとはいえ、人工的な外壁の劣化を防止することよりも、外壁の植物の生気を制御することの方が困難である。そもそも、数学的な法則を用いて人工物を2次元的に再現する建築図面表現において、自然的なものやことに対する建築家の意図を表現することは困難である。それでも、ル・コルビュジエは外壁面に装備する植物を美術館のファサードに描く。

＊

　アトリエの所員による美術館南側のファサードの図面は、増築を示唆する梁の突出部が以前に比べて控えめであり（cf., FLC6952）、ピロティ下に見えるはずのスロープや中庭の周囲に組み込まれる地上階のヴォリュームも省略している（FLC6967）。中空に浮く美術館のヴォリュームを強調する外壁に、おそらくル・コルビュジエが、壁面緑化された様子を黒鉛筆でやわらかく描き加える。しかしながら、螺旋型に増築することによって「ファサードがない」美術館となるル・コルビュジエの理論において、外壁に繁茂する植物は阻害要因でしかない。そもそも、壁面緑化を指示する土の受け皿は、将来の増築に関していえば無用の長物である。ル・コルビュジエは、意識的にか無意識的にか、将来の増築に大きな期待を抱いていないのかもしれない。よく見ると、ル・コルビュジエの描く植物は、梁の突出部を覆っている。

＊

　しばしばル・コルビュジエは、自律する建築的ヴォリュームとそのまわりに繁茂する木々を対比的に素描する。建築の作為と自然の必然は、あくまでお互いに自律しながら対話を重ねる。それに対して、増築を継続的に重ねていく「ファサードのない」美術館において、外壁の緑化を素描することは、「ファサード」の否定の否定である。ル・コルビュジエは、「ファサード」という概念そのものを隠蔽する。成長していくのは建築空間ではなく、自然の植物である。

図面解題

中庭の抜け

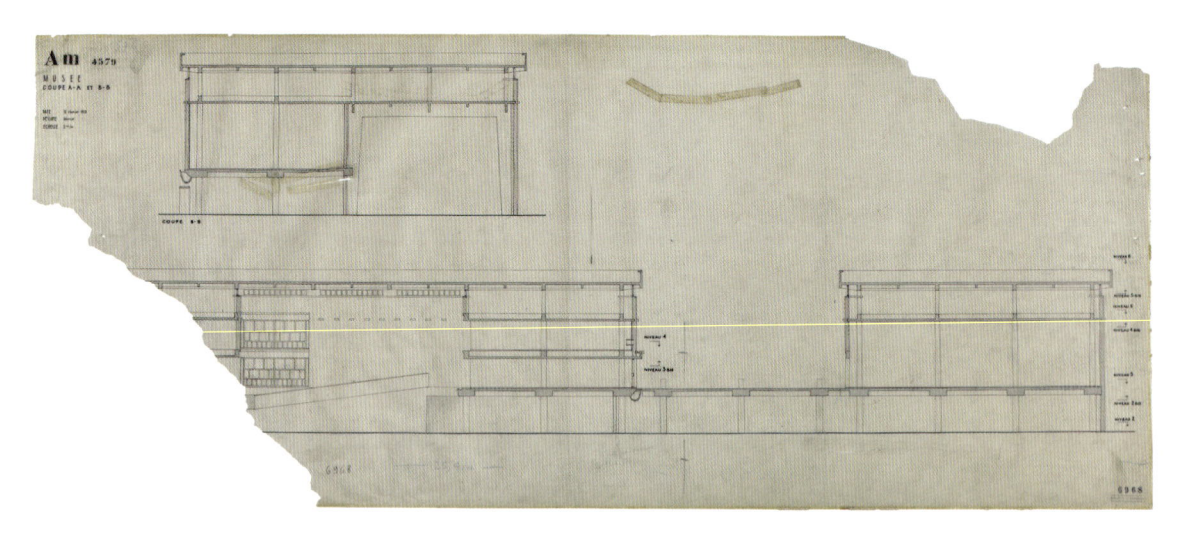

Mériot, FLC6968, 1953.2.10

"MUSEE COUPE A – A ET B – B / DATE 10 février 1953 DESSINE Mériot ECHELLE 2^cm/m / COUPE B – B / NIVEAU 4 NIVEAU 3BIS / NIVEAU 5BIS NIVEAU 5 NIVEAU 4BIS NIVEAU 3 NIVEAU 2BIS NIVEAU2"
「美術館 A–A 及び B–B 断面図／日付　1953 年 2 月 10 日　メリオ作成　縮尺　2^cm/m ／ B – B 断面図／ 4 層階　中 3 層階／中 5 層階　5 層階　中 4 層階　3 層階　中 2 層階　2 層階」

　外周側の外壁の煉瓦貼りへの変更と呼応して、ル・コルビュジエは中庭側の外壁、についても煉瓦貼りへと変更する。中庭は美術館の中心であり、野外展示空間でもある。「ファサードのない」美術館の外壁とは異なる処理が主題となる。

＊

　基本的な壁面処理は、外周側の外壁と同じように見えるが、中庭側の外壁は、4 辺の隅部がガラス壁である（**FLC6968**）。ガラス壁の割付は 3 層の市松模様であり、同じ市松模様のガラス壁を備えるラ・トゥーレットの修道院（1959）の中庭同様、完全に閉ざされた中庭ではなく、視線の抜けをつくる仕掛けである。

　しかしながら、気候風土においても、美術館という機能においても、太陽の日射しの問題は、ラ・トゥーレットよりはるかに深刻である。チャンディガールのカピトール（1955）の建築群と同様、あるいはアーメダバードの製糸業者協会会館（1954）同様、「ブリーズ・ソレイユ」によって太陽光を緩和することも可能性の一つである（**FLC7061 中、下**）。

＊

　しかし、ル・コルビュジエはアトリエの所員による検討に署名しない。ル・コルビュジエは、最終的には垂直の方立（マリオン）を入れたより平滑で簡素なガラス壁に変更して、隅部に設置することになる。外壁のファサードを緑の植物によって覆うこととは対照的に、簡素なガラス壁と煉瓦壁の対比によって、中庭に宇宙的な静寂をもたらす。中庭に在るべきものは、植物ではない。おそらく、この場所に展示される彫刻作品そのものが静寂をもたらす。

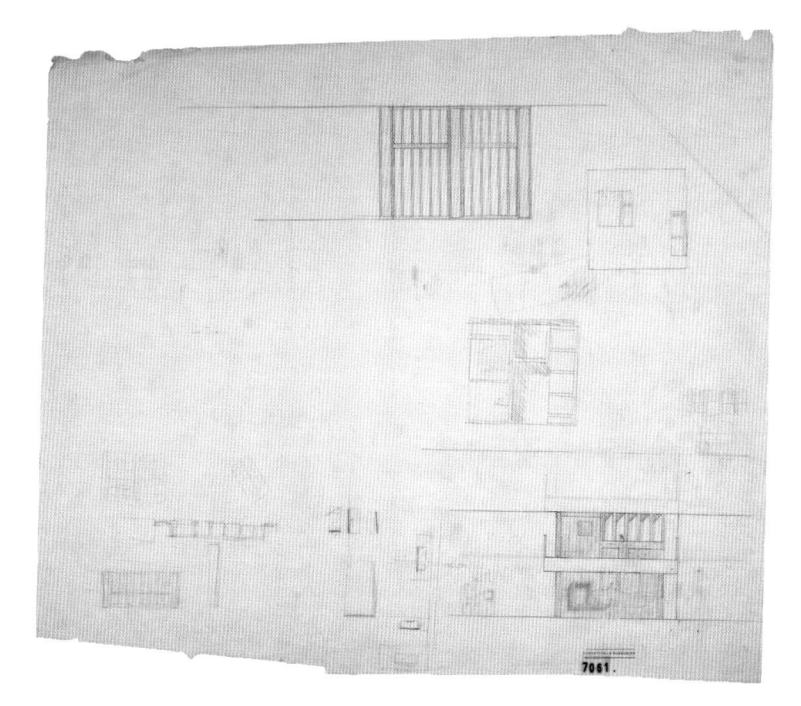

第一章　アーメダバードの市立サンスカール・ケンドラ美術館

FLC7061

図面解題

扉の両義性

FLC7027

"27 226 70 226 27 / 27 226 226 70 27 / 216"
「27　226　70　226　27／27　226　226　70　27／216」

　美術館の工事が着工してからは、部分詳細の検討が大半を占めるが、未検討の課題が残っている。扉である。アーメダバードの美術館において、「建築的プロムナード」の基点である中庭からスロープを辿って展示階のヴォリュームへ歩む鑑賞者は、扉を開けて内部の芸術展示の世界へと導かれる。扉は、窓と同様、「建築的プロムナード」の境界を演出する主要な主題の一つである。

＊

　扉という装置は、境界もなく淀みもない「建築的プロムナード」とは相容れない。したがって、プロムナードの連続性という観点からは、扉は出来る限り存在感が希薄であることが望ましい。実際、ル・コルビュジエの住宅の玄関扉はハリボテのような造作である。アーメダバードの美術館の扉もまた、厚みのない薄い回転扉である（FLC7027 上）。

　しかし、重厚な扉は、「建築的プロムナード」の物語の展開に劇的な変化を演出する仕掛けにもなる。工事の最終段階において、ル・コルビュジエは入口扉の詳細を再検討するようアトリエの所員に指示する（FLC6930）。鋼板による分厚い回転扉は、地上の日常的世界とは別の芸術的世界への儀礼的な装置として機能する。エナメル画がないことを除けば、ロンシャンの礼拝堂（1953）南壁の扉と同じ仕掛けである。宗教と芸術は、おそらくル・コルビュジエにとって根源的に同一である。実際、手に触れるその扉のノブは、同じアーメダバードに建設する製糸業者協会会館（1954）のノブとは詳細が異なっている。ロンシャ

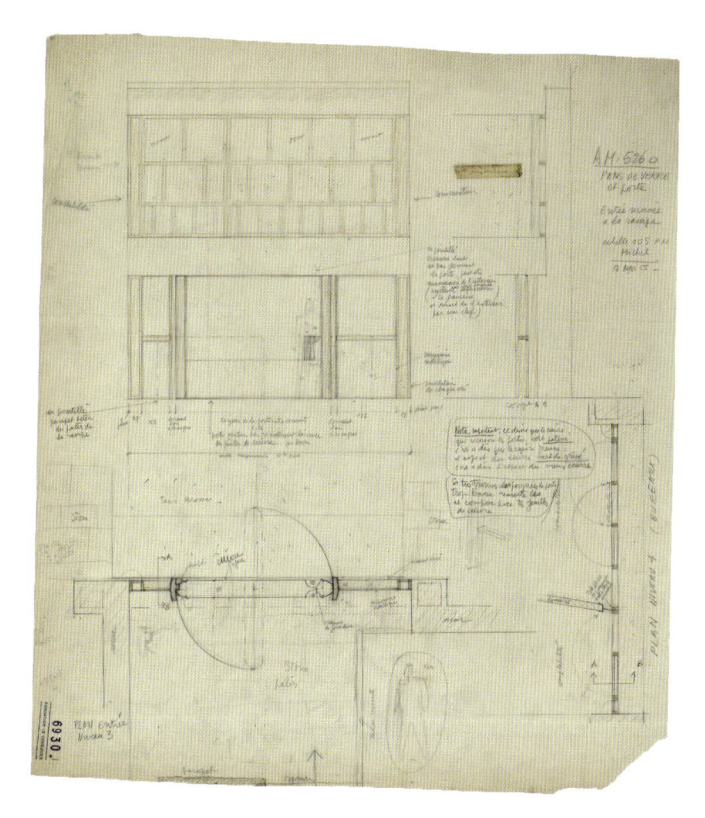

第一章　アーメダバードの市立サンスカール・ケンドラ美術館

Michel, FLC6930, 1955.5.17

"<u>AM.5260</u> PANS DE VERRE et porte Entrée musée à la rampe échelle 005 PM <u>Michel</u> 17 MAI 55 _ / Façade Bureaux Comptabilité / ouvrant ouvrant ouvrant / conservateur / en pointillé crémone haut et bas fermant la porte, peut être manœuvré de l'intérieur par une poignée (système menuiserie [à la française] et ouvert de l'extérieur par une clef) / 9 43 1 pied 70 / menuiserie métallique / ventilation de chaque côté / en pointillé parapet béton du palier de la rampe / 1 joint 27 53 dormant bois 0.10 au gras porte ossature bois et revêtement bois avec des feuilles de cuivre par dessous largeur de la porte entre dormants 2, 96 dormant bois 0.10 au gras 113 27 joint 1cm? vide maçonnerie 5m325/ coupe A B / <u>Nota important</u>. LC dessine que le cuivre qui recouvre les portes, soit <u>patiné</u> c'est à dire que le cuivre prenne l'aspect du cuivre <u>vert de grisé</u> c'est à dire l'aspect du vieux cuivre / Si tu trouves les poignées de porte trop basse remonte les et compose avec les feuilles de cuivre / Stone Tapis Brosse Stone bois poli cuivre 2 faces crémone de fermeture menuiserie métallique ciment lissé mur Stone [polies] mur PLAN Entrée Niveau 3 parapet rampe main courante 170 / comptabilité cloison 13 Tôle pliée se pinçant entre les 2 dormants conservateur PLAN NIVEAU 4 (BUREAUX)"

「<u>アーメダバード図面番号 5260</u>　ガラス壁とスロープに通じる美術館入口の扉　縮尺 005/M　<u>ミシェル</u>　55 年 5 月 17 日__／事務所側ファサード　会計室／開閉　開閉　開閉／美術館長側／破線　上部落とし錠　下部開閉式　扉はおそらく内側から取っ手で操作（フランス式金具）　鍵で外側から開ける／9　43　1 ピエ［約 32.5cm］　70／金具／各々の側面から換気／破線　スロープ踊り場のコンクリートのパラペット／1 継手　27　53　木で固定　0.10 厚　木の骨組みと銅片を入れた木の被覆　2.96 の扉幅　木で固定　0.10 厚　113　27　1cm の継手？　左官工事の空き　5m325／AB 断面／要注意。ル・コルビュジエの素描では扉の銅板は<u>緑青</u>つまり<u>灰色がかった緑色の銅板で古びた風に見せる</u>／扉の取っ手の位置が低すぎるなら銅板と一緒に考えて／石　ゲバだったカーペット　石　磨き木　銅板 2 面　開閉部の落とし錠　金具　磨きセメント　壁　磨き石　壁　3 層階入口平面　パラペット　スロープ　手摺　170／会計室　間仕切り壁 13［扉］　2 板の嵌め殺しの間の曲げ板　4 層階平面（事務所階）」

ンの礼拝堂（1953）のノブそのものである。
　　　　　　　　　　＊
　ル・コルビュジエの扉は両義的である。「建築的プロムナード」は、連続的であると同時に、非連続性の演出でもある。扉が重くかつ軽いのは、人間的世界の転回と自然的世界の連続性が織り込まれているからである。芸術の世界へと導く扉の変容は、薄い扉の断念ではなく、厚い扉との融合である。

101

図面解題

自然との出会い

[Le Corbusier], FLC7035

"*MUSÉE / vue de l'intérieur*"
「美術館／内観」

　美術館の「建築的プロムナード」において、とりわけ展示空間内部の演出において、景観構成の主要素は、展示作品と背景となる壁である。窓は望めない。美術館の壁に絵画を展示する場合、絵画そのものが「窓」である。それでも、美術館の「窓」の演出には限界がある。壁面や壁に掛ける絵画は、その都度幻像をつくり出せても、恒常的な奥行きはつくり出せない。

*

　おそらくル・コルビュジエによる素描では、林立する柱と展示棚、そして壁に彫り込んだニッチ、そして展示作品そのものが、平滑な壁に抑揚をもたらす「窓」となる（**FLC7035**）。不思議なことに、素描には、アーメダバードの美術館に必要不可欠な人工照明がない。

　卍型の拡張位置にはバルコニーと開口部があり、螺旋の迷宮を脱するための空間の抜けがある。開口部のテラスでは、鑑賞者が外を見て佇む。しかし、鑑賞者は単に外部の自然的景観を眺めて休息しているのではない。屋上庭園同様、テラスに佇む鑑賞者はそこに鑑賞した芸術作品の残像を投影しているはずである。

*

　現実の自然との出会いは、パリの現代美術館（1931）の構想のように、外部の庭園を螺旋型に規定することによって「限りなく成長する」ことを保証するかどうかは別にして、実際のところ、ル・コルビュジエの美術館における「建築的プロムナード」の生命線である（屋上庭園へのル・コルビュジエの執着もその証左である）。アーメダバードの美術館の内部展示空間は、建築的な仕掛けと芸術作品の恵みによって人為的に制御された一つの世界である。一方、外部の自然は、太陽光の恵みによって繁茂する自然の世界であり、建築家が制御し切れない外部である。この二つの世界が出会う場所が、テラスである。ル・コルビュジエがテラスに描く人間は、テラスの外に出るとも美術館の内部にいるともわからない。内部と外部、人工と自然、現在と未来の両義性のなかにいる（しかし、建設された美術館では、テラスに出ることはできない）。

第二章

東京の国立西洋美術館

第二章　第一節

東京の国立西洋美術館

制作論：中心の光へ

制作論：中心の光へ

はじめに

図1 竣工直後の東京の美術館［1959年］(1)

図2 東京の美術館に係る契約書（部分）（1955年10月26日）(3)

　アーメダバード（1957）においてはじめて「限りなく成長する美術館」（1939）のプロトタイプを建設したル・コルビュジエは、インドとは別の場所に次の「美術館」を建設する機会を得る（図1）。

　第二次世界大戦後にフランスに残された松方幸次郎のコレクションを日本に返還することが決まり、日本では、19世紀から20世紀に前半の印象派を中心とする絵画約300点、彫刻60点を収蔵する美術館が必要となる。昭和1953年12月に発足した「仮称フランス美術館設置準備協議会」が協議を重ね、1954年5月頃までには敷地を上野公園竹之台付近（寛永寺陵雲院跡）に決定し、設計者をル・コルビュジエとする(2)。

　しかし、ル・コルビュジエにとって、東京の美術館の建設事業は、必ずしも理想的な条件ではない。特定の時代の特定の美術作品の展示という限定的で慣習的な空間が求められている。事業与件は、ル・コルビュジエの「限りなく成長する美術館」のような、様々な作品の博物学的増殖という革新的な空間の概念と一致するわけではない。

　にもかかわらず、インドのアーメダバードの美術館（1957）の図面作成を終えて工事が始まる時期、ル・コルビュジエはかつてル・コルビュジエのアトリエで働いていた前川國男から改めて美術館建設事業の依頼を受け、次のように返答する。

　「親愛なる前川、

　　1954年4月14日の手紙を拝受しました。東京の松方美術館の図面を作成する心づもりはあるかとのこと。

　　お答えします。喜んで取り組んでみたい、と。美術館の問題は私の最も関心のある問題の一つですからね。

　この件については（あまり言いたくはないのですが）まず最初に金銭的な問題を片付けておきたい。現代外国での仕事については報酬が全額支払われるまでは仕事に取りかからないことにしています。かつてとんでもない問題が起きて嫌な思いをしたのでね。予期せぬ事態が発生して報酬が届かないことがあったのです。

　仕事を明確にしておきます。私は基本案を作成し、修正を加え、実施案をまとめる。そして日本人建築家が東京で実現する。私は施工に関しては関与しません。東京には技術者がいるでしょうし、規制もあるでしょう。建築家もいます。現地ですべてを完璧に実現できるはずです。

　やってみればそんなに大したことではない。他にも似たような事例があると思います。あなたが以前話していたような大ホテルもその例でしょう。

　もちろん一度東京に行って場所をよく理解して建設方法を考えます。はっきりと約束はできませんが、出張予定を見直してみましょう（日本への出張経費については添付資料を見てください）。

　その他の経費についても添付資料を付けておきます。

　親愛なる前川、そして東京のすべての友に。敬具。」(4)

　ル・コルビュジエは事業受託後、1955年10月26日には公式に日本国文部大臣と契約を交わし（図2）(5)、

第二章　東京の国立西洋美術館

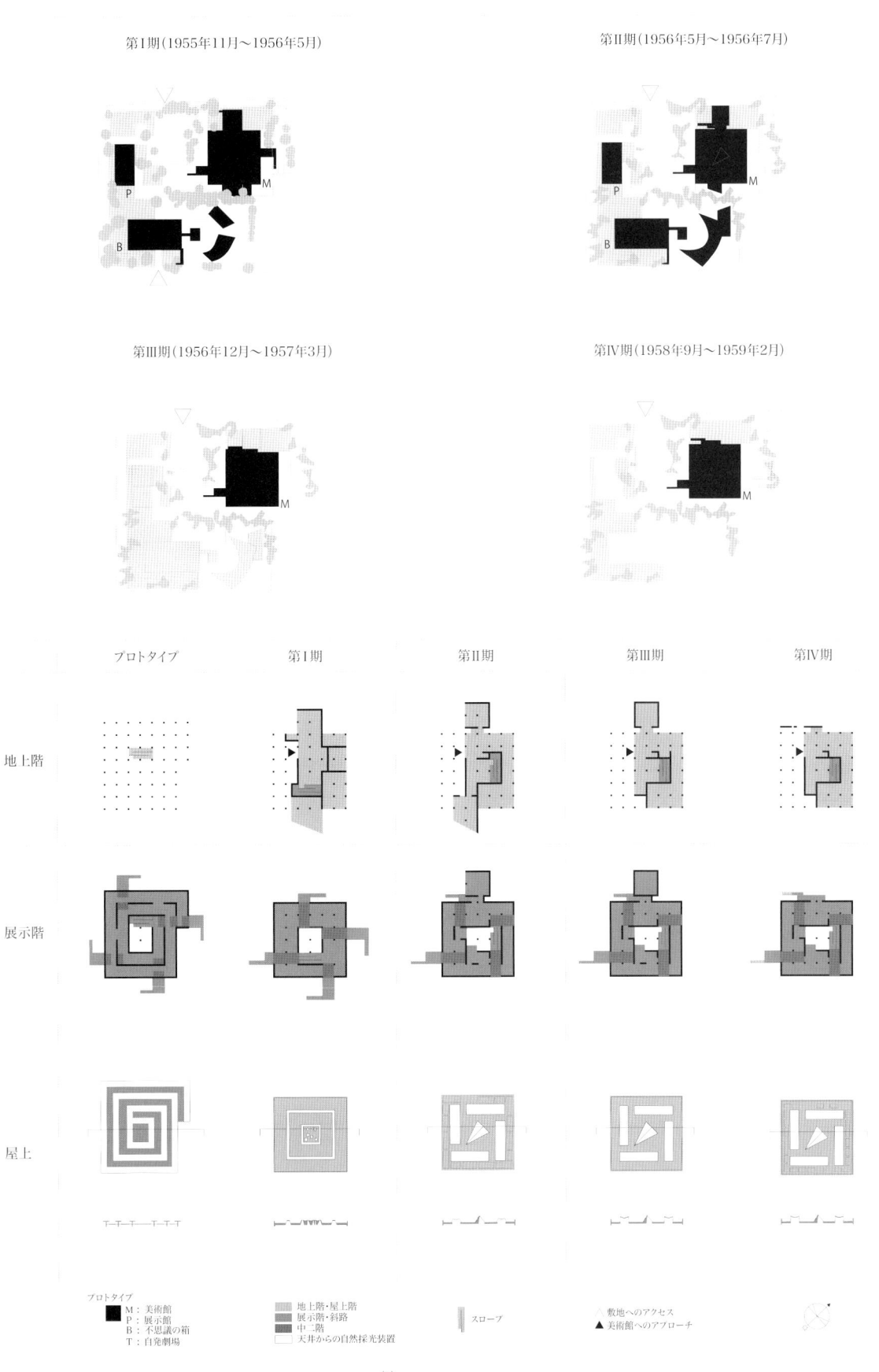

第Ⅰ期(1955年11月〜1956年5月)　　　　　　　　　　　　　第Ⅱ期(1956年5月〜1956年7月)

第Ⅲ期(1956年12月〜1957年3月)　　　　　　　　　　　　　第Ⅳ期(1958年9月〜1959年2月)

| | プロトタイプ | 第Ⅰ期 | 第Ⅱ期 | 第Ⅲ期 | 第Ⅳ期 |

地上階

展示階

屋上

プロトタイプ
　M：美術館
　P：展示館
　B：不思議の箱
　T：自発劇場

地上階・屋上階
展示階・斜路
中二階
天井からの自然採光装置

スロープ

敷地へのアクセス
▲ 美術館へのアプローチ

図3　東京における「限りなく成長する美術館」の生成過程[6]

107

制作論：中心の光へ

制ではない。少なくとも、ル・コルビュジエは、たとえ施工を丸投げするにしても、敷地という外在的要因とプロトタイプという内在的理念を照合させるために、敷地の訪問をはじめから希望する。かりに、プロトタイプを敷地に設置するだけなら、多忙を押してあえて敷地を訪問する必要はない。

実際、敷地訪問を契機として、ル・コルビュジエは「限りなく成長する美術館」のプロトタイプをアーメダバードとは違った方法によって展開していく[10]（図3）。

第I期　素案

美術館の敷地は上野公園の文化施設が集積する地区であり、当時の東京の市街を遠くまで見晴らすことができる高台にある（図4）。インドのアーメダバードの美術館（1957）とは、気候風土も敷地規模も美術館の機能も大きく異なる。アーメダバードほどの厳しい気候条件ではないが、アーメダバードほどに十分な敷地の余裕はなく、閑静な森のなかとはいえ、サヴァルマティ川のような主要な景観要素もない。収蔵して展示すべき作品も、松方コレクションに限定されている。

1955年11月、希望通りに来日したル・コルビュジエは、最初の敷地調査で気候や風向きを詳細に記録し、周辺の景観を手帖に素描すると同時に（図5）、いくつかの建築的ヴォリュームを素描して建設すべき施設の配置構成とおよその規模を検討する（図補1）。すなわち、松方コレクションの常設展示の「限りなく成長する美術館」、企画や巡回展示の「展示館」、劇場となる「不思議の箱」のプロトタイプの適用であり、「美術館」と「展示館」を結ぶ南北軸、そしてそれと直交し、「不思議の箱」と敷地入口を結ぶ東西軸によって、敷地を構成し、中央に開放的な広場（後に「エスプラナード」と明記する[11]）を形成する。アーメダバードの美術館（1957）の初期構想にもまして、施主から提示された与条件を大きく上回る複合的な芸術空間の構想である[12]。

ル・コルビュジエの本格的な検討は、年明けの1956年1月からである[13]。規模は異なるものの、チャンディガールの行政区カピトール（1955）と同様の直交する2軸の空間は、しかし、既存の樹木を最大限尊重して慎重に配置した建築的ヴォリュームによる構成である[14]。

ル・コルビュジエは美術館の基本的な平面構成を検討した後、1956年3月、敷地全体の鳥瞰図を描く（図

図4　東京の美術館の建設候補地（白枠内）[7]

1955年11月2日〜9日の一週間、敷地訪問[8]のために来日する。それまでのあいだ、ル・コルビュジエが構想を描いた痕跡は見当たらない[9]。ル・コルビュジエには、ピロティに押し上げられた箱型のヴォリュームを持ち、螺旋型と卍型の拡張可能性を備え、展示室を天井から自然採光する「限りなく成長する美術館」のプロトタイプの適用以外に選択肢はない。しかし、それはアーメダバードの美術館（1957）の構想過程が物語るように、プロトタイプという理念型の強

第二章　東京の国立西洋美術館

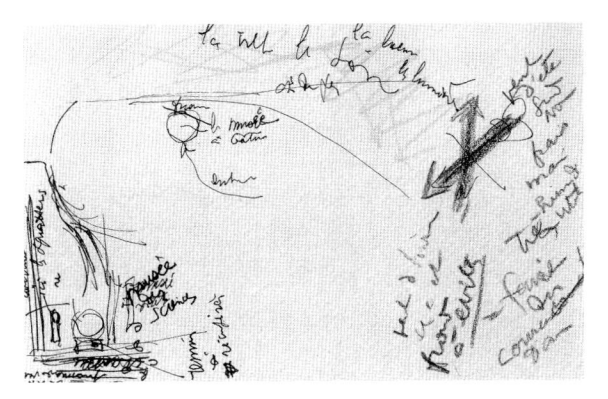

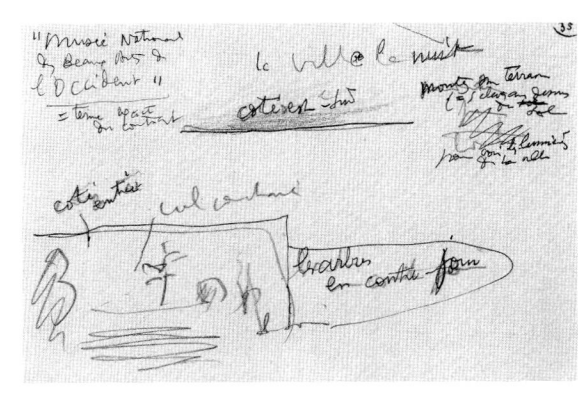

図5　ル・コルビュジエによる敷地訪問における最初の景観素描［1955年11月3日］[15]
"*la lueur les lumières la ville le soir ch de fer / b musée à bâtir entrée / avenue ici les squatters Musée des Sciences Ch de F promenade vaste chaus ée tennis récupérés / vent d'hiver sec et froid à éviter / vent d'été Sud No frais mais humide très utile = faire des courants d'air*"
「微光　光　街の夜景　鉄道／建設する美術館　エントランス／並木道　ここは不法居住　科学博物館　鉄道　かなりの大通り　車道　テニス運動場／乾燥した冷たい冬の風を回避すること／涼しくもなく湿気の多い一定期間の夏の風＝空気を循環させること」
" "*Musée National des Beaux Arts de l'Occident*" = *terme exact du contrat / la ville la nuit / côté est-sud / monter sur terrain* (= *s'élever au dessus du sol pour voir les lumières de la ville / côté entrée ciel couchant les arbres en contre jour*"
「「国立西洋美術館」＝契約書での正式名／夜の街／南東側／敷地に登る（＝土地に立って街の明かりを見る／エントランス側／夕暮れ／逆光の樹木」

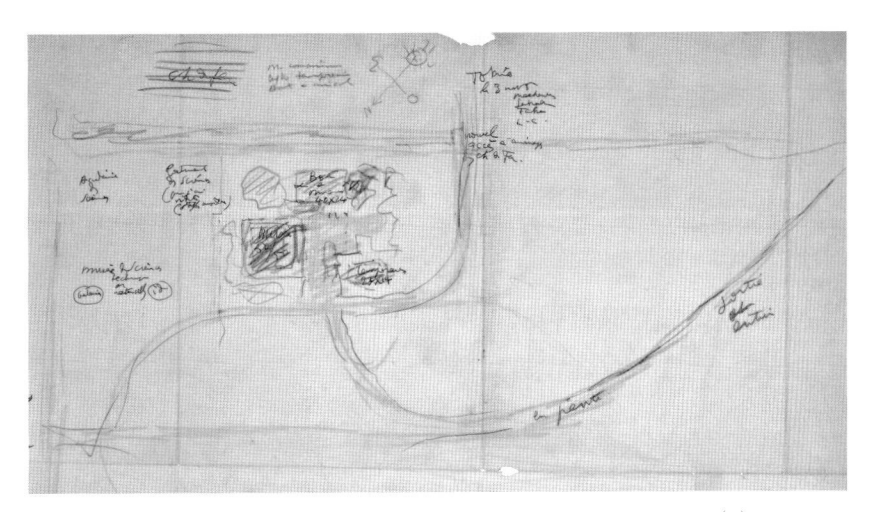

図補1　ル・コルビュジエによる敷地訪問での配置構成の検討（部分）（1955年11月3日）[16]

補2）。最初の全体配置構成を踏襲し、ピロティによって浮遊する美術館、傘状屋根を持つ「展示館」、幾何学的形態の「不思議の箱」によってエスプラナードを構成する。美術館は、東京の与条件に合わせて、松方コレクションの常設展示、企画展示、そして資料や映像作品などの資料陳列展示の大きく3つに区画し[17]、展示室の「拡張」のための螺旋型と卍型の動線を組み合わせ[18]、展示階の螺旋型の動線に対応する天井からの自然採光装置を装備する一方、美術館そのものの輪郭は完全な矩型によって自己完結している。卍型の拡張についても、狭隘な敷地の限界のために西側の矩型のヴォリューム（図書室と講堂）や南側のテラスの2片のみである。

敷地の鳥瞰図と同時に、ル・コルビュジエは美術館の内部の透視図を描く（**図補3**）。中心部分の大ホールの天井採光は、赤色の天井面に小さな天窓をいくつも穿つ「クロストラ」[19]を装備する。壁面は部分的に黄色・緑色・青色で塗装し、壁面には絵画も装備する。踊り場のバルコニーを設置し、ロダンの彫刻、印象派の絵画をはじめとする「芸術の綜合」[20]の現場として、アーメダバードの美術館（1957）の中庭以上に展示空間としての性格を大ホールに持たせる[21]。ル・コルビュジエによれば、彫刻や絵画を展示する大ホールは、後に「19世紀大ホール」と名付ける「第二機械時代、すなわち調和の時代の核」である[22]。

ル・コルビュジエは機能的な与条件や敷地条件に合わせて、「限りなく成長する」美術館のプロトタイプをさらに調整していく。

まず、敷地に無理なく美術館を収めるために、美術館の螺旋の拡張を縮小し、北側のみの拡張とする[23]。

109

制作論：中心の光へ

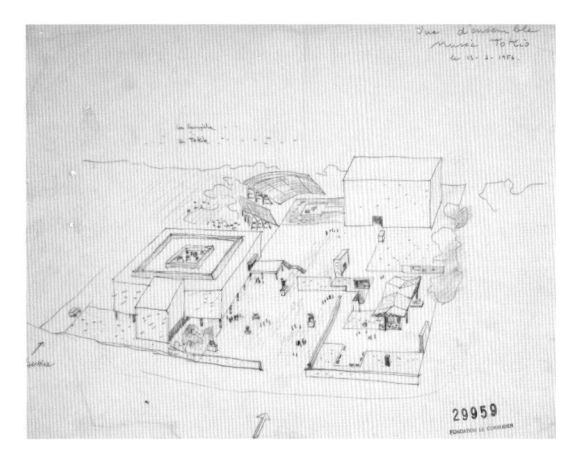

図補2 ル・コルビュジエによる文化センターを俯瞰する素描 (1956年3月13日)[24]

図補3 ル・コルビュジエによる美術館の大ホールの素描（部分）(1956年3月7日)[25]

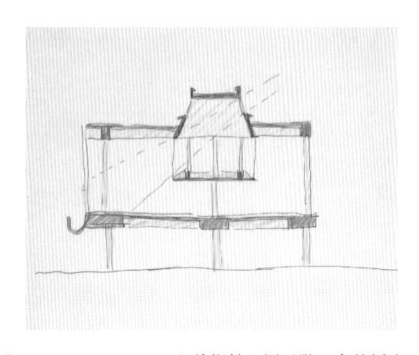

図補4 ［ル・コルビュジエによる］美術館の展示階の自然採光の検討（部分）［日付不明］[26]

図補5 ［ル・コルビュジエによる］大ホールのスロープの位置の再検討 ［日付不明］[27]

さらに、美術館に附属する他の諸機能を地上階に充填する。地上からピロティによって浮遊する「美術館」のヴォリュームという空間図式は、すでに破綻している[28]。

美術館の機能的な検討の一方で、ル・コルビュジエは展示階の上部の天井からの自然採光について、補助的な人工照明との組み合わせを検討する。片側採光のアーメダバードの美術館 (1957) の初期構想と同じ採光装置の発想であるが、天井からの自然採光の断面形状はハの字型であり、両側面からの採光する自然光がアーメダバードの展示室以上に展示室に降り注ぐ（**図補4**）[29]。ただし、均質な光を提供する美術館とは異なって、北側からの片側採光以上に時間に応じて採光方向や採光量が刻々と変化することになる。おそらくル・コルビュジエは、「24時間の太陽」という原則論を最優先し、展示空間における照明光量の不変性や展示作品の劣化防止をそれほど問題視しない[30]。

第II期　基本案

東京の美術館の場合、アーメダバードの美術館 (1957) とは異なって、展示作品の種類も数もはじめから確定している。そのために、1956年5月頃から、ル・コルビュジエの検討は、早速美術館内部の展示空間に関する具体的な構成へと移っていく。

まず、ル・コルビュジエは大ホールを集中的に検討して、大ホールの展示空間としての機能を強化する。

1956年4月の段階では、美術館の中央吹き抜けの大ホールの東側にスロープが位置しているが、同年5月には北側に移動する（**図補5右**）。スロープを寄せることによって、大ホールは通過空間というよりも展示空間としての性格が強くなる。

大ホールのスロープの修正と呼応して、ル・コルビュジエは大ホール頂部の採光方法を変更する。すなわち、小開口部を散りばめる天井面の「クロストラ」に代わって、大ホールの吹き抜けの中心となる柱と梁の交差部をピラミッド型の採光装置とし、大ホールの垂直的な採光効果を演出する[31][32]（**図補6**）。

展示階の展示区画については、松方コレクションの常設展示と企画展示の2つの区画に簡略化する（**図補5**）。螺旋型に動線を展開すると、常設展示と企画展示の区画を交互に通過することになり、実質的には常設展示から企画展示へと順次通過する螺旋型の動

線が不可能になるにもかかわらずである⁽³³⁾。

1956年7月9日、ル・コルビュジエは一連の基本案の図面をまとめ⁽³⁴⁾、日本に送付する⁽³⁵⁾。

基本案の図面では、ル・コルビュジエは再び展示空間を三区画化し、常設展示の松方コレクション展示、巡回展展示、写真やリソグラフなどの陳列展示へと順に螺旋に順路を巡ることができるように改善する。美術館の背後となる北側には、1片のみの「拡張」の空地を設け、「限りなく成長する美術館」の拡張可能性をかろうじて確保する。

さらに、基本案の図面において、ル・コルビュジエは、美術館屋上に「花壇」を何の検討もなしに唐突に書き加える。おそらく、美術館の屋上を屋上庭園とする意図の反映である⁽³⁶⁾。

ル・コルビュジエは、これら一連の基本案の図面を『全集』第6巻に掲載する⁽³⁷⁾。ル・コルビュジエの仕事は「終わった」からである⁽³⁸⁾。このときに製作した模型は、ル・コルビュジエの「美術館」のプロトタイプの発展型であり、また異型でもある（**図6**、及び**序論図11**）。

第III期　実施案

1956年7月に日本に送付した一連の基本案の図面をもとに、やはりル・コルビュジエのアトリエに在籍していた坂倉準三の事務所が実施図面を作成している⁽³⁹⁾。基本的には、ル・コルビュジエによる基本案の図面をできる限り忠実に実施するための技術的な検討である⁽⁴⁰⁾。

ところが、1956年7月にル・コルビュジエが日本に送付した基本案は、予算を大幅に超えることが判明し、施主は図書室・講堂及びホワイエの削除、仕上げの簡素化、広場造成工事の棚上げ、天井からの自然採光の再考などをル・コルビュジエに要請している⁽⁴¹⁾。

要請を受けて、ル・コルビュジエがまず再検討するのは、展示空間の採光という美術館建築の根幹に関わる問題である（**図補7**）（**図7**）。たしかに、天井の2方向方からの自然光の直接採光は、技術的な制御がある程度可能であるとはいえ、季節によっても時間によっても、展示空間の明るさに変化をもたらす。作品の適切な保護管理も、恒常的な鑑賞空間の維持もままならない。「24時間の太陽」というル・コルビュジエの主題は、芸術鑑賞空間の均質性という主題と原理的に合致しない。施主はこの点を指摘している。しかし、アー

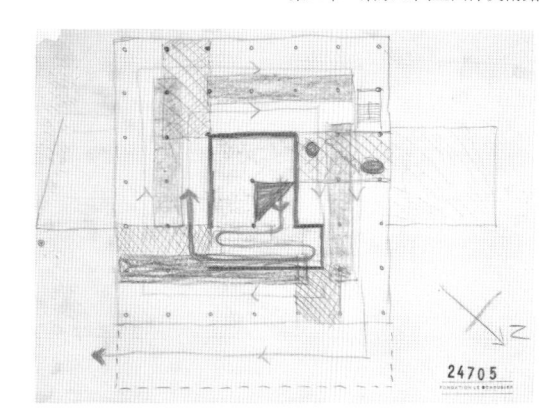

図補6　［ル・コルビュジエによる］大ホールのピラミッド型の天井採光装置の検討［1956年5月29日］⁽⁴²⁾

図6　ル・コルビュジエによる基本案の模型［1956年7月9日］⁽⁴³⁾

制作論：中心の光へ

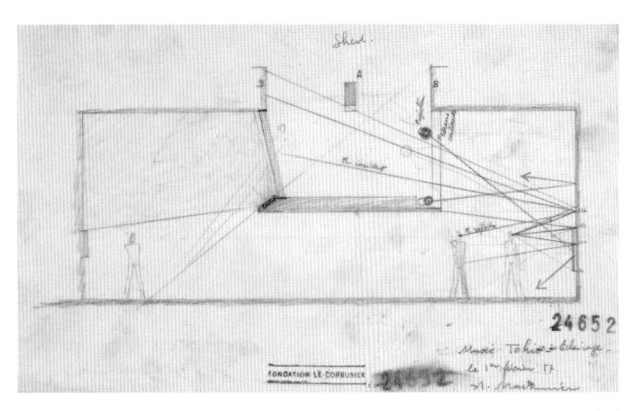

図補7 メゾニエによる美術館の展示階の天井採光の再検討(1957年2月1日)[44]　　**図7** 建設中の美術館屋上に装備する自然採光装置[45]

メダバードの美術館（1957）において天井からの自然採光を断念したル・コルビュジエは、補完的な人工照明の利用を検討するものの、展示階における自然採光の原理を手放さない。ル・コルビュジエは均質な空間よりも、展示空間における自然光に、同時代の美術館の規範を超えた価値を見出す[46]。

天井からの自然採光の再検討とあわせて、ル・コルビュジエは、展示階の展示方法についてもより詳細に検討する。基本案における3つの展示区画は踏襲するが、常設展示、企画展示、資料陳列展示という性格の異なる個々の展示区画を自立的に機能させなければならないために、検討の過程で展示区画を相互に結ぶ螺旋型の動線を断片化する[47]。

1957年3月26日、日本人建築家による詳細検討や、ル・コルビュジエによる天井採光や展示空間の動線の再検討を経て、ル・コルビュジエは2度目の図面図書をまとめて日本に送付する[48]。しかし、地上階平面図が兼ねるはずの配置図はない。配置図に示すべき「展示館」「不思議の箱」それに付随するレストランなどの事実上の断念である[49]。同様に、施主の要請を反映して、ホワイエがなくなる。さらに、ル・コルビュジエは屋上の花壇を図面化せず、屋上庭園の構想そのものを断念する[50]。しかしそれでも、美術館の西側に突出する図書室・講堂の矩型の附属ヴォリュームについては、図面上では「後日建設」とする。

一方、美術館の外壁については、予算規模から考えて増築が当面保証できないことが明白になる1957年以降、ル・コルビュジエはようやく小石を埋め込んだコンクリート・パネルのファサードの割り付けを検討する[51]。ル・コルビュジエはピラミッド型を省略して浮遊する「美術館」を描くが、ファサードにはアーメダバードの美術館（1957）のような拡張を暗示する梁の突出部はなく、美術館として自己完結する。「限りなく成長する」拡張性を暗示するものはない(**図補8**)(**図8**)。

その後まもなく、ル・コルビュジエは地上階のガラス壁を検討する(**図補9**)。ピロティに支持されて浮かぶ「美術館」の下部、入口とは反対側の約半周囲をガラス壁「波動ガラス壁」にする検討である[52]。方立（マリオン）の間隔を自在に変えることによって、平板なガラス壁面に曲面に波打つような錯視の効果をもたらす仕掛けであり、視覚的な透明性と不透明性を併せ持つものの、機能的な根拠はない。ル・コルビュジエは倉庫や事務機能を充填するエスプラナード裏側の地上階ファサードに適用することで、美術館のヴォリュームの浮遊感を強調しようとする[53]。

第IV期　施工案

素材の選択や仕上げ、ディテールに関する断片をル・コルビュジエが検討する一方、日本人建築家、とくに前川國男事務所が中心となって、工事に向けての施工図面の作成が進んでいく。その過程で生じた問題、すなわちモデュロールの破綻をもたらす構造設計上の柱太さの変更、ピラミッド型の頂部採光の高さの決定、煙突の設置など、美術館の全体の造形に少なからず影響する問題に対する日本人建築家による決定でさえ、ル・コルビュジエは承認するだけで、自ら修正を加えたり指示を出さない[54]。ル・コルビュジエは、日本人建築家によって竣工、実現された東京の美術館の写真を見て、次のように述べる。

「もらった写真では美術館の工事は完璧です。（あなたたち三人の）専門能力の面目躍如です。日本人の妥協のない完璧さ。これぞ日本人の精神の本質の一つです。若かりし日に浮世絵や置物な

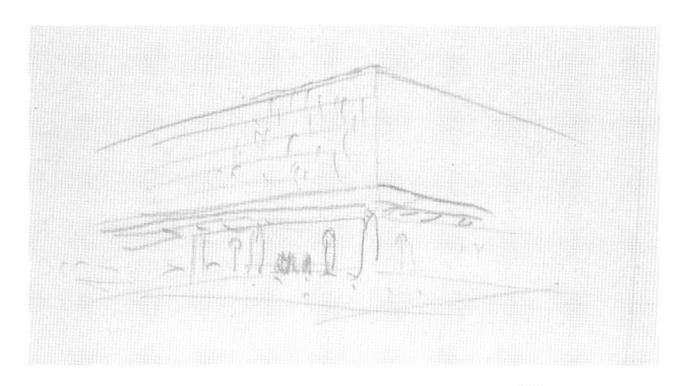

図補8 ［ル・コルビュジエによる］美術館の外観の素描（部分）[55]

図8 建設中の美術館の外壁[56]

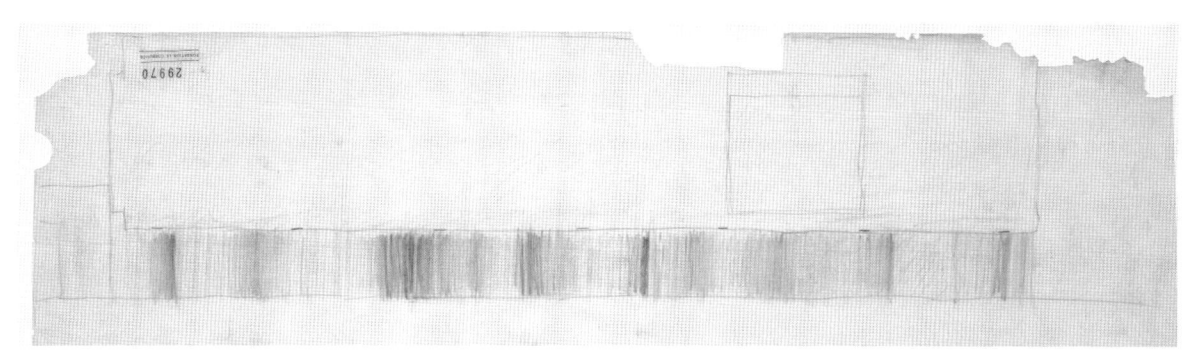

図補9 ［ル・コルビュジエによる］「波動ガラス壁」の検討（部分）[57]

どでその精神を理解していました。あなたたちとこの仕事を実現できたことをとてもうれしく思っています。

　時間が残されているなら、19世紀大ホールの写真壁をつくりたい。この驚くべき世紀の復権となる真の作品となるに違いありません。」[58]

　実施計画図面を手渡した後のル・コルビュジエの関心は、もはや「美術館」の全体構想に関するものではない。もっぱら大ホールの内部空間の「写真壁」へと移っている[59]。

　ル・コルビュジエが「写真壁」の具体的な検討を始めるのは、1958年3月21日の竣工式の後、1958年9月からである[60]。ル・コルビュジエは、基調となる構図と色彩の配置を検討し、19世紀の文明を象徴する写真をコラージュして壁に描き出す[61]。ピラミッド型自然採光の天井面は鮮やかな赤色である（**図補10**）。天井への視線を促すという点では、素案の「クロストラ」天井による大ホールの構想と近似するが（**図補3**）、もはや大ホールに絵画はない。少なくとも、3方向はすべて「写真壁」で埋め尽くす。ル・コルビュジエは、「システィーナ礼拝堂」[62]と呼ぶ「写真壁」による大ホールの実現可能性を最後まで模索し、一度と決めていた東京への再訪さえ自ら再三望んでいるのである[63]（**図9**）。

おわりに（図10）

　東京の国立西洋美術館において、ル・コルビュジエは大ホールの吹き抜けに「限りなく成長する美術館」の中心性を強調して光の垂直性を演出し、アーメダバードの美術館（1957）では実現できなかった展示空間における自然採光をかろうじて実現する。引き替えに、ル・コルビュジエは、少なくとも建築的な表現としては、螺旋型や卍型の拡張可能性を犠牲にする。

　そもそも、19世紀印象派芸術の増えるべくもない松方コレクションの保存・展示のための美術館と、作品が増殖して人類の歴史を表現する「限りなく成長する美術館」との接点は少ない。それゆえに、美術館に関する東京での研究は、「限りなく成長する」ことそのものよりも、その基点となる中心、すなわちピラミッド型の自然採光装置による「光のもと」[64]の空間へと遡行していく。大ホールは、「限りなく成長する」展示空間のプロトタイプ以前、芸術作品展示とそれを

113

制作論:中心の光へ

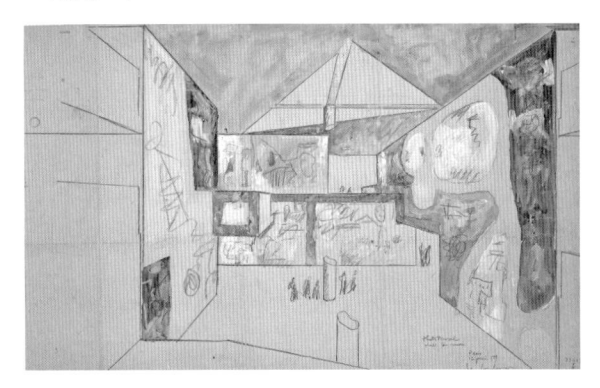

図補10 ル・コルビュジエによる大ホールの「写真壁」の検討（1959年2月12日）[65]

図9 ル・コルビュジエが吉阪隆正に宛てた手紙（1959年3月3日）[66]

図10 建設中の美術館屋上のピラミッド型採光装置[67]

照らし出す光の探究という原初回帰なのである。同時に、その「19世紀大ホール」は、ル・コルビュジエの「芸術の綜合」への持続的関心とその深化の証でもある[68]。

その後、国立西洋美術館というル・コルビュジエの建築作品は、皮肉にも「成長」を遂げる。1964年に美術館本館北側に事務棟、本館西側に講堂を坂倉準三建築研究所が設計して竣工、前川國男は新館の増築を手がけている（1979年5月竣工）。そしてさらに20年後、耐震工事を機に、企画展示館が前庭地下に増築されて今日にいたっている。一方で、美術館と道路を挟んで対面する敷地には、前川國男の東京文化会館（1961年）が建設されている。

ル・コルビュジエが提案する螺旋型の増築や美術館附属の「展示館」と「不思議の箱」はついに増築事業として採用されることはなく、ル・コルビュジエの構想は、より保守的な施設としてかたちを変えて実現していく。はたして、ル・コルビュジエはこの増築や改築を「限りなく成長する」ことと見なすであろうか。

ル・コルビュジエは、全面的に信頼を置く日本人建築家たちの仕事を許容する。しかしながら、ル・コルビュジエは、少なくともマルセイユのユニテ・ダビタシオン（1945）、ロンシャンの礼拝堂（1950）、アーメダバードのサラバイ住宅（1951）などでは、竣工後のいかなる改編・改装を認めない。ル・コルビュジエは自らの建築を「作品」としたものについては、凍結保存しようとするのである。

註

(1) 出典：AFLC, AFLC, L3-15-121.

(2) ル・コルビュジエを設計者とする決定の経緯の詳細は不明であるが、ルーブル美術館の館長の推薦があったようである（垂木祐三編、『国立西洋美術館設置の状況 第一巻』、国立西洋美術館協会、1989、p.62 を参照）。

(3) 出典：AFLC, F1-12-36-008, "Contrat d'architecte concernant le Musée national des Beaux-Arts de l'Occident à construire à Tokio", 1955, 10.26.

(4) "Mon cher Mayakawa,

J'ai bien reçu votre lettre du 14 avril 1954 me demandant si je serais disposé à établir les plans du Musée Matsukata à Tokyo.

Je vous réponds que je le ferai très volontiers puisque la question des musées modernes est un des problèmes qui m'intéresse le plus.

Dans cette affaire il faut liquider dès le début (c'est triste à dire) la question finances. Je n'entreprends des travaux à l'étranger maintenant que quand la totalité des honoraires m'est versée d'avance; j'ai eu de trop grandes difficulutés et de trop désagréables surprises en ayant agi autrement, les honoraires n'arrivant pas par suite de difficulutés locales innatendues.

Je précise mon activité dans cette affaire là: je ferai un avant-projet, puis le plan correctif, puis tous les plans définitifs permettant à des architectes japonais de réaliser eux-même l'exécution à Tokio. Je ne peux prendre d'engagement concernant la realisation. Vous avez vos ingénieurs à Tokio, vos réglementations, vos architectes qui peuvent tous là-bas parfaitement réaliser eux-mêmes.

Comme il ne s'agit en réalité que d'un petit problème, je voudrais que ce problème soit doublé d'un autre, analogue par exemple, à celui du grand hôtel dont vous m'aviez parlé.

Il est bien entendu que je viendrai une première fois à Tokio pour prendre connaissance des lieux et des moyens de construction. Je pourrais renouveler mon voyage de temps à autre, sans engagement exact. (Voyez les conditions financières de ce voyage dans ma proposition annexe).

Je vous donne dans une note annexe les conditions financières de ma participation.

Je vous prie de croire, mon cher Mayakawa, à mes meilleurs sentiments et veuillez les transmettre également à tous mes amis qui sont à Tokio." (**AFLC, F1-12-5, lettre de Le Corbusier à Kunio Maekawa, 1954.5.10**)

(5) 契約書（垂木祐三編、『国立西洋美術館設置の状況 第三巻』、国立西洋美術館協会、1989 年、pp. 209-214）によれば、電気工事や衛生設備工事の実施設計までが契約に含まれているが、ル・コルビュジエは日本側で作成された図面を確認するのみで、ほとんど大きな修正を行っていない。

(6) 出典：筆者作成。Le Corbusier et son atelier rue de Sèvres 35, W. Boesiger éd., *Œuvre complète 1952-1957*, Girberger, Zürich, 1957, pp.168-173; Le Corbusier et son atelier rue de Sèvres 35, W. Boesiger éd., *Œuvre complète 1957-1965*, Girberger, Zürich, 1965, pp.182-191 に加えて、Le Corbusier, *Le Corbusier Plans*, DVD Volume 14, Echelle-1, Tokyo, 2006 の東京の美術館に関する建築図面類 304 枚（日付記入枚数 91 枚）、及び Le Corbusier, *Le Corbusier Carnets 3-4*, Éditions Herscher/Dessain et Tolra, Paris, 1981-1982 より東京の美術館に関わる素描や記述、ならびにル・コルビュジエ財団保管の書簡資料 AFLC, F1-12, F1-13, L3-15 を一次資料として制作過程を整理している。配置構成を基準に敷地の空間構成の変容をプロトタイプの変容という観点から復元すると、1955 年のおわりから 1959 年のはじめまで継続される東京での美術館構想の検討は、全 4 期に分類できる（日本に送付する図面の作成・送付時期にも対応している）。

なお、時期区分の重複や空白時期については、ル・コルビュジエ財団保管の図面で日付が確定しているものを規準としているため、実際はその限りではない。

(7) 出典：AFLC, L3-15-120; AFLC, L3-15-132.

(8) ル・コルビュジエの敷地訪問の正確な日時は確定できないが、少なくとも 1955 年 11 月 3 日、4 日、9 日（いずれも午前）に敷地を訪問している。

(9) アーメダバードの美術館（1957）の場合、敷地訪問時に直接建設依頼を受けてから 6 ヶ月後に美術館の構想が表象しているが（cf. **Le Corbusier, FLC7018, 1951. 9. 19**）、東京の美術館の構想において、ロンシャンの礼拝堂（1953）やラ・トゥーレットの修道院（1959）の構想同様、敷地訪問が構想表象の契機となっている（**図補1**）。

(10) ル・コルビュジエは、日本訪問以前の段階から、美術館の拡張可能性を保証するように求めているが（cf. **AFLC, F1-12-16, lettre de Le Corbusier à M. l'Ambassadeur du Japon, 1955.6.13**）、東京の美術館は松方コレクションの保管を目的としているために、当初収蔵作品の新規購入を事業化していない。

(11) cf. **Le Corbusier, FLC29973H, 1956.1.6; [Le Corbusier], FLC24650**.「エスプラナード」はアーメダバードの美術館（1957）の構想過程において命名する概念である。

(12) ル・コルビュジエは、アーメダバードの美術館（1957）の文化センターで構想する伝統芸能のための野外劇場のプロトタイプを東京では構想していない。東京は狭隘な敷地でもあり、「国立西洋美術館」という 19 世紀美術作品の収蔵・展示を旨とする与件とも整合性が取れないからである。一方、東京では、アーメダバードの敷地構成にはない「展示館」のプロトタイプを適用している。企画展示や巡回展示のための

制作論：中心の光へ

(13) しかし、東京からの帰国後すぐに、ル・コルビュジエはやはりかつてル・コルビュジエのアトリエで働いていた坂倉準三より送付された公園全体配置図に敷地訪問時に描いたプロトタイプ群の建築的ヴォリュームの配置を描き写すと同時に、既存の文化施設（国立科学館や国立東京博物館など）との動線的な関係について検討している。cf., Sakakura, Le Corbusier, FLC34014A, 1955.11.9; cf., Sakakura, Le Corbusier, FLC34008A, 1955.11.19.

(14) cf., [Yoshizaka], FLC34048B, [1955.11.28]; Taka, FLC24735, 1955.11.28; **Maisonnier, [Le Corbusier], FLC24649, 1956.1**.

(15) 出典：Le Corbusier, *Le Corbusier Carnets 3*, Foundation Le Corbusier, Paris, The Architectural History Foundation, New York, Éditions Herscher / Dessain et Tolra, Paris, 1981, pp.353-354, ［1955.11.3］.

(16) 出典：**Le Corbusier, FLC29958, 1955.11.3**.

(17) cf., **[Le Corbusier], FLC24719A**.

(18) cf., **[Le Corbusier], FLC29939C**.

(19) アーメダバードの美術館 (1957) の構想では、「クロストラ」を外壁のファサード上部に適用している（cf., Olek, FLC6952, 1952.11.9; Olek, FLC6951, 1952.11.9）。

(20) 建築・絵画・彫刻の主要造形芸術の綜合の理念については、序論註 (52) を参照。

(21) cf., **Maisonnier, FLC24640, 1956.3.7**. 遡れば、プロトタイプとしての「美術館」の中央部分は単なるホールではなく、プロトタイプの研究当初から「最初の部屋 première salle」として展示空間である（cf., Le Corbusier et Pierre Jeanneret, W. Boesiger éd., *Œuvre complète 1929-1934*, Girberger, Zürich, 1934, p.72；邦訳, p.63）。当初ル・コルビュジエは、パリの現代芸術美術館 (1931) にはじまる「最初の部屋」を平板なガラス天井による均質な光で満たしている。

(22) "L'installation de la Collection Matsukata dans le Musée National des Beaux-Arts de l'Occident peut avoir comme résultat final de manifester cette part capitale du XIXème siècle (heure de "l'impressionnisme") et celle de cette première moitié du XXème siècle, qui nous conduisent toutes deux au seuil d'une seconde ère de civilization machiniste : une ère d'harmonie.

C'est pourpuoi le noyau du Musée National des Beaux-Arts de l'Occident est formé de la Grande Salle de XIXème siècle au centre même du Musée. Cette Salle occupe trois niveaux, depuis le sol même jusqu'à la toiture de l'édifice. Une rampe permet de monter doucement à l'étage des Galeries d'exposition et de là au demi étage des balcone. Cette Salle et les Galeries de la Collection Matsukata sont reliées entre elles par des loggias."

「国立西洋美術館の松方コレクションは 19 世紀（「印象派」の時期）と 20 世紀前半という時代を表現する。この二つの時期は機械文明の第二期、すなわち調和の時代へと私たちを導く。

したがって国立西洋美術館の核として美術館の中心に 19 世紀大ホールを設ける。このホールは地上から屋上まで三層に渡る。斜路によって展示ギャラリーの階やギャラリー上部のバルコニーへとゆっくりと上っていく。このホールと松方コレクションのギャラリーはロジアによって連結される。」(AFLC, F1-12-174, Note de M. Le Corbusier au Ministre de l'Éducation Nationale, 1956.7.6)

(23) cf., ［Maisonnier］, FLC24670, 1956.3.9; **Maisonnier, FLC24636, 1956.4.24**.

(24) 出典：**Le Corbusier, FLC29959, 1956.3.13**. 再録については、cf., Le Corbusier et son atelier rue de Sèvres 35, *Œuvre complète 1952-1957*, op.cit., p.169；邦訳, p.164.『全集』第 6 巻には、美術館のピラミッド型の採光装置と複数天窓の「クロストラ」の採光装置の内観素描を併記しているが、美術館に附属する講堂のファサードのデザインの密度、「不思議の箱」の野外座席背面のレストランの有無などを鑑みると、ル・コルビュジエは「クロストラ」の天井採光装置を時間的に先に描いている。実際、「クロストラ」の採光を断念し、ミラミッド型を検討するのは 1956 年 5 月以降であり、最初の構想ではない。

(25) 出典：**Le Corbusier, FLC29936C, 1956.3.7**（下書きについては、cf., Le Corbusier, FLC29937G. 再録については、Le Corbusier et son atelier rue de Sèvres 35, W. Boesiger éd., *Œuvre complète 1952-1957*, op.cit., p.172；邦訳, p.168）.

(26) 出典：**[Le Corbusier], FLC29939F**.

(27) 出典：**[Le Corbusier], FLC24717**. スロープの位置変更に伴う動線の再検討については、cf., **[Maisonnier], FLC24696**。

(28) cf., ［Le Corbusier］, FLC24661; ［Le Corbusier］, FLC24660; FLC24680; ［Le Corbusier］, FLC24719C. ル・コルビュジエは図書室と講堂以外、地上階の矩型ヴォリューム内部に組み込んでいるが、非幾何学的ヴォリュームのレストランを地上階の矩型ヴォリュームに収めきれずに東側に突出させている。

(29) 東京の美術館における最初期の自然採光の検討については、cf., **[Le Corbusier], FLC29939F**; Le Corbusier, FLC24701, 1956.5.14. 自然採光と人工照明との組み合わせについては、cf., **Maisonnier, FLC24672, 1956.2.1, mod.1956.5.7**; FLC24699; **[Maisonnier], FLC24637, 1956.5.14; FLC24707**. おもに彫刻などの立体作品を照らすための人工照明の検討である。

(30) パリの現代美術センターの構想 (1936) において、ル・コルビュジエは、天井の 2 方向からの採光をガラスの透明度の調整によって制御し、自然の「光の合理的な配分 le distributeur rationnel de lumière」を得ようとしている（cf., Le Corbusier et Pierre Jeanneret, Max Bill éd.,

	Œuvre complète 1934-1938, Girberger, Zürich, 1938, p.153, p.155；邦訳、p.135, p.137）。
(31) 展示空間の天井採光装置を検討した図面に、ル・コルビュジエ、もしくはアトリエの所員がピラミッド型に類似する富士山の輪郭を描いている（cf., **[Le Corbusier], FLC24678**）。ピラミッド型に富士山を参照する理由は不明である。ピラミッド型の造形そのものは新規の造形表現ではなく、ル・コルビュジエはロンシャンの礼拝堂（1953）のコンクリートの水盤のオブジェクトやラ・トゥーレットの修道院（1959）の祈祷室の屋根形状に用いている。しかし、ガラスのピラミッド型と一本の柱の組み合わせによる象徴的な採光効果は、東京の美術館に特徴的である。
(32) ル・コルビュジエは、展示階において作品を照らす天井からの自然採光装置についても再検討し、天井採光部分の雨水処理と自然換気の必要性から、ハの字型に加えて逆U字型や逆V字型の断面形状を検討している（cf., **FLC24679**; FLC24711, 1956.5.29; **[Le Corbusier], FLC24678**; FLC24662）。
(33) cf., **[Maisonnier], FLC24696**. 図面上に記す所員の覚書は、螺旋の展開の不可能性を指摘している。
(34) cf., **Le Corbusier, FLC24615, 1956.7.9**; Le Corbusier, FLC24616A, 1956.7.9; Le Corbusier, FLC24617A, 1956.7.9.
(35) これまでの断片的な検討を統合した基本案の図面であるが、有機的な輪郭を持つレストランは台形の貴賓室のホワイエとなり、レストランそのものは野外の観客席の背後に移動して美術館から分離することによって独立棟となっている。おそらくこの時期までに、施主から施設使用に関する要請があったと思われるが、文書資料は不明である。
(36) 藤木忠善（坂倉準三事務所、村田氏の後の現場監督者）は、たとえ見えなくても屋上庭園をつくらなければならないという発想がル・コルビュジエにはあったと推測している（垂木祐三編、『国立西洋美術館設置の状況 第三巻』、前掲書、p.218を参照）。
(37) Le Corbusier et son atelier rue de Sèvres 35, Œuvre complète 1952-1957, op. cit., pp.170-173；邦訳、pp.166-169.
(38) "Je suis désolé de ne pas pouvoir vous donner de nouvelles certaines. L'excès de travail m'a obligé à simplifier mon atelier et à séparer l'exécution de la conception. Dites-vous bien, cher Monsieur, que j'ai des demandes tous les jours semblables à la vôtre.
　　L'exécution du Musée se fera par nos Amis japonais à Tokyo. Mon travail est fini; je l'ai remis aujourd'hui même à l'Ambassadeur pour le Ministre de l'Éducation Nationale."
「お知らせできなくて申しわけありません。仕事の超過のためにアトリエを簡略化して、構想の実施部門を切り離しました。私のところにはあなたのような依頼がしょっちゅうです。

美術館の現場は東京の私の友たちによって行われます。私の仕事は終わりました。今日文部大臣のために大使館に図面を渡しました。」（AFLC, F1-13-192, lettre de Le Corbusier à Yutaka Murata (Atelier Sakakura), 1956.7.17）
(39) ル・コルビュジエ財団保管の資料によれば（すなわち、ル・コルビュジエに送付された坂倉準三の図面によれば）、まず坂倉準三の事務所が1956年12月の段階で基本案をもとにした平面・立面・断面図の詳細図と構造図を描き、その後1957年3月までに、より詳細な冷暖房ダクト系統図や電気設備図等を別途作成している。
　なお、ル・コルビュジエのアトリエで働いていた日本人建築家前川國男、坂倉準三、吉阪隆正の役割分担は、以下のようである。
「前川さんも坂倉さんもモデュロールなんて全然知らないわけです。吉阪隆正はモデュロールで生きてきたようなもんですから……。モデュロールのあの物差しを腰に巻いて設計をやってたという話を聞いたことがあります。ですから、西洋美術館のデザインをやるときに、モデュロールを使えるのは吉阪隆正だけですから、吉阪は「おまえは連絡係りだ」なんてやられて、「坂倉、おまえ設計のいろんなほうをまとめろよ」「俺は構造と設備をまとめるから」というわけで、前川さんと坂倉さんの間で話がついていたように思います。」（駒田知彦、「坂倉準三」、『素顔の建築家たち01』、建築資料研究所、2001、p.191）
(40) cf., **Sakakura, FLC24732, 1956.12.14**; **Sakakura, [Le Corbusier], FLC24734, 1956.12.6**. 日本で作成する図面のほとんどは、日本での施工上の問題を解決するための図面であり、この時点では造形上の大きな変更を伴っていない。坂倉準三が展示階の天井採光に独自の案を提示している図面もあるが、ル・コルビュジエがそれについて検討している形跡はない（cf., Sakakura, FLC24728; Sakakura, FLC24733）。
(41) 「文部大臣からコルビュジエ氏あて設計修正の依頼文書、1956年12月12日」（垂木、『国立西洋美術館設置の状況 第三巻』、前掲書、pp.222-233）。
(42) 出典：**FLC24705, [1956.5.29]**. cf., **[Le Corbusier], FLC24700**; **[Le Corbusier], FLC24689**; **[Le Corbusier], FLC24703**; **[Le Corbusier], FLC24695**.
(43) 出典：AFLC, L3-15-77；L3-15-78；L3-15-83.
(44) 出典：**Maisonnier, FLC24652, 1957.2.1**. cf., Maisonnier, FLC24654, 1957.3.1；[Maisonnier], FLC24657.
(45) 出典：AFLC, L3-15-114.
(46) 藤木忠善は、控えめな表現で、ル・コルビュジエが人工照明で一定した光を取り入れるのではなく、自然採光でもよいと考えていたのではないかと推測しているが、藤木忠善はル・コルビュジエが自然採光に固執する理由については言及していない（垂木、『国

(47) cf., Maisonnier, FLC24653, 1957.2.28 ; Maisonnier, FLC24656, 1957.2.28 ; Maisonnier, FLC24655, 1957.3.1. 文書としては不明であるが、展示区画の動線詳細の検討については、おそらく施主からの検討依頼による。

(48) 竣工後出版の『全集』第 7 巻 (Le Corbusier et son atelier rue de Sèvres 35, W. Boesiger éd., Œuvre complète 1957-1965, op.cit., p.186 ; 邦訳、p.186) に掲載する平面図については、cf. Le Corbusier, FLC24618B, 1957.3.26 ; Le Corbusier, FLC24619A, 1956.7.26 ; Le Corbusier, FLC24621A, 1957.3.26 ; Le Corbusier, FLC24622A, 1956.7.26。

(49) たしかに、ル・コルビュジエは草案を作成していた時期から、附属施設の建設を日本人建築家に委任することを想定している(「寺中参事官によるル・コルビュジエへの事情聴取」、垂木、『国立西洋美術館設置の状況　第三巻』、前掲書、p.218 を参照)。

(50) ところが、最終的に花壇は実現し、『全集』にはあたかも断念などしたことのなかったかのように図面とその写真を記載している。ただし、「屋上庭園」という記載ではなく「テラス」である。(cf., Le Corbusier et son atelier rue de Sèvres 35, W. Boesiger éd., Œuvre complète 1957-1965, op. cit., p.186 ; 邦訳、p.186)。藤木忠善によれば、ル・コルビュジエにとって屋上庭園は機能や予算にかかわらず実現すべきものである (垂木、『国立西洋美術館設置の状況　第一巻』、前掲書、pp.219-220 を参照)。

(51) cf., Maisonnier, FLC24631, 1957.2.12. 実施案の図面を作成する過程で主体となった日本人建築家は、外壁をコンクリート打ち放しとして図面化している (cf., Sakakura, FLC24733, [1956.12.6])。藤木忠善によれば、石材埋め込みの外壁のコンクリート・パネルはル・コルビュジエの指示であるが、吉阪がいろいろなサンプルを提示して最終的にル・コルビュジエが土佐産の石材に決定している (垂木、『前掲書』、p.213 を参照)。

(52) cf., [Le Corbusier], FLC29970 ; [Le Corbusier], FLC29971 ; FLC29968 ; FLC29969 ; Le Corbusier, FLC24628, 1957.5.2 ; Le Corbusier, FLC24629, 1957.5.2.

(53) ル・コルビュジエが地上のピロティ階の全四面に「波動ガラス壁」を適用するのは、チャンディガールの美術館(1964)である。おそらく、敷地に余裕のあるチャンディガールの美術館は、四周囲から眺めることができるためであるが、ル・コルビュジエの検討図面は存在しない。

(54) 1957 年に国立西洋美術館設計事務所の名でまとめられる図面(国立西洋美術館及び前川建築設計事務所蔵)は、ル・コルビュジエによる実施案の図面を忠実に反映しているが、前川は地上階のボイラー室、屋上階の花壇を書き加え、立面図にはボイラー室からの煙突やピラミッド型の採光装置を書き加えている。坂倉準三が決定したとされる煙突の形状やピラミッド型の採光装置の高さは、全体の建築的ヴォリュームの構成に少なからず影響するはずであるが、おそらくル・コルビュジエは口頭で承認している。ル・コルビュジエは、はじめから敷地訪問は 1 回、施工は日本人建築家と事前に定めているがゆえの決断かもしれない (cf. AFLC, F1-12-5, lettre de Le Corbusier à Kunio Maekawa, 1954.5.10)。実際、日本大使館側は、ル・コルビュジエが施工管理しないことにははじめから懸念を抱いているが、ル・コルビュジエは日本人建築家が元所員であったことを説得材料にしている。
"J'ajoute que la réalisation sur place pourra se faire dans d'excellentes conditions par quelqus uns des Architectes Japonais qui ont travaillé très longtemps chez moi et qui connaissent très exactement mes idées, mes exigences."
「付け加えておきますが、現場は数人の日本人建築家［前川國男、坂倉準三、吉阪隆正］が見事な条件を整えて遂行してくれるはずです。彼らは私のところで長く働いていましたし、私の考えや要求をとても正確に理解しています。」(AFLC, F1-12-10, lettre de Le Corbusier à Tamura (Chef de la Chancellerie, Ambassade du Japon), 1954.9.9)

(55) 出典：[Le Corbusier], FLC29948B. cf., Le Corbusier, FLC24623, 1957.3.26 ; Le Corbusier, FLC24624, 1957.3.26.

(56) 出典：AFLC, L3-15-108.

(57) 出典：[Le Corbusier], FLC29970.

(58) "D'après les quelques documents photographiques que j'ai reçus, il semble que l'exécution du Musée est parfaite et fasse grand honneur à votre capacité professionnelle (à vos trois) et, en plus, à l'intégrité japonaise qui ne transige pas. C'est un des facteurs essentials de l'âme japonaise que j'avais connu quand j'étais jeune en admirant les travaux d'estampes, de neskés, etc. Je suis très heureux d'avoir pu réaliser grace à vous autre ce travail.

Si on m'en laissait le temps, je serais content aussi de faire le mural photographique de la Grande Salle du XIX° Siècele qui devrait être une veritable œuvre de rehabilitation à l'égard de ce siècle étonnant." (AFLC, F1-13-41, lettre de Le Corbusier à Junzo Sakakura, 1959.9.7)

(59) ル・コルビュジエは、施主に対しても、写真のコラージュを壁面に貼り付ける「写真壁」について、スイス学生会館 (1931) や新時代館 (1937) でも実績があることを強調している (cf., AFLC, F1-13-20, Lettre de Le Corbusier à Kunio Maekawa, Junzo Sakakura, Takamasa Yosizaka, 1959.1.26)。

(60) 東京の美術館における「写真壁」の構想そのものは、すでに基本案完成間近の 1956 年 6 月にル・コルビュジエが施主に説明している (cf., AFLC, F1-12-16, lettre de Le Corbusier à M. l'Ambassadeur du Japon, 1955.6.13)。

(61) cf., [Yoshizaka], [Le Corbusier], FLC29953, 1958.9.9,

1958.9.15, [1959.2.21]; Yoshizaka, Le Corbusier, FLC29952, 1958.9.9, 1958.9.15, 1959.2.21; FLC29965, 1959.2.9; Yoshizaka, Fujiki, FLC29961, 1958.9.9; FLC29964, 1959.2.9; FLC24644, 1959.2.9; FLC24645, 1959.2.9. 同じような構図は、すでに新時代館 (1937) においてパリの都市史を表した写真コラージュによって実現している (cf., Le Corbusier et Pierre Jeannneret, Max Bill éd., Œuvre complète 1934-1938, op. cit., 1964, p.165-166; 邦訳、pp.147-148)。

(62) "Je dois faire le mural sur quatre faces et pour cela faire toutes les recherches dans les bibliothèques, etc... pour constituer un <u>immense</u> mural photographique à la gloire du 19ème siècle. Ceci est un très gros travail qui nécessite même la collaboration d'un aérograveur. Ce photo-mural n'est pas un enfantillage; c'est une chose capitale. Il y a 500m2 de composition. Supposez une Sixtine faite avec de la photographie au lieu du pinceau! La composition est démunie de toute prétention esthétique; c'est simplement pour éclairer le problème materiel!

Donc il n'est pas question d'inaugurer en mai avec ce mural photographique. Vous aurez vos parois de contreplaqué. Vous y épinglerez quelques drapeaux français et japonais à volonté et vous accrocherez votre collection Matsukata dans le locaux qui sont prévus.

Mais comment diable voulez-vous que mes idées sur l'aménagement des tableaux et sculptures soient transmises si je ne viens pas sur place à un moment donné ? La radio et les télégrammes sont de très belles choses, mais en attendant, l'exécution de l'architecture réclame le temps nécessaire et Tokio n'est pas dans la banlieu de Paris et c'est là, un élément determinant. J'ai fait l'impossible pour vous fournir toutes choses exactement (les plans).

Je vois le problème autrement. Vous aurez drapeaux sur contreplaqué. Vous annoncerez par une pancarte la creation d'un mural à la gloire du 19º siècle par Le Corbusier. Vous direz même que c'est une chance pour vous autres d'avoir ma participation à cette œuvre considérable (les quatre murs en photo-murals). Que les frais en soient assumés par une collecte publique (geste amical Nipp-Occident) et dans les frais de ce mural viendra s'insérer un honoraire pour le peintre Le Corbusier qui ne peut pas éternellement travailler gratuitement !

Je suis sûr que vous comprenez ceci et que vous considérerez ces quatre grands photo-murals comme une étape seconde de votre bâtiment."
「四面すべてに壁をつくります。図書館などで情報を集めて19世紀の栄光を示す<u>巨大な</u>写真壁をつくり上げます。この大仕事には現像専門家との共同も必要になります。写真壁はお遊びではありません。重要なことなのです。500m2を占めます。筆ではなく写真でできたシスティーナ礼拝堂を想像してください！　美学的な先入観をかき消して、[写真壁という新しい] 素材というもの問題を明らかにするのです！

したがって五月の竣工式に写真壁ができるかどうかは問題ではありません[1]。間仕切り壁に仏日の旗を付け、松方コレクションを予定通りに壁に掛ければよろしい。

とはいえ現場に行かずして絵画と彫刻の展示方法について考えを伝えられないと思います[2]。ラジオや電報は素晴らしい道具ですが、建築の実現には時間が必要です。東京はパリの郊外にあるわけではありません。これは致命的なことです。これまでもすべて (構想) に正確な指示を出すことは不可能でした。

別のやり方を考えています。国旗は掲げるにして、ル・コルビュジエが19世紀の威光を示す壁を創造することになると掲示しておいてはどうでしょう。この重要な作品 (写真壁の四つの壁) に私が参加するのはあなたたちにとってもよい機会です。資金は公的な募金 (日欧の) で集めます。そこから画家ル・コルビュジエの報酬をまかないます。いつまでも無報酬で働くわけには行きませんからね！

あなたたちの建物の第二段階として、この四面の大写真壁を検討してくれるものと確信しています。」(AFLC, F1-13-39, lettre de Le Corbusier à Takamasa Yoshizaka, 1959.3.3)

(63) cf., **AFLC, F1-13-39, lettre de Le Corbusier à Takamasa Yoshizaka, 1959.3.3**; **AFLC, F1-13-42, note de Le Corbusier à Sakakura, 1962.5.22**. しかし皮肉なことに、藤木忠善によると、「19世紀大ホール」の「写真壁」に関しては、天井から太陽光が直接入ってくるために、写真紙では劣化が早く、短期間で取り替える必要性があるために実現にはいたっていない (垂木祐三編、『前掲書』、p.220を参照)。

(64) cf., Le Corbusier-Saugnier, *Vers une architecture*, G. Crès et Cie, Paris, 1923, p.16；邦訳、p.37.

(65) 出典：**Le Corbusier, FLC33443, 1959.2.12**. 下絵については、cf., **Maisonnier, [Le Corbusier], FLC29967, 1959.2.5**; Maisonnier, FLC24648, 1959.2.5; Maisonnier, FLC29962, 1959.2.5。

(66) 出典：**AFLC, F1-13-39-001, lettre de Le Corbusier à Takamasa Yoshizaka, 1959.3.3**.

(67) 出典：AFLC, L3-15-112.

(68) cf., Le Corbusier, W. Boesiger éd., *Œuvre complète 1946-1952*, Girberger, Zürich, 1953, p.67；邦訳、p.65. ル・コルビュジエが第二次世界大戦後にはじめて言明する「芸術の綜合」のための空間は、そもそも「雨傘 parasol」を装備する自然光に溢れる展示館 (1950) の原初的設えである (序論註 (59) を参照)。

第二章　第二節

東京の国立西洋美術館

図面解題：（56 図面）

図面解題

構想の表象と旅

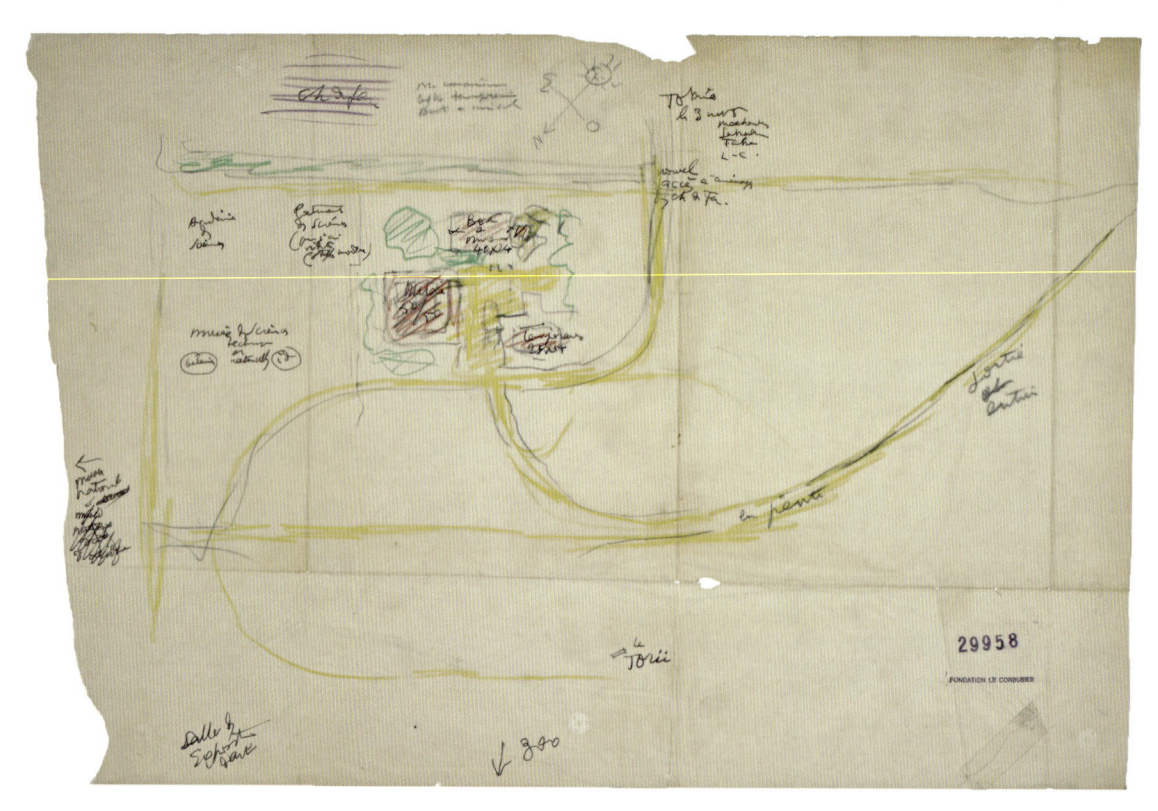

Le Corbusier, FLC29958, 1955.11.3

"Ch de fer M. connaissance Expo temporaire Boîte à miracle / Tokio le 3 nov Maekawa Sakakura Taka L-C. / nouvel accès à aménager de Ch de Fer. / Musée national Musée national d'arts d'occident / Académie des Sciences Musée Sciences techniques et naturelles Galeries id Bâtiment des Sciences (que j'ai visité ([...] novembre) Musée 50/50 Boîte à miracle 40 x 24 Temporaire 28 x 14 / en pente sortie et entrée / Salle des Expositions d'art le Torii Zoo"

「鉄道　知の博物館　企画展示館　不思議の箱／東京　11月3日　前川　坂倉　隆正　ル・コルビュジエ／鉄道は整備される新しいアクセス／国立博物館　国立西洋美術館／学士院　自然科学技術館　科学館の建物（訪問した（［……］11月）ギャラリー　ここも　美術館　50/50　不思議の箱　40×24　企画［展示館］28×14／スロープ　出入口／芸術展示館　鳥居　動物園」

アーメダバードの美術館（1957）と比較して、松方幸次郎の19世紀から20世紀前半の印象派を中心とする絵画のコレクションを収蔵する東京の美術館建設の事業与件は明確であり、そしてまた保守的でもある。ル・コルビュジエにとって、必ずしも魅力的な事業ではない。しかし、ル・コルビュジエはアトリエに所属した経験を持つ前川國男、坂倉準三、吉阪隆正らの支援が現地で得られることから、建設の依頼を受託する。

ところが、自ら希望して敷地訪問のために来日するまでに、ル・コルビュジエは美術館を一切検討しない。事実上、敷地訪問が構想のはじまりである。

＊

おそらく敷地訪問当日の最後、ル・コルビュジエは1枚のトレーシングペーパーに主要な3つの建築的ヴォリューム、すなわち「限りなく成長する美術館」「不思議の箱」「展示館」の名前と規模をメートル単位で具体的に描き出し、これらの建築群に囲まれた広場の動線を鉄道駅へ結ぶ（FLC29958）。敷地の文脈は丁寧に読み込むが、19世紀美術の収蔵・展示という与条件の特殊性に対する特別の配慮はない。少なくとも、「不思議の箱」や「展示館」の構想は、施主から求められた施設ではない。東京での「限りなく成長する美

術館」「不思議の箱」「展示館」は、以後、他の美術館の構想においてもル・コルビュジエの理想的な芸術空間を構成する基本要素として定着する（チャンディガールの美術館（1964）の構想では、さらに「自発劇場」が加わる）。

*

　東京の美術館の構想では、ロンシャンの礼拝堂（1953）やラ・トゥーレットの修道院（1959）の構想同様、敷地訪問が構想を表象する直接的な契機となる。未知の敷地を訪ねる旅において、これまでにはない五感が作動する。眼前の景観、日射しの強さ、風の流れ、温湿度、人の流れなどは、すべて情報には還元できない現場の体験である。しかし、ル・コルビュジエが描くものは、概念的で図式的な「美術館」である。そして、条件にはない附属施設群である。あまりに具体的な施設名と規模の記述は、敷地に左右されない構想がすでに頭のなかにあるからこそ可能である。それは直観や閃きではなく、選択と調整の問題である。少なくとも、造形的に新規なものの兆しは、何一つない。

図面解題

「エスプラナード」の萌芽

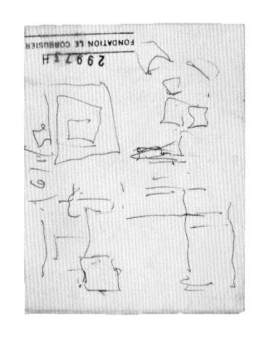

Le Corbusier, FLC29973H, 1956.1.6

　敷地訪問後、インドに立ち寄ってフランスに帰国したル・コルビュジエは、早々にパリのアトリエで構想を再開し、敷地訪問で素描した「美術館」「展示館」「不思議の箱」の3つの建築的ヴォリュームの空間構成を具体的に検討する。

＊

　年賀の小さな葉書の裏面にル・コルビュジエが描く線は、輪郭が不明瞭な走り描きである（FLC29973H）。萌芽的な素描であるが、それゆえにかえって東京の敷地構成の原理を端的に物語っている。ル・コルビュジエは、大小様々なヴォリュームを2つの軸で関係づける。すなわち、葉書左上の螺旋型の美術館とその下の「展示館」の縦軸、そして縦軸と直行し、葉書右に位置する「不思議の箱」へと伸びる横軸である（右上はおそらく野外の舞台と客席）。交差する2軸の基本構成原理は、チャンディガールの行政区カピトール（1955）と同様である。

　もちろん、東京の敷地とカピトールでは、規模も場所の文脈も異なり、軸線の持つ都市計画的な重要性も異なる。狭隘な東京の敷地では、3つの建築的ヴォリュームに空間的な拡がりを持たせることが課題である。そこでまず、水色の紙でつくった3つの建築的ヴォリュームをテープで借り止めし、中心となる広場を形成する（FLC24650）。広場の外構を木炭によって埋めるのは、おそらくル・コルビュジエである。敷地への主たるエントランスを図面左の敷地西側に設定し、美術館の周りには植栽、「展示館」の周りには自立する壁、「不思議の箱」の周りには野外の舞台と客

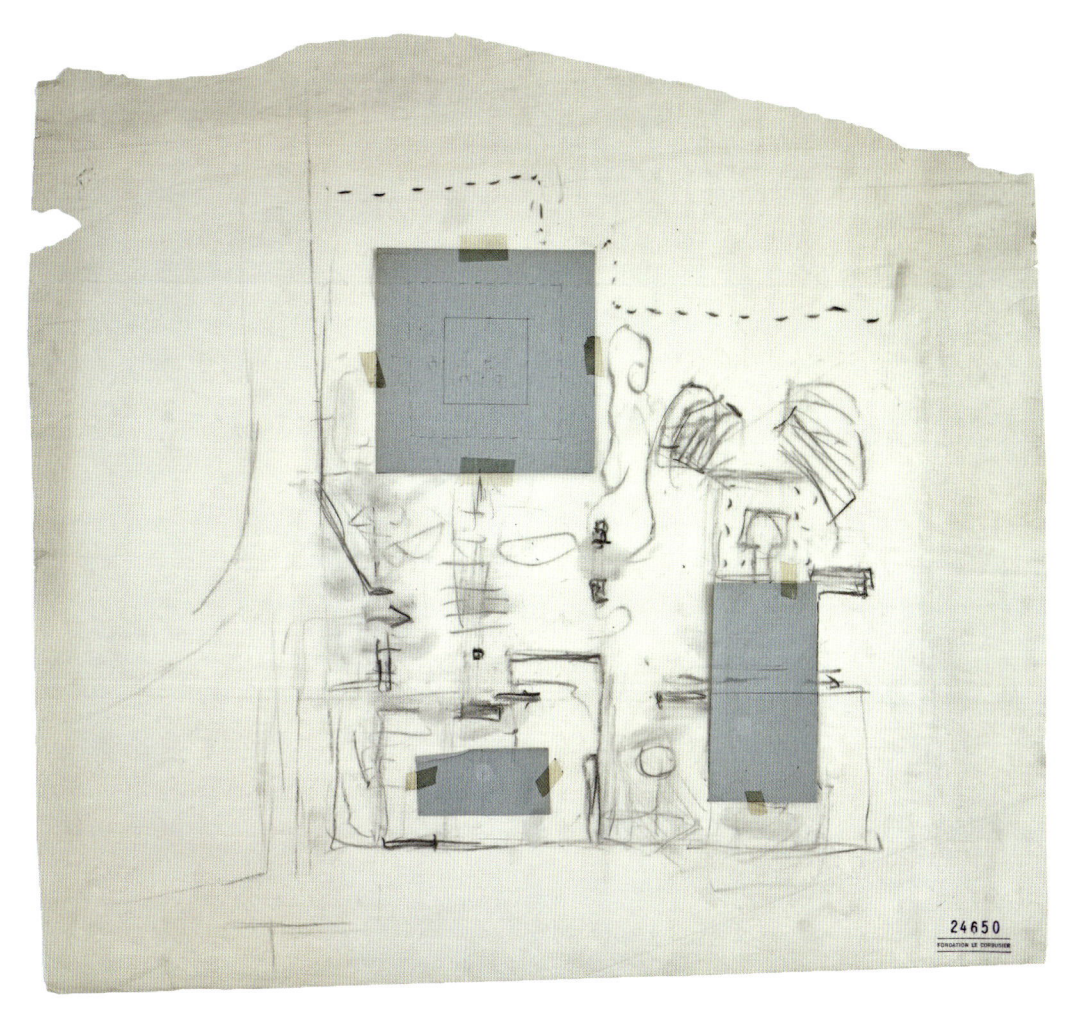

[Le Corbusier], FLC24650

席を描く。各々の軸に沿う景観は一直線に見通せない。複雑な折れ曲がりによる演出である。

*

　美術館を含めた３つのヴォリュームによる建築群は、ル・コルビュジエが依頼を受けた美術館事業の範囲を大きく逸脱する。中心にあるのは広場である。アーメダバードの美術館（1957）の構想において十分に実現できなかった「エスプラナード」の復権である（cf., **FLC6946**）。実現の見通しはまったく不透明であるが、少なくともル・コルビュジエがはじめに検討しているのは、美術館の施設というよりも、美術館を含めたいくつかの芸術施設によって生じる広場（エスプラナード）の空間そのものである。

図面解題

既存の樹木と「建築的プロムナード」

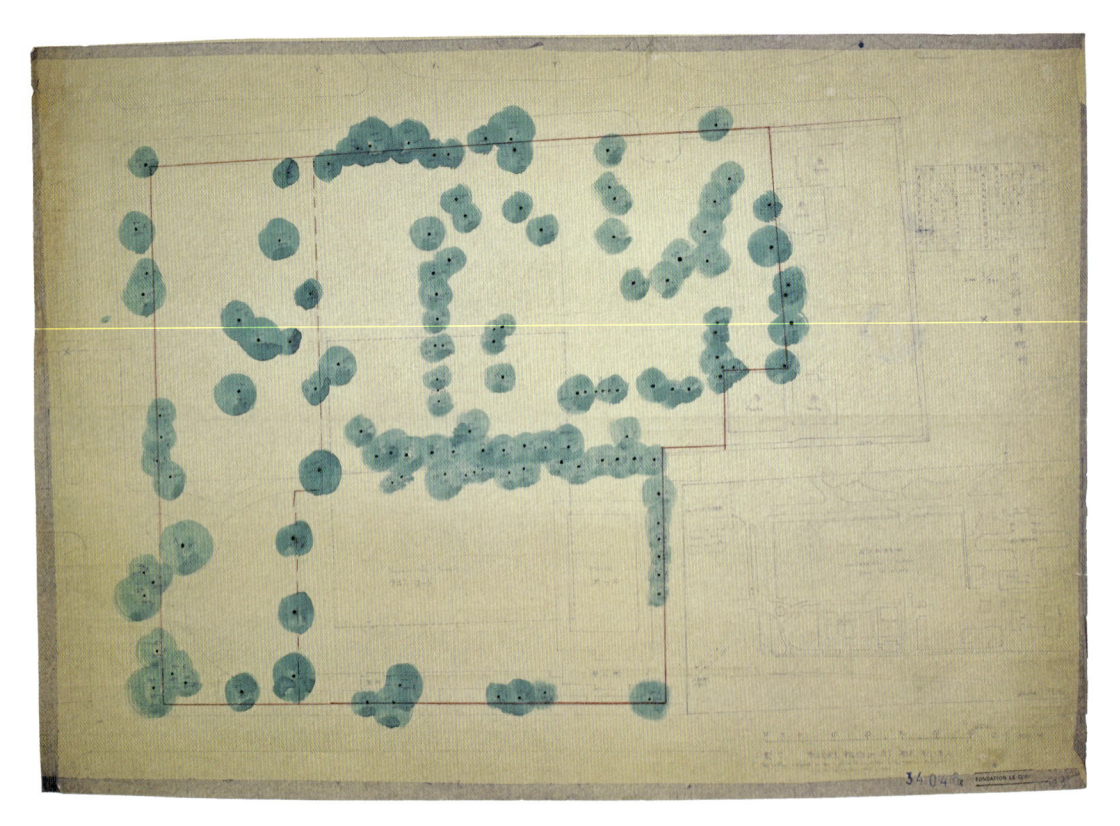

[Yoshizaka], FLC34048B, [1955.11.28]

"*terrain de tennis* テニスコート *Piscine* プール 便所 事ム所 / 墓 *tombe* 墓 *tombe* 墓 *tombe* 墓 *tombe* 国立博物館 ミュージックセンター予定地 *Terrain prévu pour un future centre musical* 美術館予定地 *emplacement prévu par le musée Sortie de la station Ueno* 上野駅公園口 *tennis Piscine* 科学博物館 *Musée de Sciences* / 数字 樹木目通圣 単位米厘 赤字 樹高 単位 米 *m les chiffres indiquent environ le diamètre des arbres à la hauteur des yeux environ la hauteur des arbres*"

「テニスコート　プール　便所　事務所／墓　墓　墓　墓　国立博物館　ミュージックセンター予定地　美術館予定地　上野駅公園口　テニス　プール　科学博物館／数字　樹木目通圣　単位米厘　赤字　樹高　単位　米　m　数値は目測で樹木のおよその直径と高さを示す」

　3つの建築的ヴォリュームとエスプラナードの構成原理が定まると、ル・コルビュジエは早速アトリエの所員に図面を作成させ、建設位置を調整する。

*

　おそらくル・コルビュジエの要請があり、日本の吉阪隆正は敷地境界（赤枠）と既存植栽を示した詳細な敷地図面をパリのル・コルビュジエのアトリエに送付している（**FLC34048B**）。

　パリのアトリエにおいて図面化する最初の敷地配置図では、不整形な敷地の境界線のなかに美術館に加えて「展示館」「不思議の箱」の建築的ヴォリュームを巧妙に配置している（**FLC24649**）。おそらくアトリエの所員による黄色の色鉛筆のアプローチ動線では、美術館と「展示館」との関係が比較的明瞭であり、中央のエスプラナードで分岐している（「不思議の箱」とはエスプラナードでつながっているだけで、動線の規定はない。アーメダバードの美術館（1957）の構想における「不思議の箱」を中心とした動線とは対照的である。cf., **FLC7012**）。「展示館」への動線は内部のスロープで止まっている。一方、美術館への動線は中央のスロープから右回りに螺旋型に展開し、増築予定地まで途切れることなく続いている。加えて、美術館には、卍型の連結を保証するバルコニーのヴォリュームを挿入し、ル・コルビュジエの「美術館」の空間理念を比較的図式的に適用している。配置図の脇には、美術館の建築面積を記しているが、ル・コルビュジエは「講堂、レ

第二章　東京の国立西洋美術館

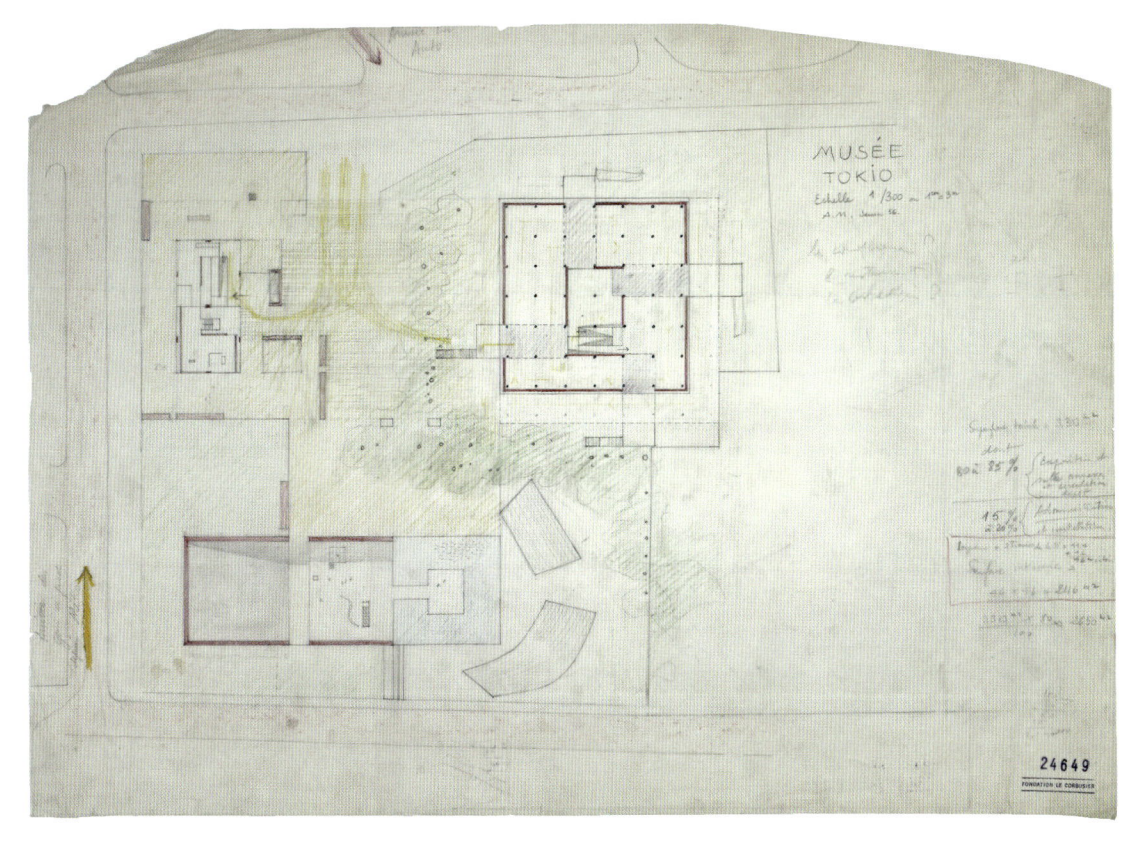

Maisonnier, [Le Corbusier], FLC24649, 1956.1

"*Arrivée des gens à pied depuis Métro / MUSÉE TOKIO Échelle 1/300 ou 1^{cm} = 3^m A.M. Janvier 56 / les conférences? le restaurant? la bibliothèque? / superficie totale = 3,313^{m2} dont 80 à 85% Exposition et Salle annexes circulation dépôt / 15% à 20% <u>Administration</u> et installation / longueur = 7 travées de 6.35 = 44.4 + 1.6 46 m intér Surface intérieure = 46 × 46 = 2116^{m2} / 3313^{m2} × 80 / 100 = 2650^{m2}*"
「地下鉄から徒歩での人の流れ／東京の美術館　縮尺 1/300　1^{cm} = 3^m　アンドレ・メゾニエ　56 年 1 月／講堂？　レストラン？　図書室？／総面積 = 3,313m^2　内　80 〜 85％は展示室と附属室　廊下　倉庫／15％から 20％は<u>管理</u>と設備／幅 = 6.35 の 7 スパン = 44.4 + 1.6　46m　床面積 = 46m × 46 = 2116m^2 ／ 3312m^2 × 80 ／ 100 = 2650m^2」

ストラン、図書室」の検討の必要性を記して注意喚起する（**FLC7012 右上**）。アーメダバードの美術館（1957）では付随的機能を別棟とすることができるが、アーメダバードのような余裕のない東京の敷地では、はじめから美術館ピロティ下の地上階に収めるしかない。

　ル・コルビュジエが建築的ヴォリュームの配置において問題しているのは、敷地の境界線内に収めることだけではない。ル・コルビュジエは既存の樹木をできる限り保存するように建築的ヴォリュームを配置することに腐心する。エスプラナードの拡がりを疎外するであろう中央の樹木さえも残し、美術館はさながら緑の壁によって柔らかく包まれる。おそらくル・コルビュジエによる加筆と着色である。

*

　建築的なモニュメンタリティの崩壊と紙一重の見え隠れする景観の豊かさは、ル・コルビュジエの「建築的プロムナード」の特徴の一つである。プロムナードは人工的にもつくりだすこともできれば、自然の景観を利用することによってつくりだすこともできる。東京において、ル・コルビュジエは、チャンディガールのカピトール（1955）の人工的な造形による豊穣性よりも、既存樹木によるエスプラナードの景観演出を優先する。それは、建築家にとっての「外部」を意図的に受容し、内在的思惟を揺さぶりをかけることに他ならない。

127

図面解題

展示空間の三類型

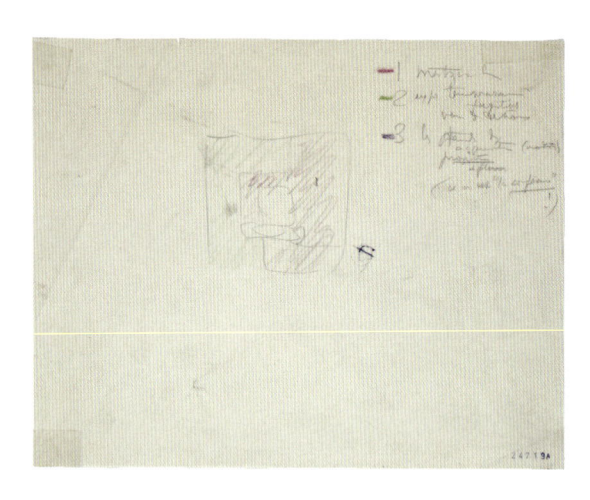

[Le Corbusier], FLC24719A

"-1 Matsukata -2 expo temporaire fugitives venu de dehors -3 les stands des acquits（modestes）projection et films（un est "la conférence"！）"
「—1 松方 —2 企画展示 持ち出しや借り入れ —3 資料陳列展示 購入品（安価なもの）映像とフィルム（一室は「講堂」に！）」

FLC29939C

"Circulation / agrandissement"
「動線／拡張」

　敷地の3つの建築的ヴォリュームの構成の検討を継続しながら、ル・コルビュジエは「限りなく成長する美術館」の図式的空間構成の原理を下敷きにして、松方コレクションに合わせた展示方法と鑑賞者の順路を検討する。

＊

　まず、ル・コルビュジエは、鑑賞形式に応じて展示空間を分割した3区画を規定する（FLC24719A）。すなわち、「1 常設の松方コレクション（赤色）2 企画展示（緑色）3 資料陳列展示（紫色）」である。
　アトリエの所員による1枚の展示階平面の素描では、螺旋の「動線」を右回りではなく反対回りに設定し、増築予定地にまで拡張している（FLC29939C）。螺旋型と卍型の動線の組み合わせも明快である。
　もう1枚の展示階平面の素描では、美術館の地上階の中央吹き抜けを彫刻作品の展示空間、すなわち「大ホール」として定め、スロープを介して上階の展示空間とつながっている（FLC24640）。眼の記号を付した上階の「バルコニー」はヴィラ・ラ・ロッシュ（1923）の玄関ホールの踊り場と同型式であり、ロダンの作品の展示空間である大ホールの鑑賞地点の一つとなる。

ロダンの他にも、大ホールには、絵画・彫刻・家具・写真など様々なジャンルの芸術作品を集積する（さらに、ロダンの2つのブロンズ像を野外にも設置して、大ホールと美術館周辺を関連づけることを覚書している。おそらくアトリエでのル・コルビュジエの口頭での説明や打ち合わせの防備録である）（FLC24640右）。松方コレクションの常設展示、企画展示、資料陳列展示の3つの展示区画も明快である。しかし今度は逆に、螺旋型の動線が不明瞭である。拡張空間についても指示がない。

＊

　螺旋型の鑑賞動線は原理上、連続性に特徴があり、おそらく展示空間を明快に3分割する発想とは相容れない。そのうえ、将来的に増えることのない松方コレクションの収蔵展示を旨とする東京の与条件を考えれば、拡張の余地はない。与条件に配慮すればするほど、螺旋型の鑑賞動線は成り立たなくなっていく。螺旋型の空間構成の新規性と比較して、ル・コルビュジエが構想する展示区画の形式は慣習的である（ところが後に、ル・コルビュジエは展示空間におけるこの3展示類型をチャンディガールの美術館（1964）にも適用している）。

128

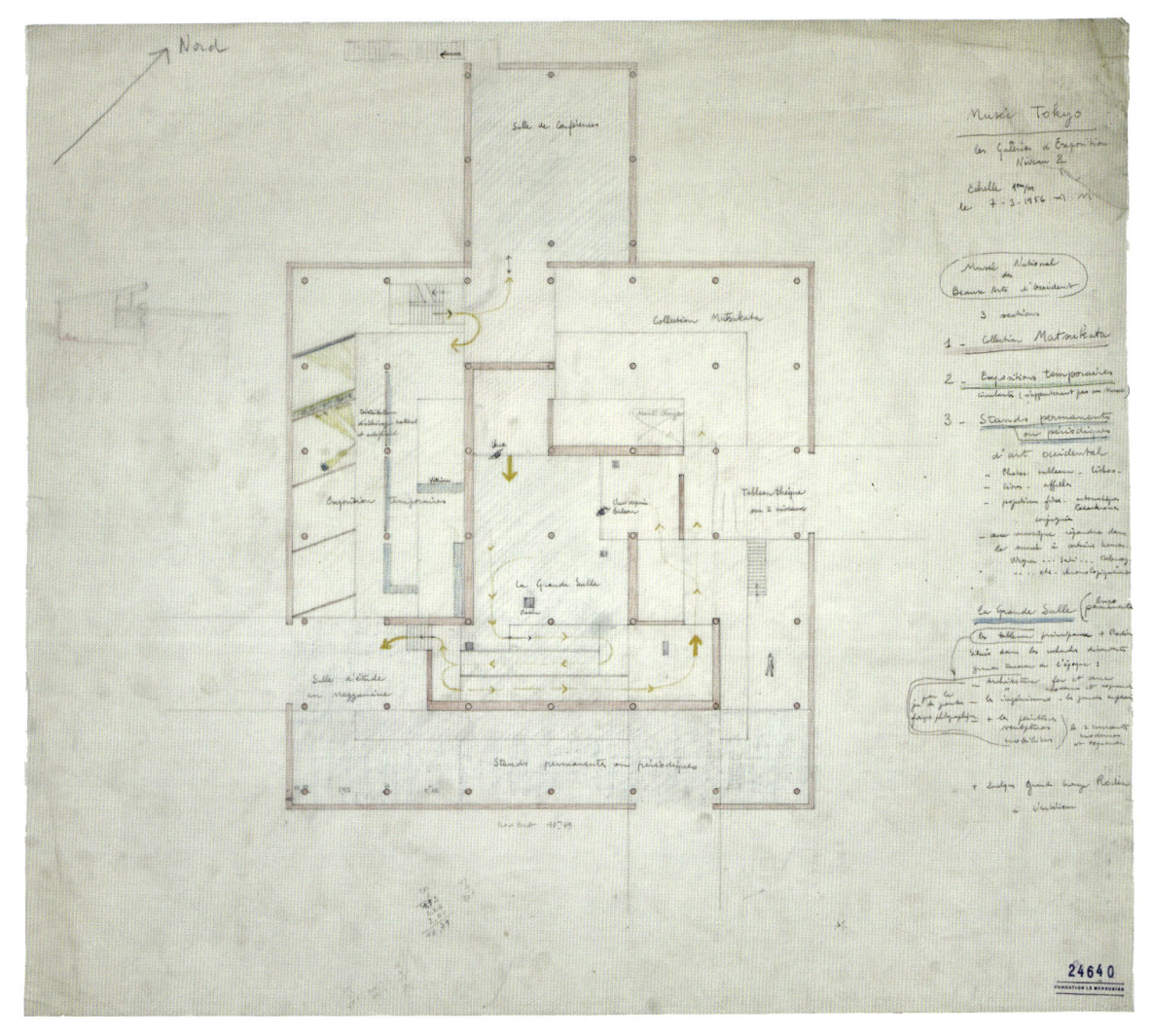

Maisonnier, FLC24640, 1956.3.7

"*Nord / Salle de Conférences Collection Matsukata Distributeur d'éclairage naturel et artificiel vitrine Expositions temporaires vue monte charge Vue depuis balcon Tableauthèque sur 2 niveaux la Grande Salle Rodin Salle d'étude en mezzanine Stands permanents ou périodiques / Musée Tokyo les Galeries d Exposition Niveau 2 Échelle 1ce/m le 7-3-1956 A.M / Musée National des Beaux Arts d'Occident 3 sections 1 - Collection Matsukata 2 - Expositions temporaires circulantes (n'appartenant pas au Musée) 3 - Stands permanents ou périodiques d'art occidental – Photos – tableaux - lithos - livres - affiches – projections films – automatiques Kodachromes conjuguées – avec musique répandue dans le musée à certains heures Wagner --- Sati --- Debussy ---- etc. chronologiquement / la Grande Salle (Expo permanente les tableaux principaux + Rodin situés dans les recherches découvertes grandes travaux de l'époque : par le jeu des grandes fresques photographiques - Architecture fer et verre moderne et toquard - les ingénieurs – les grandes expositions + les peintures sculptures mobiliers les 2 courants modernes et 50 toquards + Quelques Grands bronze Rodin à l'extérieur*"

「北／講堂　松方コレクション　自然採光と人工照明の装置　ガラス棚　企画展示室　眺望　エレベーター　バルコニーからの眺望　上階の資料室　大ホール　ロダン　中階の研究室　常設と企画の資料陳列展示／東京の美術館　2階展示ギャラリー　縮尺 1cm/m　1956年3月7日　アンドレ・メゾニエ／国立西洋美術館　3区画　1―松方コレクション　2―企画展示　巡回展示（美術館で所蔵しない）　3―西洋美術の常設と企画の資料陳列展示―写真―絵画―リトグラフ―書籍―ポスター―映像フィルム―映画やコダック組み合わせるものとして―館内に時折拡がる音楽で、ワーグナー、サティ、ドビュッシーなどを年代順に／大ホール（常設）　主要絵画＋ロダンは時代の大事業の探求として設置：大写真フレスコ画の演出　―建築　鉄とガラス　新しい時代と悪趣味―技術者―大展覧会＋絵画　彫刻　家具　新しい時代の2つの潮流と50の悪趣味＋外部にいくつかのロダンの大きな銅像」

129

図面解題

芸術空間の相互反転

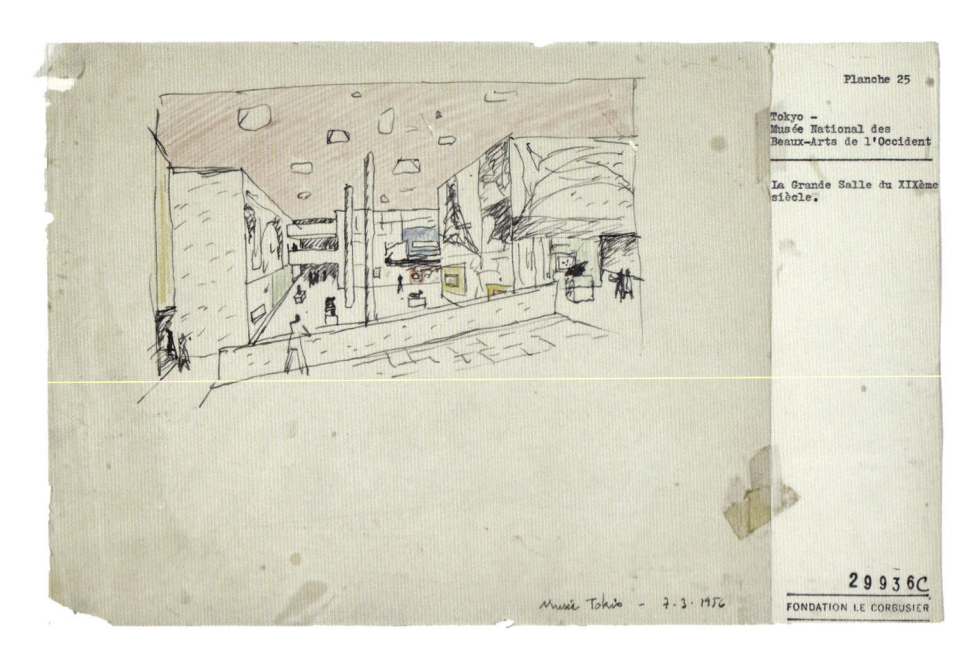

Le Corbusier, FLC29936C, 1956.3.7

"Planche 25 / Tokyo – Musée National des Beaux-Arts de l'Occident / La Grande Salle du XIXème siècle. / *Musée Tokio – 7.3.1956*"
「図版 25 ／東京―国立西洋美術館／ 19 世紀大ホール／東京の美術館―*1956 年 3 月 7 日*」

「美術館」「展示館」「不思議の箱」の 3 つの建築的ヴォリュームによる敷地の配置構成を検討した後に、ル・コルビュジエは一連の透視図を描く。断面や立面については別途検討するまでもない。大ホールを中心とする美術館の内部空間の透視図と、エスプラナードを中心とする外部空間の鳥瞰図は、ル・コルビュジエの頭のなかで全体像がすでに表象していることを物語っている。

*

ル・コルビュジエが素描する一連の透視図の輪郭は具体的で、筆致は確かである。ル・コルビュジエは美術館の大ホールの内部を描く（**FLC29936C**）。吹き抜けの天井に小さな孔を多数空けた「クロストラ」は、ロンシャンの礼拝堂（1953）の南壁の開口部、あるいはラ・トゥーレットの修道院（1959）の附属教会堂の「光の大砲」や「光の機関銃」の採光装置と類同する。ロダンの彫刻のみならず、壁に掛ける絵画、そして後に「写真壁」と呼ばれるコラージュ壁面によって中央の吹き抜けの展示空間を取り囲み、「クロストラ」の赤色の天井面と相まって、色彩豊かな内部空間を演出する。

ル・コルビュジエが、絵画・彫刻・建築の「芸術の綜合」を大ホールで実現しようとしているとしても不思議ではない（ル・コルビュジエは「クロストラ」の天井採光が廃案になった後も、図面と整合性が取れないにもかかわらず、この大ホールの内観素描を『全集』第 6 巻に掲載している。そればかりか、ル・コルビュジエは美術館の竣工後でさえ、大ホールの「写真壁」に固執し続けることになる）。実際、大ホールの透視図を外部の鳥瞰図よりも先に描くことは、ル・コルビュジエの関心の最重要点が、美

130

第二章　東京の国立西洋美術館

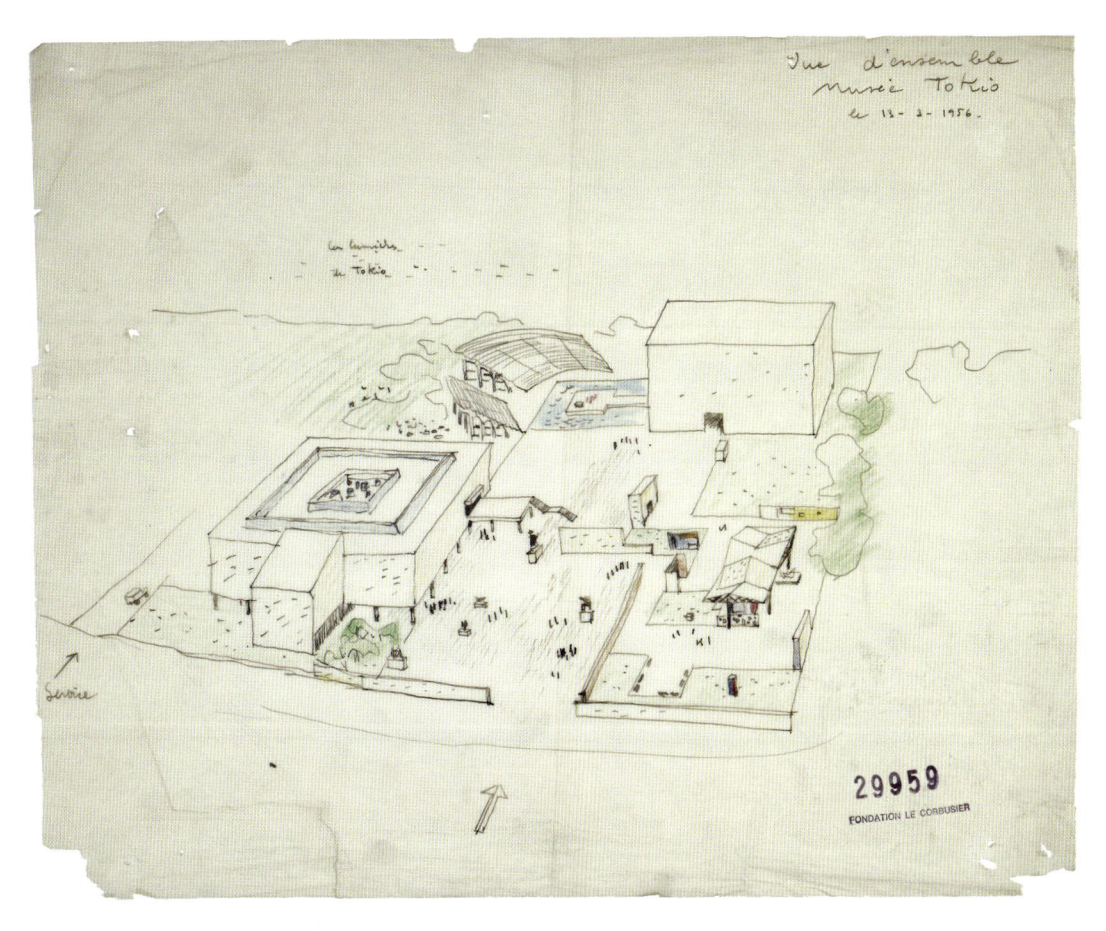

Le Corbusier, FLC29959, 1956.3.13

"*Vue d'ensemble Musée Tokio le 13-3-1956 / les lumières de Tokio / Service*"
「東京の美術館の鳥瞰　1956 年 3 月 13 日／東京のあかり／事務動線」

術館中央の吹き抜けであることの証左である。それにしても、大ホールには、ピロティによって浮遊するヴォリュームの感覚はない。むしろ地上にしっかりと根を持つ濃密な空間である。

　およそ一週間後、ル・コルビュジエは、今度は鳥瞰図によって敷地のエスプラナードを色彩豊かな空間として表現する（**FLC29959**）。エスプラナードでは、壁画のための自立した壁と野外に設置するロダンの彫刻がアクセントとなるが、いわゆるランドマーク的な核となる建築的ヴォリュームはない。建築的なモニュメンタリティは希薄である。軸の直線性を和らげながら、左右に対面する展示空間（美術館と「展示館」）と正面にある演劇空間（「不思議の箱」）によって、エスプラナードを形成する。残すはずの既存の樹木をエスプラナードには描かず、様々な芸術が集積する空間の拡がりだけを描く。

＊

　アーメダバードの美術館（1957）の構想では、演劇空間が敷地の全体構成における第一の主題であり、美術館はむしろ脇役である。しかし東京では、ル・コルビュジエははじめから美術館に焦点を絞り、もう一度西洋の伝統的な主題に回帰する。絵画・彫刻・建築の「芸術の綜合」である。この 2 枚の透視図の素描は、ル・コルビュジエにおける芸術空間の内と外の相互反転である。あたかも、諸芸術を取り集める中世の大聖堂を美術館中央のホールに、そして今日の広場にばらまいたかのようである。

131

図面解題

芸術空間における自然の色彩

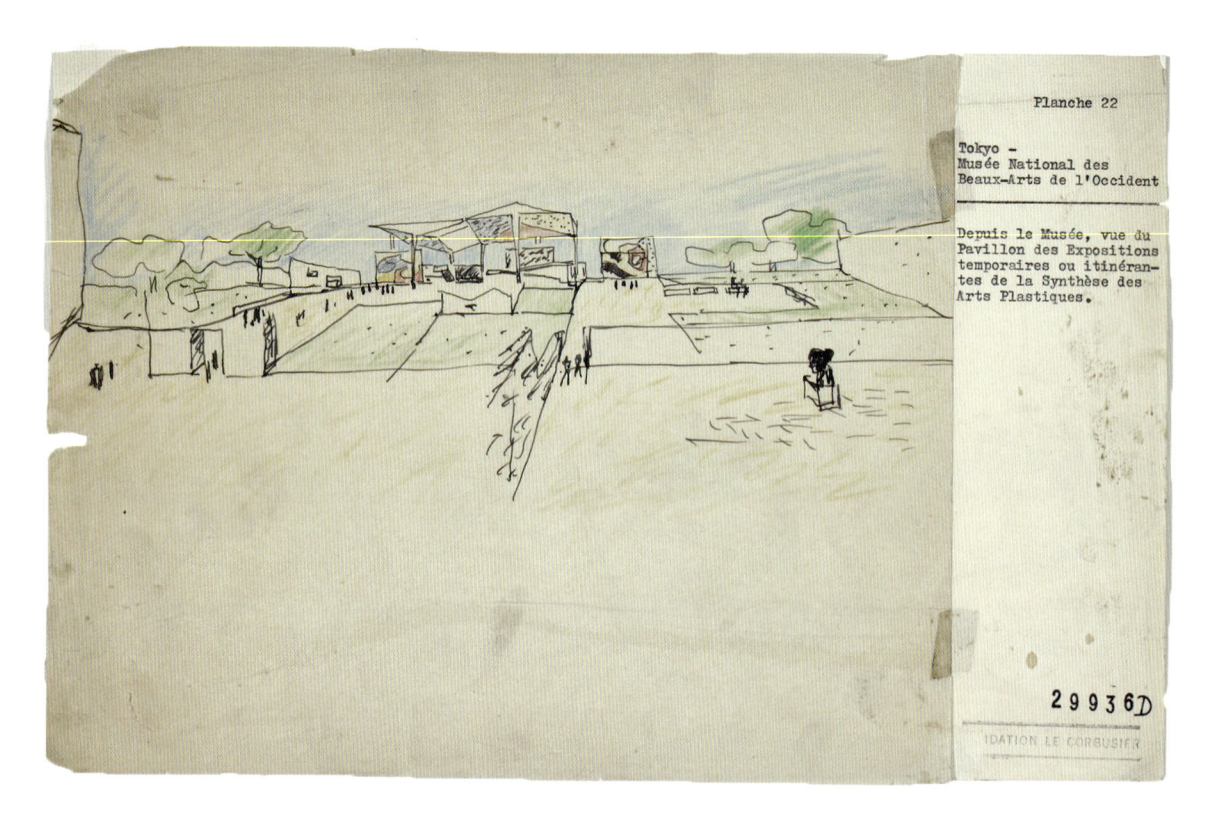

Le Corbusier, FLC29936D, [1956.3.7]

"Planche 22 / Tokyo – Musée National des Beaux-Arts de l'Occident / Depuis le Musée, vue du Pavillon des Expositions temporaires ou itinérantes de la Synthèse des Arts Plastiques."
「図版22／東京―国立西洋美術館／美術館から、造形型術の綜合のための企画もしくは巡回展示館を望む」

鳥瞰的な視点だけではなく、地上1.6mの目線もまたル・コルビュジエの建築的景観の構成には不可欠である。ル・コルビュジエは鳥瞰し、しかしまた地上の大地を歩く。建築の内部空間だけではなく、外部空間においても、ル・コルビュジエは地上の様々なシーンを結び合わせ、シークエンスとして「建築的プロムナード」を演出する。

＊

　美術館内部の展示空間を鑑賞して、展示階出口のバルコニーから降り立つ鑑賞者のシーンの素描において、ル・コルビュジエは「展示館」の屋根を持ち上げて、景観の抜けをつくる（**FLC29936D**）。

　チャンディガールのカピトール（1955）においても、ル・コルビュジエは高等法院（1955）の逆ヴォールト屋根下の空洞の抜けによって、ヒマラヤ山脈への景観を取り込み、水平的な拡がりを演出する。バロック的な焦点はない。東京でも、美術館の大ホールの濃密な内部空間とは対照的に、「展示館」へと延びる眺望の軸は、建築物に完全に遮られることなく、背後の樹木の緑色や遠景の空の青色にまで延びていく。さらに、「展示館」の傘状屋根「パラソル」の屋根の内側を黄色・青色・赤色で塗装し、壁画のための自立する壁を所々に挿入し、エスプラナードの芝生や背後の樹木の緑色、空の青色と共鳴する立体感のある屋外の色彩空間を演出する。

＊

　ル・コルビュジエは建築内部の人工空間だけではなく、敷地外部の自然空間についても、色彩を手掛かりとして関係づける。ペサックのフルージェス新地区（1925）の色彩論の再解釈である。しかし、もはやペサックのような人工的な塗装の面的な組み合わせがすべてではない。少なくとも、芸術作品や自然を限られた色彩の面に還元することは不可能である。たしかに、透視図において、ル・コルビュジエはエスプラナードから既存の樹木を駆逐する。それでも、背後に描く樹木の位置は比較的正確である。自然・芸術における色彩の存在論的把握によって、はじめて野外の芸術空間が立体的に浮かび上がってくる。

図面解題

大ホールへの誘動

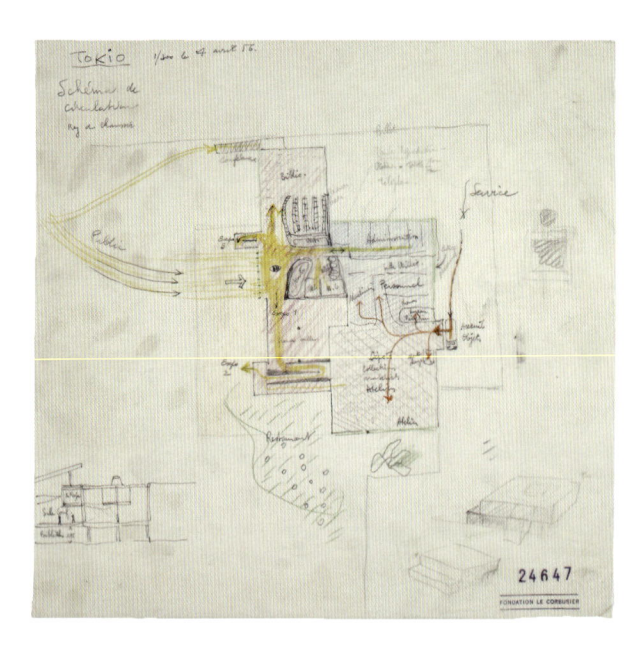

[Le Corbusier], FLC24647, 1956.4.4

"*TOKIO 1/300 le 4 avril 56 Schéma de circulation Rez de chaussée / Public / Billets vente Reproductions Vestiaire Toilette Homme Femme téléphones / conférence Biblio réserves livres vente Administration / expo 3 Expo 1 Grande Salle Expo 2 / Vente W.C W.C téléphones Service Entrée personnel Salle Veillée Personnel livres Bureau Réception Vestiaires Accueil Objets Dépôts Collections Matériels Atelier monte-charge Atelier / Restaurant / S. Projec Salle Conf. Bibliothe 295*"

「東京　1/300　56年4月4日　地上階動線の図式／一般動線／複製品の売店　預かり所　手洗　男　女　電話／講堂　図書室　書庫　売場　入場券　管理／展示室3　展示室1　大ホール　展示室2／売り場　手洗　手洗　電話　サーヴィス動線　勝手口　宿直室　個室　書庫　勝手口　更衣室　物品受取口　コレクションの倉庫　機材　アトリエ　作品昇降口　アトリエ／レストラン／映写室　講堂　図書室　295高」

　敷地に拡がる芸術空間の全体を素描した後、ル・コルビュジエはもう一度部分に戻る。美術館の事務動線の詳細な検討と同時に、ル・コルビュジエがとりわけ目を向けるのは、展示空間内部の螺旋型の動線そのものよりも、広場のエスプラナードから美術館へと鑑賞者を導く動線である。

＊

　アトリエの所員の素描の上に、おそらくル・コルビュジエが「美術館」の地上階での動線をインクで重ねて描く（**FLC24647**）。美術館の正面はエスプラナードへ開き（後の「ポーティコ」）、鑑賞者は受付空間を介して「大ホール」に入る。「大ホール」は、展示室への導入部ではなくそれ自体展示空間と位置づけて、「展示1」とし、スロープを辿って上階の「展示2」へと連続する。ピロティに充足する受付や売店や図書室の有機的ヴォリュームは、柱のマトリックスに自由に挿入される「自由な平面」の実践であるが、大ホールにそのような造形的遊戯は及ばない。

　鑑賞動線の検討の一方で、ル・コルビュジエは平面素描の脇に美術館と卍型に接続する一棟の「図書室・講堂」の幾何学的ヴォリュームをアクソノメトリックで描く（**FLC24647**右下）。本来、卍型の拡張は4方向であるが、ル・コルビュジエは附属施設を一棟だけに限定し、美術館との連続性を断面的にも検討する（**FLC24647**左下）。

　美術館の地上階に関する素描の後に、アトリエの所

134

第二章　東京の国立西洋美術館

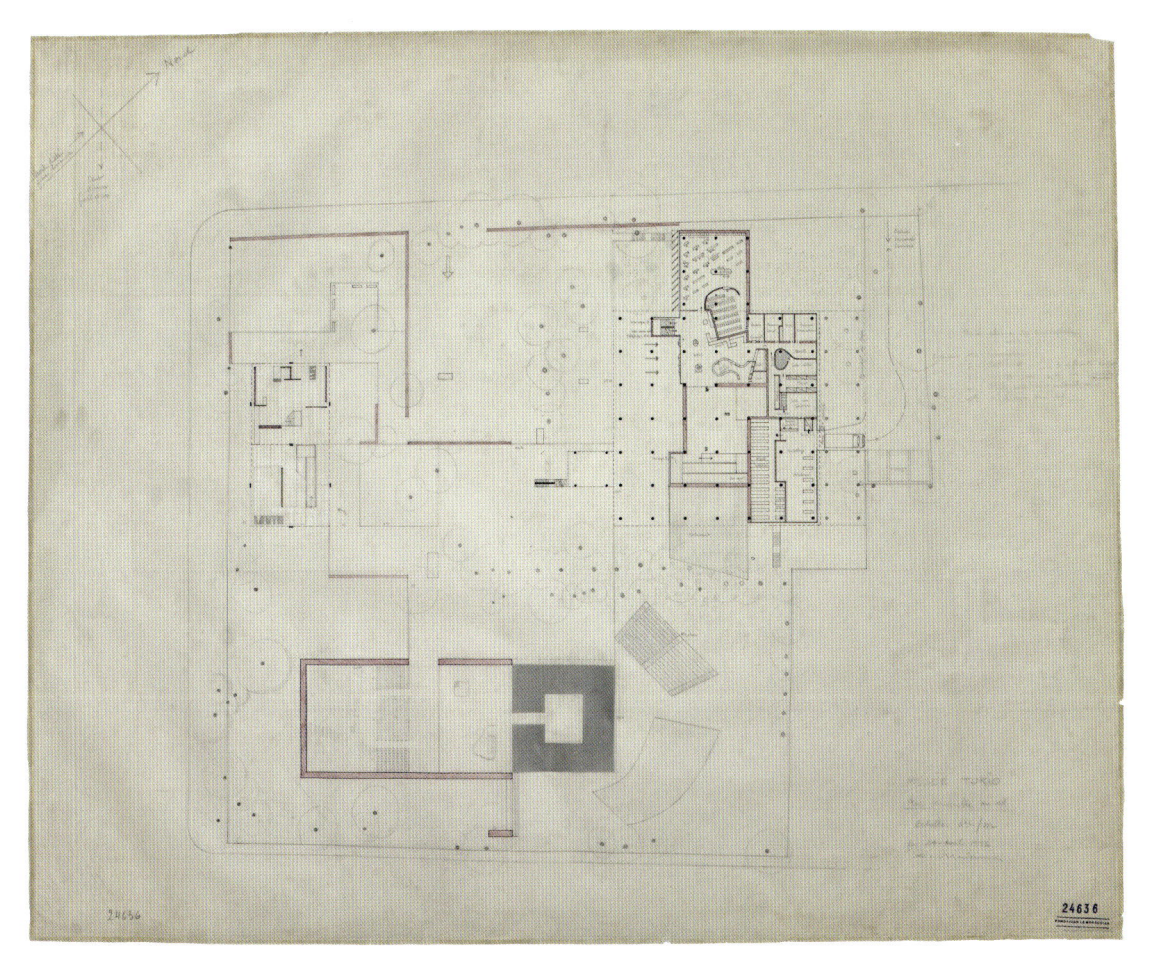

Maisonnier, FLC24636, 1956.4.24

"Nord <u>Vent</u> <u>d'été</u> frais humide Vent d'hiver froid et sec / <u>Faire schémas des circulations</u> En couleurs 1- Conservateur 2- Personnel 3- Visiteurs les différentes expos les différentes salles du musée 4- Objets collection et matériels expo 4bis- Machinerie Sous-sol/ MUSÉE TOKIO <u>Plan d'ensemble au sol</u> Échelle 5$^{cm/m}$/m le 24-avril 1956 A. Maisonnier"

「北　夏の風向　涼しく湿気　冬の風向　寒く乾燥／<u>動線の図式を作成すること</u>　色彩を使って　1―美術館長　2―従業員　3―来館者　様々な展覧会　美術館の様々な部屋　4―収蔵品と展覧会機材　4'―地下機械設備／東京の美術館　<u>地上階配置図</u>　縮尺 5$^{cm/m}$/m　1956年4月24日　アンドレ・メゾニエ」

員が再度配置図を作成し、敷地全体の地上レヴェルの動線を再整理している（FLC24636）。ル・コルビュジエの素描をほぼ正確に反映しているが、おそらくル・コルビュジエによる口頭での指示によって、有機的な輪郭を描いていたレストランを直線的な輪郭に修正し、美術館内部の「自由な平面」も微調整している。さらに、美術館の増築予定地を北側のみに縮小している。螺旋型の拡張は、すでに形骸化しはじめている。

*

建築的形態の構成とそれが誘導する動線について、ル・コルビュジエは幾度となく慎重に素描と図面化を繰り返し、変更を加える。構想の全体像は明瞭でも、ル・コルビュジエの手は動線を辿り、有機と幾何学を揺れ動く。しかし、大ホールだけは幾何学による不動の輪郭を描く。大ホールには有機的形態を持ち込まずとも、芸術作品そのものに力強さや動きがあるからである。

図面解題

「美術館」への回帰

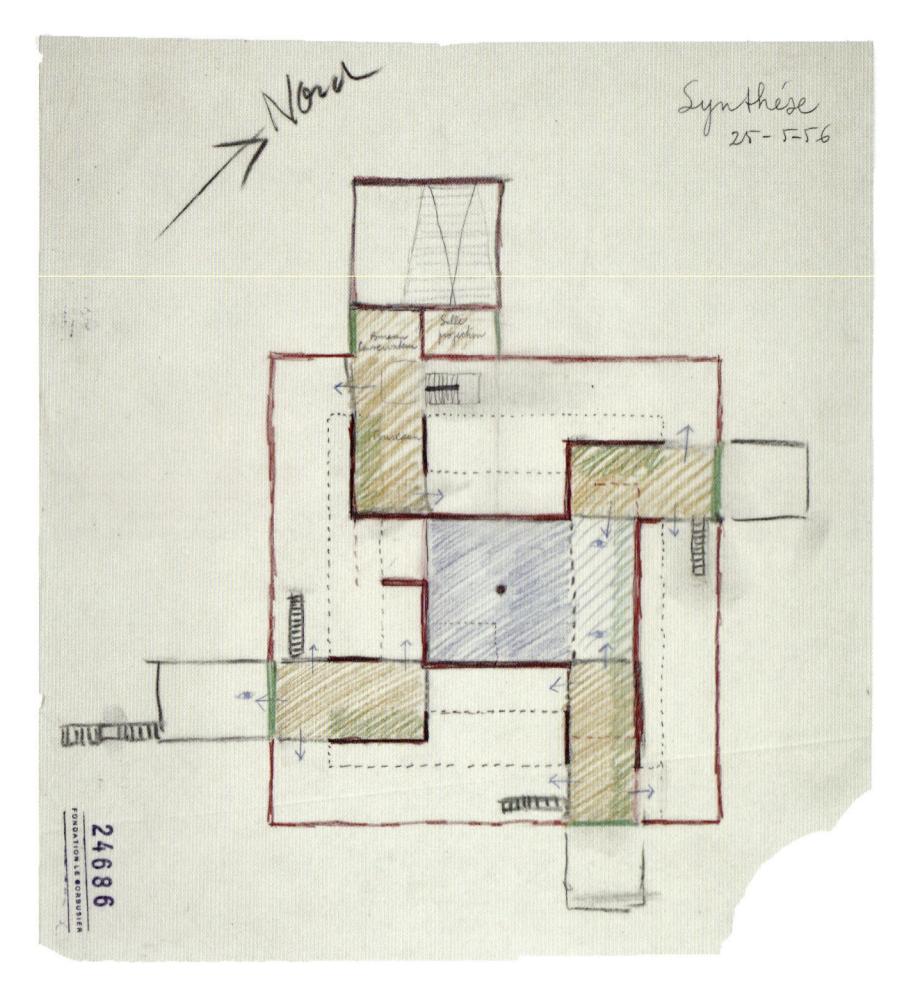

[Le Corbusier], FLC24686, 1956.5.25

"*Nord / Synthèse 25-5-56 / Bureau Conservateur Salle projection Bureau*"
「北／綜合　1956年5月25日／館長室　映写室　事務室」

　ル・コルビュジエに限らず、建築の理想型をそのまま実現できる機会は少ない。ル・コルビュジエもまた、幾度となく理想と現実を埋める作業を経験する。東京の美術館でも、建設の依頼を受託したときから、理想の実現の過程において予測不可能なさまざまな困難に直面することは、おそらく織り込み済みである。問題は優先順位の選択であり、新しい解決の探求である。しかし、現実の諸問題に向かっているまさにこのとき、ル・コルビュジエは遡行的に「美術館」の原理の一つである卍型を図式的に描き出す。日本の施主に構想の骨子を図面として提示する以前のことである。

*

　「綜合」と記す図式的な色鉛筆の筆致は、おそらくル・コルビュジエの素描である（**FLC24686**）。ル・コルビュジエの「美術館」は、もともと螺旋型の拡張に卍型の拡張を組み合わせて附属施設を連結する仕掛けを持つが、卍型の半階部分をは展示空間ではなく、事務所として充填する。それにしても、この時期にはすでに、敷地規模の限界から附属施設は図書室・講堂の1棟のみのはずである。それでも、ル・コルビュジエは他の3方に卍型の展開を暗示するバルコニーを描く。素描右側の北側と素描下側の東側のバルコニーは附属施設

136

を連結するにしても敷地境界線からはみ出すことになり、いかなる可能性もない。実現不可能であることを承知で、ル・コルビュジエは草案から基本案へと検討が具体化し、理論的な図式の修正を余儀なくされていくなかで、再度「美術館」として卍型の空間構成の理論を再確認する。

*

　ル・コルビュジエは建設のための空間の具現化と平行して、(あるいは、だからこそ) 外在的要因によって揺さぶられる以前の卍型の図式を現実の平面に重ね合わせる。それは単なるノスタルジーでも、原理の完全なる実現に向けた再挑戦の決意でもない。表象に隠された理論の視覚化である (たとえば、チャンディガール (1964) の美術館において、この図式的素描は卍型の空間編成として蘇っている)。

図面解題

自然採光の復権

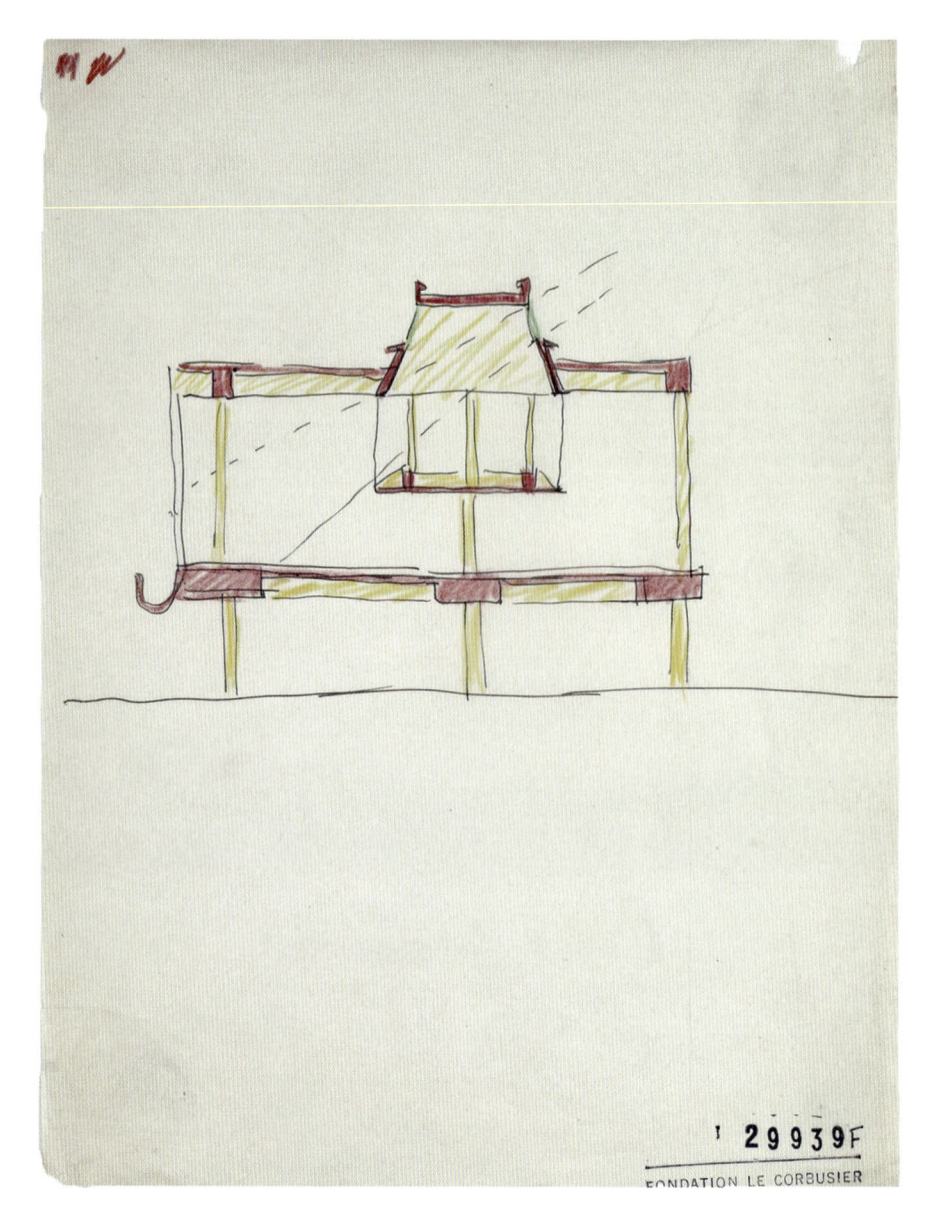

[Le Corbusier], FLC29939F

「美術館」の平面構成上の主題と平行して、ル・コルビュジエは「美術館」の断面的な主題、すなわち展示空間における天井からの自然採光を描く。

＊

アーメダバードの美術館（1957）の構想において、はじめは北側からの片側採光であるが（cf., **FLC7000**）、東京の美術館においては、展示空間の天井からの自然採光は両側採光である（**FLC29939F**）。北側からの片側採光にもまして、時間に応じて自然光が刻々と変化することになる。アーメダバードの美術館（1957）において、ル・コルビュジエは最終的に天井採光そのものを断念し、展示空間を人工照明によって機械的に制御する。均質な鑑賞空間を提供する今日の美術館として、人工照明は常套の解法である。しかしながら、東京の美術館では、ル・コルビュジエはアーメダバードの美術館（1957）において断念せざるを得なかった自然採光をもう一度試みる。おそらく太陽の日射しがアーメダバードほど厳しくないとのル・コルビュジエの判断からである（しかしまた、「ブリーズ・ソレイユ」という特殊解が一般解となるように、両側採光という装置も複雑な緩衝装置を備えることでチャンディガールの美術館（1964）での解となっている）。

外壁についても、「美術館」の主題を追求しなければならない。素描では、片持ち梁に取り付ける白抜きの二重線に「壁」の概念が希薄である。螺旋型に増築を重ねる「ファサードのない」美術館であるために、外壁は原理的に間仕切り壁に過ぎない。加えてル・コルビュジエは、アーメダバードの美術館（1957）の構想過程において生み出した壁面緑化のための植物の受け皿を東京の美術館にも設える（cf., **FLC6961**）（ル・コルビュジエは、ほどなく受け皿の装置を描かなくなる）。長年の研究で培った机上での主題の追求と、実践経験の過程での副産物が混在する。

＊

美術館の断面構成の検討において、アーメダバード（1957）において断念した自然採光が復権する。それは、「24時間の太陽」というル・コルビュジエの根本的な人間空間の復権であり、パリやアーメダバードとは異なる東京にしかない太陽の光の様相を造形しているわけではない。ル・コルビュジエにとって、「24時間の太陽」は不変の秩序である。

図面解題

光の「建築的プロムナード」

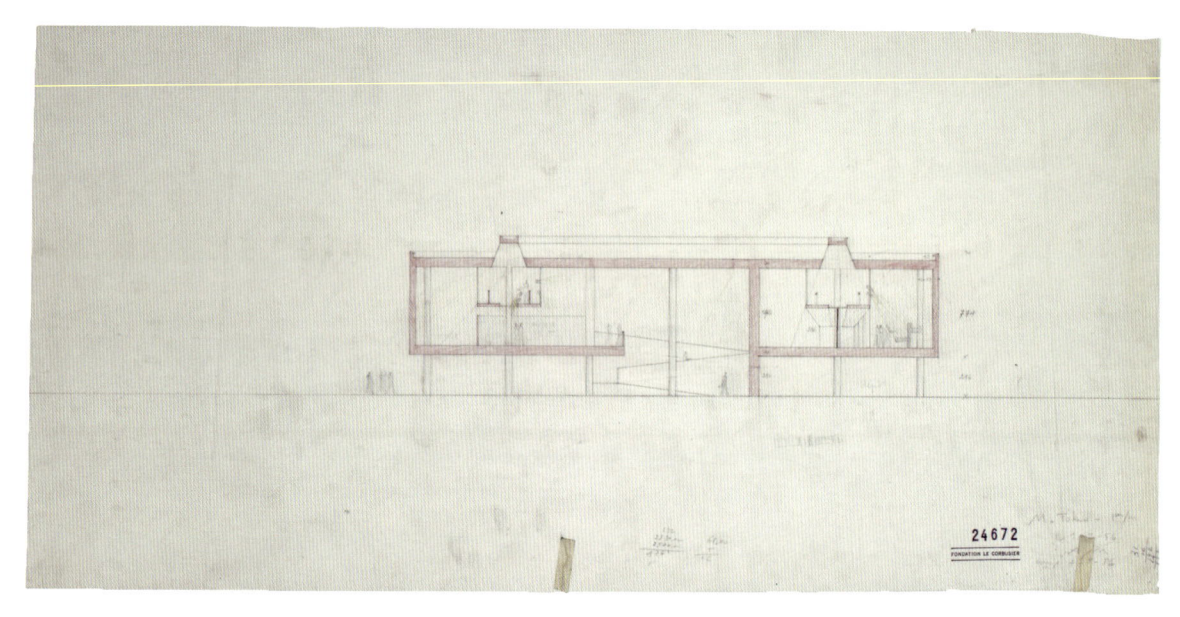

Maisonnier, FLC24672, 1956.2.1, mod.1956.5.7

"70 592 70 296 / 296 / 43 43*113 774 X 296 dépôt / M - Tokio - 1^{cm}/m A.M le 1-2-56 corrigé 7-5-56"
「70 592 70 296／296／43 43＊113 774 296 倉庫／美術館 - 東京 1^{cm}/m アンドレ・メゾニエ 56年2月1日 56年5月7日修正」

　展示階の上部の天井からの採光は、しかしながら自然光だけで十分でないことは明白であり、自然採光と人工照明との組み合わせの検討が不可欠である。展示空間の照明に関するいわば折衷的な解決策であるが、このような解決策そのものが、ル・コルビュジエの自然と技術に対する理念の一端を示す。ル・コルビュジエはときに技術至上主義者になり、ときに自然崇拝者になる。あくまで臨機応変に、自然と技術を相互補完的に組み合わせるときもある。

＊

　アーメダバードの美術館（1957）の場合、主に展示棚をモデュロール尺とするが（cf., **FLC7005**）、東京の美術館では、さらに展示空間そのものの高さ寸法をモデュロール尺によって規定する（**FLC24672**）。たしかに、展示空間では、水平的な移動にもまして、立ち止まって鑑賞する垂直方向の寸法もまた重要である。しかしそれにしても、モデュロール尺による断面図では、肝心の展示作品との関係が不明である。人工照明が寸法不明の彫刻作品を照らしているだけである。とくに東京の美術館の場合、絵画の収蔵品が多くを占める。絵画をどの程度の高さに掛け、それをどのような採光のもとで鑑賞するのかは、主たる課題であるはずである。絵画という「窓」の問題は、いまだ主題ではない。

[Maisonnier], FLC24637, 1956.5.14

"*grande poutre / clairevoie tirant / Entrée / 774 295 43 70 43 479 766 226 226 43 43 226 226 70 366 / Services / Musée Tokio Coupe A.A.Échelle 2^{cm}/m – le 14-5-56*"

「大梁／柵　つなぎ材／入口／ 774 295 43 70 43 479 766 226 226 43 43 226 226 70 366 ／事務動線／東京の美術館　AA 断面図　縮尺　2^{cm}/m －56 年 5 月 14 日」

　一方、大ホールの天井からの自然採光装置は、展示階の採光装置とは異なる効果をもたらす（**FLC24637**）。展示階の天井からの自然採光の断面形状は、ハ字型であり、展示室に降り注ぐ光線は、比較的明瞭な輪郭を描いている（cf., **FLC29939F**）。それに対して、彫刻作品を設置した美術館中央の大ホールの自然採光装置は、ロンシャンの礼拝堂（1953）の南壁の「クロストラ」やラ・トゥーレットの修道院（1959）の「光の大砲」と同じような筒状断面であり、床面に柔和な光が落ちていく。展示階とは異なって、大ホールには展示物を照らし出す人工照明はない。ル・コルビュジエが「19 世紀大ホール」と命名する展示空間は、機械設備を拒絶する。

＊

　展示空間の演出は一様ではない。外部に展示する自然光のもとでの彫刻作品から、自然採光のみの美術館内部の大ホール、そして人工照明を補助的に用いる展示階へかけて、光による展示空間の演出は、徐々に人為性が増していくという仕掛けである。いろいろな光による壮大な「建築的プロムナード」である。

141

図面解題

スロープの位置変更

[Le Corbusier], FLC24717

　ル・コルビュジエが一度紙に描いた構想を抜本的に覆すことは稀である。素描というかたちで具体的に構想を表象するとき、純粋に内在的な理念はすでに明確な形態の輪郭を持つ。たしかに、施主の反対や予算不足などの外在的要因が、建築家の構想の変容を促すことはある。ル・コルビュジエは、多くの場合、規模縮小や素材の簡素化によって外在的要因を解決し、障碍を内在的原理にまで昇華する。ところが不思議なことに、ル・コルビュジエは外在的な要因を見出すことのできない場合においても、根本的に重要な変更を検討することが稀にある。いわば、自己否定である。東京の美術館の場合、美術館の中心にある螺旋型の展開の基点となるスロープの位置変更である。

＊

　おそらくル・コルビュジエによる日付の記載のない素描では、画面中央に地上階平面と展示階平面を重ねて描き、緋色と紫色の色鉛筆によって2つの異なるスロープの動線を同時に描く（**FLC24717 中**）。

　おそらくその後に書き加えた画面右の展示階平面では、ル・コルビュジエは松方コレクションの常設展示（赤色の斜線）と一時企画展示（黒色の斜線）の2つの区画に展示空間を簡素化する（**FLC24717 右**。ただし、画面中央の平面図とは方位の整合性はない）。矩型両部の膨らみは、図書室・講堂とレストランのヴォリュームである。美術館中央大ホールの吹き抜けについては、スロープを片側へ寄せて再配置する。アーメダバードの美術館（1957）の構想では、美術館の平面構成を反転することによってスロープの位置を変更し（cf., **FLC30208**）、チャンディガールの美術館（1964）の構想でも、美術館の前面池の断念によってスロープ

の位置を変更する（cf., **FLC4982**）。いずれの変更も、敷地条件に起因する問題を解決するための処方である。しかし東京の美術館の場合、スロープを変更する外在的理由を見つけることは困難である。たしかに、大ホールに入って真正面がスロープであれば、上階の展示空間への通過空間としての性格が強くなり、入って正面が壁であれば、展示空間としての自立性が高くなる。ル・コルビュジエは後者を選択する（そもそも、ル・コルビュジエの「美術館」では、スロープそのものは展示空間ではない。ル・コルビュジエはスロープ上での鑑賞忌避の理由を語らないが、人間は水平の大地の上に立って作品と対峙しなければならない）。

*

　スロープは水平移動の装置であると同時に、垂直移動を促す極めて作為的な仕掛けである。スロープがどこからはじまって、どこへ向かうのかは、その後のプロムナードの要である。ル・コルビュジエがスロープの位置を変更する素描をどこで描いたのかはわからない。自宅か、別荘か、あるいは旅の旅程かもしれない。いずれにせよ、A4サイズほどのトレーシングペーパーの紙切れを、いつものように、ほとんど何の説明も前触れもなくアトリエの所員に渡す。所員は、言語化されないル・コルビュジエの意図を解釈しながら、図面化の作業へ取りかかることになる。

図面解題

螺旋型の破綻宣告

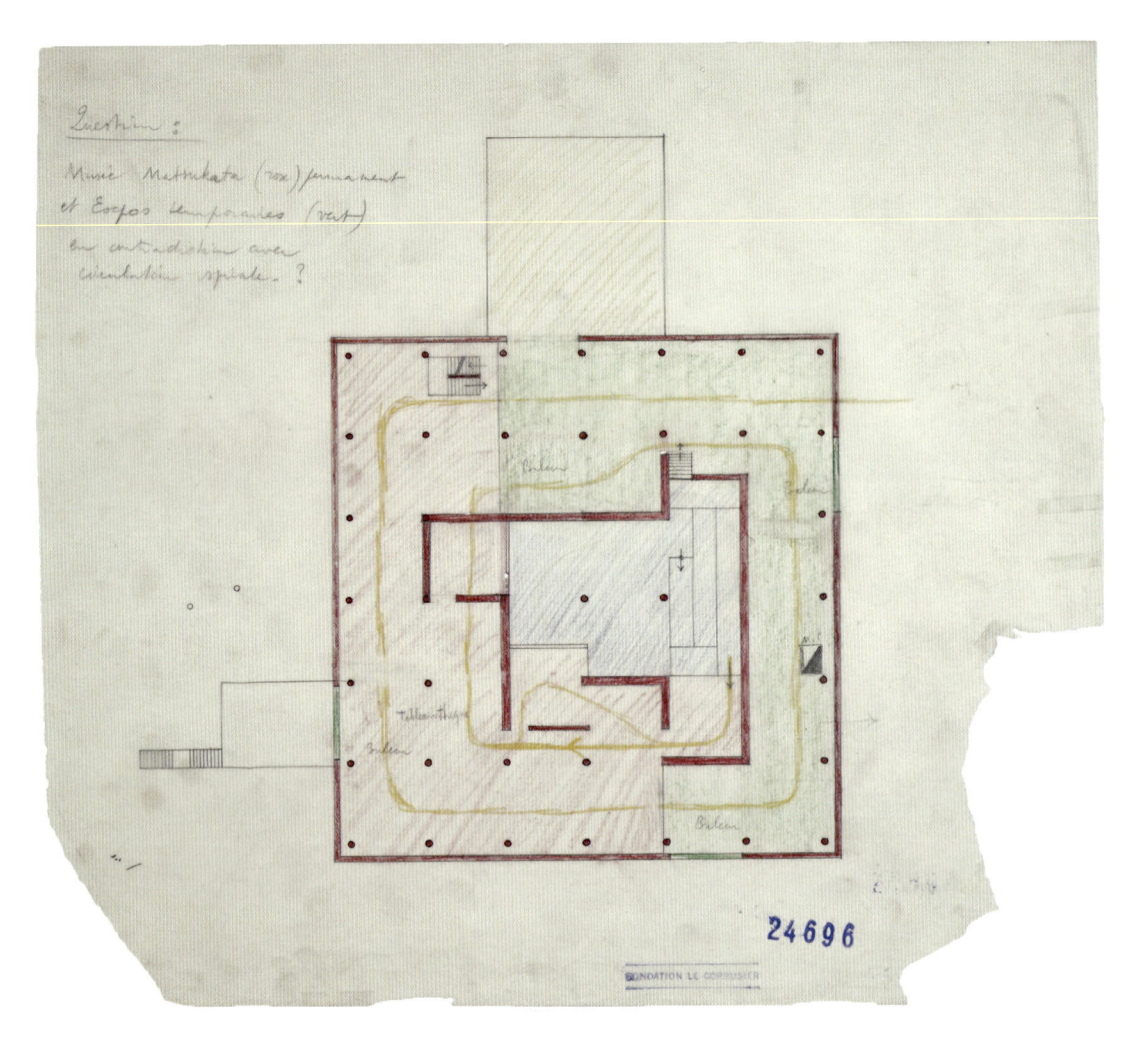

[Maisonnier], FLC24696

"*Question: / Musée Matsukata（rose）permanent et Expo temporaires（vert）en contradiction avec circulation spirale.? / Balcon Balcon Tableauthèque Balcon W.C Balcon*"
「問題：／松方美術館の常設（桃色）と企画展示（緑色）は螺旋の動線と矛盾する？／バルコニー　バルコニー　資料室　バルコニー　手洗　バルコニー」

　ル・コルビュジエによるスロープの配置変更の検討に伴って、アトリエの所員はル・コルビュジエの検討を反映した図面を作成し、展示階の鑑賞動線を再検討している。
*
　ル・コルビュジエの指示の通りに、スロープの位置を描き直し、資料閲覧のための資料陳列展示のない常設展示と企画展示に簡略化している（**FLC24696**）。

水色の色鉛筆で着色する大ホールと、大ホールに隣接するスロープを通って、まず桃色の松方コレクションの常設展示の区画を抜け、右回りに鑑賞し、緑色の企画展示の区画へといたる。しかしながら、美術館内部の展示空間を螺旋型に展開していこうとすれば、常設展示と企画展示を断片的に交互に通りながら鑑賞することになり、常設展示から特別展示への円滑な移動は困難になる。アトリエの所員が黄色で描いている動線

の線描と覚書（FLC24696左上）は、美術館内部での連続的な鑑賞動線の破綻を宣告している。

＊

　おそらくアトリエの所員たちは、所員たち同士で螺旋型の断片化の解決策について議論しているに違いない。しかし、解決できない。少なくとも、解決策を試みた図面は存在しない。問題や矛盾点を提示しているだけである。ル・コルビュジエは、多くの場合、所員の作成した図面を一瞥して、その場で、あるいは後に、唐突に鮮やかな解決策を示してみせる（東京の美術館の場合は単純である。ル・コルビュジエは、3つの展示区画の復活によって、再度螺旋型の動線を確保している。cf., FLC24616C）。

図面解題

卍型の突出

[Le Corbusier], FLC24719B

　アトリエの所員から展示区画の断片化という問題を指摘されたル・コルビュジエは、しかし螺旋型の動線をすぐさま再考しない。まるで展示階の動線の問題を無視するかのように、地上階の空間構成の検討を重ねる。
　　　　　　　　　　＊
　ル・コルビュジエは、あらためて美術館の建築的ヴォリュームとその機能を区分した極めて図式的な平面図式を描く（**FLC24719B**）。二分する展示区画はそのままに、赤色に着色する矩型の図書室・講堂と、緑色に着色する扇型のレストランの2つのヴォリュームが、美術館から突出する。美術館と附属施設の折り重なる積集合に、ル・コルビュジエは点描でなにやら仕掛けのようなものを描く。マルセイユのユニテ・ダビタシオン（1952）の外部階段、ラ・トゥーレットの修道院（1959）の中庭の祈祷室、ロンシャンの礼拝堂（1953）の雨水盤などは、あくまで後に外から付け加えるヴォリュームの典型であるが、東京の美術館では、美術館の内から附属施設がはみ出て相互に領域が浸透する。もはや外部の附属施設が卍型に隣接する図式ではない。
　アトリエの所員はこの素描を忠実に図面化し、地上階の詳細を充足している（**FLC24714**）。一つの積集

第二章　東京の国立西洋美術館

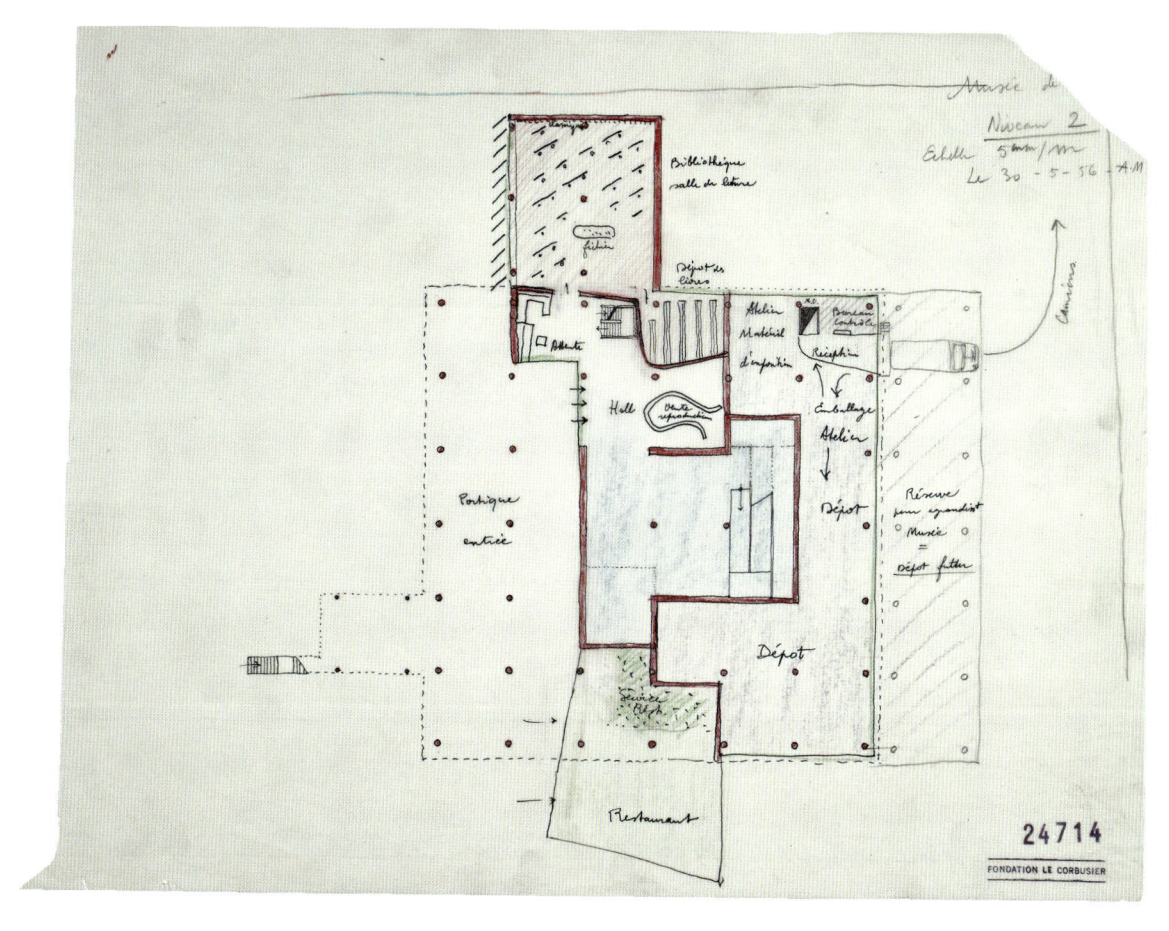

Maisonnier, FLC24714, 1956.5.30

"*Musée de [...] Niveau 2 Échelle 5^{mm}/m Le 30-5-56-A.M / classiques fichier Bibliothèque salle de lecture Dépôt des livres / Portique entrée / Service Rést / Attente Hall Vente reproduction / Atelier Matériel d'exposition W.C. Bureau Contrôle Réception Emballage Atelier Dépôt / Camions / Réserve pour agrandir Musée = Dépôt future*"
「[……]の美術館 2層階　縮尺 5㎜/m　56年5月30日／古書　資料箱　図書室　講堂　書庫／ポーティコ　入口／給仕　レストラン／待合　ホール　売店／展示作品修繕アトリエ　手洗　検査　受付　梱包　アトリエ　倉庫／トラック運搬／美術館増築予定地＝将来の倉庫」

合は美術館の入口となる「ホール」であり、図書室・講堂と大ホールを結んでいる。もう一つの積集合は「レストラン」としてエスプラナードに開かれている。

*

ル・コルビュジエは卍型に拡張する附属施設を多様に産み出してはまた別の形態に置き換える。輪郭だけではない。拡張の仕方も置き換える。結果としては同じでも、卍型の接続は、中心からの突出へと形態生成していく。

147

図面解題

ピラミッド型の採光装置

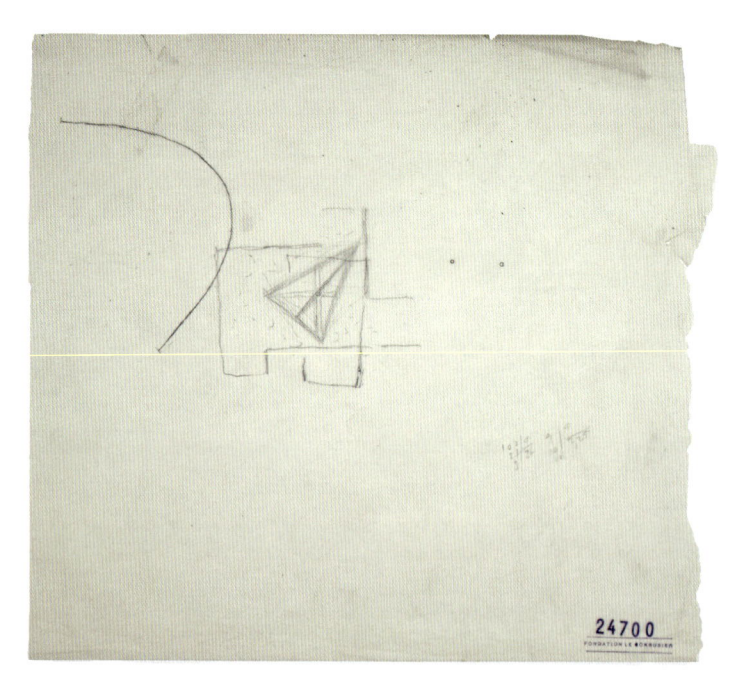

[Le Corbusier], FLC24700

[Le Corbusier], FLC24689

"*Tableauthèque*"
「資料室」

　スロープの位置変更による大ホールの動線的変更と連動して、ル・コルビュジエは大ホール天井からの自然採光方法を抜本的に変える。

＊

　途切れた線をつなぎ合わせるような筆遣いによって、ル・コルビュジエは比較的拡散的な採光効果をも

148

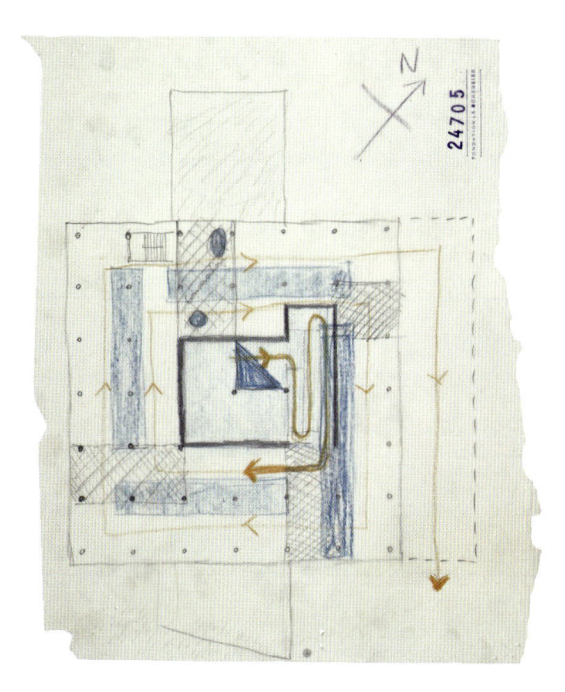

FLC24705, [1956.5.29]
"*Conservation*"
「管理室」

たらす「クロストラ」に代わって、大ホールの吹き抜けの中心の柱と梁の交差部に、ピラミッド型の自然採光装置を描く（**FLC24700**）。ピラミッド型そのものは、ロンシャンの礼拝堂（1953）の雨水盤のコンクリート造形物や、ラ・トゥーレットの修道院（1959）の祈祷室の屋根などが同じ造形である。東京の美術館のピラミッド型は、いわばラ・トゥーレットの修道院（1959）の祈祷室の天井採光を全面ガラスのヴォリュームに置き換え、加えて梁と交叉する柱に載る新しい装置である。

　ピラミッド型そのものの検討もさることながら、ル・コルビュジエはピラミッド型の大ホールに接する空間にも注意を払う（**FLC24689**）。ピラミッド型を点線で示し、隣接するスロープやバルコニーを描く。黄色の色鉛筆でなぞるバルコニーの領域は、大ホールの展示空間の一部であり、ピラミッド型の自然採光装置からの光が当たる場所である（変更以前のスロープの位置であり、ル・コルビュジエは光に照らされるバルコニーの演出をスロープの変更時に思い描いているのかもしれない）。

　「クロストラ」の天井採光装置を断念するならば、美術館の展示階における鑑賞者の動線もあらためて検討する必要がある（**FLC24705**）。水色の色鉛筆で濃く着色するのは、2種類の自然採光装置である。すなわち、大ホールのピラミッド型の自然採光が「主」とすれば、展示階の作品を照らす天井採光（2方向採光）はいわば「従」となって、美術館の螺旋型の空間体験を演出する。

＊

　ピラミッド型の自然採光装置への変更は平面構成上の検討であり、断面図において採光効果を具体的に検討しているわけではない。美術館全体の輪郭を描かずとも、ル・コルビュジエにはピラミッド型の平面を部分的に素描すれば十分である。ありありとした光の空間現象は、ル・コルビュジエの頭のなかだけにある。光そのものは描けない。ル・コルビュジエがピラミッド型の採光装置を冠する大ホールの空間表象を3次元的に描くのは、美術館の竣工後、大ホールの「写真壁」の検討のときである（cf., **FLC33443**）。

図面解題

屋上の造形的遊戯

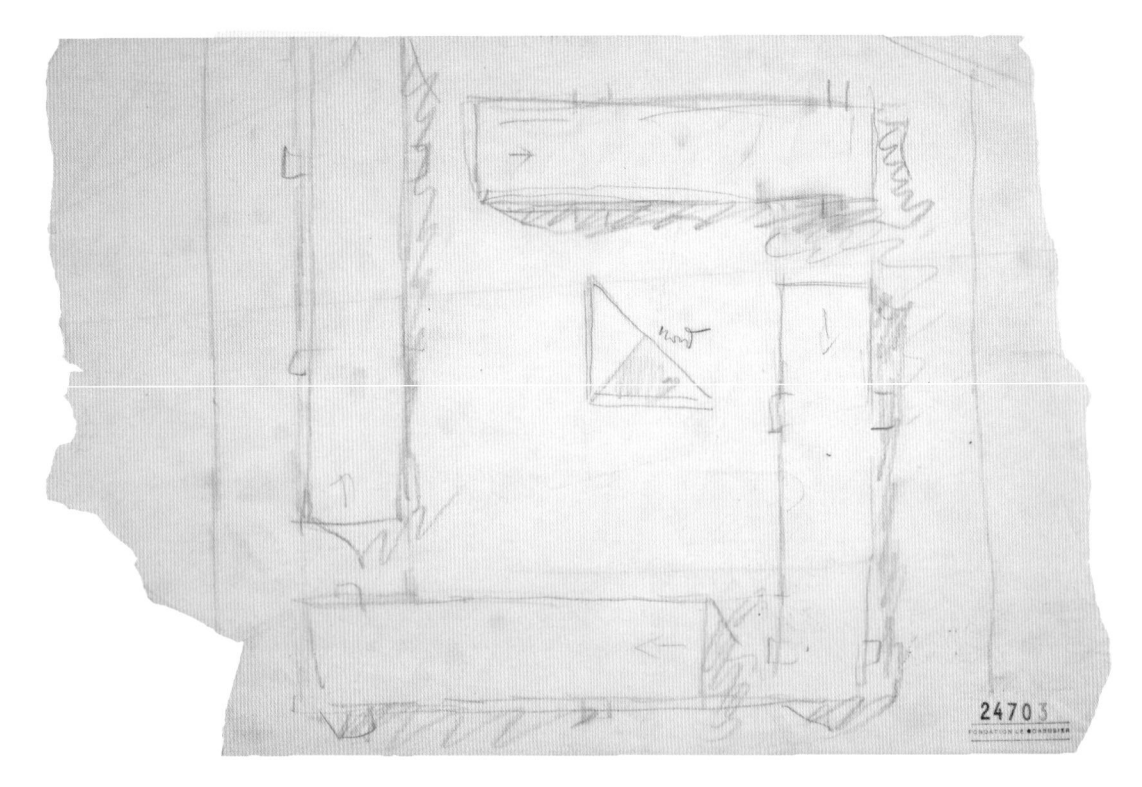

[Le Corbusier], FLC24703

"*nord*"
「北」

　天井からの自然採光によって「主」(大ホール)と「従」(展示階)をつくりだす装置は、内部空間の採光装置として機能さえすればどんな形態でもよいというわけではない。外部のエスプラナードから外観として明瞭に判別できるかどうかは別として、ル・コルビュジエは陸屋根に搭載する天井採光装置の造形を検討することも忘れない。

＊

　1枚の屋根伏図は、大ホールのピラミッド型採光と展示階の両側採光の自然採光装置のヴォリューム感を陰影によって表現する(**FLC24703**)。影の描き方や「nord(北)」の筆致から、おそらくル・コルビュジエによる素描である。マルセイユの集合住宅ユニテ・ダビタシオン(1952)の屋上庭園において、集合して住むことに不可欠な換気塔やエレベーターの昇降機を背景となる地中海に映える彫刻的な造形として演出するように、東京の美術館において、ル・コルビュジエは、機能的な必要性から備える自然採光装置のヴォリュームを天空に拡がる景観と響き合う彫刻的な作品として見せようとする。

　さらにル・コルビュジエは、アトリエの所員の作成した屋根伏図の上に、ピラミッド型をより大きなヴォリュームへと修正し、造形を強調する(**FLC24695**)。しかし、屋上の彫刻的造形は、景観との響き合いだけが主題ではない。機能的な雨水処理を検討する素描の線には、屋上庭園的な場所を演出する意図が不可避にはたらいている(後にル・コルビュジエは、屋上に花壇を付け加えることになる)。

＊

　屋上の造形は、単にル・コルビュジエの手の悪戯

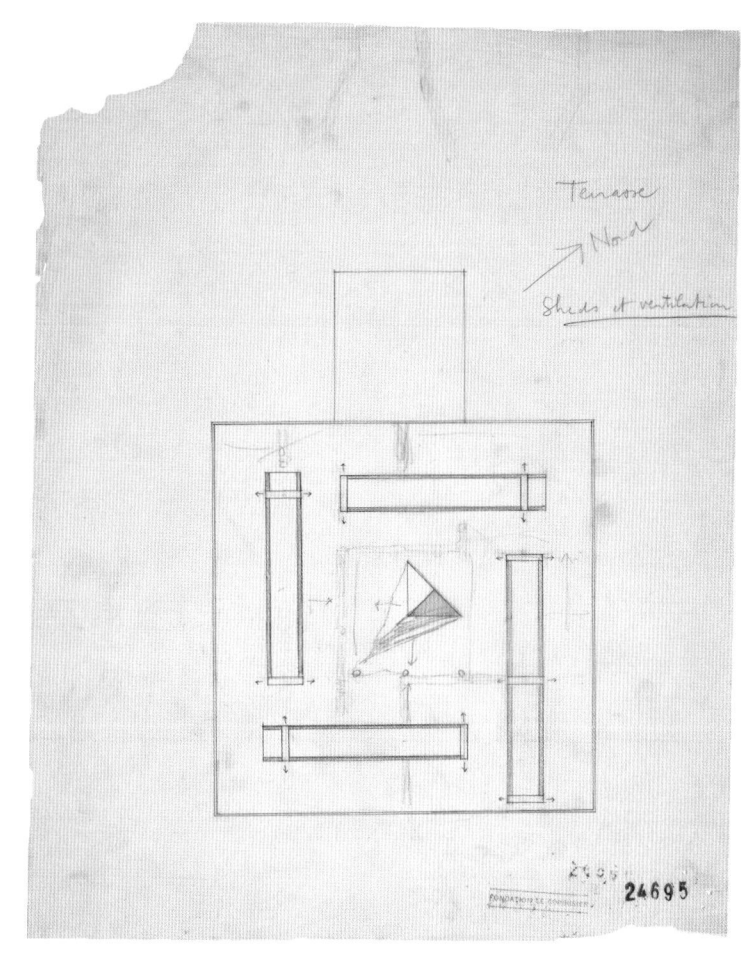

[Le Corbusier], FLC24695

"*Terrasse / Nord / Sheds et ventilation*"
「テラス／北／採光装置と換気」

ではない。マルセイユ（1952）とナント（1953）では、ユニテ・ダビタシオンとして機能的には同じようであっても、住民の生活形態や場所の景観に呼応して個性的な造形となる。アーメダバードの美術館（1957）の水盤を備えた屋上庭園が固有の景観を構成するように（cf., **FLC6960**）、東京の美術館を構想するル・コルビュジエの手のはたらきは、場所の一回性と呼応しているはずである。しかし、ル・コルビュジエが平面図以外で東京の美術館屋上の造形的遊戯の景観を素描することは、ついにない。美術館に限らず、ル・コルビュジエが屋上を庭園として三次元的に描くことは1920年代を除くとほとんどない。後年になればなるほど、人為と自然の折り重なる場所は、ル・コルビュジエにとって表象不可能になる。

151

図面解題

「富士山」の参照

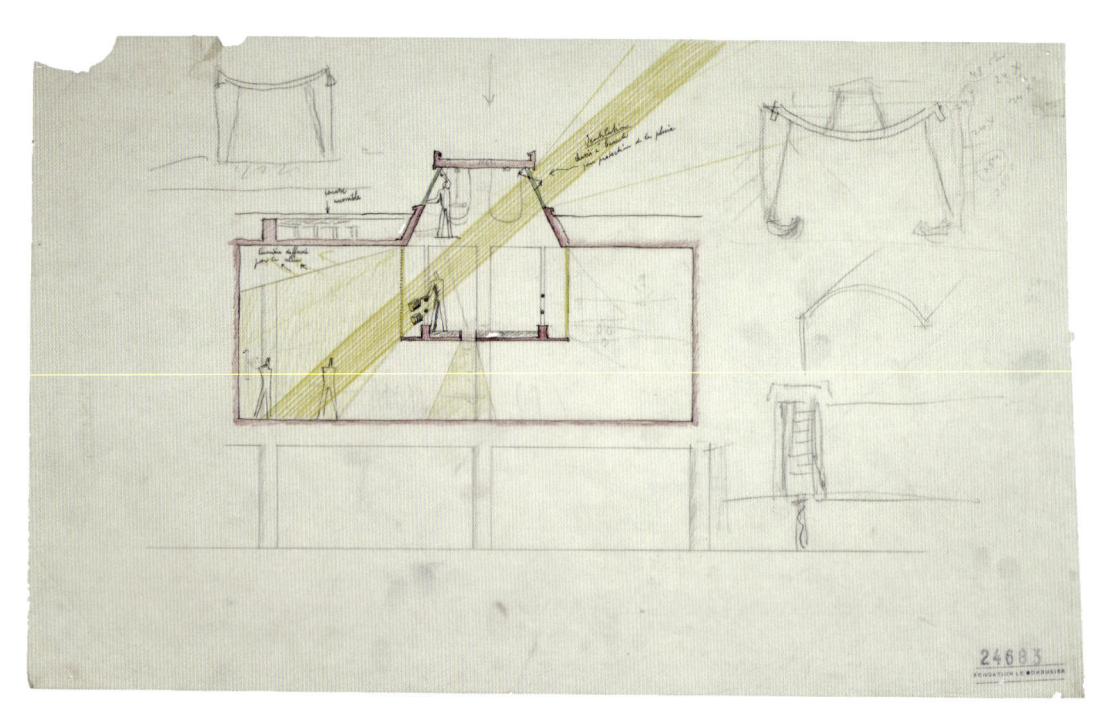

FLC24683

"<u>Ventilation</u> châssis à bascule pour la protection de la pluie / terrasse accessible / lumière diffusée par le velum"
「換気　防水のための回転サッシ／通行可能なテラス／幕による光の拡散」

FLC24679

"air frais Chaleur solaire air chaud Chaleur solaire / panneaux réglable / air Grande Salle / air prise frais s/ bâtiment"
「冷気　太陽熱　熱気　太陽熱／調節可能なパネル／大ホールからの空気／建物下からの冷気の導入」

152

[Le Corbusier], FLC24678

　「主」となる大ホールのピラミッド型自然採光装置の造形的な変更に伴って、ル・コルビュジエは展示階において作品を照らす「従」となる自然採光装置の採光効果についても、もう一度検討する。

＊

　展示階の天井採光装置は両側2方向からの自然採光である。アーメダバードの美術館（1957）では断念した天井からの自然採光の実現可能性がいよいよ現実味を帯びてくると、ガラスを通過してくる直接光に加えて、反射光や拡散光も検討しなければならない（**FLC24683**）。直接光は床面に落ちるが、間接光は壁面に掛ける絵画に影響する。また、採光ガラス面の換気方法や人工照明の管理補修についても配慮しなければならない（しかし、側面採光の入射角の詳細や時間変化については検討していない）。

　さらに、採光装置部分の雨水処理と自然換気の必要性のために、雨の当たる採光装置上部の形状も再検討しなければならない（**FLC24679**）。東京における湿度の問題は、すでに1955年11月の敷地訪問時に坂倉準三や前川國男から聞かされていたことである（実際には、換気システムはうまく機能せず、もっぱら人工的な冷暖房システムに頼っている）。

　天板が逆方向に反り上がった天井の自然採光装置の形状は、たしかに雨水集積処理と空気循環を両立させるための形状であるが、しかしまた、それは「富士山」への敬意でもある（**FLC24678右上**）。富士山がル・コルビュジエによる素描か否かは定かではないが、少なくとも富士山とピラミッドの類比は、アトリエで共有されている事実である。ただし、富士山は自然採光装置と輪郭が相似するという以外に、両者に共通点はない。ある種のユーモアであり、ル・コルビュジエにはまれな形態参照である。

＊

　ル・コルビュジエの形態参照は、それが歴史的な参照物である場合、事後的な発見であることが多い。自らの造形感覚そのもののなかに、歴史的形態の理念が内在していることをル・コルビュジエは制作の過程においてはじめて気づく。「富士山」がピラミッド型になるのではなく、ピラミッド型に「富士山」が重ね合わされる。

153

図面解題

絵画としての配置図

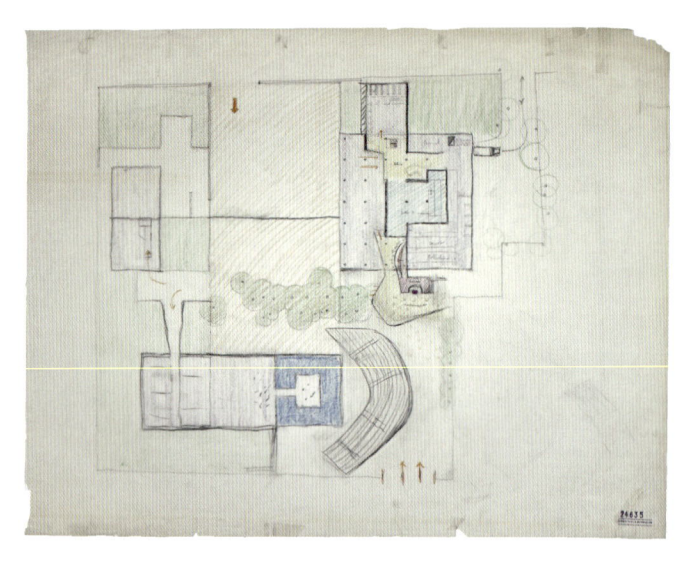

FLC24635

"Dépôt 2 niveaux / HALL / Salle 3 niveaux / Personnel Bureau Réception Atelier Dépôt Collection / cuisine Service Restaurant"
「2層階の書架／ホール／3層階の展示室／従業員室　受付　アトリエ　倉庫　コレクション／調理場　給仕　レストラン」

　展示階の平面動線や自然採光など、美術館の展示空間に関する詳細の検討を重ねている時期に、敷地全体を再検討するような配置図はない。スロープの配置変更や大ホールの天井採光装置のピラミッド型への変更によって、「美術館」の理論を確認し、主題を発展させ、技術的問題を解決したと判断したとき、はじめてル・コルビュジエはもう一度それを全体の配置図に埋め込む。日本に基本案として送付するためである（それまで、ル・コルビュジエは発送時期を未定として保留している）。

＊

　手描きの配置図では、敷地の建築的構成における機能の図式的な配分を色鉛筆で塗り分けている（FLC24635）。展示空間と演劇空間をむすぶエスプラナードの外構は、茶色である。エスプラナードと接する領域、すなわち美術館のポーティコ、「展示館」、「不思議の箱」の芸術空間は紫色である。芸術空間とは直接関係しない領域、美術館入口の「ホール」とレストランの附属施設は黄色であり、幾何学と有機的曲面が対比的である。美術館の大ホールと「不思議の箱」の外部観客席は水色であり、展示空間と演劇空間のそれぞれの中心を際立たせている。残すべき既存の樹木はすべてを描いていないが、「不思議の箱」を横切る樹木が美術館と視覚的に隔てている。さらに、図面上の敷地西側からの主たるアクセスに加えて、反対側の

東側にも新たにアクセスを取り、敷地そのものはより開放的になっている（2分割していた「不思議の箱」の野外席も、有機的に一体化している）。

　敷地の利用形態を色分けして明確にした後に、ル・コルビュジエは配置図を作成する（FLC24615）。美術館の螺旋型拡張の余地は、エスプラナードの背面となる北側のみであり、卍型に接続する附属施設も余裕はない（かつてレストランがあった場所は、施主の要望で貴賓室のホワイエとなり、有機的な輪郭を失っている）。それでも、ル・コルビュジエは空間の拡がりを演出するために、エスプラナードに敷地の既存の樹木を最大限生かして樹木を書き足し、ところどころに自立壁や野外彫刻を付け加えて見通しを遮りながら、美術館、「展示館」、そして「不思議の箱」の演劇空間のそれぞれをめぐることができる仕掛けをつくる。

＊

　様々な検討を経て辿り着いた敷地配置図は、東京という特殊な敷地条件に対する建築的解答であるが、それにしても、建築的ヴォリューム群と樹木の配置に絵画的な美しさを否定できない。芸術をめぐる諸機能の配分、既存樹木への配慮、「建築的プロムナード」における動線の展開などの緻密な検討を経た結果であるために、どの部分も位置をずらせば美しさが半減する。あたかも、「展示館」と「不思議の箱」がなければ美

第二章　東京の国立西洋美術館

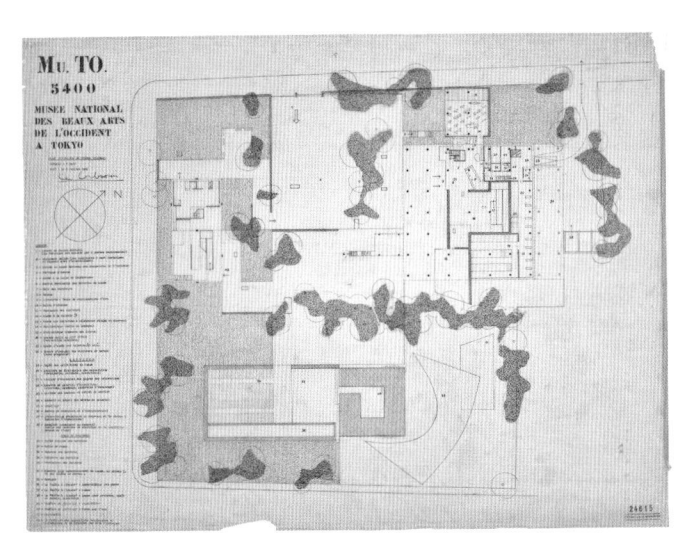

Le Corbusier, FLC24615, 1956.7.9

"MUSEE NATIONAL DES BEUAX ARTS DE L'OCCIDENT A TOKYO PLAN D'ENSEMBLE DU CENTRE CULTUREL ECHELLE : 5 mm/M DATE : le 9 juillet 1956 *Le Corbusier* / LEGENDE 1 – Entrée du Centre Culturel（la fermeture est assurée par 2 portes coulissantes）2 – Esplanade dallée（des sculptures y sont installées en rapport avec l'architecture）3 – Entrée du musée National des beaux-Arts de l'Occident 4 – Portique d'entrée 5 – Accès à la Salle de Conférences 6 – Sortie éventuelle des Galeries du Musée 7 – Halle des visiteurs 8 – Caisse 9 – Librairie – Vente de reproduction d'Art 10 – Salon d'attente 11 – Vestiaire des visiteurs 12 – Accès à la Galerie B 13 – Accès aux toilettes & téléphones situées en sous-sol 14 – Bibliothèque（salle de lecture）15 – Bibliothèque（réserve des livres）16 – Grande salle du XIXe siècle（collection Matsukata）17 – Rampe d'accès aux Galeries A et C 18 – Centre d'accueil des visiteurs de marque（hors programme）SERVICES 19 – Dépôt des collections du Musée 20 – Ateliers de fabrication des expositions（menuiserie, peinture, électricité）21 – Atelier d'entretien des objets des collections 22 – Réserve de matériel d'exposition（vitrines, panneaux, appareils d'éclairage）23 – Arrivée des camions et entrée de service 24 – Acceuil［Accueil］et départ des objets et matériel 25 – Emballage 26 – Bureau de réception et d'enregistrement 27 – Monte-charge desservant le sous-sol et le niveau 3（galeries d'expositions）28 – Escalier conduisant au sous-sol（salle des machines de chauffage et de conditionnement de l'air）SALLE DU PERSONNEL 29 – Salle commune des Gardiens 30 – Salle de repos 31 – Cuisine des Gardiens 32 – Toilette des Gardiens 33 – Vestiaires des Gardiens 34 – Réserve pour agrandissement du musée, au niveau 3, et des dépôts au niveau 2 35 – Garages 36 – La "Boîte à Miracle" : Amphithéâtre *540 places* 37 – La "Boîte à Miracle" : Scène 38 – "Boîte à Miracle" : Loges pour artistes, dépôt de décors, machinerie 39 – Théâtre de plein air : Amphithéâtre 40 – Théâtre de plein air : Scène sur l'eau 41 –Restaurant 42 – Le pavillon des Expositions temporaires ou itinérantes de la Synthèse des Arts Plastiques"

「東京国立西洋美術館　文化センター敷地配置図　縮尺：5 mm/M　日付：1956年7月9日　ル・コルビュジエ／凡例　1– 文化センター入口（閉鎖は2枚の引き戸）　2 — 舗装されたエスプラナード（建築と関係づけた彫刻）　3 — 国立西洋美術館入口　4 — ポーティコ　5 — 講堂へのアクセス　6 — 美術館展示室からの非常用出口　7 — 鑑賞者のホール　8 — 会計　9 — 複製品の売店　10 — 待合　11 — 鑑賞者の預かり所　12 — 展示室Bへのアクセス　13 — 地下の手洗と電話機へのアクセス　14 — 図書室（閲覧室）　15 — 図書室（書庫）　16 — 19世紀大ホール　17 — 展示室Aと展示室Cへのスロープ　18 — 貴賓室（特別日）　事務　19 — 美術館収蔵庫　20 — 展示設営のためのアトリエ（建具、塗装、電気工事）　21 — 収蔵作品保全のためのアトリエ　22 — 設営材料の倉庫（陳列棚、パネル、照明器機）　23 — トラック運搬口と事務入口　24 — 作品と材料の搬出入口　25 — 梱包　26 — 受付と登録　27 —（展示室のある）地階と3層階をつなぐ昇降機　28 — 地階への階段（空調機械室）　職員室　29 — 共有守衛室　30 — 休息室　31 — 守衛室の台所　32 — 守衛室の手洗　33 — 守衛更衣室　34 — 3層階の拡張と2層階の倉庫　35 — 駐車場　36 — 「不思議の箱」：階段席 *540* 席　37 — 「不思議の箱」：舞台　38 — 「不思議の箱」：演者の楽屋、設営の倉庫と機械室　39 — 野外劇場：階段席　40 — 野外劇場：水上舞台　41 — レストラン　42 — 造形芸術の綜合のための企画あるいは巡回展示館」

術館は成立しないといわんばかりである。もはや改変の余地のない最終版であることを宣言しているようにも見える。以後、配置図はない。

155

図面解題

螺旋型の再構築

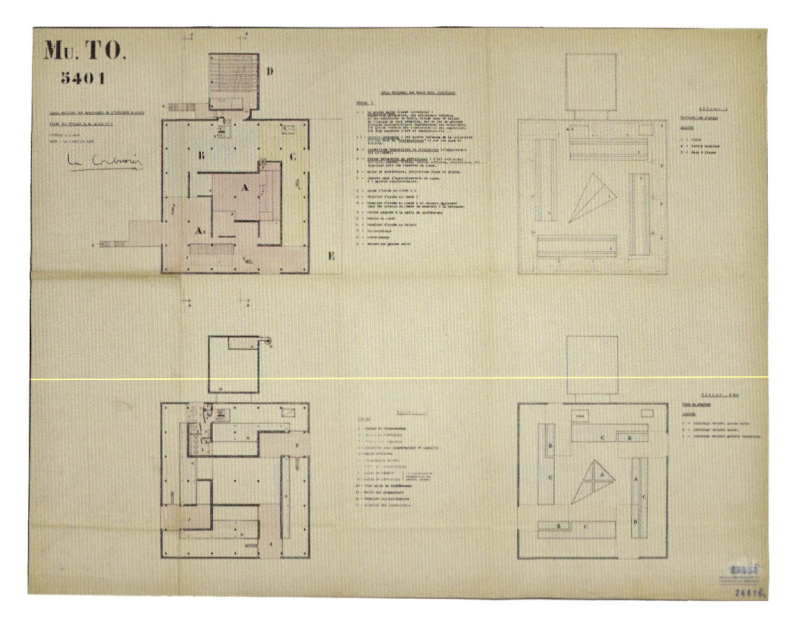

Le Corbusier, FLC24616B, 1956.7.9

"MUSEE NATIONAL DES BEAUX-ARTS DE L'OCCIDENT A TOKYO PLANS DES NIVEAUX 3, 4, 4 bis et 5 ECHELLE : 5 mm/M DATE : LE 9 JUILLET 1956 *Le Corbusier* / MUSEE NATIONAL DES BEAUX-ARTS DE L'OCCIDENT NIVEAU 3 A – <u>La grande salle</u>（Musée Matsukata）: exposition permanente, des principaux tableaux et des sculptures de Rodin, situés dans le milieu de l'époque de leur création, par le jeu de grandes fresques photographiques représentant les recherches, les grands travaux des architectes et des ingénieurs, les deux courants d'art et décoration etc... A 1 – <u>Galerie Matsukata</u> : les autres tableaux de la collection classée dans la "<u>Tableauthèque</u>" et sur les murs et cloisons B – <u>Expositions temporaires ou circulantes</u>（n'appartenant pas au musée）. C – <u>Stands permanents ou périodiques</u> : d'art occidental Tableaux, photos, lithos, livres, affiches, projections, etc... organisés avec réserves du Musée. D – Salle de conférence, projections fixes et cinéma. E – Réserve pour l'agrandissement du Musée. = 1 galerie supplémentaire. 1 – Rampe d'accès au Musée A 1 2 – Escalier d'accès au Musée C 3 – Escalier d'accès au Musée B et dessert également tous les niveaux du Musée du sous-sol à la terrasse. 4 – Entrée séparée à la salle de conférences 5 – Sortie du Musée 6 – Escalier d'accès au balcon 7 – Tableauthèque 8 – Monte-charge 9 – Balcon sur grande salle/ <u>NIVEAU 4</u> <u>LEGENDE</u> 1 – Bureau du Conservateur 2 – Bureau du Secrétaire 3 – Bureau des employés 4 – Toilettes pour Conservateur et Employés 5 – Salle d'attente 6 – Préparation du thé 7 – Salle de documentation 8 Salle de Réunion）du expositions 9 – Salle de récréation）manuscrits ou petits objets 10 – Vide salle de Conférences 11 – Salle des projecteurs 12 Escalier projectionniste 13 – Galeries des Electriciens / <u>NIVEAU 5</u> <u>Terrasse vue d'avion</u> <u>LEGENDE</u> 1 – Sheds 2 – Sortie escalier 3 – Bacs à fleurs / <u>NIVEAU 4 bis</u> <u>Plan fu plafond</u> <u>LEGENDE</u> A – Eclairage naturel grande salle B – Eclairage naturel balcon C – Eclairage naturel galerie exposition "

<u>東京国立西洋美術館　3層階、4層階、4層中階の平面図　縮尺：5 mm/M　日付：1956年7月9日　ル・コルビュジエ／国立西洋美術館　3層階</u>　A －　大ホール（松方美術館）：常設展示、主要絵画作品とロダンの彫刻が大写真壁画によって当時の様子のなかに置かれる。大写真壁画は様々な研究、建築家と技術者の大事業、芸術と装飾の潮流などを表象する。　A1 －　<u>松方展示室</u>：「<u>資料棚</u>」に分類された収蔵絵画、及び壁や間仕切り壁の絵画。　B －　<u>企画あるいは巡回展示室</u>（美術未所蔵）。C －　常設あるいは定期的な資料陳列展示室：西洋美術の絵画、写真、リソグラフ、書籍、ポスター、映像など、美術館所蔵により構成。　D －　講堂、静止画や映画の上映。　E －　美術館の拡張予定地＝1つの追加展示室。　1 －　展示室 A1 へのアクセス　2 －　展示室 C への階段　3 －　展示室 B への階段と美術館の地上階とテラス階にもすべて連絡。　4 －　講堂への別入口　5 －　美術館出口　6 －　バルコニーへの階段　7 －　資料棚　8 －　昇降機　9 －　大ホールのバルコニー／<u>4層階　凡例</u>　1 －　美術館長室　2 －　秘書室　3 －　従業員室　4 －　従業員室　5 －　館長と従業員の手洗　6 －　給湯室　7 －　資料室　8 －（展覧会の）会議室　9 －（文書や小品の）修繕室　10 －　講堂の吹き抜け　11 －　映写室　12 －　映写室への階段　13 －　照明室／<u>5層階　テラス俯瞰図　凡例</u>　1 －　採光装置　2 －　出口階段　3 －　花壇／<u>中4層階　屋上平面図　凡例</u>　A －　大ホールの自然採光　B －　バルコニーの自然採光　C －　展示室の自然採光」

　日本に送付する最終的な敷地配置図の作成と同日の日付で、ル・コルビュジエは基本案としての美術館の平面図を作成する。そして、原図を何枚か複製し、様々な書き込み、注釈、変更を加える。

156

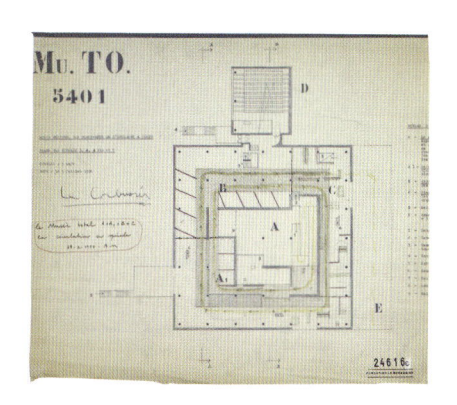

Le Corbusier, FLC24616C, 1956.7.9, Maisonniser, 1956.7.28

"MUSEE NATIONAL DES BEAUX-ARTS DE L'OCCIDENT A TOKYO PLANS DES NIVEAUX 3, 4, 4 bis et 5 ECHELLE : 5 mm/M DATE : LE 9 JUILLET 1956 *Le Corbusier* / *le Musée total A + A$_1$ + B + C en circulation en spirale 28-2-1957. A M*"
「東京国立西洋美術館　3層階、4層階、4層中階の平面図　縮尺：5 mm/M　日付：1956年7月9日　ル・コルビュジエ／美術館全体で A + A1 + B + C の螺旋の動線　アンドレ・メゾニエ」

*

　1枚の複製青図では、各階の平面構成を色分けし、「限りなく成長する美術館」の基本理論（螺旋型と卍型の拡張、及び天井からの自然採光）を示す（**FLC24616B**）。

　展示階については、簡素化のために2分割していた展示区画を再度3分割に戻し、A 常設展示の松方コレクション展示、B 巡回展示や一時的な企画展示、C 写真やリソグラフなどの資料陳列展示に明確に分割した展示区画とする（**FLC24616B 左上**）。地上階の大ホールは上階の展示室とスロープを介して一体化して松方コレクションの展示室の一部となり、A～Cへの鑑賞動線を順に辿り、無理なく E 拡張領域へと螺旋型につながっていく。

　一方、卍型の連結については、図書館・講堂の1棟のみが美術館に接続し、4方向への拡張については、展示階の上部に設けられた事務機能や維持管理機能をもつ中階の部屋に名残をとどめて、赤色に色分けする（**FLC24616B 左下**）。

　さらに、天井の自然採光に関しては、従来通り螺旋型の展開に沿う自然採光装置と中心のピラミッド型採光装置を組み合わせて、ともに青色で示す（**FLC24616B 右下**）。

　螺旋型と卍型の理論的整合性に加えて、これまで未検討の仕掛けがある。屋上の「花壇」である（**FLC24616B 右上**）。おそらくル・コルビュジエによる口頭での指示である。アーメダバードの美術館（1957）では、自然採光装置の載る屋上が水盤のある特異な屋上庭園の構想へと変容するように（cf., **FLC6960**）、東京の美術館の屋上もまた、庭園とならなければならない。展示階の天井採光装置のための場所が大半を占めるにしてもである。

　一方、平面図の展示階については、拡大して複製青図を作成し、螺旋型の拡張可能性に配慮した展示空間の間仕切りと動線を確認する（**FLC24616C**）。C の領域を復活させ、A + A1 + B + C という「螺旋型の動線」によって、以前のようにA～B～A～Bの断片化した動線を避けることはできる。それにしても、依然として、Eの拡張領域における展示内容は不明である。Cの資料陳列展示の延長と考えるのが普通であるが、写真、映像、書籍などの複製性の高い展示品だけが増えていくという予想には、説得力がない。

*

　注意深く再構築した螺旋型の動線の復活によって、東京の美術館は「限りなく成長する美術館」の理論の純粋な実践に近づいているように見える。しかし一方で、螺旋型の拡張空間は用途不明の空地である。卍型の一部も事務空間に形骸化している。詳細に見れば、理論の実践に内容が伴っていないことは明らかである。そもそも、松方コレクションの展示と、作品が増殖して人類の歴史を表現するル・コルビュジエの美術館の理想とは相容れない。かたや作品の凍結保存、かたや作品の永遠の増殖である。それでも、ル・コルビュジエは理論を造形する。

図面解題

光の対位法

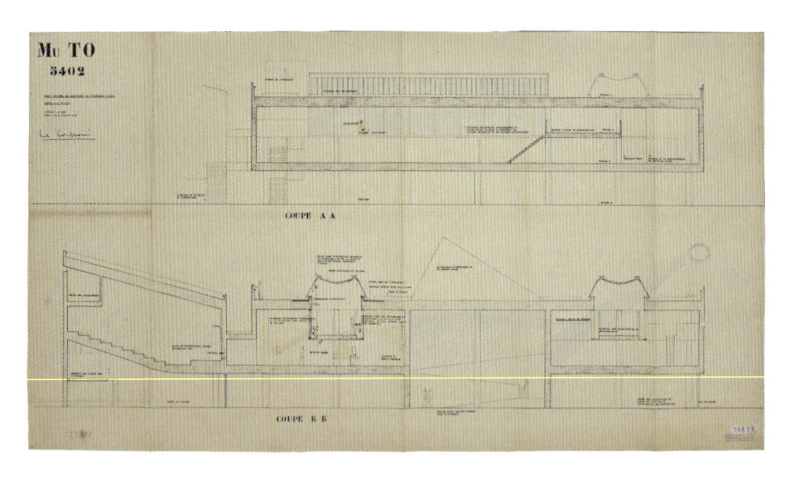

Le Corbusier, FLC24617B, 1956.7.9

"MUSEE NATIONAL DES BEAUX-ARTS DE L'OCCIDENT A TOKYO COUPE A.A et B.B. ECHELLE : 2 mm/M DATE : LE 9 JUILLET 1956 *Le Corbusier* / Sortie de l'escalier Vitrages des lanterneaux NIVEAU 5 Projecteurs Panneau entrouvert Panneaux coulissants transparents ou translucides servant à contrôler la lumière naturelle et la lumière artificielle Balcon : Salle de documentation NIVEAU 4 NIVEAU 3 Tableauthèque Panneau de la tableauthèque en position ouvert Escalier de la Salle de Conférences Portique NIVEAU 2 COUPE A A / Fente pour ventilation naturelle du lanterneau et de la Galerie des électriciens, obturable l'hiver Coque aluminium et isolant Passerelle d'entretien Point haut de l'étanchéité Dallage ciment dans les allées Bac à fleurs Lanterneau d'éclairage de la grande salle Salle des projecteurs Salle de conférences, cinéma projection fixe Ecran Tableau noir Panneaux coulissants transparents ou translucides pour contrôler la lumière Galerie basse Employer tous les diffuseurs et projecteurs électriques pour éclairage, diffus, direct, indirect concentré Galerie à double hauteur Balcon : Salle de réunion Galeries des électriciens et éclairagistes Réserve des livres sur 2 niveaux Salle de lecture Dépôt des collections du Musée et Atelier de fabrication des expositions Pan de verre Grande salle du XIXe siècle（sur 3 niveaux）COUPE B B"

「東京国立西洋美術館　A.A. 及び B.B. 断面図　縮尺：5 mm/M　日付：1956年7月9日　ル・コルビュジエ／出口階段　天窓ガラス　5層階　投光機　半開きパネル　自然光及び人工照明を制御する透明もしくは半透明引き戸パネル　バルコニー：資料室　4層階　3層階　資料棚　開閉資料棚　講堂への階段　ポーティコ　2層階　AA断面図／天窓と照明室のための冬期閉鎖可能な自然換気スリット　断熱アルミニウムの覆い　維持管理橋　防水上部　セメント舗装通路　花壇　大ホールの採光天窓　映写室　講堂及び映画室と映像室　映写幕　黒壁　自然光及び人工照明を制御する透明もしくは半透明引き戸パネル　照明室下部　拡散光、直接間接光、集中光の人工照明を当てる投影機の使用　二層階の照明室　バルコニー：会議室　電気照明室　2層階の書庫　講堂　美術館収蔵作品と設営アトリエの倉庫　ガラス壁　19世紀大ホール（3層階）　BB断面図」

　最終的な敷地配置図の作成と同日の日付で、配置図や平面図と並んで、ル・コルビュジエは美術館の断面図や立面図も作成する。やはり、複製も作成する。天井からの自然採光と人工照明の光の効果の全体像をはじめて視覚的に検討するためである。

*

　展示階の採光効果について、自然光は水色の色鉛筆、人工照明は黄色の色鉛筆の着色である（FLC24617B）。大ホールのピラミッド型の自然採光装置の採光効果と展示階の自然採光装置の採光効果を同時に描いた唯一の図面である。大ホールと展示階はスロープによって空間的には連続的に展開するが、同じ水色の自然光でも、展示階を直射する自然光と大ホールを柔和に照らす自然光が対比をなす。黄色で着色する人工照明は、あくまで補助的な部分的照明である。

*

　断面図の太陽は軌道を描かない。たしかに、北側採光の大ホールが、太陽の動きの影響を受けることは比較的少ない。中心の大ホールだけが、光の恒常性と永遠性を獲得する。しかし、2方向の採光によって得られる展示階の自然採光効果については、ル・コルビュジエは照度の変動性という問題の棚上げを繰り返す。太陽のもとで芸術作品の空間が現象することそれ自体が重要であり、大ホールと展示室の光の対位法そのものが主題である（以後、ル・コルビュジエがピラミッド型の自然採光の詳細を検討することはなく、日本人建築家が技術的な検討している）。

全体像の反復

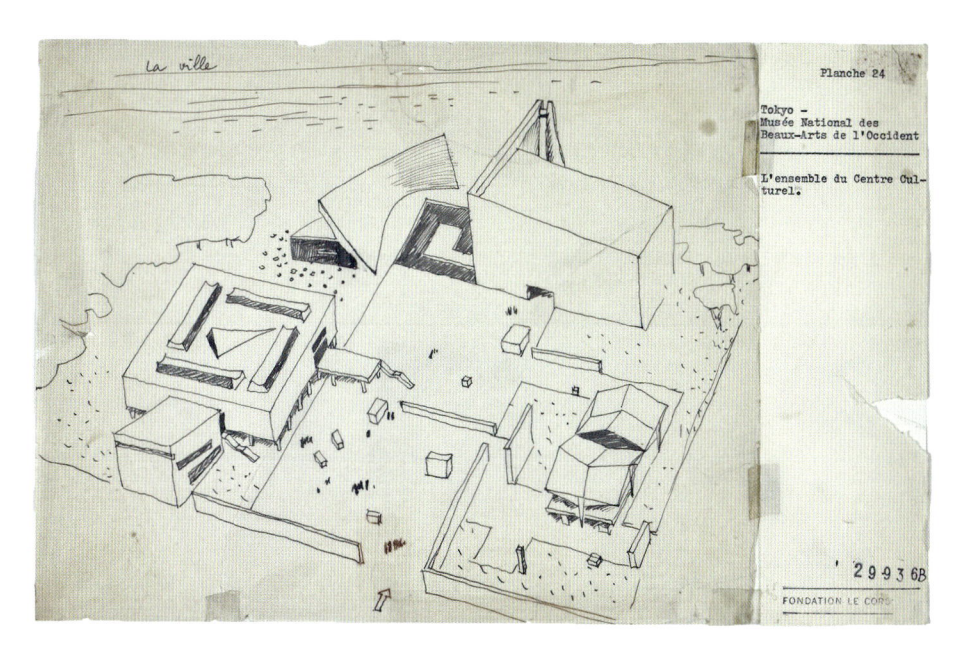

Le Corbusier, FLC29936B, [1956.7.]

"la ville / Planche 24 / Tokyo – Musée National des Beaux-Arts de l'Occident / L'ensemble du Centre Culturel."
「街／図版 24 ／東京 ― 国立西洋美術館／文化センターの全体像」

　ル・コルビュジエの手描きによる鳥瞰図や透視図は、大雑把な素描でも細部まで分節が明瞭であり、試行錯誤の線描は極めて少ない。見えないところまで、ル・コルビュジエの頭のなかでは見えているからである。ましてや、敷地配置図が確定した段階でのル・コルビュジエの素描は、このとき極めて建築的な全体像を描く。

＊

　ル・コルビュジエは、「クロストラ」の自然採光による美術館を描いた鳥瞰図（cf., **FLC29959**）と構図的に極めて類似する鳥瞰図を再び描く（**FLC29936B**）。図書室・講堂のファサードの詳細や「不思議の箱」の野外座席は若干形態が異なるが、敷地遠方に見える東京の都市景観を背景にして、美術館のヴォリュームをピロティによって押し上げ、エスプラナードを中心として美術館、「展示館」、「不思議の箱」によって敷地全体を規定する構成に大きな変更はない。見えがかりとしては、美術館の自然採光装置を「クロストラ」からピラミッド型へと置き換えただけである。もちろん、鳥瞰図によって描くことのできない部分には大きな修正・変更を加えている。しかし、同じ構図で描くことによって、ル・コルビュジエは過去に構想した芸術空間の全体像を反復して重ね合わせ、制作過程の同一性を確かめる。

＊

　ル・コルビュジエの手は時間を横断する。このとき、歴史的な形態の参照だけではなく、自らの形態を参照することもル・コルビュジエの常套手段である（たとえば、フィルミニの教会堂（1963）におけるル・トランブレイの教会堂（1929）構想の参照）。鳥瞰図は、単に日本の施主に説明するための素描ではない。東京の美術館の全体像は、最もはじめの構想や富士山と重なり合い（あるいはかつての美術館の構想と重なり合い）、空間的にも時間的にも拡がりながら、ル・コルビュジエの手に刻まれ、頭のかなでより正確に焦点化し、さらにまた自己参照物となっていく（たとえば、フォール・ラミーの美術館（1960）における東京の美術館の参照）。

159

図面解題

外注実施図面

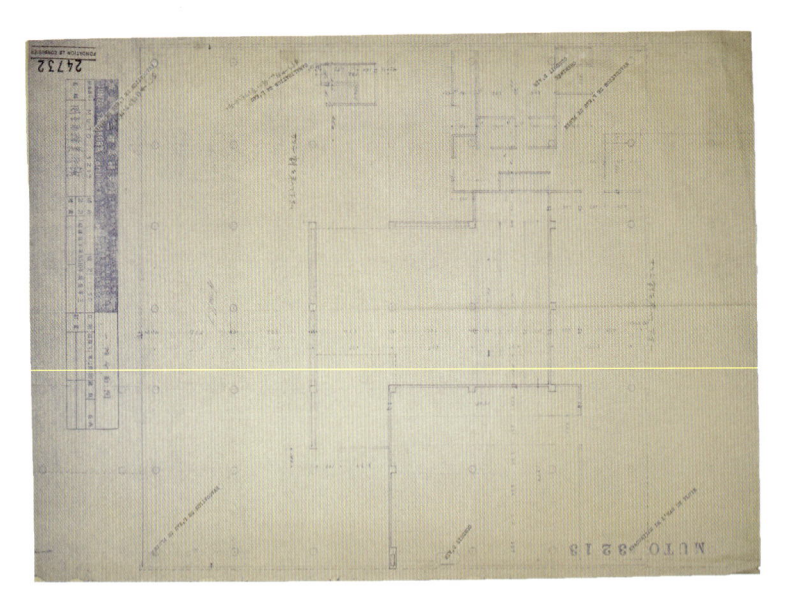

Sakakura, FLC24732, 1956.12.14

" サッシ割を考へて下さい／サッシ割を考へて下さい／φ 53 → 63cm 位になるかもしれない／φ 53 → 63cm 位になるかもしれない "

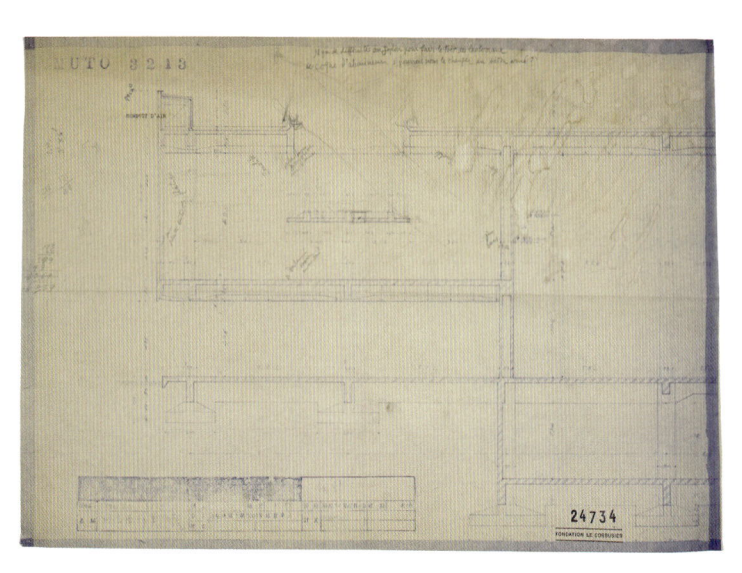

Sakakura, [Le Corbusier], FLC24734, 1956.12.6

"*Il y a des difficultés au Japon pour faire le toit des lanterneaux de coque d'aluminium: pourrons nous le changer en béton armé? / Zonolite plâtre zonolite en blanc Zonolite / sur plâtre entoilé plâtre bois bois / dolomite noire marbre*"
「日本でアルミニウム殻の天窓屋根をつくることには問題があります。鉄筋コンクリートにしてはどうでしょうか？／ゾノライト［断熱材］　プラスター　白色ゾノライト　ゾノライト／プラスター仕上げ　プラスター　木　木／白雲大理石」

　パリのル・コルビュジエから日本に送付された一連の基本案の図面は、東京の坂倉準三の事務所が実施図面として落とし込んでいく。坂倉事務所は、まず基本案に基づく平面・立面・断面図の詳細図と構造図を描き、その後、より詳細な設備系統図や電気設備図などを別途作成している。基本的には、ル・コルビュジエによる基本案の図面をできる限り忠実に実施に移すことが任務であるが、いくつかの技術的問題が発生している。

160

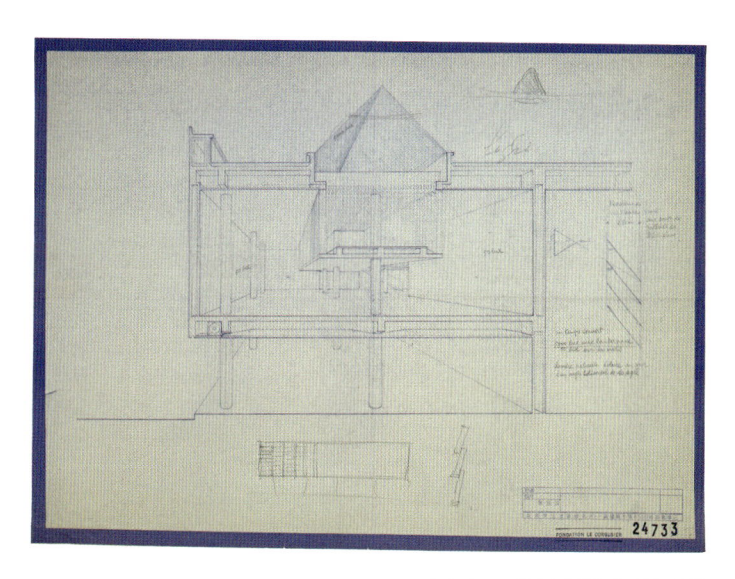

Sakakura, FLC24733, [1956.12.6]

"la shed / 5,000lux 50lux 50lux / aux bouts des galéries des Eléctriciens /au rampes [rampe] couvert / 5000lux lanterneaux 50lux sur les murs lumière naturelle éclaire au mur à un angle horizontal de 40 degré"

「採光装置／ 5,000lux　50lux　50lux ／照明室の端部まで／カバー付きの照明／天窓は 5000lux　壁は 50lux　自然光は 40 度の垂直角度で壁を照射」

＊

　まず、坂倉は地階のピロティの柱が構造上の問題で530mm から 630mm になる可能性を平面図上に記している（**FLC24732**）。おそらくピロティの柱は太くなり、芯で平面寸法の採らないかぎり、モデュロール尺が破綻することになる。しかし、寸法の問題に関して、ル・コルビュジエによる覚書や素描、あるいは再検討の痕跡はない。おそらく黙認である。

　一方、断面図では、坂倉は展示階の天井採光のアルミニウム被覆を打ち放しコンクリートに変更する可能性などを記している（**FLC24734**）。おそらく雨水処理に関わる防腐処理のためである。加えて坂倉は、展示階の自然採光や美術館のファサードの処理に関して、天井採光を切妻屋根状にした（おそらく独自の）代替案を検討している（**FLC24733**）。

　しかし、ル・コルビュジエは、もっぱら外壁の詳細について、図面の脇に素描する（自然採光装置については、何やら思案しているようではある）。坂倉の提案を評すことも、坂倉の提案を採用して仕上げが覆ることもない。

＊

　たしかに、問題のほとんどは日本での施工上の工夫で解決する。造形上の大きな変更も伴わない。しかしそれにしても、ル・コルビュジエがパリのアトリエに送られた施工図面に大きな関心を払うことはない。もっぱら詳細の覚書である。概して、ル・コルビュジエは、（とりわけ現場で）建築施工に関してミリ単位の詳細にまでこだわりを見せるが（公表されている実作品のなかで敷地訪問していないのは、レ・マトのヴィラ・ル・セクスタン（1935）だけである）、東京の美術館については、まるで外注図面を一瞥するかのようである。問題を追及して、煮詰めることもない。顧問建築家の立場を明確にし、ルシオ・コスタらとの連名を認めたリオ・デ・ジャネイロの教育省（1938）ならともかく、東京の美術館はれっきとした「ル・コルビュジエ」の作品のはずである。インドと比較して穏やかな気候風土と、弟子である日本人建築家への揺るぎない信頼が、ル・コルビュジエを現場から遠ざける。

161

図面解題

「二十四時間の太陽」

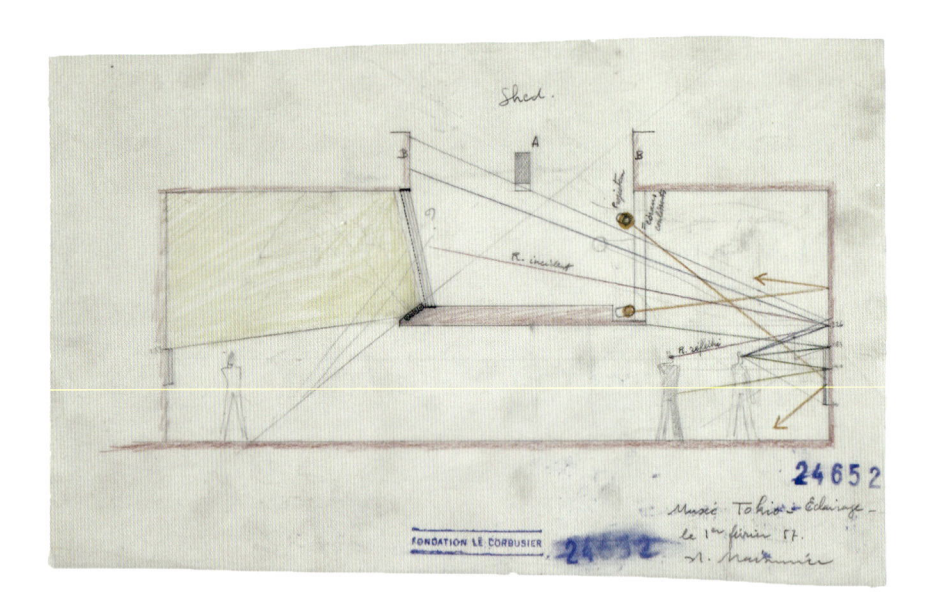

Maisonnier, FLC24652, 1957.2.1

"Shed / B A B / ? R. incident projecteur = écrans coulissants / 183 R. réfléchi 226 183 140 70 / Musée Tokio – Eclairage – le 1er février 57. A. Maisonnier"

「採光装置／Ｂ　Ａ　Ｂ／？　偶発の反射線／人工照明　＝スライド・スクリーン／183　鑑賞線　226　183　140　70／東京美術館―照明―　57年2月1日　Ａ・メゾニエ」

　日本に送付されたル・コルビュジエの基本案は、予算を大幅に超えることが判明する。施主は、図書室・講堂とホワイエの削減、仕上げの簡素化、広場造成工事の棚上げをル・コルビュジエに依頼している。さらに、天井からの自然採光に疑問を呈し、直接採光から間接採光への修正をル・コルビュジエに提案している。ル・コルビュジエに残された課題は、少なくない。

　　　　　　　　　＊

　たしかに、天窓からの2方向の自然採光は、季節によっても時間によっても展示空間の明るさが異なり、照度の恒常性が求められる鑑賞空間としては不適切である。「24時間の太陽」というル・コルビュジエの主題は、芸術鑑賞空間の均質性という主題と原理的に合致しない。自然の移ろいを享受できる生活空間とは異なり、芸術鑑賞のための空間は、極度に人工的に制御しなければならない。フランスから持ち帰る貴重な松方コレクションを預かる美術館としては、当然の前提である（ただし、施主は直接光による芸術作品の劣化については問題にしていない）。

　しかし、ル・コルビュジエは自然採光の原理を断念しない。あくまで、開口部のガラス面の処理と人工照明の工夫によって解決しようとする（FLC24652）

（FLC24625）。すなわち、開口部のガラス面に引き戸を設けて直接光を調節し、また天井からの直接光が及ばない壁面には出来る限り目立たぬように（あるいは、自然光を偽装するかのように）人工照明機器を設けて、壁面を均質にしようとする（実際の建物では、採光面の不透明ガラスによって直接光を緩和しようとしているが、ほとんどを人工照明に頼っている）。さらに、壁面に架ける絵画作品の高さをモデュロール尺によって規定する。自然の光は移ろうが、デュロール尺は不変であるからである。

　　　　　　　　　＊

　ル・コルビュジエは、指摘された問題に誠実に向き合う。しかし、施主から問題を指摘されても、天井から直接降り注ぐ自然光が展示空間の採光原理であることには変わりない。人工照明を補助的に用いても、絵画作品そのものを照らすのは、あくまで自然光でなければならない。展示空間はモデュロール尺の断面寸法に支えられる太陽光の移ろいでなければならない。ル・コルビュジエは施主の懸念する自然採光を断念するどころか、自然採光の原理をどこまでも追求する。アーメダバードの美術館（1957）の構想において断念した「24時間の太陽」を東京で手放すわけにはいかないからである。

162

第二章　東京の国立西洋美術館

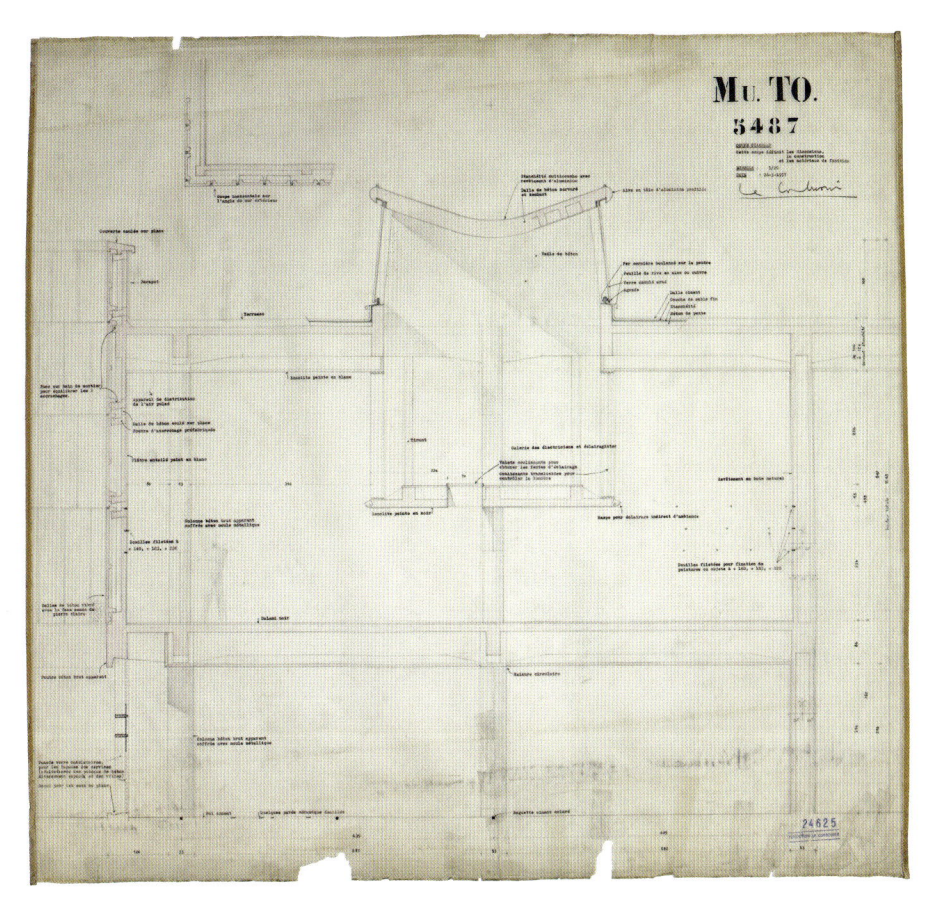

Le Corbusier, FLC24625, 1957.3.26

"COUPE STANDARD Cette coupe définit les dimensions, la construction et les matériaux de finition ECHELLE : 1/20 DATE : 26-3-1957 *Le Corbusier* / Coupe horizontale sur l'angle du mur extérieur / Couverte coulée sur place Parapet Terrasse Etanchéité multicouche avec revêtement d'aluminium Dalle de béton nervuré et isolant Rive en tôle d'aluminium profilée Voile de béton Fer cornière boulonné sur la poutre Feuille de rive en zinc ou cuivre Verre ondulé armé Agrafe Dalle ciment Couche de sable fin Etanchéité Béton de pente *de 106 à 124 suivant étanchéité* Pose sur bain de mortier pour équilibrer les 2 accrochages Dalles de béton vibré avec la face semée de pierre claire Dalle de béton coulé sur place Poutre d'accrochage préfabriquée Plâtre entoilé peint en blanc Douilles filetées à + 140, + 183, + 226 Appareil de distribution de l'air pulsé Colonne béton brut apparent coffrée avec moule métallique Dalami noir Zonolite peinte en blanc Zonolite peinte en noir Tirant Volets coulissants pour obturer les fentes d'éclairage Coulissants translucides pour contrôler la lumière Rampe pour éclairage indirect d'ambiance Revêtement en bois naturel Douilles filetées pour fixation de peinture ou objets à + 140, + 183, + 226 *hauteur totale 11.43* Poutre béton brut apparent Pans de verre ondulatoires, pour les façades des services (réalisés avec des poteaux de béton diversement espacés et des vitres) Canal pour les eaux de pluie Colonne béton brut apparent coffrée avec moule métallique Sol ciment Quelques pavés céramique émaillée Baguette ciment coloré "

「標準断面図　寸法、建設方法及び仕上げ材の決定　縮尺：1/20　日付：1957年3月26日　ル・コルビュジエ／外壁隅の平面図／現地施工の覆い　パラペット　テラス　アルミニウム被覆の完全防水　リブ補強の絶縁コンクリートタイル　アルミニウム版押さえ　コンクリートの覆い　梁上のL字鋼ボルト締め　亜鉛もしくは銅の端部押さえ　補強波動ガラス　留め金　セメントタイル　薄砂の覆い　防水　傾斜コンクリート　防水によって*106*から*124*　2つの連結部のモルタルによる取り付け　白石撒き振動締固めコンクリート　現場施工タイル　プレハブの留め梁　白色塗装のプラスター　140・183・226高の差し込み　送風機　金属型枠による打ち放しコンクリート柱　黒色ダラミ［タイル］　白色塗装ゾノライト［断熱材］　黒色塗装ゾノライト　つなぎ材　光漏れ防止鎧戸　照度調整半透明引き戸　間接照明灯　自然木被覆　140・183・226高の差し込み　全高 *11.43*　コンクリート打ち放し梁　事務部分の波動ガラス壁（様々な間隔に配されたコンクリート柱とガラスによる）　水切り溝　金属型枠による打ち放しコンクリート柱　地面はセメント　所々に釉掛け陶器舗装　着色コンクリート玉縁」

163

図面解題

大ホールへの眺望

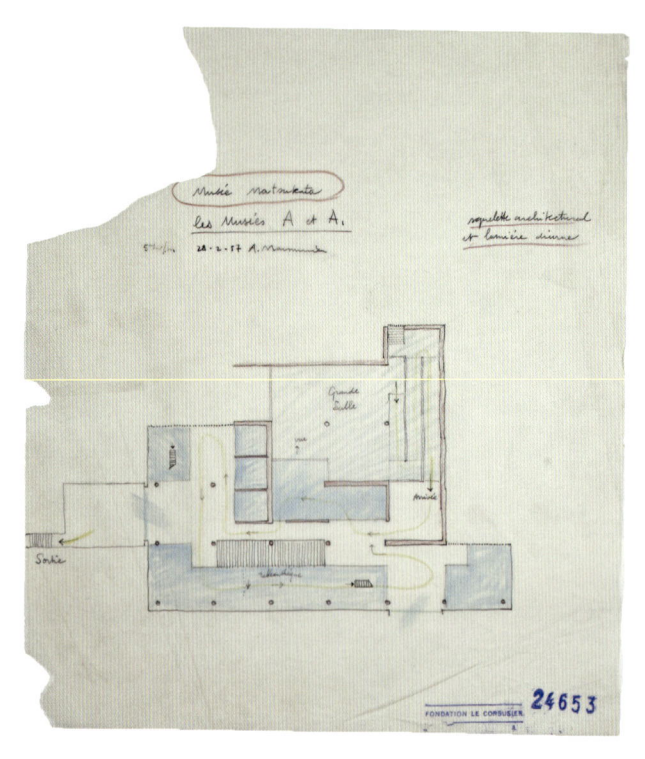

Maisonnier, FLC24653, 1957.2.28

"*Musée Matsukata les Musées A et A₁* 5ᵐ/ᵐ/m 28-2-57 A. Maisonnier / squelette architectural et lumière diurne / Grande Salle vue Arrivée Sortie tableauthèque"

「松方美術館　美術館のAとA₁　5ᵐ/ᵐ/m　57年2月28日　アンドレ・メゾニエ／建築的な骨格と昼間光／大ホール　眺望　登口　出口　資料室」

　展示階の天井からの自然採光は一率であっても、美術館の展示階には、A常設展示の松方コレクション展示、B企画展示、C写真やリソグラフなどの資料陳列展示の性格の異なる3つの展示区画がある。基本案の骨子が固まった段階で、それぞれの詳細な動線を検討しておく必要がある。

*

　アトリエの所員の検討では、3つの展示区画において、水色の領域が主たる展示場所である（**FLC24653**）（**FLC24656**）（**FLC24655**）。区画内部で完結する動線を想定し、引戸（点線部分）で区画を遮断することも可能である。各々の展示区画が独立して機能するように、各々の展示区画に対応する1つの出入り口を設けている。A〜B〜Cの螺旋型の動線の連続性よりも、各々の展示区画は大ホールとの視覚的動線的につながっている。Cの展示区画さえ、この展示区画から延長するEの拡張空間へとつながることなく、大ホールのスロープへと循環して自己完結している。

*

　AからCにかけての螺旋型の動線とは別に、各展示空間を自立させるための動線は必要条件であり、必ずしも螺旋型の動線の否定ではない。しかしながら、避難動線の検討を兼ねているにしても、各々の展示空間から「大ホールへの眺望」を求めることは、展示空間相互のつながりを希薄にする。外に向かって増殖するというよりも、中心に向かって収束していく美術館の構成が、ますます明白になっていく。

第二章　東京の国立西洋美術館

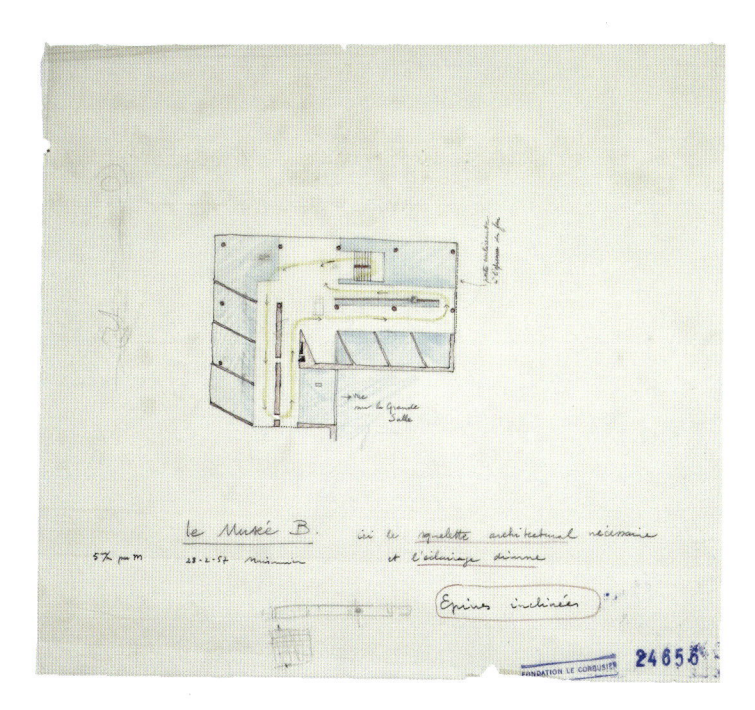

Maisonnier, FLC24656, 1957.2.28

"*vue sur la Grande Salle porte coulissante à l'épreuve du feu / le Musée B 5ᵐ/ᵐ/m 28-2-57 Maisonnier / ici le squelette architectural nécessaire et l'éclairage diurne / Epines inclinées*"
「大ホールへの眺望　鉄の防火戸／美術館のB　5ᵐ/ᵐ/m　57年2月28日　メゾニエ／ここでは必要不可欠な建築的な骨格と昼間照明／斜めの突起」

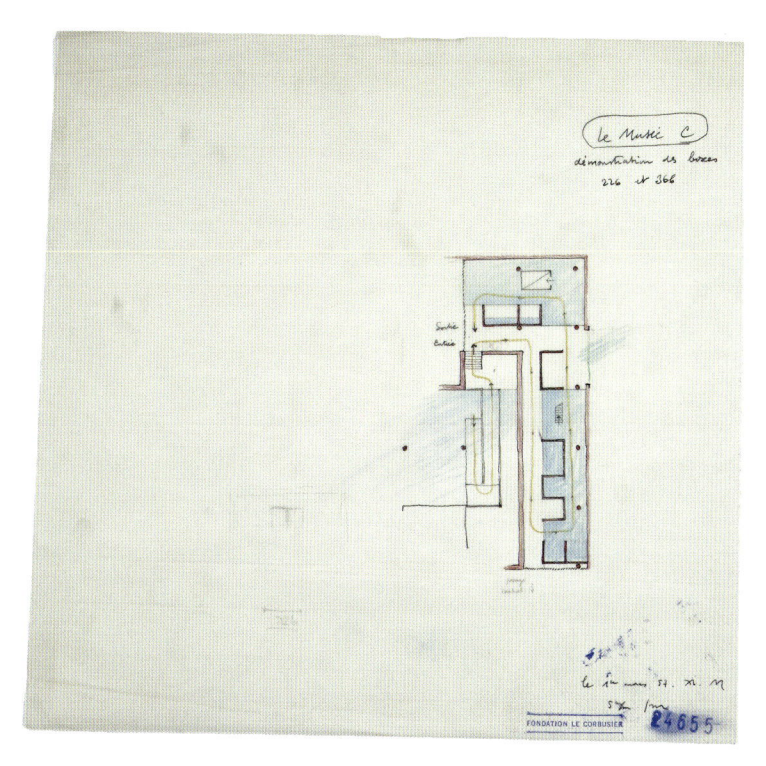

Maisonnier, FLC24655, 1957.3.1

"*le Musée C démonstration des boxes 226 et 366 / Sortie Entrée passage eventuel / le 1er mars 57 A.M 5ᵐ/ᵐ/m*"
「美術館のC　226と336による間仕切り部屋の配置／出口入口　非常口／57年3月1日　アンドレ・メゾニエ 5ᵐ/ᵐ/m」

165

図面解題

「後日建設」

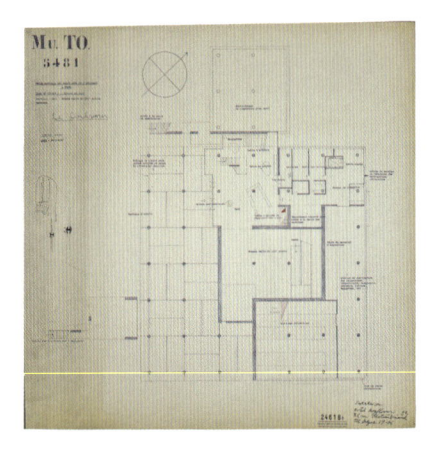

Le Corbusier, FLC24618B, 1957.3.26; 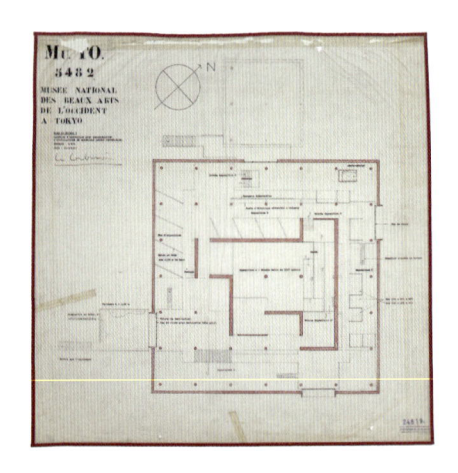　　　　　　　　　　Le Corbusier, FLC24619A, 1957.3.26;

"MUSEE NATIONAL DES BEAUX-ARTS DE L'OCCIDENT A TOKYO PLANS DU NIVEAUX 2 – （Niveau du sol）Portique – Halle – Grande Salle du XIXe siècle Services *Le Corbusier* ECHELLE : 1/100 DATE : 26-3-1957 / Bibliothèque（à construire plus tard）Accès à la salle de conférences Banquettes Salle d'attente Dallage de ciment avec joints colorés et pavés de céramiques émaillés Table de pierre Vestiaire Services : Salle des Gardiens Monte-charge Bureau de réception Entrée de service et réception des marchandises collections... portique d'entrée Entrée des visiteurs Hall Vente d'objets et reproductions d'art. *gaine de pulsion* Emplacement réservé pour accès à la salle des machines. Grande Salle du XIXe siècle Rampe Dépôt du matériel d'exposition Atelier de fabrication des expositions.（électricité, menuiserie, peinture, lettres, maquettes, etc...）Sortie des visiteurs sur l'esplanade *gaine de pulsion* Dépôt des collections Pans de verre ondulatoires / *Sakakura Hotel Mayfloer 8e 3 3, rue Chateaubriand Tél. Balzac 57-46*"

「東京国立西洋美術館　２層階の平面図 –（地上階）　ポーティコ – ホール ― 19 世紀大ホール ― 事務　ル・コルビュジエ　縮尺：1/100　日付：1957 年 3 月 26 日／図書室（後日建設）　講堂への階段　腰掛け　待合　釉掛け陶器セメント舗装　石の机　預かり所　事務：守衛室　昇降機　受付　勝手口と物品収蔵品などの受付　入口のポーティコ　鑑賞者入口　ホール　複製品売店。　通気孔　機械室へのアクセス用地。　19 世紀大ホール　スロープ　展示設営品倉庫　設営アトリエ（電気工事、建具、塗装、文字、模型など）　エスプラナードへの鑑賞者出口　通気孔　収蔵品倉庫　波動ガラス壁／坂倉はメイフラワー・ホテル　8 区　シャトーブリアン通り　電話バルザック 57-46」［左図 FLC24618B］

"MUSEE NATIONAL DES BEAUX-ARTS DE L'OCCIDENT A TOKYO PLANS DU NIVEAUX 3 GALERIES D'EXPOSITION AVEC DEMONSTRATION D'INSTALLATIONS EN MATERIAUX LEGERES DEMONTABLES. ECHELLE : 1/100 DATE : 26-3-1957 *Le Corbusier* / Entrée Exposition B Monte-charge Panneaux démontables Fente d'éclairage obturable à volonté Exposition B Entrée Exposition C Box d'exposition Epine en bois sur 4,95m de haut Passage Exposition A : Grande Salle du XIXe siècle Rampe Pan de verre Escalier d'accès au balcon Exposition C Vox 226 x 226 x 226 Box 226 x 366 x 226 Sortie sur l'esplanade Banquettes en béton et céramiques émaillées Terrasse à + 3,82 m Volets de ventilation Pan de verre avec menuiserie tôle pliée Entrée Exposition A' Exposition A'"

「東京国立西洋美術館　3 層階の平面図　移設可能な軽量材を配置した展示階。　縮尺：1/100　日付：1957 年 3 月 26 日　ル・コルビュジエ／展示室 B の階段　昇降機　移設可能なパネル　任意に開閉できる照明スリット　展示室 B　展示室 C の入口　展示区画　4.95 高の木製突起　通路　展示室 A：19 世紀大ホール　スロープ　ガラス壁　バルコニーへの階段　展示室 C　226×226×226 の箱　226×366×226 の箱　エスプラナードへの出口　コンクリートと釉掛け陶器の腰掛け　3.82m 高のテラス　換気鎧戸　曲げ鉄板入りのガラス壁　展示室 A'の入口　展示室 A'」［右図 FLC24619A］

　日本人建築家による詳細検討や、ル・コルビュジエによる天井採光や展示空間の動線の再検討を経て、ル・コルビュジエはもう一度日本に一連の修正平面図を送付する。竣工後に出版する『全集』でも、ル・コルビュジエはほぼ同じ内容の図面を掲載することになる。ル・コルビュジエによる東京の美術館としての最終型である。

*

　日本に送付した基本案の一連の平面図と比較して、大きな変更はない（FLC24618B）（FLC24619A）（FLC24621A）（FLC24622A）（cf., FLC24616B）。施主の要請を平面図として反映しているのは、ホワイエの削除であり、坂倉準三の図面に指摘のあった柱径の寸法も、基本案に比べて太い。ただし、削減を求められていた図書室・講堂については、「後日建設」として図面化する（FLC24618B）。卍型の拡張を示す矩型

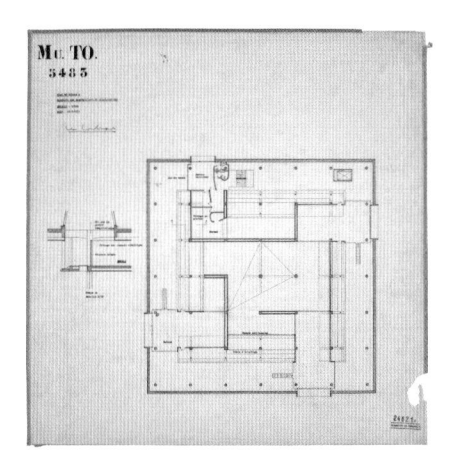

第二章　東京の国立西洋美術館

Le Corbusier, FLC24621A, 1957.3.26;

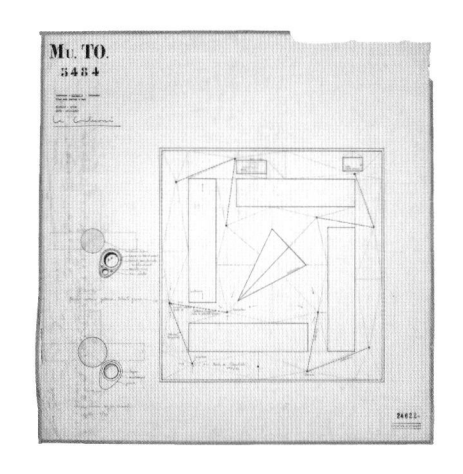

Le Corbusier, FLC24622A, 1957.3.26

"PLANS DU NIVEAUX 4 GALERIES DES ELECTRICIENS ET ECLAIRAGSTES ECHELLE : 1/100 DATE : 26-3-1957 *Le Corbusier* / Pan de verre Bureau Directeur Vitrage au plafond Bureau Balcon Ecrans coulissants Fentes d'éclairage / Ici pas de poutre longitudinale Vitrage sur chassis métallique Cloison brique BUREAU Coupe AA Echelle 1/50"

「4層階の平面図　電気照明室　縮尺：1/100　日付：1957年3月26日　ル・コルビュジエ／ガラス壁　館長室　天井ガラス　バルコニー　引き戸　照明スリット／ここは梁断面ではない　金属サッシのガラス　煉瓦間仕切り　事務所　AA断面　縮尺1/50」〔左図 FLC24621A〕

"Terrasse – NIVEAU 5 : Terrasse Plan des pentes d'eau ECHELLE : 1/100 DATE : 26-3-1957 *Le Corbusier* / Boîte escalier Boîte Monte-charge / Colonne béton Gaine en tôle et isolant Descente eaux plurales en fibro-ciment Descente W.C. Eau potable niveau galeries. Détail gaine / Lanterneau Lanterneau Descente verticale 0 int 25 Collecteur horizontal dans le plancher terrasse Evacuation Collecteur Horizontal Collecteur Evacuation Pente de l'étanchéité 1^{cm}5/m Descente Collecteur / tuyau emboîtement gaine Coupe niveau rez de chaussée échelle 1/10"

「テラス – 5層階の平面図：テラス　水勾配図　縮尺：1/100　日付：1957年3月26日　ル・コルビュジエ／階段室　エレベーター室／コンクリートの円柱　金属カバー　繊維セメントの雨水溝　汚水　飲料水　ギャラリー階断面　管の詳細／天窓　天窓　直径25インチの縦管　テラス床面の集水　排水口　集水　排水　防水勾配 *1cm5/m*　集水　排水　集水／管　継ぎ　カバー　地上階断面　縮尺 *1/10*」〔右図 FLC24622A〕

の図書室・講堂のヴォリュームは、ル・コルビュジエとしては譲歩して断念できない構想の断片である。

　地上階のポーティコ下の仕上げについては、彩色された採石を埋め込む仕様とする。壁や天井の多彩色に比べて、床面の多彩色はル・コルビュジエの建築作品では比較的少ない。そしてル・コルビュジエは、仕様記載の図面脇にロンシャンの礼拝堂（1953）のガラス壁の接合部分を素描して、美術館正面のポーティコのガラス壁の詳細に参照する（**FLC24618B 左中**）。エスプラナードから美術館の多彩色の床面を踏み歩き、入口のガラス壁を通り抜けて、大ホールに始まる芸術作品の立面的な色彩世界へといたる淀みないプロムナードに、ル・コルビュジエはロンシャンの丘の面影を投影しているのかもしれない。しかし、東京の美術館には、ロンシャンの礼拝堂（1953）やアーメダバードの美術館（1957）のような、通過儀礼としての回転扉は

ない（cf., **FLC6930**）。あくまで、エスプラナードからモーティコ、そしてのホールへ空間が途切れることなく連続する。変位は、大ホールで突然出現する仕掛けである。

　一方、ル・コルビュジエは屋上に花壇を描かない（**FLC24612A**）。屋上庭園の断念である（しかし皮肉なことに、最終的に花壇は実現している）。

＊

　修正図面は、もっぱら美術館に関する平面図である。ル・コルビュジエは、地上階平面図が兼ねるはずの配置図を描かない。少なくとも、将来的な事業に期待するのであれば、配置図を描くはずである。おそらく、ル・コルビュジエは「展示館」「不思議の箱」を半ば断念している。構想のある断片を美術館に統合し、ある断片は断念し、またある断片は実現の機会をうかがって、「後日建設」である。

167

図面解題

ファサードの自己完結

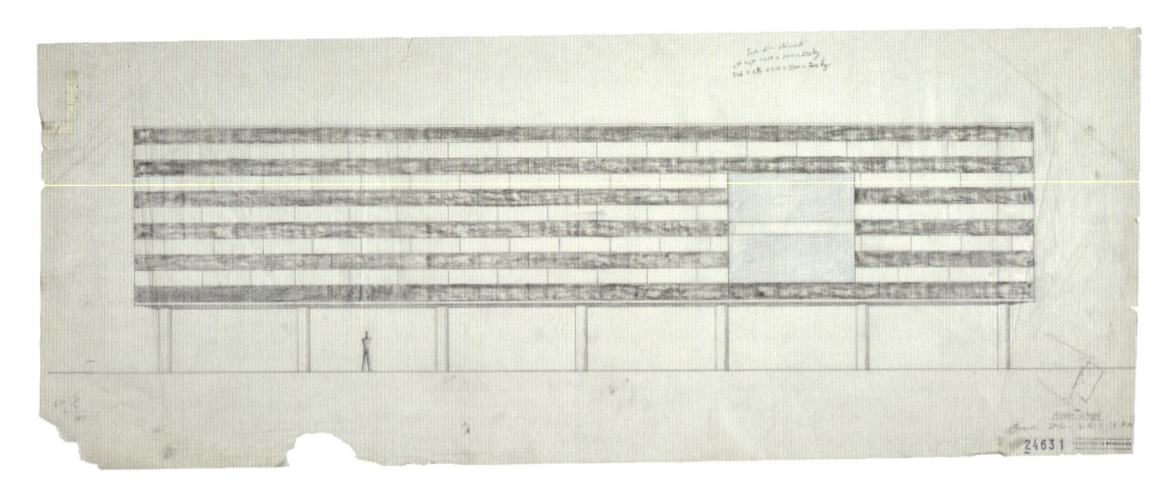

Maisonnier, FLC24631, 1957.2.12

"*Poids d'un élément / 2,26 X 0,70 X 0,07 X 2000 = 250kg / 226 X 0,86 X 0,07 X 2200 = 300kg / Mu-Tokyo Façade 2^{cm}/m – le 12-2-57 A.M*"

「*1片の重量／2.26 × 0.70 × 0.07 × 2000 = 250kg／226 × 0.86 × 0.07 × 2200 = 300Kg／東京の美術館　ファサード 2^{cm}/m　57年2月12日　アンドレ・メゾニエ*」

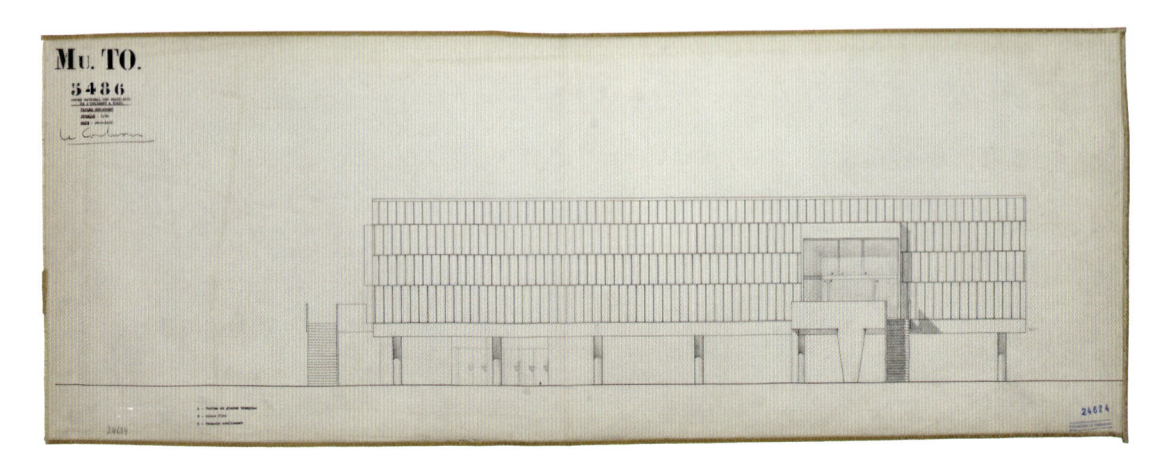

Le Corbusier, FLC24624, 1957.3.26

"MUSEE NATIONAL DES BEAUX-ARTS DE L'OCCIDENT A TOKYO FACADE SUD-OUEST ECHELLE : 1/50 DATE : 26-3-1957 Le Corbusier / A – Portes en glaces trempées B – Glace fixe C – Chassis coulissant"

「東京国立西洋美術館　南西断面図　縮尺：1/50　日付：1957年3月26日　ル・コルビュジエ／A ─ 強化ガラス扉　B ─ 嵌め殺しガラス　C ─ 引き戸サッシ　D ─ 嵌め殺しガラス壁（波動型）　E ─ 鎧戸」

[Le Corbusier], FLC29948B

　基本案に美術館の立図面はない。基本案を修正していく過程において、ル・コルビュジエはようやく美術館のファサードを主題とし、アトリエの所員に検討を指示する。

＊

　モデュロールによる横割を基準とし、コンクリート・パネルを層状に重ねる外壁の立面図では、ヴォリュームとして見えるはずのピラミッド採光装置を描いていない（**FLC24631**）。ピロティの奥に見えるはずの地上階部分も描いていない。アーメダバードの美術館（1957）のように拡張を暗示する梁の突出部もない。ピロティに浮遊する自己完結した美術館のヴォリュームである。しかしたしかに、二種類の素材を用いて水平性を強調したファサードは、螺旋型であれ卍型であれ、水平的な拡張を暗示している。

　同時期の別の立面図では、単一素材の割り付けで比較的平坦な面性を強調している（**FLC24624**）。比較的拡張性に乏しいファサードの表現であるが、ル・コルビュジエは図面に署名する。

　細切れの紙に鉛筆で描いた数少ないル・コルビュジエによる外観の素描においても、美術館の拡張性への配慮はない（**FLC29948B**）。単一の量塊的なヴォリューム（このとき、ル・コルビュジエの頭のなかには、小石を埋め込んだコンクリート・パネルの外壁がある）と、太い柱が林立するピロティ下の空間の拡がりに、ル・コルビュジエは筆を運ぶ。

＊

　美術館はコンクリート・パネルを身にまとい、地上との非連続性を強めて、造形的な浮遊感を高める。ル・コルビュジエは拡張性を備えた美術館に相応しいファサードという難問を等閑視する。結果、ファサードは自己完結する。拡張性を犠牲にした平面検討の必然的な帰結でもある。

図面解題

「波動ガラス壁」によるカムフラージュ

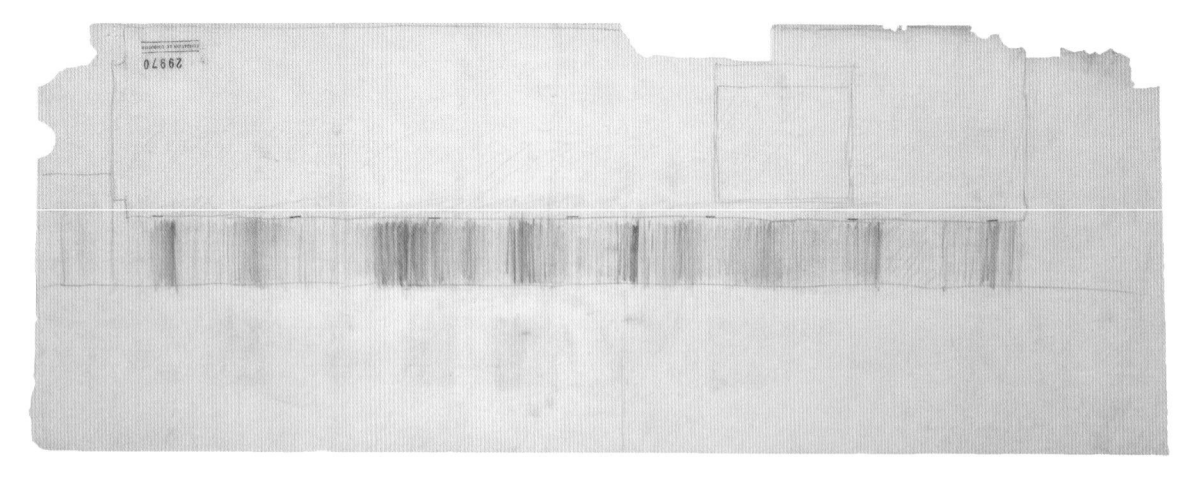

[Le Corbusier], FLC29970

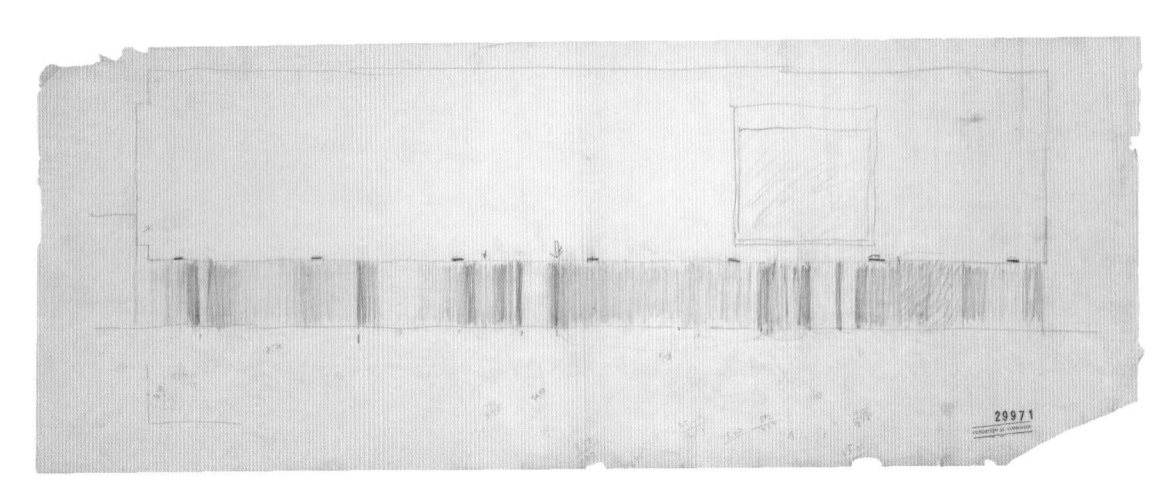

[Le Corbusier], FLC29971

"7.75 958 / 41m11 35 22 42"
「7.75　958／41m11　35　22　42」

　美術館のファサードの主題は、展示階の外壁の検討がすべてではない。アーメダバードの美術館（1957）の場合、地上階の大部分は野外の外部空間に開かれているが、東京の美術館では、狭隘な敷地のために地上階の多くの部分を内部空間として充足せざるを得ない。地上階にファサードが発生する。ル・コルビュジエは、ピロティに支持されて浮かぶ「美術館」のヴォリュームの表現を保持するために、地上階の外壁として「波動ガラス壁」を検討する。

＊

　ル・コルビュジエが考案した（正確には、アトリエの所員クセナキスが考案した）「波動ガラス壁」は、ガラス壁の応用であるが、ガラス壁の方立て（マリオン）の間隔を不均一にすることでガラス壁があたかも曲面のように波打つ錯視を産み出し、壁の存在感を希薄にする（**FLC29970**）（**FLC29971**）（これらの図面はル・

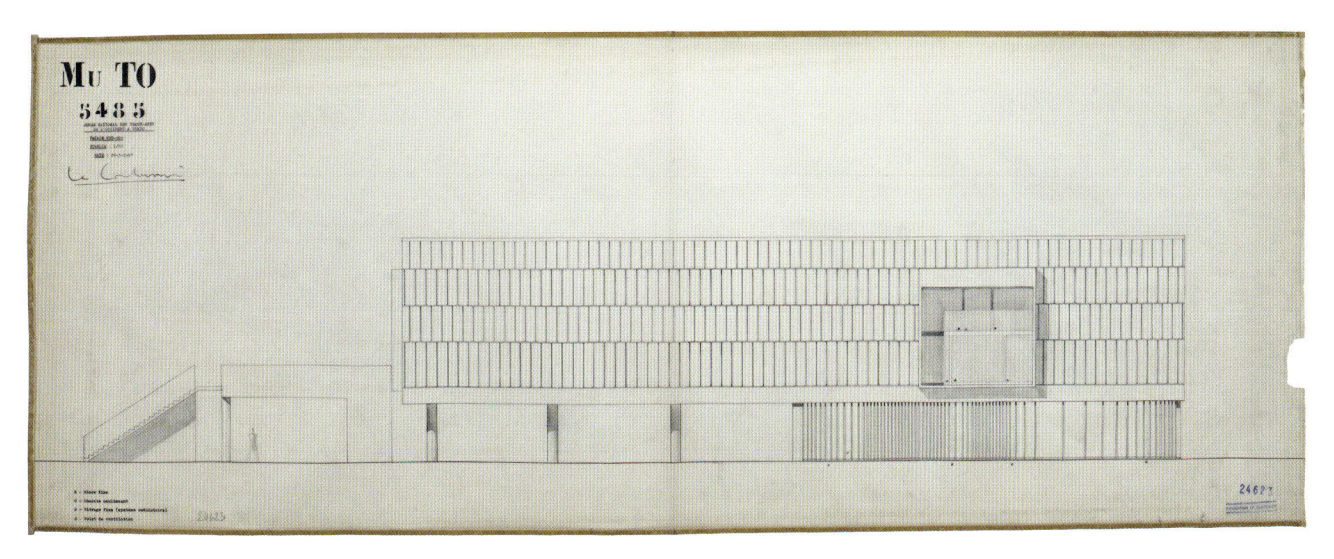

Le Corbusier, FLC24623, 1957.5.2

"MUSEE NATIONAL DES BEAUX-ARTS DE L'OCCIDENT A TOKYO FACADE SUD-EST ECHELLE : 1/50 DATE : 26-3-1957 <u>Le Corbusier</u> / B – Glace fixe C – Chassis coulissant D – Vitrage fixe（système ondulatoire）E – Volet de ventilation"
「<u>東京国立西洋美術館　南東断面図</u>　縮尺：1/50　日付：1957年3月26日　<u>ル・コルビュジエ</u>／B－嵌め殺しガラス　C－引き戸サッシ　D－嵌め殺しガラス壁（波動型）　E－鎧戸」

コルビュジエではなく、クセナキスの素描の可能性もある）。視覚的な躍動感が通常のガラス壁とは異なる視覚的効果をもたらす。「波動ガラス壁」の透明性は、上部の展示階のコンクリート・パネルのファサードの量塊性と対比し、美術館の立面構成を明瞭にする。さながら、古典建築の「基壇」の換骨奪胎である。しかし、方立て（マリオン）の間隔を濃淡で示す立面図に、機能的な根拠はない。方立ては、純粋に感性的な配置構成である。

　ところで、「波動ガラス壁」は内部からの眺望、あるいは外部から差し込む光の効果を劇的に演出する装置でもある。ル・コルビュジエが『全集』で掲載するラ・トゥーレットの修道院（1959）の中庭や食堂内部の「波動ガラス壁」の写真でも明らかなように、林立する方立て（マリオン）が外部から差し込む光によって水平面上にリズミカルな影を落とす。しかし、ル・コルビュジエはより高い浮遊感を得るために、エスプラナードに面する美術館前面のポーティコを透明なガラス壁とし、波動ガラス壁は倉庫や事務機能の位置する裏面に限定する（**FLC24623**）。

*

　自己完結する東京の美術館は、あくまでピロティに支えられて浮遊し、エスプラナードとの視覚的な連続性をつくりださなければならない。「波動ガラス壁」でさえ障壁となる。インドと比較して脆弱な東京の光のもとでは、「波動ガラス壁」の光の遊戯は限定的である（チャンディガールの美術館（1964）では、地上階のファサードは「波動ガラス壁」を全身にまとっている）。

171

図面解題

日本人建築家

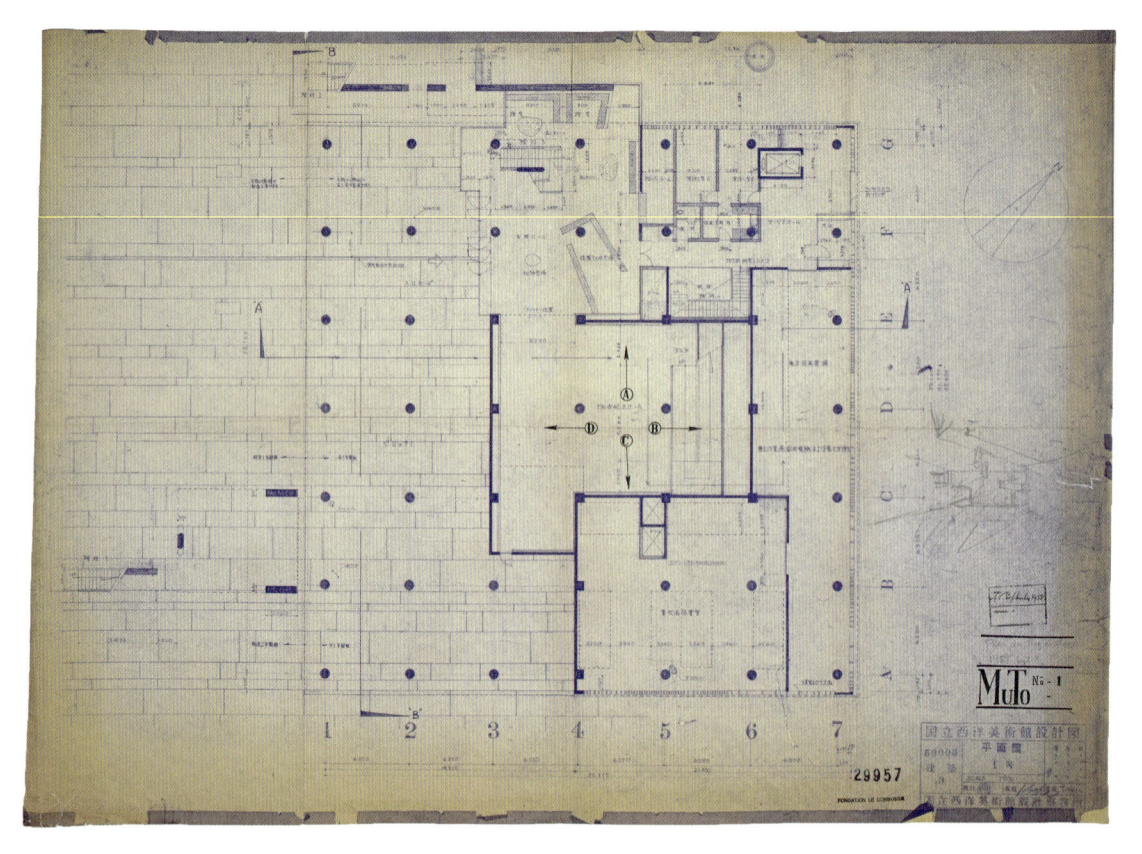

Maekawa, Sakakura, Yoshizaka, FLC29957, 1958.9.9

「階段 2　点線より外側は別途工事とする　点線より内側は本工事の範囲である　黒御影目地巾約 200　目地巾 30　入口ポーチ　舗装工事範囲　本工事範囲　ダクトカバー　600　別途工事範囲　本工事範囲／控室　控室　石のテーブル　階段 3　ダクトカバー　石のテーブル　ソファ　玄関ホール　複製その他売り場　切符売り場　シャッター位置／ランプ　十九世紀大ホール　Ⓐ　Ⓓ　Ⓑ　Ⓒ／ダクト　収集品保管室　ダクトカバー／クロークルーム　管理人室 A　管理人室 B　リフト　サーヴィス入口　折タタミ戸　便所　物置　厨房　サービスホール　受付　地下機械室えの入口　ダクト　吹抜　階段 6／ダクトカバー　展示用用具置場　展示作業場（照明電気木工塗装文字模型）律動ガラス面／REÇU 15 Septembre 1958 Plan du Rezdechachaussée 1958. Sept 9.／Mu.To Nö-1　国立西洋美術館設計図　50003 建築 3　平面図 1 階　SCALE 1/100　前川前川　坂倉 /Saka　吉阪 Taka　国立西洋美術館設計事務所」

ル・コルビュジエが日本へ修正図面を再送付してから、日本人建築家たちはさらに詳細な検討を進めている。1957年に国立西洋美術館設計事務所の名でまとめる施工案の図面は、ル・コルビュジエによる建築図面を忠実に反映しているが、詳細の変更や素材の決定については、おそらくル・コルビュジエの承認を逐一得ている。ただし、パリのル・コルビュジエ財団には、日本人建築家（前川國男、吉阪隆正）による図面は数少ない。ル・コルビュジエは日本で作成した図面を承認しているだけで手を加えず、ル・コルビュジエ自身も多くを保管しない。パリのアトリエに残された日本人建築家の施工案の図面の平面図にいたっては、青図1枚のみである。すでに工事が着工している時期である。

＊

　日本人建築家たちが作成する平面図では、構造上の問題から柱太さを太く修正し、モデュロール尺も変更しているが、それについて、ル・コルビュジエが注意を払っている痕跡はない（**FLC29957**）。手紙などで日本建築家たちに伝えることもない（たとえ口頭で指示をするにしても、重要な案件については、ル・コルビュジエは必ず文書にする）。代わりに、ル・コルビュジエは青図に大ホールの透視図を素描する（**FLC29957 右中**）。

実施案の図面を手渡した後のル・コルビュジエの関心は、もっぱら美術館の中心の大ホール内部空間の装備である。もはや「美術館」それ自体の建設に関する検討項目は、ル・コルビュジエの頭のなかにはない。

＊

　もちろん、ル・コルビュジエは所員の様々な工夫検討を採用し、あるいはそれを独自に翻訳する。たとえ自らの手が加わっていなくても、「*Le Corbusier*」の自筆署名は建築家ル・コルビュジエとしての作品を保証する。アーメダバードやチャンディガールの場合、遠隔地の現場であるために、美術館に限らずル・コルビュジエ以外の建築家が深く関わることになるが、ル・コルビュジエは概ね年2回、ピエール・ジャンヌレが駐在していたインドへ訪問し、すべてを自らの眼で「選択」する。日本の東京へは、1度だけの訪問である。たとえ日本人建築家たちがル・コルビュジエのアトリエに従事した経験を持っていたとしても、東京の美術館に関するル・コルビュジエの対応は、特異であり不可解でもある。ル・コルビュジエの黙認には、日本人建築家たちへの信頼や敬意、そして自らの手を離れざるを得ないことへの諦念が入り混じる。

173

図面解題

「写真壁」

Maisonnier, [Le Corbusier], FLC29967, 1959.2.5

"<u>Musée Tokyo</u> Perspective de la Salle du XIXᵉ siècle (Vue de la partie supérieure de la rampe d'accès aux galeries d'expositions) le 5-2-59 A. Maisonnier / C D C B D D A"

「<u>東京の美術館</u>　19世紀ホールの透視図（展示室への斜路の上部から）　59年2月5日　A・メゾニエ／C　D　C　B　D　D　A」

　東京の美術館の構想のはじめから、ル・コルビュジエは、美術館の中心となる「19世紀大ホール」に、19世紀の文明を象徴する様々な写真を素材とする「写真壁」の構想を抱く。しかし、ル・コルビュジエが具体的な「写真壁」の検討を始めるのは、起工式の後である。

*

　下図となる大オールの透視図では、アトリエの所員がル・コルビュジエの指示によって天井面を鮮やかな赤色の色鉛筆で着色している（**FLC29967**）。そこに、ル・コルビュジエは壁面に「写真壁」の構図を描き、A〜Dまでの白黒の無彩色指定をする。天井に「クロストラ」を備える最初の構想にもまして（cf., **FLC29936C**）、無彩色の壁面と有彩色の天井面との対比は、上昇する視線を誘導する。

　ル・コルビュジエは、下図をもとに大ホールを水彩で着色する（**FLC33443**）。もはや最初の構想のように、本物の絵画や彫刻はない（cf., **FLC29936C**）。科学技術や芸術作品など、19世紀文明の出来事に関する写真群が大ホールを包囲する。基本的にはコラージュの手法であり、見方によっては騒々しく、静寂とはほど遠い。むしろ祝祭的な文明肯定である。しかし、実現の目処は立たない。それでも、ル・コルビュジエは美術館竣工後も断念することなく、スイス学生会館（1932）のホールや新時代館（1937）において具体化した「写真壁」の構想の実現可能性を最後まで模索

174

第二章　東京の国立西洋美術館

Le Corbusier, FLC33443, 1959.2.12

"<u>Musée Tokyo</u> Perspective de la Salle du XIXe siècle (*Vue de la partie supérieure de la rampe d'accès aux galeries d'expositions*) le 5-2-59 A. Maisonnier / PhotoMural Hall de musée / Paris 12 février 59 <u>Le Corbusier</u>"
「<u>東京の美術館</u>　19世紀ホールの透視図（展示室への斜路の上部から）　59年2月5日　A・メゾニエ／写真壁　美術館のホール／パリ　59年2月12日　<u>ル・コルビュジエ</u>」

する。

     ＊

　「写真壁」はル・コルビュジエの「芸術の綜合」の手法の一つである。東京の美術館の場合、ル・コルビュジエの大ホールに19世紀の文明を写真によって複製し、コラージュする。本物性を無効にする代わりに、広義に捉えた芸術が集積する場所を大ホールに構築する。東京の美術館についてのル・コルビュジエの構想は、垂直の光の効果によって天空へと視線を導く中心の大ホールにはじまり、そして大ホールに終わる。つまり、東京の美術館が「ル・コルビュジエ」の作品であることの保証は、大ホールにこそある。それゆえに、ル・コルビュジエは最後までこの場所を描く。

175

第三章

チャンディガールのパンジャブ州立美術館

第三章　第一節

チャンディガールのパンジャブ州立美術館

制作論：螺旋の終焉、そして再び大地へ

制作論：螺旋の終焉、そして再び大地へ

はじめに：都市計画としての美術館

図1 竣工直後のチャンディガールの美術館 [1]

ル・コルビュジエが具体的な建設用地にチャンディガールの美術館を構想するのは、1957年から1964年にかけてである(1964年から1968年にかけて施工)(**図1**)。つまり、東京の美術館(1959)の構想がほぼ終了し、施工に向けて詳細を詰めている最中に構想が始まる。チャンディガールの美術館は、ピロティによって持ち上げられた展示空間の螺旋型と卍型による拡張可能性、そして天井からの自然採光装置を装備した「限りなく成長する美術館」のプロトタイプを適用する第3の建築作品であり、結果的にル・コルビュジエが実現する最後の美術館となる。

しかしながら、チャンディガールの美術館は、既存の都市の文脈に埋め込まれるアーメダバード(1957)や東京の美術館(1959)とは異なる。チャンディガールの美術館は、新都市の全体計画に位置づけられる、いわば白紙の土地に据えられる建築作品である[2]。

ル・コルビュジエは、1951年2月から3月にかけてはじめてインドを訪問し、チャンディガールの都市計画の骨格を現地で定める[3]。新都市北端の行政地区カピトールから南に向かって貫く大緑道、東側に商業地区、西側には文化地区[4]を区画する(**図補1**)。なかでも、文化地区には競技場・美術館があり、美術館の区画には「限りなく成長する美術館」のプロトタイプと芸術学校、さらに大劇場が隣接する[5]。ル・コルビュジエは、新しい時代の新都市チャンディガールにおいて、「美術館」をはじめから必要不可欠な都市施設として位置づける[6]。

たしかに、ル・コルビュジエはチャンディガールの新都市計画顧問として全体を統括する他、建築家としては、カピトールの建築群を建設することだけを任務とする。したがって、ル・コルビュジエがこの時点で自ら美術館を実際に手がけようとしているかどうかは不明である。少なくとも、契約上に美術館建設の任務はない。しかし、1951年10月の第2回目のインド訪問において、ル・コルビュジエはおもむろに芸術空間を構成するプロトタイプ群を手帖に素描する[7]。ヒマラヤ山脈を背景とする常設のための「美術館」、企画展示のための仮設的な「展示館」、前衛的な劇場「不思議の箱」、野外での舞踏のための「自発劇場」の素描である。ル・コルビュジエはチャンディガールという新都市の建設において、はじめから「美術館」を含む「芸術の綜合」のための空間を目論んでいるのである(**図2**)。

しかし実際には、1957年になってようやく文化地区に美術館と芸術学校の建設が事業化し、カピトールの建築群の構想からかなり遅れて6年後、ル・コルビュジエは美術館の検討に着手することになる。

ル・コルビュジエは、チャンディガールにおける美術館の初期構想の段階において、アトリエの所員に次のように書く。

> 「文化地区の合理的な配置を検討しなくてはなりません。チャンディガールでは美術館、不思議の箱、応用美術学校から構成されます。カピトールの大学地区 V2 へ通じるトラックや歩行者の道路の詳細を知らせなくてはなりません。
> すぐにでも最終的な構想を示す必要があります。美術館は絵画のための美術館ではないということに留意すること。インドの五ヵ年計画に関連する都市計画施設として位置づけたいのです。」[8]

「絵画のための美術館ではない」のは、インド芸術に彫刻作品が多いからだけではない[9]。ル・コルビュジエの「美術館」は、絵画などの芸術作品を収蔵して展示する単なる「美術館」でないことはもちろん、ムンダネウムの世界博物館(1929)のごとく都市全体のなかの文化施設として位置づけられなければならない。都市計画としての美術館の位置づけは、既存の都市のなかにあるアーメダバード(1957)や東京の美術館(1959)では不明瞭にならざるを得ない。新都市チャンディガールは、都市施設としての「美術館」のプロトタイプの移植にふさわしい場所である。しかし逆に、チャンディガールに固有の美術館を建設するためにル・コルビュジエがよりどころにできるものは、ヒ

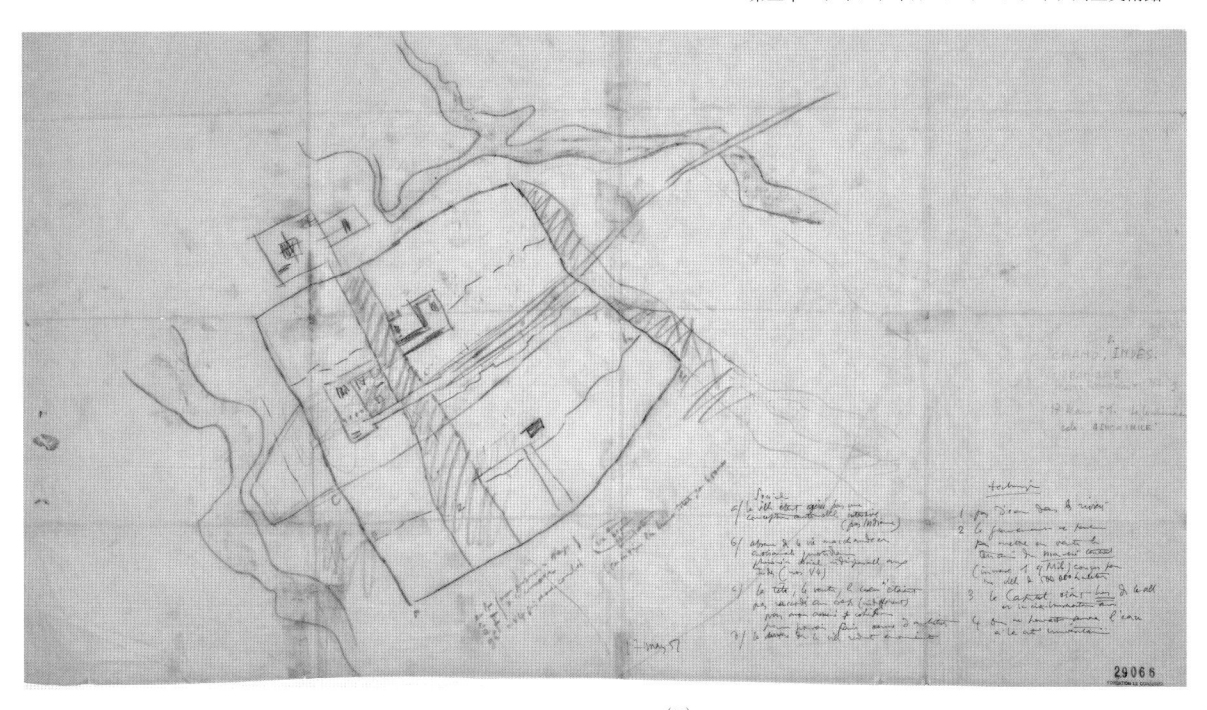

第三章　チャンディガールのパンジャブ州立美術館

図補1　ル・コルビュジエによる初期の都市計画的な配置検討（1951年3月17日）[10]

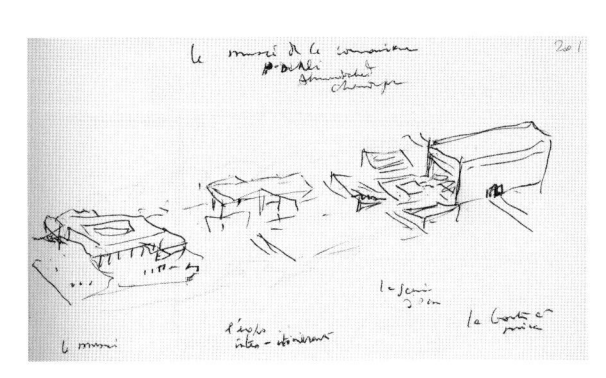

図2　ル・コルビュジエによるデリー、アーメダバード、チャンディガールに共通する芸術空間のプロトタイプ群の素描［1951年初頭］[11]
"*le musée de la connaissance p. Dehli Ahmedabad Chamdigarh / le musée / l'expo inté-extérieux / la scène d'eau / la boîte à miracle*"
「デリー、アーメダバード、チャンディガールの知の博物館／美術館／内外の展示館／水の舞台［後の自発劇場］／不思議の箱」

マラヤの山々以外にはない。あるいは、ヒマラヤの裾野に拡がる大地へと降り注ぐ太陽の光と雨である。実際、この逆説的な条件において、ル・コルビュジエは「限りなく成長する美術館」のプロトタイプをアーメダバードや東京とは違った方法によって展開していく（**図3**）。

第I期　基本案その1

1957年4月頃から始まるル・コルビュジエの最初の具体的な検討は、都市計画として位置づけられた文化地区の全体配置構成である（**図補2**）。

都市計画道路に挟まれた文化地区は、建築的ヴォリューム、植栽ともに明快な幾何学に基づく。アクセスを地区の北西側にとり、野外彫刻の点在する中央の「エスプラナード」を「美術館」「不思議の箱」「展示館」のプロトタイプが取り囲み、美術館の背後の北東に芸術学校が隣接する[12]。

細長い長方形の敷地であるにもかかわらず、矩型の美術館そのものは8スパンであり、7スパンのアーメダバードの美術館（1957）や6スパンの東京の美術館（1959）と比べると、大規模な美術館である[13]。それだけのスパンを取るために、有限な敷地での螺旋型の拡張はある程度犠牲にせざるを得ない。拡張予定地の記載もない。卍型の拡張についても、接続する附属施設を設定せずに、「バルコニー」のみとする。「美術館」のプロトタイプとしては不完全である。

美術館の展示内容については、それを示す資料はほとんどない。アーメダバードの美術館（1957）と同じく、チャンディガールの美術館も郷土博物館的な機能を担うことになるが、ル・コルビュジエのアトリエに展示内容に関わる検討図面はない。ル・コルビュジエの展示内容に関する無関心、もしくは収蔵作品の未確定のいずれかである。しかしいずれにしても、まずはかたち（プロトタイプ）を宛がってみるというル・コルビュジエの制作手法に変わりはない。

1957年4月作成の最初の配置図以降、ル・コルビュジエはおよそ1年後の1958年3月5日、美術館単体

181

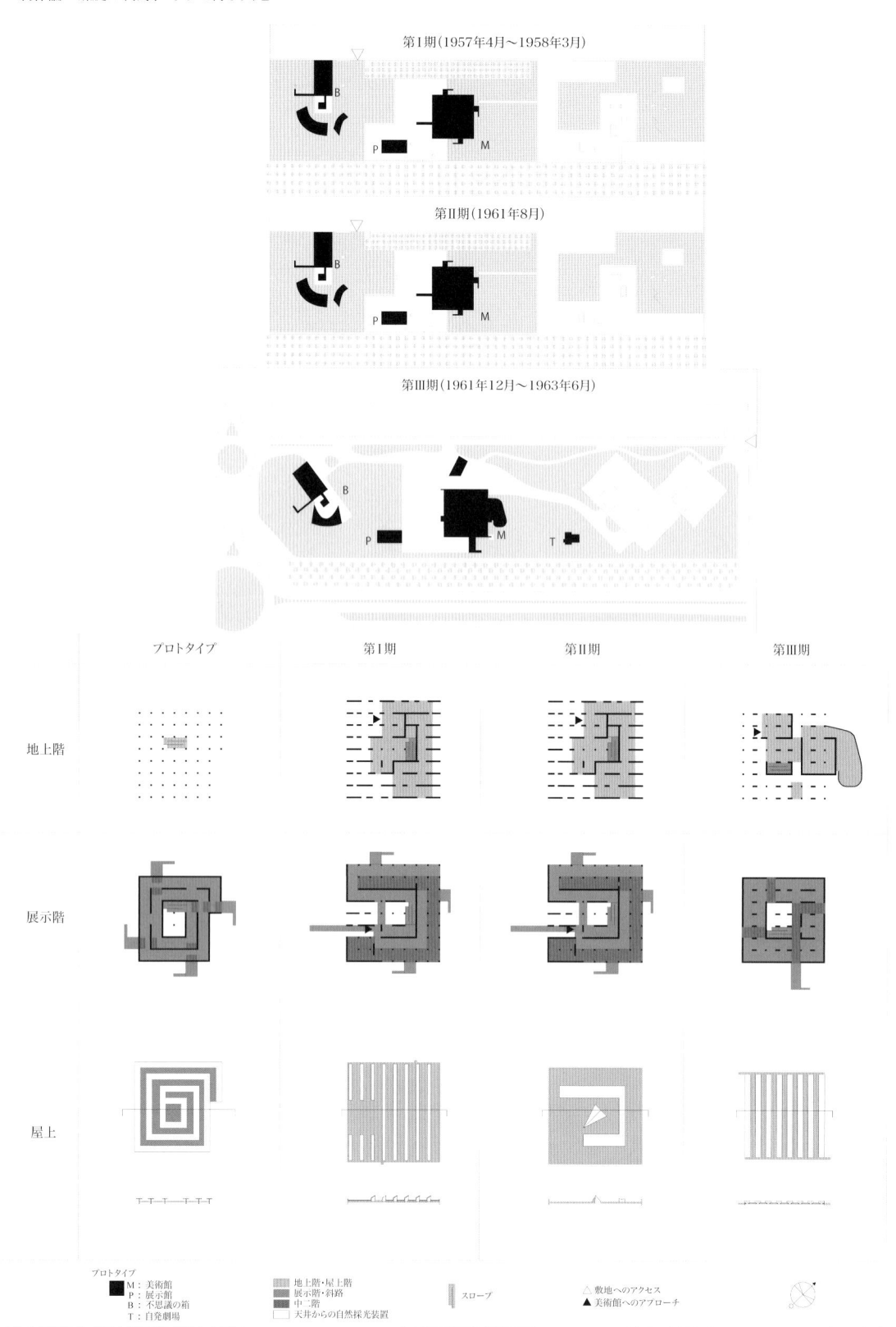

制作論：螺旋の終焉、そして再び大地へ

図3 チャンディガールにおける「限りなく成長する美術館」の生成過程[14]

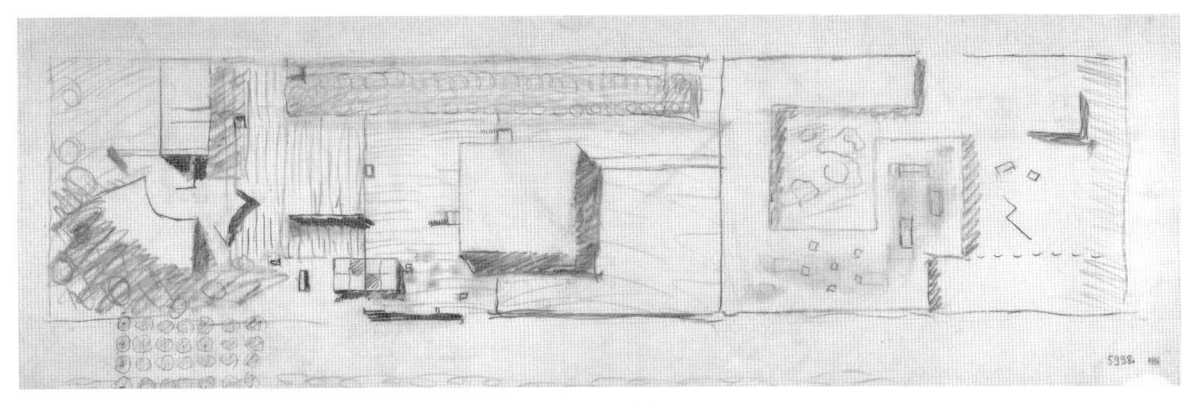

第三章　チャンディガールのパンジャブ州立美術館

図補2　［ル・コルビュジエによる］最初期の美術館の全体配置構想［日付不明］[15]

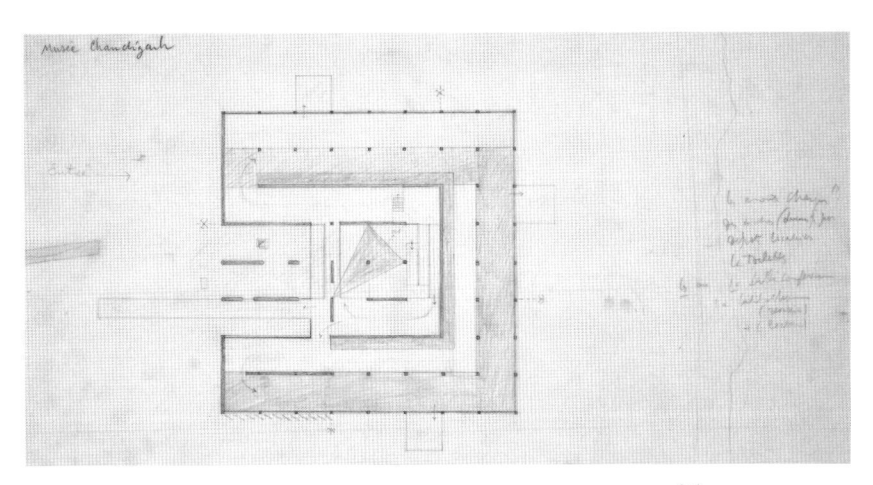

図補3　ル・コルビュジエによる美術館の展示階平面の検討［1958年3月5日直前］[16]

の基本案となる平面図をまとめる[17]。

　ル・コルビュジエは、冷気を導入するために、前面池を配して美術館正面のポーティコに当たる庇の奥行きを深くとり、螺旋型の動線を切断して、大ホールの吹き抜けと開放的に連続させる（**図補3**）。さらに、展示階へは外部スロープによって結ぶ。美術館の地上階は通風の方向に呼応して、ピロティの柱の断面を従来の角柱の正方形ではなく長方形の板壁状とする（**図補4**）。

　通風に建築的な形態と仕掛けを与えるだけではなく、ル・コルビュジエは中央吹き抜けの大ホールに、東京の美術館（1959）において構想した採光装置と同型のピラミッド型の自然採光装置を美術館の天井に検討する[18]。東京とチャンディガールでは、太陽の日射しの強度がまったく異なるにもかかわらずである。

　しかし、チャンディガールの採光装置は、東京の美術館（1959）のピラミッド型の純粋な参照とは断定できない。ル・コルビュジエは、美術館の基本案を携えた1958年からの1ヶ月のインドへの旅において、デリーで城壁レッド・フォートを訪問し、著名な謁見殿やモスクにもまして、様式史的には必ずしも重要とはいえない風呂の小建築物に注目し、風呂場の中心の天空から降り注ぐ光を素描し、チャンディガールの美術館の天井からの自然採光に参照している（**図4**）。ル・コルビュジエの「美術館」のプロトタイプは、アーメダバード（1957）や東京の美術館（1959）での経験知、さらにデリーの歴史的建造物を重ね合わせ、地域的かつ普遍的な様相を帯びていく。

　一方、ル・コルビュジエは、ピラミッド型の自然採光装置を保留したまま、南東から吹く「モンスーンの風」を利用するために、自然採光を兼ねた雨水処理装置を屋根面に平行配置し、最終的に雨水をガーゴイユによって美術館の外縁から地上に排出する処理を別途検討する（**図補4右上**）。

　螺旋型の鑑賞動線に沿った天井からの自然採光装置の配列とは異なる発想である[19]。たしかに、天井からの自然光と同時に風向きに沿って雨水を処理するためには、採光装置が螺旋型の鑑賞動線に従うことは合理的ではない。そもそも、展示階においては螺旋の動線が破綻している。ル・コルビュジエの動線の検討には、はじめから螺旋型や拡張への意識が乏しい[20]。

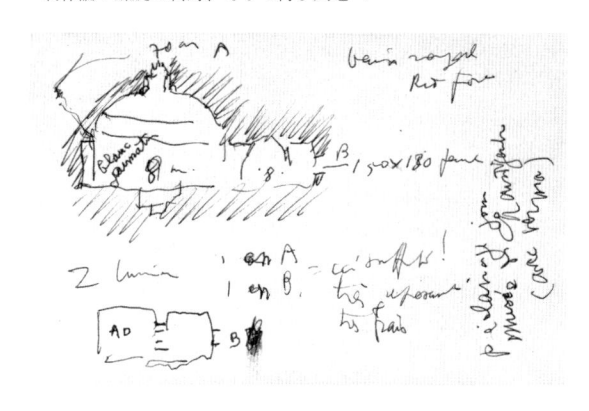

制作論：螺旋の終焉、そして再び大地へ

図4 ル・コルビュジエのレッド・フォートの浴室の素描（1958年3月頃）[21]
"*bain royal Red Ford / 70cm A / blanc jaunâtre / 8m / 8 / B / 150 X 130 jaune / 2 lumière / 1 en A / 1 en B / =ça suffit! très reposant très frais / p éclairage jour musée de Chandigarh（avec Varma）*"
「レッド・フォートの王の浴室／A　70cm ／黄色味がかった白色／8m ／8／B／150 X 130 黄色／2採光／1つはAから／1つはBから／＝これで十分！とてもひんやりとして落ち着く／チャンディガールの美術館の日中照明に（ヴァルマとの仕事）」

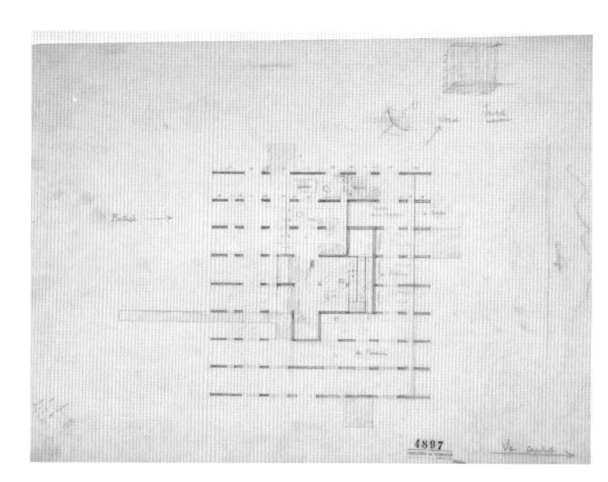

図補4 ル・コルビュジエによる美術館の展示階平面と天井雨水処理の検討［1958年3月5日］[22]

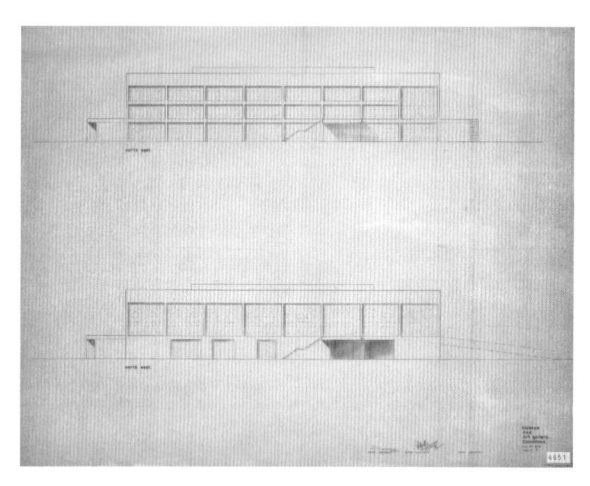

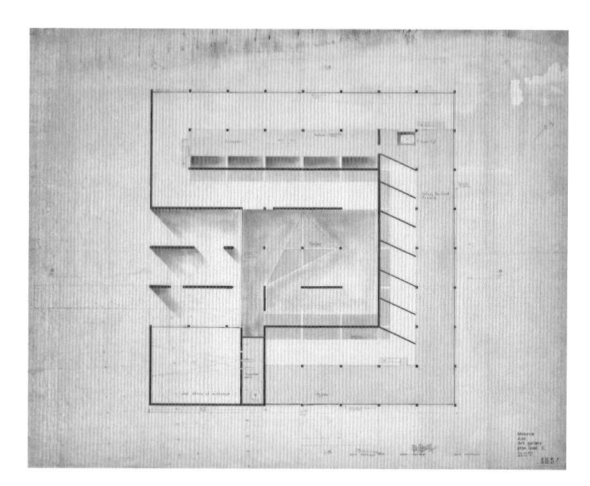

図補5 ピエール・ジャンヌレによる美術館の展示階立面図と平面図［1961年8月14日直前］[23]

第II期　基本案その2

1958年3月以降、構想が進展するのは3年以上後のことである[24]。

ル・コルビュジエの協働者でチャンディガールに在駐している徒弟のピエール・ジャンヌレらが1961年8月14日にまとめる図面では、平面上の構成は大きな変化はない（**図補5右**）。

しかしながら、ジャンヌレの図面では、一時的に検討しながら等閑視していたピラミッド型の自然採光装置を再び搭載し、東京の美術館（1959）と同じ型の自然採光装置によってコの字に取り囲んでいる。雨水処理を兼ねた自然採光装置を示唆するものは一切ない。

さらに、未決定であったファサードは、地上階から最上階まで、一部を除いて、蜂巣状の軸組に「波動ガラス壁」を備えている（**図補5左**）。ピロティによっ

て浮遊する建築的ヴォリュームとはまったく異なる発想であり、東京の美術館（1959）の「波動ガラス壁」のファサードとも異なっている。

つまり、ジャンヌレの図面では、雨水の問題よりも、展示室の採光を最優先することによって、天井からの自然採光を原理とする「美術館」のプロトタイプが、天井からも壁面からも採光されて光に満ち溢れるというこれまでにない美術館として変容している。当然、「波動ガラス壁」では制御しきれない日射しの問題が生じるはずであるが、太陽光を遮る「ブリーズ・ソレイユ」さえない。

第III期　実施案

ル・コルビュジエは、1961年8月14日にジャンヌレらがまとめた図面を、同年の夏のヴァカンスを挟ん

184

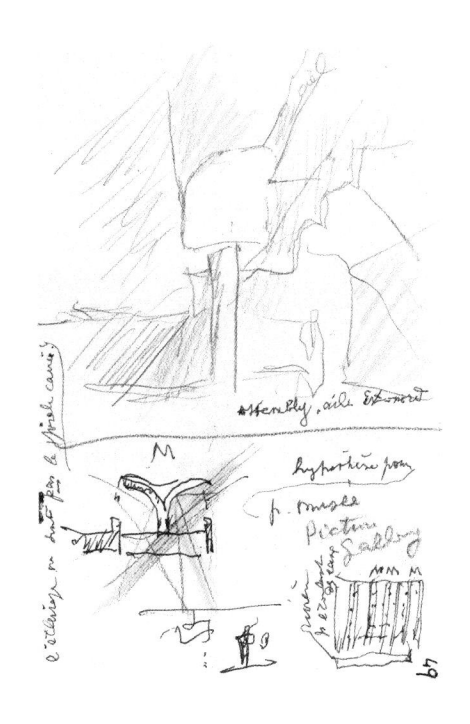

第三章　チャンディガールのパンジャブ州立美術館

図5　ル・コルビュジエによるチャンディガールの州議会場及び美術館の天井採光装置と天井雨水処理の検討［1961年11月24日］[25]
"*Assembly, aile Est-nord / l'éclairage ne suit pas la spirale carrée / M / hypothèse pour p. Musée Picture Gallery / rivière p écoulement des eaux / M / M / M*"
「州会議場、北東棟／照明は角型螺旋には沿わ<u>ない</u>／M／美術館の絵画ギャラリーのための仮説／雨水処理の流れ／M／M／M」

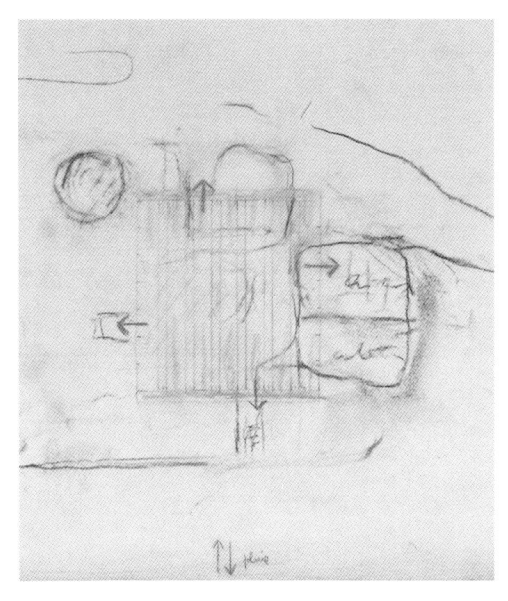

図補6　［ル・コルビュジエによる］美術館の地上階平面と附属施設の再検討（部分）［1961年12月27日］[26]

で再検討する[27]。すなわち、それまでの8スパン四方ではなく、アーメダバードの美術館（1957）と同じ7スパン四方とする検討である。おそらく、施主の要請である。

まず、ル・コルビュジエは展示階の「波動ガラス壁」を変更し、もう一度壁面で充足する。ピロティに押し上げられて浮遊するヴォリュームの表現という点に関しては、「美術館」のプロトタイプへの回帰である。

さらに、ル・コルビュジエは天井からの自然採光装置も再変更し、もう一度、雨水を処理する装置とする（**図5**）。アーメダバードの美術館（1957）において断念したインドの太陽の採光による建築的効果は、チャンディガールの州議会場（1961）で実証済みであり、ル・コルビュジエは、再度、雨水処理を兼ねた自然採光装置を北西−南東に並列配置し、断面形状を片流れ型から2方向からの自然採光となるY型に修正する[28]。ピラミッド型の自然採光装置の最終的な断念である。

1961年12月、この規模縮小に伴って、ル・コルビュジエは平面構成についても再検討を始める。美術館の正面の「彫刻のあるプラザ」と美術館の裏側の「ヒマラヤ山脈」とに挟まれた7スパン四方の美術館において、螺旋型に拡長する動線よりも卍型の動線を優先し、美術館へのエントランスの位置を卍型の拡張方向に一致させ、卍型の動線とは無関係の外部スロープを断念する（**図補6**）。

さらに、ル・コルビュジエは、卍型の拡張へ特化する美術館の構成原理を附属施設との関係として検討する。美術館の地上階に美術館の内部に組み込まれていた作品研究修繕のための「アトリエ」[29]が北東に、「講堂」[30]が北西に有機的な輪郭を持つヴォリュームとして張り出す[31]。さらに、ル・コルビュジエは、美術館に面していた前面池を美術館から分離して自立させ、雨水の一部を受け止める水盤へと縮小修正し、雨水の建築的流れを外構としても造形する。

1962年1月から2月にかけて、ル・コルビュジエは平面上の検討をパリのアトリエでまとめる[32]。「アートギャラリー」「常設展示」「企画展示」に明快に3分割する展示区画は東京の美術館（1959）を踏襲するが、螺旋型の鑑賞動線はどこにも見出せない。一方、卍型に接続する附属施設との関連を明快に整理し、附属施設の屋上を「テラス」のある屋上庭園とする[33]。

したがって、天井からの自然採光装置の配列は、もはや螺旋型に従う必要はない。雨水の流れだけが原理である。1962年の前半は、雨水の流れに沿って天井

185

制作論:螺旋の終焉、そして再び大地へ

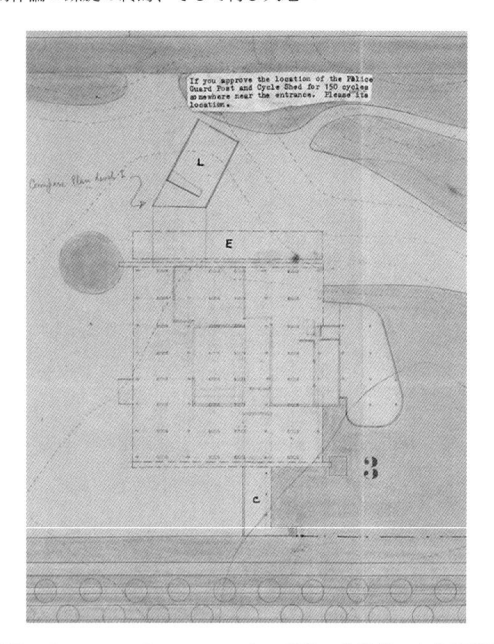

図補7 ピエール・ジャンヌレによる最後の美術館の全体配置構想（部分）（1962年8月27日）[34]

に並列配置するY型の天井採光装置の詳細が主題となる。

　天井からの自然採光は、作品保護と展示空間の恒常性から均一な人工照明を必要とする美術館の原理とは根本的に相容れない。この問題についてはアーメダバードの美術館（1957）や東京の美術館（1959）においてル・コルビュジエは経験しているはずである。実際、ル・コルビュジエは、アーメダバードの美術館（1957）や東京の美術館（1959）では、人工照明を補助的に設けることで問題を解決しようとする。にもかかわらず、チャンディガールでは、自然光を断念しないばかりか、補助的な人工照明の検討すらしない。ル・コルビュジエは、あくまで自然採光という「美術館」のプロトタイプの原理の一つを純粋に追求する。

　1962年8月から9月にかけて、チャンディガール在住のジャンヌレらが、最終的な実施計画案となる図面をまとめている（**図補7**）。ほぼル・コルビュジエのアトリエの図面を踏襲しているが[35]、ジャンヌレは「E拡張領域」をこの時期になって加筆している[36]。「限りなく成長する美術館」の根幹である螺旋型の拡張は、チャンディガールの美術館においてもはや主題ではないにもかかわらずである。おそらく、ル・コルビュジエとジャンヌレの現地での打ち合わせの結果を反映している。図面は「美術館」のプロトタイプの完全なる具現化に対するル・コルビュジエの固執、あるいは未練、あるいは微かな期待を物語っている。

　一方で、1962年9月以降、ル・コルビュジエのアトリエでは、雨水処理を兼ねたY型屋根とその雨水を受け止める2本の巨大な横樋の継ぎ手の詳細をさらに継続して検討している[37]。すなわち、地上のピロティへとつながる1本の通し柱（もしくは板状の耐力壁）の上部を横梁で受け止め、その上にさらに斜めの横材を架け、その上にV字に修正した断面を持つ自然採光装置が載る。自然光の緩衝装置としては、アーメダバードの美術館（1957）や東京の美術館（1957）の自然採光装置よりも複雑で巧妙である（**図補8**）[38]。

「チャンディガールから戻って以来問題を検討し続けました。とても見事な解決法に辿り着いたのでそのまま実現してほしい。優先順位の問題などではありません。この美術館を託されたのは僕です。アーメダバード、東京、フォール＝ラミーそして現在取り組んでいるドイツの仕事（『全集』第2巻に公表した、限りなく成長する美術館です。親愛なるゼルヴォスに捧げられたもの！）が活かされているのです。

　1º／南東と北西に流れる雨水の問題を解決し

図補8 ［ル・コルビュジエによる］天井からの自然採光装置の検討［日付不明］

186

ました。天窓はすべて平行です。もはや螺旋ではありません。軽快さの原理に基づいて簡素につくります（重苦しく巨大なものにならないように注意！）。」[39]

ジャンヌレへの手紙において、ル・コルビュジエは「限りなく成長する美術館」を一方では肯定し、また一方では螺旋型の拡張という根本的な原理を放棄することを言明する。たしかに、美術館の頂部に冠して反復する屋根の光＝雨の装置は、どこまでも拡張可能なようにも見える。しかし、それはあくまで北東と南西の二面方向へ可能な「連結」であり、ル・コルビュジエが手紙で述べているような「限りなく成長する美術館」のプロトタイプにおける螺旋型や卍型の「拡張」ではない。

おわりに（図6）

チャンディガールという新都市の美術館において、ル・コルビュジエは螺旋型の動線や増築についても、また動線基点となる中央ホールの空間的な効果についても、十分に検討することはない。ル・コルビュジエは、もっぱら自然採光と雨水の処理に探究の目を向けるようになり、「限りなく成長する美術館」のプロトタイプの拡張の限界を等閑視する。チャンディガールの美術館では、「成長」の基点も終点も曖昧なまま、卍型の拡張による附属施設を可能な限り有機的造形として表現する一方、矩型の美術館そのものを次第に灼熱の太陽の光と雨水を受けとめる装置と見なすようになる。

とはいえ、螺旋そのものは、もともと貝殻にル・コルビュジエが見出した生命の「成長」の隠喩である[40]。自然の天空から不可避に降り注ぐ太陽の光と雨を大地の自然現象として造形化することは、「成長」と必ずしも無関係ではない。

チャンディガールに降り注ぐ光と雨は、ル・コルビュジエが生きるヨーロッパとは比べものにならない。美術館の屋根で受け止める自然光は拡散してもう一度展示空間に降り注ぎ、雨はダイナミックにガーゴイユから垂直に落下し、最終的には地上に還元される。大地から浮遊する「限りなく成長する美術館」とは正反対の空間像である。無限の「成長」というよりも、むしろ「循環」としての成長・衰退の繰り返しの造形的表現である。振り返ってみれば、それは屋上から鑑賞が始まって下階へ螺旋状に降り最後に地上に辿り着くム

ンダネウムの世界博物館（1929）における空間像そのものでもある。結果的に、チャンディガールの美術館は、ル・コルビュジエによる「美術館」の革命における原点回帰なのである。

こうして現在、チャンディガールの美術館はインドの雨を受けとめる原初的空間の拡がりとして、カピトールにル・コルビュジエが構想した「開かれた手」（1954）のごとく存立している。

図6 竣工後のチャンディガールの美術館[41]

制作論：螺旋の終焉、そして再び大地へ

註

(1) 出典：LFLC, L3-13-47.
(2) 収蔵作品の規模や数量については、アーメダバードの美術館（1957）の建設事業以上に不確定である。パンジャブ州の州都で収蔵すべき作品の選定の問題については、財政だけではなく、政治的な問題が含まれている（註（9）及び註（13）も参照）。
(3) チャンディガールの都市計画の構想の経緯については、cf., Le Corbusier, W. Boesiger éd., *Œuvre complète 1946-1952*, Girberger, Zürich, 1953, pp.112-113；邦訳 pp.106-107。
(4) cf., Le Corbusier, FLC33701, 1951.3.15; **Le Corbusier, FLC29060, 1951.4.18**; Le Corbusier, *Œuvre complète 1946-1952*, op. cit., p.117；邦訳、p.109. セクター13の美術館とセクター12の芸術学校は、後にセクター13に統合され（FLC5553, 1953.8.19）、最終的にセクター10の施設としてル・コルビュジエが建設を担当している（Le Corbusier, FLC5617, 1954.2.18）。文化地区におけるセクターの統廃合については、おそらく政治的な決定であるが、詳細は不明である。
(5) 西洋人としてのル・コルビュジエのインド舞踊への関心は、後に「不思議の箱」や「自発劇場」のプロトタイプとなる（序論註（60）及び註（61）を参照）。
(6) 首都ニューデリーで博物館創設の機運が高まるのは、インド独立後のことであり、ル・コルビュジエの「美術館」の提案と軌を一にしている。しかしながら、古典様式のニューデリーの国立博物館（1960）の展示はほとんどが宗教的な彫刻や工芸に関する作品であり、ル・コルビュジエが意図するような現代芸術には開かれていない。
(7) cf., Le Corbusier, *Le Corbusier Carnets 2*, Foundation Le Corbusier, Paris, The Architectural History Foundation, New York, Éditions Herscher / Dessain et Tolra, Paris, 1981, p.641, [1951.11.]. ル・コルビュジエは、基本的に軸線（1軸もしくは直交する2軸）によって芸術空間のプロトタイプ群を構成している。後に、エルレンバッハの現代芸術センター（1963）の構想において、これらのプロトタイプ群による構成を「20世紀の美術館」と題する図版集にまとめているが（cf., Le Corbusier et son atelier rue de Sèvres 35, Willy Boesiger éd., *Œuvres complète 1957-1965*, Les Éditions d'Architecture, Artemis, Zürich, 1965 pp.164-175；邦訳、pp. 164-175）、群の構成はやがて軸を持たないピクチュアレスクな形式を取るようになる（序論註（101）を参照）。
(8) "Il faut également mettre en route une implantation rationnelle du Centre Culturel : Musée, Boîte à Miracle, école d'Art Appliqué, à Chandigarh. Il faut que j'envoie des precisions avec des contacts de routes pour camions, piétons, etc... en communication avec la V 2 Capitol, la V 2 Université.

　Il faut que je manifestes mon idée définitive dès maintenant. Tenez compte que le Musée ne sera pas un Musée de Peinture. Je voudrais le destiner à l'explication du domaine bâti et de l'urbanisme reliés au Plan Quinquennal des Indes." (**AFLC, F1-12-447, Note de Le Corbusier à Maisonnier, 1957.4.4**)
(9) チャンディガールの美術館に彫刻作品が多いことは事実であり、当初より彫刻作品を主体とした事業である。実際、チャンディガールの美術館では、ル・コルビュジエは絵画展示に必要な人工照明設備を検討していない。
(10) 出典：**Le Corbusier, FLC29066, 1951.3.17**.
(11) 出典：AFLC, W1-8-117, Le Corbusier Album Nivola. 日付のないル・コルビュジエの素描における「水の舞台」は、後の「自発劇場」である。
(12) 最終的な実施案の敷地配置図には、ル・コルビュジエが1951年に素描した「自発劇場」を加えている（cf., Le Corbusier, *Le Corbusier Carnets 2*, op.cit., p.641, [1951.11.]；**Pierre Jeanneret, FLC4827, 1962.8.27, reçu Le Corbusier, 1962.10.2**)。
(13) チャンディガールの美術館の収蔵作品の規模と数量はこの時点では不定であるが、少なくとも州部の美術館として、機能が似た同じインドの美術館以上の規模という仮説に基づく建設事業である。
(14) 出典：筆者作成。Le Corbusier, Willy Boesiger éd., *Le Corbusier, les Dernières Œuvres, Œuvre complète 1965-1969*, Les Éditions d'Architecture, Artemis, Zürich, 1970, pp.92-101 に加えて、Le Corbusier, *Le Corbusier Plans*, DVD Volume 11, Echelle-1, Tokyo, 2006 のチャンディガールの美術館に関する建築図面類88枚（日付記入枚数48枚）、「美術館」に分類された図面だけではなく「文化センター」（建築図面類18枚（日付記入枚数15枚））と「都市計画」（建築図面類112枚（日付記入枚数78枚））、及び Le Corbusier, *Le Corbusier Carnets 2-4*, Éditions Herscher/Dessain et Tolra, Paris, 1981-1982 よりチャンディガールの美術館に関わる素描や記述、ならびにル・コルビュジエ財団保管の書簡資料 AFLC, C3-8, F1-11, P3-4, L3-8 を一次資料として制作過程を整理している。配置計画を基準に敷地の空間構成の変容を復元すると全3期に分類できる（現地事務所と打ち合わせするル・コルビュジエの訪印時期にも対応している）。

　なお、時期区分の重複や空白時期については、ル・コルビュジエ財団保管の図面で日付が確定しているものを基準としているため、実際はその限りではない。
(15) 出典：**[Le Corbusier], FLC5998A**. 12度目のチャンディガール訪問（1957年4月25日～1957年5月16日）において、この素描をもとにした図面を持参したル・コルビュジエは、「高価すぎる」ために廃案としたことを記している（cf., **[Le Corbusier], FLC4833B, 1957.4.23**）。おそらくル・コルビュジエは、「芸術の綜合」に関わるすべてのプロトタイプ群の直喩では建設不可能であることをはじめから悟っている。
(16) 出典：**[Le Corbusier], FLC4863, [1958.3.5]**.
(17) cf., **FLC4866, 1958.3.5**; FLC4868, 1958.3.5;

第三章　チャンディガールのパンジャブ州立美術館

FLC4855, 1958.3.5; FLC4861, 1958.3.5; FLC4860, 1958.3.5; FLC4865, 1958.3.5; FLC4867, 1958.3.5; FLC4869, 1958.3.5. おそらく14度目のチャンディガール訪問（1958年3月7日〜1958年4月7日）において、ル・コルビュジエが持ち込んでいる図面は、図面の完成度の高いFLC4865, 1958.3.5; FLC4867, 1958.3.5; FLC4869, 1958.3.5. の3枚の平面図である。

(18) cf., FLC4869, 1958.3.5; [Le Corbusier], FLC4863, [1958.3.5].

(19) cf., **FLC4666, 1958.3.5**. 展示階上部の天井からの自然採光の断面形状の詳細検討については、cf., **FLC4857, 1958.3.5**; **FLC4858, [1958.3.5]**; **FLC4859, [1958.3.5]**。片流れの自然採光装置の平行配列は、アーメダバードの美術館 (1957) の初期構想でも検討している (cf., AFLC, F1-11-26, Le Corbusier, 1951.9.20; **Maisonnier, Le Corbusier, FLC6944, 1951.10.9**)。

(20) cf., **FLC4862, [1958.3.5]**; **[Le Corbusier], FLC4863, [1958.3.5]**; [Le Corbusier], FLC4889, [1958.3.5]; FLC4868, 1958.3.5.

(21) 出典：Le Corbusier, *Le Corbusier Carnets 4 1957-1964*, Fondation Le Corbusier, Paris, The Architectural History Foundation, New York, Éditions Herscher / Dessain et Tolra, Paris, 1982, p.69, [1958.3.]．

(22) 出典：**[Le Corbusier], FLC4897, [1958.3.5]**. cf., **FLC4830, 1958.3.5**. 屋上階の雨水処理の平面上の検討については、cf., FLC4855, 1958.3.5。大ホールの断面における雨水処理の検討については、cf., FLC4856, 1958.3.5。立面上の検討については、cf., FLC4860, 1958.3.5; FLC4861, 1958.3.5。

(23) 出典：**Dsham, FLC4851, 1961.8.14 ; Pierre Jeanneret, Dette, Dsham, FLC4854, 1961.8.14**. cf., **Dette, Dsham, FLC4852, 1961.8.14; Dette, Dette, Dsham, FLC4853, 1961.8.14**.

(24) 1958年3月5日までの図面を打ち合わせた14度目チャンディガール訪問（1958年3月7日〜1958年4月7日）以降、ル・コルビュジエは春期と冬期に例外なく訪問し、ジャンヌレや関係者との打ち合わせをしている。しかしながら、ル・コルビュジエの手帖やアトリエの建築図面にも3年余の空白期間を埋める美術館構想の資料は見出せない。おそらくル・コルビュジエはこの期間、チャンディガールの現地事務所で検討を口頭で指示し、図面化を委ねている。美術館の構想の空白時期は都市施設の全体が見直されている時期であり、カピトールの総督官邸 (1956) を知の博物館 (1960) へ読み替える1959年初頭の時期と符合している。

(25) 出典：Le Corbusier, *Le Corbusier Carnets 4 1957-1964*, Fondation Le Corbusier, Paris, The Architectural History Foundation, New York, Éditions Herscher / Dessain et Tolra, Paris, 1982, p.816, [1961.11.24]．

(26) 出典：**Le Corbusier, FLC4982, 1961.12.27**. なお、美術館の入口の移動に伴って、大ホールのスロープの位置も北東から北西へと移動している (cf., [Le Corbusier], FLC4911, [1962.1.3])。

(27) cf., **[Le Corbusier], FLC4896**; **[Le Corbusier], FLC4895**.

(28) cf., **[Le Corbusier], FLC4991**; **[Le Corbusier], FLC4899**; FLC4904; FLC4992; [Le Corbusier], FLC4900; **[Le Corbusier], FLC4960**; FLC4902; FLC4903.

(29) cf., **Le Corbusier, FLC4885, 1962.1.3**. アトリエは芸術作品の保存・修繕の機能を持つ空間であるが、芸術学校が隣接しているために、教育的な機能も担っている。アトリエの上部には複数の「天窓」、「クロストラ」を備えているが、最終的には廃案となる (cf., **Pierre Jeanneret, FLC4846, 1962.9.27, reçu Le Corbusier, 1962.10.2**)。

(30) 講堂は美術館内のアトリエとは異なり、美術館の本館に近接する別棟である。壁からも天井からも自然採光のない映像室を備えている。Y型の自然採光装置によって垂直に芸術作品を照らす展示空間とは対照的な演出である (cf., **[Le Corbusier], FLC4886, [1962.1.3]**; **[Le Corbusier], FLC4888, [1962.1.3]**)。

(31) もう一つの南東への卍型の拡張はバルコニーのみであり、後にカフェテリアとなっている (cf., **FLC4841, 1962.1.26**)。なお、ル・コルビュジエは卍型の南西の入口側への拡張は検討していない。

(32) cf., **[Oubrerie], FLC4841, 1962.1.26**; **[Oubrerie], FLC4842, 1962.1.26**; **[Oubrerie], FLC4843, 1962.1.26**; **Oubrerie, Le Corbusier, FLC6939, 1962.2.5**; **Oubrerie, Le Corbusier, FLC4877, 1962.2.5**; **Oubrerie, Le Corbusier, FLC4875A, 1962.2.5**.

(33) 自然採光装置を屋根に搭載するル・コルビュジエの「美術館」のプロトタイプにおいて、屋上庭園という概念はない。しかし、ル・コルビュジエはアーメダバードの美術館 (1957) では水盤状の屋上庭園を、東京の美術館 (1959) では花壇を配する屋上庭園を構想の最後の段階で付け加えている。チャンディガールの美術館の附属施設屋上の庭園もまた、ル・コルビュジエの「屋上庭園」の残余である。

(34) 出典：**Pierre Jeanneret, FLC4827, 1962.9.27, reçu Le Corbusier, 1962.10.2**. cf., **Pierre Jeanneret, FLC4848, 1962.9.27, reçu Le Corbusier, 1962.10.2**; Pierre Jeanneret, FLC4849, 1962.9.27, reçu Le Corbusier, 1962.10.2; **Pierre Jeanneret, FLC4850, 1962.9.27, reçu Le Corbusier, 1962.10.2**; **Pierre Jeanneret, FLC4846, 1962.9.27, reçu Le Corbusier, 1962.10.2**; **Pierre Jeanneret, FLC4844, 1962.9.27, reçu Le Corbusier, 1962.10.2**; **Pierre Jeanneret, FLC4845, 1962.9.27, reçu**

Le Corbusier, 1962.10.2.

(35) 平面図・立面図・断面図のいずれにおいても、1962年1月26日、アトリエで3枚の平面図としてまとめた手書きの図面（cf., [Oubrerie], FLC4841, 1962.1.26; [Oubrerie], FLC4842, 1962.1.26; [Oubrerie], FLC4843, 1962.1.26）に基づいて、1962年2月5日にアトリエにおいて忠実に図面化し（cf., Oubrerie, Le Corbusier, FLC6939, 1962.2.5; Oubrerie, Le Corbusier, FLC4877, 1962.2.5; Oubrerie, Le Corbusier, FLC4876, 1962.2.5; **Oubrerie, Le Corbusier, FLC4875A, 1962.2.5; Oubrerie, Le Corbusier, FLC6940, 1962.2.5**; Oubrerie, Le Corbusier, FLC4873, 1962.2.5; Oubrerie, Le Corbusier, FLC4874, 1962.2.5）、その後に1962年9月27日にジャンヌレが再度図面化するという過程を経ている。

(36) cf., **Pierre Jeanneret, FLC4827, 1962.8.27, reçu Le Corbusier, 1962.10.2; Pierre Jeanneret, FLC4847, 1962.9.27, reçu Le Corbusier, 1962.10.2**.

(37) cf., Oubrerie, Le Corbusier, FLC4872, 1962.2.5; **Oubrerie, FLC4880, 1963.6.11**; Oubrerie, FLC4878, 1963.6.11; Oubrerie, FLC4879, 1963.6.11.

(38) 出典：[Le Corbusier], **FLC4900**, cf., **AFLC, P1-18-138, lettre de Le Corbusier à Pierre Jeanneret, 1962.1.11**.

(39) "Nous n'avons pas cessé d'étudier le problème depuis mon retour de Chandigarh et nous sommes arrivés à une solution extrêmement favorable que je désire voir réalisée textuellement. Il n'est pas question de préséance dans cette question là. C'est d'ailleurs moi qui avais été chargé de faire ce musée et je bénéficie du travail fait à Ahmedabad, Tokio, Fort-Lamy et de celui que nous faisons actuellement pour les Allemands (Musée Général à Croissance Illimitée publié dans le tome 2 des "Œuvres Complètes" et donné à ce cher Zervos (!)

1º/ Notre solution résoud le problème des eaux qui s'écoulent à gauche et à droite sur la façade Sud-Est et Nord-Ouest. Les lanterneaux sont tous parallèles et ne tournent plus en spirale, leur fabrication très simple basée sur le principe de la légèreté. (ATTENTION aux poids gigantesques !)." (AFLC, P1-18-138, lettre de Le Corbusier à Pierre Jeanneret, 1962.1.11)

(40) すなわち、「詩的反応を喚起するオブジェ」の有機的形態（cf. Jaques Lucan dir., *Le Corbusier une encyclopédie*, Les Éditions du Centre Pompidou/CCI, Paris, 1987, pp.276-277; 邦訳、pp. 338-340）。

(41) 出典：AFLC, L3-13-60.

第三章　第二節

チャンディガールのパンジャブ州立美術館

図面解題：（45 図面）

図面解題

都市計画としての芸術空間

Le Corbusier, FLC29066, 1951.3.17

"CHAND, INDES, URBANISME PLAN GÉNÉRAUX № 1 17 Mars 51 Le Corbusier éch. 4 INC = 1 MILE / [a b pour programmer ... cd ef gh ...] / a/ Social / la ville étant gérée par une conception automobile intensive (pas indienne)) / b/ absence de la vie marchande et artisanale quotidienne phénomène social indispensable aux Indes (nos V4) / c/ la tête, le ventre, le cœur n'étaient pas raccordés au corps (indifférent) nous avons amenée ք cohésion pour pouvoir faire œuvre d'architecture / d/ le désordre de la ville réduit énormément / technique / 1 pas d'eau dans les rivières / 2 le gouvernement ne peut pas mettre en vente le terrain du marché central (immense 1 s/ Mile) conçus pour une ville de 500 000 habitants 3 le Capitole étant hors de la ville et la cité universitaire aussi / 4 On ne pouvait amener l'eau à la cité universitaire / 17 mars 51"

「チャンディガール、インド、全体都市計画 № 1 51年3月17日　ル・コルビュジエ　縮尺4インチ＝1マイル／［ab cd ef gh……］／社会的観点／a／都市は徹底的に自動車交通という観点から管理（インド式ではなく）／b／日常的な商業や手工業活動の欠如とインドにおいて必要不可欠な社会現象（われわれのV4）／c／頂部、腹部、心臓部は全体に連結されていない（無関心ゆえ）　建築作品によって結合を促した／d／都市の無秩序は大幅に解消／技術的観点／1 川に水がない／2 政府は50万人の住民のための中央市場の土地を売却しない（1マイルの広大な土地）／3 カピトールは街区の外にある大学都市も同様／4 大学都市に水を引けない／51年3月17日」

　チャンディガールの美術館の構想は、特定の施主の依頼からではなく、一つの都市をつくることにはじまる。ル・コルビュジエは、都市計画理念（ユルバニスム）としてのチャンディガールに組み入れる芸術空間の一つとして、美術館を構想する。

＊

　ル・コルビュジエはチャンディガールの都市計画顧問であると同時に、カピトールを建設する建築家でもある。はじめてチャンディガールを訪問するル・コルビュジエは、前任の都市建築家アルバート・マイヤーの都市計画を修正し、グリッド状の全体構成の骨格を明快に描く（**FLC29066**）。都市の北側頂部に位置する行政区カピトール、そこから南側に延びる大きな緑道に沿って東側に商業地区、西側には文化地区を設定し、緑道に直交する直線道路で都市圏外と結ぶ。青色で描く面が、都市計画上の要点となるカピトール、商業地区、文化地区の主要な建築的ヴォリュームである。

　マイヤーと異なるのは、都市空間の全体構成だけではない。ル・コルビュジエは都市の主要施設を明快に位置づけ、文化地区の主要施設として競技場・劇場・

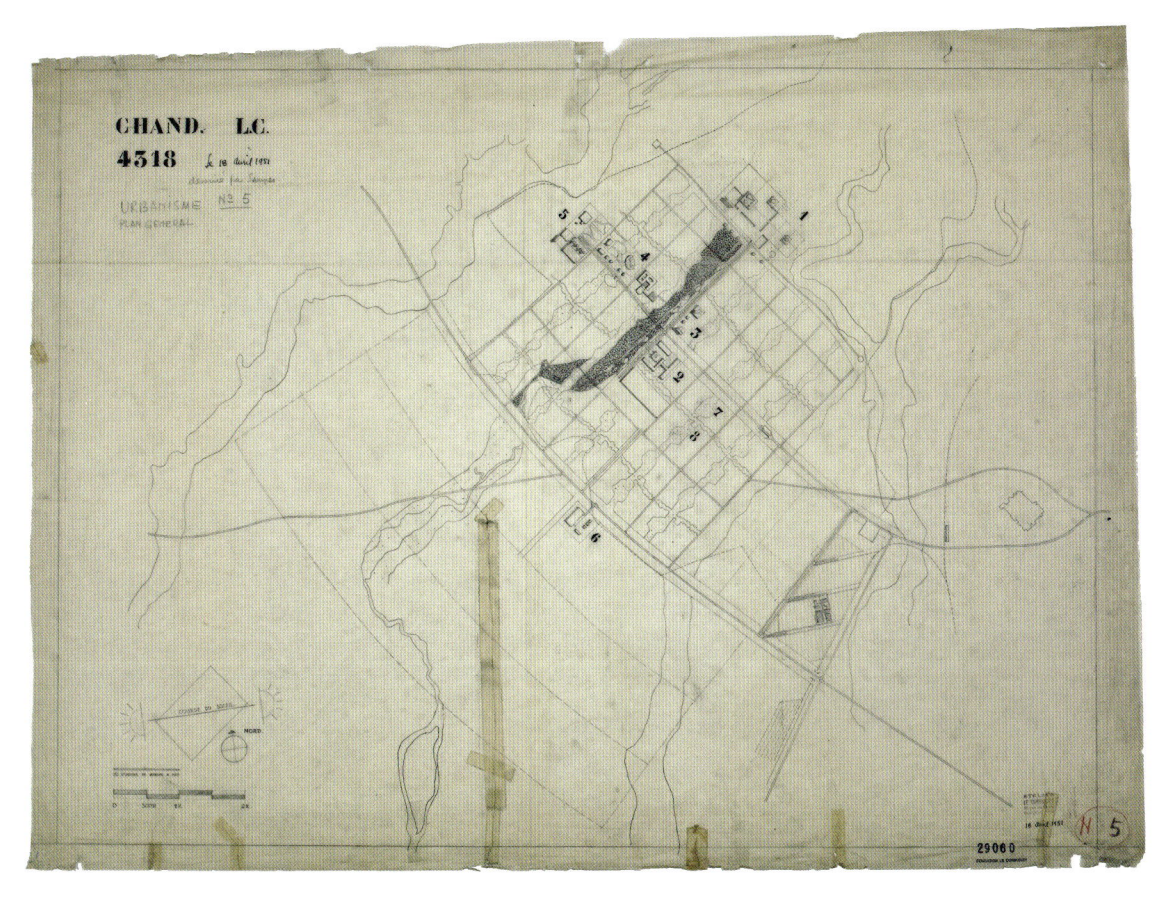

第三章　チャンディガールのパンジャブ州立美術館

Le Corbusier, FLC29060, 1951.4.18

美術館を配置する（FLC29060中4）。文化地区の中心施設はインド文化に不可欠な劇場である。付随して「無限に成長する美術館」（「不思議の箱」や「展示館」はない）、さらに芸術学校を併設する。ル・コルビュジエの理想としての芸術空間をチャンディガールに適用するというよりも、はじめからインドの芸術風土に配慮する構想である。

＊

　都市計画図であるために、美術館の建築的ヴォリュームの配置はあくまで図式的なものである。文化地区における劇場の構想はほどなく縮小していくが、ル・コルビュジエはインドにおける芸術空間の構想において、実現するか否かにかかわらず、演劇的な施設を必ず組み込む。民族的な多様性を統合する一つの装置としての劇場に、西洋人としてのル・コルビュジエの演劇への個人的関心（たとえば、ユニテ・ダビタシオンの屋上庭園における野外劇場）が重なる。

図面解題

「エスプラナード」の反復

[Le Corbusier], FLC5998A

　カピトールの建設が軌道に乗り、都市計画図に配置している文化地区がようやく建設事業として動きだす。ル・コルビュジエは、自ら文化地区の構想に着手する。

＊

　最初の素描は、おそらくル・コルビュジエによる配置図である（**FLC5998A**）。ル・コルビュジエが突如として素早い筆致でこのような全体配置図を描くのか、あるいは以前の素描をもとにして描くのかは定かではない。いずれにしても、明快な空間構成である。

　都市計画道路に挟まれるチャンディガールの細長い敷地は、すでに都市計画として決定している区画であり、建築的ヴォリュームの配置の自由度は少ない。図面上の敷地中央北西からの敷地にアクセスし、「美術館」「不思議の箱」「展示館」によって野外彫刻の点在する「エスプラナード」を形成する一方、「美術館」の背後の北東には芸術学校が接続する。「美術館」「不思議の箱」「展示館」の3つの建築的ヴォリュームによる空間構成は、東京の美術館（1959）の反復であるが、東京の敷地のように既存の樹木がないために、チャンディガールでは幾何学的な植栽を敷地の境界壁のように構成する。

　ル・コルビュジエの素描をもとに、アトリエの所員が敷地配置図を作成している（**FLC4833B**）。文化地区の全体構成はル・コルビュジエの素描に基づいているが、「不思議の箱」をエスプラナードから切り離し、「美術館」と「展示館」をより一体的に構成している。一方、矩型の「美術館」（1959）そのものは8スパンであり、6スパンの東京の美術館と比べて大規模である。中心は東京の美術館（1959）同様、スロープのある「大ホール」の吹き抜けであるが、アーメダバードの美術館（1957）のように外部化された中庭ではない。螺旋型の拡張については、美術館の北東角が一部突起して拡張可能性を暗示しているが、増築予定地は指定していない。具体的な用途が確定していないために、卍型の拡張による附属施設もなく、「バルコニー」のみが附属している。

＊

　文化地区のなかに芸術学校を組み入れる必要性から、ル・コルビュジエはアーメダバードの美術館（1957）や東京の美術館（1959）とは異なり、はじめから美術館を敷地の中央に配置する。それにしても、東京ほどの狭隘な敷地ではないにもかかわらず、文化地区の中心となる「美術館」の螺旋型や卍型の拡張は図式的かつ簡略的な表現である（それでも、全体構想としては「高価」すぎる）。かつての美術館の初期構想において積極的に表現した未来への可能性は、いまだない。「エスプラナード」の存在だけが、「美術館」の同一性を保証する。

194

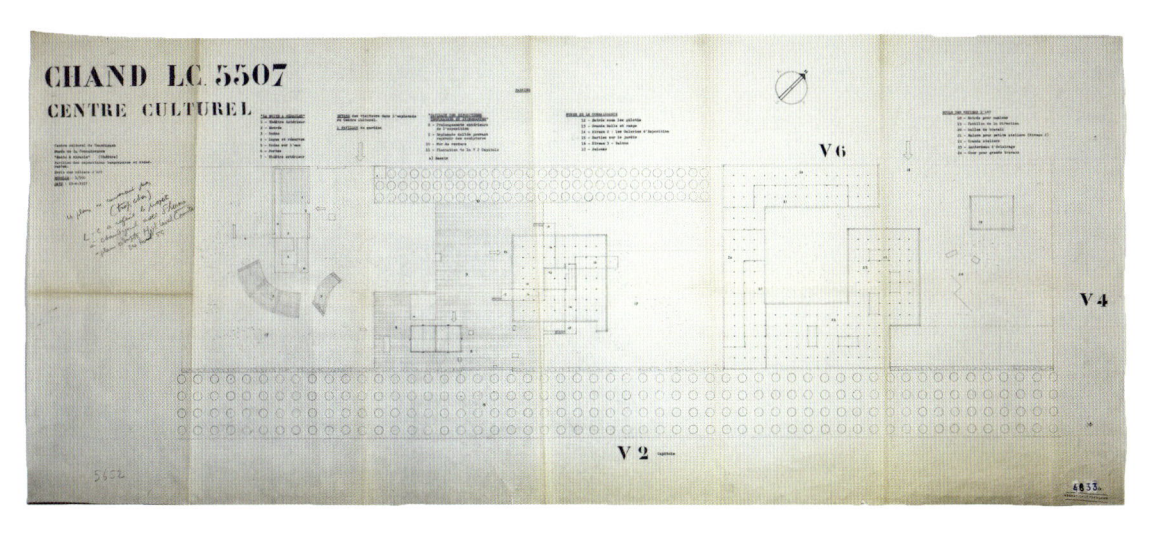

[Le Corbusier], FLC4833B, 1957.4.23

"Centre culturel de Chandigarh Musée de la Connaissance "Boîte à Miracle" (Théâtre) Pavillon des expositions temporaires et iténérantes [itinérantes]. Ecole des Métier d'Art ECHELLE : 1/500 DATE : 23-4-1957 / PARKING "LA MOITE A MIRACLE" 1 – Théâtre intérieur 2 – Entrée 3 – Scène 4 – Loges et réserves 5 – Scène sur l'eau 6 – Portes 7 – Théâtre extérieur ENTREE des visiteurs dans l'esplanade du Centre Culturel 1 PAVILLON du gardian "PAVILLON DES EXPOSITIONS TEMPORAINES ET ITINERANTES" 8 – Prolongements extérieurs de l'exposition 9 – Esplanade dallée pouvant recevoir des sculptures 10 – Mur de verdure 11 – Plantation de la V 2 Capitole a) Bassin MUSEE DE LA CONNAISSANCE 12 – Entrée sous les pilotis 13 – Grande Salle et rampe 14 – Niveau 2 : les Galeries d'Exposition 15 – Sorties sur le jardin 16 – Niveau 3 – Balcon 17 – Pelouse V6 ECOLE DES METIERS D'ART 18 – Entrée pour camions 19 – Pavillon de la Direction 20 – Salle de travail 21 – Balcon pour petits ateliers (Niveau 2) 22 – Grands ateliers 23 – Lanterneau d'éclairage 24 – Cour pour grands travaux V4 V2 Capitole / *Ces plans ne comprennent pas (trop cher) L-C a refait le projet à Chandigarh avec Sherma = Plans adoptés High level Committee 24 Avril 59*"

「チャンディガールの文化地区　知の博物館　「不思議の箱」（劇場）　企画及び巡回展示の展示館　工芸学校　縮尺：1/500　日付：1957 年 4 月 23 日／駐車場　「不思議の箱」　1 ― 室内劇場　2 ― 入口　3 ― 舞台　4 ― 楽屋と予備室　5 ― 水上舞台 6 ― 門　7 ― 屋外劇場　文化センターのエスプラナードへの鑑賞者の入口　1 室の守衛室　「企画及び巡回展示の展示館」　8 ― 展示の外部拡張　9 ― 彫刻を設置するために舗装されたエスプラナード　10 ― 緑の壁　11 ― カピトールへの V2 道路の植栽 a) 水盤　知の博物館　12 ― ピロティからの入口　13 ― 大ホールとスロープ　14 ― 2 階：大展示室　15 ― 庭園への出口　16 ― 3 層階 ― バルコニー　17 ― 芝地　V6 道路　工芸学校　18 ― トラック搬入口　19 ― 管理棟　20 ― 作業場　21 ― 小アトリエのバルコニー（2 層階）　22 ― 大アトリエ　23 ― 天窓　24 ― 場所を要する作業のための校庭　V4 道路　カピトールへの V2 道路／これらの図面は受け入れられなかった（高価すぎる）　ル・コルビュジエはチャンディガールでシェルマと構想を見直した＝ 59 年 4 月 24 日の最高委員会で承認」

図面解題

仕掛けの混合体

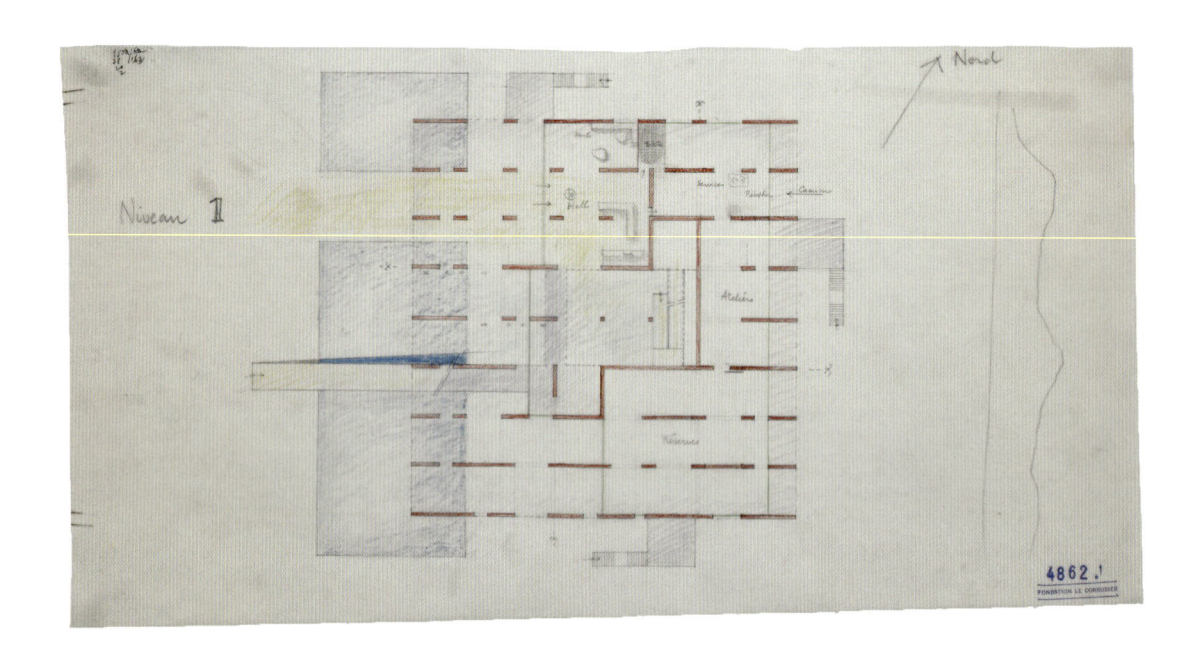

"*Nord / Niveau 1 / Attente Toilette Hall Services Réception Camions Vente Ateliers Réserves*"
「北／1層階／待合　トイレ　ホール　事務　受付　トラック搬入　売店　アトリエ　収蔵庫」

FLC4862, [1958.3.5]

　検討の歩みは遅い。ようやく美術館単体の建設事業が具体化してくると、ル・コルビュジエはまず平面構成に着手する。ヒマラヤ山脈を背景にする建築的ヴォリュームへの動線（黄色）、そして人工池と水（青色）が、チャンディガールの美術館独自の主題を明らかにする。

＊

　地上階の機能配分については、東京の美術館（1959）の地上階の平面構成を踏襲している（**FLC4862**）。入口のホールを通り抜けて大ホールの吹き抜けに入り、スロープを上って上階の展示室へといたる構成である。ピロティの柱の断面は、円型ではなく板壁状であり、美術館正面のポーティコに当たる部分の庇の奥行きは、東京の美術館（1959）以上に深く取っている。さらに、前面池を配し、中央の大ホールと開放的につなげ、展示階と直接つながる別の外部スロープを備えている。

　インドの気候風土に対応するために、アーメダバードの美術館（1957）では中庭に池を配しているが、チャンディガールの美術館の場合、エスプラナードに面して美術館のポーティコと一体化する前面池を設け、風の力を利用して冷気を美術館内部に循環させる（しかし、後にル・コルビュジエが注視する「モンスーンの風」とは方位が異なっている）。カピトールの高等法院（1955）の前面池の応用である。また、庇の奥行きの深さは、規模は異なるが、アーメダバードのサラバイ住宅（1955）のヴォールト屋根下の半野外空間（「ベランダ」）の応用である。さらに、大ホールのスロープとは別

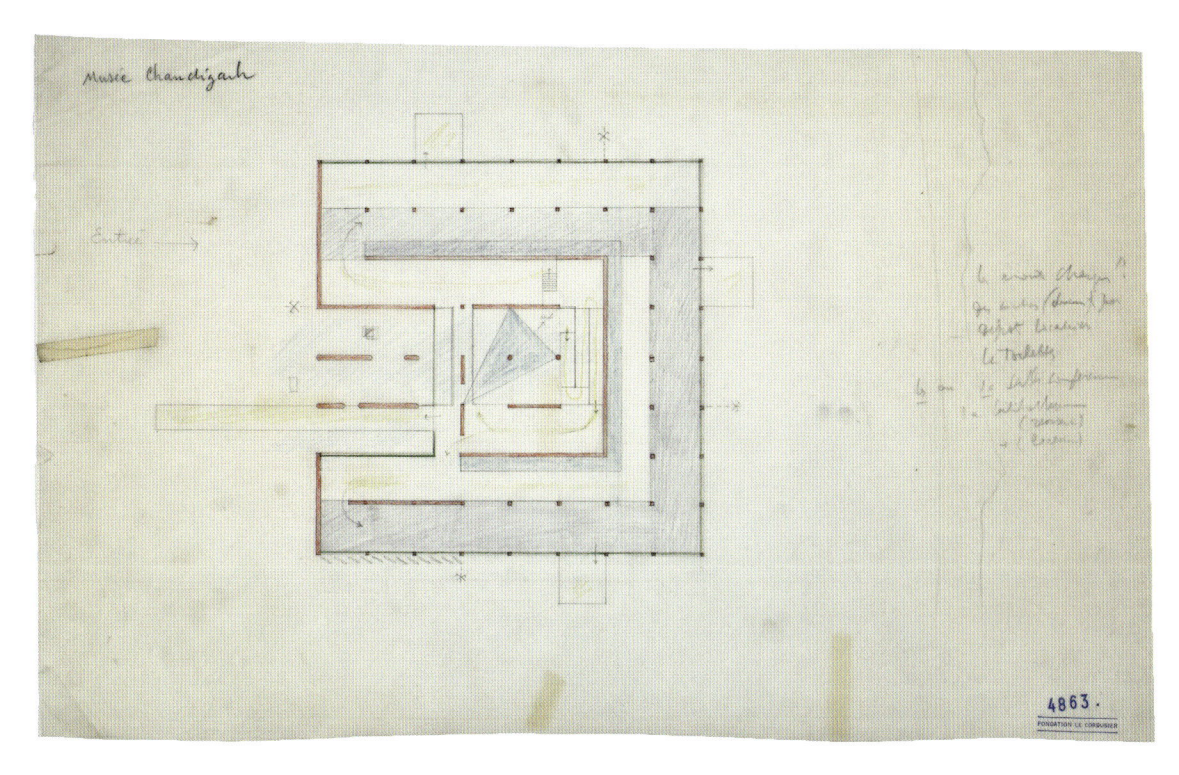

第三章　チャンディガールのパンジャブ州立美術館

[Le Corbusier], FLC4863, [1958.3.5]

"*Musée Chandigarh / Entrée / Les monte charges ? des niches（obscures）pour dépôts localisés les toilettes <u>les</u> ou <u>la</u> salle conférence la bibliothèque（réserve）+（lecture）*"
「チャンディガール美術館／入口／エレベーター？　位置の決まった置き場のための（陰影のある）ニッチ　トイレ　<u>一室</u>もしくは<u>複数</u>の会議室　図書室（書庫）+（閲覧）」

　に、上階の展示空間に一直線に延びる外部スロープは、アーメダバードの製糸業者協会会館（1954）のそれと類似する。
　美術館に盛り込む仕掛けは、インドの気候に対応するためだけではない。展示階の中央吹き抜けの大ホールの天井には、ピラミッド型の輪郭を搭載する（**FLC4863**）。東京の美術館（1959）の天井からの自然採光装置と同型である。ル・コルビュジエは平面図の背後にヒマラヤ山脈の輪郭を描き出し（**FLC4863右**）、真北から採光するピラミッド型と対峙させる。
　一方、美術館の展示階の動線については、黄色の色鉛筆で検討するものの、螺旋型の展開ははじめから破綻している。ピラミッド型を取り巻く水色の色鉛筆で

着色した展示階の天井からの自然採光もコの字型であり、ロの字型でも螺旋型でもない。ル・コルビュジエが覚書として列挙する項目は、事務室や収蔵庫などの実際的なサーヴィス機能であり、展示空間そのものについて方針を示しているわけではない（**FLC4863右**）。

＊

　チャンディガールやアーメダバードでの気候に対する建築的な処方箋、東京での19世紀芸術の教訓。チャンディガールの美術館は、いろいろな仕掛けが盛り込まれた混合体である。しかしそれゆえに、「美術館」における拡張という理論的な主題は、はじめから希薄である。

197

図面解題

唯、自然採光

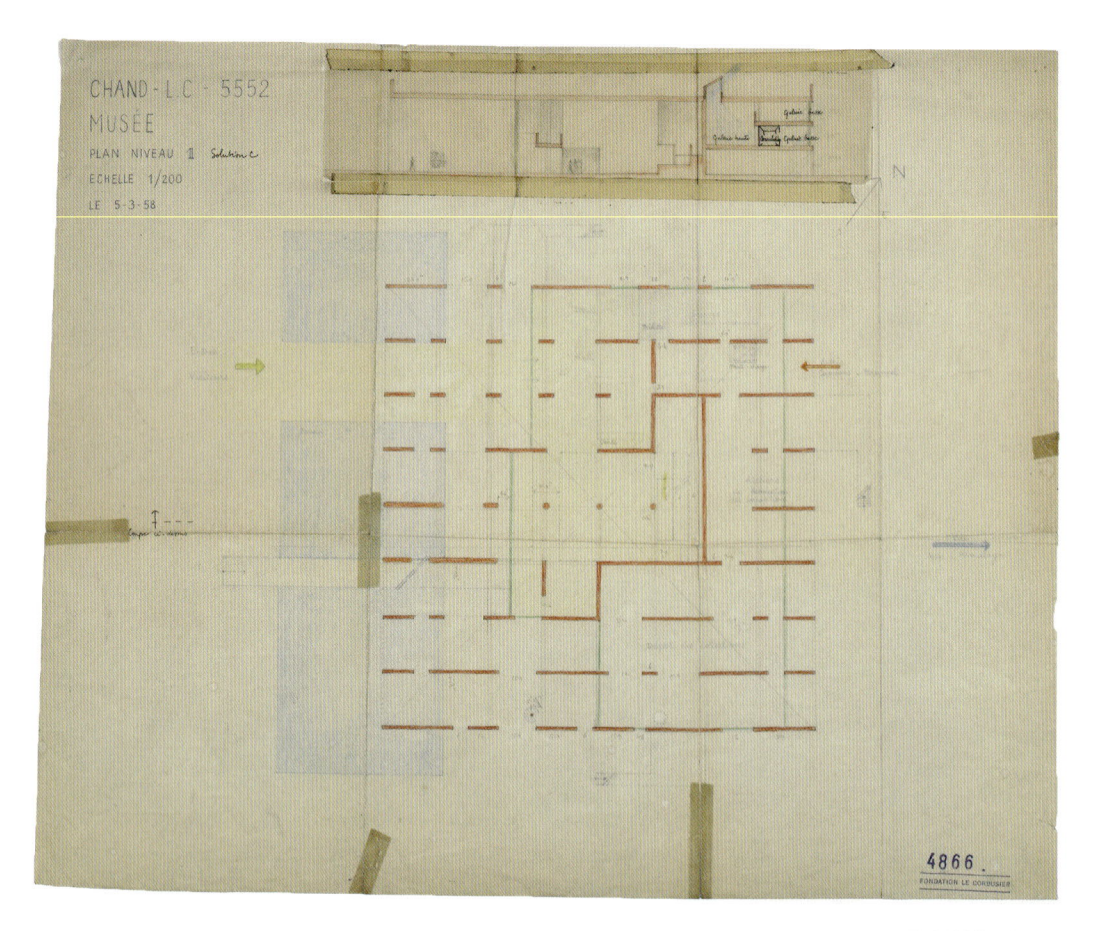

FLC4866, 1958.3.5

"*Solution C / Galerie haute Galerie basse Couloir Galerie basse / coupe ci-dessus / Entrée Visiteurs Bassin Attente Hall Vente Toilette Services Escalier personnel Réception Monte-charge Entrée Camions – Personnel Atelier de fabrication des expositions Dépôt des collections*"
「解決策C／高層階のギャラリー　低層階のギャラリー　廊下　低層階のギャラリー／上方向の断面／鑑賞者入口　水盤　待合　ホール　売店　手洗　事務　従業員用階段　受付　昇降機　トラック - 従業員入口　アトリエ　設営作業のアトリエ　コレクション収蔵庫」

インドの気候に対処すべく複雑化する地上階の平面構成と重ね合わせるように、ル・コルビュジエは上階の展示階における天井からの自然採光装置の断面構成を検討する。

*

地上階平面図と断面図を兼ねるアトリエの所員の図面では、アーメダバードの美術館（1957）の初期案と同型の北側採光の断面形状の片流れ屋根である（**FLC4866上**）。断面は美術館中央の大ホールを切断しているはずであるが、大ホールのピラミッド型の天井採光装置は描いていない（おそらく、展示階の基本的な採光原理を検討することが目的であり、大ホールのピラミッド型の断面形状との関係は考慮していない）。

天井からの自然採光は既存の仕掛けと同型でも、チャンディガールの展示階は、アーメダバードの美術館（1957）や東京の美術館（1959）とは異なり、天井採光だけではなく、全面ガラス壁の側面採光を備えている（**FLC4866上**）。たしかに、「ブリーズ・ソレイユ」や「アエラトゥール（換気開口装置）」を備えれば、ファサードの全面ガラス壁は通風装置としても機能するかもしれない。しかしそれ以前に、側面採光は、螺旋型の拡張することで外壁が展示壁になるというル・コルビュジエの「美術館」理論と対応しない。

*

ル・コルビュジエは、あえて展示空間の外壁を取り払う。美術館は、中央の大ホールにピラミッド型の巨大な採光装置を冠し、展示階は天井の水平面とガラス壁面の両面から採光する。アーメダバードの美術館（1957）と東京の美術館（1959）の経験値を最大限に活用しながら、しかしそれでも灼熱の太陽の日射しをあえて全面的に享受する。補助的な人工照明は一切ない。

199

図面解題

いろいろな自然採光装置

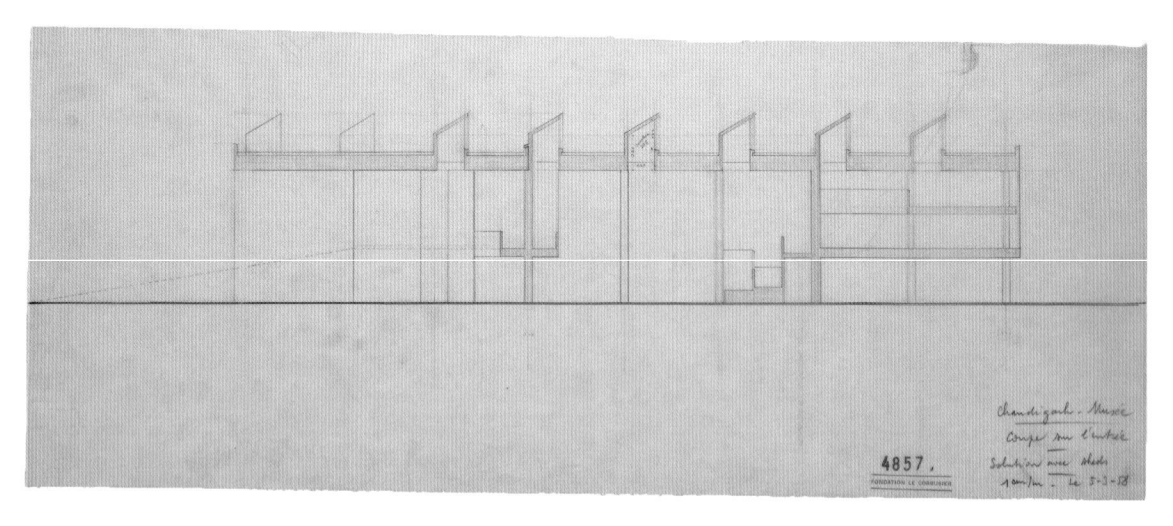

FLC4857, 1958.3.5

"*Couverture 298 226 183 183 / <u>Chandigarh - Musée</u> Coupe sur l'entrée Solution avec sheds 1cm/m - le 5-3-58*"
「覆い　298　226　183　183／チャンディガール－美術館　入口断面　自然採光装置のある解決策　1cm/m－58年3月5日」

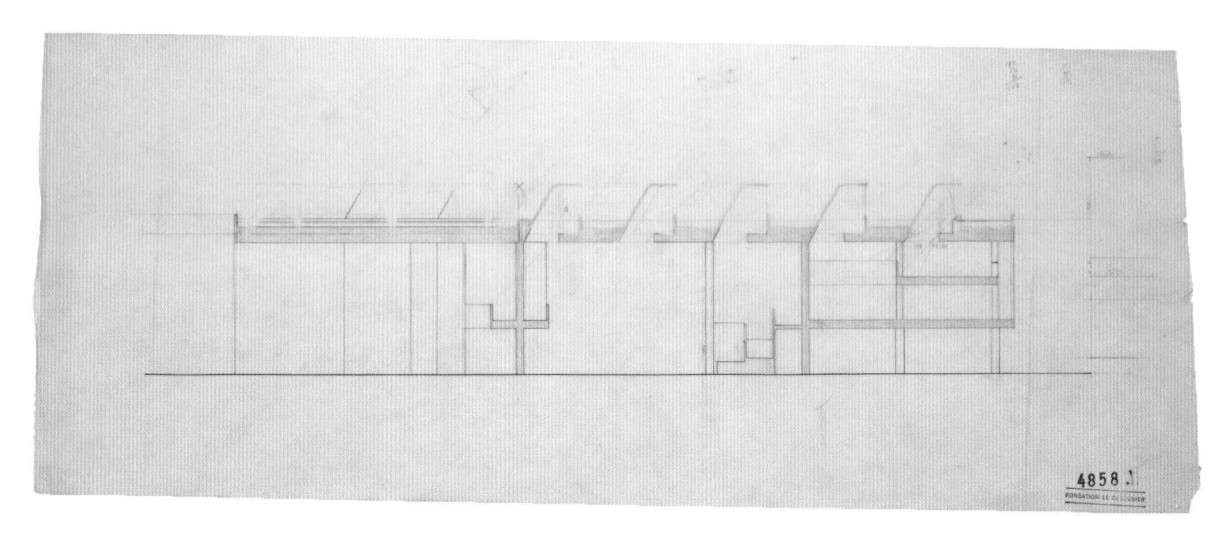

FLC4858, [1958.3.5]

"*183 53 86*"
「*183　53　86*」

FLC4859, [1958.3.5]

　壁に代わるガラス壁面の採光効果はさておき、北側採光とする展示階上部の天井からの自然採光装置の断面形状について、ル・コルビュジエはいくつかのヴァリエーションを検討する。
　　　　　　　　　　＊
　基本型は、モデュロール尺で寸法を規定する筒状の採光装置である（**FLC4857**）。より和らいだ、しかも照度の高い採光効果を求めれば、採光装置の断面は曲面となり、筒の容積も大きくなる（**FLC4858**）。あるいは、曲面部分を削り三角形の断面とすれば、もっと別の効果が得られるかもしれない（**FLC4859**）。仮説的に試みるいろいろな断面形状の検討において、アトリエの所員はうっすらとした自然光の入射角を描いているが、科学的な根拠があるわけではない。
　　　　　　　　　　＊
　ル・コルビュジエが採光断面形状のたたき台に何を読み取っているのかは明らかではない。模型を製作して採光効果を実際に検証してみることも可能であるが、ル・コルビュジエは模型による造形的な検討をアトリエの所員に許さない。ル・コルビュジエは、自然光がつねに憶見を凌駕して現象することを知っている（たとえば、ラ・トゥーレットの修道院（1959）の附属教会堂の「言語を絶する空間」の光）。アトリエの所員には、あくまで二次元の図面表象から三次元の空間を読み取ることを課す。おそらく、ル・コルビュジエ自身はアトリエでこれらの断面図を並べ、採光による空間表象を頭のなかで思い描いているに違いない。しかし、ル・コルビュジエが修正の手を加えることも、あるいはどれかの断面形状に優先権を与えて署名することもない。いずれにしても、複数の断面形状の自然採光装置の検討は、アーメダバードの美術館（1957）では断念せざるを得なかった天井からの自然採光装置への執着を物語っている。

図面解題

ヒマラヤ山脈との対峙

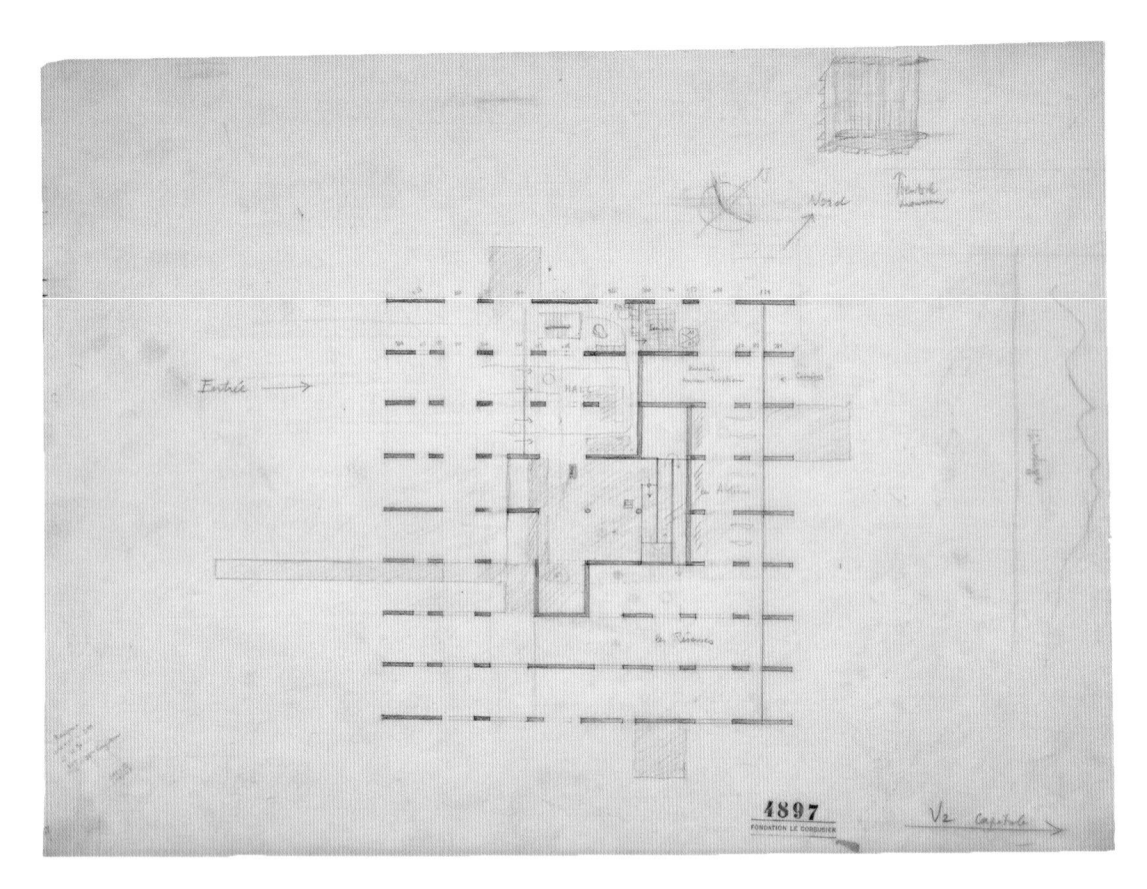

[Le Corbusier], FLC4897, [1958.3.5]

"*Entrée / Nord Vents de mousson / Himalaya / V2 Capitole / 732 266 266 266 266 266 183 478 732 / Sanitaire MC HALL Services Bureau Réception Camions / Ateliers / les Réserves*"

「エントランス／北　モンスーンの風／ヒマラヤ／V2路線　カピトール／732　266　266　266　266　266　183　478　732／給排水器具　昇降機　ホール　事務室　受付　トラック搬入口／アトリエ／収蔵庫」

第三章　チャンディガールのパンジャブ州立美術館

　天井からの自然採光だけが美術館の主題ではない。ル・コルビュジエは、背景にたなびくヒマラヤ山脈の稜線をつねに意識して、ヒマラヤ山脈との関係から主題を導き出す。

＊

　アトリエの所員は、地上階平面図にエントランス・ホールの動線を黄色で描き、モデュロール尺によって柱間を調整している（**FLC4897**）。奥行きのあるポーティコと美術館外部に突出するスロープは、チャンディガールの美術館に特徴的な仕掛けであるが、地上階の諸機能の配置は、中央の大ホールのスロープの配置を含め、東京の美術館（1959）を踏襲している。

　おそらくル・コルビュジエが平面図右上に加筆するアクソメ図の素描では、南東から吹く「モンスーンの風」に沿って雨水処理する天井からの自然採光装置を並列に複数設置し、南東と北西に向けて雨水を流す（**FLC4897右上**）。集めた雨水は、南東と北西のファサード面に備える横樋を伝い、最終的にガーゴイユによって地上に排出する。アーメダバードの美術館（1957）の場合、ル・コルビュジエは構想の最終局面において雨水を落とすガーゴイユを中庭側に造形するが、中庭のないチャンディガールにおいては、（内樋でなければ）建築的ヴォリュームの外縁で処理する雨水の造形をはじめから検討せざるを得ない。それにしても、雨水の流れは、湾曲する屋根の端部のガーゴイユとその下の水盤によって雨水を処理するロンシャンの礼拝堂（1953）以上に巧妙で複雑である。

　一方、側面からの自然採光処理については、いまだ白紙である。地上階はピロティによって開放しているように見えるが、展示階のファサードは閉ざされた外壁かガラス壁かわからない。

＊

　山型に稜線を描くチャンディガールの美術館の屋根の輪郭は、背景としてのヒマラヤ山脈と造形的に呼応する。しかし、ヒマラヤ山脈は、東京の美術館（1959）のピラミッド型自然採光装置における富士山のように、単に造形的な参照物ではない（cf., **FLC24678**）。チャンディガールを間近に取り囲む山々は、雨や風の気候風土の要因でもある。自然採光と雨水処理を兼ねる屋根の素描は、造形的類推とは異なる自然の対峙の仕方を仄めかしている。

203

図面解題

未完の全体配置図

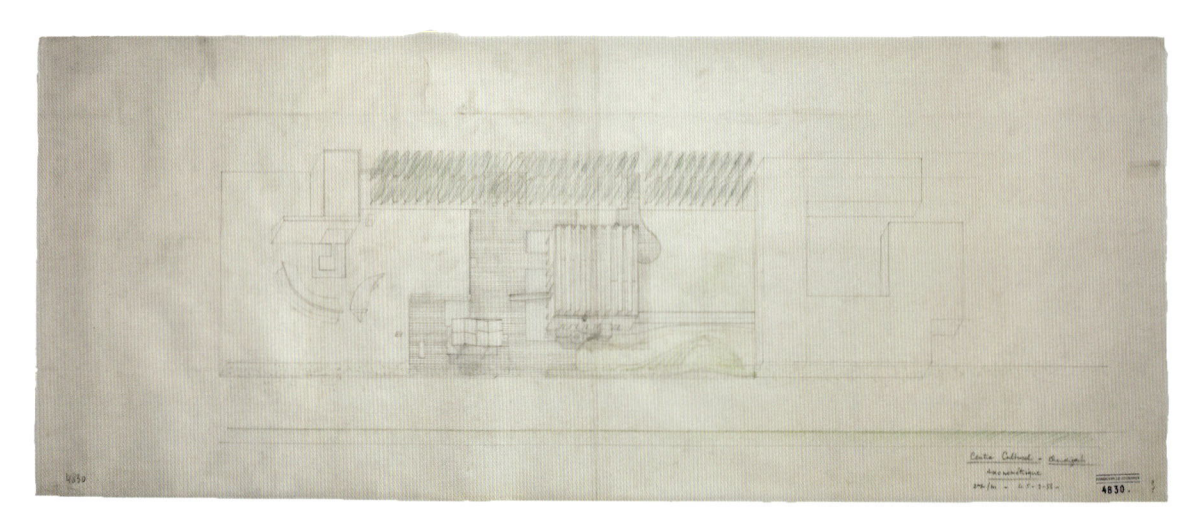

FLC4830, 1958.3.5

"*Centre Culturel* - *Chandigarh* - *Axonométorique* 2$^{m/m}$/m - le 5-3-58-"
「文化地区―チャンディガール―アクソノメトリック　2$^{m/m}$/m―58年3月5日―」

美術館単体の基本的な空間構成を検討した後、ル・コルビュジエはアトリエの所員にもう一度全体配置図を作成させる。

＊

　美術館、「不思議の箱」「展示館」、そして幾何学的な植栽計画などは、新都市の文化地区に関するル・コルビュジエの最初の全体構想を踏襲している（**FLC4830**）（cf., **FLC5998A**）。図面上の北西からの敷地へのアプローチがやや不明瞭であるが、美術館の造形は平面・断面構成の検討を踏まえ、エスプラナード前面を水盤とし、入口には内部と外部の２つのスロープによる展示階への動線を２カ所想定し、背後には搬入経路のための道路を設けている。美術館の陸屋根には、ピラミッド型の代わりに南東―北西に平行して雨水処理を兼ねる自然採光装置を装備し、２箇所のガーゴイユから雨水を地上の水盤に落としている。しかしながら、図面下のガーゴイユ、ロンシャンの礼拝堂（1953）と同じ幾何学的オブジェを据える水盤、南東ファサードのバルコニーの空間構成は、いかにも窮屈である。

　一方、美術館の外壁については、アトリエの所員が自発的に解釈できるほどに（あるいは、ル・コルビュジエが指示を出せるほどに）検討が進んでいない。おそらく、ル・コルビュジエの素描を引き写しているだけで、白紙の状態である。

＊

　ル・コルビュジエは、美術館単体の断片的な検討の結果を文化地区全体のなかに挿入して確認する。主題は天井からの自然採光と雨水処理であり、それが次なる検討課題の下絵となる。下絵は下絵として白紙の部分を残すこともあれば、所員が独自の解釈を忍ばせることもある。しかし、そこにル・コルビュジエの署名はない。未完であるからである。したがって、等閑視されているピラミッド型の自然採光装置をル・コルビュジエが完全に断念したということもできない。

図面解題

光の横溢

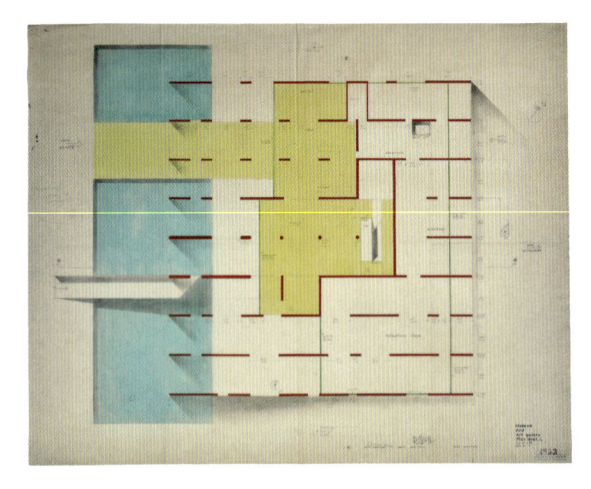

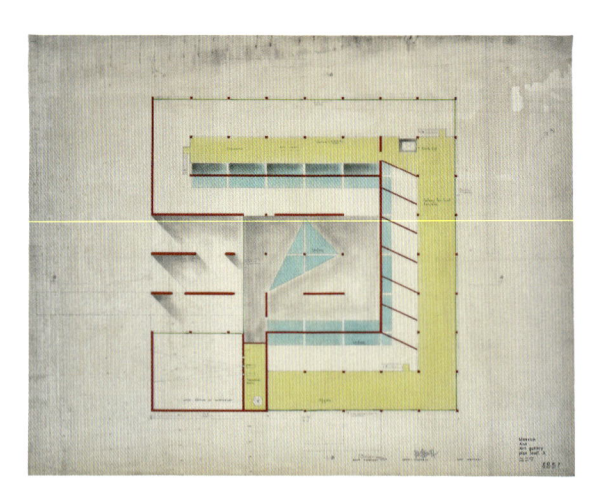

Dette, Dsham, FLC4853, 1961.8.14　　　Pierre Jeanneret, Dette, Dsham, FLC4854, 1961.8.14

"*UP WAITING TOILET STAFF ROOM HALL COUNTER RECEPTION GOODS LIFT ENTRY STAFF PILLER UNDULATORY GLAZING TO DETAIL BRIDGE OVER [...] UP RAMP LANDING WORK SHOP UNDULATORY GLAZING TO DETAIL UP GLAZING TO DETAIL Collection store GLAZING GLAZING UNDULATORY GLAZING TO DETAIL UP / VIEW OF HIMALAYAS / L'eau est pour le refroidissement de l'Air Conditionné*"
「上り　待合　トイレ　事務室　ホール　受付　搬入　運搬用昇降機　事務入口　柱　波動ガラス壁の詳細　上部ブリッジ　［……］　上り　スロープ　踊場　作業場　波動ガラス壁の詳細　上り　波動ガラス壁の詳細　収蔵作品倉庫　ガラス壁　ガラス壁　波動ガラス壁の詳細　上り／ヒマラヤ山脈の眺望／水は再冷房のため」［左図 FLC4853］

"*GLAZING TO DETAIL LIBRARY BOOK STACKS lecture（READING AREA）Goods lift Gallery For Small Exhibits GLAZING TO DETAIL UPPER PORTION OVER POOL UNDULATORY GLAZING TO DETAIL lantern TO DETAIL lantern TO DETAIL UPPER PORTION OF AUDITORIUM Projection Room Office UNDULATORY GLAZING TO DETAIL*"
「ガラス壁の詳細　図書室　書架　閲覧（読書エリア）　運搬用昇降機　小展示室　ガラス壁の詳細　プール上部　波動ガラス壁の詳細　天窓の詳細　天窓の詳細　オーディトリアム上部　映写室　事務室　波動ガラス壁の詳細」［右図 FLC4854］

　天井面に平行配置する自然採光と雨水処理の装置の検討を経て、全体配置図を修正した後、ル・コルビュジエのアトリエでは、検討が進んでいない。その後唐突に、チャンディガールに在駐しているピエール・ジャンヌレが、まとまった図面を作成している。空白期間を埋める資料は見いだせないが、おそらく新都市建設に係る事業全体の政策的問題に起因する遅延である。いずれにしても、ル・コルビュジエがチャンディガールの現地事務所に委ねて唐突にまとめさせる図面では、自然採光に関して大きな変更がある。

＊

　ジャンヌレの平面図では、エントランス前面池と展示階上部の天井採光を水色のインクで着色し、エントランスから大ホールまでの床面と展示階の上部階を黄色のインクで着色している（肝心の展示階そのものの平面図は欠落している。あるいは作成されていないのかもしれない）（FLC4853）（FLC4854）。平面上の構成に変更は皆無であるが、チャンディガールの現地事務所の所員は白紙であったファサード面に「波動ガラス壁」を描いている（FLC4852）（FLC4851）。「波動ガラス壁」の検討はいまだ暫定的であり、方立て（マリオン）

206

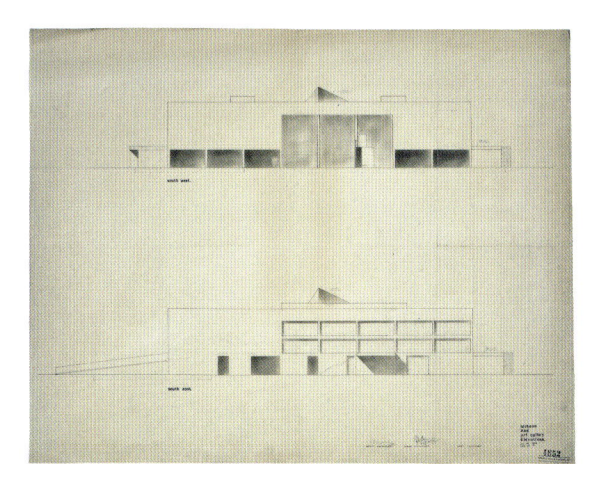

第三章　チャンディガールのパンジャブ州立美術館

Dette, Dsham, FLC4852, 1961.8.14

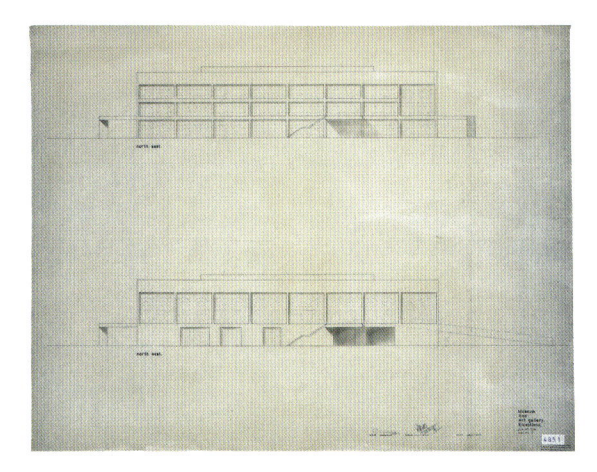

Dette, Dsham, FLC4851, 1961.8.14

"*LANTERN TO DETAIL RAMP RAILING TO DETAIL* south west / *LANTERN TO DETAIL RAILING TO DETAIL* south east"
「天窓の詳細　斜路　手摺の詳細　南西立面／天窓の詳細　手摺の詳細　南東立面」［左図 FLC4852］

"north east / north west"
「北東立面／北西立面」［右図 FLC4851］

の割り付けは手描きである。ピロティがなく、柱梁のラーメン構造体が均一に露出する外壁の処理は、地上階のピロティ部分だけを「波動ガラス壁」で覆った東京の美術館（1959）の浮遊感とはまったく別である（cf., **FLC29970、FLC29971**）。さらに、美術館中央の吹き抜け上部にピラミッド型の自然採光装置が復活している。ピラミッド型とまわりを取り囲む自然採光装置という構成は、東京の美術館（1959）における天井からの自然採光と同じ仕掛けであり、雨水処理の問題は等閑視されている。したがって、ガーゴイユの造形も立面には描いてない。

*

図面に関する限り、外壁の全面に「波動ガラス壁」を設けるル・コルビュジエの「美術館」は、チャンディガールの美術館構想以外にない。否応なしに光の横溢する展示空間には、「ブリーズ・ソレイユ」の日射し緩衝装置さえもない。機能的には純粋なガラス壁と変わらない。図面はチャンディガールの自然気候を体感として熟知しているはずの現地事務所が作成している。ル・コルビュジエとの打ち合わせに基いているのかもしれない。しかし、図面にル・コルビュジエの署名はない。

207

図面解題

雨の造形

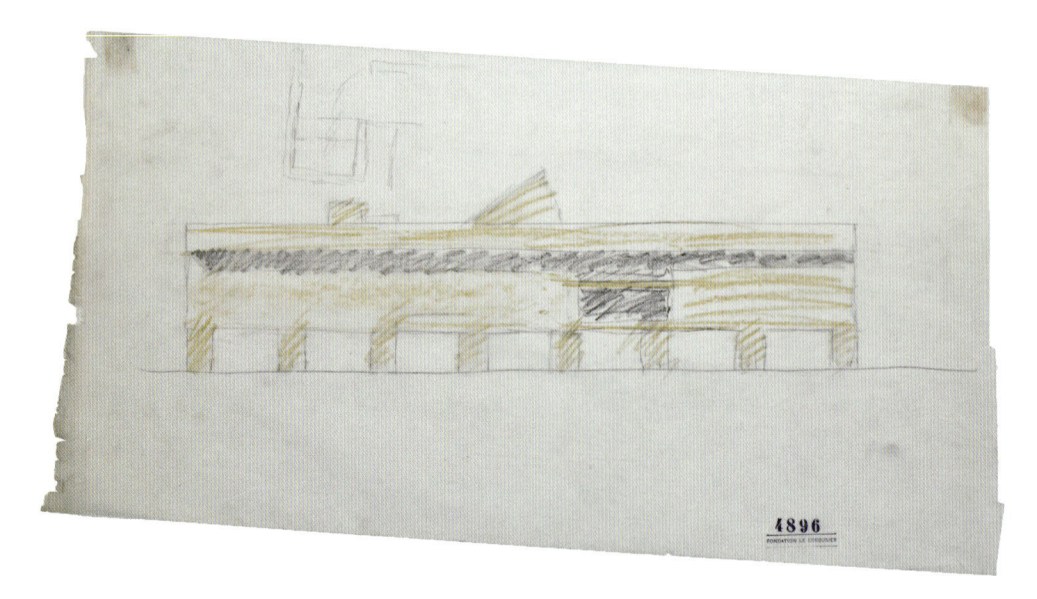

[Le Corbusier], FLC4896

　ル・コルビュジエが素描し、アトリエの所員が図面にするという通常の手順とは逆に、チャンディガールのピエール・ジャンヌレが図面作成した後に、ル・コルビュジエは復活したピラミッド型の自然採光装置を搭載する美術館のファサードを素描する。美術館の規模縮小を検討するためである（不思議なことに、アーメダバードの美術館（1957）や東京の美術館（1959）の構想において、ル・コルビュジエはファサードの立面をほとんど素描していない）。

＊

　施主の規模縮小の要請に応えて、ル・コルビュジエはそれまでの8スパン四方から、アーメダバードと同じ7スパン四方へと規模縮小を再検討するためのファサードを描く（**FLC4896**）。1スパン減によって、美術館が再び地上から浮遊する。すなわち、ル・コルビュジエはピロティ下の地上階を開放し、上階の展示階のファサードを黄土色の色鉛筆で着色して全面「波動ガラス壁」を放棄する（最終的に、地上階は「波動ガラス壁」に覆われている）。ピロティに支えられる量塊性のあるヴォリュームが載る、より浮遊感のあるファサードである。一方、屋上では、エレベーターの塔屋とピラミッド型の自然採光装置によって、陸屋根の水平線にアクセントを与える。ユニテ・ダビタシオンやラ・トゥーレットの修道院（1959）でも明らかなように、陸屋根に搭載するヴォリュームの戯れの場所は、屋上庭園となる。ル・コルビュジエは東京の美術館（1959）と同

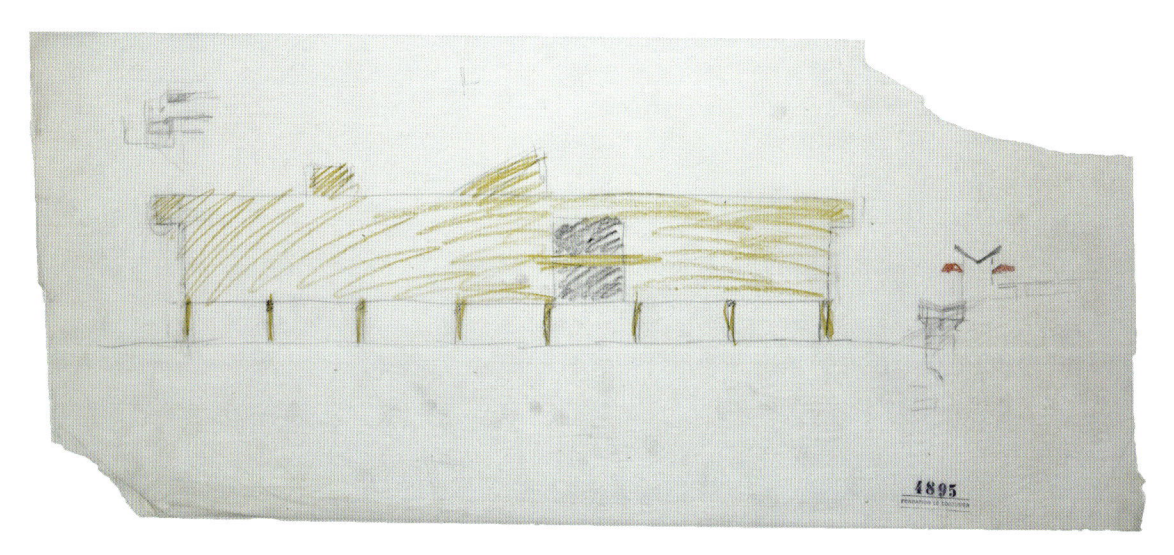

[Le Corbusier], FLC4895

じように、チャンディガールの美術館にも屋上庭園を思い描いているに違いない。

さらに、ル・コルビュジエは、ジャンヌレの図面では等閑視していた雨水処理のための横樋をファサードの両端部に描き足し（**FLC4895**）、さらに図面脇に雨水処理の詳細を描く（**FLC4896左上、FLC4895左上、右**）。雨水を横樋に集める装置そのものは、天井からの自然採光を兼ねる（雨水を集めるなら、自然採光装置は平行配置であるが、ピラミッド型との関係は不明である）。断面はかつて展示階上部に検討した北側採光装置をY型であり、東京の美術館の2方向からの自然採光装置の断面（U型）に類似する。

*

素描を描くル・コルビュジエは、浮遊感のある建築的ヴォリュームを再検討する過程において、雨水の循環システムを思いめぐらせる。光の主題と雨の主題が一致してくる。以後、ピラミッド型の自然採光装置をル・コルビュジエが描くことはない。

図面解題

自然採光と雨水処理の一体化

[Le Corbusier], FLC4900

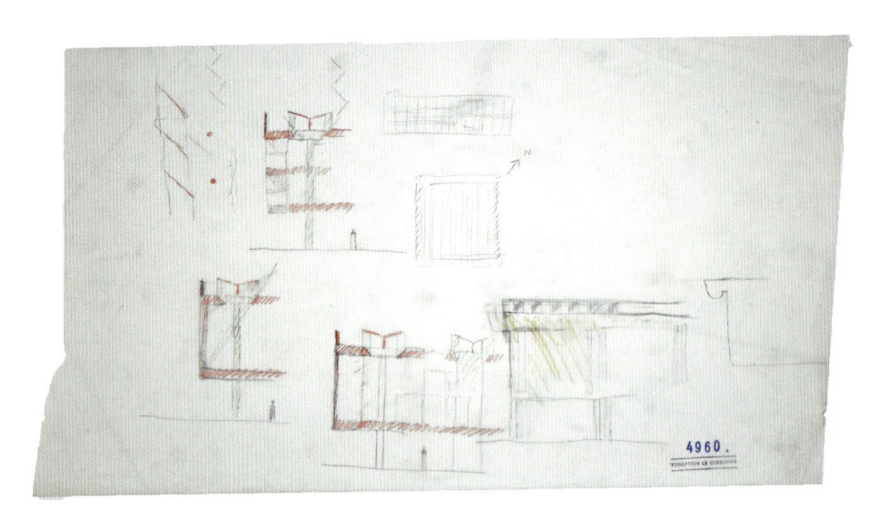

[Le Corbusier], FLC4960

　ル・コルビュジエは、立面図の検討で顕在化した雨水処理という主題をさらに詳細に検討する。もちろん、美術館の屋根面の雨水処理の体系化は、天井からの自然採光装置との一体化と不可分である。
　　　　　　　　　　＊
　ル・コルビュジエは、Y型の自然採光装置の効果について検討する（**FLC4900**）（**FLC4960**）。ピラミッド型を取り囲んでいた自然採光装置は、雨水を処理するために再び平行装置となる。しかも、東京の美術館（1959）の自然採光装置のように、屋根スラブに支持される覆いではなく、地上のピロティへとつながる１本の通し柱（もしくは板状の耐力壁）の上端部の梁にＹ字の断面を持つ自立的な自然採光装置が載る。人工照明はどこにも描かない。さらに「ブリーズ・ソレイユ」で補強すれば、展示空間に相応しく、自然光は十分に拡散するはずである。
　チャンディガールの美術館外周へ雨水を流すＹ型の自然採光装置端部の有機的な造形は、ロンシャンの礼拝堂(1953)のガーゴイユそのものである（**FLC4991**）（**FLC4899**）。アーメダバードのサラバイ邸（1955）における鋭利で細長いガーゴイユとは対照的である。
　　　　　　　　　　＊
　雨水の処理方法は、アーメダバードの美術館（1957）よりも雄弁である。構造としても美術館と一体化し、機能としても自然採光装置と一体化して屋根全体に載る。屋根全体がガーゴイユとなるロンシャンの礼拝

第三章　チャンディガールのパンジャブ州立美術館

[Le Corbusier], FLC4991

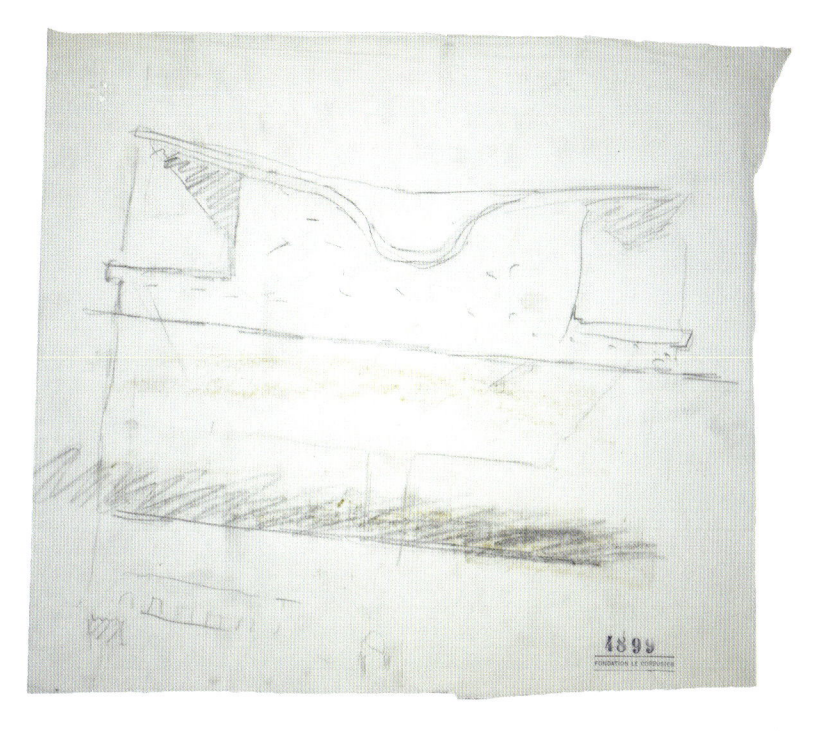

[Le Corbusier], FLC4899

堂（1953）の屋根とはまた別の、屋根・雨水の視覚的表現である。しかし、それは屋上庭園の断念でもある。アーメダバードの美術館（1957）や東京の美術館（1959）の構想において、屋上庭園的なものは最後まで展示階上部の屋根面に残るが、チャンディガールでは、屋根の表現は天井採光を兼ねた雨水のダイナミックな造形に収斂していく。

211

図面解題

卍型という選択

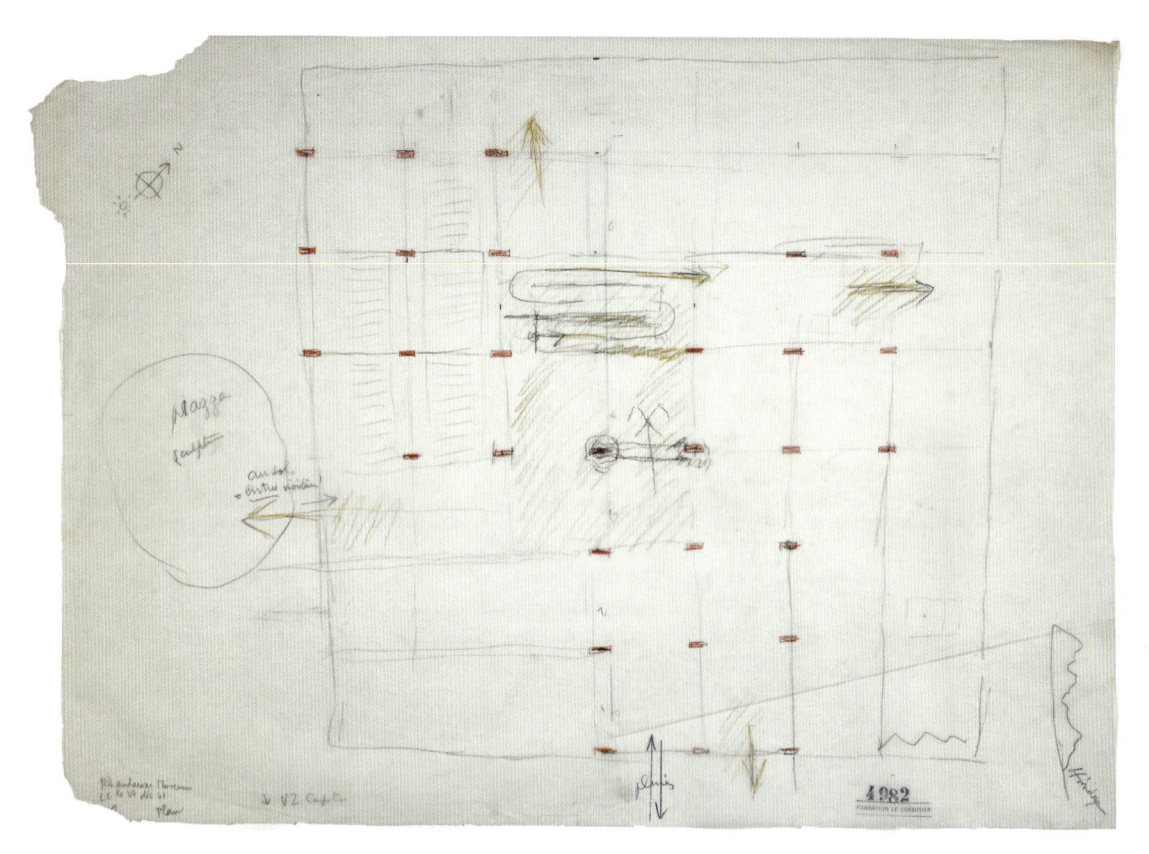

Le Corbusier, FLC4982, 1961.12.27

"*N / Plazza Sculpture au sol = <u>entrée</u> visiteurs V2 Capitole / Rhandawa [Randhawa] Museum LC le 27 déc 61 plan / pluies / Himalaya*"
「北／彫刻のあるプラザ　地上で＝入館者の<u>入口</u>　V2とカピトール／ランダヴァ［都市計画最高責任者］の美術館　ル・コルビュジエ 61年12月27日／雨／ヒマラヤ」

　8スパン四方から7スパン四方への規模縮小に伴って、ル・コルビュジエは、立面構成だけではなく平面構成についても再検討する。

*

　北東に「ヒマラヤ山脈」、南西に「彫刻のあるプラザ」に挟まれた7スパン四方の美術館においては、赤色の色鉛筆で描く支持体断面は、板壁状の断面形状を持つ耐力壁というよりも（cf., **FLC4862**）、ピロティに近い角柱であり、平面構成においてヒマラヤ山脈に向かう視覚的な方向性が希薄になる（**FLC4982**）。風の流れを利用して冷風を室内に取り込むための前面池や池を渡って上階の展示階にいたる外部スロープは、もはや描かない。代わりに、茶色の色鉛筆を用いて、雨水の流れに合わせて四方に拡がる卍型の動線を4本の茶色の矢印で描く。そして、美術館入口の位置や、スロープの向きも卍型に合わせて移動する（最終的にもう一度移動している。cf., **FLC4841**）。

*

　ル・コルビュジエは、美術館の規模縮小という条件変更を受け、1スパン減じると当時に、いくつかの取捨選択をする。すなわち、ル・コルビュジエは、ピラミッド採光装置を断念し、平行配置する自然採光装置を選択する。さらに、螺旋型に展開する動線を断念し、卍型を選択する。「ヒマラヤ」への定位は、造形的な調和というよりも、光や雨の自然現象との調和に取って代わる。北面に描く「ヒマラヤ」は、ことのほか小さい。

空間の孵化

[Le Corbusier], FLC4890, [1962.1.3]

"Archive atelier / pluie"
「アーカイヴ　アトリエ／雨」

　ル・コルビュジエは、螺旋型に展開するというよりも、むしろ卍型の拡張へと特化する美術館の構成原理を選択し、それをもう一度文化地区全体の配置構成のなかに位置づける。

*

　アトリエの所員が下書きしている敷地の全体配置図では、「不思議の箱」の野外観客席の縮小以外、基本的な全体配置構成には変更を加えていない（**FLC4890**）。しかし、美術館については、ル・コルビュジエの検討を反映して、ピラミッド型の天井採光に代わって、雨水処理を兼ねる自然採光装置を平行配置して屋上階を覆っている。

　ル・コルビュジエは水色の色鉛筆を使い、独特の有機的な筆致で雨水の流れを辿り、美術館から流れ落ちる雨水の一部を受け止める水盤を造形して、描き足す。同時に、茶色の色鉛筆によって卍型の拡張動線を矢印で明示し、もともと美術館の内部に組み込んでいた「アーカイヴ（収蔵庫）」と「アトリエ」を卍型の拡張方向に合わせて美術館の輪郭から外部にはみ出していくかのように素描する。ユニテ・ダビタシオンのピロティ下が有機的な空間領域として生成していくように、美術館の幾何学的マトリックスのなかでの造形的遊戯というよりも、むしろ美術館の幾何学的マトリックスのなかのヴォリュームの孵化と演出である。シャボン玉の泡のように外にはみ出す空間領域は、東京の美術館（1959）における卍型の涌出以上に有機的である（cf., **FLC24719B**）。

*

　美術館の内部から外部へとヴォリュームを押し出すことは、はじめから美術館の外部に配するヴォリュームを卍型の廊によって連結することとは（あるいは、ドミノのマトリックスのなかに挿入する「自由な平面」とは）、空間生成のプロセスが逆である。卍型はもはや、附属施設を連結するための仕掛けではない。美術館そのものに孵化する有機的ヴォリュームが四方に涌出して拡張していく方位として、卍型が空間構成の第一義的な原理となる。

図面解題

「自由な平面」の遊戯

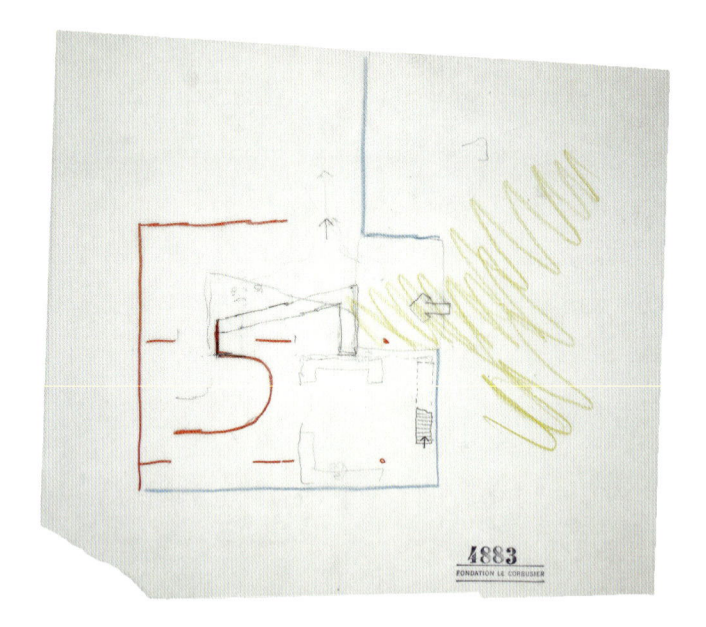

[Le Corbusier], FLC4883, [1962.1.3]

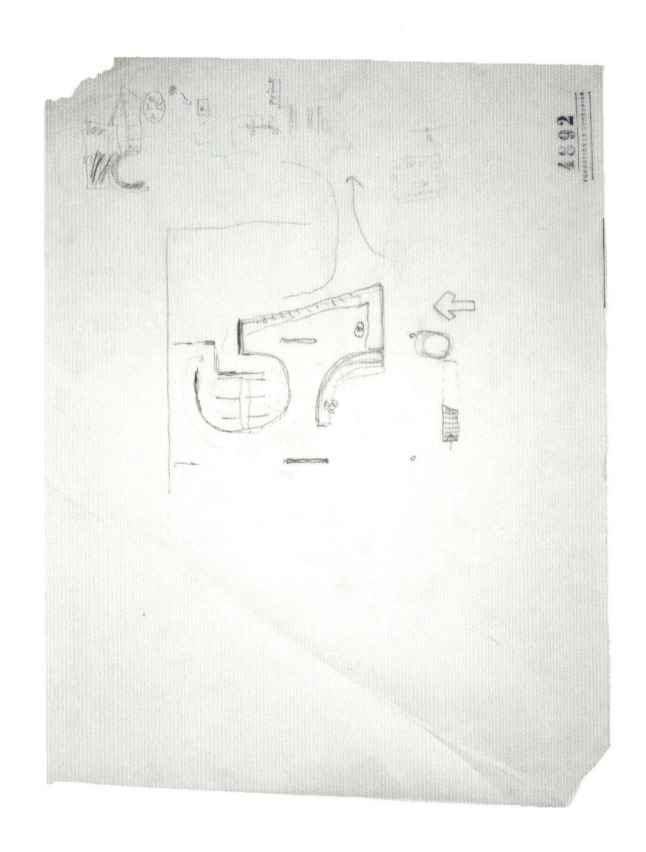

[Le Corbusier], FLC4892

"*LTA F / […] point*"
「*LTA　F／[……]　基点*」

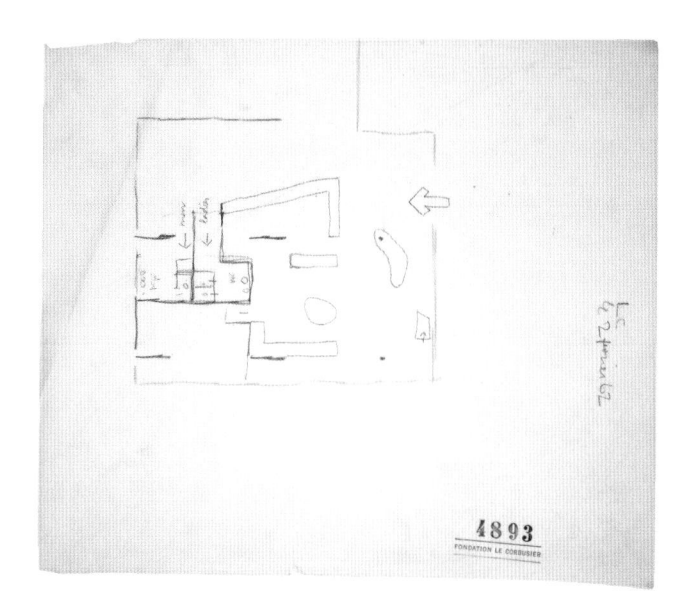

第三章　チャンディガールのパンジャブ州立美術館

Le Corbusier, FLC4893, 1961.2.2

"*men ladies WC / LC le 2 février 62*"
「男性　女性　手洗／ル・コルビュジエ　62 年 2 月 2 日」

　美術館入口の受付ホールは、「建築的プロムナード」の転回点となる室内外の境界領域に接する。前面池の断念や卍型の拡張の検討に伴って、ル・コルビュジエは美術館導入部となる入口についても数多くの素描を重ねる。

＊

　おそらくル・コルビュジエによる素描は、揺らぎを伴う生き生きとした筆致である。迎える側と迎え入れられる側の入口領域を赤色と水色の色鉛筆で描き分け、黄色の色鉛筆によってエスプラナードから美術館に吸い込まれるような動線を描く（**FLC4883**）。受付カウンター部分は鉛筆でへ字型に区切り、そこに赤色の色鉛筆で半円状の間仕切り壁を挿入する。林立する柱のあいだに挿入する直線と曲線の間仕切り壁の平面的構成は、「自由な平面」の実践である。ル・コルビュジエが矩型のなかに仕切る曲面の空間領域は、しばしば水回りである（アーメダバードの美術館（1957）の場合、ピロティ部分の独立した手洗。cf., **FLC6953**）。

　有機的輪郭をさらに誇張することもできる。受付カウンターの一部も円弧を描いてベンチとなり、鑑賞者が包み込まれるように受付ホールで迎える（**FLC4892**）。

　しかし、有機的輪郭は再び幾何学へと再度収斂していく（**FLC4893**）。東京の美術館（1959）の入口の平面構成においても、同じ幾何学〜有機〜幾何学の過程を経ているが、手の遊戯という以上の理由は定かではない。たしかに、ル・コルビュジエの平面構成の一般的特徴の一つとして、ヴォールト屋根を持つサラバイ住宅（1955）のような、軸性を強調するような平面構成において、「自由な平面」における曲面壁は少ない。むしろ、ショーダン住宅（1956）のような矩型の輪郭を持ち、軸性の乏しい四方位に拡がる平面に、ル・コルビュジエは水回りを形成する曲面壁を挿入して空間に領域性と抑揚を演出することが多い。

＊

　内部空間の限定は、幾何学と有機を巡って生成を繰り返す。チャンディガールの美術館における「自由な平面」の構成に、合理的な原理を見出すことは難しい（結果的に、東京の美術館（1959）とほぼ同じ受付ホールの装備となるが、美術館入口の扉については、東京の美術館（1959）のようなガラス扉ではなく、アーメダバードの美術館（1957）と同じ型の扉を面図化することなく採用している。cf., **FLC6930**）。間仕切り壁の微細な変更を試みる数多くの素描は、空間を限定することに対するル・コルビュジエの迷いの反映というよりも、間仕切り壁が誘引する空間現象や人間の行動に対するル・コルビュジエの開かれた探求の痕跡である。

215

図面解題

劇場としての講堂

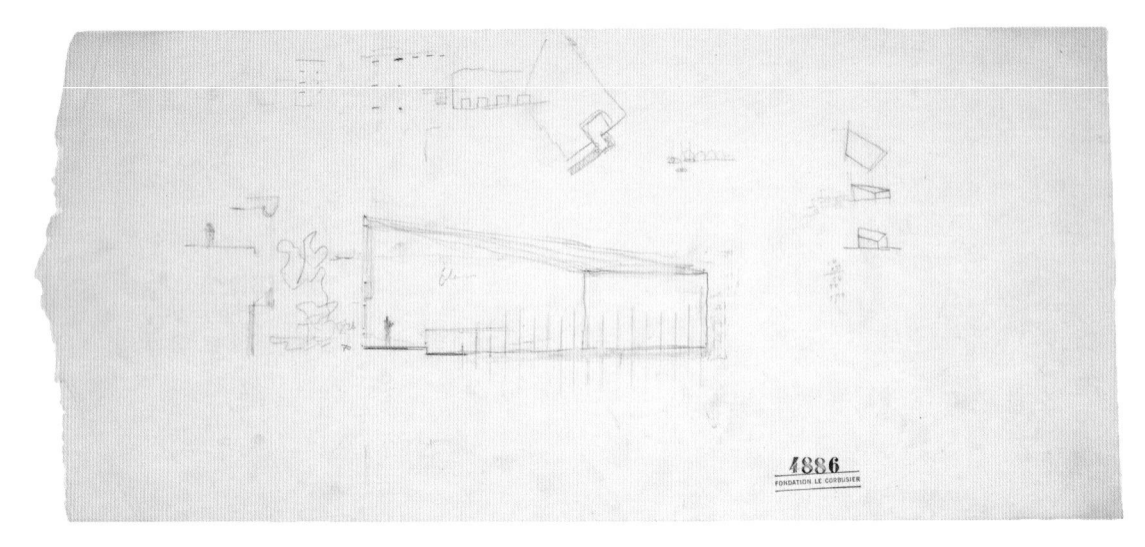

[Le Corbusier], FLC4886, [1962.1.3]

"*Elect / 226 70*"
「電子工学／226　70」

　アーメダバードの美術館 (1957) や東京の美術館 (1959) の構想においては、卍型に接続する附属施設の実現可能性がはじめから少ないこともあり、ル・コルビュジエは附属施設の内部空間について詳細には素描しない（独立棟の「不思議の箱」の断面を除くと、卍型に接続する附属施設はほとんどが平面構成の図式的な素描に留まっている）。一方、チャンディガールの美術館の構想では、美術館の卍型の拡張方向にはみ出す講堂について、ル・コルビュジエは本館となる美術館との空間的関係を断面として素描する。

＊

　講堂は美術館本体から樹木を挟んで分離し、別棟とする (**FLC4886**)。講堂は、人間の声を発するだけの空間ではない。映像室もある。電子詩の映像を映写するフィリップス館 (1958) の経験を活かして、ル・コルビュジエは映写機の機材や映写方法まで詳細に描く (**FLC4888**)。天井からY型の自然採光装置によって芸術作品を照らす展示空間とは対照的な人為的空間演出であり、映像を用いた新しい形式の芸術空間である。「不思議の箱」同様に、人工的な映像空間に対するル・コルビュジエの高い関心を物語っている。

＊

　人間の声であれ機械による映像であれ、ル・コルビュジエが講堂の名を借りてつくりだそうとしている附属施設の空間は、そこに「参加すること」を要請する。静物を鑑賞して「見ること」に留まらない演劇的な空間である。意識的にせよ無意識的にせよ、ル・コルビュジエは卍型に接続する附属施設にも演劇空間の構想を埋め込む（後にル・コルビュジエは、「不思議の箱」だけでなく、チャンディガールの文化地区に「自発劇場」も構想している。cf., **FLC4827**）。

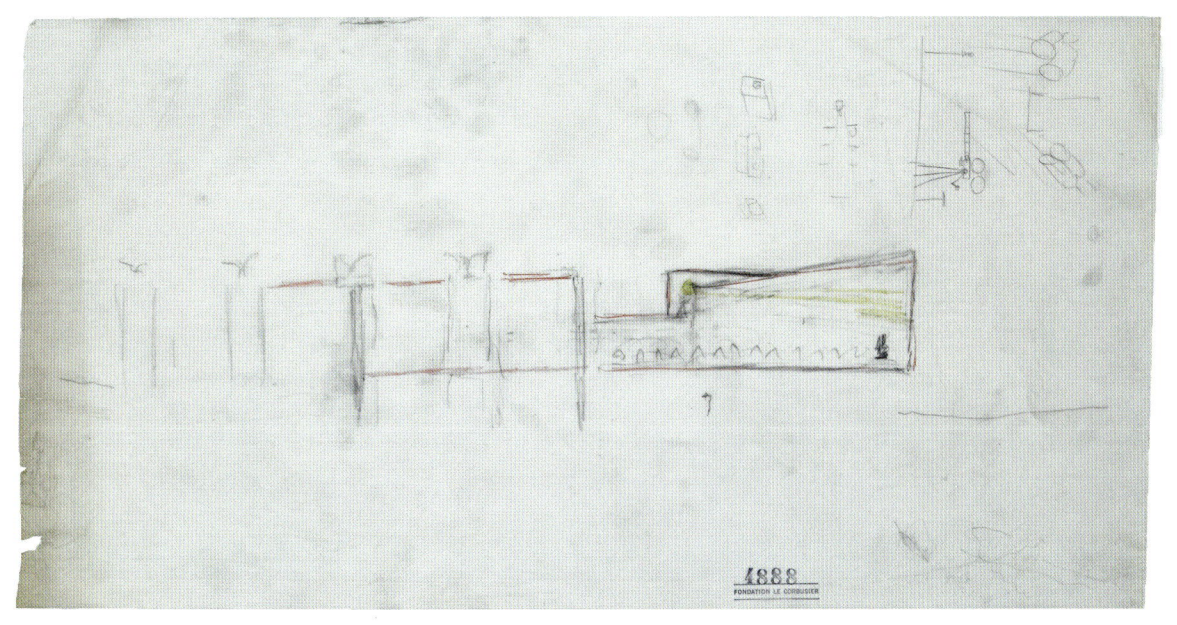

第三章　チャンディガールのパンジャブ州立美術館

[Le Corbusier], **FLC4888**, [1962.1.3]

図面解題

肥大するアトリエ

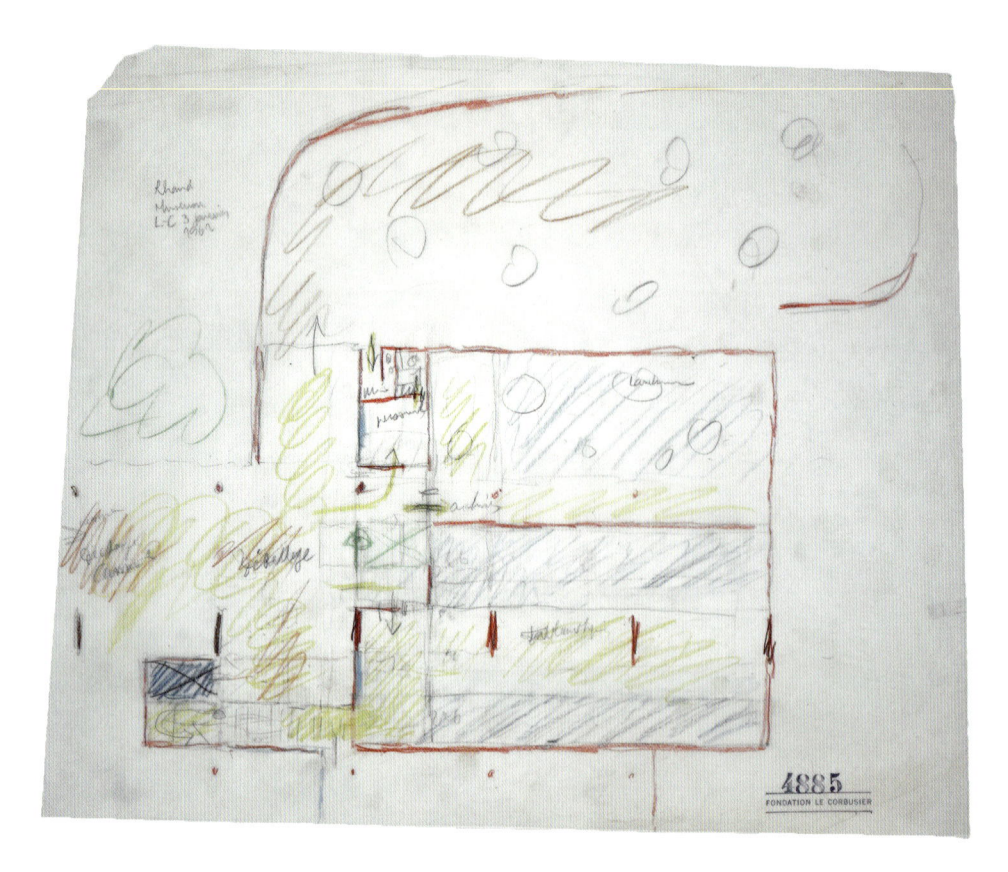

Le Corbusier, FLC4885, 1962.1.3

"*Rhand [Randhawa] Museum LC 3 janvier 1962 / men ladies WC personnel archives lanterneau / tableauthèque 366 226 / camion déballage Camion déballage*"
「ランダヴァの美術館　ル・コルビュジエ　1962年1月3日／男性　女性　手洗　従業員室　アーカイヴ　天窓／資料室　366　226／トラック　荷解き　トラック　荷解き」

218

美術館とは切り離す附属施設として、比較的直線的な輪郭を持つ講堂の内部空間の検討の一方で、ル・コルビュジエはエスプラナードの背後に位置し、美術館本館からはみ出すアトリエの有機的ヴォリュームの内部空間の平面構成を素描する。
　　　　　　　　　　＊
　アトリエは、作品の維持管理・修復、展示空間の設営など、芸術作品の展示を運営する上で重要な空間である。ル・コルビュジエにとって、アトリエは、アーメダバードの美術館（1957）の構想において、はじめから別棟として配置するほど重要な機能である（cf., **FLC6944**）。チャンディガールの美術館の場合、黄色の色鉛筆で描く「梱包室」「絵画収蔵庫」「収蔵庫」は美術館内部に収め、アトリエそのものは有機的ヴォリュームとして美術館の外部となる（**FLC4885**）。茶色の色鉛筆で領域を描くアトリエ上部は、複数の円型の「天窓」を備える。ロンシャンの礼拝堂（1953）の壁や、東京の美術館（1959）の天井面に備える「クロストラ」の応用である。
　　　　　　　　　　＊
　チャンディガールの美術館において、ル・コルビュジエは、展示空間だけではなく、芸術作品を支える諸機能についても十分な関心と配慮を示し、諸室を丹念に造形する。アトリエは単に、美術館のなかの付帯的な施設としてはならない。「クロストラ」によって、展示空間にも勝るとも劣らない場所でなければならない。アトリエの存在が芸術作品の恒久的な保存と収蔵作品の増加を保証し、美術館の拡張の根拠となるからである。素描の輪郭は不自然なまでに大きい。

219

図面解題

自己完結する卍型

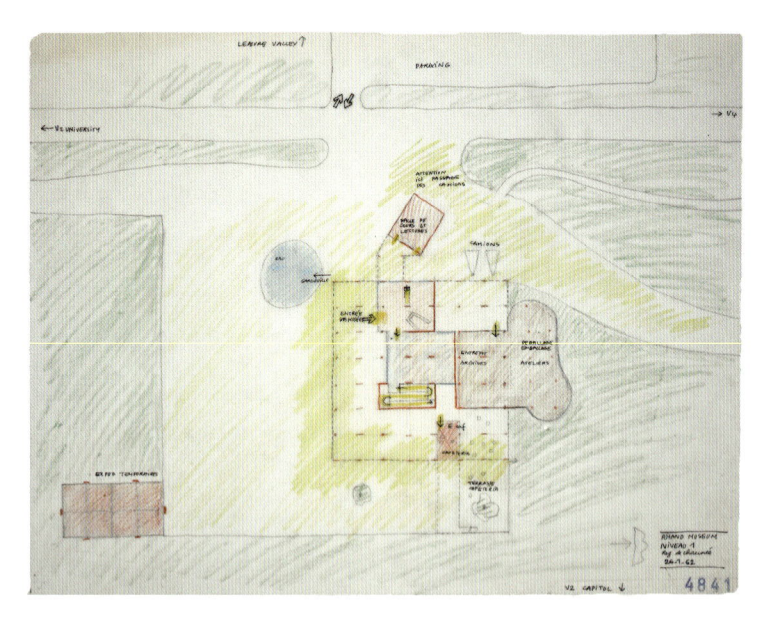

[Oubrerie], FLC4841, 1962.1.26

"*LEASURE VALLEY PARKING V2 UNIVERSIT V4 / ATTENTION ICI PASSAGE DES CAMIONS SALLE DE COURS ET LECTURE EAU GARGOUILLE CAMIONS ENTRÉE DES MUSÉE ENTREPÔT ARCHIVE DEBALLAGE EMBALLAGE ATELIERS E caf CAFETERIA TERRASSE CAFETERIA/ EXPOS TEMPORAIRES / RHAND [Randhawa] MUSEUM NIVEAU 1 Rez de chaussée 26_1_62 / V2 CAPITOL [CAPITOLE]*"

「余暇の谷　駐車場　V2と大学　V4／トラック搬入　講堂　水盤　ガーゴイユ　トラック　美術館入口　倉庫　アーカイヴ　荷解きと梱包　アトリエ　カフェテリアの入口　カフェテリア　カフェテリアの入口／企画展示／ランダヴァの美術館　地上階　1962年1月26日／V2とカピトール」

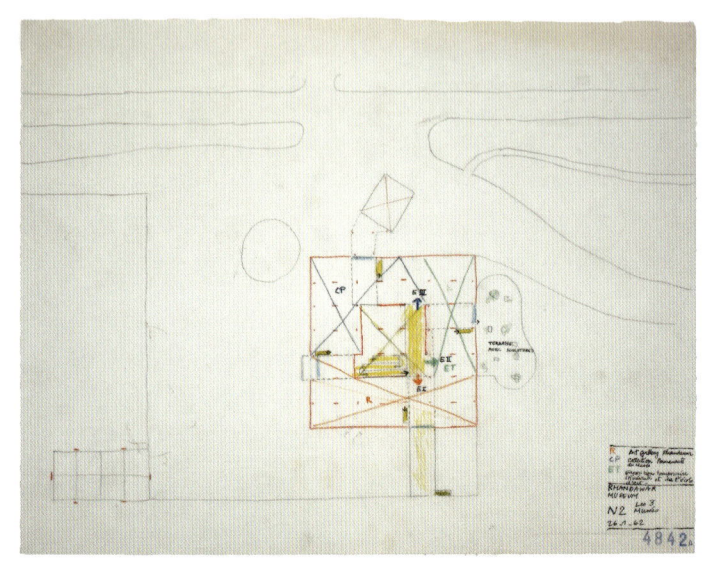

[Oubrerie], FLC4842, 1962.1.26

"*CP EIII EII EI / TERRASE AVEC SCULPTURE / R Art Gallery Rhandawar CP Collection Permanente de Musée ET Expositions temporaires itinérantes et de l'école d'art / RHANDAWAR [RANDHAWA] MUSEUM NIVEAU 2 Les 3 Musées 26_1_62*"

「CP　EIII　EII　EI／彫刻のあるテラス／Rランダヴァのアートギャラリー　CP美術館の常設　ET企画および巡回展示／ランダヴァの美術館　2層階　3層展示室　1962年1月26日」

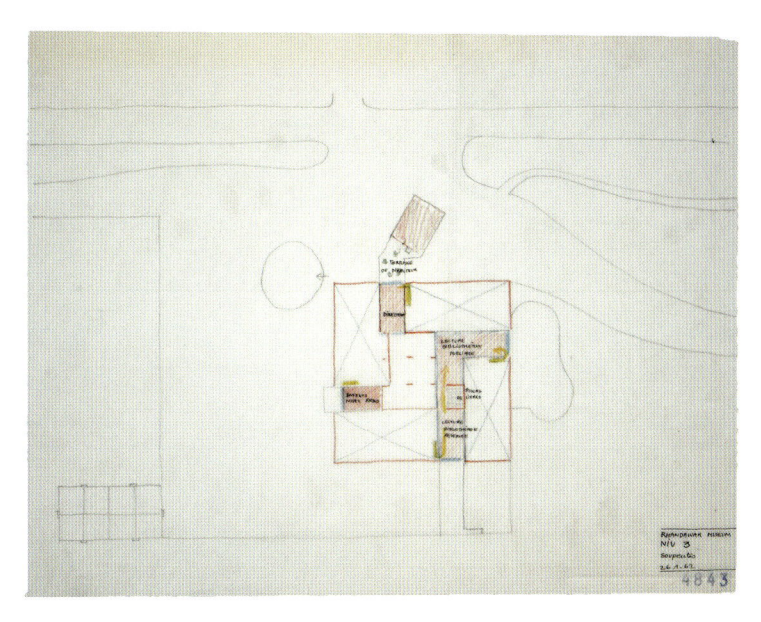

第三章　チャンディガールのパンジャブ州立美術館

[Oubrerie], FLC4843, 1962.1.26

"*TERRASSE DU DIRECTEUR DIRECTEUR LECTURE BIBLIOTHÈQUE PUBLIQUE SOUPENTE MUSÉE RHAND STOCK DE LIVRES LECTURE BIBLIOTHÈQUE RÉSERVÉE / RHANDAWAR [Randhawa] MUSEUM NIVEAU 3 soupentes 26_1_62*"
「館長のテラス　館長室　講義室　一般用図書室　ランダヴァの美術館の小部屋　書庫　講義室　一般用図書室　予備室／ランダヴァの美術館　3層階　小部屋　1962年1月26日」

　美術館の諸附属室の詳細検討は比較的短期間であり、ル・コルビュジエはそれらを再度美術館全体の平面図に組み入れて統合する図面を作成させる。アトリエの所員が作成する手描き図面は図式的であるが、かえって美術館の全体構想を明快に示している。

＊

　地上階平面図は、チャンディガールの美術館の特徴を端的に示している（**FLC4841**）。矩形の美術館の中央にはスロープのある大ホールがあり、卍型の拡張方向に合わせて講堂、アトリエ、加えて新たにカフェテリアを設けている。また、黄色の色鉛筆の素描が示すように、地上階とエスプラナードが空間的に相互浸透している。

　スロープの位置も東京の美術館（1959）とは異なり（cf., **FLC24615**）、中央の大ホールに入って正面にスロープを配置しているために、大ホールは展示空間というよりも通過空間としての性格が強い（大ホールの表記すらない）。

　展示階は、「Rアートギャラリー」「CP常設展示」「ET企画展示」の3区画である（**FLC4842**）。しかし、3つの展示区画はそれぞれ独立し、東京の美術館（1959）の展示階以上に区画が明快である（cf., **FLC24616B**）。スロープを登ると、3つの展示空間への自由なアクセスが選択できるようになっているために、螺旋型の動線は機能していない。螺旋型の拡張を示唆する空間の仕掛けはどこにもない。

　美術館の展示階中階に挿入する卍型の領域は、東京の美術館（1959）同様、完全に事務機能に特化している（**FLC4843**）。一方で、附属の講堂への連絡通路の屋上やアトリエ上部の屋上を「テラス」とし、屋上庭園的な場所を描いている。アーメダバードの美術館（1957）や東京の美術館（1959）の構想においても最後に加える屋上庭園の断片的な復活である。

＊

　卍型の拡張の造形表現を明快に整理、補強、洗練した平面は、講堂とアトリエに接続していても、螺旋型については痕跡すらない。美術館は卍型の造形として自己完結している。

221

図面解題

ピクチュアレスクな敷地構成

Pierre Jeanneret, FLC4827, 1962.8.27, reçu Le Corbusier, 1962.10.2

"1 miracle box 2 temporary exhibition 3 museum & art gallery 4 theatre spontane 5 school of arts / parking of miracle box parking museum & art gallery parking school of arts / While showing the exact profile of the building with Extension Scheme marked (E) and Lecture Hall marked (L) – the End line of the cafeteria Block marked (C) has been kept in line with the Art School Building-line toward South East. Please confirm if it is approved by you and also advise if you approve the location of Lecture Hall (L) at the same distance from the main building as shown in the Site Plan. / If you approve the location of the Police Guard Post and Cycle Shed for 150 cycles somewhere near the entrance. Please its location / *Compare Plan level I* / No entrance is possible here because of the concrete Jali façade already existing here. / *Junction 19 Boundary wall type B Bicycle up Bicycle down Lambretta up Lambretta down Fast traffic way up Green Verge Fast traffic way down Green Verge Service road Reservation to Capitol / 2 Octobre 1962 reçus avec lettre du 27 Septembre 1962 de Pierre Jeanneret*"

「1 不思議の箱　2 企画展示室　3 美術館とアート・ギャラリー　4 自発劇場　5 芸術学校／不思議の箱の駐車場　美術館とアート・ギャラリーの駐車場　芸術学校の駐車場／拡張図式（E）と講堂（L）を合わせて建物の正確な輪郭を示し―カフェテリアの角を芸術学校の南東に合わせました。確認してください。とくに講堂（L）と建物の距離が配置図に示すとおりでよいか指示をください。／警察詰所と150台の自転車置き場をエントランスのどこかに設置するならどこでしょうか／*1層平面図と比較*／ここには入口は必要ありません。コンクリート製のジャリーのファサードがすでにあります。／*交差点19　B型の境界壁　自転車道上り　自転車道下り　ランブレッタ［イタリア製バイク］上り　ランブレッタ下り　高速道上り　緑地帯　高速道下り　緑地帯　補助道路　予備道路　カピトールへ／1962年10月2日受領　1962年9月27日のピエール・ジャンヌレの手紙添付*」

222

第三章　チャンディガールのパンジャブ州立美術館

　ル・コルビュジエは、パリのアトリエで検討した美術館の平面・立面・断面の図面をチャンディガールのジャンヌレの現時事務所に送る。ジャンヌレはまず美術館の地上階平面図をもとに、送付図面にはなかった全体配置図を作成している。

＊

　ジャンヌレの敷地配置図は、パリのアトリエでの手描きの平面図を忠実に参照しているが、ル・コルビュジエがあらかじめ図面に明示していない部分の追記や変更もある（FLC4827）（cf., FLC4833B）。

　ジャンヌレは芸術学校と美術館のあいだの緑地に「自発劇場」を新たに配置し（FLC4827 中4）、諸施設をより分散して配置している。自動車交通が予想される図面下の南東V2の幹線大通りを樹木によって閉ざす以外、図面上の北西道路側の幾何学的な樹木の配列はなくなり、芸術学校も敷地に対して斜めに配置を変えている（FLC4827 右5）。全体として、開放的な敷地の緑地に点在する建築的ヴォリューム群によるピクチャレスクな空間構成であり、アーメダバードの美術館（1957）や東京の美術館（1959）の軸性の強い構成とは異なっている。おそらく、ル・コルビュジエのインド訪問時における口頭での指示である。

　美術館の最も大きな変更点は、「E 拡張領域」の追記である。「限りなく成長する美術館」の理論である螺旋型の拡張は、チャンディガールの美術館においてはじめから主題ではないにもかかわらず、ジャンヌレはこの時期になってはじめて明記している。ル・コルビュジエによる指示、ジャンヌレによる独自の解釈、もしくはジャンヌレのル・コルビュジエへの配慮かもしれない（ル・コルビュジエの署名のある図面では、拡張領域を明示している図面はない）。しかし、展示階の展示空間の区画に螺旋型の動線が成立しない以上、拡張領域に説得力はない。

＊

　ル・コルビュジエは、美術館と「展示館」、そして「不思議の箱」によって構成するエスプラナードの囲繞性や緊密性を演出することを断念し、割り当てられた都市計画用地のなかにおいて、ピクチャレスクな空間構成を選択する。しかし逆説的に、それは各々の建築的ヴォリュームのオブジェとしての自立性を高めることにもなる（最終的に、美術館と芸術学校のみが実現し、「展示館」を模した「市立美術館」が現地建築家によって1997年12月に竣工している。ランドスケープの整備も十分ではなく、ピクチャレスクな建築的景観は実現していない）。

223

図面解題

素材・色彩の表象不可能性

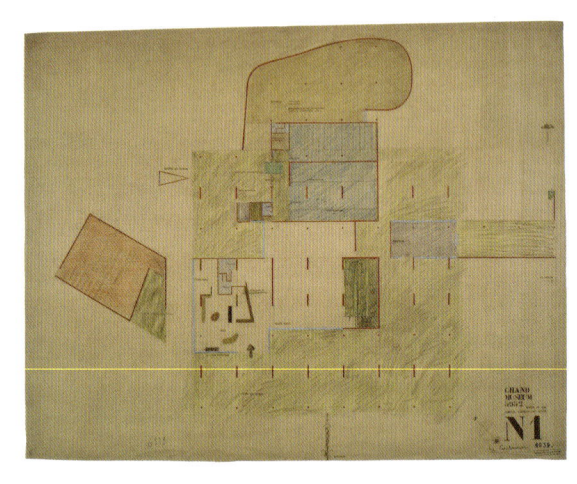

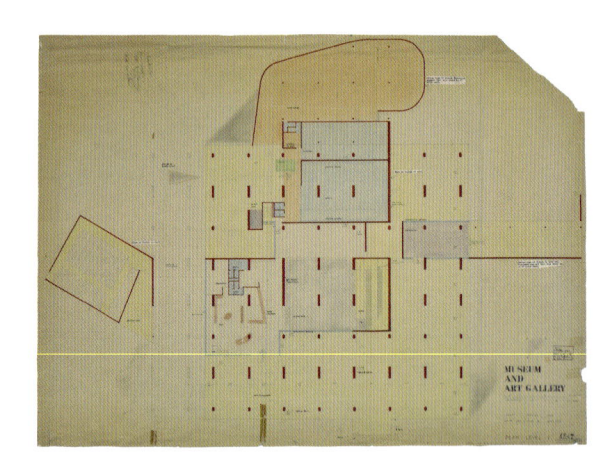

Oubrerie, Le Corbusier, FLC6939, 1962.2.5　　　Pierre Jeanneret, FLC4847, 1962.9.27, reçu Le Corbusier, 1962.10.2

"SALLE DE COURS ET LECTURES / ARRIVEE DES CAMIONS / ATELIER Déballage Emballage Préparation des Expositions Peinture Electricité etc.../ Contrôle marchandise Monte-charge Vestiaire personnel ARCHIVES ENTREPOTS Tableauthèque Tableauthèque Disponible Hommes Dames Vente d'objets et reproductions d'art HALLE GRANDE SALLE Escalier Directeur / CAFETERIA Ondulatoires HIMALAYA V2 CAPITAL / ENTREE DES MUSEES ENTREE ESPLANADE / NIVEAU DU SOL OUBRERIE 5 FEVRIER 1962 1/100º *Le Corbusier*"

「講堂／運搬口／荷解きと梱包　展覧会準備、塗装、電気工事など／物品検査　昇降機　従業員更衣室　アーカイヴ　倉庫　資料棚　資料棚　空室　男子　女子　複製芸術品売店　ホール　大ホール　館長用階段／カフェテリア　波動ガラス　ヒマラヤ　カピトールへの V2 ／美術館入口　入口　エスプラナード／地上階　ウブルリ［アトリエの所員］　1962 年 2 月 5 日　1/100º　ル・コルビュジエ」［左図 FLC6939］

"*4 juillet 1963 pour répondu à lettre de P. Jeanneret du 14/6/63décidé avec Oubrerie* / work shop / Advice type of finish Engineers suggest that this could be 9" Brick wall / lockers for staff archives check picture stacks store picture stack goods lift *FOR WALL REF. DETAILS* disponible gents lav ladies lav *UNDULATORY* hall sales counter up *REF. DETAILS FOR WALL TREATMENT* grand hall ramp up undolatory glazing / type of finish of wall / lecture hall / type of finish of wall / *FUTURE EXTENSION* / undolatory glazing cafeteria / Advise type of finish of this wall Engineers suggest that this could be 9" brick wall / *2 Octobre 1962 reçus avec lettre du 27 Septembre 1962 de Pierre Jeanneret*"

「*1963 年 7 月 4 日　1962 年 6 月 14 日のピエール・ジャンヌレの手紙への回答　ウブルリと相談／作業場／仕上げの方法の指示を　技術者の意見では 9 インチの煉瓦壁／事務荷物室　アーカイヴ　検査　絵画棚　倉庫　絵画棚　運搬用昇降機　波動ガラス　壁は詳細図参照　空室　男子トイレ　女子トイレ　波動ガラス　ホール　受付　上に　壁の仕上げは詳細図参照　大ホール　スロープ　上に　波動ガラス壁面／仕上げの方法／講堂／仕上げの方法／将来の拡張／波動ガラス壁面　カフェテリア／この壁の仕上げの方法の指示を　技術者の意見では 9 インチの煉瓦壁／ 1962 年 10 月 2 日受領　1962 年 9 月 27 日のピエール・ジャンヌレの手紙添付*」［右図 FLC4847］

　チャンディガールのジャンヌレの現地事務所では、文化地区の敷地配置図だけではなく、パリのル・コルビュジエからの図面に基づいて、美術館単体の平面図・立面図・断面図もまとめて作成している。

＊

　パリのアトリエの所員による地上階平面図では、部分的に詳細を記入している以外に、以前の手描き図面と大きな違いはない（ただし、円柱の断面形状を若干変更している）（**FLC6939**）（cf., **FLC4841**）。施工に向けて詳細を詰めているチャンディガールの現地事務所にとっては、情報量が少ない図面である。

　ジャンヌレは、ル・コルビュジエに外壁の仕上げ素材について、技術者による煉瓦タイル貼りの推奨意見を添えて指示を仰いでいる（**FLC4847**）。ル・コルビュジエは往々にして、素材や色彩の選択については、図面に明示しない。具体的な素材や色彩を現場で決定する場合も多い（チャンディガールの美術館においては、黄色・黒色・赤色の天井面の塗装が他の美術館にはない特徴となっているが、図面は存在しない）。逆に言えば、純粋に造形的な決定については、ル・コルビュジエは詳細で

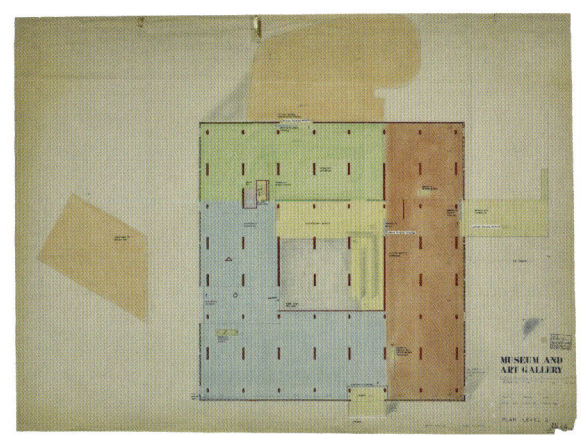

第三章　チャンディガールのパンジャブ州立美術館

Oubrerie, Le Corbusier, FLC4877, 1962.2.5　　　　Pierre Jeanneret, FLC4848, 1962.9.27, reçu Le Corbusier, 1962.10.2

"Toit Jardin avec Sculpture Monte-Charge Accès Bibliothèque publique Escalier Service EXPOSITIONS TEMPORAIRES Accès Bibliothèque réservée MUSEE COLLECTION PERMANENTE Galerie Vide Grande Salle MUSEE Rhandawar［Randhawa］　Terrace cafeteria Accès Direction Accès soupente Rhandawar［Randhawa］/ HIMARAYA V2 CAPITOL / ESPLANADE"
「彫刻のある屋上庭園　昇降機　開架図書室へのアクセス　事務用階段　企画展示　閉架図書室　収蔵作品の美術館　展示室　大ホールの吹き抜け　ランダヴァの美術館　カフェテリアのテラス　館長用通路　ランダヴァの倉庫へのアクセス」［左図 FLC4877］

"terrace garden and sculpture display / Advise Glassing details / glazing to detail sliding ? goods lift service stair case access to public library temporary exhibition access to private gallery permanent exhibition circulation gallery glazing to detail /Advise Glassing details / glazing to detail sliding ? / Advise Glassing details / undulatory to detail *PARAPET* void over big hall picture gallery randhawa［Randhawa］ access to director's office undulatory glazing ? loggia up access to reserve for picture gallery randhawa *REF. DETAILS 10 1/2" CAVITY WALL* / upper part of lecture hall / terrace over cafeteria / V2 Capitol / plazza / *2 Octobre 1962 reçus avec lettre du 27 Septembre 1962 de Pierre Jeanneret*"
「テラス庭園と彫刻展示／ガラス壁詳細の指示を／ガラス壁の引き戸部分の詳細　？　運搬用昇降機　事務用階段　開架図書室へのアクセス　企画展示　個人展示室へのアクセス　常設展示　附属展示室　ガラス壁／ガラス壁詳細の指示を／ガラス壁の引き戸部分の詳細？／ガラス壁詳細の指示を／波動ガラスの詳細　パラペット　大ホールの吹き抜け　ランダヴァの絵画展示室　館長室へのアクセス　波動ガラス？　ロジア　上へ　ランダヴァの絵画倉庫　10 1/2 インチの中空壁の詳細参照／講堂上部／カフェテリア上部のテラス／カピトールへのV2／広場／*1962 年 10 月 2 日受領　1962 年 9 月 27 日のピエール・ジャンヌレの手紙添付*」［右図 FLC4848］

あろうとなかろうと、日付と署名入りで図面を残す。
　上階の展示階についても、アトリエの所員による図面では、以前の手描き図面と大差はない（**FLC4877**）(cf., **FLC4842**)。それに対して、ジャンヌレがガラス壁の詳細について指示を仰いでいるのは当然である（**FLC4848**）。

＊

　チャンディガールの現場で作成するジャンヌレの建築図面は、建築作品の実現のための最後の仕上げの決定をル・コルビュジエに迫る。東京の美術館（1959）のように、日本人建築家がル・コルビュジエに素材の見本をあれこれと推薦することもない。あくまで、チャンディガールで深まるジャンヌレとル・コルビュジエの信頼関係のなかで、ほとんどを現地で決定する作業である。おそらく、ル・コルビュジエはジャンヌレの図面を見て、ジャンヌレが何を考えているのか、自分に何が求められているのかを即座に理解し、頭のなかで記憶する。そしてある熟成期間を経た後、チャンディガールの現場において口頭で宣告する。ル・コルビュジエの最後のインド訪問のあいだでのことである。

図面解題

ファサードの表象不可能性

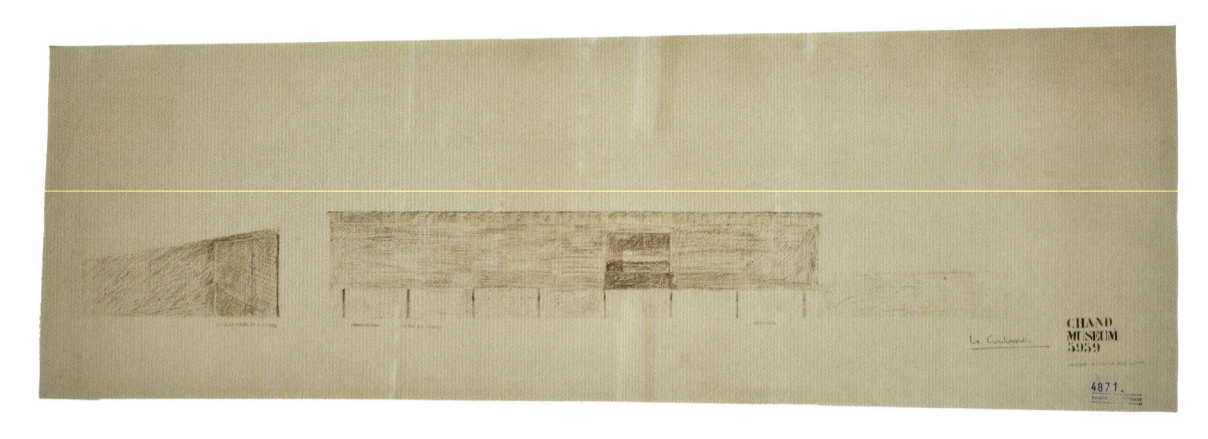

Oubrerie, Le Corbusier, FLC4871, 1962.2.5

"SALLE DE COURS ET LECTURES Ondulatoires ENTREE DES MUSEES CAFETERIA *Le Corbusier* OUBRERIE 5 FEVRIER 1962 1/100°"

「講堂　波動ガラス　美術館入口　カフェテリア　*ル・コルビュジエ*　ウブルリ　1962年2月5日　1/100°」

　平面図上の素材や色彩だけではなく、ル・コルビュジエがチャンディガールに送付する立面図についても、外壁の仕様が不明である。ジャンヌレとしては、輪郭を描く以外にない。

＊

　パリのアトリエの所員による立面図では、非常に細い柱の上に載る美術館の建築的ヴォリュームを描いている（**FLC4871**）。エスプラナード側からの立面図では、ピロティ、押し上げられる展示階のヴォリューム、そしてY型の採光装置で構成している。古典的な三層構造であり、アーメダバードの美術館（1957）の立面と酷似している（cf., **FLC6967**）（ただし、東京の美術館（1959）と同じように、美術館の拡張を暗示する小梁の突出は描いてない）。ピロティ部分は、淡い色調で地上階の諸施設の見えがかりを示しているが、詳細は不明であり、平面図に指示している地上階を包む「波動ガラス壁」をファサードとして検討している痕跡もない。

　チャンディガールのジャンヌレによる立面図においても、パリからの図面に未載である限り、外壁の仕上げ素材やピロティ部分のガラス壁の処理については白紙であり、ジャンヌレはル・コルビュジエに指示を仰いでいる（**FLC4846**）。

＊

　実際には、ル・コルビュジエは美術館の展示階の外壁に地域産の煉瓦を貼り、地上階は東京の美術館（1959）と同じ「波動ガラス壁」によって覆う。ル・コルビュジエは、立図面に描くことのなく、東京の美術館（1959）での手法を反復する。「波動ガラス壁」の感性的選択の理由は言表不可能である。ましてや、現地の素材と現地の太陽が醸し出すファサードの唯一性は、図面では表象不可能である。

226

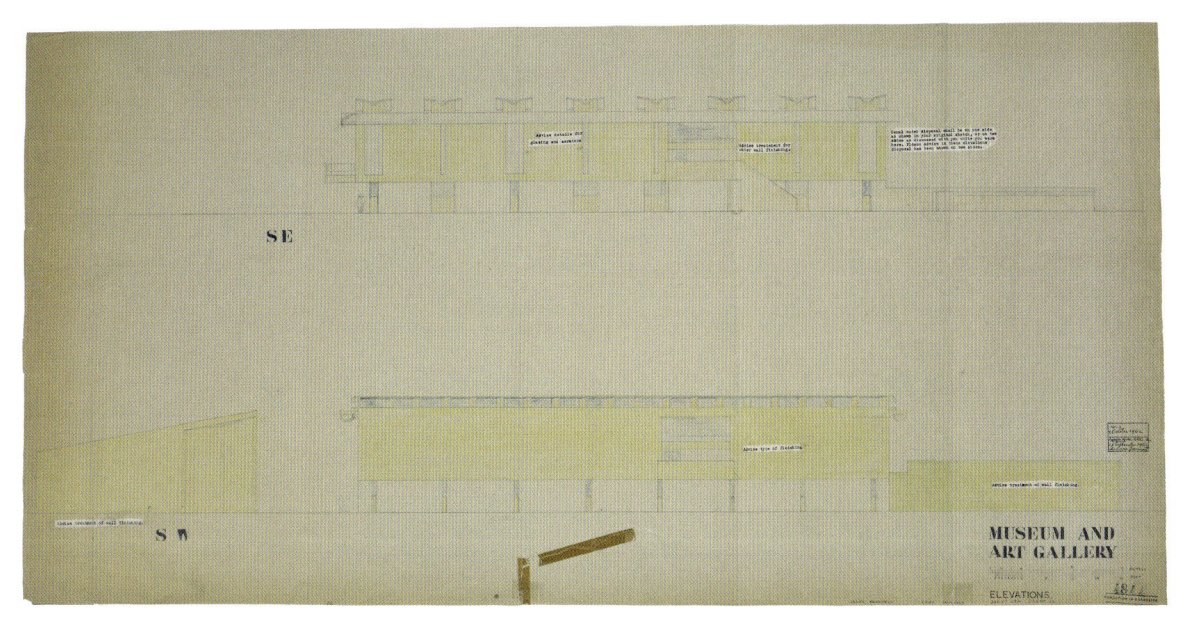

第三章　チャンディガールのパンジャブ州立美術館

Pierre Jeanneret, FLC4844, 1962.9.27, reçu Le Corbusier, 1962.10.2

"Advise details for glassing and aerators / Advise treatment for outer wall finishing. / Canal water disposal shall be on the one side as shown in your original sketch, or on two side as discussed with you while your were here. Please advise in these elevations disposal has been on two sides. / Advise treatment for wall finishing. / Advise type of finishing. / Advise treatment for wall finishing. / *2 Octobre 1962 reçus avec lettre du 27 Septembre 1962 de Pierre Jeanneret*"

「ガラス壁と換気口の詳細の指示を／外壁仕上げの扱いについて指示を。／もともとの素描では、樋から雨水を片側で落とすことになっていましたが、現地で両側から落とすことを議論しました。立図面のように水路の装置処理が2方向でいいか指示してください。／壁仕上げの扱いについて指示を。／仕上げの方法の指示を。／壁仕上げの扱いについて指示を。／*1962年10月2日受領　1962年9月27日のピエール・ジャンヌレの手紙添付*」

図面解題

光との対話

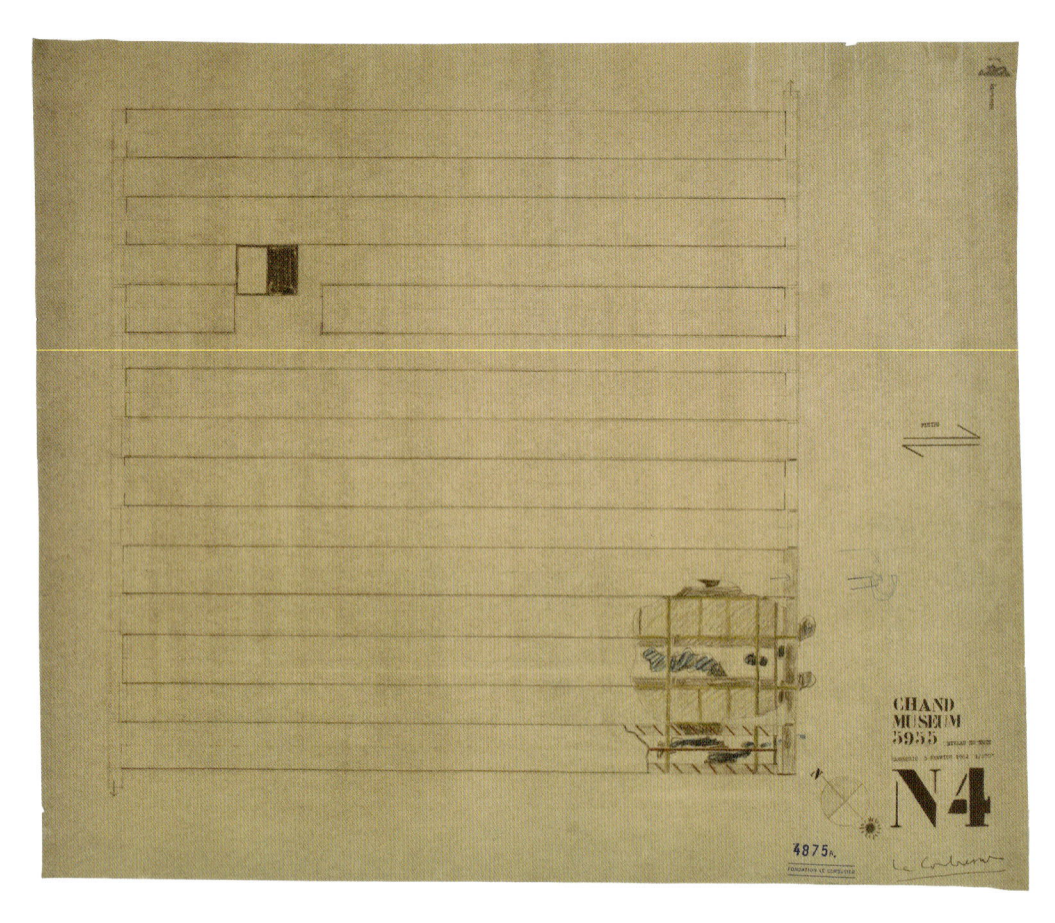

Oubrerie, Le Corbusier, FLC4875A, 1962.2.5

"*Le Corbusier*"
「ル・コルビュジエ」

　平面や立面を確定して、素材や色彩を決定することだけが、チャンディガールの現場での作業ではない。チャンディガールへの図面送付以降、美術館の構想の最終的な局面において、ル・コルビュジエは天井からの自然採光と、天井での雨水の処理の詳細に検討の大半を費やす。

＊

　パリのアトリエの所員による屋上階平面図では、横梁で支持し、「ブリーズ・ソレイユ」を差し込んだ自然採光装置（Y型）によって美術館の両端に雨水を落としている（**FLC4875A**）（cf., **FLC6940**）。これまでのル・コルビュジエの検討を反映する雨水処理である。

　一方で、ジャンヌレによる屋上階平面図では、「ブリーズ・ソレイユ」の代わりに横梁の上にさらに斜めの梁材を渡し、その上に採光装置（V型）を搭載する構造に修正している（**FLC4850**）（cf., **FLC4846**）。天井から複数の屈折を経由することによって、展示空間にはより柔らかな自然光が降り注ぐことになる。断片的に残されたル・コルビュジエの他の素描や書簡から判断すると、おそらくル・コルビュジエによる指示である。

＊

　ル・コルビュジエは、太陽の軌道による自然光の変化によって恒常的な照明を得られないという東京の美術館（1959）での失敗を踏まえ、複雑な光の緩衝による新しい解決策を探求する。展示階における絵画作品や彫刻作品にどのような効果をもたらすのかは、問題にすらなっていない。もはや美術館の空間演出という

228

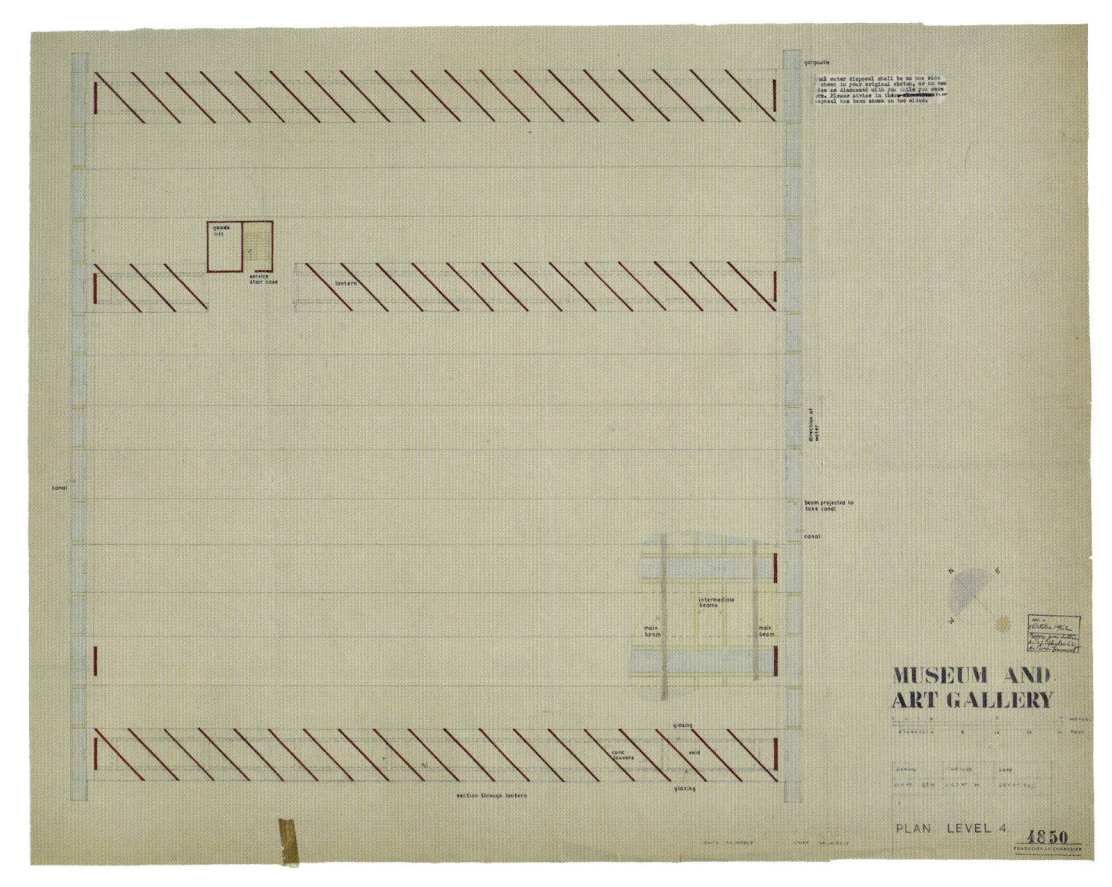

第三章　チャンディガールのパンジャブ州立美術館

Pierre Jeanneret, FLC4850, 1962.9.27, reçu Le Corbusier, 1962.10.2

"gargouille / [canal] water disposal shall be on one side shown in your original sketch, or on two sides as discussed with you while you were here. Please advise these ~~elevations~~ PLAN disposal has been shown on two sides. / goods lift service stair case lantern / direction of water beams projected to take canal canal main beam intermediate beams main beam conc [concave] louvers glazing glazing void section through lantern / *2 Octobre 1962 reçus avec lettre du 27 Septembre 1962 de Pierre Jeanneret*"

「ガーゴイユ／もともとの素描では樋から雨水を片側で落とすことになっていましたが、現地で両側から落とすことを議論しました。立図面のように水路の装置処理が2方向でいいか。指示してください。／運搬用昇降機　非常階段　天窓／雨水の流れ　管に架かる梁　管　大梁　小梁　大梁　凹面　ルーバー　ガラス板　ガラス板　中空　天窓断面／*1962年10月2日受領　1962年9月27日のピエール・ジャンヌレの手紙添付*」

よりは、チャンディガールの灼熱の太陽光との格闘である。1920年代の「光のもと」の形態操作というよりは、「光との」対話である。ル・コルビュジエはあくまで自然光を求める。人工照明については、ついに検討しない。

229

図面解題

光の制御

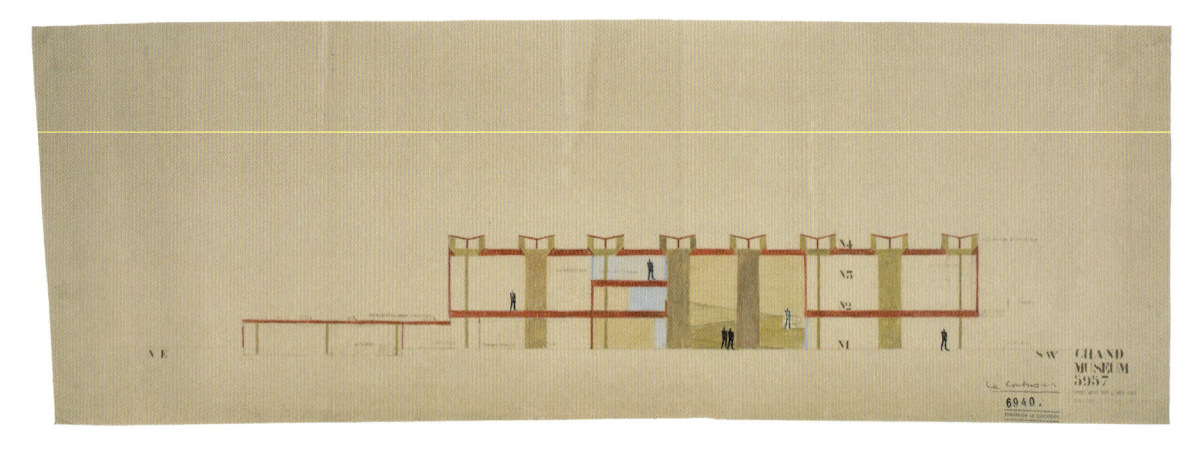

Oubrerie, Le Corbusier, FLC6940, 1962.2.5

"ATELIER Toit-Jardin avec sculpture ARCHIVES Tableauthèque ENTREPOTS Ondulatoires Stock de livres GRAND HALL Ondulatoires Ondulatoire Lanterneaux d'éclairage Loggia ESPLANADE / *Le Corbusier*"
「アトリエ　彫刻のある屋上庭園　アーカイヴ　資料室　倉庫　波動ガラス　書庫　波動ガラス　大ホール　波動ガラス　採光天窓／*ル・コルビュジエ*」

　パリからチャンディガールへのまとまった図面送付以降も、雨水処理を兼ね備えた天井採光装置に関するル・コルビュジエの探求は続く。ジャンヌレは、その結果を断面図としても忠実に再現している。

＊

　パリのアトリエの所員による断面図においては、Y型の自然採光装置と「ブリーズ・ソレイユ」、そして独立円柱や独立壁の組み合わせによって、自然光を美術館の展示空間に取り込んでいる (**FLC6940**) (cf., **FLC4875A**)。アトリエには、ラ・トゥーレットの修道院（1959）の附属教会堂礼拝室上部の「光の大砲」のような「クロストラ」を備える。ル・コルビュジエの自然採光の多様な仕掛けの反復が明らかである。

　チャンディガールのジャンヌレによる断面図においては、「ブリーズ・ソレイユ」の代わりに横梁の上に斜めの梁材を挿入してV型に修正した自然採光装置によって、光の拡散効果がさらに複雑になっている。一方、アトリエ上部は「光の大砲」ではなく、側壁上部に「水平横長窓」を備えている (**FLC4846**) (cf., **FLC4850**)。おそらく、ル・コルビュジエによる指示である（ジャンヌレの提案であるなら、図面に注意書きがある）。

＊

　アトリエ上部の「光の大砲」を断念する根拠は不明である。しかし少なくとも、最終的にル・コルビュジエは、チャンディガールの美術館において、美術館本体の横溢する垂直的な光とアトリエにおける限定された水平的な光の対比を選択する。はたして、様々な採光装置によって、自然光は自在に制御可能である。

230

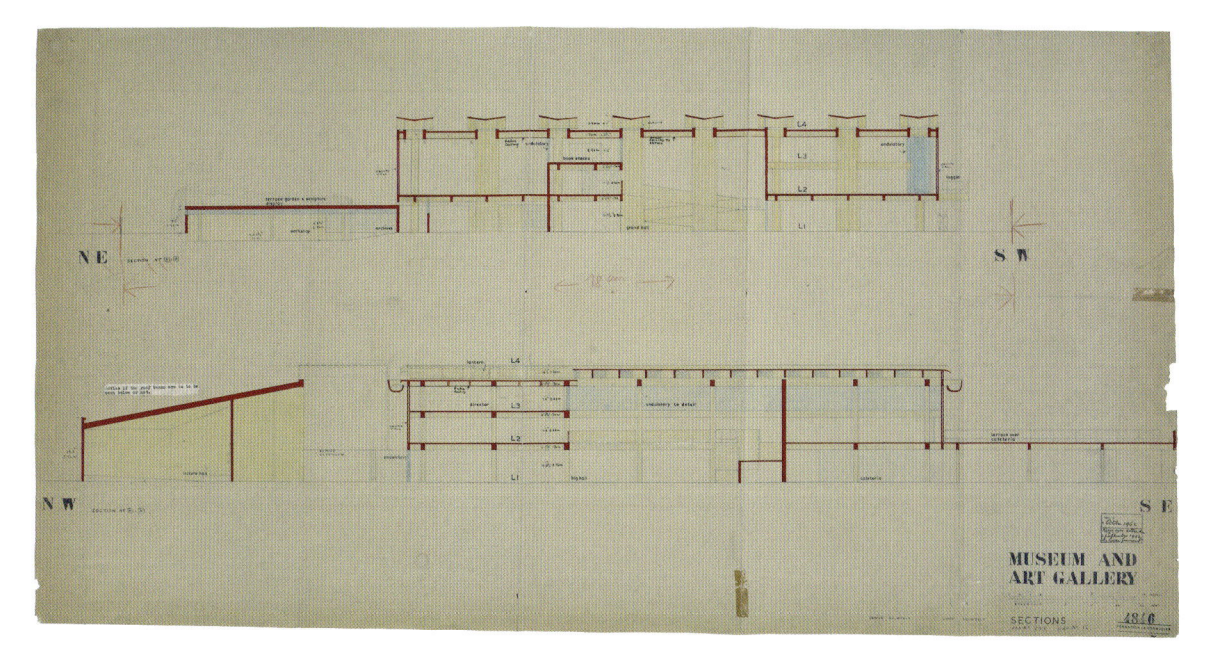

第三章　チャンディガールのパンジャブ州立美術館

Pierre Jeanneret, FLC4846, 1962.9.27, reçu Le Corbusier, 1962.10.2

"SECTION AT B-B terrace garden & sculpture display workshop archives *CAVITY WALL False Ceiling* undulatory book stocks gland hall *Glazing PALSE SEILING TO DETAIL* L4 L3 L2 L1 undulatory *CAVITY WALL* loggia / SECTION AT B-B / Advise it the roof beams are to be seen below or not. / lecture hall *FUTURE EXTENSION* undulatory *CAVITY WALL False Ceiling* lantern director L4 L3 L2 L1 big hall undoralory to detail cafeteria terrace over cafeteria / *2 Octobre 1962 reçus avec lettre du 27 Septembre 1962 de Pierre Jeanneret*"

「B—B断面　彫刻展示の屋上テラス　作業場　アーカイヴ　中空壁　化粧天井　波動ガラス　書庫　大ホール　ガラス板　化粧天井の詳細　L4　L3　L2　L1　波動ガラス　中空壁　ロジア／A—A断面　／屋根の梁を見せるかどうか指示を。／講堂　将来の拡張　波動ガラス　中空壁　化粧天井　天窓　館長室　L4　L3　L2　L1　大ホール　波動ガラスの詳細　カフェテリア　カフェテリア上のテラス／ *1962年10月2日受領　1962年9月27日のピエール・ジャンヌレの手紙添付*」

231

図面解題

雨の循環

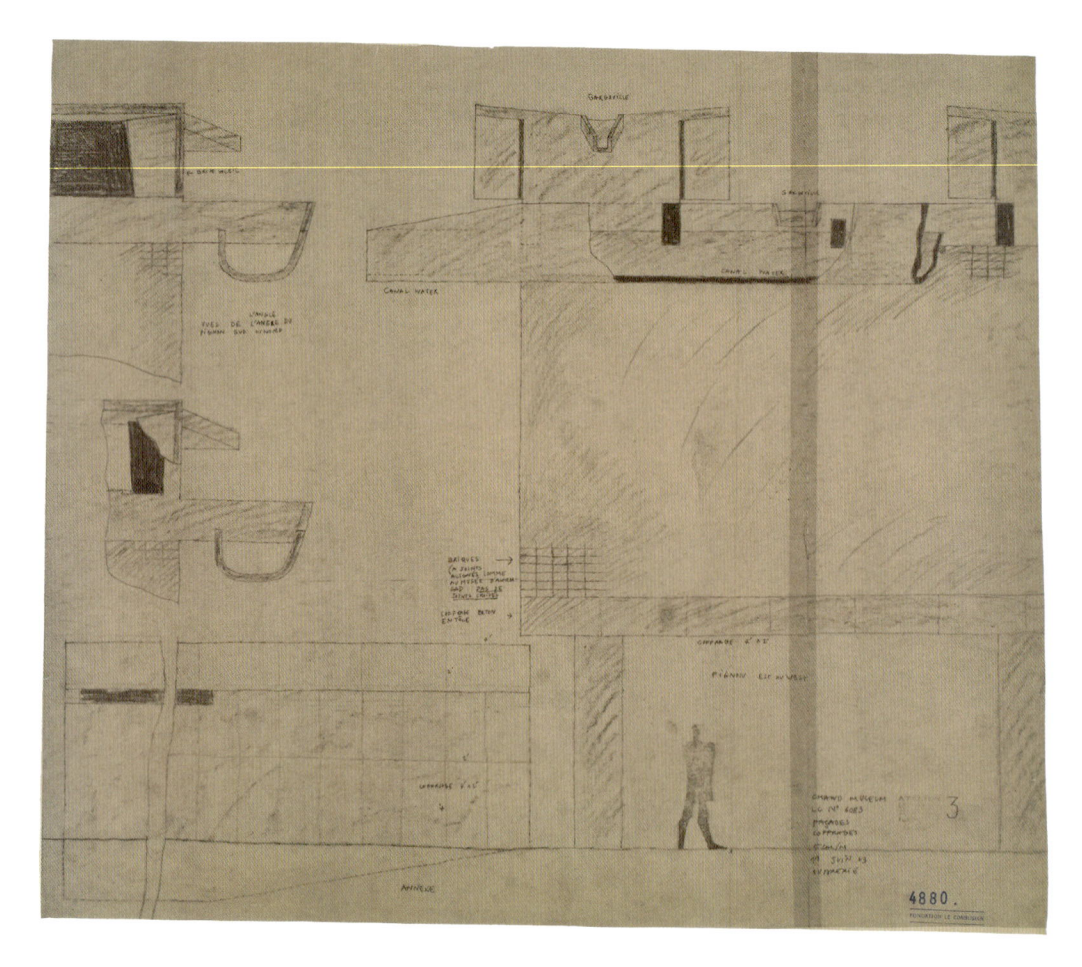

Oubrerie, FLC4880, 1963.6.11

"*BRISE SOLEIL L'ANGLE VUE DE L'ANGRE DU PIGNON SUD OU NORD / GARGOUILLE GARGOUILLE CANAL WATER CANAL WATER / BRIQUE (A JOINTS ALIGNÉS COMME AU MUSÉE D'AHMEDABAD PAS DE JOINTS CROISÉS COFFRAGE BÉTON ENTÔILÉ / COFFAGE 4' X 2' / PIGNON EST OU WEST / COFFAGE 4' X 2' / ANNEXE / CHAND MUSEUM LC N° 6083 FAÇADE COFFRAGE 5CM/M 11 JUIN 63 OUBRERIE*"

「ブリーズ・ソレイユ　南側と北側から／ガーゴイユ　ガーゴイユ　水路　水路／煉瓦（アーメダバードと同じ配列で十字積みにしない）型枠押しのコンクリート／4フィート×2フィートの型枠／東側と西側／4フィート×2フィートの型枠／附属施設／ル・コルビュジエのチャンディガールの美術館　図面番号6083　型枠ファサード　5CM/M　63年6月11日　ウブルリ」

構想案の最後の骨子を伝えるジャンヌレによる一連の建築図面以後、ル・コルビュジエは、なおもV型の採光装置が兼ねる天井の雨水処理の造形を詳細に探求する。

＊

　ル・コルビュジエの造形を忠実に反映しようとするチャンディガールのジャンヌレの立面図においては、雨水処理を兼ねたV型屋根端のガーゴイユは緩やかな有機的曲線の形状であるが（cf., **FLC4846**）、後のパリのアトリエの検討では、直線的で鋭利なガーゴイユとなり、ガーゴイユから流れてくる雨水を受け止める2本の横樋の断面の有機的曲線との対比が明快である（**FLC4880**）。もちろん、ガーゴイユそのものの造形は美術館の展示空間の構成とは無関係であり、継続的な検討は不可解でもある。それでも、ル・コルビュジエは太陽の光同様、自然現象としての雨の造形を執拗に検討する（フィルミニの教会堂（1963）では、螺旋型の雨水処理を終始検討している）。

＊

　ル・コルビュジエがチャンディガールの美術館で最後まで探求を続けるのは、雨の造形である。ヨーロッパの比ではなく激しく降り注ぐチャンディガールの雨は、不測にガーゴイユから垂直に落下し、最終的には地上に還元される。図面に描かれた人間は、地上から浮かぶ展示階で芸術作品を鑑賞しているのではない。大地の自然に近いピロティの下で、屋外の彫刻を見ながら、現象としての「自然」と「芸術」に思いを巡らせている。

ル・コルビュジエ書簡撰
——美術館篇——

AFLC, F1-14-187

<u>Mundaneum</u>
   <u>Calcul du site</u>

Plan de Situation

①
I. Musée mondial construction fermée 339000 m³
II Sacrarium : 60200 m²
III Espace vide à l'intérieur 495000 m³
IV Espace des pilotis et des rampes 170000 m³

② *Halles des temps modernes (partie moderne) 405000 m³*

③ *Associations internationales*
I Bureaux vestibules, escaliers 101,000 m³
II Grand salle 109000 m²
III escaliers, vestibules 20000 m²

④ *Bibliothèque*
Magasin 249000 m³
Salle de lecture 19000 m³

⑤ *Université*
I 89000 m³
Auditoires
bureaux
vestiaires etc
II grand salle 109000 m³
Vestibule escalier 10100 m³
III espace des pilotis et des rampes 98000 m³

⑥ *Démonstrations – exposition*
Continents, nations, villes
Halles avec toiture de shed 510.500 m³
Bâtiment au bord des cours 55000 m³
            dans les cours 18000 m³

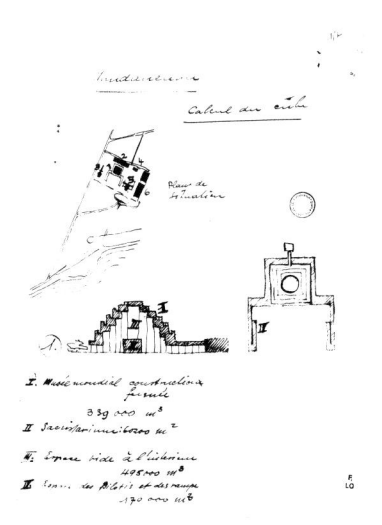

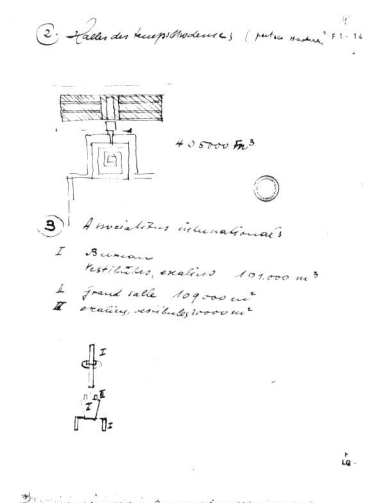

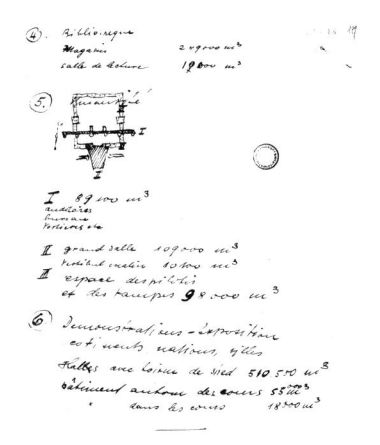

1929年にル・コルビュジエが描いたムンダネウムの素描

<u>ムンダネウム</u>
   <u>敷地の分析</u>

配置図

①

I 世界博物館[1] 閉じられた空間の建設 339000 m^3

II サクラリウム[2]：339000 m^3

III 内部吹き抜け 495000 m^3

IV ピロティと斜路 170000 m^3

② 新しい時代のホール（新しい時代の部門）
      405000 m^3

③ 国際組織

I 事務所　玄関、階段　101,000 m^3

II 大広間　109000 m^2

III 階段、玄関　20000 m^2

④ 図書館
書庫　249000 m^3
講堂　19000 m^3

⑤ 大学

I 89000 m^3　講堂、事務室、玄関など

II 大ホール　109000 m^3
 玄関、階段　10100 m^3

III ピロティと斜路　98000 m^3

⑥ 展示
大陸、国、都市[3]
覆いの屋根のあるホール　510.500 m^3
中庭に面する建物　55000 m^3
中庭のなかの建物　18000 m^3

訳註

 国際機関「世界都市ムンダネウム」は、ベルギーの思想家ポール・オトレ Paul Otlet（1868〜1944）による構想である。オトレは、国際連盟本部（1927）の設計競技を通じて知り合ったル・コルビュジエに構想の具体化を依頼している。ル・コルビュジエが一連の図面を作成するのは1929年4月頃であるが、それまでの素描は多くはない。おそらくル・コルビュジエは世界博物館（1929）に特徴的なピラミッド型を短期間のうちに見出している（cf., [Le Corbusier], FLC24610A; [Le Corbusier], FLC24610B; [Le Corbusier], FLC24545）。諸施設の空間構成や規模を詳細に書き記したムンダネウムの素描はたしかに図式的であるが、螺旋型の空間図式は後の「限りなく成長する美術館 musée à croissance illimitée」をすでに萌芽している。

[1] 世界の知的遺産を目録化しようとするムンダネウムの世界博物館（1929）における求心性の強い配置構成は、オトレがすでに描いていた平面計画図を反映している（cf., Paul Otlet, FLC24573, 1927.11.15; Paul Otlet, FLC24574, 1927.12）。さらに遡れば、J・N・L・デュランの『建築講義』（1817）に描かれた博物館類型と類同する一般的な平面型である（cf., J. N. L. Durand, *Précis des leçons d'architecture*, Second volume, L'École royale polytechnique, Paris, 1817, planche11）。

 しかしながら、世界博物館（1929）のピラミッド型はオトレの構想にはない特異な造形である。さらに、ピラミッド型の造形は、ル・コルビュジエの造形としても（あるいは同時代にモダニズム建築として流布していた造形としても）特異であり、時代錯誤として批判されることになる（cf., Karel Taige, "Mundaneum", *Stavba*, vol.7, Praha, 1929, pp.145 sqq.）。しかし、ジグラッドを想起させる建築言語は、ル・コルビュジエ自身の構想、芸術家のアトリエ（1910）のピラミッド型の参照と考えることもできる（cf., [Le Corbusier], FLC24612B）。

 さらにまた、上部から地上へ螺旋状に下る空間構成そのものは、フランク・ロイド・ライトのゴートン・ストロング・プラネタリウム（1914）の構想と酷似する。ライトの構想では、円筒型の建築的ヴォリュームであり、螺旋状の動線は自動車のためのものであるが、ル・コルビュジエがライトの構想を知るよしもない。

[2] ピラミッド型の博物館の中心にあるサクラリウム Sacrarium は中世ラテン語であり、聖水や聖具室を備えた礼拝堂や祈祷室のこと。一見特異なこの空間もまた、オトレの構想であり、博物館の前庭に配置されている（オトレの博物館の中心は、地球儀とプラネタリウム）。ただし、ル・コルビュジエの後の「美術館」の研究においては、明示的な宗教的神聖性は影を潜めることになる。「芸術」そのものが「宗教」に匹敵する聖的なものであるからである。

[3] 世界博物館（1929）の展示空間は最終的に「作品・場所・時間」の並列展示であるが（cf., Le Corbusier et Pierre Jeanneret, W. Boesiger et O. Stonorov éd., *Œuvre complète 1910-1929*, Girsberger, Zürich, 1929, p.193；邦訳、p.179）、この時点では、場所を様々な規模によって区分展示する構想である。

AFLC, F1-9-1

<u>Un</u> musée d'art contemporain.
<u>Il</u> naît un jour, par son milieu.
Puis il se développe en déroulant ses spirales au fur et à mesure des besoins ou des possibilités

C'est un musée <u>sans façades</u>!
<u>On ne voit</u> jamais les façades.
<u>On entre</u> dans le musée, au centre.

le musée est en construction permanente:
Un maçon et son compagnon; un jeu de coffrages de poteaux - type et de poutre - types

L'éclairage des salles est parfait, type.
La proportion et le grandeur des salles sont variables : diversité:

---

le musée n'est pas en ville
Il est en banlieue, dans un champ de luzerne de 400 m^2, non loin d'une route bien derrière.
C'est au cours des années que le musée croît, et installe dans annexes de plein air pour la sculpture, dans les sites variés.
La croissance du musée est illimitée.
~~A l'extrémité~~ A l'est, des loges pour attendre de passage

---

A/ L'entrée au bout du chemin, la clôture du terrain
B/ le passage palissade (œillères) qui conduit
C/ sous les pilotis à la salle centrale, cœur du musée - le chantier continue

1930年2月19日にル・コルビュジエが記したパリの現代芸術美術館（1931）についての草稿

現代芸術の美術館。
ある日、どこかで誕生する。
そして必要性に応じて、可能性に応じて、徐々に螺旋に繰り広げられて発展していく。

それは*ファサードのない*美術館！[1]
*だれも*ファサードとはわからない。
中心部から、美術館に*入る*。

美術館はいつも建設中である：
石工と職人；柱型と梁型の妙

展示室の照明は完璧に定型化される[2]。
展示室のかたちや大きさは多様である：多様性：

美術館は都市にはない
郊外にあり[3]、400m²のウマゴヤシの野原、すぐそばの幹線道からはさほど遠くない。
何年もかけて成長し、彫刻のある野外の領地に設置するが、様々な敷地で可能。
美術館の成長は限りがない。
~~端部には~~西側には待合室

A／道路の端に入口、敷地の柵
B／塀に沿ったアプローチ（まるで遮眼帯）
C／ピロティの下から中央の展示室、美術館の心臓へ
　　　——工事現場[4]が続く

訳註

1930年2月19日にル・コルビュジエがゼルヴォスに宛てた手紙の草稿であり、手紙そのものは Le Corbusier et Pierre Jeanneret, W. Boesiger éd., Œuvre complète 1929-1934, Girsberger, Zürich, 1934, p.73；邦訳、p.63 に再録。ル・コルビュジエは、ムンダネウムの世界博物館（1929）の形態を水平に展開することによって、「ファサードのない sans façade(s)」美術館という根幹の理論を導いている。「限りなく成長する à croissance illimitée」は、そこから派生した言葉である。

[1] しかし、「ファサードのない sans façade(s)」建築学的効果は、装飾の代わりに数学的比例で新しい時代の建築作品のファサードを整える「トラッセ・レギュラトゥール（規準線）」（cf., Le Corbusier et Pierre Jeanneret, W. Boesiger et O. Stonorov éd., Œuvre complète 1910-1929, Girsberger, Zürich, 1929, p.68；邦訳、p.60）の自己否定でもある。

[2] 標準的ないくつかの方法に類型化できる採光は、おそらく人工照明によってのみ可能である。しかし、アーメダバード（1957）や東京（1959）、チャンディガール（1964）などの美術館の実践過程において、ル・コルビュジエは天井からの自然採光に執着している。実際には、片側採光であれ両側採光であれ、天井からの自然採光の制御は非常に困難である。しかし、ル・コルビュジエは技術的な問題を等閑視して、もっぱら自然採光装置を建築図面に描き続けている。ル・コルビュジエは、生活空間における窓の「ブリーズ・ソレイユ」の日射しの緩衝装置と同じ程度の造形的問題として、展示空間における天井からの自然採光の問題を楽観視している。

[3] 「ファサードのない」美術館を増築し続けるためには、理論的には無限の敷地が必要である。厳密に言えば、ル・コルビュジエの「美術館」は白紙の土地にしか適用できない。しかしながら、第二次世界大戦後にインドや日本においてル・コルビュジエが建設する美術館は、「郊外」でないばかりか、すべて「都市」のなかである。したがって、「ファサードのない」ことは形態に比喩的に表現する他ない。

[4] 螺旋型の鑑賞動線を延長する展示室の漸次的な増築のこと。

AFLC, J3-1-20

Paris, le 15 Février 1935

Monsieur André FARCY
Conservateur du Musée de Grenoble
Petit Palais
PARIS VIII°

Musée A. C.

Cher Monsieur,

Inutile que je vous fasse des compliments sincères sur votre belle manifestation de Paris. Vous administrez-là la preuve de ce que peut l'énergie, la patience et la foi.

En sortant de l'Exposition, j'ai pensé vous dire tout simplement ceci : c'est que je vous offre volontiers le plan du Musée d'Art Contemporain que j'avais établi en réponse à la question ouverte par Zervos dans Cahiers d'Art, il y a plusieurs années.

Ce plan avait été publié dans Cahiers d'Art que vous connaissez peut-être. C'est une espèce de machine à expositions qui permet de commencer avec 100.000 francs et de continuer. Je voudrais pouvoir vous offrir les 100.000 frs, mais je ne les ai pas. Par contre vous pourriez peut-être les trouver et alors mettre en route la fameuse spirale carrée par alaquelle [laquelle] un jour vous pourriez avoir un Musée impeccable, ayant toutes les ressources techniques, plastiques et architecturales possibles.

Je vous écris ce mot parce que je me dis que, fort probablement, vous ne connaissez pas cette étude. Il s'agit en fait d'un Musée pour n'importe qui, tout comme un bateau est un bateau, pour n'importe quoi, etc, etc.. Sa caractéristique, c'est que c'est un Musée sans façade, qui [naît] par son milieu et se développe à l'entour sans que personne s'aperçoive que le chantier est en construction permanente. Ainsi le développement se fait-il régulièrement dans une économie extraordinaire d'argent et de circulation.

Croyez-moi, cher Monsieur, votre très dévoué.

L C

P.J. – Planche A. C.

ル・コルビュジエ書簡撰 ― 美術館篇 ―

1935年2月15日にル・コルビュジエがアンドレ・ファルシーに宛てた手紙

パリ、1935年2月15日

アンドレ・ファルシー様
グルノーヴル美術館学芸員
プティ・パレ
パリ　8区

現代芸術のための美術館

拝啓、

パリでの素晴らしい展示にいくら讃辞のことばを積み重ねても足りません。情熱、忍耐、そして信念によって結果を出されている[1]。

展覧会を見て、こう言おうと思いました。よろしければ、現代芸術のための美術館の構想を使ってください。数年前に『カイエ・ダール』でゼルヴォが議論した問題に答えた構想です[2]。

すでにご存じと思いますが、構想は『カイエ・ダール』に掲載されています[3]。100,000フランで始めれば、以後も続けられる展示機械です。私の方から100,000フランを提供したいところですが、そうもいきません。しかしあなたの方で目処が立てば、素晴らしい螺旋の矩型の建設に着手し、申し分のない美術館を手に入れて、技術的造形的建築的な資産を得ることができるのです。

このように書いているのは、おそらくきっとこの研究をご存じないからです。実際、美術館は船がそうであるように[4]、誰にでも、何でも、適えることができるのです。特徴はファサードがないことです。中央から外に向けて発展し、たえず建設を続ける現場のようにしか見えません。規則正しく発展していけば、これほど経済的なことはありません。

敬具

L C

添付：現代芸術のための美術館の図面

訳註

ル・コルビュジエは、ことあるごとに1931年に構想したパリの現代美術館（1931）の構想の売り込みを図っている。敷地

241

の文脈は問題ではない。それは「船 bateau」のようにどこにも建設可能なプロトタイプであり、どのような作品も搭載可能である。しかし、ル・コルビュジエが収集展示することのできる作品は、ムンダネウムの世界博物館（1929）のように、あらゆる世紀にまたがる歴史的芸術作品群ではなく、グルノーブル美術館が収集しているような、新しい時代の芸術作品のコレクションである。

[1] ピエール＝アンドレ・ファルシー Pierre-André Farcy（1882〜1950）はブルノーブル美術館の学芸員として、新しい時代の芸術、とくにピカソ Pablo Picasso（1881〜1973）、ボナール Pierre Bonnard（1867〜1947）、マチス Henri Matisse（1969〜1954）などの作品を収集している。1876年に開館された古典主義様式のブルノーブル美術館は、1920年代にはすでに先駆的なコレクションで知られている。1935年1月1日から6日までパリのプチ・パレで主要作品の展覧会が開催されている。

[2] 1931年に構想したパリの現代美術館（1931）のこと。世界美術館（1929）において萌芽した考え方を発展させ、ピラミッド型の頂部から下部へ降下して螺旋型の動線が終わりを迎えることがないように、水平方向の拡張へ置き換えることによって、地上で「限りなく成長する」ことを演出している。

[3] cf., Le Corbusier, "Pour la création à Paris d'un musée des artistes vivants", *Cahiers d'art*, 1931.

[4] ル・コルビュジエは「船」を新しい時代の自然な空間形式として参照し続けているが（cf., Le Corbusier-Saugier, "Des yeux qui ne voient pas... I Les paquebots", *Vers une architecture*, G. Crès et Cie, Paris, 1923, pp.65-80；邦訳、pp.77-89）、「美術館」が「船」であるというのは二重の意味である。たしかに、船には正面と呼べる「ファサードがない」。そしてまた、「美術館」のプロトタイプがどこにでも建設できるように、船はどこにでも航行可能である。

AFLC, J3-1-21

Paris, le 23 mars 1935

Monsieur André-Farcy
Conservateur du Musée de Grenoble
PETIT-PALAIS
<u>PARIS VIIIº</u>

Musée A. C.

Cher Ami,

  Merci de votre lettre（non datée）qui réserve si bon accueil à mon plan de Musée d'Art contemporain.

  Je vais vous préparer des documents propres, de façon à ce qu'ils fassent bonne figure.

  Et puis il faudra que nous nous voyions comme vous le dites, car tout ce qui est sur papier n'est que triste aventure architecturale. Il n'y a de vrai dans notre métier que ce qui se dresse dans l'espace et je crois que mon projet de Musée est un organe des Temps Modernes qui doit prendre vie, comme ont pris tant d'autres machines de toutes sortes, dans cette période de rénovation totale. Et ce serait logique, naturel et régulier, que ce soit le Musée de Grenoble qui commence, puisque c'est le seul jusqu'ici en France qui ait eu le courage de croire à Aujourd'hui.

  Et je suis certain encore que le Musée étant en construction（car il n'a pas à cesser de l'être : c'est un colimaçon qui ne doit pas mourir） ~~le~~ les meilleurs de nos peintres n'hésiteront pas à vous donner le meilleur de leurs toiles lorsqu'ils sauront qu'elles sont en bonne compagnie et présentées dans une ambiance d'aujourd'hui.

  Je serai absent de France du 15 au 30 Avril.

  A vous voir bientôt, je vous prie de croire, cher Ami, à mes sentiments les meilleurs.

       L C

1935年3月23日にル・コルビュジエがアンドレ・ファルシーに宛てた手紙

パリ、1935年3月23日

アンドレ・ファルシー様
グルノーブル美術館学芸員
プティ・パレ
パリ　8区

現代芸術のための美術館

拝啓、

　現代芸術のための美術館の図面に対する好意的なお手紙（日付なし）をありがとうございます。

　構想のための資料を準備します。立派に務めを果たすつもりです。

　おっしゃるように、検討を詰めていかなければなりません。紙の上のことは虚しい建築的冒険に過ぎません。空間において立ち現れるものこそ私たちの本当の仕事です。私の美術館の構想は生活というものを変える新しい時代の器官なのです。革新が行き渡るこの時代において、いろいろな機械を使っているのと同じことです。美術館は論理的で、自然で、精密です[1]。まずはグルノーブルの美術館から。そして現代について考える勇気を持ったフランスで。

　そして美術館はつねに建設中となるに違いありません（絶えることがないからです。死なないカタツムリのようなものです[2]）。私たちの時代の画家たちは喜んで作品を提供してくれるはずです[3]。作品が一堂に会し、今日的な雰囲気のなかで展示されることになるのですから[4]。

　4月15日から30日まではフランスにいません。

　それでは近いうちに、敬具。

L C

訳註

さながらヴィラ・サヴォワ（1931）をアルゼンチンの郊外に20戸建設し、新しい生活を提供しようとするように（cf., Le Corbusier, *Précision sur un état présent de l'architecture et de l'urbanisme*, G. Crès et Cie, Paris, 1930, p.138；邦訳、（下）、p.31）、ル・コルビュジエは、なかば本気でフランス全土に自らの美術館を建設することを夢想している。新しい時代の美術館の建設が単なる趣味や余暇の楽しみではなく、「生活 vie」を変えるからである。

[1] ル・コルビュジエの「限りなく成長する美術館」は機械の隠喩であり、また自然の隠喩である。「自然」は宇宙の合理的法則を内包しているという古典主義的感覚において、「機械 machine」「器官 organe」はまるで生き物のように同じである。

[2] 後に、ル・コルビュジエはフランク・ロイド・ライト Frank Lloyd Wright（1867〜1959）のグッゲンハイム美術館（1959）を「カタツムリ」であると批判することになる（cf., **AFLC, I3-18-100, ""Musée à Croissance Illimitée" et "Musée du 20ème siècle""** par Le Corbusier, [1963.2.18]）。

[3] ル・コルビュジエは1920年代に雑誌『レスプリ・ヌーヴォー』を共同主催していることから、ラウル・ラ・ロッシュ Raoul La Roche（1889〜1965）をはじめとする新興ブルジョワの現代美術収集家の助言者となり、また自らも作品を購入している。彫刻家ジャック・リプシッツ Jacques Lipchitz（1891〜1973）、画家アンドレ・ボーシャン André Bauchant（1873〜1958）、あるいは陶芸家としてのノルベール・ベザール Norbert Bézard（1913〜1956）などとは、建設事業でも協働している。しかしながら、すでに名声を確立していた友フェルナン・レジェ Fernand Léger（1881〜1955）やパブロ・ピカソ Pablo Picasso（1881〜1973）の作品は購入せず、協働についても回避している。

[4] 結果的に、グルノーブルでの美術館構想は頓挫している。その後、ル・コルビュジエは現代美学センター（1935）の構想においてさらに研究を重ね、地下から中央のホールに入ることなく、美術館のヴォリュームをピロティで持ち上げることによって、地上から美術館の中央ホールに直接アプローチする空間構成を確立していく。

AFLC, J3-1-30

Paris – 35 rue de Sèvres – VI°
le 27 juin 1939

Monsieur Walter ARENBERG [ARENSBERG]
7.065 Hillside Avenue
HOLLYWOOD
U.S.A. (California)

Musée Hollywood

Cher Monsieur,

Comme je vous l'ai promis dans ma lettre du 20 Mai 1939, je vous envoie par le même courrier 15 photographies représentant les deux maquettes établies sur le principe du Musée d'art Contemporain, à croissance illimitée. L'une des maquettes (à grande échelle, avec vues intérieures) exprime un musée disposant déjà de 1.000 mètres de cimaise; l'autre maquette, à petite échelle, représente le musée disposant de 3.000 mètre de cimaise.

Bien entendu, on peut commencer avec la première sale d'environ 21 m. X 14 m., la sale centrale.; Ces documents vous permettront de vous rendre compte de la souplesse de la conception.

Ce Musée est établi entièrement sur le principe de l'éclairage optime[optique], de jour et de nuit. Je joins d'ailleurs un schéma qui précise le dispositif technique. C'est là la solution la plus parfaite, atteinte jusqu'à ce jour au point de vue de l'éclairage d'un musée.

Vous trouverez au dos des photographies des notes explicatives.

Vous verrez, sur la photographie N° 8 les dispositifs de chantier qui permettent de continuer d'une manière permanente la construction du Musée : en effet, au sol, vous verrez des coffrages de poutrelles de béton, les coffrages pour les poteaux des pilotis, les dalles de revêtement, des murs extérieurs. Sur cette même photographie, vous voyez la spirale arrêtée net. C'est cette spirale qui se continuera au cours des mois ou des années, travée par travée; chaque travée ayant environ 7 mètres de côté.

La photo N° 6 montre l'intérieur du Musée. Dans la conception présente, la salle centrale a 21 mètres environ de x 14 m.; son plancher repose directement sur le sol et la hauteur de ses murs est le double de celle des salles ordinaires qui se développent autour d'elle sur pilotis, c'est-à-dire à 3 mètres environ au-dessus du sol.

Ainsi, sous les salles de ce musée, entre les poteaux des pilotis, peuvent être disposés des magasins pour stockage, etc.. selon les besoins. Ils peuvent être augmentés au fur et à mesure de la croissance du musée..

3 livres, 1 schéma éclairage

Pour vous permettre de lire bien la conception exprimée par ces documents photographiques, je vous prierais de vous reporter à la photo N° 1 qui comprend la vue d'une route d'accès (l'oblique à gauche) sur laquelle prend le chemin qui conduit au musée; au bout d'une trentaine de mètres se trouve un mur qui ferme la propriété et dans lequel ouvre la porte du vestibule d'entrée (voir également photo N° 7). La porte étant passée, on entre dans le vestibule-vestiaire, on paie ou ne paie pas, etc..., puis on ressort sous un abri couvert, sur une esplanade destinée à recevoir de la statuaire de plein air. Au bout de l'esplanade, ouvre la porte même du musée. Au bout d'une certaine longueur de vastes *un large* corridors, on entre dans la grande sale centrale.

Cette grande salle centrale peut recevoir des statues ou des tableaux petits ou grands, ou même des grandes fresques, à volonté. De cette salle, on monte par une rampe dans le jeu des spirales carrées qui constituent, à 3 mètres au-dessus du sol, le musée lui-même. Le visiteur sera guidé purement et simplement par le plafond lumineux qui décrit sa spirale et que vous pouvez voir, sur les photos 10 et 11; ainsi la visite se fera systématiquement.

Mais des dispositions sont prises pour permettre les traversées rapides en quatre points du Musée, par quatre axes formant une espèce de svastika. Les 4 branches de ce svastika dirigeront les visiteurs toujours vers le hall ou, du dehors, sur le mur entourant la grande salle, ce qui lui permettra de se repérer instantanément.

A l'extrémité de chacune de ces branches se trouves les seules parties vitrées verticales (voir photos N° 13, 14 et 15). Sur ces 4 branches de svastika peuvent être installés des locaux demi-hauteur de salle, c'est-à-dire deux fois 2 m. 20, constituant des lieux d'expositions plus intimes pour consulter éventuellement des documents, des gravures, des estampes, des photographies, etc...

Le cloisonnement intérieur des salles est un cloisonnement mobile, c'est-à-dire qu'il peut être changé à volonté. Il est formé d'éléments dont le module d'ensemble est 7 mètres. Ces éléments s'emboîtent toujours entre deux poteaux. Ces éléments peuvent être très variables selon les buts proposés, ainsi on peut avoir des salles très longues ou des salles carrées ou des salles de 14 mètres de large, etc...（voir photo N° 6）.

D'autres moyens d'exposition peuvent intervenir dans la composition des parois, particulièrement des niches ou des vitrines pour la statuaire ou pour des objets plus précieux（voir photo N° 6）.

Dans les dispositions d'ensemble à prendre dès le début, il faut tenir compte de la prevision du Musée terminé. Celui de nos documents, comme déjà dit, montre un Musée ayant atteint 3.000 mètres de cimaise. Telle est, en principe, la limite de celui-ci, puisque les dispositifs extérieurs de jardin, d'entrée et d'escalier de sortie, de situation de la bibliothèque et du bar, de la situation de la villa du Directeur sont réglés d'après cette limite de 3.000 mètre de cimaise.

C'est ici que le programme peut être plus ou moins vaste à volonté, mais il serait plus prudent de connaître d'avance la limite ainsi fixée. Vous vous en rendrez compte en considérant, dans les photographies N° 11 et 15 qui montrent les hors d'œuvre prévus une fois le Musée terminé. Sur ces photographies, vous verrez, au sol, que le dessin de l'extension du Musée est prévu par le jardinage qui représente une espèce de spirale carrée, faite de gazon et de sable. Vous retrouverez cette même indication de jardinage sur la photographie N° 7.

Je pourrais vous faire ainsi un bien long rapport sur tous les détails de cette construction. Qu'il me suffise de conclure par ceci : les photos N° 7, 13, 14, par exemple, vous montrent bien la suite régulière des opérations : en particulier la photo N° 14 vous montre la paroi extérieure du musée en dalles de ciment-amiante. Ces dalles sont provisoires, elles constituent l'abri extérieur momentané de la dernière cloison construite. Lorsque le Musée s'agrandira, une nouvelle travée viendra s'appliquer contre cette paroi extérieure; lorsque le plafond sera terminé, les dalles verticales seront décrochées, et accrochées ensuite au nouveau mur extérieur ainsi constitué, de façon à reproduire la même image que celle de la photo 14.

Sur cette même photo 14, vous voyez le dispositif d'éclairage diurne et nocturne, formant une espèce de corniche qui abrite momentanément de la pluie. Ce dispositif est déjà complètement terminé pour un dispositif d'intérieur lorsque la nouvelle travée sera construite.

Je vous serais donc infiniment obligé de bien vouloir examiner cette documentation et de me dire que vous en pensez.

Permettez-moi, pour finir, de vous exprimer mon idée sur la destination d'un tel musée : ce musée n'est pas forcément un musée des Beaux-Arts. C'est en principe un musée de la "Connaissance", c'est-à-dire qu'il peut rassembler dans une diversité d'exposition extraordinaire tous les objets susceptibles de former une unité autour d'une époque, passée, présent ou projets d'avenir. L'excellent éclairage et la diversité des formes de salles permet*tent* de faire des groupements inattendus. J'ajoute qu'il est possible, à volonté, de faire intervenir de très grandes salles. D'autre part, il est possible de localiser des expositions momentanées par les déplacements de cloisons, etc...

Je serais très heureux que vous vouliez bien m'établir le programme que vous envisagez pour Hollywood, de façon à me permettre de vous faire des propositions de dispositifs répondant à ce programme.

Je veux espérer que mes explications ont été assez claires pour que vous puissiez vous-même faire les principales propositions de disposition intérieure.

J'attends donc de vos nouvelles avec le plus vif intérêt et je vous prie de croire, Monsieur, à mes sentiments dévoués.

1939年6月27日にル・コルビュジエがヴァルター・アーレンベルグに宛てた手紙

パリ-セーヴル通り35番地―6区
1939年6月27日

ヴァルター・アーレンベルグ
ヒルサイド通り7065番地
ハリウッド
アメリカ合衆国（カリフォルニア）

ハリウッドの美術館

拝啓、

1939年5月20日の手紙でお約束したように、15枚の写真を同封します。現代芸術のための限りなく成長する美術館の原理を示した二つの模型の写真です[1]。模型の一つ（大縮尺の内観用）によって美術館の1,000mの展示面がわかります。もう一つの模型は、小縮尺であり、美術館の3,000mの展示面がわかります。

およそ21m×14mの最初の展示室は、もちろん中心にある展示室から始めます。資料をご覧になれば構想の柔軟性がおわかりいただけると思います。

美術館の日中夜間の照明原理は完全に確立されています。装置の配置図も添えておきます。美術館の照明としては今日の最良の解決法です。

写真の裏には説明書があります。

写真8は美術館の建設が恒久的に継続できる現場の配置を示しています。地上に、コンクリートの梁の型枠、ピロティの柱の型枠、外装材、外壁があります。同じ写真には、螺旋の切れ目があります。数ヶ月、あるいは数年かけて、7メートルのスパンで建設が続きます。

写真6は美術館の内部です。現時点の考えでは、中央のホールはおよそ21メートル×14m。床は地上面で、壁の高さは標準的な展示室の二倍です。展示室はピロティによって押し上げて展開します。地上から3メートルの高さです。

美術館の展示室の下は、ピロティの柱のあいだに、物置など倉庫を設置します。美術館の成長に応じて徐々に増床できます。

照明の3冊の図書と1枚の照明略図

写真資料によって示す構想をよく理解できるように、写真1も付けさせていただきます。アプローチ（左斜め）を示した写真で、美術館への道路があります。約三十メートルの壁の先に玄関の門があります（写真7も参照）。門を抜けると、受付があり、料金を支払います。そしてもう一度外に出て、野外彫刻のあるエスプラナードを通ります[2]。エスプラナードの先にはやはり美術館の門があります。長い廊下を抜けて、中央の大展示室に入ります。

中央の大ホールでは彫刻、大小の絵画、大壁画が展示できます。大ホールから、斜路を通って美術館から3メートルの高さの矩型の螺旋に導かれます。写真10と11のように、鑑賞者はこの螺旋を照らす天井照明によって単純明快に鑑賞することができます。鑑賞は体系的です。

しかしながら卍型を挿入することによって、美術館の四点で方向を変えることができます。この卍型の四枝はホール、あるいは外部に鑑賞者を導き、中央の大ホールの周りで、どこにいるのか即時に位置を確認することができます。

各枝の先端はガラス面です（写真13、14及び15を参照）。これら卍型の4枝は展示室の半分の高さの展示室を付けることができます。つまり2m20の高さの展示室であり、資料、彫版、版画、写真などより親密な展示を構成することができます。

展示室の内部の仕切りは可動の仕切りです。つまり必要に応じて変えることができます。仕切りは7メートルのモジュールであり、柱間に差し込みます。細長い展示室、四角い展示室、14メートル幅の展示室など目的に応じて多様な展示室画が可能です（写真6を参照）。

その他の展示方法としては、間仕切りの間にニッチをつくったり、彫像や貴重品の展示ケースを入れることもできます（写真6を参照）。

全体配置ははじめから決まっていて、美術館の最終像がなければなりません[3]。すでにお示ししたように、私たちの図書では、3,000メートルの長さに達します。原則として、この3,000メートルの最後のところに庭園、入口と出口、図書館、バー、館長室を置きます。

ここでの将来の見通しは多かれ少なかれ壮大であり、発展の限界点を慎重に見定めておく必要があります。写真11と15は一端完成した美術館を示しています。美術館の拡張が矩型の螺旋を模した芝と砂の造園になっています。写真7にも同じ造園があります。

建設の詳細すべてを長々と話すこともできますが、次のことで十分でしょう。すなわち、たとえば写真7、13、14では、規則的な処理を示しています。とくに

写真14では美術館の外壁はセメント=石綿タイルです。暫定的なもので、最終的に建設される壁のための一時的なものです。美術館を拡張してスパンを新しく延ばし、天井が完成した段階で、外部の間仕切りを撤去し、新しい壁を設置していきます。写真14ではこの様子を再現しています。

同じ写真14では、昼夜の照明装置[4]があり、コーニスの一部を形成して雨水処理にも対応します。新しいスパンが建設されたときの内部空間の配置に完全に対応しています。

この資料の内容を検討していただき、お考えをお聞きかせいただければ幸甚です。

最後に、このような美術館の用途について説明させてください。この美術館は必ずしも美術館ではありません。原則としてこれは「知」の博物館です[5]。つまりある時代、過去、現在、そして未来の構想に統一をもたらすようなあらゆるオブジェを取り集めて多様に展示するのです。巧妙な照明と多様な諸室があれば思いもよらない編集ができます。お望みであれば、大展示室を設置することもできます。さらに、間仕切りをなくして一時的な展示空間を区切ることもできます。

ハリウッドのためにお考えの事業[6]を私に作成させていただき、それに対応する提案をつくらせていただければ幸いです。

私の説明が明快で、あなた自身も内部の配置の原理を提案してもらえることを期待しています。

心からお返事をお待ちしています。敬具。

訳註

ル・コルビュジエは、「美術館」の構想を改良する度に建設実現の売り込みを続けている。パリの現代美術館（1931）を改良し、展示階をピロティで押し上げることによって地上階からのアクセスを可能にしたフィリップヴィルの美術館（1939）は、螺旋型だけではなく、卍型の動線を組み込んだル・コルビュジエの「美術館」のプロトタイプとしての完成型である。しかし、新しい時代の芸術作品がいずれ歴史となるにしても、「現代芸術のための美術館」と「過去、現在、未来を統一する美術館」との矛盾は解消されていない。後にル・コルビュジエは、『全集』において、フィリップヴィルの美術館（1939）の詳細な説明を後に要約しているが（cf., Le Corbusier, W. Boesiger éd., Œuvre complète 1938-1946, Girsberger, Zürich, 1946, p.16；邦訳、p.16）、あくまで可変的で融通性のある空間構成の説明である。

[1] 「限りなく成長する美術館 musée à croissance illimitée」の原理を確立した北アフリカのフィリップヴィルの美術館構想（1939）の模型のこと（cf., Le Corbusier, W. Boesiger éd., Œuvre complète 1938-1946, Girsberger, Zürich, 1946, pp.17-21；邦訳、pp.17-21）。

[2] フィリップヴィルの美術館（1939）の屋外空間エスプラナード esplanade は美術館入口までの単なる通路であるが、アーメダバードの美術館（1957）の構想以後、エスプラナードは開放系の広場を形成するようになる。cf., **Maisonnier, FLC6946, 1952.11.4.**

[3] 「限りなく成長する美術館」は、予定調和的に増築を繰り返すことによって「ファサードがない」ことに存在意義があるはずであり、最終像を示すことは、厳密に言えば自己矛盾である。

[4] 天井からの採光は、原則的に人工照明ではなく自然採光であり、機械制御による調光の技術的な詳細は未検討である。とりわけ東京の国立西洋美術館（1959）では、最後まで自然採光の制御が問題となっている。

[5] 元来「知の博物館 musée de la connaissance」は人類史的な作品・オブジェの空間的・時間的統合の装置であり、美術館・博物館の拡張概念である。ル・コルビュジエは後に電子工学の助けを借りてチャンディガールの総督官邸の代案として提案することになる（cf., AFLC, **P1-18-42, Repport by Le Corbusier to the Chief Minister, Mr. Paratap Singh Kairon, 1961.3.29**）。その一方で、ル・コルビュジエは「知の博物館」を美術館における「芸術の綜合」という文脈に特化する場合もある（cf., **AFLC, F1-9-20, Le Corbusier, "Création, à Paris, d'un musée de la connaissance de l'art contemporain", 1943.3.15**）。

[6] ヴァルター・アーレンベルク Walter Arensberg（1878～1954）はアメリカ合衆国の著名な現代芸術作品収集家であり、1940年頃から自らのコレクションの収集場所を探している。結局、どの建設事業もうまくいかずに、アーレンベルクは1950年にフィラデルフィア美術館に寄贈することになる。ル・コルビュジエとは、1935年と1937年のアメリカ合衆国への旅で知り合ったと思われるが、詳細は不明である。

AFLC, F1-9-20

CREATION, A PARIS, D'UN MUSEE DE LA CONNAISSANCE DE L'ART CONTEMPORAIN

EXPOSE.

Paris est le foyer d'une intense activité artistique, saluée [pour] le monde entier, et qualifiée du terme de d'Ecole de Paris.

N'est-il pas souhaitable que ces dernières décades, si [illustrées] intenses, laissent un témoignage pertinent? Le premier de ces [témoignage] pourrait être un lot d'œuvres plastiques éminemment représentatives [qui] constitueraient le noyau des futures collections. Ce lot existe.

D'autre part, le problème à résoudre pour faire bien comprendre [l'art] contemporain consiste à dérouler devant le visiteur les étapes du [mouvement] d'art moderne dans un ordre éloquent et à réserver, pour le future, des espaces suffisant à illustrer l'imminente période de synthèse qui s'annonce les arts plastiques et l'architecture se rejoignant dans l'unité.

Tel semble être le programme.

Celui-ci n'exprime rien d'autre qu'un fonction de croissance indéterminée et illimitée que doit essayer de manifester l'architecture de l'édifice appelé à abriter les collections.

Des dispositions matérielles architecturales particulières sont seuls capables d'y répondre. Des plans existent, exprimant ce type nouveau de construction.

PROPOSITION.

Donation de M. Raoul La Roche.

Celui-ci a rassemblé en son hôtel particulier, 10 Square du Docteur Blanche à Auteuil, au cours de ces vingt dernières années, une collection exceptionnelle d'œuvres maîtresses de certaines maîtres de l'Ecole de Paris. Cette collection est mondiallement [mondialement] connue et visitée.

M. La Roche serait heureux, un jour, d'en faire don à la Ville de Paris, afin de constituer ainsi l'amorçage d'un Musée de la Connaissance de l'Art Contemporain.

Par ailleurs, M. Le Corbusier, inventeur d'un type de bâtiments d'exposition à croissance illimitée, est prêt à accorder à la Ville de Paris le droit de faire usage gratuitement de son invention (1)

---

(1) Cette invention est publiée dans le périodique trimestriel MOUSEION, n° 49-50, de l'Office International des Musées, p.29 à 38.

1 exemplaire a été remis au Pr Tisoh
1   "   "   "   à La Roche 29 mars 43

Les bases énoncées plus haut se trouveraient ainsi réunies [pour] la création d'un Musée de la Connaissance de l'Art contemporain.

Les conditions à remplir seraient les suivantes :
[1°)] Acte de donation de M. Raoul LA ROCHE.
[2°)] Cession gratuite du droit d'employer l'invention de musée à croissance illimitée de M. LE CORBUSIER.
3°) Création une fondation dénommée : "MUSEE DE LA CONNAISSANCE DE L'ART CONTEMPORAIN" ou tout autre titre ; cette fondation serait gérée par un Comité autonome qui établirait les statuts de la Fondation, en assurerait la gestion et se renouvelerait lui-même.
4°) Affectation par la Ville de Paris d'un terrain nécessaire et suffisant situé en plein campagne, aux environs de la ville, aux abords d'une route desservie par l'autocar et éventuellement raccordée au train.

Ceci fait, la réalisation pourrait commencer sans retard par la construction de la première salle du musée, suivie immédiatement de l'ouverture officielle du musée. On peut être persuadé que, par un jeu tout spontané, certains artistes offriraient d'eux-mêmes certaines de leurs œuvres maîtresses et, par ailleurs, des donateurs prendraient à charge tel ou tel éléments de salle à construire au fur à mesure sur la base des éléments standard que comportent les plans.

Le Musée pourrait devenir un centre intense de vie artistique.

Des séances publiques, festivals, conférences, expositions temporaires, etc. manifesteraient l'unité des arts contemporains : peinture, statuaire, architecture, poésie, musique, voire théâtre et cinéma.

Le Musée de la Connaissance de l'Art Contemporaines à Paris prendrait une signification mondiale.

L'idée cruciale de la proposition réside dans la modestie du point de départ et dans le principe de croissance régulière qui assimile l'entreprise à un évènement naturel mesuré, sans emphase, précis et efficace.

Par les ressources toutes particulières du plan dit "à croissance illimitée", les collections se doubleraient d'éléments iconographiques et documentaires jusqu'ici inemployés dans les Musée des Beaux Arts.

Le Musée étendrait ses manifestations aussi bien au dehors qu'au dedans des bâtiments, dans les jardins ou même la pleine nature constituant le domaine de la fondation.

Paris, le 15 Mars 1943

L - C

24 NC

1943年3月15日にル・コルビュジエが記した「パリにおける現代芸術のための知の博物館の創造」についての草稿

パリにおける現代芸術のための知の博物館の創造

解説

　パリは芸術活動の中心地であり、世界中から賞賛され、エコール・ド・パリとして知られている。

　ここ数十年の、濃密な出来事に関する証拠を残しておくべきではないであろうか。すぐれて再現的な芸術が何よりの証拠であり、今後のコレクションの中核をなす。作品はすでにある。

　一方、問題は現代芸術のよりよい理解のために新しい時代の芸術の歩みを適切な順番で鑑賞者に見せ、将来のために、十分な余白を確保し、造形芸術と建築が統一されるような綜合の時代を示すことである。

　プログラムは下記である。

　限りのなく開かれて成長を遂げる機能を表現し、コレクションを収めるための建造物を建築として表明しなければならない。

　建築の物理的な配置を特別に工夫することでしか解決できない。構想はすでにあり、新しい建設型を提示している。

提案。

　ラウル・ラ・ロッシュ氏蔵。

　オートィユのドクトゥール・ブランシュ広場10番地の自邸には、ここ20年のエコール・ド・パリの主要なコレクションがある。世界的に知られ、多くの訪問がある[1]。

　ラ・ロッシュ氏は将来的にコレクションをパリ市に寄贈して現代芸術の知の博物館の呼び水になることを期待している[2]。

　限りなく成長する展示建物の型を考案したル・コルビュジエ氏としては、自らの発明をパリ市に無償で提供するつもりである（1）

（1）国際博物館協会の三ヶ月毎の刊行物『ムセイオン』、49〜50号、29〜38頁に掲載。

1部をチソー教授[3]に
1部をラ・ロッシュに　43年3月29日

　このような質の高い基盤があれば現代芸術の知の博物館の創設は実を結ぶことであろう。

　残った課題は次の通りである。

1º) ラウル・ラ・ロッシュ氏の実際の寄贈。
2º) ル・コルビュジエによる限りなく成長する美術館の発明の無償提供。
3º) 「現代芸術のための知の博物館」という名称の財団の設立。財団は任意団体によって運営され、更新される[4]。
4º) パリ市によって用意される敷地は郊外、もしくは田園地帯。自動車や電車での便のよい場所とする[5]。

建設は美術館の第一展示室から遅延なく始まり、ほどなく公式に開館する。芸術家たちが主要な作品を提供してくれるであろうから[6]、出資者の援助によって標準的な部材で徐々に展示室を増築していく。

美術館は芸術的な生活のとても力強い中心施設となるはずである。

絵画、彫像、建築、詩、音楽、さらに演劇と映画[7]。公演、祭典、会議、特別展示などは現代における芸術の表現である。

パリの現代芸術のための知の博物館は世界的な意味を持つ。

提案の根本の考え方そのものは大袈裟なものではない。規則正しく成長するという原理は自然の事象と同じように、強調しなくとも、正確で、効率的である。

「限りなく成長する」という構想にはとくに、図像学的な資料と文書的な資料をともに収蔵することになる[8]。これはいままでの美術館にはない。

美術館は建物の内外、庭園、そしてすべての基礎となる自然にまで行き渡る[9]。

1943年3月15日

L - C
24 NC[10]

訳註

1942年7月、ル・コルビュジエはヴィシー政権と最終的に決別し、ASCORAL（建築刷新のための建設者協会）の設立を準備し、『パリの運命』(1941)、『四つの交通路』(1941)、『ミュロンダン式建造』(1942)、『人間の家』（フランソワ・デ・ピエールフーとの共著）(1942)と立て続けに平和都市論を著している。同時期、ル・コルビュジエは社会資本としての「美術館」を戦時下のパリのために提案している。もはや「美術館」は都市の余暇的施設ではなく、主要施設である。理念は第二次世界大戦後に引き継がれ、ル・コルビュジエは「都市のコア」として「芸術」の場所を論じることになる（cf., Le Corbusier, "The Core as a Meeting Place of the Arts", J. Tyrwhitt, J.L. Sert, E.N. Roger ed., *The Heart of the City, Lund Humphries*, London, 1952, pp.41-52）。

[1] ラウル・ラ・ロッシュ Raul La Roche（1889〜1965）はスイスの銀行家。キュビスムとピュリスムの絵画の収集家。ル・コルビュジエの絵画の最初の購買者の一人。ル・コルビュジエとはアメデ・オザンファン Amédée Ozanfant（1886〜1966）による『レスプリ・ヌーヴォー』誌を通じて知り合っている。ル・コルビュジエの薦めに応じて芸術作品を収集し、ル・コルビュジエにヴィラ・ラ・ロッシュ（1923）を建設させ、後年ル・コルビュジエ財団の本拠地として譲渡している。ヴィラに収蔵された作品の大半は、最終的にはバーゼル芸術館に寄贈されている。

[2] おそらく「知の博物館 musée de la connaissance」という概念の発端は、ル・コルビュジエではなく、ル・コルビュジエが現代芸術作品の収集に助言を与えていた銀行家ラ・ロッシュにある。一方で、ル・コルビュジエはすでに「芸術」という枠に収まらない世界博物館（1929）と同様の構想を「美術館」に抱いているが（cf., **AFLC, J3-1-30, lettre de Le Corbusier à Walter Arenberg, 1939.6.27**）、1943年のこの時点では、「限りなく成長する美術館 musée de la croissance illimitée」と「知の博物館 musée à connaissance」はほとんど同義である。

[3] チソー教授 Pʳ Tisoh の詳細は不明。

[4] 「現代芸術のための知の博物館」の団体設立にはいたっていないが、1949年、ル・コルビュジエは会長をアンリ・マチス Henri Matisse（1869〜1954）として「造形芸術の綜合連盟 Association pour une synthèse des arts plastiques」を設立している。「芸術」概念そのものは、「知の博物館」よりも慣習的である。

[5] 銃後の社会に不可欠な施設にもかかわらず、パリの現代美術館（1931）の構想以来、美術館の建設地は都市空間に位置づけられていない（cf., **AFLC, F1-9-1, Manuscrit de Le Corbusier sur le Musée d'art contemporain à Paris 1931 (manuscrit sur la lettre de Le Corbusier à Zervos, 1930.2.19), non datée**）。

[6] ル・コルビュジエの数少ない美術館の増築の必要性の根拠は、展示作品の増加である。言うまでもなく、根拠は脆弱である。

[7] ル・コルビュジエにおける「芸術の綜合 synthèse des arts」とは、ジャンルの結合による単一化ではなく、様々な表現形式を許容する場の多様性のことである。そこには、造形芸術だけではなく、新しい「芸術」の形式（映画など）も伝統的な形式（演劇など）も含まれている。

[8] すでに情報博物館の機能に相当するコレクション概念が萌芽している。後の電子工学による「知の博物館」を暗示しているが、電子工学技術の応用によるコレクション保存の概念は、この時点ではない。

[9] 後にル・コルビュジエは、「限りなく成長する美術館 musée à croissance illimitée」だけではなく、「展示館 pavillon」「不思議の箱 boîte à miracle」「自発劇場 théâtre spontané」を加えたプロトタイプ群によって、芸術空間のエスプラナードを演出することになる（cf., Le Corbusier, *Le Corbusier Carnets 2*, Fondation Le Corbusier, Paris, The Architectural History Foundation, New York, Éditions Herscher / Dessain et Tolra, Paris, 1981p.641, [1951.10.]）。

[10] ナンジェセール＝エ＝コリ24番地 24 *Rue Nungesser et Coli* のル・コルビュジエのアトリエのこと。

AFLC, J1-5-10

le 7 juillet 1949

=centre experimental mondial qui sera à point au moment de l'expo universelle de 1950 5 (6 nov 50)
synthèse des arts majeurs

Place de la Porte Maillot
Comité des personnes par cooperation
Centre experimental d'une snthèse des des arts majeurs sous le patronage du Président de la République

2 Musée de l'Esprit de Paris ou l'air de Paris

1 Laboratoire permanent des arts majeurs archi sculpture peinture
Ateliers d'essai annexes
Comité des personnes

3 Exposition permanente de la recherche plastique architeturale et urbanistique
ASCORAL

4 Accueil fêtes et réceptions
[…]

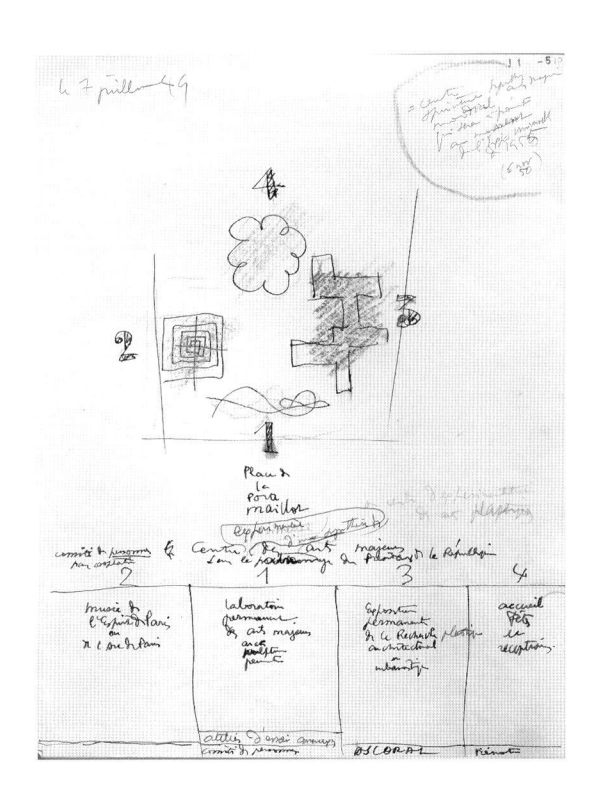

1949年7月7日にル・コルビュジエが描いたポルト・マイヨの「芸術の綜合」展の素描

1949年7月7日

＝1950 5年（50年11月6日）国際博覧会に合わせた世界実験センター[1]
芸術の綜合

ポルト・マイヨ広場
会員指名の委員会
共和国大統領の協賛よる主要芸術の実験センター

2　パリの空気もしくはパリの精神の美術館[2]

1　絵画彫刻建築の主要芸術の常設研究室[3]
附属の制作アトリエ
委員会

3　建築と都市計画の造形研究の常設展示[4]
アスコラル

4　催しにおける迎賓と応接[5]
［……］

訳註

ポルト・マイヨにおける「芸術の綜合」展（1950）の初期構想は、単に「展示館 pavillon」の建築的実験ではなく、芸術に関する複合的文化施設の建設である。第二次世界大戦後の「都市のコア」となるべき諸施設の空間構成であり（cf., [Le Corbusier], FLC18163, 1949.12.11; FLC18156, [1949.12.20]）、都市計画でもある。

[1]　「芸術の綜合 synthèse des arts」のための「実験」とは、科学的実験というよりも、前衛的な芸術と同義であり、会場は様々な展示作品と展示形式による複合施設である。
[2]　北アフリカのフィリップヴィルのために構想された「限りなく成長する美術館 musée à croissance illimitée」の最終型（1939）である。
[3]　「研究室 laboratoire」と呼んでいる施設の雲のような線描は、空中に漂う屋根を簡略化した記号。最終的に「展示館 pavillon」となり、「雨傘 parasol」の屋根とその下の蜂巣状空間によって構成されるプロトタイプとなる（cf., [Le Corbusier], FLC30042, 1949.7.8; FLC18163, 1949.12.11; FLC18156, 1950.4.20）。ただし、「展示館 pavillon」の芸術作品は絵画・彫刻の「主要芸術 arts majeurs」であり、後のブリュッセル万国博覧会のフィリップス館（1958）のような建築・音楽・映像の空間的融合を試みているわけではない。

251

［4］建築と都市計画の常設展示施設は、ポルト・マイヨ（1950）以降、主題とはならない。

［5］催しのための施設の花柄のような輪郭を持つ線描は、厳格な矩型の「不思議の箱 boîte à miracle」や「自発劇場 théâtre spontané」へと発展していく（cf., **AFLC, J1-5-9**, Le Corbusier, esquisse pour l'exposition synthèse des arts majeurs, porte maillot, 1950, 1949.7.18）。

AFLC, J1-5-9

18 juillet 49

Centre experimental des Arts majeurs, architecture, sculpture, peinture
Sous le haut patronage du Président de la République
Centre experimental de des recherches plastique (ou esthétique)
1 comité de quelques personnes, se renouvelant par cooptation
=Centre spirituel mondial qui fonctionne pour 1955 expo universelle

1 Laboratoire permanent de synthèse des arts majeurs
annexes les ateliers des travaux temporaires ou
les ateliers d'essai
AA

2 Musée expérimental de l'art de Paris
Girsberger 2. p.72
les donateurs
la collection La Roche
immeubles classés
héritier des chefs d'œuvres de 1
les conférences
éditions
~~les ateliers~~

3 Exposition permanente de la Recherche architecturale et urbanistique
Roux Marcel) avec Sive p. les dispositions dessinées constamment changeantes
ASCORAL édition des grilles CIAM
L-C CIAM ASCORAL Roux jeunes ainés

4 L'Esprit de Paris, Accueil, réception et fêtes
théâtre spontané
marionnettes
film d'amateur

ル・コルビュジエ書簡撰 ― 美術館篇 ―

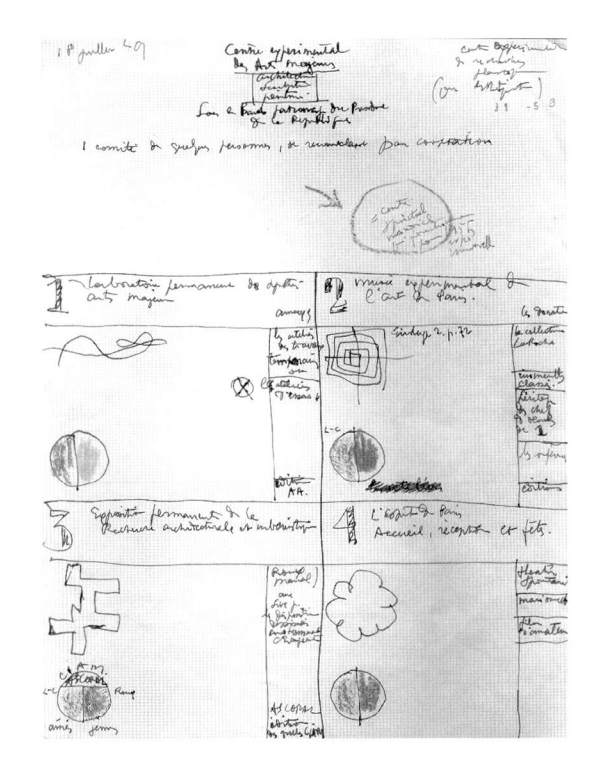

1949年7月18日にル・コルビュジエが描いたポルト・マイヨの「芸術の綜合」展の素描

49年7月18日

絵画、彫刻、建築という主要芸術の実験センター
共和国大統領の強力な協賛のもと
造形（美学）研究の実験センター
会員指名で更新される、数名の共同委員会
＝1955年の万国博覧会で使えるような世界の精神的なセンター

1　主要芸術の綜合のための常設研究室
一時的な制作のための附属施設
制作アトリエ
AA

2　パリの芸術実験美術館
ギルスバーガー第2巻72頁[1]
寄贈者
ラ・ロッシュ[2]のコレクション
建物の分類
1の施設の主要作品
会議
出版社
アトリエ

3　建築と都市計画研究の常設展示
マルセル・ルーとシヴ[3]が配置を適時変更
アスコラルによるCIAMグリッド[4]
ル・コルビュジエ　アスコラル　ルー　若手　年輩[5]

4　パリの精神として迎賓、応接、催し
自発劇場[6]
人形劇
愛好家の映画

訳註

ポルト・マイヨにおける「芸術の綜合」展（1950）の会場構成は、1949年7月7日の素描と対応しているが（cf. **AFLC, J1-5-10, Le Corbusier, esquisse pour l'exposition synthèse des arts majeurs, porte maillot, 1950, 1949.7.7**）、ル・コルビュジエは若干の変更を加え、機能的な配分を明確にしようとしている。芸術・建築・都市に関する施設の集合体は、博覧会の常識をはるかに逸脱していく。

［1］『全集』の該当頁（邦訳、p.62）は、「ファサードのない」美術館の原理をはじめて示したパリの現代芸術センター（1931）を掲載している。螺旋型の拡張のみで、卍型と合わせた複合的な「限りなく成長する美術館」（1939）の最終型と比較して、不完全な構想案である。

［2］ラウル・ラ・ロッシュ Raul La Roche（1889〜1965）については、**AFLC, F1-9-20, Le Corbusier, Création, à Paris, d'un musée de la connaissance de l'art contemporain, 1943.3.15** の訳註［1］を参照。

［3］マルセル・ルー Marcel Roux とアンドレ・シヴ André Sive はフランスの都市計画家。ル・コルビュジエとはフィルミニ＝ヴェールの都市計画（1956〜）で協働している。

［4］CIAM グリッドは、第二次世界大戦後、ベルガモでの第7回 CIAM（1949）で用いられた都市計画手法と都市生活のダイアグラム。21cm × 33cm の図版帖を用いている。

［5］円グラフは、おそらく他の施設の円グラフと対応している。ル・コルビュジエは多世代の運営による「芸術」の再編を提案しようとしている。

［6］「自発劇場 théâtre spontané」は、「不思議の箱 boîte à miracle」とは対照的に、伝統的（あるいは民族的な）演劇を主とし、後に映画などの現代芸術の形式を取り入れた半屋外空間である。構想の萌芽的形態はアーメダバードの美術館（1957）において描いているが、実現していない（cf., Maisonnier, Le Corbusier, FLC6953, 1953.2.10）。

AFLC, J1-5-56

NOTE COMPLEMENTAIRE
à l'attention bienveillante
de Mr. le MINISTRE des FINANCES

La manifestation préparée Porte Maillot 1950 n'est pas destinée à demeurer sans suite.

Ce point significatif de Paris est un potentiel disponible ~~représenté~~ *exprimé* par un espace（sol, verdure, ciel）. Notre désir est que cette enclave soit vouée désormais, et pour une période de quelques années, à des travaux ardents de l'esprit. Plus particulièrement l'esprit de Paris attaché aux activités plastiques（les livres, l'équipement domestique, le logis, la ville, l'occupation du territoire par le domaine bâti, <u>et la synthèse des arts majeurs unissant – un jour – les créateurs d'harmonie et de beauté.</u>）

Pour cela, un peu d'argent, l'obole utile pour que le souffle de la vie soit donné. Donné par qui? Par le pays qui en tirera vie, sève et brillantes récoltes. Récoltes de France, uniques au monde et immensément exploitable.

Sur le terrain de la porte Maillot se sont groupés ceux qui ont fait de leur vie une vocation. Ils vont entreprendre une grande œuvre. Mais on leur demande : "Etes-vous riches, avez-vous de l'argent?" Dix millions donnés à notre association constitueront une richesse efficiente.

La note jointe du 27 Octobre 1949 établie pour le Conseil Municipal de Paris, fournit les données matérielles de notre problème.

Les présentes lignes constituent un appel au Ministre des Finances pour que le geste nécessaire et suffisant puisse être accompli en temps utile et visant, <u>en ce moment précis</u>（aménagement de la porte Maillot et du Bois de Boulogne）, la concession d'une durée limitée d'un terrain <u>providentiellement favorable.</u>

Paris, le 14 Novembre 1949

Le Corbusier
Le Corbusier
Premier-vice Président
De l'Association pour une Synthèse
Des Arts Plastiques.

1949年11月14日にル・コルビュジエが記した財務大臣への補足説明

財務大臣への補足説明

1950年のポルト・マイヨ展のために準備している表明はお蔵入りにはなっていません。

パリにおける問題の要点は空間（大地、緑、天空）に潜んでいます。我々の望みは、この飛び地が数年をかけて、燃え上がるような精神によって事業化されることです。とくにパリの精神は造形的な行為と密接に関連しています（書物、室内の装備、住居、都市、人工的な土地の占有。いずれ、統合されて、<u>主要芸術の綜合</u>となります。<u>調和と美の創造</u>です）[1]。

そのためには、命を吹き込むための少しの資金が必要です。誰が出資するのでしょうか。引っ張っていくのは国です。目覚ましい成果となるのです。フランスの成果です。世界で唯一の広大な事業展開です。

ポルト・マイヨの敷地にそれを天職とする人々が集結します。立派な仕事をする人々です。しかしながらこう聞かれるでしょう。「十分にお金はあるのですか」。私たちの組織に一千万フランあれば実り豊かな成果が得られます。

1949年10月27日のパリ市議会に提出した同封の覚書は、我々の問題を具体的に示しています。

本文書は財務大臣へ提言です。適時に必要かつ十分な取り計らいをしていただきたい。<u>この機会</u>（ポルト・マイヨとブローニュの森の整備）に、<u>絶好の敷地</u>の時限使用の権利譲渡を求めます。

パリ、1949年11月14日

<u>ル・コルビュジエ</u>
ル・コルビュジエ
造形芸術の綜合連盟[2]
第一副連盟長

訳註

> ポルト・マイヨは、ブーローニュの森につながるパリの結節点として、多くの建築家を魅了してきた場所である。ル・コルビュジエは、ポルト・マイヨの展覧会（1950）のために準備した「芸術の綜合 synthèse des arts」というテーマとその会場構成のために、用地獲得を国家権力に対して直談判している。ル・コルビュジエは、「芸術」を手掛かりに新しい都市計画的戦略を描いているが、おそらく当局から門前払いされている。

[1] ル・コルビュジエは、ポルト・マイヨの展覧会（1950）の主題において、はじめて「芸術の綜合 synthèse des arts」を明言している。構想が当初都市計画のための研究施設を含んでいるように、ル・コルビュジエの「芸術」概念は、造形芸術だけではなく、都市空間にまで及んでいる。ル・コルビュジエが、アーメダバード（1957）、東京（1959）、ザンディガール（1964）の美術館の構想においてつねに都市空間とつながる広場、エスプラナードを提案していることは、その証左である。

[2] 造形芸術の綜合連盟 Association pour une synthèse des arts plastiques は1949年に設立。会長はフランスの画家アンリ・マチス Henri Matisse（1869〜1954）。

AFLC, J1-5-149

1950年1月12日にル・コルビュジエがジャン・プルーヴェに宛てた手紙

Paris, le 12 Janvier 1950

Monsieur Jean PROUVE
8, pl. de la Croix de Bourgogne
<u>N A N C Y</u>（Meurthe & Moselle）

パリ、1950年1月12日

ジャン・プルーヴェ様
ブルゴーニュのクロワ広場8番地
<u>ナンシー</u>（ムルス＆モゼール）

Mon cher Ami,

　L'exposition de la Synthèse des Arts Plastiques s'organise pour cet été à la Porte Maillot. J'en ai la haute direction.

　Nous devons constituer des "<u>conditions architecturales</u>" pour la peinture et la sculpture monumentales. Pour cela j'ai conçu des toitures parapluies sous lesquelles il se passera quelque chose.

　Veuillez trouver, inclus, un plan qui donne l'implantation des bâtiments et leur profil conçus ici avec des toitures Ricolais standard*isés*.

　J'ai pensé que vous pourriez faire une contre proposition, la question est un problème de prix.

　Faites-moi savoir au plus vite ce que vous pensez de cette question.

　Bien sincèrement à vous.

Répondre par croquis + prix
　P.J. une

親愛なる友へ、

　この夏にポルト・マイヨで造形芸術の綜合展を開催します。主に私が企画をしています。

　絵画と彫刻を印象的に見せるような「<u>建築的な状況</u>」をつくりだす必要があります。そこで雨傘の屋根を構想しました。その下で何かが発生するのです[1]。

　同封の図面[2]は、建物の配置と標準的なリコレ型の屋根[3]の形を示しています。

　対案をつくってみてください[4]。問題は値段です。

　この件について意見を至急お知らせください。

　敬具。

図面と見積もりを示してください
一部を添付

訳註

　ポルト・マイヨにおける「芸術の綜合」展（1950）のための複合的施設の構想は、一棟の「展示館 pavillon」の研究に収斂していく。「展示館 pavillon」はネスレ館（1928）に研究の端を発し、新時代館（1936）の膜構造をへて、鉄骨構造に特化して、すでに「雨傘 parasol」の屋根を持つ新しいプロトタイプとなりつつあるが、ル・コルビュジエは、技術者ジャン・プルーヴェ Jean Prouvé（1901〜1984）の協力によって、建設原理を最終的に確立しようとしている。後に東京の美術館（1959）の構想にも「展示館 pavillon」を適用することになるが、実現するのはル・コルビュジエの死後、チューリッヒの展示館（1967）である。

［1］「雨傘 parasol」の屋根の下の展示空間について、ル・コルビュジエは階段やスロープによって蛇行やジグザクなどの多様な順路を検討している。「美術館」の螺旋型や卍型のような明快な鑑賞動線ではない。より自由な建築的プロムナードである（cf., Le Corbusier, FLC18182, 1950.11.2; Le Corbusier, FLC18166, 1950.11.2）。

［2］ cf., [Le Corbusier], FLC18193A, 1949.12.13; FLC18185; FLC18203; FLC31764, 1950.2.14.

［3］ ロベール・ル・リコレ Robert Le Ricolais（1894〜1977）は、1940年代に鉄骨のスペース・フレームを開発・提唱している。

[4] ル・コルビュジエとプルーヴェは、第二次世界大戦の状況下において戦争避難民のための建設で協働し、ポルト・マイヨでも、プルーヴェの鉄骨住宅の現物展示を構想している（cf., FLC18156, 1950.12.20; FLC18172; FLC18180, 1949.10.25; Serralta, FLC18183, 1949.12.20）。ル・コルビュジエの要請に応えたプルーヴェによる「展示館」の屋根のデザインは、1枚の素描しか残されていない（cf., Prouvé, FLC18193E）。門型の「ポルティーク portique」の構造体の応用であるが、造形の軽快さゆえにル・コルビュジエの「雨傘 parasol」の庇護性には欠けている（cf., FLC18162A, 1950.[3].27）。ル・コルビュジエとプルーヴェの協働は、マルセイユのユニテ・ダビタシオン（1952）の住居の造作で実現している。

AFLC, F1-11-18

TRADUCTION　　　23 Mars 1951

Propositions pour le Musée Municipal par Shri Gautam Sarabhai

Il faut voter des félicitations au Conseil Municipal pour avoir enfin pu mettre sur pied le projet d'un Musée à Ahmedabad et pour avoir pu réunir jusqu'à Rs. 15 lacs pour cette construction.

Dans cette Ville il ne suffit pas d'avoir simplement un endroit où placer et entretenir des objets d'intérêt, mais un endroit qui deviendra le centre culturel de la Ville. De sorte, bien qu'il soit vrai que les Musées peuvent servir utilement à entretenir et classer des spécimens artistiques, littéraires, d'histoire naturelle ou scientifiques, il est non moins vrai qu'ils peuvent et doivent servir à but aussi utile et certainement beaucoup plus pratique dans la vie des êtres. Ils peuvent être un outil puissant dans le programme de l'éducation visuelle, surtout dans un endroit où il y a tant d'illettrés.

Il peut y avoir d'innombrables sujets d'intérêt et l'idéal serait d'avoir un musée pour chaque sujet – un musée des Beaux Arts, d'Archéologie, d'Histoire Naturelle, de l'Industrie – des Science – du Commerce, etc. – mais ce n'est pas encore réalisable faute de fonds. De sorte, que la seule alternative est de prendre un peu çà et là et d'essayer d'entasser le tout dans le musée modeste que nos moyens financiers nous permettent. Mais, des bribes d'information ne servent à rien s'*elles* ne sont pas coordonné*es*. Il est donc préférable, au début, de restreindre le champ de ce Musée et de commencer modestement. Il vaut mieux avoir quelques section*s* très complètes que d'en avoir beaucoup rassemblées avec incohérence. De nouvelles sections pourront être rajoutées au fur et à mesure des possibilités financières. Actuellement le Musée se composera donc des sections suivantes :

I. SECTIONS

1. Archéologie régionale (archéologie de Gujarat Supérieur).

    (Certains spécimens qui ne risquent pas d'être détériorés par les intempéries peuvent être placés dans les jardins).

2. Art Indien – Peinture et Sculpture.

    Pour le moment, comme les ressources sont limitées, la collection permanente s'établirait graduellement pour montrer les œuvres caractéristiques du passé. Les arts

257

contemporains s'établiraient à l'aide d'œuvres prêtées.
3. Art dans la vie quotidienne.

On pourra collectionner et exposer des objets usuels dont la forme, la texture, la couleur ou le dessin ont un caractère de beauté.

4. Histoire Naturelle.

Il est très onéreux de réunir une vaste section d'Histoire Naturelle et il faut donc y renoncer pour le moment. Pourtant il serait question d'organiser une petite section à l'usage des écoliers de la ville. Avoir à côté des animaux empaillés des animaux et des oiseaux vivants (tels que cerfs, lapins, perroquets, etc) et quelques reptiles de la région de type courant. Il pourrait y avoir aussi un petit aquarium et terrarium. Ne pas essayer d'organiser un vrai zoo mais donner au public et aux enfants le plaisir de voir des animaux vivants. M. H.G. Acharya serait peut être amené à faire un plan pour cette section.

5. Anthropologie indienne.

Cette section montrerait les modes de vie, les métiers et les manies des indigènes aux Indes. Une telle section n'existe dans aucun musée indien.

6. Une petite section traitant l'histoire de l'Inde et les ressources naturelles du Gujarat à l'aide de tableaux et gravure.

7. Une bibliothèque intéressante serait attenante au Musée. On pourrait y amasser des livres, des photographies, des plaques photographiques, des films, des disques.

II. <u>DEPENSES AUTORISEES</u> :

Rs. 4.12.500	pour le bâtiment
Rs. 4.12.500	pour l'électricité, les équipements divers, les vitrines, etc...
Rs. 50.000	pour la bibliothèque
Rs. 1.00.000	pour les collections permanentes des sections mentionnés [mentionnées] ci-dessus
Rs. 50.000	pour l'aménagement du terrain y compris les arbres cages pour les animaux et les oiseaux, etc..
Rs.10.25.000	Totale

III. <u>PERSONNEL</u>

L'appointement du Directeur s'élèverait à Rs. 800-50-1200. On pourra passer une annonce dans les principaux journaux de Bombay, Delhi, Calcutta et Madras. Le Directeur devra immédiatement soumettre un projet détaillé après quoi le reste du personnel pourra être engagé. Un modèle de l'annonce à insérer dans les principaux journaux est joint.

IV. <u>Bâtiment</u> :

+ 1 galerie de peinture	2.000 pieds *carrés*
+ 1 galerie de sculpture	1.000 "
Galerie d'art contemporain – pour les œuvres prêtées	2.000 "
- Section d'archéologie	2.000 "
+ Section d'art dans la vie quotidienne	1.000 "
- Section d'Histoire Naturelle	1.000 "
- Section d'anthropologie	2.000 "
Bibliothèque	1.000 "
Bureaux	1.000 "
Salle commune, restaurant, lavabos etc	2.000 "
Salle de théâtre et de projections et de conférences	7.000 "
Salle de dépôt	3.000 "
	25.000 "
ajouter 10 % pour couloirs, etc...	2.500
Total	27.500

Prix de construction Rs. 15/- per sq.ft
4.12.500

Prix pour l'électricité, équipement, vitrines, etc... Rs. 15/ per sq.ft. 4.12.500

Total Rs. 8.25.000

Points devant être discutés entre M. Le Corbusier et Smt. Giraben Sarabhai :

Plan général

Plan du bâtiment, intérieurs, éclairage et présentation.

Un simple bâtiment d'utilité pas luxueux.

Considération :

Ahmedabad étant à 23° de latitude, il faudrait que le bâtiment ait une orientation nord-sud avec un abri contre le soleil du côté sud afin d'éviter que le soleil ne donne directement.

Des protections contre les vents sur-ouest en été.

Ventilation et en même temps protection contre la poussière.

MUSEE MUNICIPAL D'AHMEDABAD

IV. <u>BATIMENTS</u> :

- Galerie de peinture
  2.000 sq. ft. 186 m2
- Galerie de sculpture
  1.000 93

- Galerie d'art contemporain – exposition de prêts -
     2.000   186
- Section archéologique
     2.000   186
- Section des études pour la vie quotidienne
     1.000   ~~186~~ 93
- Section d'histoire naturelle
     1.000   93
- Section d'anthropologie
     2.000   186
- Bibliothèque
     1.000   93
᛫ Espace à prévoir pour bureaux
     1.000   93
᛫ Services commune et restaurants, lavabos, etc..
     2.000   186

Auditorium pouvant server à la présentation de spectacles éducatifs, théâtre, conférences, projections cinématographiques
     7,000   651

Magasins
     <u>3.000</u>   <u>279</u>

Circulation, etc.. 10 %
     <u>2.500</u>   <u>232</u>
     27.500   2.557

Coût des constructions, à raison de 15 Rs. per sq.ft.
     412.500

soit en Frs. (I R. -75 Frs,)   31.000.000 F.

Coût de l'éclairage, des équipements, dispositifs de présentation et d'exposition, etc., à raison de 15 Rs. per sq.ft. <u>4.12.500</u> <u>31.000.000</u>
  Total Rs. 8.25.000 62.000.000 Fr,

       +15.000.000 Fr.
       77.000.000 Fr.
    Bibliothèque

Différents points particuliers concernant le Musée Municipal, proposés par Smt. Giraben Sarabhai, et devant être discutés avec M. Le Corbusier.

———

Disposition générale de l'ensemble.
Disposition du bâtiment, des intérieurs, de l'éclairage et du mode d'exposition.
Considérations relatives au plan :
Ahmedabad est située sur le parralèle [la parallèle] de latitude 23º; une orientation nord-sud du bâtiment avec une protection au sud, éviter les rayons solaires directes.
Les vents dominant en été sont Sud-Ouest.
Ventilation, et en même temps éviter la poussière.
Sécurité
Dans toute la mesure du possible éviter l'emploi de matériaux exigeant un gros entretien.
Matériaux locaux :
 briques,
 plaques ondulées de ciment,
 ciment,
 ~~tuiles~~, carrelages,
 grès de coloration légère rouge ou beige
 pierre noire de "Madras"
 tuiles de couverture en terre cuite

<u>Notes manuscrites de Le Corbusier</u> :
Pas de tempêtes,
Vents dominants sur plan
Eau par puits tous les 30 pieds de profondeur (9 m.).
Les arbres
Le jeu des saisons
Eau sur les toits et faire un ciment projeté. Bois plein 1" ou 2" (25 ou 50 mm.) recouvert de part et d'autre de plywood (teak). Toit peut-être, exécuté dans la vieille manière.
Bruits.
Glaces importées de France meilleur marché
Sols : dalles de pierre brutes (calcaire local-cheepest)
Marbres blancs gris jaune[s] (local)
Plafonds : poutres de bois avec plaques de pierre. Le meilleur marché est le béton armé
Prix construction 1600 le sq.ft.
sur un étage 16.000 le m2
Sarabhai vient à Paris pour le programme.

Note de LE Corbusier date du 10 Avril 1951
(remise le 16 Avril)

Ducret :
Tarif des architectes, plus la moitié ou bien tout à forfait
Finir en une année (les plans)
Faire un plan comportant plusieurs étapes suivant la disposition des fonds
Official: AHMEDABAD Municipal Corporation, AHMEDABAD
1/3 contrat
1/3 cours projet
1/3 plan finis

payables en francs français ou en Livres en France ou en Angleterre (pour éviter impôts indiens)

Note Ducret : pour le musée un dessinateur-surveillant, parlant l'anglais sera envoyé sur place aux frais du client. (Woods).

1951年3月23日にゴタム・サラバイ卿が記した市立博物館についての提案

<u>翻　訳</u>　　1951年3月23日

<u>ゴタム・サラバイ卿による市立博物館についての提案</u>

アーメダバードの博物館事業に着手するには市議会の承認を得て、建設費として150万ルピー集める必要がある。

この街に目玉となるようなオブジェを設置、維持するだけでは十分ではない。街の文化の中心地とならなくてはならない。そのためには、芸術、文学、自然史、技術史に関する典型的なものを分かりやすく分類展示することはもちろん、実生活に役立てなくてはならない。非識字者が多く、視覚的な教育の道具でなければならない。

　博物館としての主題は多岐に渡る。理想は美術、考古学、自然史、工業（科学）史、商業史の主題ごとにそれぞれの館をつくることである。ただし目下のところ資金不足である。したがって、唯一の解決策は財政が許す限り一つの博物館に全てを盛り込むようにすることである。しかし、断片的では組織だったものにはならない。望ましいのは、手はじめに、博物の機能を限定し、できることからはじめ、数だけを揃えるのではなく、いくつかの部門は完璧なものとしたい。財政が許せば追々新しい部門を追加していく[1]。目下博物館に想定される部門は以下の通り。

I.　<u>部門</u>
1.　地域考古学（グシャラート上流域）。
　　（風雨に曝しても痛まない標本については庭園に設置）
2.　インド芸術―絵画と彫刻。
　　目下作品数が限られているため、収蔵作品を段階的に増やし、時代によって分類する。現代芸術については貸借する。
3.　工芸品。
　　形態、織り、色彩、図案の美しさのある日用品の収蔵と展示を行う。
4.　自然史。
　　多岐に渡る自然史の分野をまとめ上げるには高額の費用がかかるために現時点では断念する。しかしながらこの都市の初学者のための小展示を検討する。地域固有の動物や鳥（鹿、兎、鸚鵡など）や爬虫類などの剥製。水槽展示やジオラマ展示も検討。本物の動物展示はしない。しかし大人やこどもが楽しめる動物展示も必要であり、H・G・

260

アチャヤ氏が検討する。
5. インド人類学。
インド土着の生活様式と工芸を展示する。インドにおいてこの種の博物館はない。
6. 絵画と版画によるインド史とグジャラート自然史の小展示。
7. 博物館に隣接し、立ち寄って貰えるような図書館。書籍、写真、図版、映像、音声を収蔵する。

II. 承認された予算：

4,12,500ルピー	建設費
4,12,500ルピー	電気及び諸設備費
50,000ルピー	図書館
1,00,000ルピー	上述の常設展示と部門展示の作品収集費
50,000ルピー	植樹、鳥かご設置を含む外溝工事費
10,25,000ルピー	総計

III. 人事
館長の給与見積は800-50-1200ルピー[2]。ボンベイ、デリー、カルカッタ、マドラスの主要新聞紙で通知する。館長は直ちに残りの人事の詳細を決定する。主要新聞紙の折り込み通知の例を添付。

IV. 建物

＋絵画室1室	2,000ピエ[3]平米
＋彫刻室1室	1,000ピエ
貸借した作品展示のための現代芸術室	1,000ピエ
－考古学部門	2,000ピエ
＋工芸品部門	1,000ピエ
－自然史部門	1,000ピエ
－人類学部門	2,000ピエ
図書館	1,000ピエ
事務室	1,000ピエ
給湯室、レストラン、洗面所など	2,000ピエ
演劇、映像、会議室	7,000ピエ
収蔵室	3,000ピエ
	25,000ピエ
10％の通路	2,500ピエ
計	27,500ピエ

建設費。単位面積当たり15ルピー
　　　　　　　　　　　4,12,500ピエ
電気設備費など。単位面積当たり15ルピー
　　　　　　　　　　　4,12,500
　　総計　　8,25,000

ル・コルビュジエ氏とギラベン・サラバイ卿との打ち合わせ準備資料：

全体計画図
配置図、平面図、照明及び展示計画。
簡素な建物とし、高価な設備は不要。

留意事項：
アーメダバードは南緯23度に位置している。建物の南北の方位、南側からの直接光を避けること。
夏季には南西風の風除。
通風。埃の除外。

アーメダバード市立博物館

9. 建物：

－絵画室1室	2,000平フィート	186m2
－彫刻室1室	1,000	93
－貸借される現代芸術室	2,000	186
－考古学部門	2,000	186
－工芸品部門	1,000	~~186~~ 93
－自然史部門	1,000	93
－人類学部門	2,000	186
－図書館	1,000	93
▷事務室	1,000	93
▷給湯室、レストラン、洗面室など	2,000	186
演劇教育、映像、会議、映画のための視聴覚室	7,000	651
売店	3,000	279
動線空間	2,500	232
	27,500	2,557

建設費。単位面積当たり15ルピー。
　　　　　　　　412,500
フランスフラン換算　　31,000,000 F
電気設備費、展示設備費など単位面積当15ルピー
　　　　　　　　4,12,500　　31,000,000
　　総計　　8,25,000　　62,000,000 F
　　　　　　　　　　＋15,000,000 F
　　　　　　　　77,000,000フラン

図書室

市立博物館に関するギラベン・サラバイ卿による別の議題。ル・コルビュジエ氏との打ち合わせ準備資料。

————

建物の全体配置。
配置図、平面図、照明及び展示形式。
配置計画に関する留意事項：

アーメダバードは南緯23度に位置している[4]。建物の南北の方位、南側からの直接光を避けること。

夏季には南西からの風。

通風の確保。埃の除外。

防犯

保守の難しい材料の使用は避ける。

地域素材：

 煉瓦、

 波型コンクリート板、

 セメント、

 瓦、タイル、

 赤色やベージュ色の砂岩

 「マドラス」産の石材

 焼成瓦

ル・コルビュジエの覚書：

暴風雨はない、

配置計画における風

30ピエ（9m）の深さの井戸の水[5]。

樹木

季節変化

屋上の雨水処理。セメントによる被覆。1インチ〜2インチ（25〜50mm）厚の平板、部分的にチーク材で再被覆。屋根はおそらく旧来の施工法[6]。

騒音。

ガラス材は安価なものをフランスから輸入

外溝：荒削りの石材舗装（最安価な現地材で見積）

黄色みを帯びた白大理石（現地材）

天井：石貼の木材梁。最安価は鉄筋コンクリート[7]

建設費1600平方フィート

各階16,000平方メートル

工程についてサラバイとパリで打ち合わせ

1951年4月10日のル・コルビュジエの覚書（4月16日修正）

デュクレ[8]へ：

建築家の報酬は半額以上か全額払い

一年で完了（図面）[9]

収蔵品に準じた各階の平面図の作成

公式名：アーメダバード市組合、アーメダバード

1/3 契約

1/3 基本案

1/3 実施図面

フランスフランかポンドでの支払い（インド税を回避）

デュクレへの覚書：英語を話せる現地駐在の担当製図責任者の派遣（ウッズ[10]）

訳註

アーメダバードの美術館（1957）の施主は、単なる美術品を収集展示するための美術館ではなく、新しい時代の文化センターとして様々な主題の博物館の集積体をル・コルビュジエに要請している。自国の文化に限定しているとはいえ、ムンダネウムの世界博物館（1929）と類同する理念である。しかし、施主の提案は、ル・コルビュジエの理念への共鳴によるというよりも、独立を勝ち取ったインドの国家的政策の道具としての博物館である。

[1] パンジャブ州の財政上の問題のために部門毎に建設して館を実現していく施主の提案は、はからずもル・コルビュジエの「限りなく成長する美術館 musée à croissance illimitée」の理論と形式的には無理なく調和している。

[2] 800-50-1200 ルピーは誤植か。

[3] ピエ pied はフランスの尺度で約32.5cm。フィートに相当。

[4] 施主による日射しや通風の問題の指摘は、西洋人であるル・コルビュジエに対する施主の配慮である。ル・コルビュジエは日射しの問題を中庭設置、水盤のある屋上庭園、あるいは壁面緑化によって検討しているが、通風に関わる方位付けの問題は配置図には反映されていない。螺旋に増築していく「ファサードのない sans façade」美術館においては、方位付けは問題にならないからである。アーメダバードのサラバイ住宅（1955）では、地域固有の風向きに合わせてヴォールト屋根を連結しているのとは対照的である。

[5] おそらく敷地に現存する井戸のことと思われるが、詳細は不明である。少なくとも井戸に注目したル・コルビュジエの素描はない。最終的にル・コルビュジエは、美術館の中央に池を設置している。cf., **Maissonier, Le Corbusier, FLC6963, 1532.2.10**.

[6] 当初ル・コルビュジエは、屋上の雨水処理を単純に施工法の技術的問題としている。あるいは、地域の伝統的な雨水処理方法を研究しようとしていたのかもしれない。しかしル・コルビュジエは、アーメダバードの美術館（1957）の構想過程において、屋上を水盤による屋上庭園とし、さらにチャンディガールの美術館（1964）においては雨水処理と自然採光を兼ね備えた屋根の造形表現にまで高めていくことになる。

[7] ル・コルビュジエの素材の選択規準は、あくまで経済性である。コンクリートであることの構造的理由も、現地素材であることの文化的配慮もない。しかし、アーメダバードの美術館（1957）の構想過程において、ル・コルビュジエは現地産の素材の美を発見し、美術館の外壁に現地産の煉瓦を採用することになる(cf., **AFLC, P3-4-265, lettre de Le Corbusier à Jean-Louis Véret, 1954.12.22**)。

[8] デュクレ Ducret は1935年よりパリのル・コルビュジエのアトリエに従事。財務担当。

[9] ル・コルビュジエのインド訪問は、原則的に春先と年末の年2回である。つまり、ル・コルビュジエは計2回の現地打ち合わせだけで施主と図面をまとめようとしてい

る。施主に基本案を提案し、それを修正した最終案で施工図面作成、という大枠である。実際には、度重なる施主の追加要請（予算削減に関する要請が大半）によって、ル・コルビュジエは2年に渡り構想を変更し続けることになる。

[10] ウッズ Woods は1949年よりパリのル・コルビュジエのアトリエに従事。

AFLC, P2-3-83

Paris, le 15 Janvier 1953

Mr G.D. SONDHI
Subathu
Simla-Hills

Cher Monsieur,

Je suis en train d'avancer la question théâtre pour Ahmedabad et pour la "Vallée des Loisirs" de Chandigarh.

Je serais très heureux si vous pouviez me fournir une information sur le théâtre populaire dans les villages ou dans les villes (le théâtre purement hindou). Si vous aviez quelques schémas de scène ou de disposition de salle fermée ou de plein air, vous me rendriez un très grand service. Je vous prie mon amie, Jane Drew, de vous relancer au sujet de cette affaire.

Je vous présente, ainsi qu'à Mrs Sondhi, l'expression de mes meilleurs souvenirs.

LE CORBUSIER

1953年1月15日にル・コルビュジエがG・D・ソンディに宛てた手紙

パリ、1953年1月15日

G・D・ソンディ様
スバス
シムラ＝ヒル

拝啓、

　問題のアーメダバードの劇場[1]とチャンディガールの「余暇の谷」[2]に取り組んでいます。
　集落や都市部での一般的な劇場（純粋にヒンドゥ教劇場）について資料をいただければ幸いです[3]。舞台や室内外の配置について略図があれば、教えていただきたい。この件に関しては同僚のジェーン・ドルーがうかがいに参ります。
　敬具。

ル・コルビュジエ

訳註

ル・コルビュジエの身体文化への関心は、すでに1920年代の「屋上庭園 toit-jardin」の構想に明らかであるが、インドにおいて土着の舞踏と出会うことによって深まっていく。アーメダバードの美術館（1957）の文化センターの構想において、当初よりル・コルビュジエは、「美術館」以外に「劇場」を自主的に提案している。施主はあからさまには否定していないが、予算規模を名目に、ル・コルビュジエに規模縮小を迫っている（cf., cf., AFLC, P3-4-217, letter of B. P. Patel (Municipal Commissioner) to Le Corbusier, 1952.7.7）。それでも、ル・コルビュジエは最後まで「劇場」に固執することになる。

[1] 「不思議の箱 boîte à miracle」が廃案となった後、ル・コルビュジエが代案として提案している「野外劇場 théâtre en plein air」のこと（cf., **Maisonnier, FLC6946, 1952.11.4; Maisonnier, Le Corbusier, FLC6953, 1953.2.10**）。

[2] ル・コルビュジエは、余暇の谷（1951）において「自発劇場 théâtre spontané」のおそらく最初のプロトタイプを単体として研究している（cf., Le Corbusier, FLC5638, 1958.3.15; Le Corbusier, FLC33186, 1959.3.15, 1959.4.19）。後にル・コルビュジエは、チャンディガールの美術館（1964）において「自発劇場」を反復している（cf., **Pierre Jeanneret, FLC4827, 1962.8.27**）。

[3] 「自発劇場 théâtre spontanée」は、したがって「不思議の箱 boîte à miracle」とは対照的に、本来伝統的な（あるいは土着的な）演劇空間のためのプロトタイプである。しかし後に、映画の機能を付け加えて「不思議の箱」以上に伝統を逸脱していく（cf., Le Corbusier et son atelier rue de Sèvres 35, W. Boesiger éd., *Œuvre complète 1957-1965*, Les Éditions d'Architecture, Artemis, Zürich, 1965, p.171；邦訳、p.171）。

AFLC, F1-12-5

Paris, le 10 Mai 1954
Monsieur Kunio MAYAKAWA [MAYEKAWA]
316, Kami-saki 3-Chome
Shinagawa-Ku
TOKYO

Mon cher Mayakawa [Mayekawa],

J'ai bien reçu votre lettre du 14 avril 1954 me demandant si je serais disposé à établir les plans du Musée Matsukata à Tokyo.

Je vous réponds que je le ferai très volontiers puisque la question des musées modernes est un des problèmes qui m'intéresse le plus.

Dans cette affaire il faut liquider dès le début (c'est triste à dire) la question finances. Je n'entreprends des travaux à l'étranger maintenant que quand la totalité des honoraires m'est versée d'avance; j'ai eu de trop grandes difficultés et de trop désagréables surprises en ayant agi autrement, les honoraires n'arrivant pas par suite de difficultés locales inattendues.

Je précise mon activité dans cette affaire là : je ferai un avant-projet, puis le plan correctif, puis tous les plans définitifs permettant à des architectes japonais de réaliser eux-mêmes l'exécution à Tokio. Je ne peux prendre d'engagement concernant la réalisation. Vous avez vos ingénieurs à Tokio, vos réglementations, vos architectes qui peuvent tous là-bas parfaitement réaliser eux-mêmes.

Comme il ne s'agit en réalité que d'un petit problème, je voudrais que ce problème soit doublé d'un autre, analogue par exemple, à celui du grand hôtel dont vous m'aviez parlé.

Il est bien entendu que je viendrai une première fois à Tokio pour prendre connaissance des lieux et des moyens de construction. Je pourrais renouveler mon voyage de temps à autre, sans engagement exact. (Voyez les conditions financières de ce voyage dans ma proposition annexe).

Je vous donne dans une note annexe les conditions financières de ma participation.

Je vous prie de croire, mon cher Mayakawa [Mayekawa], à mes meilleurs sentiments et veuillez les transmettre également à tous mes amis qui sont à Tokio.

LE CORBUSIER

P.S. M. Wogenscky vous enverra le projet de contrat dans quelques jours.

1954年5月10日にル・コルビュジエが前川國男に宛てた手紙

パリ、1954年5月10日

前川國男様
神崎3丁目316番地
品川区
東京

親愛なる前川、

　1954年4月14日の手紙を拝受しました。東京の松方美術館の図面を作成する心づもりはあるかとのこと。

　お答えします。喜んで取り組んでみたい、と。美術館の問題は私の最も関心のある問題の一つですからね。

　この件については（あまり言いたくはないのですが）まず最初に金銭的な問題を片付けておきたい。現代外国での仕事については報酬が全額支払われるまでは仕事に取りかからないことにしています。かつてとんでもない問題が起きて嫌な思いをしたのでね。予期せぬ事態が発生して報酬が届かないことがあったのです。

　仕事を明確にしておきます。私は基本案を作成し、修正を加え、実施案をまとめる。そして日本人建築家が東京で実現する。私は施工に関しては関与しません。東京には技術者がいるでしょうし、規制もあるでしょう。建築家もいます。現地ですべてを完璧に実現できるはずです[1]。

　やってみればそんなに大したことではない。他にも似たような事例があると思います。あなたが以前話していたような大ホテルもその例でしょう[2]。

　もちろん一度東京に行って場所をよく理解して建設方法を考えます[3]。はっきりと約束はできませんが、出張予定を見直してみましょう（日本への出張経費については添付資料を見てください）。

　その他の経費についても添付資料を付けておきます。

　親愛なる前川、そして東京のすべての友に。敬具。

ル・コルビュジエ

追伸　ヴォジャンスキー[4]が数日中に契約書の案を送ります。

訳註

ル・コルビュジエは、東京の国立西洋美術館（1959）の建設事業を快諾し、報酬から施工にいたるまで事業過程をはじめから明快に定めている。とりわけ、施工管理に関して日本人建築家に委託することは、ル・コルビュジエには希有な決断である。机上の研究だけではなく、建設における不整合や矛盾が、プロトタイプの洗練と深化を産むことをル・コルビュジエは知っている。そのうえでの現場放棄である。ちなみに、ル・コルビュジエが生前手がけた最後の作品集には、東京の国立西洋美術館（1959）は未掲載である（cf., Le Corbusier, préface de Maurice Jardot, *L'atelier de la recherche patiente*, Les Éditions Vincent, Fréal & Cie, Paris, 1960）。

[1]　東京の国立西洋美術館（1959）の現場に携わることになる主な日本人（前川國男、坂倉準三、吉阪隆正）は、ル・コルビュジエのアトリエにおいて実作の責任担当者の経験はない。おそらくアトリエを離れてからの活躍、とりわけパリ万博日本館（1937）における坂倉準三の活躍などが、日本人建築家への信頼に結びついている。あるいは、アーメダバードの美術館（1957）での現地在住建築家 B・V・ドーシ Balkrishana Vithaldas Doshi（1927～）との良好な連携が、遠距離での建設についてのル・コルビュジエの自信につながっているのかもしれない（cf., **AFLC, P3-4-149, lettre de Le Corbusier à Doshi, 1955.5.21**）。

[2]　外国人建築家による日本での建設事業は少なくないが、フランク・ロイド・ライトによる帝国ホテル（1923）と思われる。

[3]　ル・コルビュジエは、はじめから「限りなく成長する美術館 musée à croissance illimitée」のプロトタイプを建設しようとし、施工現場を日本人に委ねるにしても、多忙の合間を縫って1955年11月に1週間の日程で極東の地東京の美術館の敷地訪問を実現している。「どこにでも」あり得る importe où プロトタイプという発想と「そこにしか」ない in situ 敷地の景観構成という発想は、相互依存しているからである。

[4]　アンドレ・ヴォジャンスキー André Wogensky（1916～2004）は1939年よりパリのル・コルビュジエのアトリエに従事。1942年のアトリエ再開より、主任建築家を務めている。

AFLC, F1-12-10

Paris, le 9 Septembre 1954

Monsieur TAMURA
Chef de la Chancellerie
Ambassade du Japon
24, rue Greuze
<u>PARIS</u>

Monsieur,

Confirmant notre conversation téléphonique d'hier, je vous remets inclus double du contrat soumis à l'acceptation des Autorités Japonaises pour la construction du Musée Matsukata à Tokyo. Vous aurez ainsi la réponse à votre question d'hier.

J'ajoute que la réalisation sur place pourra se faire dans d'excellentes conditions par quelques uns des Architectes Japonais qui ont travaillé très longtemps chez moi et qui connaissent très exactement mes idées, mes exigences.

A votre entière disposition pour tous renseignements complémentaires que vous pourriez désirer,

Veuillez agréer, Monsieur, l'assurance de mes sentiments très distingués.

LE CORBUSIER

P.J. : 1

1954年9月9日にル・コルビュジエが田村（日本大使館事務局長）に宛てた手紙

1954年9月9日

田村様
事務局長
日本大使館
グルゼ通り24番地
パリ

拝啓

昨日電話でお話ししたように、日本側で承認を得た東京の松方美術館の建設に関する契約書の写しをお渡しいたします。これで昨日の問題が解決されるでしょう。

付け加えておきますが、現場は数人の日本人建築家[1]が見事な条件を整えて遂行してくれるはずです。彼らは私のところで長く働いていましたし、私の考えや要求をとても正確に理解しています。

補足すべきことがあればお答えします。

敬具。

ル・コルビュジエ

添付：1部

訳註

日本政府の窓口となる日本大使館側は、ル・コルビュジエが東京の国立西洋美術館（1959）の建設事業において施工管理をしないことに懸念を抱いている。それに対してル・コルビュジエは、日本人建築家がアトリエの元所員であることを説得材料にして方針がぶれることはない。しかしながら、前川國男、坂倉準三、吉阪隆正のアトリエでの経験は、世界各地から研修に来ていた他の建築家と比較して決して長いわけではない。建築制作の現場を特定の日本人建築家に任せる理由は、おそらく前川國男、坂倉準三、吉阪隆正の個人的資質やル・コルビュジエとの信頼関係によるところが大きい（cf., **AFLC, F1-12-5, lettre de Le Corbusier à Kunio Maekawa, 1954.5.10**）。

[1] かつてル・コルビュジエのアトリエで働いていた前川國男（構造）、坂倉準三（意匠）、吉阪隆正（連絡調整）のこと。三者の役割分担については、駒田知彦、「坂倉準三」、『素顔の建築家たち01』、建築資料研究所、2001、p.191 を参照。

AFLC, P3-4-114

Quelques notes prise lors de la conversation entre L-C et G.H. Rivière

le 6 Octobre 1954 -

Pour l'exposition elle-même on cherche une grande souplesse où il faut pouvoir nous affranchir de la vieille notion des salles rectangulaires. Il faut des espaces flexibles pour moduler au gré des programmes les présentations. On peut avoir un circuit unique mais quelquefois des circuits parallèles. Si on veut donner un déroulement chronologique il faut présenter avec une sorte de synthèse.

L'attention de l'homme est limitée au bout d'un certain temps. Quelque soit la beauté offerte au public à un certain moment naît la fatigue. Il faut jouer des facteurs psychologiques. La question de la lassitude est très importante. Il faut susciter chez le visiteur la "self découverte". Il faut disposer de plusieurs circuits. Le public est composé de catégories sociales très variées auxquelles il faut faire face dans les musées. Il faut des salles d'étude. L'immensité du thème nécessite des jalons (des filons). Il faut arriver à regarder les choses, les évènements successifs dans un ordre favorable qui doit être créé par le Musée. Il faut avoir le soucis [souci] de relier le passé au présent. Le problème consiste à ne pas montrer le passé comme un âge d'or révolu ni de dire que tout ce qui a été fait avant c'est de la saleté. Il faut illustrer l'effort de la génération passée, l'harmonie du patrimoine. C'est un temps qui ne reviendra plus jamais et tout ce qui se fera dans l'avenir doit se faire avec le respect du temps passé.

1954年10月6日のル・コルビュジエとG・H・リヴィエールの打ち合わせ覚書[1]

展覧会自体については、このうえなく柔軟な仕掛けを研究する。四角い室を並べる旧来の考え方を捨てるべきである。融通性のある空間をつくり、企画に応じて展示を調整する。単一動線ではあるが平行動線にすることもできるようにする。年代順の場合には、全体を綜合する仕掛けが必要である。

人間の関心は長続きしない。一般公開された美といえど疲労感を生むこともある。心理的要因に配慮すべきである。疲労感という問題はとても重要である。鑑賞者に「自己発見」を実感させること。複数の動線を準備しておくことである[1]。様々な社会的背景をもつ鑑賞者に対処しなければならない。美術館は学習の部屋である。主題は無尽であるが、（題材の）指標が必要である。美術館がつくり出す秩序において、ものや、ことが順次繰り広げられるように見せなければならない。過去と現在を結び合わせる配慮が必要である。問題は革命的な過去の黄金期を美化することではない。過去の人々の努力を描き出すこと[2]。遺産の<u>調和</u>を描き出すべきである。未来は時間の繰り返しではない。しかしそれは過去の時間への尊重から生み出される。

訳註

ル・コルビュジエは美術館の相互連携をはかるために（**cf., AFLC, P3-4-24, P1-18-26, Note de M. Le Corbusier relative au "Musée de la Connaissance" (Museum of the Knowledge), Ahmedabad, 1954.12.13**）、パリの国立民族民芸博物館 Musée national des arts et traditions populaires の館長 G・H・リヴィエール G.H. Rivière との打ち合わせにおいて、アーメダバードの美術館（1957）について説明している。過去から現在への生成を重要視するル・コルビュジエの時間概念は、「限りなく成長する美術館 musée à croissance illimitée」の形式性とは異なって、決して予定調和的ではない。美術館は、鑑賞者自らが時間を紡ぎ合わせることのできるような「自己発見 self découverte」の場でなければならない。歴史の尊重と未来の創造の可能性が、ル・コルビュジエのなかでは矛盾なく統合している。

[1] ル・コルビュジエによれば、「限りなく成長する美術館 musée de la croissance illimitée」は螺旋型と卍型の組み合わせによって、鑑賞動線の単一性を回避することができる。しかし実際の建設事業において、卍型に附属する諸施設は建設することができず、中階に組み込まれた卍型の鑑賞動線は本来とは異なる機能を持つことになり、複数の動線が実現することはない（cf., **AFLC, P3-4-24, P1-18-26, Note de M. Le Corbusier relative**

au "Musée de la Connaissance" (Museum of the Knowledge), Ahmedabad, 1954.12.13、及び AFLC, I3-18-100, ""Musée à Croissance Illimitée" et "Musée du 20ème siècle"" par Le Corbusier, [1963.2.18] の訳註を参照)。

[2] 空間の図式的な説明の背後にあるル・コルビュジエの「美術館」の理論において、「芸術」と「民芸」あるいは「工芸」の境界は限りなく曖昧である。むしろ、両者を関連づけることが、ル・コルビュジエの「美化」である。

AFLC, P3-4-80

Paris, le 27 Octobre 1954

Monsieur Pierre JEANNERET
Senior Architect
to Government, Punjab
Capital Project
CHANDIGARH

à Véret
Prière de joindre
un dossier pour P.J. L.C.

Aux soins de Pierre Jeanneret

Mon cher Pierre,

Il s'agit du Monsieur et de la dame venus de Londres et ayant séjourné deux mois en France chez qui nous avons pris un cocktail un soir à l'Hôtel Mountview.

Tu serais bien gentil de leur transmettre cette documentation au plus vite et de les encourager (J'ai oublié leur nom) à envisager ce poste. Ils se trouveraient en contact, comme le dit la note, avec les gens des 3 Musées de Paris qui sont les gens de première qualité.

On éviterait ainsi que ce Musée de la Connaissance ne tombe dans l'Art Décoratif ou le Folklore.

Merci et amicalement à toi.

LE CORBUSIER

Inclus la documentation de la Municipalité d'Ahmedabad à transmettre au Monsieur en question.

1954年10月27日にル・コルビュジエがピエール・ジャンヌレに宛てた手紙

パリ、1954年10月27日

ピエール・ジャンヌレ様
主任建築家
パンジャブ州
キャピタル計画
カピトール

ヴェレ[1]へ
ピエール・ジャンヌレとル・コルビュジエのために書類を添付するように。

ピエール・ジャンヌレへ

親愛なるピエール、

　ロンドンから男女二人の来客がありました。フランスには二ヶ月の滞在のようで、滞在先のマウントビュー・ホテルでちょっとした晩餐がありました[2]。
　そこでこの文書を早急に渡して（名前は忘れましたが）この件を進めてもらえるように言ってもらえませんか。注記にもあるように、パリの3つの博物館の要人と交渉してもらうことになります。
　「知の博物館」は装飾芸術や民族芸能に陥ってはならないのです[3]。
　　敬具。

ル・コルビュジエ

アーメダバード市の文書[4]を同封します。これも見せてください。

訳註

ル・コルビュジエは、アーメダバードの美術館（1957）とパリの3つの博物館との連携をはかることによって、新しい美術館運営の形式を模索している（cf., **AFLC, P3-4-24, P1-18-26, Note de M. Le Corbusier relative au "Musée de la Connaissance" (Museum of the Knowledge), Ahmedabad, 1954.12.13**）。可能性があれば、フランスの美術館や博物館に限らない。ル・コルビュジエは、かつてのムンダネウムの世界博物館（1929）のように1つのセンターに拠点化するのではなく、アーメダバードの美術館（1957）を手始めに既存の美術館・博物館を取り込んでネットワーク化しようとしている。

[1] ヴェレ Véret は1953年よりパリのル・コルビュジエのアトリエの所員。アーメダバードにも出向している。
[2] ロンドンからの来客の詳細は不明である。インド政府と深い関わりを持つ人物と思われる。
[3] しかし、ル・コルビュジエの「知の博物館 musée de la connaissance」は、民族芸能 folklore を排除しているわけではない。むしろ民族芸能を包含する空間である（cf., **AFLC, P1-18-176, lettre de Le Corbusier à Ove Arup, 1962.1.17**）
[4] アーメダバード市の文書の詳細は不明。

AFLC, P3-4-24, P1-18-26

Ahmedabad, 13.12.1954

Note de M. Le Corbusier relative au "Musée de la Connaissance" (Museum of the Knowledge)

I° - La première réalisation d'un tel musée a été décidée par le Conseil Municipal d'Ahmedabad, Indes.

L'appel à M. Le Corbusier a été fait en février 1951. Les plans définitifs ont été achevés en 1953. La première pierre a été posée le 9 avril 1954 par le Chef Ministre de l'Etat de Bombay.

La construction du Musée sera terminée en 1955.

II° - Ci-joint la carte d'invitation à la pose de la première pierre. On peut y trouver une explication suffisante *de* la raison d'être du musée. On y voit aussi la perspective de l'ensemble du projet qui constitue le centre culturel d'Ahmedabad.

III° - On trouvera aussi 18 photographies de l'exposition faite sur le terrain sous une tente provisoire, fournissant l'explication graphique, les buts du Musée et ses différentes étapes de développement.

IV° - Ce musée n'est pas un Musée d'art. C'est un outil moderne d'explication et de visualisation des problèmes qui se posent à la société actuelle. Le chaos présent doit cesser.

V° - L'Inde est à une période de réveil. Elle a échappé au désordre des cent premières années du machinisme. Son immense population doit s'adapter à des conditions entièrement nouvelles de travail, de consommation, de rapports entre individu et collectivité – constitution rapide d'une élite. La seconde ère du machinisme s'ouvre aujourd'hui devant toutes les richesses inouïes promises par les techniques et la science. Cette conjoncture constitue une des plus grandes révolutions de l'histoire humaine.

VI° - Il est donc naturel et urgent que les présents sociétés (ville, province ou *E*tat) chacune à un niveau différent, puissent se rendre compte des tâches à accomplir et, par nécessité implacable, il faut qu'elles puissent prendre conscience de ce qu'elles ont été, de ce qu'elles sont aujourd'hui, de ce qu'elles seront demain.

VII° - Les "Musées de la Connaissance" sont précisément cet outil inventé en 1930, mis au point depuis 25 années et dont le premier aujourd'hui est en construction aux Indes, à Ahmedabad, grande cité industrielle du coton. "Les Musées de la Connaissance" (outils d'explication et de visualisation) réclament la formation de comités agissants. Le programme est ~~extrêmement étendu : il~~ est à base économique mais il étend immédiatement ses effets sur la pensée. Il est au service d'une science muséographique non plus basée sur l'esthétique mais sur un échelonnement de méthodes scientifiques.

VIII° - Le Musée d'Ahmedabad réalise en ce moment sa première étape qui pourra désormais se developer automatiquement. Il comprendra de plus les réserves pour emmagasiner la documentation et les objets pouvant lui parvenir. Le traitement de ces objets sera fait par des services techniques appliquant des méthodes modernes : photographies, numérotage, classement, etc.., une véritable chaîne. A côté des locaux d'exposition et de démonstration, seront log*ées* l'administration, la photothèque, la discothèque.

Les "Musées de la Connaissance" doivent être d'une grande souplesse et constituer un espace flexible.

Le programme est immense, extensible sans limite; mais il peut s'ordonner par secteurs et par fragments selon les circonstances.

IX° - Les méthodes d'exposition doivent tenir compte de la chronologie qui permettra de créer divers circuits parallèles à parcourir au cours des années. ~~L'immensité~~ *la diversité* des thèmes nécessite donc l'existence de *"filons permanents"* (tels que "le point de vue de l'homme", "le point de vue de la race", "le point de vue du climat", le point de vue technique, le point de vue sociologie, etc..) Ce Musée comportera donc la présence permanente d'éléments démonstratifs de cette nature constamment confrontés avec démonstrations fragmentaires et temporaires. Le Musée aura pour objet de ~~de~~ relier le passé au présent non par "la beauté des temps passés" mais par "leur harmonie". Il développera les raisons de compréhension internationale. Il démontrera l'immense solidarité qui lie entre elles toutes les parties actuelles du monde moderne.

X° - Ces indications (bien fragmentaires) laissent deviner pourquoi Le Corbusier a dès le début pris des contacts avec ses amis de Paris, directeurs de 3 institutions exceptionnelles : "Le Musée de l'Homme", "Le Palais de la Découverte", "Le Musée des Arts et Traditions Populaires". Ces contacts lui ont permis de recevoir l'offre amicale d'une collaboration tout à fait désintéressée qui pourrait se manifester dès le début par une suite de programmes d'expositions et même d'expositions toutes faites qui seraient envoyées Ahmedabad.

Des savants attachés à ces 3 institutions pourraient, de temps à autre, déléguer un des leurs pour vérifier la bonne présentation de telle ou telle exposition, faire des conférences utiles, rédiger certains textes.

La question est donc là aujourd'hui : un "Musée de la Connaissance" est actuellement en construction. Les meilleures volontés se tiennent à disposition. Il faut à Ahmedabad faire démarrer le premier "Museum of the Knowledge" et permettre à cette belle initiative de s'épanouir.

D'autres villes alors et sous des poussées de natures différentes, aux Indes, ou partout ailleurs voudront s'assurer *se douter* elles aussi, d'un *tel* outil de travail des temps modernes.

1954年12月13日にル・コルビュジエが記した「知の博物館」についての覚書

アーメダバード、1954年12月13日

「知の博物館」についてのル・コルビュジエ氏の覚書

I° - インドのアーメダバード市議会ではじめてこのような博物館の建設が可決された。

　ル・コルビュジエへの依頼は1951年2月であった。実施計画案は1953年にまとめられた。1954年4月9日にボンベイ州知事によって工事が着工した。

　建設工事は1955年に完了予定である。

II° - 着工式典の招待状を添付。博物館の必要性を十分に説明している。アーメダバードの文化センターとしての全体像も示している。

III° - 現地の仮設テントで開催された展示会の18枚の写真を参照のこと[1]。博物館の目的や博物館の今後の段階的な拡張について視覚的に示している[2]。

IV° - この博物館はいわゆる美術館ではない。今日の社会に置かれた諸問題を視覚化し、説明するための道具である。混沌とした現状は、解消されなければならない[3]。

V° - インドは黎明期である。数百年の機械時代の混沌から抜け出したのである。まったく新しい職業、まったく新しい消費社会、まったく新しい個と集団の関係に膨大な数の国民たちを適合させなければならない。新首脳部の急務である。今日の機械時代の第二世代は科学技術によって保証される途方もない豊かさを享受できる。人類の歴史上最も革命的なものとなるであろう。

VI° - それゆえに今日の社会（市、地域、国家）の様々な次元で成し遂げるべき任務を明示し、その成果に対して、その存在意義に対して、その将来像に対して、意識的であることが必要不可欠である。

VII° - 「知の博物館」は正確に言えば1930年に発明された[4]。25年間研究され、今日綿工業都市インドのアーメダバードにおいてはじめて建設される。「知の博物館」（言語化と視覚化の道具）には運営組織が必要である。企画運営は限りない拡がりがあり、経済的な基盤に基づくが、ものの考え方にも直ちに波及する。単に美学の問題ではなく科学的な方法論を差し挟むことによっ

272

　　　　　て博物館学に寄与する。
VIII°- アーメダバードの博物館は現在初期の段階にあり、今後自動的に発展していく。資料や作品を蓄積して、新しい時代の方法によって管理される。写真撮影、番号化、分類……による正真正銘の関連づけである。展示や催しの他に、管理室、写真室、記録室を備えることになる[5]。

　「知の博物館」は高度に順応性があり、融通性のある空間でなければならない。

　将来の見通しは無尽であり、無限に拡張できるが、状況に応じて各部門で調整可能である。

IX°- 展覧会の方法は年代順であることを考慮し、年間を通じて対応する様々な順路を設定する。したがって主題の広大さ多様性には「恒久的な題材」が必要である（「人間」、「人種」、「風土」、技術、社会などの題材）[6]。この博物館は展示できる恒久的なものを所蔵し、一時的で断片的な展示物とつねに対をなす[7]。博物館は過去と現在を結び合わせるオブジェとなる。「過去の時代の美」ではなく、「調和」をもたらすオブジェとなるであろう。博物館は国際的な理解を促し、新しい時代の社会におけるあらゆる地域で広大な連帯を体現するであろう。

X°- 構想は（断片的ではあるが）ル・コルビュジエの見立てである。ル・コルビュジエは構想の当初から「人類博物館」「発見の殿堂」「民族民芸博物館」のパリの3つの機関の友と連絡を取り合ってきた[8]。後援を受けて、アーメダバードの展覧企画に作品貸借もできることになっている。

　3機関から状況に応じて人材が派遣され、展覧会の展示、講演会、解説文などの助言を得る。

　そこで目下の問題はこうである。「知の博物館」は現在建設中であり、鋭意連携が図られている。アーメダバードでのこの最初の「知の博物館」はさらに発展し、先駆けて成熟していかなければならない。

　自ずと異なるインドの他都市、あるいは他のどこにおいても、このような新しい時代の道具となるはずである[9]。

訳註

[1] ル・コルビュジエの「知の博物館 musée de la connaissance」は現代美術の知的解釈に出自がある（cf., AFLC, F1-9-20, Le Corbusier, "Création, à Paris, d'un musée de la connaissance de l'art contemporain", 1943.3.15）。アーメダバードの美術館（1957）の構想ではさらに、考古学、自然史、人類学が施設の機能として要求されている（cf., AFLC, F1-11-18, Propositions pour le Musée Municipal par Shri Gautam Sarabhai, 1951-3-23; Maisonnier, Le Corbusier, FLC6944, 1951.10.9）。ムンダネウムの世界博物館（1929）における西洋的な博愛主義的理念とル・コルビュジエにおける芸術理念がインドで出会い、ル・コルビュジエは「芸術」を再解釈して、拡張し、「知」として位置づけようとしている。しかしやがて、ル・コルビュジエは科学技術をも取り込んで「知の博物館」をさらに再編し、「限りなく成長する美術館 musée à croissance illimitée」とはまったく異なる空間構成によってチャンディガールの総督官邸（1956）の代案としてカピトールの中心に提案することになる。

[1] 現地説明会における展示写真については、cf., AFLC, L3-8-84-98。おそらくル・コルビュジエの展示構成案に基づいて、インド人を含む現地事務所の所員が作成、編集している展示物である。

[2] 「限りなく成長する美術館 musée à croissance illimitée」の理念を図解して説明した展示は、西洋社会における「歴史」概念を端的に表現している。過去の知的遺産が発展的に積み重なっていく歴史観は、おそらくヒンドゥーの宗教観からは理解不可能という以前に特異である。

[3] ル・コルビュジエは、広義の「芸術」概念の生成の場としての美術館を強調するのではなく、とくに独立統一国家インドという文脈を重視して、社会変革・啓蒙の道具としての博物館を提案している。

[4] ムンダネウムの世界博物館（1929）の構想のこと。もちろん、「世界博物館 musée mondial」ははじめから「知の博物館 musée de la connaissance」として位置づけられていたわけではない。

[5] アーメダバードの美術館（1957）の構想においては明快ではないが、東京の国立西洋美術館（1959）の構想において、ル・コルビュジエは常設や企画の作品展示だけではなく、資料陳列展示 stand や資料室 tableauthèque を展示空間のなかに区画している。

[6] ル・コルビュジエが「知」に関わる主題として列挙している項目は、人間に関する事柄（「人間」、「人種」、「風土」）と「技術（科学）」に大別できる。両者を結び合わせるのが「社会」であるとすると、この対応関係は、建築家と技術者に照応する（cf., AFLC, E2-3-473, lettre de Le Corbusier à Philipe Molle, 1965.6.28）。

[7] 常設展示と企画展示の展示区画であるが、アーメダバードの美術館（1957）の構想においては、このような展示空間の区分を検討していない。おそらく建設時には収蔵作品が不確定であるためである。東京の国立西洋美術館（1959）の建設事業の場合、松方コレクションという確定的な所蔵作品があるために、ル・コルビュジエは展示階を常設展示、企画展示、そして資料陳列展示を区分し、以後の美術館の展示空間でもこの3区画を踏襲している（cf., AFLC, F1-12-174, Note de Monsieur Le Corbusier relative à la construction à Tokyo, du Musée des Beaux-Arts de l'Occident, 1956.7.10）。

[8] ル・コルビュジエは、アーメダバードとパリの3美術館との連携を提案している。美術館や博物館の世界連

携の企画である（cf., **AFLC, P3-4-80, lettre de Le Corbusier à Pierre Jeanneret, 1954.10.27**）。

［9］「美術館」は、プロトタイプとして世界中に適用可能である（cf., **AFLC, P3-4-78, lettre de Le Corbusier a J. Nehru, 1954.12.27**）。美術館という建築類型に限らないル・コルビュジエの建築的志向であり、チャンディガール以外のインドの諸都市の都市計画に関するル・コルビュジエの関与への期待でもある。

274

AFLC, P3-4-265

Paris, le 22 Décembre 1954

Monsieur Jean-Louis VERET
c/o Millowners' Association
Post Box n°7, Lal Darwaja
A H M E D A B A D - I

Mon cher Véret,

Bien rentré. Meilleur souvenir de vous.

Je regrette que vous quittiez Ahmedabad. Avant de partir voulez-vous me faire quelques belles photos du chantier du Musée : le dessous qui si joli (si vous arrivez à le prendre bien), par fragments et l'ensemble. Je voudrais quelques fragments montrant la beauté du béton brut. Je compte sur vous.

Amicalement.

LE CORBUSIER

Je vous envoie sous deux-trois jours l'électricité Shodhan.

1954年12月22日にル・コルビュジエがジャン＝ルイ・ヴェレに宛てた手紙

パリ、1954年12月22日

ジャン＝ルイ・ヴェレ様
製糸業者協会様方
私書箱7番、ラル・ダルワジャ
アーメダバード1区

親愛なるヴェレ[1]、

　帰国しました。よい旅でした。
　残念ですがアーメダバードを離れることになるのですね。残念です。出発する前に美術館の写真でよいものを準備してもらえますか。（うまく撮れるのなら）下階の部分[2]と全体が写ったものを。コンクリート打ち放しの美を表すようなものがいい。お任せします[3]。
　敬具。

ル・コルビュジエ

二三日中にヴィラ・ショーダンの電気系統図を送ります。

訳註

ル・コルビュジエがアーメダバードの美術館（1957）の現場写真を求めているのは、なによりもインドの太陽がマルセイユのユニテ・ダビタシオン（1952）を照らす太陽とは異なるからである。アーメダバードの製糸業者協会会館（1954）に「コンクリート打ち放し béton brut」を見出したル・コルビュジエは、「美術館」という明白なプロトタイプの建設において、太陽が一回的にもたらすもの、しかしそれでもなお普遍的なものを確かめようとしている。

[1] ヴェレ Véret は1953年よりパリのル・コルビュジエのアトリエに従事。ル・コルビュジエの建設事業に伴ってアーメダバードに駐在している。

[2] 美術館の下階、すなわちピロティのある地上階の中庭部分の水盤や吹き抜けが、ル・コルビュジエの構想の過程で最も変容する空間である。初期の構想において、角柱のピロティに植物が繁茂する中庭は、円柱が林立するピロティに水盤が水を湛える中庭へと変わっていく（cf., **Maisonnier, FLC7009, 1952.7.22**; **Le Corbusier, Maisonnier, FLC7043, 1953.1.16, 1953.1.19**）。

[3] 現場写真の美の規準は不明であるが、洗練とはほど遠い打ち放しコンクリートの「美」と、東京の美術館（1959）の高知桂浜の青石が埋め込まれたPCパネルによる洗練された外壁の肌合いとは異なる美の規準が、ル・コルビュジエのなかで共存している（cf., **AFLC, F1-13-41, lettre de Le Corbusier à Junzo Sakakura, 1959.9.7**）。

AFLC, P3-4-78　1954年12月27日にル・コルビュジエがJ・ネルーに宛てた手紙

Paris, le 27 Décembre 1954

Mr. J. NEHRU
Prime Minister
Prime Minister's Secretariat
<u>NEW DELHI</u>, Indes

Cher Monsieur Nehru,

　　　La Municipalité d'Ahmedabad a l'honneur de vous remettre une documentation provisoire sur la construction actuelle du premier "Musée de la Connaissance"(Museum of the Knowledge). Cet outil de travail des temps modernes destiné à éduquer les foules et à renseigner les édiles et les autorités sur la bonne direction à faire prendre à l'activité moderne doit, à mon point de vue, se multiplier dans divers [diverses] régions. Elle devrait être l'art des parties constituantes du Mémorial Ghandi au sujet duquel je suis consulté et pour lequel je remettrai sous peu un rapport.

　　　Je crois en toute simplicité que l'invention des "Museums of the Knowledge" vous apparaîtra comme utile à votre pays et j'en serais ravi.

　　　Je vous prie de croire, cher Monsieur Nehru, à l'assurance de mes sentiments les plus dévoués.

パリ、1954年12月27日

J・ネルー様
首相
首相秘書官
<u>ニューデリー</u>、インド

親愛なるネルー様、

　アーメダバード当局から最初の「知の博物館」[1]の建設の現況に関する暫定的な記録文書をお渡しいたします。この新しい時代の施設は大衆を教化して新しい時代を主導する権力を持つ人々のためにあります。私見ですが、様々な地域に増やしていくべきです。「知の博物館」は芸術としてガンジー・メモリアル[2]の一端を担うはずです。まもなく報告書として提出いたします。

　率直に申し上げます。「知の博物館」の発明があなたの国のお役に立てれば、これ以上の喜びはありません[3]。

　敬具。

訳註

ムンダネウムの世界博物館(1929)以来の長年の「美術館 musée」の研究がアーメダバードにおいて建設に結実しようとする時期、ル・コルビュジエの構想は一気に国家規模にまで拡がり、「限りなく成長する美術館 musée à croissance illimitée」のプロトタイプをインドの他の地域にも建設しようとしている**(AFLC, P3-4-24, P1-18-26, Note de M. Le Corbusier relative au "Musée de la Connaissance" (Museum of the Knowledge), Ahmedabad, 1954.12.13**の訳註[9]を参照)。独立国家のモニュメントとして、自らの提案する新しい「美術館」が相応しいという主張である。

[1]　アーメダバードの美術館(1957)のこと。
[2]　1948年のマハトマ・ガンディー Mahatma Gandhi(1869〜1948)の暗殺後、遺志を継ぐマハトマ・ガンディー国立記念トラスト Mahatma Gandhi National Memorial Trust が設立され、1950年代後半からいずれも歴史的様式による5つの博物館が建設されることになる。かつてアルジェ(1930-1942)やヴィシー(1941-1942)で試みたル・コルビュジエの都市計画の実践への夢が、「美術館」というプロトタイプを借りて、インドの土地に投影されているのかもしれない。
[3]　ル・コルビュジエはチャンディガールでの美術館の建設にも意欲を示し、チャンディガールの都市計画顧問、カピトールの建築家として描いた最初の都市計画図におい

276

て、すでに「限りなく成長する美術館 musée à croissance illimitée」を位置づけている（cf., **Le Corbusier, FLC29060, 1951.4.18**）。

AFLC, P3-4-149

Paris, le 21 Mai 1955

Mr B.V. DOSHI
c/o G.S. DESAI
Shanti Sadan Society
Ellis Bridge
A H M E D A B A D

Mon cher Doshi,

 Reçu votre lettre du 19 mai. Je vous la retourne avec des annotations entourées d'un carré jaune. De même vous trouverez vos plans avec des annotations entourées de jaune.

 Vous êtes très gentil; de me demander touts ces détails mais ce sont des choses que vous pouvez liquider fort vous-même, sur place, avec le goût de vos clients et votre goût, sans me trahir.

 Pour les gargouilles Sarabhai, voyez si c'est bien nécessaire de les rallonger; ce serait dommage! N'y a-t-il pas en bas, des blocs de ciment avec plan incliné qui sont là pour recevoir la pluie. Ces blocs devraient exister et vous pourriez faire une petite bavette de cuivre bien combinée de façon à verser l'eau comme verse une théière ou une cafetière. C'est une affaire à faire sur place d'après les conditions de la pluie locale.

 J'ai fait toutes les annotations d'accord avec Michel, qui n'a donc rien à vous répondre de plus.

 Cordialement à vous.

pr. LE CORBUSIER

1955年5月21日にル・コルビュジエがドーシに宛てた手紙

パリ、1955年5月21日

B・V・ドーシ様
G・S・デサイ様方
シャンティ・サダン・ソサエティ
エリス・ブリッジ
<u>アーメダバード</u>

親愛なるドーシ、

　5月19日の手紙を拝受。黄色で囲った注意書きをして返します。送ってもらった図面にも黄色の注意書きをしておきます。
　すべての部分詳細について伺いを立ててくれることはとてもうれしいのですが、自分で決めてもよいのですよ。現場で、施主やあなた自身の好みを入れて、私を裏切ることなく。
　ラサバイ邸のガーゴイユについては、本当に伸ばす必要があるのか検討してください。残念です！ 雨水受け用の傾斜したセメント・ブロックが下にあるのにですよ。ブロックもそのままにしておくべきですが、銅製のガーゴイユの先蓋もつくってみてください。土砂降りにも対応できるようなティーポットやコーヒーポットの注ぎ口のような感じで[1]。現場で考えるのは雨季が来てからですね。
　ミシェル[2]とよくよく検討済みですから、これ以上は指示しません。
　　敬具。

　　　　　　　　　口述　ル・コルビュジエ

訳註

ル・コルビュジエに依頼されたアーメダバードの事業の建築現場については、パリのル・コルビュジエのアトリエの元所員B・V・ドーシ Balkrishna Vithaldas Doshi（1927～）が主に担当している。製糸業者協会会館（1954）と美術館（1957）については、とくにドーシが深く関与している。製糸業者協会会館（1954）において、ドーシはコンクリート打ち放しの型枠模様や外部家具の図面を作成し、アーメダバードの美術館（1957）においてもガーゴイユ、波動ガラス面、換気口、池、舗装などの詳細の検討をル・コルビュジエから委ねられている。信頼関係のありかたは、アトリエで大きな仕事を主担当することのなかった前川國男や坂倉準三らの元所員とは異なっている。少なくとも、日本人建築家たちによる東京の国立西洋美術館（1959）の建設にかかる詳細の修正変更が、ル・コルビュジエの構想に影響を与えることはない。おそらくドーシは、ル・コルビュジエの造形感覚を刺戟するほどの建築家である（たとえば、製糸業者協会会館（1954）における型枠模様は、「コンクリート打ち放し béton bruit」というル・コルビュジエの野生の美学に昇華している）。

[1] サラバイ住宅（1955）のガーゴイユの延長のことであり、おそらく多雨のためにベランダの軒先からガーゴイユを離すための処置である。ル・コルビュジエ財団には構想当初の図面しか保管されていない（ex., Michel, FLC6699, 1952.6.17）。すなわち、ル・コルビュジエは修繕図面を保管するまでもなく、ガーゴイユという造形的に重要な詳細部の変更をドーシに委ねて現場で承認している。

[2] ミシェル Michel は1952年よりパリのル・コルビュジエのアトリエに従事。

AFLC, F1-12-16

Paris, le 13 Juin 1955

Son Excellence
Monsieur l'AMBASSADEUR du Japon
Ambassade du Japon
24, rue Greuze
P A R I S (16º)

Monsieur l'Ambassadeur,

J'ai eu le plaisir de recevoir la visite de M. Akira Matsui le 3 mai dernier, porteur des documents relatifs à la construction du "Musée National des Beaux-Arts de l'Occident" à construire à Tokio.

J'ai examiné ces documents et j'en accepte très volontiers la teneur en vous fournissant toutefois, incluse, une interprétation plus précise (annexe A).

L'établissement d'un contrat sur un programme non encore déterminé peut conduire à des erreurs d'interprétation. Il me semblerait utile que vous vouliez bien introduire à la fin du contrat cette mise au point nécessaire :

Ce musée peut éventuellement impliquer des installations futures qui ne sont pas prises en considérations dans le présent contrat et très particulièrement dans son titre actuel : "Musée des Beaux-Arts de l'Occident". Ces installations pourraient être sous forme d'un agrandissement progressif de la première construction prévue au contrat mais aussi sous forme d'additions reliées directement ou indirectement à la construction considérée.

La notion de "Musée des Beaux-Arts de l'Occident" est, en fait assez peu précise. Elle n'apparaîtra véritablement qu'à la suite des discussions sur place, à Tokio, entre les personnalités mandatées et M. Le Corbusier.

M. Le Corbusier envisage d'indiquer dans son avant-projet, une éventuelle localisation (sur les terrains disponibles dès aujourd'hui ou dans l'avenir) de ces constructions. Il le fera à simple titre indicatif afin de réserver l'avenir.

Mais la confection des plans futurs de ces constructions complémentaires, n'entre pas bien entendu, dans la présente convention.

Vous pourrez donc établir le contrat.

Je vous prie d'agréer, Monsieur l'Ambassadeur, l'expression de mes sentiments très distingués et les plus dévoués.

LE CORBUSIER

P.J. : Annexe A

1955年6月13日にル・コルビュジエが日本大使に宛てた手紙

パリ、1955年6月13日

閣下
日本大使
日本大使館
グルゼ通り24番地
<u>パリ</u>（16区）

大使殿

　去る5月3日、松井明氏[1]の訪問を受けました。東京に建設される「国立西洋美術館」の建設関連書類を持ってこられました。

　書類を拝見しました。喜んで同意いたしますが、正確を期すために付け加えておきます（付属資料A）。

　未決定の内容のある契約書では誤解が生じる可能性があります。契約書の成立のために必要事項を確定していただければと思います。

　この美術館は将来的には現在の契約書にあるような、とりわけその名称「西洋美術館」とは異なった姿になるかもしれません。契約書にある最初の建設を順次増築し、また附属施設を直接間接に連結することもできます。

　実際のところ、「西洋美術館」という概念はあまり正確ではありません。この点については現地の東京で関係者と私ことル・コルビュジエとのあいだで議論するしかないと思います[2]。

　ル・コルビュジエは基本案のなかで（今後建設可能であろう敷地に）将来的な建設の場所を示すつもりです。将来構想の目安になると思います[3]。

　しかしながら将来の建設構想の立案は、もちろん、現在の契約には含まれません。

　したがって契約そのものは成立すると思います。
　敬具。

ル・コルビュジエ

添付：資料A

訳註

ル・コルビュジエは、東京の国立西洋美術館（1959）の契約書に附属施設の増築の可能性についても明記するように求めている。芸術作品を収蔵、展示する美術館は、継続的な螺旋型の展示動線の延長と卍型の附属施設との連結によってはじめて「限りなく成長する美術館 musée à croissance illimitée」となるからである。しかしながら、アーメダバードの美術館（1957）でも、東京の美術館（1959）でも、そして最後の美術館であるチャンディガールの美術館（1964）でも、与条件の規模を大きく上回る螺旋型の展示空間の増築も、卍型に連結される附属施設の建設も部分的にしか実現せず、いわゆる美術館として実現している。

[1] 松井明は、当時の日本政府吉田茂首相の秘書官。

[2] 「西洋美術館」という概念に関するル・コルビュジエの見解は契約書に明記されていないが、増築の可能性については備考として明記されている（垂木祐三編、『国立西洋美術館設置の状況　第三巻』、国立西洋美術館協会、p. 212を参照）。

[3] 1955年11月に初めて東京の敷地に訪れ、ル・コルビュジエは現地で「限りなく成長する美術館 musée à croissance illimitée」の建設地の配置の概要を定め、劇場の「不思議の箱 boîte à miracle」、企画展示の「展示館 pavillon」も併せて構想している（cf., Le Corbusier, FLC29958, 1955.11.3）。美術館本体の螺旋型の増築予定地についてもはじめから検討し、1956年7月9日には基本案の図面として日本に送付している（cf., Le Corbusier, FLC24615, 1956.7.9）。ただし、敷地規模の制限から増築予定地は、はじめから矩型の美術館の1片を占めるだけである。予算や施主の理解だけが「限りなく成長する美術館 musée à croissance illimitée」の障碍ではない。敷地そのものの限界もある。最終的に、予定地は図面には図示されなくなる。

AFLC, F1-12-174

Paris, le 10 Juillet 1956

Monsieur le MINISTRE
de l'Education Nationale
aux bons soins de
Son Excellence
Monsieur l'Ambassadeur du Japon
24, rue Greuze
PARIS (XVIe)

Note de Monsieur Le Corbusier relative à la construction à Tokyo, du Musée des Beaux-Arts de l'Occident.

———

Première partie

Le projet remis sous forme d'une grille CIAM de 25 planches et de quelques feuilles de plans, révèle toutes les recherches qui ont été accomplies depuis le mois de décembre 1955 jusqu'à aujourd'hui, en vue de soumettre à l'Autorité japonaise un projet utile, tant pour le présent que pour le future.

En effet, j'ai jugé que le terrain mis à disposition (fragment du parc consacré à divers autres musées) permet de construire dans une contiguïté favorable les trios éléments essentiels d'un Centre Culturel moderne, destiné à l'enseignement et à la recherche.

C'est pourquoi le Musée National des Beaux-Arts de l'Occident, objet de la commande du Gouvernement Japonais, occupe un tiers du terrain. On verra peut-être s'élever un jour, vis à vis du portique du Musée, le Pavillon des Expositions temporaires ou itinérantes de la Synthèse des Arts plastiques. Et au bout de l'Esplanade du Musée on pourra voir se dresser le prisme uni de la "Boîte à Miracle" (lieu de recherches théâtrales, musicales, électroniques, danses, etc…).

Ainsi ce terrain relativement petit prendra-t-il une haute signification et sera bien utilisé.

Cette note comprend donc, avant tout, l'explication du Musée National des Beaux-Arts de l'Occident.

———

Deuxième partie

Le Musée National des Beaux-Arts de l'Occident

Une maquette a été établie, démontable, permettent de voir les installations prévues au niveau du sol, à l'étage des expositions, à la toiture.

Cette maquette délicate, n'est pas transportable avant achèvement complet de l'étude. Mais une vingtaine de photographies de la maquette, entière ou démontée, permettent d'illustrer l'exposé suivant :

Conception générale :

1º/ Le Musée porte le nom de Musée National des Beaux-Arts de l'Occident. Le prétexte est d'abriter la Collection Matsukata.

2º/ La sagesse conseille de conférer une vitalité complémentaire au Musée par des manifestations du temps présent :

a) abriter des objets d'art qui pourraient être devenus ou pourraient devenir la propriété du Musée dans le présent : Galerie des Stands permanents ou périodiques d'Art occidental (lettre C, Pl.18)

b) recevoir du dehors des expositions favorables : Galerie des Expositions temporaires ou itinérantes (lettre B, Pl.18)

———

Collection Matsukata

Celle-ci comprend un grand nombre de pièces de valeur très différentes. Il y a quelques chefs-d'œuvre, qui méritent d'être particulièrement mis à l'honneur : tableaux ou sculptures.

La Collection Matsukata est fermée de peintures dites "Impressionnistes".

L'Art "Impressionnistes" est né au XIXème siècle, émanant d'une période d'intense évolution ou révolution; période de mutation où la société ayant quitté les usages ancestraux, ouvrait sans s'en douter l'ère machiniste et la civilisation machiniste. Cent années allaient ouvrir des troubles, créer des déséquilibres, et provoquer enfin les explosions guerrières des ces derniers temps.

L'art, qui est parfois avant-coureur des révolutions, devait se manifester d'une manière particulière au XXème siècle, - véritable révolution provoquée par certaines découvertes : physique des couleurs, optique (photographie, cinéma) etc... Des programmes jusqu'ici dévolus à la peinture et à la sculpture s'effondraient; de nouvelles perspectives s'ouvraient à l'art. Certains arts, certaines œuvres, devaient en porter témoigne.

L'impressionnisme (Collection Matsukata) ayant brisé des formules séculaires ouvrait de nouvelles étapes : le "Fauvisme", en peinture, suivi du "Cubisme". Le "Cubisme" apportait d'immenses transformations dans les arts représentatifs et dans la manière de penser, de créer, en un mot dans la poétique des temps modernes, réagissant aussi bien encore en musique qu'en littérature. Le monde change sous nos yeux; nous ne nous en apercevons pas; nous ignorons souvent les causes et les chemins parcourus, et ne comprenons pas, par d'ailleurs, la direction que la marche a prise en avant.

L'intervention depuis un certain temps d'un art dénommé "abstrait" ou "concret", à volonté, révèle l'apparition d'un phénomène neuf <u>architectural</u>. L'architecture est l'expression de l'esprit d'une époque; elle est sœur de l'urbanisme, manifestation de l'activité d'une époque. Le sociologique et l'économique s'y lient constituant ainsi l'éthique et l'esthétique du temps présent. (I)

(I) Entre temps se sont manifestés le "surréalisme" à forte influence littéraire et l'"expressionnisme" influencé par les courants psychologiques violents, conséquence des guerres (entre deux guerres).

Cette apparition est visible sous toutes les latitudes, sur toute la terre, simultanément, sous tous les climats et au sein de toutes les races.

L'installation de la Collection Matsukata dans le Musée National des Beaux-Arts de l'Occident peut avoir comme résultat final de manifester cette part capitale du XIXème siècle (heure de "l'impressionnisme") et celle de cette première moitié du XXème siècle, qui nous conduisent toutes deux au seuil d'une seconde ère de civilization machiniste : <u>une ère d'harmonie</u>.

C'est pourpuoi le noyau du Musée National des Beaux-Arts de l'Occident est formé de la Grande Salle de XIXème siècle au centre même du Musée. Cette Salle occupe trois niveaux, depuis le sol même jusqu'à la toiture de l'édifice. Une rampe permet de monter doucement à l'étage des Galeries d'exposition et de là au demi étage des balcons. Cette Salle et les Galeries de la Collection Matsukata sont reliées entre elles par des loggias.

L'intention est donc de faire de cette Grande Salle une étincelante démonstration des conquêtes du XIXème siècle sur le plan de la chose bâtie, tel que les grandes constructions de fer et de verre, les barrages et toutes les autres manifestations plastiques. De grandes fresques photographiques couvriront les murs de la Grande Salle du XIXème siècle. A des endroits sensibles, des panneaux, mis en valeur par la couleur, recevront certaines pièces particulièrement valables de la Collection Matsukata

282

(tableaux ou sculptures), qui se trouveront ainsi mise dans leur ambiance. A l'étage, dans deux ailes du bâtiment, seront disposés les meilleurs tableaux et les meilleures sculptures de la Collection Matsukata. Enfin, les pièces d'un intérêt artistique médiocre, mais renseignement très utile, seront rangées suivant les méthodes modernes de la muséographie, dans "tableauthèque".

Ce "tableauthèque" occupant un volume restreint, permet de sortir à l'usage des chercheurs, des savants ou des esthètes, les pièces signalées par un catalogue, les soumettant ainsi à l'examen direct des intéressés.

Ainsi l'objet premier du Musée est-il satisfait :

1º/ par la Grande Salle du XIXème siècle (lettre A, Pl.18)

2º/ par les galeries d'exposition des tableaux "impressionnistes" de qualité (lettre A 1, Pl.18)

3º/ par le "tableauthèque" rassemblant et classant scientifiquement le reste de la Collection. (lettre A 1, Pl.18).

2º/ a) <u>Galerie des Stands permanents ou périodiques d'art occidental</u> (lettre C, Pl.18)

b) <u>Galerie des Expositions temporaires ou itinérants</u> (lettre B, Pl.18)

La structure même du Musée permet à son Conservateur future d'organiser toutes sortes de modalités d'expositions : diversité et mobilité des parois; diversité et mobilité des points et zones d'éclairage; accès en contact les uns avec les autres, ou au contraire, séparés à volonté, rendus indépendants.

Il est prématuré de fournir, ici, des descriptions qui sont, à vrai dire, à la volonté du Conservateur future et qui résulteront du dialogue toujours possible entre le Conservateur et (L-C) ou les architectes de la réalisation à Tokyo.

Conception générale technique du Musée.

Ce Musée National des Beaux-Arts de l'Occident de Tokyo est l'aboutissement d'une série ininterrompue d'études muséographiques entreprises par Le Corbusier en 1930 déjà, à l'occasion du "Musée à Croissance Illimitée". Les données standard du présent Musée découlent des études antérieures et sont le fruit d'une longue expérimentation : Musée à Croissance Illimitée de 1930 (Cahiers d'Art); Musée de Philippeville, Afrique du Nord, 1939; aménagement de la Porte Maillot à Paris, 1950; Musée d'Ahmedabad, 1952-55 et Musée de Chandigarh,

1956.

Une même ligne de conduite de nature culturelle, anime ces diverses conceptions, mais il s'agit chaque fois de conditions locales entièrement différentes. Dans mon idée, des contacts pourront s'établir entre ces différents musées en vue d'échanges d'expositions itinérantes, créant ainsi des liens de sympathie entre divers musées, devenant avec le temps des centres de concentration et des centres d'expansion de l'esprit moderne.

Les dimensions longuement étudiées obéissent au Modulor.

Selon les climats, le problème de la lumière naturelle et de la lumière artificielle varie. Ici, pour Tokyo, on a employé la lumière naturelle du soleil et on a adopté des dispositifs de lumière artificielle permettant d'innombrables combinaisons. Le conditionnement de l'air fait partie de ces dispositifs. L'aération des locaux dispose de moyens indépendants pendant les périodes tempérées.

La construction est faite en ciment armé. Les formes sont préparées pour se prêter aux aménagements anti-sismiques.

Les matériaux de remplissage à employer seront choisis par MM. les architectes japonais, chargés de la réalisation, après les discussions utiles entre eux et nous-mêmes.

"L'avant-projet" (ainsi désigné dans le contrat) est en réalité le projet définitif. Il a été approfondi jusqu'à ses dernières possibilités.

J'ai j'honneur de le soumettre à l'appréciation de M. le Ministre et des services.

Une note technique annexe, établie par Maisonnier, est jointe fournissant certaines données complémentaires.

Paris, le 10 juillet 1956

LE CORBUSIER

1956年7月10日にル・コルビュジエが記した文部大臣への覚書

パリ、1956年7月10日

大臣殿
文部省
日本大使閣下気付
グルゼ通り24番地
<u>パリ</u>（16区）

東京、西洋美術館の建設に関するル・コルビュジエの覚書

───────────

<u>第一部</u>

25枚のCIAMグリッド[1]の形式に則って提出した図面は、1955年12月からの検討をすべからく反映している。今日そして将来的にも、有効な構想であるかどうかを日本の部局に判断を仰ぐ図面である。

さて、建設可能な敷地（公園の区画には他の博物館もある）を検討し、隣接地区と連動する三つの主要施設[2]によって教育・研究に携わる新しい時代の文化センターを建設できると判断した。

したがって、日本政府からの依頼である国立西洋美術館は敷地の三分の一を占める。おそらくその後、美術館の玄関口に面して造形芸術の綜合のための企画もしくは巡回展示の展示館が建つ。美術館の広場の先には「不思議の箱」（演劇、音楽、電子、舞踏などの提示の場所）の無色透明のプリズムが据えられる[3]。

こうして比較的小さな敷地が豊かな意味を持ち、十分に活用される。

この覚書では、まず第一に、国立西洋美術館について取り上げる。

───────────

<u>第二部</u>

<u>国立西洋美術館</u>

取り外し可能な模型を製作した。予定されている地上階、展示階、屋上階の配置を見ることができる。

模型は壊れやすいために、検討が終わるまで郵送できないが、取り外した状態と全体像を示す二十枚ほどの模型写真によって、下記の内容を示している。

全体構想：

1°／美術館は国立西洋美術館という名称である。松方コレクションを収蔵する。

2°／展覧会を随時開催して美術館をさらに活性化さ

せることを推奨する。
　a）美術館で所有もしくはその可能性のある芸術作品の収蔵：西洋美術の常設もしくは定期展示が可能なギャラリー（文書C、図版18）
　b）相応しい展覧会の受け入れ：企画もしくは巡回展示のギャラリー（文書B、図版18）

――――――

　松方コレクション
　価値ある様々な作品が多数収集されている。絵画や彫刻に誉れ高い主要作品がある。
　松方コレクションは「印象派」の絵画に集約される。「印象派」芸術は19世紀に生まれた[4]。進化と革命の時代に由来する。すなわち激変の時代であり、旧来の慣習から離れ、社会はためらうことなく機械時代、そして機械文明に開かれていった。百年間の不安定な混濁を経て、近年一気に拡がった。
　芸術は、ときに革命の前兆であり、20世紀的な方法を物語っている。色彩、視覚（写真、映画）などのいくつかの発見によって、真の革命がもたらされた。それまで絵画と彫刻が帰属していた前提が覆され、芸術の新しい見通しが開かれた。芸術や作品がそれを物語っていたのである。
　印象派（松方コレクション）は百年前のやり方を打ち砕き、新しい段階へと開かれていった。絵画における「フォーヴィスム」、そして「キュビスム」である。「キュビスム」は再現芸術だけではなく、ものの考え方、創造の仕方、要するに新しい時代の詩学に、多大なる変容をもたらし、音楽や文学にも影響を及ぼした。私たちの眼が世界を変える。私たちはそのことに気付いていない。物事の要因や辿ってきた道程を無視していることが多い。これまでの歩みの方向性さえ、よくわかっていないのである。
　「抽象」や「具象」と呼ばれる芸術を通じて、ほどなく、建築的な新しい現象が現れる。建築は時代精神の表現である。都市計画とは姉妹であり、時代の営為の表現である。社会学や経済学と密接に関わりながら、今日の倫理と美学を生み出している（I）。

　（I）そのころ宣言された「シュールレアリスム」は文学に強い影響を受けているが、「表現主義」は戦争（二つの大戦）の結末による恐怖の心理学の潮流に影響されている。

　この現象は世界中のあらゆるところで、同時に、そして種や民族を超えて起こっている。
　国立西洋美術館の松方コレクションは19世紀（「印象派」の時期）と20世紀前半という時代を表現する。この二つの時期は機械文明の第二期、すなわち調和の時代へと私たちを導く[5]。
　したがって国立西洋美術館の核として美術館の中心に19世紀大ホールを設ける[6]。このホールは地上から屋上まで三層に渡る。斜路によって展示ギャラリーの階やギャラリー上部のバルコニーへとゆっくりと上っていく。このホールと松方コレクションのギャラリーはロジアによって連結される[7]。
　ゆえにこの大ホールは19世紀の勝利の輝かしい証の建立であり、鉄とガラスによる偉大なる建設、ダムのような巨大構造物、あるいは建築以外の造形芸術にも匹敵する。写真の大壁画が19世紀大ホールを覆う[8]。着色されたパネル、この感性豊かな空間に松方コレクションの主要作品（絵画や彫刻）が数点設置される。上階の二翼には松方コレクションの主要な絵画彫刻作品が置かれる。平均的な作品については、情報提供という点から、新しい時代の博物館学の方法論によって、「資料室」[9]に配列される。
　「資料室」は限られた空間であるが、研究者、学識者、愛好家の利用に供する。作品には関係者の権利も明示する。
　美術館の最初の要件は下記の通り：
　1º／19世紀大ホール（文書A、図版18）
　2º／価値の高い「印象派」絵画の展示ギャラリー（文書A1、図版18）
　3º／残りのコレクションを科学的な方法で収集分類した「資料室」（文書A1、図版18）

――――――

　2º／a）西洋芸術の常設もしくは定期展示ギャラリー（文書C、図版18）
　　　　b）企画もしくは巡回展示ギャラリー（文書B、図版18）
　美術館の構造は将来学芸員が展示形式をいかようにもできるようになっている。移動可能な間仕切り壁や照明位置や範囲は多様に構成可能であり、別室と関連づけることも、分離して自立させることもできる。
　将来学芸員になる人物の意図を反映させるには時期尚早であるが、学芸員と（ル・コルビュジエ）と東京での建築家との協議が行われるべきである。

――――――

　美術館の技術的な方針
　東京の国立西洋美術館は「限りなく成長する美術館」にはじまる1930年来のル・コルビュジエによるたえまのない博物館学的研究の成果である。本美術館における標準化はこれまでの研究に由来し、1930年の限りなく成長する美術館（『カイエ・ダール』で公表）、1939年の北アフリカのフィリップヴィルの美術

館、1950年のパリのポルト・マイヨの整備、1952〜55年のアーメダバードの美術館、1956年のチャンディガールの美術館の長きに渡る検討の果実である。

　文化に配慮すれば様々な考えがありすぎて、場当たり的になる。私の考えでは、異なる美術館同士の交流が巡回展示によって可能となり、共感を持った関係を築くことができると同時に、新しい時代の精神の集約と普及につながる[10]。

　寸法に関する長年の研究からモデュロールに従っている[11]。

　気候によって、自然光と人工照明の課題は変わってくる。ここ、東京については、太陽光を用いると同時に、無数の配置が可能な人工照明を採用することにした[12]。空調も設置している[13]。穏やかな気候のときには、自然換気するようにする。

　鉄筋コンクリートによる建設であり、耐震設計である。

　仕上げ材についてはル・コルビュジエらと協議した後に、現場責任者である日本人建築家たちが選択する[14]。

　「基本案」（契約時のもの）は実質的に「実施案」であり、できるだけ煮詰めておく。

　大臣とその部局へ敬意を込めてこの文書を提出する。

　付随する技術的な覚書については、メゾニエ[15]が作成する。

　　　　　　　　　　　　　　パリ、1956年7月10日

　　　　　　　　　　　　　　　　　　　　ル・コルビュジエ

訳註

1956年7月9日付けの東京の国立西洋美術館 (1959) 基本案図書 (cf., **Le Corbusier, FLC24615, 1956.7.9**; Le Corbusier, FLC24616A, 1956.7.9; Le Corbusier, FLC24617A, 1956.7.9) に添付している説明文。ル・コルビュジエは図面と合わせて日本に送付している。文化センターの中心的施設としての美術館という発想は、アーメダバードの美術館 (1957) と同様であり、与条件を超えた「不思議の箱 boîte à miracle」と「展示館 pavillon」も加えて構想している。説明文は必ずしも分節が明快ではないが、ル・コルビュジエは国立西洋美術館 (1959) の収蔵作品の独自性を考察して現代美術史を遡行しつつ、「19世紀大ホール grande salle du XIXème siècle」という主題を導き出している。美術館の普遍解と特殊解を織り交ぜた説明文である。

[1] CIAMグリッドは、1947年12月にASCORALによって創案された都市計画の主題別に整理した計画図の体裁・判型。21cm×33cmの図版帖。

[2] 「限りなく成長する美術館 musée à croissance illimitée」、「展示館 pavillon」、「不思議の箱 boîte à miracle」の三要素。

[3] 施主が求めている施設は、あくまで松方コレクションを収める美術館である。「展示館 pavillon」や「不思議の箱 boîte à miracle」の提案は、施主の要求をはるかに逸脱している。

[4] ル・コルビュジエは、今日の美術館の革新が歴史的な文脈に正統に位置づけられることを示すために、美術館の構想を松方コレクションの芸術作品の歴史的意義からはじめている。

[5] ル・コルビュジエの歴史観において、現代は、少なくとも「機械文明」、人間が機械によって解放され、人間が人間であることのできる空間を獲得した時代の延長にある。第二次世界大戦中に『四つの交通路』(1941) をはじめとする平和都市論を執筆したル・コルビュジエは、決して「機械文明」を戦争による負の遺産として捉えていない。

[6] ル・コルビュジエが東京の国立西洋美術館 (1959) に構想する19世紀ホールは、上階の展示階へと連続する展示空間の基点であり、「調和の第二機械時代の種」として松方コレクションを収める東京独自の文脈に沿っている。しかし、中央の大ホールを特権化することは、中心から連続的に発展していくことそのものを主題とする「限りなく成長する美術館 musée à croissance illimitée」の理論とは必ずしも整合していない。

[7] 東京の国立西洋美術館 (1959) の中央の吹き抜けに張り出すロジアは、ヴィラ・ラ・ロッシュ (1923) の玄関ホールと同じ空間構成であり、その他のル・コルビュジエの美術館にはない形式である。

[8] ル・コルビュジエが写真壁の具体的な図像を描くのは、東京の国立西洋美術館 (1959) の竣工後、1959年2月である (cf., **Le Corbusier, FLC33443, 1959.2.12**)。そして、ル・コルビュジエは竣工後も最後まで写真壁の実現にこだわりをみせることになるが、実現していない (cf., **AFLC, F1-13-41, lettre de Le Corbusier à Sakakura, 1959.9.7**；**AFLC, F1-13-42, note de Le Corbusier à Sakakura, 1962.5.22**)。

[9] 図面上で資料陳列展示 stand とも表記される資料室 tableauthèque は、芸術作品を現物展示する空間ではないが、ル・コルビュジエは美術館の展示空間のなかに位置づけている。世界を目録化するムンダネウムの世界博物館 (1929) の理念の反映であり、後にチャンディガールの知の博物館 (1960) の構想へと発展していく。

[10] 美術館・博物館のネットワーク化は、アーメダバードの美術館 (1957) の構想以来の美術館運営の方法である (cf., **AFLC, P3-4-80, lettre de Le Corbusier a Pierre Jeanneret, 1954.10.27**)。

[11] 日本では耐震上、柱径が太くなり、平面上のモデュロール尺が破綻することになるが、ル・コルビュジエは黙認している (cf., **Sakakura, FLC24732, 1956.12.14**)。

[12] アーメダバードの美術館 (1957) において、天井からの自然採光を断念したル・コルビュジエは、あくまで天窓の2方向方からの自然光の直接採光を重視し、人工照明の技術的な検討については関心を示していない。

[13] cf., **[Le Corbusier], FLC24678**.

[14] 最終的に、ル・コルビュジエはファサードに土佐産の石材を埋め込んだPCパネルを使用することになるが、すべてル・コルビュジエの考えに沿った日本人建築家の請負作業であり、日本人建築家の選択ではない（垂木、『国立西洋美術館設置の状況　第一巻』、国立西洋美術館協

会、1989、p.213 を参照）。施工そのものについては、ル・コルビュジエはコンクリート打ち放し仕上げを含め、日本人の手仕事の洗練された技術をインドの技術的未熟さとは異なる観点から賞賛している（cf., Le Corbusier et son atelier rue de Sèvres 35, W. Boesiger éd., *Œuvre complète 1957-1965*, Les Éditions d'Architecture, Artemis, Zürich, 1965, p.184;邦訳、p.184; **AFLC, F1-13-41, lettre de Le Corbusier à Junzo Sakakura, 1959.9.7**）。

[15] アンドレ・メゾニエ André Maisonnier は 1951 年よりパリのル・コルビュジエのアトリエに従事。

AFLC, F1-13-192

Paris, le 17 Juillet 1956

Monsieur Yutaka MURATA
Atelier Sakakura
6 Akasaka-hinokicho
Minato-ku
T O K Y O

Cher Monsieur,

Je reçois votre lettre du 4 juillet 1956.

Je suis désolé de ne pas pouvoir vous donner de nouvelles certaines. L'excès de travail m'a obligé à simplifier mon atelier et à séparer l'exécution de la conception. Dites-vous bien, cher Monsieur, que j'ai des demandes tous les jours semblables à la vôtre.

L'exécution du Musée se fera par nos Amis japonais à Tokyo. Mon travail est fini; je l'ai remis aujourd'hui même à l'Ambassadeur pour le Ministre de l'Education Nationale.

J'adresse cette lettre en même temps à M.Suzuki de chez Maeykawa [Mayekawa]. C'est malheureusement la même réponse. Que voulez-vous que je fasse? J'en suis désolé.

Vous pouvez trouver votre alimentation intellectuelle dans Paris, qui est une si belle ville, si riche en ressources. Vous pouvez y faire vous-même vos expériences personnelles de la vie; vous n'avez pas besoin d'être sous l'aile tutélaire d'un vieux bonhomme de 70 ans. Il y a un âge pour tout.

Croyez, cher Monsieur, à mes meilleurs sentiments.

LE CORBUSIER

1956年7月17日にル・コルビュジエが村田豊（坂倉事務所）に宛てた手紙

1956年7月17日

村田豊様
坂倉事務所
赤坂檜町6番地
港区
東京

拝啓、

1956年7月4日の手紙を受け取りました。

お知らせできなくて申しわけありません。仕事の超過のためにアトリエを簡略化して、構想の実施部門を切り離しました。私のところにはあなたのような依頼がしょっちゅうです[1]。

美術館の現場は東京の私の友たちによって行われます。私の仕事は終わりました。今日文部大臣のために大使館に図面を渡しました。

前川のところの鈴木氏にも同時にこの手紙を出します。残念ながら答えは同じです。私に何ができるでしょう。申しわけありません。

パリで知的な養分を吸収されることでしょう。とても美しい都市の一つです。可能性に満ち溢れています。ここで人生の経験をあなた自身で積んでいください。70歳の老人の後ろ盾など必要はありません。あらゆるものを吸収できる年齢です。

敬具。

ル・コルビュジエ

訳註

ル・コルビュジエはこの手紙の直前、1956年7月9日に作成した東京の国立西洋美術館（1959）の一連の建築図面を『全集』に掲載している（Le Corbusier et son atelier rue de Sèvres 35, W. Boesiger éd., *Œuvre complète 1952-1957*, Girsberger, Zürich, 1957, pp.170-173；邦訳, p.166-169）。しかし実際には、ル・コルビュジエの仕事は「終わって」いない。その後、美術館の天井採光の再検討や附属施設の縮小を検討し、1957年3月26日に美術館単体の実施案を作成することになる。

[1] ル・コルビュジエのアトリエへの入所希望の依頼のこと。

AFLC, E1-12-154

Paris, le 13 Février 1957

Monsieur A. CAMUS
29, rue Madame
PARIS (VI°)

Mon cher Camus,

Maisonseul est venu me dire bonjour. Il m'a dit que vous envisagiez la réalisation d'un théâtre à Paris.

Je suis habité par l'idée de la "Boîte à Miracles". J'ai installé celle-ci dans les plans du Centre Culturel d'Ahmedabad dont j'ai achevé la construction du Musée, dans les plans du Centre Culturel de Tokio où j'ai commence la construction du Musée, dans les plans du Centre Culturel de Chandigarh en connection [connexion] avec un Musée consacré au Plan Quinquennal.

La "Boîte à Miracles" est une belle idée. Comme son nom l'indique, c'est une caisse rectangulaire en béton. Il n'y a aucun des ficelles traditionnelles de théâtre, mais la possibilité (comme son nom l'indique encore) d'y faire des miracles. J'aimerais bien en parler avec vous. J'ai créé le "Musée de la Connaissance" en 1930 et je réalise ceux-ci maintenant depuis trois années. Avec patience......

Bien amicalement à vous.

LE CORBUSIER

1957年2月13日にル・コルビュジエがA・カミュに宛てた手紙

パリ、1957年2月13日

A・カミュ様
マダム通29番地
パリ（6区）

親愛なるカミュ[1]、

　メゾンスル[2]が立ち寄ってくれました。パリで劇場をつくろうとしているんだそうですね。
　私は「不思議の箱」をずっと考えてきました[3]。アーメダバードの文化センター構想にもあります。美術館は建設されました。東京の文化センター構想でも美術館の建設が始まりました。チャンディガールの文化センター構想でも五カ年計画に沿って美術館がつくられます。
　「不思議の箱」は美しい考えなのです。その名の通り、長方形のコンクリートの箱です。伝統的な劇場のかけらもありませんが、（やはりその名の通り）奇跡的な出来事の可能性を秘めています。一度会ってお話ししたいですね。1930年には「知の博物館」を確立し[4]、今になって三年かけて実現しているところです。辛抱強く……。
　敬具

ル・コルビュジエ

訳註

ル・コルビュジエによれば、パリのソルボンヌでの演劇会議において、演劇空間の改革案として「不思議の箱 boîte à miracle」を説明しているが、建築的な輪郭については不明である（cf., Le Corbusier, W. Boesiger éd., *Œuvre complète 1946-1952*, Girsberger, Zürich, 1953, p.160 ; 邦 訳, p.160）。アーメダバードの美術館（1957）の構想において、ル・コルビュジエははじめて「不思議の箱」を施設として位置づけ（cf., **Le Corbusier, FLC7002, 1951.9.26**; **Le Corbusier, FLC6944, 1951.10.9**）、以後ル・コルビュジエの美術館構想では必ず適用されるプロトタイプとなる。そのアーメダバードの美術館（1957）の実現間近、ル・コルビュジエがカミュに語る演劇空間が、慣習的な演劇空間でないことだけは事実である（もちろん、『誤解』（1944年初演）『カリギュラ』（1945年初演）において劇作家としても成功していたカミュの不条理劇に「不思議の箱」の機械仕掛けが必要であるかどうかは別の問題である）。

[1] アルベール・カミュ Albert Camus（1913～1960）はフランスの作家。ル・コルビュジエは1930年代にアルジェで知り合い、数多くのカミュの著作を蔵書しているが、戯曲は所蔵していない。
[2] ジャン・ド・メゾンスル Jean de Maisonseul（1912～1999）はカミュと同じアルジェリア出身のフランスの画家、都市計画家。
[3] 手紙に添えられた「不思議の箱」の素描については、cf., AFLC, E1-12-155, croquis de Le Corbusier, 1957.2.13.
[4] ムンダネウムの世界博物館（1929）のこと。以後研究を続けてきた「限りなく成長する美術館 musée à croissance illimitée」のプロトタイプの別称。最初に実現するのは、アーメダバードの美術館（1957）である。チャンディガールの総督官邸（1956）の代案となる電子工学研究所の別称としての知の博物館（1960）とは別のプロトタイプである。

AFLC, F1-12-447

Note à l'attention de MAISONNIER

1º/ Vous pouvez continuer les études d'aménagement du vestibule, mobilier, portes, éclairage du Musée de Tokio.
Je déciderai avec vous le mural photographique de la grande salle.
2º/ Il faut également mettre en route une implantation rationnelle du Centre Culturel : Musée, Boîte à Miracle, école d'Art Appliqué, à Chandigarh. Il faut que j'envoie des précisions avec des contacts de routes pour camions, piétons, etc… en communication avec la V 2 Capitol [Capitole], la V 2 Université.

Il faut que je manifeste mon idée définitive dès maintenant. Tenez compte que le Musée ne sera pas un Musée de Peinture. Je voudrais le destiner à l'explication du domaine bâti et de l'urbanisme reliés au Plan Quinquennal des Indes.

Paris, le 4 Avril 1957

LE CORBUSIER

1957年4月4日にル・コルビュジエが記したメゾニエへの覚書

メゾニエへの覚書

1º／東京の美術館の玄関、家具、門扉、照明の検討を続けておくように。
大ホールの写真壁については一緒に決めましょう[1]。
2º／文化地区の合理的な配置を検討しなくてはなりません。チャンディガールでは美術館、不思議の箱、応用美術学校から構成されます。カピトールの大学地区V2へ通じるトラックや歩行者の道路の詳細を知らせなくてはなりません[2]。

すぐにでも最終的な構想を示す必要があります。美術館は絵画のための美術館ではないということに留意すること。インドの五ヵ年計画に関連する都市計画施設として位置づけたいのです[3]。

パリ、1957年4月4日

ル・コルビュジエ

訳註

ル・コルビュジエは、アトリエの所員アンドレ・メゾニエAndré Maisonnierに対して与件がまったく異なる2つの美術館について指示のメモをアトリエに残している。しかし、東京の美術館（1959）とチャンディガールの美術館（1964）ともに、「限りなく成長する美術館 musée à croissance illimitée」という同じ1つのプロトタイプに出自がある。「絵画のための美術館」でないという主題は共通である。ル・コルビュジエは外在的要因を調整しながら、どこまでも「芸術」の深化と拡張をめざしている。

[1] アンドレ・メゾニエ André Maisonnier は1951年よりパリのル・コルビュジエのアトリエに従事。ロンシャンの礼拝堂（1953）の現場責任者を務めていることから、東京の美術館（1959）における写真壁の検討を担当している。
[2] ル・コルビュジエは、チャンディガールの都市計画の初期段階から、カピトール（行政地区）と商業地区と並ぶ重要地区として、劇場を中心とする文化地区を位置づけている（cf. **Le Corbusier, FLC29066, 1951.3.17**）。その後、セクター13の美術館とセクター12の芸術学校は最終的にセクター10に文化地区として統合され、ル・コルビュジエが文化地区全体を構想することになる（cf., Le Corbusier, FLC5617, 1954.2.18）。セクターの統廃合については、おそらく首相ネルーを含めた最高委員会での政治的な決定であるが、詳細は不明である。
[3] 「絵画のため」ではない美術館を建設することは、チャンディガールの美術館（1964）における収蔵予定作品の大半が彫刻作品であることと無関係ではないが、ル・コルビュジエは、アーメダバードの美術館（1957）に引き続

289

きチャンディガールの美術館（1964）においても、世界博物館（1929）のごとき社会資本としての施設を志向している。

AFLC, J2-19-151

Paris, le 6 Janvier 1958

Monsieur L.C. KALFF
General Director
Sté Anonyme Philips
12 Kievitlaan
E I N D H O V E N

Mon Monsieur Kalff,

 Je suis rentré, comme je vous l'avais annoncé, le samedi 4. J'ai vu Jean Petit entre temps. Vous lui avez écrit que le scenario que je vous ai envoyé n'était peut-être pas définitif. Erreur! il est tout à fait définitif et il ne peut subir que les modifications imposées par la technique, ce qui est une simple question d'adaptation.

 Agostini doit renter à Paris le 8. Je lui écris aujourd'hui même pour participer avec lui à l'établissement de la minute convenue.

 Croyez, cher Monsieur Kalff, à mes salutations les meilleurs.

LE CORBUSIER

P.S. je joins ici une frappe à la machine de ma lettre manuscrite du 24 décembre envoyée de Chandigarh en express, ceci afin de vous permettre de la mieux lire et ceci afin de compenser une perte ou un retard dûs à la période des fêtes. Cette lettre doit mettre les chose au point.

 Bien amicalement à vous.

Chandigarh, le 24.12.1957

（envoyée en express）

Cher Monsieur Kalff,

 J'ai votre lettre du 13 déc. Bon! Vous êtes à Eindhoven, à 1 heure de la "<u>petite-grande crise</u>" morale qui atteint tout client au tournant décisif du chantier.
 <u>Du calme S. V. P.!</u>
 Voici deux années que je travaille <u>sans arrête</u>, dans ma tête, ce poème électronique Philips. Il est accouché, total sur quelques feuillets de papier. J'ai fait pendant 5 années "<u>le poème de l'angle doit</u>" aux Editions Verve à Paris (Edition de grand luxe tirée à 200 exemplaires).

L'Editeur Teriade a eu son heure de grande inquiétude lui aussi. "Le Poème de l'Angle Droit" est aujourd'hui un grand succès. J'ai une lettre de Jean Rostand du mois dernier dont je vous donnerai copie.

Ici Chandigarh devient un lieu de pélerinage [pèlerinage] du monde entier : le chef d'Etat, les délégations étrangères, les touristes, les étudiants viennent à Chandigarh. L'Inde, par Nehru, a entrepris deux grandes choses: <u>Chandigarh</u> et le <u>Barrage de Bhakra</u> (Bhakra-dam) le plus grand du monde. Le Gouvernement de l'Inde m'a nommé le <u>Gouvernement Architectural Adviser</u> *x du Barrage*. Mr Nehru est devenu un ami. Le Palais de la Haut-Cour de Justice, inauguré il y a 3 années, est resté un objet de discussion jusqu'à maintenant. Les vicissitudes financières avaient retardé l'aménagement des bassins d'eau. C'est chose faite après 3 années. Le miracle s'accomplit : le bâtiment éclate dans une véritable splendeur. Les visiteurs clament leur admiration. Après 7 années, ici, *x dans la ville* les jardins ont atteint une première beauté; alors, les gens comprennent!!!

Le Poème Electronique Philips sera une grande chose avec un scenario de grande portée et capacité. Il ne peut être porté que par la musique étrange de Varèse. Les instruments Philips, la magistrale technique Philips apparaîtront dans une symphonie : rythme, couleur, image, musique. J'avais fait en 1925 le Pavillon de l'Esprit Nouveau à Paris, en 1937 le Pavillon des Temps Nouveaux. Œuvres désormais historiques. L'opinion fut violemment remuée. Le livre de bord de 1937 avec ses 1500 déclarations est là pour le montrer.

Dites à la direction Philips qu'ils doivent avoir confiance et être fiers. Le <u>Poème électronique</u> sera dans la mémoire de ce qui seront venus à Bruxelles, comme un souvenir inouï. Il ne peut pas être question, une minute, de renoncer à Varèse. Si cela se faisait, je me retirerai de l'affaire. C'est très sérieux. Ma réputation est aussi engagée que celle de Philips. Ma vie a été une succession d'efforts et de batailles. L'U. N. à New York est bâti sur mes plans (volés). L'UNESCO à Paris, est bâti sur mes données fondamentales (Comité des 5 dont je fus le membre agissant). J'ai écrit plus de 40 livres : ils sont épuisés ou retirés sans cesse et une part est traduite en 6 langues. Varèse est un grand nom de la musique moderne. Voyez le cas Picasso, combattu pendant 50 années, et aujourd'hui devenu le phare de la peinture moderne. Voyez "<u>le Sacre du Printemps</u>" de Stravinsky, sifflé pendant des heures. Voyez notre revue <u>l'Esprit Nouveau</u> 1920-1925, prophétique dont les exemplaires se vendent à des prix forts. Etc, etc..

Philips a risqué avec courage sur des noms de bataille. Nous avons mis (<u>vous</u> avec nous) tout notre courage, ~~tout notre courage~~, toute notre foi. Apporté à Philips le fruit de vies <u>totalement vouées à l'Art</u>. Dans l'Expo de Bruxelles 58, vouée au progrès humain, Philips se retirerait de la lutte? Quel bruit, quel scandale dans l'opinion publique. Quelle défaite!!! Nous arrivons au port, et vous chavirez!!

Je serai à Paris le 4 janvier à <u>1</u>h55 à Orly (après minuit) sur avion Super Constellation Air-France.

A bientôt, cher Monsieur Kalff, et toute mon amitié.

1958年1月6日にル・コルビュジエがL・C・カルフに宛てた手紙

パリ、1958年1月6日

L・C・カルフ様
フィリップス社社長
キーヴォトラーン通り12番地
アインフォーヘン

親愛なるカルフ様、

お知らせしていたように、4日の土曜日に戻りました。そうこうしてジャン・プティに会いました。あなたにお送りした私のシナリオ[1]が最終版ではないとプティに書き送ったようですね。間違いです！ 最終版です。技術的なことで修正が必要になるかもしれませんが、単に調整の問題です。

アゴスティーニ[2]が8日にパリに来るはずです。今日にでも協定書の作成に参加するように手紙を書きます。

敬具。

ル・コルビュジエ

追伸　速達でチャンディガールから送った12月24日の手書きの手紙のタイプ打ちを同封します。話が早いと思いますし、祝日の遅れを取り戻せると思います。
それでは。

チャンディガール、1957年12月24日

（速達便）

親愛なるカルフ様、

12月13日の手紙を受け取りました。わかりました！ 1時にはアイントホーヘンにいるのですね。精神的には「ちょっとした大危機」です。みんなが現場の決定的な転換点を迎えています。
　お手柔らかにお願いします！
　二年間休むことなく、頭のなかで、このフィリップスの電子詩を考えてきました。そして数枚の紙の上に産み出されました。5年間かけてパリのヴェルヴ出版の『直角の詩』をつくりました（200部の豪華版）。編者テリアド[3]自身が心配していましたが、『直角の詩』は今や大成功です。先月ジャン・ロスタン[4]から手紙をもらったので複写を同封します。

ここチャンディガールは世界中からの巡礼地になっています[5]。国家の長、外国人代表団、観光客、学生がチャンディガールにやってくるのです。インドではネルーが二つの大事業を企てました。チャンディガールとバクラ堰（バクラ＝ダム）です。世界最大のものです。インド政府は私を堰の政府建築顧問に任命しました。ネルーとは友になりました。3年前に竣工した高等法院は今日でも議論の的です。経済的に不安定なために水盤の整備が遅れてしまいました。できたのは3年後です。奇跡が起こったのです。建物には事物の壮麗さが満ちています。訪問者は賞賛の声を上げています。7年後、都市のなか、ここで、この庭園において[6]最初の美が到達されたのです。人々は理解したのです！！！

フィリップスの電子詩は大事件になると思います。深い解釈のできるシナリオがあります。ヴァレーズの並外れた音楽しかあり得ません。フィリップスの見事な技術によってフィリップスの装置が、リズム、色彩、イメージ、音楽の交響曲を奏でることになるのです。私は1925年にレスプリ・ヌーヴォー館、1937年に新時代館をつくりました。作品はその後歴史になりました。世論が渦巻きました。1500の意見の掲載された1937年の本があります。

フィリップスの部局には自信と誇りを持つように言ってください。電子詩はブリュッセルで実現されます。忘れられない記憶になるはずです。すぐさまヴァレーズに見切りをつけるなんて問題にもなりません。音楽ができれば、検討を再開します。とても重要なことです。私の評判はフィリップスにかかっています。私の人生は努力と戦いの連続です。ニューヨークの国際連合は私の構想に沿って建てられました（盗作）。パリのユネスコは根本的に私の考えに基づいています[7]（5人の委員会を率いました）。40冊の著作を書きました。絶版になったり再版になったりしていますが、一部は6カ国語に翻訳されています。ヴァレーズは新しい時代の音楽の偉大な人物です。ピカソを観てごらんなさい。50年間の戦いのあげく、今では新しい時代の導き手です。ストラヴィンスキーの「春の祭典」をご覧なさい[8]。時代を鼓舞しています。私たちの『レスプリ・ヌーヴォー』をご覧なさい。1920年から1925年にかけての予言は高い値段で売られています。言い出したら切りがありません。

フィリップスはこの戦いに勇気を持って挑みました。私たちは（私たちとともにいるあなたたちも）勇気を持っているのです。信念を持っているのです。フィリップスにもたらされるものはすべてを芸術に捧げた人生の果実です。58年のブリュッセル博は、人類の

進歩に捧げられています。フィリップスがどんな戦いをまた始めようというのでしょうか。どんな物騒な物議を世論に巻き起こそうというのでしょうか。敗北でしょうか！！！　私たちはことを成し遂げてひっくり返すのです！！

1月4日1時55分にエール・フランスのシュペール・コンテスタシオンでパリのオルリーに着きます。

では近いうちに。カルフ、友情を。

訳註

絵画を除けば、ル・コルビュジエの建築、都市計画、彫刻、タペストリー、著作の実現には深い理解者が必要不可欠である（もっとも、理解者は説明する人物の数に比較して極めて少数である）。フィリップス館（1958）の実現に携わったアイントフォーヘンのフィリップス社の社長（1957年から1960年まで）、L・C・カルフもその一人である。ル・コルビュジエは自らの業績を披瀝しながら、しかし極めて素直に、そして情熱を込めて丁寧に自らの理念を説明している。

[1] フィリップス館（1958）において上演するフィルムのシナリオのこと（cf., AFLC, R3-6-58, lettre de Le Corbusier à Edgar Varèse, 1957.6.22. フィルムの詳述書については、cf., AFLC, J2-19-370-379）。ル・コルビュジエのシナリオは物語性を欠いた断片的コラージュであり、おそらくカルフは、その前衛性からシナリオは未完と読み取っている。その後、ル・コルビュジエのこのシナリオに則って、音楽家エドガー・ヴァレーズ Edgar Varèse（1883〜1965）が作曲している。

[2] アゴスティーニ Agostini はフィリップス社の技術者と思われるが、詳細は不明。

[3] テリアド Teriade はヴェルヴ出版の編集者。

[4] ジャン・ロスタン Jean Rostand はフランスの生物学者、作家。ル・コルビュジエは『直角の詩』（1955）を1部、ロスタンに謹呈している（cf., AFLC, R3-1-322, lettre de Le Corbusier à Jean Rostand, 1957.10.28）。手紙はロスタンからの感謝状と思われる。

[5] 唐突にチャンディガールの都市計画の話題に飛躍するのは、名声を誇示することによってフィリップス館（1958）の実験的空間の社会的正当性を主張するためであるが、ル・コルビュジエは規模のまったく異なる両者に共通する「美」もまた示唆している。

[6] 庭園とはすなわち、チャンディガールの行政区カピトールの広場のこと。

[7] ただし、ル・コルビュジエは国際連合（1947）の構想同様、建設委員会の委員としてかかわったパリのユネスコについても辛らつに批判してもいる（cf., AFLC, R2-2-103, lettre de Charles-Édouard Jeanneret à sa mère, 1954.11.17）。

[8] イーゴリ・ストラヴィンスキー Igor Stravinskyu（1882〜1971）はロシアの作曲家。パリで初演した「春の祭典」（1913）が賛否両論を巻き起こしている。

ル・コルビュジエ書簡撰 ― 美術館篇 ―

AFLC, F1-13-20

Paris, le 26 Janvier 1959

A

MM. Kunio Maekawa

Junzo Sakakura

Takamasa Yosizaka

Chers Amis,

Je suis rentré des Indes à la mi-janvier et j'ai trouvé une lettre du 12 décembre de Takamasa me réclamant de documents pour le mural de la salle principale. Le détail extrême serait fin janvier ... "pour que les fresques puissent être exécutées. Passé cette limite de détail, il ne nous sera plus possible d'utiliser le budget national."

Je demande des précisions :

1º/ Il n'a jamais été question de fresques. Il s'agit de photos-mural comme il en a été fait au Pavillon Suisse en 1931 à la Cité Universitaire de Paris et comme j'en ai fait de grandes surfaces au Pavillon des Temps Nouveaux à l'Exposition de 1937.

Conclusion : il s'agit donc de photos-mural et non pas de fresques.

2º/ Il y a trois point devant nous :

a) le projet

b) l'exécution

c) le budget

En commençant par petit c (budget), vous pouvez fixer et retenir les sommes du budget dès maintenant puisque vous avez à couvrir toutes les parois avec des agrandissements photographiques dont vous connaissez le système.

b) exécution : Voilà la question! Les conditions japonaises (humidité printemps-été) sont-elles contraires à la réalisation d'un tel projet? Vous savez qu'il s'agit de bandes de papier format standard de 1 mètre de large environ (?) collées horizontalement. Avez-vous des colles qui résistent à l'humidité? Avez-vous un type d'enduit de mur (plâtre, ciment, liège, etc...) qui réponde aux conditions japonaises de Tokio? Çà, c'est votre problème. A vous de décider si ce mural est faisable ou si c'est une utopie. Il faut voir la chose très matériellement :

- nature du mur

- nature de la colle

- éventuellement nature du papier (car le papier

qui sert de support au produit chimique – bromure, etc – est en général toujours très fort. Ne serait-il pas utile, au contraire, d'avoir du papier très faible, très mince, de façon à ne pas provoquer des réactions du papier à l'humidité d'une part à la sécheresse d'autre part.

Tel est le problème technique que je vous pose et que vous avez à résoudre préliminairement.

a) <u>projet</u> : c'est mon affaire. J'ai besoin de faire une enquête importante à la Bibliothèque Nationale, aux Arts Décoratifs, etc... J'ai commencé cette enquête, mais comme je suis débordé par tous les travaux en cours actuellement, je ne voudrais pas être bousculé inutilement.

Conclusion : vous avez donc à me fournir un calendrier non pas de bluff mais un calendrier impeccablement vrai. Vous savez que je saurai bien y répondre utilement (si c'est possible). J'ai donc pose les questions utiles.

Par ailleurs, vous pourriez bien m'envoyer quelques photographies de l'état du bâtiment.

Question finale : à supposer le pire, il serait toujours facile de réaliser les photos-mural en tous temps, même après l'ouverture du bâtiment, avec un échafaudage volant tubulaire.

Bien cordialement à vous.

LE CORBUSIER

P.S. <u>ATTENTION</u> : Il y a erreur de ma part au point 2º/ b) <u>exécution</u> (à la page précédente)

La lettre étant écrite, Maisonnier me communique votre plan MuTo nº3 (Grand Hall du 19ᵉ Siècle) 1958, Septembre 9, signé Taka. Ce dessin montre que les parois sont revêtues de feuilles de contreplaqué finies au laqué transparent : 1m 984 + 2m 338 + 2m 338 + 2m 164. Voilà la chose nouvelle qui modifie mes explications de la page précédente.

Je propose ceci et vous me direz si vous êtes d'accord :

a) La fresque photographique ne s'occupe pas des dimensions de ces plaques; elle passe au travers.

b) Par contre, le collage des photographies sera fait sur chaque plaque indépendamment. Les photographies seront fabriquées sur bandes horizontales et collées horizontalement; un coup de lame de rasoir les séparera de panneau à panneau.

c) Chaque panneau sera fixé utilement par le moyen de vis apparentes posées sur "rondelle à cuvette" en laiton ou aluminium mais pas en fer (rouille). Ces vis seront visibles et cela n'a aucune importance. Il y en aura, par chaque panneau, quatre rangées horizontales de trois.

Les bords des plaques seront arrondis au papier de verre, les plaques posées à *joints* vifs sans couvre-joints.

Ce P.S. rectifie donc mon paragraphe 2º/ b) <u>exécution</u>.

J'ai dicté cette lettre en présence de M. Toshiro UNO, Premier Secrétaire et Attaché Cultuel de l'Ambassade du Japon à Paris et je lui en envoie une copie. <u>Répondez moi</u>.

L-C

P.J. : 1 croquis

1959年1月26日にル・コルビュジエが前川國男、坂倉準三、吉阪隆正に宛てた手紙

パリ、1956年1月26日

前川國男
坂倉準三
吉阪隆正
様

拝啓、

　一月中旬にインドから戻り、隆正の12月12日の手紙を見ました。大ホールの壁に関する資料が欲しいとのこと。ちゃんとした詳細図は一月下旬になるでしょう……。「壁を実現するには詳細図がないと国の予算が取れない」ようですから。

　正確を期しておきたい。

　1º／これは壁画ではありません。写真壁です。パリの大学に1931年に建設されたスイス館、そして1937年に開催された展覧会の新時代館でも大きなものをつくっています[1]。

　ですから、壁画というよりも写真壁です。

　2º／問題点が三つあります。

　　a）**構想案**
　　b）**実施方法**
　　c）**予算**

　まずはじめに小文字c（予算）について。今すぐにでも予算の総額を確定してほしい。できるやり方でよいのです。写真を引き伸ばして間仕切り壁を覆います。

　b）**実施方法**：これこそ問題！　日本の条件（春夏の湿気）はこのような構想の実現には向いていないのでないでは[2]。約1メートル幅（？）の規格紙を水平方向に帯状に張るのですが、湿気に耐え得る接着剤がありますか。壁の仕上げ（プラスター、セメント、コルクなど）は日本の東京の条件に適合しますか。あなたたちの方で解決してください。実現できるのか、それともユートピアに終わるのか、決めるのはあなたたちです。材料を検討しておく必要があります。

　- 壁の素材
　- 接着剤
　- 必要であれば紙素材（化学的な処理をして耐性を持たせることができます。反対に、薄くて弱い紙では湿気や乾燥に反応してしまいよくありません。

　これが技術的な問題で言っておきたかったことで、まずもって解決してもらいたい。

　a）**構想案**：これは私の仕事です。国立図書館、装飾芸術館などで調査をする必要があります。調べ始めたのですが、今の仕事に追い回されています。不用意に急き立てられたくありません。

　結論：うそ偽りなく本当のところの日程を教えてください。（できるだけ）意向に沿うようにお答えするつもりでいることはご存じですね。だからちゃんと質問しているのです。

　あわせて、建物の現況写真を送ってください。

　最後の質問：最悪の事態を想定しておくと、いつでも写真壁を実現するためには、建物の竣工後に、金属パイプの足場を組んでおくのがやりやすいと思います。

敬具

ル・コルビュジエ

追伸　注意：2ºのところのb）**実施方法**（前頁）に誤記があります。

　タカの署名のある1958年9月9日の図面Muto n°3（手紙に書いた19世紀大ホール）についてメゾニエが私に問い合わせてきました[3]。この図面では1m 984 + 2m 338 + 2m 338 + 2m 164の寸法のベニヤ板を透明塗料で仕上げる壁になっています。以下先だって説明していたことを修正します。

　提案はこうです。どう思うか教えてください[4]。

　a）写真壁は板の寸法に収まりません。はみ出してしまいます。

　b）代わりに、板に合わせた写真でコラージュします。写真は水平方向に帯状に沿って製作して、パネル毎に裁断します。

　c）板は真鍮かアルミニウムの「円形ナット」とネジでしっかりと留めてください。（錆のでる）鉄は駄目です。ネジは見えるかも知れませんが、何の問題もありません。各板三列四行です。

　板の縁はヤスリがけで丸みを持たせ、接合部には押さえの部材を取り付けません。

　この追伸は2º／b）**実施方法**に関する修正です。

　パリ日本大使館の文化部第一書記の宇野敏朗氏[5]の立ち会いのもとに書き取らせました。宇野氏には複写を送付します。<u>返事をください</u>。

L-C

添付：略図1枚

訳註

ル・コルビュジエが東京の国立西洋美術館（1959）の「19世紀大ホール」に「写真壁 photo-mural」を本格的に検し始めるのは、1959年5月の竣工直前の1959年2月である（cf., **Le Corbusier, FLC33443, 1959.2.12**）。しかし、「写真壁」の実現を前提として、仕上げの詳細について検討しているものの、ル・コルビュジエは美術館の中央のホールが「写真壁」でなければならない理由については説明していない（cf., **AFLC, F1-12-174, Note de M. Le Corbusier au Ministre de l'Éducation Nationale, 1956.7.10; F1-13-42, note de Le Corbusier à Sakakura, 1962.5.22**）。ル・コルビュジエが唯一「写真壁」の存在理由として説明しているのは、過去の実績である（おまけに、ル・コルビュジエは1948年にスイス学生会館（1932）の図書室の「写真壁」を自らの「壁画」に置き換えている）。

［1］ スイス学生会館（1932）の「写真壁」については、cf., Le Corbusier et Pierre Jeanneret, W. Boesiger éd., *Œuvre complète 1929-1934*, Girsberger, Zürich, 1934, p.77, p.85; 邦訳、p.67, p.75。玄関ホールから上階の居住階への階段や図書室の曲面壁を自然的あるいは都市的風景のモザイクによって表現している。パリの新時代館（1937）の「写真壁」については、cf., Le Corbusier et Pierre Jeanneret, Max Bill éd., *Œuvre complète 1934-1938*, Girsberger, Zürich, 1938, p.168; 邦訳、p.150。都市計画や都市文明のコラージュである。

［2］ 皮肉なことに、ル・コルビュジエの予想とは別の問題によって「写真壁」の実現が不可能になる。藤木忠善によると、「19世紀大ホール」の「写真壁」に関しては、湿気よりも、トップライトからの太陽光によって写真紙の劣化の進みが早く、短期間で取り替える必要性があるために実現にはいたっていない（垂木祐三編、『国立西洋美術館設置の状況 第一巻』、国立西洋美術館協会、1987、p.220を参照）。

［3］ cf., Taka, Le Corbusier, FLC29952, 1958.9.9。ル・コルビュジエのこの手紙の指示に則って、吉阪隆正が描いた図面については、cf., Taka, FLC29960, 19659.1.27。

［4］ cf., Le Corbusier, FLC33443, 1959..2.12。ル・コルビュジエはさらにパネルを均一の430mm × 700mmに細分化しているが（cf., [Le Corbusier], FLC332269B, 1962.5.8, 1962, 5.12）、写真壁の構図そのものを大幅に変更する修正ではない。いずれにしても、壁面詳細に関するル・コルビュジエのただならぬ執着を示している。

［5］ 宇野敏朗 Toshiro UNO の正確な漢字名は不明。

296

AFLC, F1-13-39

Paris, le 3 Mars 1959

Monsieur YOSHIZAKA Takamasa
Université de Waseda
T O K Y O

Mon cher Taka,

J'ai votre lettre du 28 février *reçue ce matin* en réponse à la mienne du 21.

Je dois faire le mural sur quatre faces et pour cela faire toutes les recherches dans les bibliothèques, etc… pour constituer un <u>immense</u> mural photographique à la gloire du 19ème siècle. Ceci est un très gros travail qui nécessite même la collaboration d'un aérograveur. Ce photo-mural n'est pas un enfantillage; c'est une chose capitale. Il y a 500 m2 de composition. Supposez une Sixtine faite avec de la photographie au lieu du pinceau! La composition est démunie de toute prétention esthétique; c'est simplement pour éclairer le problème matériel!

Donc il n'est pas question d'inaugurer en mai avec ce mural photographique. Vous aurez vos parois de contreplaqué. Vous y épinglerez quelques drapeaux français et japonais à volonté et vous accrocherez votre collection Matsukata dans les locaux qui sont prévus.

Mais comment diable voulez-vous que mes idées sur l'aménagement des tableaux et sculptures soient transmises si je ne viens pas sur place à un moment donné? La radio et les télégrammes sont de très belles choses, mais en attendant, l'exécution de l'architecture réclame le temps nécessaire et Tokio n'est pas dans la banlieue de Paris et c'est là, un élément déterminant. J'ai fait l'impossible pour vous fournir toutes choses exactement（les plans）.

Je vois le problème autrement. Vous aurez vos drapeaux sur contreplaqué. Vous annoncerez par une pancarte la création d'un mural à la gloire du 19º siècle par Le Corbusier. Vous direz même que c'est une chance pour vous autres d'avoir ma participation à cette œuvre considérable（les quatre murs en photo-murals）. Que les frais en soient assumés par une collecte publique（geste amical Nippo-Occident）et dans les frais de ce mural viendra s'insérer un honoraire pour le peintre Le Corbusier qui ne peut pas éternellement travailler gratuitement!

Je suis sûr que vous comprenez ceci et que vous considérerez ces quatre grands photo-murals comme une étape seconde de votre bâtiment.

Amicalement à vous.

LE CORBUSIER

1959年3月3日にル・コルビュジエが吉阪隆正に宛てた手紙

パリ、1959年3月3日

吉阪隆正様
早稲田大学
東京

親愛なるタカ、

2月21日の私の手紙に対する返信を今朝28日に受け取りました。

四面すべてに壁をつくります。図書館などで情報を集めて19世紀の栄光を示す巨大な写真壁をつくり上げます。この大仕事には現像専門家との共同も必要になります。写真壁はお遊びではありません。重要なことなのです。500m2を占めます。筆ではなく写真でできたシスティーナ礼拝堂を想像してください！　美学的な先入観をかき消して、素材というもの問題を明らかにするのです！

したがって五月の竣工式に写真壁ができるかどうかは問題ではありません[1]。間仕切り壁に仏日の旗を付け、松方コレクションを予定通りに壁に掛ければよろしい。

とはいえ現場に行かずして絵画と彫刻の展示方法について考えを伝えられないと思います[2]。ラジオや電報は素晴らしい道具ですが、建築の実現には時間が必要です。東京はパリの郊外にあるわけではありません。これは致命的なことです。これまでもすべて（構想）に正確な指示を出すことは不可能でした。

別のやり方を考えています。国旗は掲げるにして、ル・コルビュジエが19世紀の威光を示す壁を創造することになると掲示しておいてはどうでしょう。この重要な作品（写真壁の四つの壁）に私が参加するのはあなたたちにとってもよい機会です。資金は公的な募金（日欧の）で集めます。そこから画家ル・コルビュジエの報酬をまかないます。いつまでも無報酬で働くわけには行きませんからね！

あなたたちの建物の第二段階として、この四面の大写真壁を検討してくれるものと確信しています。

敬具

ル・コルビュジエ

訳註

[1] ル・コルビュジエは、東京の国立西洋美術館（1959）の大ホールに「写真壁」をあくまで実現しようとしている。ロンシャンの礼拝堂（1953）の竣工後、附属施設として電子鐘楼による音楽を最後まで実現しようとするように（cf., AFLC, Q1-5-281, lettre de Le Corbusier à René Bolle-Reddat, 1964.6.19）、「写真壁」が竣工式に間に合うかどうかは問題外である。システィーナ礼拝堂を仕上げたミケランジェロのように、竣工後のル・コルビュジエの構想は、もはや建築家によるものではない。「画家」ル・コルビュジエによる作品である（cf., **F1-13-41, lettre de Le Corbusier à Junzo Sakakura, 1959.9.7**）。

[2] ル・コルビュジエははじめ敷地訪問を一度と決めているにもかかわらず（cf., **AFLC, F1-12-5, lettre de Le Corbusier à Kunio Maekwa, 1954.5.10**）、大ホールの設営を表向きの理由として、「写真壁」を実現するためには来日を決意している。日本人建築家による施工を信頼しているとはいえ、ル・コルビュジエにとって、建設の現場よりも「写真壁」の現場の方が重要である（cf., **AFLC, F1-13-42, lettre de Le Corbusier à Junzo Sakakura, 1962.5.22**）。

AFLC, F1-13-41

Paris, le 7 Septembre 1959

Monsieur Junzo SAKAKURA
6 Akasaka Hinoki-cho
Minato-ku

Mon cher Sakakura,

J'ai reçu la revue japonaise Shinkentiku avec de bonnes photographies du Musée.

Je n'ai reçu aucune nouvelle de l'inauguration ni de vous, ne de Maekawa [Mayekawa] ni de Taka. Je n'ai reçu aucun document photographique, aucun document de presse! La seule chose qui me concerne est que l'invitation à l'inauguration qui m'était faite par les Affaires Etrangères, et qui m'avait été envoyée également, avait oublié de noter que le bâtiment était fait sur mes plans.

J'ai l'impression que le bâtiment a été très bien exécuté par vous. Je voudrais être renseigné par des documents photographiques car les reproductions de magazines sont insuffisantes; on ne reconnaît pas les matériaux.

Merci d'avance et bien amicalement à vous tous.

LE CORBUISER

P.S. D'après les quelques documents photographiques que j'ai reçus, il semble que l'exécution du Musée est parfaite et fasse grand honneur à votre capacité professionnelle (à vos trois) et, en plus, à l'intégrité japonaise qui ne transige pas. C'est un des facteurs essentiels de l'âme japonaise que j'avais connu quand j'étais jeune en admirant les travaux d'estampes, de neskés, etc. Je suis très heureux d'avoir pu réaliser grace à vous autre ce travail.

Si on m'en laissait le temps, je serais content aussi de faire le mural photographique de la Grande Salle du XIXe Siècle qui devrait être une véritable œuvre de réhabilitation à l'égard de ce siècle étonnant.

A l'occasion, quelqu'un de vous pourrait-il m'envoyer une traduction de l'article de Kenchiku Bunke [Kenchiku Bunka] qui contient les photos de travaux d'Auguste Perret et de Ronchamp.

L-C

1959年9月7日にル・コルビュジエが坂倉準三に宛てた手紙

パリ、1959年9月7日

坂倉準三様
赤坂檜町6番地
港区
東京

親愛なる坂倉へ、

　雑誌『新建築』[1]を受け取りました。美術館のいい写真が掲載されていますね。

　あなたからも、前川からも、タカからも、竣工式の話を聞いていません。写真もないし、出版物もなし！あるのは外務省からの招待状だけです[2]。送られてきましたが、建物が私の構想によるとは記載されていませんでした。

　あなたたちが申し分なく実現したのだと思います。写真で確認したい。雑誌では不十分です。素材の感じがわからないのです。

　あなたたちみんなに前もってお礼を言います。

ル・コルビュジエ

追伸　もらった写真では美術館の工事は完璧です。(あなたたち三人の) 専門能力の面目躍如です。日本人の妥協のない完璧さ。これぞ日本人の精神の本質の一つです。若かりし日に浮世絵や置物などでその精神を理解していました[3]。あなたたちとこの仕事を実現できたことをとてもうれしく思っています[4]。

　時間が残されているなら、19世紀大ホールの写真壁をつくりたい。この驚くべき世紀の復権となる真の作品となるに違いありません[5]。

　機会があれば、あなたたちの誰でもいいのでオーギュスト・ペレとロンシャンの工事写真の掲載された『建築文化』[6]の記事の翻訳を送ってください。

L-C

訳註

1959年6月10日に開館した東京の国立西洋美術館（1959）について、ル・コルビュジエは社会的な評価を懸念する以上に、建築家として建築作品そのものの表情にまなざしを向けている。しかしながら、たとえ日本人建築家の施工能力に疑念の余地がないにしても、写真を集めてみたところで、アーメダバードの美術館（1957）のファサードの探求と比較して、どこか事後的な確認ではある（cf., AFLC, P3-4-265, lettre de Le Corbusier à Jean-Louis Véret, 1954.12.22）。

[1] 『新建築』、1959年7月、pp.33-48を参照。外観、ピロティ、19世紀大ホール、展示階に絵画、彫刻作品が展示された写真が多数展示されている。対照的に、『全集』(cf., Le Corbusier et son atelier rue de Sèvres 35, W. Boesiger éd., Œuvre complète 1957-1965, Les Éditions d'Architecture, Artemis, Zürich, 1965, pp.183-191；邦訳、pp.183-191) には、空間構成そのものの説明的な写真が多い。ちなみに、『新建築』の最終頁において、坂倉準三事務所の藤木忠善が国立西洋美術館（1959）における統一的寸法大系について解説しているが、正確にモデュロール尺に従っているわけではない。

[2] ル・コルビュジエは、インド出張のため東京の国立西洋美術館（1959）の竣工式には出席できないとしている（cf., AFLC, F1-13-85, lettre de Le Corbusier à l'Ambassadeur du Japon, 1959.6.15）。今後予想される展示館や附属施設の竣工の際には訪問したいとしているが、おそらく目処の立たない附属施設の建設事業化の催促であり、真意は定かではない。

[3] ル・コルビュジエは青年期（1908年頃）にパリのサント・ジュヌヴィエーヴ図書館で日本建築について書き写している（cf., Le Corbusier et Pierre Jeanneret, W. Boesiger et O. Stonorov éd., Œuvre complète 1910-1929, Girsberger, Zürich, 1929, p.21；邦訳、p.13）。

[4] ル・コルビュジエは、インドのチャンディガールやアーメダバードの現場において粗悪なコンクリートの打ち放し仕上げの荒々しさに遭遇し、コンクリートの表面にレリーフを施し古代エジプトの建造物のような効果を発見している（cf., Le Corbusier et son atelier rue de Sèvres 35, W. Boesiger éd., Œuvre complète 1952-1957, Girsberger, Zürich, 1957, p.72 邦訳, p.70）。一方、東京の国立西洋美術館（1959）の洗練された仕上げを賞賛しているが、それ以上でも以下でもない。

[5] ル・コルビュジエの「写真壁」の構想への執着については、cf., AFLC, F1-13-20, Lettre de Le Corbusier à Kunio Maekawa, Junzo Sakakura, Takamasa Yosizaka, 1959.1.26; AFLC, F1-13-39, lettre de Le Corbusier à Takamasa Yoshizaka, 1959.3.3。

[6] 『建築文化』の該当記事については不明。かつての師であったオーギュスト・ペレ Auguste Perret（1874〜1954）の記事についても詳細は不明である。少なくともル・コルビュジエは、この件については後に言及していない。

AFLC, J2-19-185

Paris, le 2 Octobre 1959

Monsieur L.C. KALFF
General Ditector
Sté Annoyme Philips
12 Kievitlaan
E I N D H O V E N

Cher Monsieur Kalff,

Que devenez-vous? J'aurais plaisir à vous avoir à diner un jour où vous viendrez à Paris. Faites moi signe S. V. P. Nous avons travaillé trop bien ensemble pour ~~ne pas~~ laisser s'établir un trop définitif silence entre nous. Quant à moi, j'ai été extrêmement heureux du travail fait pour le Pavillon Philips. Je crois que vous avez eu aussi du plaisir à faire ce gros effort au cours duquel vous avez fait preuve de qualités humaines exceptionnelles.

Ce très joli préambule ne m'empêche pas de vous adresser un propos de nature très pratique et immédiate :

1º/ Il nous faut élaborer, vous comme moi, aux Indes, un produit définitif concernant la Salle des Députés du Parlement de Chandigarh. Ce bâtiment sera extraordinaire et ouvrant bien des portes sur demain. La Salle des Députés doit être un chef-d'œuvre. Et pour être un chef-d'œuvre, il faut que les problèmes d'acoustique soient <u>pratiquement</u> résolus impeccablement. J'ai déjà eu avec vous autres tous les contacts préliminaires utiles. Je vous demande bien amicalement, ici, que Philips me récompense de l'effort (très désintéressé) que j'ai fourni pour le Pavillon de Bruxelles par une sollicitude toute particulière dans cette affaire de la Salle des Députés.

C'est la Gammons Company de Calcutta qui commence en ce moment-ci l'exécution de l'hyperboloïde de béton armé. Les problèmes sont ~~des~~ textures et des granulations de la surface interne de béton apparente. Ces écrans absorbants de tôle perforée avec variation des espaces entourants, doivent être décidés et définitivement situés à leur place rigoureuse. Il est nécessaire, dès maintenant, de prévoir les modes d'accrochage pour mettre dans les coffrages. Il est maintenant nécessaire de prévoir le mode des échafaudages qui permettront d'installer ces écrans dans leur conditionnement acoustique, de les peindre, etc... Il est nécessaire de définir exactement, pour la ventilation, l'évacuation de l'air vicié (par le haut (?) pu par l'évacuation au sol) en retour vers les machines frigorifiques. Cette salle énorme doit avoir un échafaudage tubulaire intelligent. Enfin il y a à prévoir des accrochages d'échafaudages localisés pour futures réparations fragmentaires.

Cher Monsieur Kalff, j'ai l'air de vous proposer de faire du travail gratuit. Réfléchissez! Si cette salle marche, ce sera un succès énorme pour vous comme pour moi. Vos propositions pourraient être doublées d'une offre de fourniture et d'installation des appareils Philips, tout particulièrement en ce qui concerne la répartition des microphones et des haut-parleurs au niveau des députés. Il y a donc une affaire Philips possible avec un bénéfice Philips.

Soyez donc bien gentil et prenez en mains cette chose là vous-même avec moi et entourez nous des valeurs pratiques de vos techniciens. Ne perdons pas une minute car je dois apporter moi-même, dans les trois semaines qui viennent, les informations à Chandigarh. J'attends donc rendez-vous avec l'équipe Philips.

J'ajoute que devant l'effort si valable que poursuit Mr. Nehru en m'accordant sa confiance dans cette affaire, nous avons un certain devoir de solidarité humaine à l'égard d'un homme de si grande envergure auquel nous venons simplement apporter la sécurité de nos capacités inventives. Avec Mr Nehru, nous ne nous adressons pas à xx inconnu ou anonyme. C'est un homme vivent... et comment!

2º/ C'est ici que vous, Kalff avec Philips et moi, Le Corbusier avec ma tête, pouvons tout à coup jouer un rôle bienfaisant, ceci nous étant permis par l'effort énorme réalisé autour du Poème Electronique de Bruxelles.

J'ai fait accepter au High Level Committee de Chandigarh l'exécution du "Museum of Knowledge" au sommet du Capitol [Capitole]. Je vais vous expliquer ce que c'est que "Museum of Knowledge", conception peut-être éblouissante apte à apporter une ~~idée~~ *aide* technique exceptionnelle aux problèmes modernes qui, sans cette aide, resteront bel et bien irréductibles.

Ce palais, dans le Capitol [Capitole], est consacré à l'audio-vision et par conséquent il comportera, une nef audio, une autre nef vision, une troisième nef expositions et une quatrième nef expositions. Les nefs audio et vision seront de véritables laboratoires de physique électronique. La salle de réceptions d'Etat se trouvera au-dessus et ouvrira sur le toit-jardin (50m x 40m) lequel occupe le point ultime du Capitol [Capitole] ouvert entièrement sur, l'Himalaya, sur la campagne absolument pure sans aucune

300

banlieue.

　Les plans s'établissent en ce moment-ci. Ils seront terminés quand vous arriverez prochainement ici. Par conséquent, je vous donnerai les explications verbalement.

　Veuillez agréer, cher Monsieur Kalff, mes meilleurs et amicales salutations.

LE CORBUSIER

1959年10月2日にル・コルビュジエがL・C・カルフに宛てた手紙

パリ、1959年10月2日

L・C・カルフ様
フィリップス社社長
キーヴォトラーン通り12番地
<u>アインフォーヘン</u>

親愛なるカルフ様、

　どうしていますか。パリに来られたら御一緒に食事でもしたいものです。どうかお知らせください。一緒になってあまりによく働いて、あまりに決定的な仕事をしました。私は、フィリップス館の仕事のことをとてつもなく幸せに思っています。あなたも同じようにこの努力をうれしく思ってくださっていることでしょう。これ以上にない人間性を見せていただいた。
　そんなこともあってあなたにお知らせしたくてたまらないことがあります。実際的かつ至急の件です。
　1º／私と一緒に、チャンディガール州会議堂の議会場の最終版を作成してもらいたい。建物はとても素晴らしい。明日に向かって開かれています。議会場が最も重要で、そのためには音響の問題を<u>実際的に</u>完璧に解決しなければなりません。あなたたちとはすでに下準備をしてきました。この議会場のためにフィリップス館で（無私無欲の）努力をした私に報いていただけないでしょうか。
　カルカッタのガモンズ社が目下鉄筋コンクリートの双曲面の実施を始めています。問題はコンクリートが露出する内壁の肌触りです。穴あき板のこの吸収材[1]が空間を自在に覆い[2]、この厳格な空間を決定づけることになります。今すぐに型枠の設置方法を考えておかなくてはなりません。音響的に見合う吸収材のための足場の組み方、塗装方法などなど……を考えておかなくてはなりません。換気、排気（上部から、あるいは床面から）、冷房風を正確に決定しておかなくてはなりません。最終的には部分的な補修のための足場の組み方を考えておかなくてはなりません。
　親愛なるカルフ、この仕事を無償でしていただきたいと思っています[3]。ご検討ください！　この議会場がうまくいけば、私にとってもあなたにとっても絶大なる成功となるのです。あなたの提案は二重の恩恵を得ることになるはずです。フィリップスの装置を導入することになるでしょうし、とくに議員室のマイクロホンやスピーカーの修繕もでてくるでしょう。フィ

リップスにしてもらうことがフィリップスの利益になるのです。

　ですからこのことについては私を含めて自身でよくお考えください。お持ちの技術を実際的に生かしていただければと思います。時間を無駄にはできません。来る三週間のうちに、私の方からチャンディガールに知らせなくてはなりません。フィリップスの技術陣との打ち合わせ日を知らせてください。

　付言しておくと、ネルー氏はこの件に関して私に信頼を寄せてくれています。私たちは人間の連帯をつくり出す義務があるのです。私たちの才能をもって度量のある一人の人物を安心させるのです。ネルー氏も、私たちも誰かわからない人のためにしているのではありません。今こうして……、生きている人のためにしているのです！

　2º／ここで、ル・コルビュジエという頭脳を持つ私と、フィリップスのカルフは、すぐさま重要な役割を演じることになります。多大なる努力を払ってブリュッセルの電子詩を実現したのですから。

　チャンディガールの最高委員会にチャンディガールの頂部に建つ「知の博物館」の実施を認めさせました。説明しますが、「知の博物館」の考え方は驚嘆すべきもので、新しい時代の問題には比類なき技術の助力が必要です。そうでなければ、単に美しい考え方に過ぎず、実現もできません。

　カピトールにあるこの宮殿は、視聴覚のためのもので、まず聴覚の身廊、視覚の身廊、そして第三、第四に展示の身廊が続きます[4]。視聴覚の部屋は電子工学の卓越した研究室であり、国家の迎賓室は屋上庭園に開かれています（50m × 40m）。カピトールの頂部は完全にヒマラヤに、どんな郊外地にもない田舎の風景に開かれているのです[5]。

　目下図面を作成しています。あなたが来週来たときには完了しているはずです。そのとき口頭で説明します。

　親愛なるカルフへ、　敬具。

　　　　　　　　　　　　　　　　　ル・コルビュジエ

訳註

ル・コルビュジエの建築制作にとって、音楽は特別な位置を占めている。母親に曰く、「僕が建築を解釈するときは、音楽でしか語りません。楽譜はわかりませんが、建築や音楽は時間と空間です。継時的な感覚の芸術としては意味では同じことで、交響曲を奏でているのです。母さんも美しいものをつくって」(cf., AFLC, R2-4-118, lettre de Charles-Édouard Jeanneret à sa mere, 1948.1.10)。フィリップス館（1958）のような実験的空間だけではなく、ロンシャンの礼拝堂（1953）の鐘楼構想、ラ・トゥーレットの修道院（1959）の屋上庭園構想や附属礼拝堂のダイヤモンド壁の構想においては、祈りの空間における唱歌が主題となり、チャンディガールの州議会場（1961）においては議会の議論の声が主題となっている。そして、ル・コルビュジエの最後の構想の一つであるチャンディガールの知の博物館（1960）においても、やはり（隠喩としても）「音楽」がいたるところに行き渡っている。

［1］ cf., FLC3109; FLC3193, FLC3194. チャンディガールの州議会場（1961）の天井アルミニウム板の壁面取り付けの詳細については、cf., Jullien, Le Corbusier, FLC3113, 1960.2.25; Prabhawalker, FLC3717, 1960.5.12; Prabhawalker, FLC3201, 1960.5.13; Prabhawalker, FLC3201, 1960.10.28。

［2］ チャンディガールの州議会場（1961）の天井吸収材の自在な配置は、巨大な双曲面壁の内部の雲のような形態へと生成する（cf., Le Corbusier, FLC29070A, 1955.7.9;［Le Corbusier］, FLC3195; Le Corbusier, FLC3600, 1958.3.30）。

［3］ ル・コルビュジエ自身も、報酬の支払いについては悩まされ続け、本人曰く無償の近い状況である（cf., AFLC, E2-17-5, lettre de Le Corbusier à Jawaharlal Nehru, 1953.9.23; AFLC, P1-18-176, lettre de Le Corbusier à Ove Arup, 1962.1.17。無報酬であるためか、フィリップス社によるチャンディガール州会議堂（1961）の音響の検討については、1枚の詳細図面しか残されていない（cf., FLC5177, 1960.9.6）。

［4］ 後に、縦長に4分割した身廊はすべて研究室となり、展示の身廊は視聴覚研究室と同階に隣接する2層吹き抜けの公共展示室に置き換えられている（cf. Jullian, Le corbusier, FLC4881, 1959.11.28）。

［5］ cf., AFLC, P1-18-176, lettre de Le Corbusier à Ove Arup, 1962.1.17. ラ・トゥーレットの修道院（1959）の屋上庭園においても唱歌の音響装置を試みるように、チャンディガールの知の博物館（1960）においても、ル・コルビュジエは屋上庭園を開放系の視聴覚 audio-vision にしようとしている。州会議堂（1961）の議会場における天空からの垂直的な光に満ち溢れた内部空間の閉鎖系とは対照的である。

AFLC, R3-6-76

Paris, le 4 Juin 1960

Monsieur F. OUELLETTE
22 Terrasse Paquin
<u>PONT VIAU</u>（Montréal）
P. Q. Canada

Monsieur,

Rentrant des Indes j'ai trouvé sur ma table de travail votre lettre du 22 avril 1960.

J'ai connu Varèse à New York en 1935 lors de mon premier voyage aux Etats Unis. J'ai entendu diriger des chœurs (si je ne m'abuse). Je me suis rendu compte qu'il portait quelque chose en lui et toutes choses en sont restées là. Mais, en 1956, lorsque le Directeur de Philips vint me demander de faire le Pavillon Philips de Bruxelles me disant : "Vous serez entièrement libre de faire les façades que vous voulez .....", ma réponse fut celle-ci : "Je ne ferai pas de pavillons; je ferai un "Poème Electronique" avec la bouteille qui le contiendra. La bouteille sera le pavillon et il n'y a aura pas de façade à cette bouteille."

C'est en voyant, debout devant moi, M. Kalff, directeur chez Philips, (2 mètres de haut à peu près) que subitement et spontanément surgit de l'inconnu cette notion d'un Poème Electronique, c'est à dire d'une œuvre capable d'affecter profondément la sensibilité humaine par les moyens audio-visuels. Hollywood existe depuis longtemps, les concerts symphoniques, l'opéra, les livres également, la photographie, le cinéma, mais je sentais obscurément que quelque chose pouvait naître sur le plan créatif grâce aux moyens peut-être prodigieux de l'électronique : vitesse, nombre, couleur, son, bruit, puissance illimitée. Telle fut d'un coup l'idée! Si vous trouvez jamais quelqu'un qui puisse vous expliquer les raisons de la naissance d'une idée, - phénomène hors du temps et de la volonté humaine, - vous pouvez m'envoyer sa photographie!

Sons, bruits, puissance illimitée. Création neuve ouverte devant soi... immédiatement j'ai pensé à Varèse dont je n'avais pas eu à m'occuper depuis près de 25 ans. Et cela fut si fort que je déclarai que je n'entreprendrais cette tâche qu'à la condition que ce soit Varèse qui fasse la musique. On me disait : "Nous avons nos musiciens; nous avons nos compositeurs". Je répondis : "C'est à prendre ou à laisser et, plus que cela, je mets comme condition, pour Varèse, une rétribution digne de lui." Cela bouleversait pas mal les habitudes d'une grande maison comme la maison Philips, mais M. Kalff avait très bien compris. Le Poème Electronique doit beaucoup à M. Kalff. Les mois passèrent. Le moment vint où Varèse déclara la nécessité où il se trouvait de disposer des installations et du personnel techniques de Philips dans les laboratoires ou les hangars d'Eindhoven.

Ceci me rappelle des évènements de Rion de Janeiro, 1936, où j'avais été appelé pour faire les plans de la Cité Universitaire du Brésil. Le Ministre, M. Capanema, me demande : "Où avez-vous placé la Faculté de Musique?" Je répondis: "Les concerts auront lieu dans le grand auditorium entouré "des 10.000 palmiers". Quant aux enseignements, ils se feront en grande part dans les ateliers situés, dans mon projet, dans les laboratoires *de la Faculté* de physique car le son est un évènement physique qui nécessite d'être traité comme tel, analysé, employé et exploité (son, rythme, lenteur, accélération, crescendo, puissance ou douceur) dans des laboratoires de physique qui seront une part éminente des lieux d'études des musiciens"...

Donc Varèse vint en septembre 1957 à Eindhoven travaillant pendant sept ou huit mois dans les laboratoires. Je le dis bien simplement : j'avais totale confiance en lui. Je lui dis: "Vous ferez ce que vous voudrez; je vous laisse libre, considérant votre musique comme une présence autour d'un homme lisant, par exemple, un livre ou un récit quelconque et dont l'oreille entend des bruits au dehors (un orgue de Barbarie, une musique militaire qui passe, une révolution qui approche dans la rue, monte dans l'escalier et défonce la porte)". Je n'ai pas donné l'ombre d'un scénario à Varèse. J'avais eu l'idée d'une seule consigne : au beau milieu de Poème Electronique je prévoyais un silence total subit et lumière blanche d'un coup - de quoi donner une crampe d'estomac aux auditeurs. Résultat: Varèse un jour m'avoue dans la voiture nous conduisant d'Eindhoven à Bruxelles : "Mon cher Corbu, je n'ai pas pu réaliser ce silence; c'est précisément le moment où il y a le plus de bruit dans mon affaire"... Ma réponse : "Grand bien vous fasse. Peu importe! Quelques paroles devaient être prononcées à ce moment du Poème Electronique; elles ne le seront pas et c'est peut-être tant mieux pour l'unité de l'œuvre". Varèse a un sale caractère, exactement le même que le mien! Cet incident a d'ailleurs été saisi par la pellicule. Dans le livre édité par Jean Petit aux "Editions de Forces Vives" on nous voit l'un à côté de l'autre précisément au moment de ce dialogue.

Varèse est un home de métier, profondément. Il sait que le métier c'est son après son implacablement, sans défaillance, avec une volonté impassible d'un bout à l'autre. Il n'a pas rencontré les muses musicales dans sa vie! Leurs ailes ne l'ont pas frôlé. Je suis dans le même cas: pas de frôlement d'ailles mais un travail de damné ou de chien ou de moine, en tous cas de persévérance et de minutie.

J'ai été ravi de l'apport décisif de Varèse dans le Poème Electronique; il en est presque l'assiette. Notre travail en commun n'a pas d'histoire, donc il fut heureux.

Résumé: pour 480 secondes de musique, Varèse a travaillé sept mois. Il était à Eindhoven à l'hôtel et non pas chez lui, et il n'avait rien d'autre à faire qu'à employer les techniciens de Philips dont il est juste temps de faire l'éloge ici: tous ces braves types qui, en fin de comptes, sont les supportes mêmes de toute œuvre d'art.

Paris, 4 juin 1860

LE CORBUSIER

P.S. Demandez à Varèse qu'il cherche dans le livre de Jean Petit : "Le Poème Electronique Le Corbusier", "Les Cahier Forces Vives", aux Editions de Minuit, les photographies qui lui plairont. Vous ferez votre choix et je transmettrai vous ordres au photographes.

1960年6月4日にル・コルビュジエがF・ウーレットに宛てた手紙

パリ、1960年6月4日

F・ウーレット様[1]
テラス・パキン22番地
ポン・ヴィオ（モントリオール）
カナダ

拝啓、

インドから戻ってきたら、仕事机の上に1960年4月22日のあなたの手紙がありました。

1935年にはじめて合衆国に旅したとき、ヴァレーズと知り合いました。（思い違いでなければ）楽団を指揮していていたと思います。ヴァレーズは何かを持っていて、すべてをやり尽くしてはいないと気づきました。1956年、フィリップスの社長からブリュッセルのフィリップス館を依頼されました。「まったく自由に思い通りに展示館のファサードをつくってください……」。私の答え。「展示館はつくりません。瓶に「電子詩」を入れます。瓶は展示館になりますが、ファサードはありません」[2]。

フィリップスの社長、カルフ氏（2メートルもの大男）を前にして、これまでにない「電子詩」の構想が突然はたと芽生えたのです[3]。つまり視聴覚装置を駆使して人間の感性に深く触れる作品です。ハリウッドにはずっと前からありました。交響曲の演奏も、オペラも、本もそうです。写真も、映画も。しかし、電子という驚異的な方法を使って創造的な構想が生まれるのではないかと漠然と感じていました。突然の思いつき！ つまり、速度、数学、色彩、響き、騒音、無限性を取り入れるのです。ある発想の誕生、時間や人間の意志の埒外に生まれる現象を説明できる人などいないでしょう[4]。もし見つけたら写真を送ってください！

響き、騒音、無限性。現前する人間に開かれた新しい創造。25年間もつき合いが途絶えていましたが、即座にヴァレーズのことを考えました。この任務はヴァレーズが作曲してくれるのでなければできないと強く主張しました。「音楽家や作曲家は他にもいます」と言われましたが、私は「ヴァレーズが来るか来ないか、どちらかしかありません。ヴァレーズに相応しい報酬が支払われるような状況だけはつくりたい」と答えました。フィリップス社のような大きな会社の慣習をひっくり返す出来事でした。そんなに悪いことでは

304

ない。カルフ氏はちゃんと理解してくれました。「電子詩」はカルフ氏のお陰です。数ヶ月経って、ヴァレーズはアイントフォーヘン[5]の倉庫や実験室で使えるフィリップスの技術者や装置が必要だと言い出しました。

　1936年のリオデジャネイロの出来事を思い出します。ブラジルの大学都市計画で呼ばれたときのことです。大臣のカパネラ氏から尋ねられました。「音楽学部はどこに置くことになるでしょうか」。私の答え。「演奏会は「10,000本の椰子」で取り囲まれた大ホールで開催されます。教育に関しては、私の構想では、大部分が物理学部の実験棟内に設置されたアトリエです。音は物理的な出来事だからです。物理学の実験室で（音、律動、緩急、調律を）分析試用して開発する必要があります。音楽研究の場所としては抜群です……」[6]。

　そういうわけで1957年9月にヴァレーズは七、八ヶ月かけて実験室で仕事をするためにアイントフォーヘンにやって来ました。まったくもって信頼していたので、こうとだけ言いました。「思うようにやってください。自由に、そして本を読んでいる人の耳に入ってくるような音楽を構想してください。たとえば、音（原始的なオルガンの響き、通り過ぎていく軍歌、街路や階段や扉から聞こえる沸き立つような音）が聞えてくる書物や物語のような音楽、とでも言えばいいでしょうか」。私はヴァレーズにあらかじめシナリオなどこれっぽっちも渡さなかったのです。

　唯一これだけはというものは抱いていました。「電子詩」のかくも美しい雰囲気の静寂のただなかに、聴衆に胃を痙攣させるような一撃の閃光を企てていたのです。結果。ある日ヴァレーズはアイントフォーヘンからブリュッセルに向かう自動車のなかで告白しました。「コルビュ。そんな静寂はつくりだせませんでした。私の音楽にはどうも騒音が多い」。私の答え。「よくやってくれました。なんの問題もありません！「電子詩」には人の声を入れるつもりでしたがやめましょう。その方が作品の統一性がでます」[7]。ヴァレーズはちょっと品のないところがあって、私とまったく同じなのです！　そうそう、このちょっとした会話は写真にも撮られています。ジャン・プティが「フォルス・ヴィーヴ出版」から出した書物で、二人が寄り添って話している姿が写っています[8]。

　ヴァレーズは本物の職人です。徹頭徹尾冷静かつ情熱的、そして仮借のない完璧な音をつくること知っています。人生において音楽のミューズなどには出会わなかったのです！　ミューズの翼に触れたことなどなかったのです。私もそうです。翼には触れられず、原罪を背負い、犬か修道士のように仕事をし、つねに忍耐強く、細心の注意を払ってきたのです。

　ヴァレーズが「電子詩」に決定的な貢献をしてくれたことがとてもうれしかったのです。絶妙の均衡です。私たちの協働の仕事はでっち上げではありません。それがうれしかったのです。

　要するにです。480秒の音楽のために、ヴァレーズは七ヶ月働きました。宿やアイントフォーヘンにいて、自宅には帰っていませんでした。賞賛すべきフィリップスの技術者を使うことのみに専心していたのです。結局のところ、勇敢な技術者たちが芸術作品というものを支えてくれているのです。

ル・コルビュジエ

追伸　ジャン・プティのミニュイ出版、フォルス・ヴィーヴ叢書の『電子詩ル・コルビュジエ』にお気に入りの写真がないか、ヴァレーズに尋ねていただけますか。選んでくれれば写真家に伝えます。

　　　　　　　　　　　パリ、1960年6月4日

　　　　　　　　　　　ル・コルビュジエ

註

建築家と芸術家（音楽家）との協働が唯一実現したフィリップス館（1958）において、ル・コルビュジエはまるで天秤の量皿のような両者の関係を理想としている（それは、技術者との協働でも同じことである）。フィリップス館の「瓶 bouteille」の空間のなかで、ル・コルビュジエの建築とヴァレーズの音楽とが絶妙の均衡を保つことによって、「作品」となっていく。ただしル・コルビュジエは、自らの建築作品において、芸術家（画家）と協働することはない。サント＝ボームの巡礼地計画（1948）では友で画家のフェルナン・レジェの壁画制作を拒否し（cf., Jaques Lucan dir., *Le Corbusier une encyclopédie*, Les Éditions du Centre Pompidou/CCI, Paris, 1987, p.232；邦訳、p.281）、ロンシャンの礼拝堂（1953）ではピカソの絵画の室内展示を拒否している（cf., AFLC, Q1-5-284, lettre de Le Corbusier à René Bolle-Reddat, 1964.6.20）。

[1]　F・ウーレット F. Ouellette はモントリオールにおけるル・コルビュジエの文通者であるが、ル・コルビュジエが赤裸々に語るこの人物の詳細は不明。

[2]　フィリップス館（1958）の「瓶 bouteille」の出自については、青年期のル・コルビュジエがオーギュスト・ペレ Auguste Perret（1874〜1954）の住宅の構想から学んだ仕掛けである（cf., AFLC, E1-11-213, lettre de Charles-Édouard Jeanneret à Auguste Perret, 1916.7.21）。ユニテ・ダビタシオンの構造体に格納される住戸の「箱 boîte」とは異なり（cf., Le Corbusier, W. Boesiger éd., *Œuvre complète 1938-1946*, Girsberger, Zürich, 1946, p.186；邦訳、p.184）、フィリッ

ブス館の「瓶」は自立する自由な形態をとっている。ガラスの透明性とは別の「壁」の消去法である。

[3] 構想の「自発的発露 spontané」は、ロンシャンの礼拝堂（1953）以降のル・コルビュジエの制作論における鍵概念である（cf., Le Corbusier, *Textes et dessins pour Ronchamp*, Association œuvre de Notre-Dame-du-Haut, Ronchamp, Genève, s.p., 1965）。そもそも、ル・コルビュジエは青年期より創造の内的作動力に意識的である（cf., AFLC, E2-6-152, lettre de Charles-Édouard Jeanneret à August Klipstein, 1912.8.20）。

[4] ル・コルビュジエはロンシャンの礼拝堂（1953）やフィルミニの教会堂（1963）の全体像の誕生についても、同様のことを述べている。（cf., Le Corbusier, *Ronchamp, les carnets de la recherche patiente n°2*, Verlag Gerd Hatje, Stuttgart, 1957, p.89. あるいはアトリエの所員アンドレ・ヴォジャンスキー André Wogenscky の証言 André Wogenscky, *Les mains de Le Corbusier*, Les Éditions de Grenelle, Paris, s.d., pp.28-30；邦訳、pp.42-46 を参照。

[5] アイントフォーヘンはオランダのフィリップス社の本社所在地。

[6] リオ・デ・ジャネイロの大学都市（1936）の構想では、椰子の木を介して「限りなく成長する美術館 le musée à croissance illimitée」とソヴィエト・パレス（1931）と同型の貝殻型の講堂が対面している（cf., Le Corbusier, FLC19258, 1936.7.30; Le Corbusier et Pierre Jeanneret, Max Bill éd., *Œuvre complète 1934-1938*, Girsberger, Zürich, 1938, p.43；邦訳、p.35）。配置構成は、すでに芸術をコアとする第二次世界大戦後のル・コルビュジエの都市計画の顕著な傾向を示している。

[7] cf., Le Corbusier, Jean Petit éd., *Le poème électronique Le Corbusier*, Les Éditions de Minuit, Paris, 1958, p.199.

[8] cf., *ibid.*, p.197.

AFLC, I3-16-49

Paul Eugène L. Raboz, Pdt = Direct. général
Entreprise Raboz S.A.
Fort-Lamy-Tchad

Rendez-vous Biasini, Ruboz [Raboz], L-C, le 17 septembre 1960.

OBJET : Fort Lamy

Calandrier : Raboz enverra cadastre et cie avant fin septembre.

L-C va fournir un descriptif avec croquis（sur plan d'Ahmedabad ou Tokio）pour permettre à Ruboz [Raboz] de faire une estimation :

    a) du Musée avec bibliothèque et conférences（Tokio）

    b) d'un théâtre spontané

    c) et éventuellement, pour phase ultérieure, pour pouvoir faire la convention d'honoraires

Sur pilotis obligatoire : terrain d'alluvions gonfle sous la pluie. Il faut pilotis de 4m de profondeur sous terre où travailler à 2 kg cm2

    poteaux de béton armé
    semelle

Le terrain est planté d'arbres en quinconce. Raboz enverra le relevé cadastre general du terrain.

Le petit théâtre spontané en briques ordinaires
    cinéma spontané + d'amateur
    en plus donc projection fixe
fers Profilés possibles pour "Boîte à Miracles"（plafond des appareils）mais Musée en béton armé

    "planchers en céramique armée" pouvant porter jusqu'à 7 mètres

    maçonnerie : briques cuites

    coffrage en tôle, car bois de coffrage trop cher à Fort Lamy ils ont coffrage acier 100 x 50 : ils en ont 400 m2

mais L-C peut faire admettre coffrage au Modulor

1960年9月17日のル・コルビュジエ、ラボ、ビアジニとの打ち合わせ

ポール・ウジェーヌ・L・ラボ＝社長
株式会社ラボ
フォール＝ラミー＝チャド

<u>1960年9月17日のル・コルビュジエ、ラボ[1]、ビアジニ[2]との打ち合わせ</u>

要件：<u>フォール・ラミー</u>
日程：リュボ氏が地籍図を九月下旬までに郵送。
ル・コルビュジエがたたき台（アーメダバードや東京の図面）を提出し、リュボ氏が検討する。

  a）美術館と附属図書館と会議室（東京）
  b）自発劇場を一棟
  c）後日、適時に報酬契約協定

ピロティは必須[3]：雨水による堆積層。<u>地下</u>4mの杭もしくはcm2当たり2kgの

  鉄筋コンクリート支柱

脚部   *4 m*
              脚部

敷地には樹木が点在[4]。リュボ氏が敷地の地籍図を送る予定。

一般的な煉瓦造の小自発劇場
   映画愛好家のための自発映画館
   映写は固定

「不思議の箱」は形鋼（天井に器具を設置）しかし美術館は鉄筋コンクリート

   7メートル間隔の陶板で固められた床
   左官工事：素焼き煉瓦
   型枠は鉄板で。フォール・ラミーでは木板は高価である。100 × 50の鉄板で400m2を打つ

チャンディガール＝60／120
しかしながら型枠についてル・コルビュジエはモデュロールを希望[5]

訳註

  フォール・ラミーの美術館（1960）の構想において、「自発劇場」を除けば（ル・コルビュジエがチャンディガールの美術館（1964）の敷地に「自発劇場 théâtre spontané」を描くのは、1961年12月である）、芸術空間施設としての「限りなく成長する美術館 musée à croissance illimitée」「展示館 pavillon」「不思議の箱 la boîte à miracle」がすべて出揃っている（cf., Oubrerie, FLC23454A, 1960.12.6）。つまり、フォール・ラミーの美術館（1960）は、はじめから「限りなく成長する美術館 musée à croissance illimitée」の実践の過程におけるプロトタイプの洗練と変型、そこから派生した様々なプロトタイプの余剰との複合体である。

［1］ ラボ Raboz はフォール・ラミーの美術館（1960）の建設事業におけるチャドの技術者。

［2］ ビアジニ Biasini はフランス文化省の役人。チャドは1960年にフランスから独立していることから、フォール・ラミーの美術館（1960）が国家的事業であることがわかる。

［3］ アーメダバードの美術館（1957）においても、やはり近接するサヴァルマティ川の氾濫への対策としてピロティを位置づけている（cf., AFLC, Le Corbusier, F1-11-30, 1952.6.5）。

［4］ 東京の国立西洋美術館（1959）同様（cf., **Maissonier, [Le Corbusier], FLC24649, 1956.1.**）。ル・コルビュジエは敷地内の既存の樹木を可能なかぎり残している（cf., Oubrerie, Le Corbusier, FLC23454A, 1960.10.6）。

［5］ ル・コルビュジエは「美術館」のプロトタイプに限らず、現地産の素材や工法を積極的に受容して造形を発展させていくが、寸法体系については自らの規準を遵守しようとしている。マルセイユのユニテ・ダビタシオン（1952）の建設では、モデュロールを取るために住戸の壁面厚を薄くすることさえしている。東京の国立西洋美術館（1959）においては、日本の耐震基準上、柱径が太くなるためにモデュロールが破綻しているが、例外に属する（cf., **Maekawa, Sakakura, Yoshizaka, FLC29957, 1958.9.9**）。

AFLC, I3-16-55

Paris, le 21 Octobre 1960

Monsieur E. BIASINI
Direction Générale des Arts
et des Lettres
53, rue Saint-Dominique
<u>PARIS</u> (VII°)

Cher Monsieur Biasini,

Inclus une lettre et des plans à destination de M. Raboz que je vous prie de bien vouloir lui faire parvenir.

Vous remarquerez dans ma lettre à M. Raboz que les contacts, jusqu'à nouvel avis, doivent être pris directement entre celui-ci et l'atelier 35 rue de sèvres de façon à éviter toutes erreurs. Dans ce domaine il est dangereux d'établir trop tôt des relais.

Je crois qu'il serait bon que vous envoyiez à M. Raboz le tome IV des "Œuvres Complètes Le Corbusier 1938-1946", aux Editions Girsberger de Zürich, où se trouve, page 16 à 21, la maquette du "Musée à Croissance Illimitée". Ceci à simple titre d'information. (Vous pouvez vous procurer cet ouvrage à la librairie Vincent et Fréal, 4 rue des Beaux Arts, Paris, 6°. Tél. : DANton 54-02).

Veuillez croire, cher Monsieur Biasini, à l'assurance de mes sentiments les meilleurs.

LE CORBUSIER

P.S. Ci-joint à votre intention copie de ma lettre à M. Raboz.

1960年10月21日にル・コルビュジエがE・ビアジニに宛てた手紙

パリ、1960年10月21日

E・ビアジニ様
文芸課長
サン＝ドミニク通り53番地
<u>パリ</u>（7区）

ビアジニ様、

ラボ氏[1]に宛てた図面と手紙を同封しますので、郵送をお願いいたします[2]。

ラボ氏とのやり取りは、何か新しい展開があるまで、セーヴル通り35番地のアトリエと直接行いますのでご留意ください。行き違いを避けるためです。こういうことはあいだに何か入ると危険です。

ラボ氏にはチューリッヒのギルスバーガー出版の『ル・コルビュジエ全集』第4巻を送って差し上げるのがよいと思います。16頁から21頁に「限りなく成長する美術館」の模型が掲載されています[3]。簡潔な名前です。（パリ6区ボ・ザール通り4番地のヴァンサン・エ・プレアル書店で入手してください。電話：ダントン54-02）

敬具。

ル・コルビュジエ

追伸　控えとしてラボ氏への手紙の複写を添付します。

訳註
『全集』はル・コルビュジエの探求の履歴であり、またル・コルビュジエの理念と形態のカタログでもある。フォール・ラミーの美術館（1960）の敷地は、「文化の輝く地区 Centre rayonnement culturel」と呼ばれ、敷地の西側に隣接して大聖堂の建設が決定している。比較的特殊な敷地条件であるが、「限りなく成長する美術館 musée à croissance illimitée」「展示館 pavillon」「不思議の箱 boîte à miracle」によるエスプラナードと点在する「自発劇場 théâtre spontané」の構成は、『全集』というカタログから拾い出された断片のコラージュである（実際、フォール・ラミーの美術館（1960）の構想を立案する前に、ル・コルビュジエはアーメダバード（1957）、東京（1959）、チャンディガール（1964）の3つの美術館の全体構想を同じ縮尺で施主に提示している（cf., Oubrerie, FLC23458B, 1960.5.27））。プロトタイプのコラージュは、とくに晩年のル・コルビュジエの方法論である。エルレンバッハの美術館（1963）におけるプロトタイプのコラージュについては、cf., **AFLC, F1-16-15, Note à l'attention de Gardien, 1962.1.10**。

[1] ラボ Raboz はフォール・ラミーの美術館（1960）の建設事業におけるチャドの技術者。
[2] おそらく、Le Corbusier, FLC23453, 1960.10.3の素描に基づく配置図 Oubrerie, Le Corbusier, FLC23454A, 1960.10.6のこと。
[3] 北アフリカのフィリップヴィルのための美術館（1939）。螺旋型と卍型の拡張を組み合わせた「限りなく成長する美術館 musée à croissance illimitée」のプロトタイプの最終型。ル・コルビュジエはフォール・ラミーの敷地にも適用している。ル・コルビュジエがあえて「美術館」の最終型のみを提示しているのは、おそらく事業実現の手順として「美術館」を最優先しているからである。

AFLC, P1-18-38

29 mars 1961

à M. le Chef Ministre Paratap Kairon
Rapport de Le Corbusier, Architectural Adviser relatif à la construction immédiate.
<u>*du museum of KNOWLEDGE*</u>
considéré comme Maison du Gouvernement occupant le sommet du Park du Capitole à Chandigarh et accomplissant la double fonction de
a/ recevoir des hôtes du gouvernement à divers circonstances
b/ d'être une laboratoire électronique de décision scientifique consacré à
l'ETUDE
ou
L'EXAMENT
ou
la CONNAISSANCE

Par sa création, le bâtiment dénommé Museum of Knowledge instituera l'amorce d'une bibliothèque (éditions des "Livre-Ronds") qui constituera la manifestation pratique d'une explication du monde, de ses rapports <u>*Homme et Cosmos*</u>*, nouvelle forme pratique de la pensée humaine par l'audio-visualisation* ~~électronique~~*, (enregistrement électronique de la parole et de l'image) à destination des hommes de gouvernement, d'administration du monde universitaire (la jeunesse du monde moderne) et des population en général. (car les "livres-Ronds" ne réclame que l'emploi : de moyen actuel de la projection cinématographique.)*

Ces propositions dont la suite d'une activité consacrée par Le Corbusier aux problèmes de l'<u>étude</u> et de la <u>démonstration</u> par les musées depuis le MUNDANEUM soumis en 1928 à la Société des Nations à Genève, puisqu'à la création à partir en 1930 du principe du "musée à croissance illimitée" pour Paris (Port Maillot), pour la Siège des Nations Unies en USA, 1946, pour Philippeville en Afrique, pour Ahmedabad aux Indes (réalisé), pour Tokio (réalisé) au Japon, pour Fort-Lamy en Afrique (en réalisation), pour la nouvelle Cité-Universitaire du Brésil de Rio des Janeiro etc.; la construction actuelle de "VAC" (Visual Art Center) au cœur même de l'Université de Harvard au Cambridge-Boston. Le conseil international des musées se réunira en mais à Turin et a chargé L-C à cette occasion d'exposer le problème de l '"Architecture des Musées" le 25 mais 1961.

───────────────

Les "Editions du Seuil" à Paris, dans la collection "le Rayon de la Science" publient leur première volume sur l'électronique; et cela en est les voici les premières lignes :

"Au sein des prodigieux développement de la science auquel nous assistons, le développement électronique est peut-être le fait la plus prodigieux. Aucune découverte n'a ouverte autant de portes depuis quelques années. Télévision, radar, fuse, satellites artificiels entre autres doivent leur vie à l'électronique"

Et l'une des conclusions des ce livre est celle-ci :

"dans la bousculade qui s'annonce, il faudra repenser notre organisation matérielle et, pour service milliard de clients qui vont surgir, pour loger, les déplacer, les distraire et les instruire ; il faudra revoir entièrement ses méthodes actuelles !!......

───────────────

Les plans du Museum of Knowledge sont faites depuis deux années par LC à Paris et par l'architectural office à Chandigarh.

~~Ils sont permis de supprimer de établissement aménagement couteux dans le Parc du Capitole et de réaliser une importante économie dont on pourra profiter.~~

───────────────

Des consultations ont été prises par Le Corbusier auprès d'importants spécialistes de l'électronique.

a/ Le conseil de directeur de Philips (cette firme si importante 200000 ouvriers dans leurs usines), s'est réuni spécialement à Eindhoven et délégué à Paris l'un de ces directeurs M Kalf avec lequel Le Corbusier avait fait la décisive expérience de Pavillon Philips de Bruxelles et la réalisation du "Poème Electronique" devant 1.250.000 auditeurs et spectateurs (par séance de 500 participants à chaque fois) Une lettre de Philips du 13 mais est arrivée à Chandigarh. La réserve apparente avec deuxième paragraphe de Philips trahit une erreur de conception sur les buts poursuits (contemporain) par Le Corbusier dans l'application de l'électronique.

b/ M. Olivetti d'Ivéa-Milan en Italie (fabricateur des divers machines Olivetti) s'était passionné pour l'Idée de L-C, en général. Depuis une année les éditions Communita sont à disposition de L-C, pour des impressions en 6 langues

c/ La Radio Télévision française, a diffusée ce mois de mars sur ses antennes, une étude de 45 minuits sur le thème qui nous occupe. Cette radio étant réalisée par MM2

Mr. Le Lionnais, ex directeur de la section scientifique de l'UNESCO à Paris

Mr. Motte président d'une Société importante de « recherche opérationnelle »

M Le Corbusier (problème de "laboratoire électronique l'Enquête, la Proposition, l'Explication et l'Exposition)

───────────────

Voici quelques exemples des thèmes électroniques intéressants les autorités d'un pays :

1 le problème de la population : natalité, occupation du sol; menaces et solution possible etc

2 le contrôle des Eaux : l'irrigation, le problème mondial des 3 routes : d'eau, de terre et de fer apportent l'armature des Cités linéaires industrielles de la second ère d'une civilisation machiniste (conquête de notre Terre non-connue, délaissée

3 le contrôle de Soleil a) protection = contre le
    soleil
    b) exploitation =avec le
    soleil
    etc
    etc

Fait à Chandigarh, le 29 mars 1961

ル・コルビュジエ書簡撰 ― 美術館篇 ―

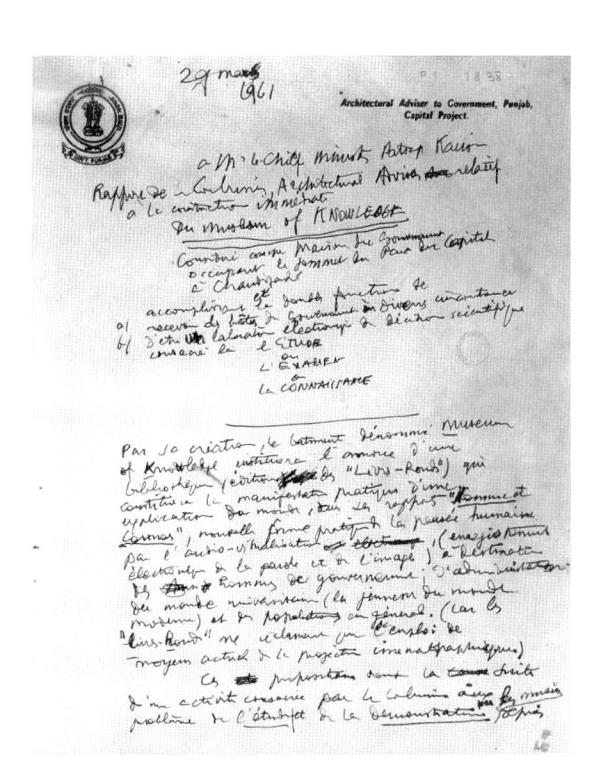

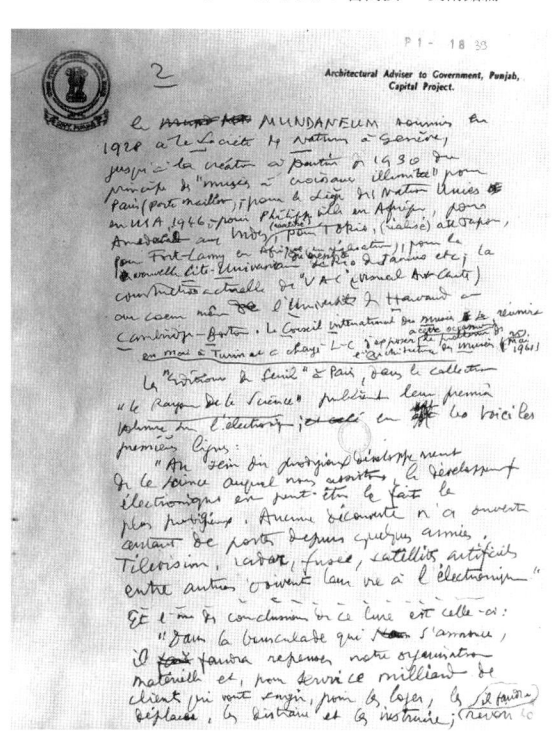

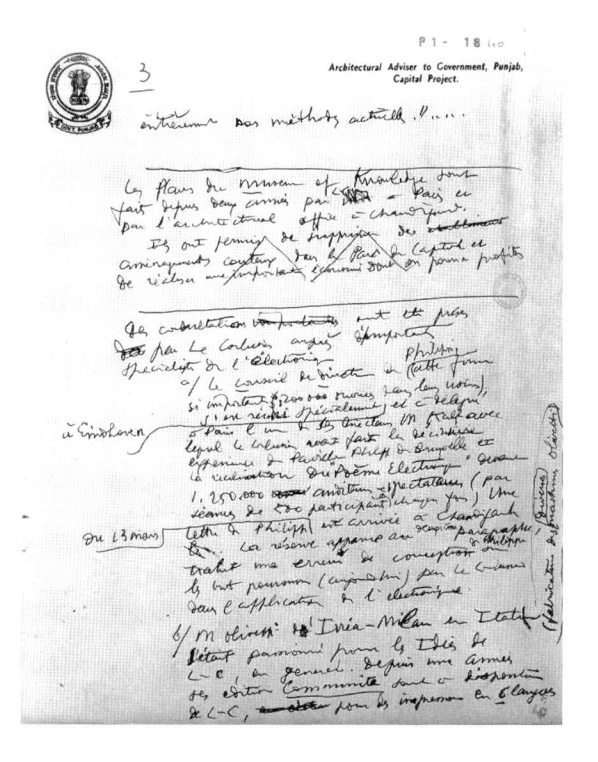

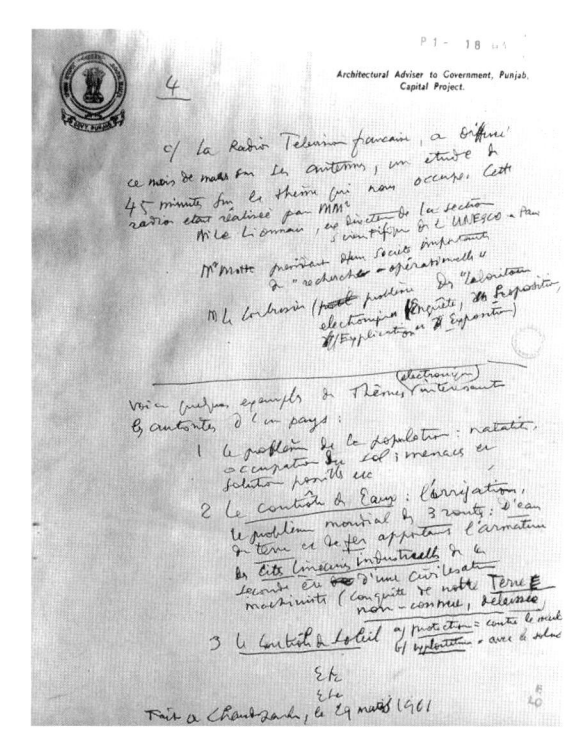

311

AFLC, P1-18-42

important = note preparée par L-C pour Kairon Chef Ministre
séance du 29/3/61
= Cela est ma dernière reduction

29th March, 1961

To

The Chief Minister,

Mr. Paratap Singh Kairon

Report by Le Corbusier, Architectural Adviser relating to the immediate construction of

The Museum of KNOWLEDGE

considered as the house of the Government occupying the summit of the Capital park at Chandigarh and accomplishing the double function of

a) receiving the guests of the Government in various circumstances

b) being an electronic laboratory for scientific decision consecrated to

STUDY

or

EXAMINATION

or

KNOWLEDGE.

By its creation, the building called Museum of Knowledge will institute a beginning for a library (editions of "Round-Books") which will constitute the practical manifestation of an explanation of the world in the relationship between "Man and Cosmos", new practical form of human thought by audio-visualization (electrical recording of the word and the image) intended for the men of the Government – the men of the Administration, the people of the University (the youth of the modern world) and for the teaching of populations in general (as the "Round-Books" only require use of the actual means of cinematographic projection).

These proposals are the sequel of an activity consecrated by Le Corbusier to the problem of the study and the demonstration by the museums since the MUNDANEUM submitted in 1928 to the league of Nations at Geneva until the creation from 1930 of the principle of the "Museum of unlimited growth" for Paris (Porte Maillot); for the seat of the United Nation in U.S.A., 1946, for the town of Philippeville in Africa, for Ahmedabad in India (built), Tokyo in Japan (built), for Fort-Lamy in Africa (being built), for the new University-City of Brazil at Rio, etc; the actual construction of "V.A.C." (Visual Art Centre) at the heart itself of the University of Harvard at Cambridge, Boston. The International Council of Museums will meet in May at Turin (Italy) and has asked Le Corbusier on this occasion to explain the problem of the "Architecture of Museums" in the 25th May, 1961.

The "Editions du Seuil" at Paris in the collection "the Zone of Science" are publishing their first volume on electronics; here are the first lines :

"At the heart of the prodigious development of science which we are seeing, electronic development is perhaps the most prodigious fact. No other discovery has opened up so many doors since years. Television, radar, rockets, artificial satellites, amongst others owe their life to electronics" --------

And one of the conclusions of this book in this :

"In the rush which manifests itself, it is necessary to think again of our material organization and to serve this new billion of clients who are going to rise, in order to lodge them, to move them, to distract them and to instruct them; it is necessary to review entirely the actual methods" --------

----

The plans of the museum of Knowledge have been ready since two years, done by Le Corbusier in Paris and by the Architectural Office in Chandigarh.

Consultation took place between Le Corbusier and important specialists in electronics.

a) The Council of Administrators of Philips (this very important firm with 200000 workers in their factories) met specially at Eindhoven and deputed to go to Paris one of its directors, Mr. Kalf with whom Le Corbusier had made the decisive experience of the Philips Pavilion at Brussels and the realization of the "Electronic Poem" before 1,250,000 spectators (in groups of 500 at each show). A letter of the 13th March 1961 from Philips has come to Chandigarh. The reserve apparent in the second paragraph betrays an error of conception on the part of Philip's on the ends sought (today) by Le Corbusier in the application of electronics in the Museum of Knowledge in the capital of Chandigarh.

b) M. Olivetti of Ivrea – Milen in Italy (manufacturers of various Olivetti machines) were full of enthusiasm for the ideas of Le Corbusier in general. Since on year the editions "Communita" are at the disposition of Le Corbusier, for printing in six languages.

 c) This month the French radio television has broadcast on its network a study of forty five minutes on the theme with which we are concerned. This broadcast was carried out by:

 Mr. Le Lionnais, ex-director of the Scientific Section of UNESCO at Paris.

 Mr. Motte President of an important society of "operational research".

 Mr. Le Corbusier (problem of the electronic laboratory" – the Investigation, the Proposition, the Explanation and the Exhibition).

 Here are some examples of interesting electronic theme for the authorities of a country :

 1. The problem of population; birth, occupation of the soil, dangers and possible solutions etc.

 2. Control of Water: irrigation, the world problem of "three routes; water, roads and railways" carrying the framework of "liner industrial cities" from the second era of a machinist civilization (conquest of our not-known abandoned Earth).

 3. Control of the Sun
 a) protection : against the Sun
 b) exploitation : with the Sun
 etc.
 etc.

 (Le Corbusier)
Chandigarh, 29th March, 1961

1961年3月29日にル・コルビュジエが記したパラタプ・シン・カイロンへの報告

重要＝第一首相カイロンへのル・コルビュジエの覚書
61年3月29日の会議
＝最新版

1961年3月29日
首相気付
パラタプ・シン・カイロン様[1]
建築顧問、ル・コルビュジエの報告書
知の博物館の近々の建設について
チャンディガールのカピトールの広場を占める総督官邸の構想であり、二つの機能を併せ持つ
a）様々な状況で使用される政府の迎賓館
b）研究、実験、知に寄与する電子工学研究所

知の博物館の創設には、建物にまず書籍部（「ラウンド＝ブックス」出版）を置き、「人間と宇宙」の関係性としての世界を説明し、視聴覚（文字と画像の電子記録）という新しい形式によって人間の思想を伝える。政府関係者、すなわち行政官、大学人（新しい時代の世界の若者たち）に向けて発信し、一般大衆を教唆する（映写技術による「ラウンド＝ブックス」）。

提案はル・コルビュジエによる探求活動の成果である。博物館における研究と展示の問題は1928年にジュネーヴの国際連盟に提出されたムンダネウムにはじまり、1930年のパリ（ポルト・マイヨ）の「限りなく成長する美術館」の原理の創造から導かれた。1946年のアメリカ合衆国の国際連合本部、アフリカのフィリップヴィル、インドのアーメダバード（建設）、日本の東京（建設）、アフリカのフォール＝ラミー（建設中）、リオの新大学都市などにも応用されている。ボストン、ケンブリッジのハーヴァード大学の中心施設となるVAC（視覚芸術センター）もそうである。美術館に関する国際会議がイタリアのトリノで開催予定であり、1961年5月25日に「美術館の建築」の問題についての講演が要請されている。

パリの「スイル出版」の『科学叢書』の第一巻[2]は電子工学に関する出版物であり、冒頭はこうである。

「科学の驚異的な発展の中心においては、おそらく電子工学が最大の貢献をしている。ここ数年来これ以上の新しい可能性を開いたものはない。テレビ、レーダー、ロケット、人工衛星など我々の生活を支えるものにはすべて電子工学が用いられている」--------
そして結論はこうである。

「混乱した状況が示しているように、実体としての

組織を再考し、勃興する何億という新しい施主たちを囲い込み、揺さぶり、既成概念の枠組みを外し、教唆しなければならない。既成の方法論を全面的に見直してみる必要がある」--------

知の博物館の図面はパリのル・コルビュジエとチャンディガールの建築事務所によって、すでに二年前に完成している[3]。

ル・コルビュジエと電子工学専門家との協議

a) フィリップス（工場に200000人の労働者を持つ会社）はアイントフォーヘンの経営者特別会議を開き、社長の一人であるカルフ氏をパリに派遣して、ル・コルビュジエとブリュッセルのフィリップス館で125万人（1回の開催で500人）を動員した「電子詩」を実現した。1961年3月13日にフィリップス社から一通の手紙がチャンディガールに届いた。第二段落目はチャンディガールのカピトールにおける知の博物館に用いる電子工学についてル・コルビュジエの（今日の）ねらいとフィリップス側の役割を明らかに誤読している[4]。

b) イタリアのミラノ－イブレア（オリベッティ製の様々な機械工場がある）のオリベッティ氏は総論としてル・コルビュジエの構想に大いに関心を示した。「コミュニタ」出版が一年前から六カ国語の出版を準備している。

c) 今月フランス国営放送が四十五分の関連番組を放映した。番組の放映：

ル・リオネ氏、パリのユネスコの科学部前部長

モット氏「オペレーションリサーチ」社社長

ル・コルビュジエ氏（電子工学研究所の問題-調査、提案、展示説明）

国の重要機関に向けた電子工学に関する重要問題の例

1. 人口問題；出生率、土地被覆率、危機とその解決策、等々。

2. 水源の制御；灌漑、「水路、道路、鉄路の三交通路」[5]の世界的問題。機械時代の第二段階における「線状工業都市」[6]の枠組み（知られずして放置された土地の獲得）。

3. 太陽の制御

a) 遮光

b) 太陽光利用

など。

など。

（ル・コルビュジエ）

チャンディガール、1961年3月29日

訳註

「知の博物館 musée de la connaissance」は、はじめ言葉としては「限りなく成長する美術館 musée à croissance illimitée」と混同して用いられ、アーメダバードの「限りなく成長する美術館」もまた「知の博物館」と呼ばれている（cf., **AFLC, P3-4-24, P1-18-26 Note de M. Le Corbusier relative au "Musée de la Connaissance" (Museum of the Knowledge), Ahmedabad, 1954.12.13**）。「知の博物館」が「限りなく成長する美術館」から博物館の独自の形式へ発展していくのは、総督官邸（1959）の構想が新しい時代の民主主義の建築として相応しくないとするパンジャブ州政府の有言無言の圧力によって廃案となり、代替として視聴覚工学技術・芸術の綜合としての「知の博物館 musée de la connaissance」をル・コルビュジエが提案するときである（cf., AFLC, P1-18-73, letter of M .S. Randhawa to Vohra, 1959.8.20）。しかしながら、ル・コルビュジエが力説する、美術館と視聴覚技術の融合した「博物館」が理解されることはない。州政府にとって、芸術とはあくまで美術品であり、美術館や博物館は歴史的に認知された作品の収蔵施設以上でも以下でもない。

[1] パラタプ・シン・カイロン Paratap Singh Kairon（1901〜1965）はパンジャブ州の首相で、インド独立運動の指導者、建築家。

[2] cf., Maurice Ponte et Pierre Braillard, *L'Électronique*, Les Éditions du Seuil, Paris, 1959.

[3] 1959年11月28日にまとめられた一連の建築図面（cf., Jullian, Le Corbusier, FLC4881, 1959.11.28; Le Corbusier, FLC5049, 1959.11.28; Jullian, Le Corbusier, FLC28244, 1959.11.2)。しかし、ル・コルビュジエは、1961年以後も知の博物館（1960）のファサードの検討を続けている。

[4] cf., AFLC, P1-18-217-218, lettre de Kalff à Le Corbusier, 1961.3.13. フィリップスは技術移転に伴う技術者の派遣の困難さを問題にしている。

[5] 空路を含む『四つの交通路』(1941)の基本的な理論的枠組み。

[6] 農村、放射環状都市を含む『三つの人間機構』(1941)の基本的な理論的枠組み。ル・コルビュジエは線状都市を新しい時代の最も合理的な都市計画としている。

AFLC, F1-16-15

Note à l'attention de GARDIEN

OBJET: Musée à Erlenbach am Main

Il faudrait confronter le programme des gens d'Erlenbach pour leur Musée avec celui du Musée Zervos, 1931 (Tome 2 "Œuvres Complètes"; pages 72 et 73) et m'établir l'estimatif du Musée Zervos sur les bases indiquées par les clients d'Erlenbach.
Ceci est urgent car je suis en train d'établir un projet de contrat.

Paris, le 10 Janvier 1962

L-C

1962年1月10日にル・コルビュジエが記したガルディアンへの覚書

ガルディアン[1]への覚書

要件：エルレンバッハ・アム・マインの美術館

1931年のゼルヴォスの美術館（『全集』第2巻72頁と73頁[2]）をエルレンバッハの企画と付き合わせ、見合うものかどうかを報告してください。
契約が迫っているので至急です。

パリ、1962年1月10日

L-C

訳註

エルレンバッハの美術館（1963）は、ナンテールの20世紀美術館（1965）とともにル・コルビュジエ最後の美術館構想の一つであり、アーメダバード（1957）、東京（1959）、チャンディガール（1964）における「限りなく成長する美術館 musée à croissance illimitée」の建設の経験を踏まえた構想である。ル・コルビュジエは「美術館」のプロトタイプの建設の過程において、プロトタイプの限界を経験してきたにもかかわらず、それでもなお『全集』を紐解いて、「美術館」の原型へ回帰しようとしている（cf., Le Corbusier et son atelier rue de Sèvres 35, W. Boesiger éd., Œuvre complète 1957-1965, Les Éditions d'Architecture, Artemis, Zürich, 1965, pp.164-177；邦 訳、pp.164-177）。

[1] ガルディアン Gardien は1946年よりパリのル・コルビュジエのアトリエに従事。
[2] 螺旋型の拡張を定型化したパリの現代美術館（1931）のこと。フォール・ラミーの美術館（1963）の構想において、フィリップヴィルのための美術館（1939）という「限りなく成長する美術館 musée à croissance illimitée」の完成型をガルディアンに指示していない理由は不明である（cf., **AFLC, I3-16-55, lettre de Le Corbusier à E. Biasini, 1960.10.21**）。

AFLC, P1-18-138

exp. le 18
dictée, 11 février
expédiée 22 ″

Paris, le 11 Janvier 1962

Monsieur Pierre JEANNERET
Chef Architect &
Chief Town Planner
Capital Project
C H A N D I G A R H
Punjab

Mon cher Pierre,

Il y a une minute que ton télégramme est arrivé ici : "Send urgently plans rectify Museum Sector Ten".

Nous n'avons pas cessé d'étudier le problème depuis mon retour de Chandigarh et nous sommes arrivés à une solution extrêmement favorable que je désire voir réalisée textuellement. Il n'est pas question de préséance dans cette question là. C'est d'ailleurs moi qui avais été chargé de faire ce musée et je bénéficie du travail fait à Ahmedabad, Tokio, Fort-Lamy et de celui que nous faisons actuellement pour les Allemands (Musée Général à Croissance Illimitée publié dans le tome 2 des "Œuvres Complètes" et donné à ce cher Zervos (!)

1°/ Notre solution résoud le problème des eaux qui s'écoulent à gauche et à droite sur la façade Sud-Est et Nord-Ouest. Les lanterneaux sont tous parallèles et ne tournent plus en spirale, leur fabrication très simple basée sur le principe de la légèreté. (ATTENTION aux poids gigantesques !).

2°/ La poutraison sur pilotis, sur la salle, est en damier de 7m x 7m

a) 8 ~~poutres~~ *sommiers parallèles* emploient ~~l'espace~~ *la hauteur* réservée de 70cm. de haut

b) Ces 8 ~~poutres~~ *sommiers* portent *au travers* des chevêtres ~~d'une portée~~ de 7m également et ~~portant~~ *qui reçoivent* des poutrelles *de 4 autres* (ou mieux *encore des* dalles ~~de 4m de large~~ *unis environ 450x700*

c) Les 4 soupentes *Niveau 1 bis* procèdent du même système localisé de ~~poutres~~ *sommiers chevêtres* et dalles.

316

Le béton sera apparent fait comme au Parlement avec des coffrages d'acier

d) Les 8 grand~~es~~ ~~poutres~~ *sommiers parallèles* sont supporté~~es~~ par une alternance de colonnes rondes et de pilastres de 2m 20 de côté et de section utile (peut-être 27cm (?)

3°/ Les plans montrent une proposition d'emploi des pilotis

a) ~~d~~'un plan de pilotis

b) ~~du~~ *le* plan de Musée ~~comportant une division~~ *divisé* en trois musées différents avec entrée indépendante chacun, soit :

1) Art Gallery (Randhawa)

2) "Exposition itinérantes" y compris des manifestations provenant du bâtiment Prakash (situé à côté, - Ecole de (?)

3) Collection privée permanents du Musée ou toutes choses utiles *du Musée*.

J'admets comme fondamentale cette présence de trois musées pour échapper à une léthargie qui serait inévitable autrement.

c) Détails à 1:10 de fenêtrage (lanterneaux) étudiés d'après les expériences successives que j'ai eu l'occasion de faire.
ainsi à échelle de 1:1 (kodachrome)

L'Ecole de Prakash est déjà implantée.

Notre nouveau musée (le carré lui-même), le plan d'aujourd'hui, est fait de 7 travées d'axe = 49 mètres, contrairement au plan de Prabhawalkar, Drg. n° 25, job n° 20, du 27 January 60, qui comporte 9 travées de 6 mètres alors que le plan de Dethe, que j'ai ramené de Chandigarh à Noël, comporte 8 travées de 6 mètres 50.

Je joins une esquisse d'urbanisation rectifiant le plan de Prabhawalkar du 27.1.60 et fixant principalement l'urbanisation de ce "Cultural Center" qui doit être considéré comme tel, c'est à dire honorablement.

Il n'est pas question d'ouvrir des entrées sur la V2 Capitol [Capitole]. Entrées et sorties se feront *à volonté* ~~alternativement~~ sur la V2 University sur la V4 Road (à 180 mètres (?) approximativement de l'axe V2 Capitol [Capitole]).

ATTENTION! Ce Centre Culturel aura une desserte de voitures spéciale par une route de 7 mètres dégageant à l'Ouest (Leisure Valley) par 3 parkings particuliers chacun (à construire maintenant ou plus tard, mais à réserver ~~dans~~ *sur* le terrain); cette desserte d'autos dégagera, d'autre part, à l'Est, sur une promenade en macadam pour piétons d'un trace bien particulier que je désire voir respecter.

 Voici donc précisées nos intentions. Je pense que le problème est maintenant bien décidé et je désire ne pas ouvrir de discussion sur ces recherches qui viennent de me prendre un mois de travail.

 Bien cordialement.

LE CORSUIER

P.S. J'envoie des ozalides rehaussés de couleur afin de vous permettre de ne pas perdre une minute. Les choses plus précises viendront après.

 J'ai déjà fait quatre plans complets du Government House au sommet du Capitol［Capitole］. J'ai recommencé je ne sais pas combien de fois ce Musée-ci. Tu peux en faire part à Mr. B.B. Vohra qui ne se rend pas compte du travail que nécessite Chandigarh.

L-C

1962年1月11日にル・コルビュジエがピエール・ジャンヌレに宛てた手紙

2月11日の口述
22日発送
パリ、1962年1月11日

ピエール・ジャンヌレ様
主任建築家兼
主任都市計画家
キャピタル計画
チャンディガール
パンジャブ州

親愛なるピエール、

 電報「セクター10の修正図面の緊急送付」[1]がちょっと前に届きました。
 チャンディガールから戻って以来問題を検討し続けました。とても見事な解決法に辿り着いたのでそのまま実現してほしい。優先順位の問題などではありません。この美術館を託されたのは僕です。アーメダバード、東京、フォール＝ラミーそして現在取り組んでいるドイツの仕事（『全集』第2巻に公表した、限りなく成長する美術館です。親愛なるゼルヴォスに捧げられたもの！）が活かされているのです。
 1°／南東と北西に流れる雨水の問題を解決しました。天窓はすべて平行です。もはや螺旋ではありません。軽快さの原理に基づいて簡素につくります（重苦しく巨大なものにならないように注意！）[2]。
 2°／ピロティと展示室の梁渡しは7m × 7mの格子状[3]。
 a）8本の梁横木せい70cm
 b）この8本の梁横木には7mの根太を渡し、4本の梁（できれば4m幅の 450×700mm程度のタイル貼り）で支える受ける。
 c）1層中階上部の4つの小部屋も同じ方法で梁・横木・切根太掛け・タイル貼り
 コンクリートは州会議場と同じ鋼板型枠
 d）8本の大梁横木は円柱で支持され、高さ2m20（径27cm程度か）のピラスター[4]
 3°／ピロティの提案に関する図面
 a）ピロティ平面図
 b）三展示室に分割された美術館の平面図
 1）アート・ギャラリー（ランワダ[5]）
 2）「巡回展」展示場（学校（？）に隣接）。プラカシュの建物[6]に関連する展示物も展示。

317

3）美術館の常設展示場。美術館の有益な収蔵品をすべて展示。

三つに分けることで致命的な機能不全を避けることを提唱。

c) 窓（採光）の1/10詳細図。長年の実践に基づく検討。

同様に1/1（写真）

プラカシュの学校はすでに位置が決まっています。

新しい美術館（矩型）は現在の案では7スパン49メートルであり、60年1月27日のプラバウォーカー[7]の図面の6メートル間隔の9スパンではありません。ノエルの日にチャンディガールに送った6メートル50間隔の8スパンでもありません。

60年1月27日のプラバウォーカーの図面を修正した都市計画図を同封します[8]。「文化地区」の都市計画の原則を示した図面で、「文化地区」に相応しい堂々としたものを考えました。

カピトールのV2から入ることには問題ありません。出入り口は大学側のV2かV4から随意（カピトールのV2軸180メートル幅（？））[9]

注意！　この文化地区には7メートルの特別連絡道路を挟んで接する西側（余暇の谷）に3つの駐車場があります（建設中もしくは予定地を現地で確保）[10]。この連絡道路は、東側の歩行者用のアスファルト道路にも通じていて、残してもらいたい。

以上が正確な修正意図です。もう十分に問題を把握して解決していますので、一ヶ月かけたこの検討を再度蒸し返して議論することがないように願っています。

敬具

ル・コルビュジエ

追伸　見てすぐわかるように着色した図面複写を送ります。より明確になっていると思います。

カピトールの頂部にある総督官邸の四枚の図面を作成済みです。再開したのですがこの博物館を何度見直したことかわかりません[11]。チャンディガールに必要な仕事をまだよく理解していないB・B・ヴォラ氏[12]を参加させてください。

L-C

訳註

1923年から1940年までル・コルビュジエと協働で建築・都市計画を手がけてきたように、ピエール・ジャンヌレ Pierre Jeanneret (1896〜1967) はル・コルビュジエの構想を忠実に

実現することに奔走している（チャンディガールでは、ジャンヌレ自身も数多くの建築作品を手がけている）。そのジャンヌレに対して、ル・コルビュジエは「限りなく成長する美術館 musée à croissance illimitée」における螺旋型の拡張に沿う天井採光の原理を放棄することをためらうことなく言明している。「美術館」のプロトタイプを最初に実現したアーメダバードの美術館（1957）の初期構想においても、気候条件の適応から天井からの自然採光装置を備える屋根の横樋を平行配置することを検討しているが（cf., **Maisonnier, Le Corbusier, FLC6944, 1951.10.9**）、チャンディガールの美術館（1964）では、螺旋型の鑑賞動線さえも破綻している。

[1]　チャンディガールの美術館（1964）の外縁の横樋によって雨水が地上に落ちる排水処理の検討を促す配置図。ピエール・ジャンヌレから緊急送付された建築図面を修正した図面については、cf., Le Corbusier, FLC4836A, 1962.1.20; Le Corbusier, FLC4836B, 1962.1.20。

[2]　cf., **[Le Corbusier], FLC4890, [1962.1.3]**。

[3]　1961年8月以後の8スパンから7スパンへの変更に伴う柱間の変更であり、実質的な規模縮小である（cf., **Le Corbusier, FLC4982, 1961.12.27**）。

[4]　天井からの自然採光装置は、この柱型の複雑な構成によって、Y型の断面形状として図面化されている。cf., **[Le Corbusier], FLC4900；[Le Corbusier], FLC4960；Oubrerie, Le Corbusier, FLC6940, 1962.2.5**.

[5]　シン・ランダヴァ Singh Randhawa (1909〜1988) はチャンディガールの都市計画最高責任者。

[6]　美術館と同じセクター10の文化地区にあり、美術館の北側に隣接する美術学校のこと。

[7]　A・R・プラバウォーカー A. R. Prabhawalkar は M・N・シャルマ M.N. Sharma、U・E・チョドリー Chowdhury、J・S・デティ J.S. Dethe、B・P・マーサー B.P. Mathur、アディチャ・プラカシュ Aditya Prakash、N・S・ランバ N.S. Lanbha とともに、西洋の現代建築を吸収すべくピエール・ジャンヌレ、マックスウェル・フライ、ジェーン・ドルーによる現地事務所に従事するインド人建築家の一人。

[8]　cf., Le Corbusier, Chowdhary, Prabhawalkar, Pierre Jeanneret, FLC5552, 1960.1.27, 1960.3.16. 図面では美術館は8スパンのままであり、残された建築図面からはル・コルビュジエの修正意図は不明である。

[9]　cf., FLC4827, 1962.8.27.

[10]　文化地区の初期の敷地図において、敷地へのアクセスは西側のV6のみである（cf., **FLC4833B, 1957.4.23**）。

[11]　1959年頃、ル・コルビュジエは総督官邸（1956）の代案として「知の博物館」を提案し始めている（cf., AFLC, P1-18-73, letter of M .S. Randhawa to Vohra, 1959.8.20）。しかし、施設の必要性が州政府に認められることは最後までない。セクター10にはすでに美術館が建設予定である上に、電子工学研究所のごとき新たな「博物館」を州政府は必要としていない（**AFLC, P1-18-42, Repport by Le Corbusier to the Chief Minister, Mr. Paratap Singh Kairon, 1961.3.29** の訳註を参照）。

[12]　B・B・ヴォラ B.B. Vohra はパンジャブ州政府の秘書官。

AFLC, P1-18-176

Paris, le 17 Janvier 1962

Mr OVE ARUP
Ove Arup & Partners
8 Fitzroy Street
LONDON, W.1

Cher Mr. Arup,

Cela vous ferait-il plaisir d'avoir un joli dessin de moi (à choix : des bouteilles ou des petites femmes)?

Voici pourquoi : On construit en ce moment le "Laboratoire Electronique de Décision scientifique" à Chandigarh qui est, en réalité, le Palais du Gouvernement qui couronne le Capitol [Capitole]. C'était auparavant, le Palais du Gouverneur, mais celui-ci est allé habiter plus près de la ville. J'ai obtenu de pouvoir construire à la place de ce bâtiment, des Laboratoires Electroniques qui sont une invention de moi dont l'objet est de permettre de poser des questions (intelligentes) aux machines électroniques gigantesques qui ne sont que mécaniques.

J'ai profité de ce bâtiment pour mettre, au sommet, le State Room destiné aux réceptions, aux visiteurs exceptionnels. Ce State Room, qui est au Niveau IV du bâtiment, ouvre sur le toit avec toute la vue de l'Himalaya étendue d'un bout à l'autre de l'horizon. La vie paysanne, les labours, les cannes à sucre, les champs de blé, sont au pied de ce palais avec les bœufs, les troupeaux, ce palais étant la dernière bâtisse à l'extrêmité nord de Chandigarh. Il s'agit donc d'un spectacle absolument merveilleux et exceptionnel visible de ce toit-jardin qui comportera des plantes, un parapet tout autour et des dallages de ciment.

Voici l'objet de ma question :

Sur ce roof garden j'ai l'intention d'élever un dance stage accompagné d'un amphithéâtres recevant, assis ou debout, les visiteurs; les danseurs ou les musiciens indiens occupant le stage.

Je vous envoie neuf dessins munis du signe ci-contre :

Ces neuf dessins sont :

Plan n° I – Level 4 B

Roof Garden, dance stage, amphithéâtre, etc... s'étalant devant la State Room.

L'amphithéâtre est indiqué, au crayon, dans son encombrement.

Plan n° II – Level 4

Ce dessin montre les 4 Laboratoires électroniques isolés phoniquement et qui forment un seul volume sous le Level 4, Level 3, Level 2.

Ce dessin vous montre la structure du bâtiment qui est fait de 5 murs de béton d'environ 60 centimètres de d'épaisseur. Ces murs sont doublés par des colonnes supportant des planchers fragmentaires ou des planchers complets.

On voit sur ce dessin n° II, au sud-ouest, un brise-soleil de 40 mètres de long environ et un même brise-soleil de 40 mètres de long au nord-est.

Plan n°III

Montre la coupe sur l'Himalaya, sur l'amphithéâtre, sur la State Room, sur les Laboratoires, etc...

Plan n° IV

Montre la façade latérale nord-ouest.

Plan n° V

Montre la façade nord (brise-soleil) qui fait face à l'Himalaya.

Plan n° VI

Montre la façade sud (brise-soleil).

Calque n° VII

Montre les dimensions de l'amphithéâtre, l'emplacement du dance stage et le toit jardin.

Ce calque montre (éventuellement) les points d'appui que l'ingénieur pourra prendre soit sur les colonnes du Laboratoire soit sur les murs de béton de 60 centimètres d'épaisseur.

Calque n° VIII

Montre l'emplacement de l'amphithéâtre B C Bi; la place du dance stage A; les points d'appui de la dance stage D et D.

Calque n° IX

Montre la façade sud, la silhouette de l'Himalaya à l'opposé; le sommet de l'amphithéâtre apparaissant à l'extrémité du dessin.

Vous voilà renseigné.

Ma question : peut-on faire un voile auto-portant avec l'amphithéâtre et le danse stage combinés : une forme concave (amphithéâtre), une forme convexe (dance stage)?

Je suis sûr qu'on peut faire une chose ravissante. Il faut du talent d'ingénieur; je n'en ai point personnellement. Je vous demanderai donc, cher Mr. Arup, de bien vouloir accepter de dessiner cette petite construction en lui donnant ses points d'appui, ses directrices et génératrices, son épaisseur, son armature (ferraillage).

Les Ingénieurs de Chandigarh ne sont absolument pas aptes à faire ces calculs. Tout le travail de Chandigarh est un travail désintéressé; l'argent n'arrive pas à sortir de l'inde (j'en sais quelque chose!!!), mais cela n'a aucune importance. Ces gens sont extrêmement gentils. Je suis en liaison d'amitié avec Mr. Nehru. Voici dix années que je travaille pour Chandigarh au milieu de difficultés extravagantes (les budgets sont extrêmement faibles). Je ne m'occupe que des bâtiments du Capitol [Capitole] et de certaines rues avec "architecture imposée". Le Capitol [Capitole] de Chandigarh sera une œuvre d'amour et de d'amitié complètement désintéressée.

Cher Mr. Arup, je serais très heureux, à cette occasion, de pouvoir prendre des contacts utiles avec vous et de bénéficier, pour le future peut-être, de votre grand talent d'ingénieur.

Inutile de vous dire que ceci est d'une urgence absolue.

J'espère qu'à travers mes dessins sommaires vous comprendrez le problème.

Croyez, cher Mr Arup, à mes sentiments les meilleurs.

LE CORBUSIER

P.S. Je vous choisirai une belle gouache que je vous enverrai puisque j'ai le plaisir de savoir que vous vous intéressez à mon travail de peintre.

Les dessins I, II, III, IV, V, VI, sont des documents venus de Chandigarh; je n'en ai pas de double. Ils me sont absolument nécessaires. Je vous prierais donc instamment de me les retourner avec l'envoi de la solution demandée.

L-C

1962年1月17日にル・コルビュジエがオヴ・アラップに宛てた手紙

パリ、1962年1月17日

オヴ・アラップ様
オヴ・アラップ＆パートナーズ
フィッツロイ通8番地
ロンドン、1区

親愛なるアラップ様、

ちょっとした絵ですが喜んでいただけるでしょうか（酒や若い女ではありませんよ）。

わけはこうです。チャンディガールの「科学電子工学研究所」を目下建設しようとしています。実際には、カピトールを戴く政府の宮殿の敷地です。前案では、総督官邸でしたが、街のほうに持っていくことになりました。代わりに電子工学研究所を建てることが通りました。私の発案です。巨大な電子工学技術を（知の）問題にしようとしているのです。

この建物では、最上階に重要人物の接待のために特別室を設けることにしました[1]。建物の4階です。地平線に拡がるヒマラヤの眺望が開ける屋上につながっています。農村、農夫、サトウキビ、麦畑の生命は、この宮殿の大地にあって、牛や羊が群がっています。この宮殿はチャンディガールの北端に建てられる最後の建物です。まったくもって素晴らしい光景が見えるこの屋上庭園には植物を植え、パラペットを周囲に巡らせ、セメントタイルを敷きます。

ここで問題があります：

この屋上庭園では立ったり座ったり出来る階段席と舞台をつくりたい。舞台で踊ったり演奏したりするのはインド人です。

署名入りの新しい図面を送ります[2]。

新しい図面：

図面 nº I – 4層階中階

屋上庭園、舞台、階段席などが公室の前に配置されています。

階段席は鉛筆で面積を示しめしています。

図面 nº II – 4層階

図面では4つの電子工学研究室があり、遮音され、2層階、3層階、4層階で1つのヴォリュームを形成しています。

構造体は約60センチメートル厚の5枚のコンクリート壁。断片的に床を支える支柱に挟まれています。

nº II の素描の南西面には約40メートルのブリーズ

ソレイユ。北東面も同様です。

図面n°III

ヒマラヤを背景とした断面図。階段席、公室、研究室など。

図面n°IV

北西立面図。

図面n°V

ヒマラヤに面する（ブリーズ・ソレイユの）北立面図。

図面n°VI

（ブリーズ・ソレイユの）南立面図。

複写図面n°VII

階段席の寸法と舞台と屋上庭園の配置を示しています。

（場合によりけりですが）構造の基準となる位置を示しています。研究室の柱か60センチメートル厚のコンクリート壁です。

複写図面n°VIII

階段席ＢＣＢiの配置を示しています。舞踏の舞台はA、舞踏の舞台の規準となる位置はDとD。

複写図面n°IX

南ファサードを示しています。背景にヒマラヤ。図面に端に階段席の頂部が見えます。

以上が内容です。

問題：階段席と舞踊の舞台に自立した覆いをつくれるかどうか。凹状（階段席）と凸状（舞台）の組み合わせです。

うっとりするようなものができます。技術者の才能が必要です。私には少しもその才能がありませんが[3]。そういうわけで親愛なるアラップ、躯体の支点・基線・準線、壁厚、配筋を考えていただきたいのです。

チャンディガールの技術者たちには計算能力がまったくありません。チャンディガールのあらゆる仕事は無私無欲の仕事です。お金もインドから出ないのです（ちょっと分かってきました！！！）。でもそれは問題ではありません。みな、まったくもって親切です。ネルー氏とも友好的な関係を持っています。十年間途方もない困難に見舞われながらチャンディガールの仕事をしてきました（予算は途方もなく脆弱です）。カピトールの建物に取り組んでいます。そして「堂々たる建築」が建つ街路の問題にも。チャンディガールのカピトールは愛の作品です。完全なる無私無欲の作品です。

親愛なるアラップ、このような機会を得て、また仕事ができ、技術者としての大いなる才能に甘えることができることをうれしく思います。

急ぎというわけではありません。

概要を示した私の図面で問題をご理解いただければ幸いです。

敬具。

ル・コルビュジエ

追伸　あなたのために水彩画を選びましたのでお送りします。私の絵画の仕事に関心を持ってもらえるとうれしいのですが。

I、II、III、IV、V、VIの図面はチャンディガールから送られてきた資料です。複写を持っていません。必要になりますので、着払いで返送をお願いいたします。

L-C

訳註

チャンディガールの知の博物館(1960)に内包される電子工学とは対照的に、その屋上庭園での演劇空間は、マルセイユのユニテ・ダビタシオン（1952）の屋上庭園でのこどもたちの演劇を、大衆の伝統的な舞踊に置き換えた場所である。「芸術の綜合 synthèse des arts」を契機とした「知の博物館 musée de la connaissance」は、最終的に身体芸術へと遡行していく。ル・コルビュジエの素描については、とりわけ cf., Le Corbusier, FLC4918, 1961.7.21。

[1] cf., Le Corbusier, FLC4981, 1961.6.13; Le Corbusier, FLC4918, 1961.7.21. 屋上庭園の構想を示すル・コルビュジエの平面・立面の素描。

[2] おそらく1961年12月11日にまとめた一連の建築図面の複写である（cf., FLC5067, 1961.12.11; FLC5064, 1961.12.11; FLC5070, [1961.12.11]; FLC5075, [1961.12.11]）。

[3] 第二次世界大戦後、ル・コルビュジエは建築的構想の構造的な要件については、ASCORALに協力を得ながら、ほとんどを外注している（cf., AFLC, F1-13-192, lettre de Le Corbusier à Yutaka Murata (Atelier Sakakura), 1956.7.17）。マルセイユのユニテ・ダビタシオン（1952）の架構をジャン・プルーヴェ Jean Prouvé（1901～1984）との協働によって開発しているのと同じように、ル・コルビュジエは1959年にモーのユニテ・ダビシチオン（1957）の構造形式の原理についてアラップに照会し、両者の関係が始まっている。チャンディガールの知の博物館(1960)については、他にも音響設備についてフィリップス社のL・C・カルフ L. C. Kalffにも照会している（cf.,AFLC, J2-19-185, lettre de Le Corubsier à L. C. Kalff, 1959.10.2; AFLC, E2-6-25, lettre de Le Corubsier à L. C. Kalff, 1960.12.6）。

AFLC, F1-16-37

Paris, le 4 Avril 1962

Monsieur Heiner RUTHS
Secrétaire Général
Internationales Kunstzentrum
e.v. Erlenbach am Main
Büro Aschaffenburg
Lindenallee 14
Deutschland

Monsieur,

Je suis rentré de voyage et je vais partir aux Indes pour un mois.

L'esquisse que j'ai fait faire du Musée à spirale carrée répond à votre problème qui était de 3.000 mètres de cimaise. Cette esquisse provisoire qui prévoit un Musée à spirale carrée, comme convenu, (mais qui permet l'installation de salles et de volumes à volonté à n'importe quel endroit).

J'arrive à un bâtiment de 85 m x 85 m de côté. L'estimation (brutale et hors de la véritable réalité) est d'environ, pour 8.192 mètres carrés de surface bâtie, 800 Nouveaux Francs. Total : 8.192 x 800 N. F. = 6.553.600 N. F.

Mon honoraire pourrait être de 500.000 Nouveaux Francs dont 20.000 N. F. payés à la signature, 15.000 N. F. à la remise des plans et 15.000 N. F. À la remise des plans corrigés après examen.

Il s'agit ici d'un travail qui comporte ma signature, c'est à dire d'un musée qui a été étudié au cours de trente années, mis au point petit à petit, dont la totalité sera appliquée pour la première fois à Erlenbach.

Je comprendrai dans l'ensemble de mes plans, les maisons d'artistes prévues au programme, la distribution du jardin pour la sculpture et les perspectives utiles. Quant à l'intérieur, je fournirai des solutions absolument neuves et extrêmement variées de salles de musée à demi-étage et touchant parfois au sol, de façon à créer, par cet ensemble, une atmosphère extraordinaire de diversité de perspectives permettant une présentation chaque fois inattendue d'œuvres peintes ou sculptées.

J'ai accepté de répondre à votre demande d'exécution de musée parce que mon intention est de le rendre extraordinaire et d'arracher la muséographie à l'ennui lamentable des salles se suivant l'une l'autre.

Il faut que ce Musée d'Erlenbach, qui est financé par les industries allemandes, c'est à dire les forces vitales du pays, possède précisément une vitalité intrinsèque.

Veuillez agréer, Monsieur, l'expression de mes meilleurs sentiments.

LE CORBUSIER

1962年4月4日にル・コルビュジエがアイナー・ラスに宛てた手紙

パリ、1962年4月4日

アイナー・ラス様
事務局長
国際芸術館
エルレンバッハ・アム・マイン
アシャッフェンブルク事務所
リンデンナーレ　14番地
ドイツ

拝啓、

出張から戻り、またすぐに1ヶ月インドに発ちます。

3,000メートルを要する美術館というあなたがたの課題に対する私の回答は螺旋型の美術館です。暫定的な素案ですが、螺旋型に展開する矩型の美術館は使い勝手がよいのです（どんな敷地にも展示室を設置可能です）。

85m × 85mの建物としました。（概略であり正確ではありませんが）およそ8,192メートル四方の建築面積で、平米当たり800新フランで、総額8,192 × 800新フラン＝6,553,600新フランです。

私の報酬は500,000新フランで、内20,000新フランは契約時、15,000新フランは基本案作成時、15,000新フランは基本案の修正後となります。

私が署名してきた仕事です。つまり三十年間少しずつ手を加えてきた美術館です。すべてエルレンバッハに適応できます[1]。

敷地配置図では、与条件である芸術家のアトリエの他に、景観を豊かにするための彫刻が庭園に配されています[2]。内部空間については、まったく新しい解決策で、半階をつくり、ときには地上にも通じることによってとても多様な諸室が提供できます。全体として、素晴らしく多様な雰囲気がつくり出され、絵画作品や彫刻作品の予期せぬ展示ができます[3]。

美術館の建設に関するご要望については了解しました。私としてはどうしようもない美術館学をこれまでにないやり方で打破しようと思っています。

美術館の財源はドイツ工業界からのものです。国力そのもので、まさに活力であります。

敬具。

ル・コルビュジエ

訳註

ル・コルビュジエは、エルレンバッハの美術館（1963）において、「限りなく成長する美術館 musée à croissance illimitée」の空間図式を再整理し、2種類のパネルを多様に構成して螺旋型の鑑賞動線を検討している（cf., Le Corbusier, FLC23426, 1962.4.1; [Le Corbusier], FLC23433）。しかし一方で、構想の過程において、ル・コルビュジエの関心は、美術館内部の厳格な螺旋型の動線ではなく、屋外を含めた展示空間の「迷宮 labyrinthe」（cf., Le Corbusier, Le Corbusier Carnets 4, Fondation Le Corbusier, Paris, The Architectural History Foundation, New York, Éditions Herscher / Dessain et Tolra, Paris, 1982, p.1003 , p.1004）をつくりだすことに移行していく。チャンディガールの美術館（1964）の構想において、インドの気候に順応するにしたがって螺旋型が破綻していくのとは対照的に（cf., AFLC, P1-18-138, lettre de Le Corbusier à Pierre Jeanneret, 1962.1.11）、エルレンバッハでは、マイン川に隣接する敷地の景観の拡がりが螺旋型に展開する鑑賞空間を無効にしていく。有限で人為的な螺旋型の拡張の限界は、敷地の自然景観の拡がりに解消されるというわけである（cf., AFLC, E1-4-49, lettre de Le Corubsier à Père M. A. Cocagnac, 1961.7.10）。

[1] 「限りなく成長する美術館 musée à croissance illimitée」だけではなく、企画展示のための「展示館 pavillon」、前衛演劇のための「不思議の箱 boîte à miracle」、伝統演劇や映画のための「自発劇場 théâtre spontané」のプロトタイプがすべて敷地構成要素となっている。

[2] ピクチュアレスクな庭園に点在する彫刻であり、パリの現代美術館（1931）の螺旋型に規定される幾何学庭園とは異なっている。ただし、ル・コルビュジエが敷地訪問して景観分析を試みるのは 1962年 9月 14日であり（Le Corbusier, Le Corbusier Carnets 4, op.cit., pp.935-943）、この時点では概念的なものに過ぎない。

[3] cf. Le Corbusier, FLC23426, 1962.4.1; FLC23435;［Le Corbusier］, FLC23433.

AFLC, F1-13-42

Note à l'attention de M. SAKAKURA

L-C n'accepte pas le vestibule du Musée de Tokio avec du contreplaqué arrogante.

  L-C avait fait une maquette à la glorification du 19ème siècle. Ce travail est à réaliser avec des murals photographiques et non pas peints.

  L-C voudrait que cette chose se fasse sous sa direction.

  Il faudrait qu'à Tokio il y ait un crédit pour la dépense matérielle et aussi quelque chose pour L-C.

Paris, le 22 Mai 1962

L-C

1962年5月22日にル・コルビュジエが坂倉準三に宛てた手紙

坂倉氏への覚書

ル・コルビュジエは東京の美術館の玄関たる場所を無謀にも合板にすることを認めません[1]。

ル・コルビュジエは19世紀を賛美する下絵を描いています。この仕事は絵画ではなく写真壁で実現します。

ル・コルビュジエはこの件を自分ですることを望んでいます。

東京で材料費とル・コルビュジエの費用[2]を確保してください。

パリ、1962年5月22日

L-C

訳註

東京の国立西洋美術館（1957）が竣工し、開館から5年足らず経っても、ル・コルビュジエは棚上げされ続けている「写真壁」の構想を非常に強い調子で実現しようとしている。しかし、ル・コルビュジエの「写真壁」の根拠は、相変わらず「19世紀芸術の賛美」である。

[1] この時期、東京の国立西洋美術館（1957）の「写真壁」の構想は棚上げされ、均一の430mm × 700mmの合板による19世紀ホールの仕上げが日本側で検討されている。
[2] 東京の国立西洋美術館（1957）の構想の開始時期に一度と決めていた敷地再訪の再三の希望である（**AFLC, F1-13-39, lettre de Le Corbusier à Takamasa Yoshizaka, 1959.3.3**の訳註［2］を参照）。

324

AFLC, I1-18-328

Paris, le 15 Novembre 1962

Monsieur QUONIAN
Inspecteur Général
Des Musées de Province
Musée du Louvre
Cour de Carrousel
<u>PARIS</u>（1er）

Cher Monsieur,

　　Hier soir, à l'inauguration de l'exposition du Musée d'Art Moderne, au milieu de la cohue, vous m'avez demandé : "Accepteriez-vous de faire notre Musée Archéologique?"

　　Je réponds : parfaitement d'accord. Oui, d'accord. Car avec de l'archéologie, on peut faire un musée moderne admirable. Tandis qu'avec des tableaux et de la peinture de Montparnasse on ne peut qu'entrer dans l'ère des difficultés inextricables. L'archéologie est stable et solide sur ses pattes et on peut l'organiser. D'ailleurs elle porte tout le potentiel de la poésie. Je réponde donc : "oui", à votre demande.

　　Croyez, cher Monsieur, à mes sentiments les meilleurs.

LE CORBUSIER

cette lettre n'a pas été envoyée
car L-C a réglé cette question
par téléphone le 30 Novembre 1962

1962年11月15日にル・コルビュジエがクオニアン（ルーヴル美術館主任検査官）に宛てた手紙

1962年11月15日

クオニアン様
主任検査官
国立博物館連合
ルーヴル美術館
カルーゼル広場
<u>パリ</u>（1区）

拝啓、

　昨日、大観衆のなかで行われた、近代美術館の展覧会[1]の開会式で、こうお頼みでした。「私たちの考古学博物館をつくっていただけませんか」、と。

　お答えします。まったくもって承知いたしました。ええ、承知しました。考古学によって、素晴らしい新しい時代の博物館がつくれるからです。モンパルナスの絵画や画布を見ても混沌とした時代を感じるだけです[2]。考古学は揺るぎのない軸足です。そういう考古学を組織できるのです。そのうえ潜在的な詩情を引き出すこともできるのです。それゆえにお答えします。ご依頼に「ウィ」です[3]。

　敬具。

ル・コルビュジエ

この手紙はル・コルビュジエが1962年11月30日に電話で対応したために未発送

訳註

　ムンダネウムの世界博物館にはじまるル・コルビュジエの「美術館 musée」の研究は、「考古学」の方法論と矛盾しない。時間の組織化として、考古学と「限りなく成長する à croissance illimitée」ことは、時間の方向は逆であっても方法論として共通した根を持っている。

［1］1962年11月から1963年1月まで、パリで開催されたパリの国立近代美術館でのル・コルビュジエの回顧展、「絵画、素描、彫刻、タペストリー」展。
［2］ル・コルビュジエは、20世紀前半の芸術家サークルの地モンパルナスを揶揄している（cf., AFLC, R-3-493, lettre de Le Corbusier à James Johnson Sweeney, 1961.9.27）。
［3］ル・コルビュジエはこの時期、世界中から数多くの美術館・博物館の事業依頼を受けているが、ほとんどを時間

不足や組織体制の不備を理由に辞退している。おそらく本当の辞退理由は、求められる与件が慣習的な芸術展示であることである（cf., **AFLC, I2-16-35, lettre de Le Corbusier à Oscar Ghez, 1963.1.9**）。

AFLC, I2-16-35

Paris, le 9 Janvier 1963

Monsieur Oscar GHEZ
3, rue de Beaumont
<u>G E N E V E</u>

Cher Monsieur,

Rentré de voyage, j'ai trouvé votre lettre du 28 décembre 1962.

Je sui débordé de travaux à l'étranger et je ne peux pas envisager de faire un musée de peinture en Suisse Romande. Ma notion de musées implique une autre façon de concevoir les manifestations picturales, sculptures, etc, etc ...

Croyez, cher Monsieur, à mes sentiments les meilleurs.

LE CORBUSIER

1963年1月9日にル・コルビュジエがオスカー・ゲズに宛てた手紙

パリ、1963年1月9日

オスカー・ゲズ様
ボーモン通り3番地
<u>ジュネーヴ</u>

拝啓、

　出張から戻り、1962年12月28日の手紙を拝見しました。
　外国での仕事に追われて、国外のスイス・フランス語圏の絵画美術館を構想することなどできません。私の思うところの美術館はいわゆる絵画、彫刻、……のような展示とは違ったものなのです。
　敬具。

ル・コルビュジエ

訳註

1959年頃から、すでにル・コルビュジエは電子工学を融合した「知の博物館 musée de la connaissance」を構想している。もはやル・コルビュジエは、特定文化圏の絵画を展示するという従来型の美術館の建設に関心を示していない。一方でこの時期、ル・コルビュジエはいわゆる芸術作品展示のためのエルレンバッハの美術館（1963）の事業にも着手している。フィルミニの教会堂（1963）の建設事業受託の理由がそうであるように、敷地景観は一つの理由である（cf., AFLC, E1-4-49, lettre de Le Corbusier à Père M. A. Cocagnac, 1961.7.10）。

AFLC, I3-18-12

Musée XXeme siècle le thème musée du XXsiècle
avec Besset 8/2/63 24 NC
Couloir sol routes

1 Salle obscure de projection de petits films

manifestations temporaires
<u>musique</u> films et dans boîte à miracle
film audiovisuel = le laboratoire électronique

a auditeurs dans la boîte à mir.
<u>musiques</u> individuelles [...] du musée
par [...]

rien à refaire
parsemer
de salles
de repos
et jardins
+
arbres en plein air

Salle d'audition au magnétophone
Par public dans la salle
Soit avec écouteur particulier

Besset a calculé : <u>8000</u> m de main
12000 m^2 pour sculpture au sol
3000 des sculptures plein au
1000 m^2 p. Exposition temporaire
souhaitable en 2 ou 3, 4 expositions
+ salle de 250 à 300 places
doublé

———

Boîte à miracle : toute petite salle de réunion

———

mise en scène
[..........]
le [...] de la même époque
l'[...]
le public

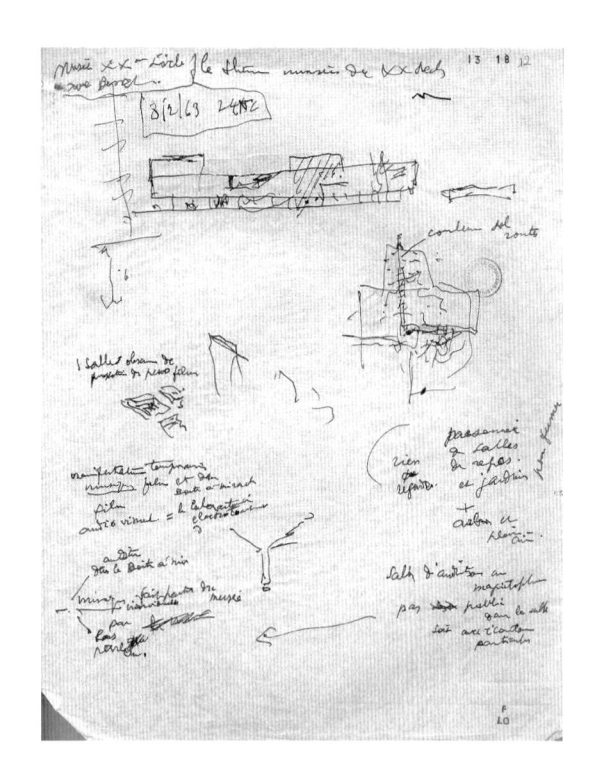

1963年2月8日にル・コルビュジエが描いたナンテールの20世紀美術館の素描

20世紀美術館　20世紀の美術館の主題
ベッセ[1]との打ち合わせ　63年2月8日　ナンジェセール＝エ＝コリ通り24番地[2]
地上階の廊下

小さなフィルム映写の暗室を1室

一時的な催し
音楽とフィルム　不思議の箱で
視聴覚＝電子工学研究室

不思議の箱の聴衆
美術館のなかで［……の］音楽
［……］

つくり直さなくとも
休息室と庭園をちりばめること
＋
野外の樹木

録音聴覚室
一般の人が聴く
あるいは特別な受信装置を使って

ベッセの手計算によると：8000m
野外彫刻のために12000m^2
野外彫刻は3000体
企画展示のために1000m^2
できれば2、3から4の展示会場
250から300席の部屋
を倍
──────
不思議の箱：とても小さな会議室
──────
上演
［…………］
［同時代の……］
［……］
一般の人

ル・コルビュジエ書簡撰 ― 美術館篇 ―

AFLC, I3-18-100

Le Musée à Croissance Illimitée

　　Le problème du Musée occupe la pensée de Le Corbusier depuis plus de 35 ans. De même que le "Gratte-ciel cartésien", l'"Unité d'habitation de grandeur conforme", l'"Usine verte" ou la "Ferme radieuse", le "Musée à Croissance Illimitée" a été depuis 1927 (date à laquelle il apparaît pour la 1ère fois dans le projet de "Mundaneum" pour Genève) l'objet d'une particulière mise au point; les expériences partielles d'Ahmedabad et de Tokyo ont permis en outre de mettre à l'épreuve certaines de ses dispositions essentielles. Les résultants ont été très concluants. Actuellement, deux réalisations sont à l'étude, en Allemagne et en Suisse, pour Erlenbach et pour St. Gall. On doit en outre faire mention des études pour la "Boîte à Miracles", centre de manifestations audio-visuelles complétant la "Manifestation plastique" du Musée, et du projet de pavillon pour expositions temporaires, établi pour Tokyo et en voie de réalisation à Zürich.

　　Il est remarquable que ces reprises successives, loin d'altérer l'idée primitive par l'adjonction de dispositifs annexes ou par des perfectionnements qui la surchargent, aient abouti au contraire à lui donner encore plus de simplicité, plus de souplesse.

　　Les principales caractéristiques du Musée à Croissance Illimitée sont les suivantes :

a - la <u>spirale carrée</u> sur laquelle il repose n'est pas (à l'opposé du colimaçon conçu par F. L. Wright pour le musée Guggenheim, qui n'en n'est qu'une caricature) une forme fixe imposée au contenu et imposant au Visiteur un parcours invariable, elle est au contraire un <u>principe d'organisation structurale</u> n'impliquant aucun traitement formel a priori, et permettant une adaptation totale (et une réadaptation constante) du bâtiment aux besoins fonctionnels du Musée.

b - l'idée d'un Musée <u>sans façade</u> n'a pas seulement la valeur d'une prise de position polémique contre les "Palais des Beaux-Arts" du XIXème siècle; le visiteur est introduit directement au cœur même du Musée ce qui permet de lui offrir immédiatement le <u>choix</u> entre plusieurs circuits dont le développement peut se faire de la façon la plus libre et la plus naturelle.

c - le Musée à Croissance Illimitée étant un <u>Musée à développement horizontal</u> comportant un niveau principal (niveau 1) complété par deux niveaux secondaires (niveau

訳註

全集に掲載される 20 世紀美術館（1965）の最後の素描（Le Corbusier, Willy Boesiger éd., *Le Corbusier, les Dernières Œuvres, Œuvre complète 1965-1969*, Les Éditions d'Architecture, Artemis, Zürich, 1970, p.168; Le Corbusier, FLC30021, 1965.6.29）よりも前の打ち合わせ記録である。与件の整理であるとはいえ、素描は 20 世紀美術館（1965）の空間構成を端的に示している。チャンディガールの知の博物館（1960）のような垂直的な動線ではなく、卍型による水平的な動線の可能性の追求である（cf., Paola Misino and Nicoletta Trasi, tr. Roberto Secchi, *André Wogenscky*, Le Moniteur, Paris, 2000, pp.234-236）。この打ち合わせ記録の 2 年余り後、具体的な検討の始まる構想では、「限りなく成長する美術館 musée à croissance illimitée」の卍型の拡張に「不思議の箱 boîte à miracle」と「野外劇場 théâtre en air libre」が厳密に附属し（cf., [Le Corbusier], FLC30013; [Le Corbusier], FLC30016）、隣接した別棟に 4 つの芸術教育施設（建築・装飾芸術・映画・音楽）が水平に接続している（cf., Le Corbusier, FLC30021, 1965.6.29）。つまり、ル・コルビュジエの「美術館 musée」のプロトタイプの探求は、ある一定の方向に発展、収斂するというよりも、水平にも垂直にも分岐して複合的に絡み合っていく。

［1］モーリス・ベッセ Maurice Besset（1921 〜 2008）は芸術史家。文化大臣アンドレ・マルロー André Malreaux（1901 〜 1976）による依頼は、「美術館」よりもはるかに大規模な文化地区の開発事業である。
［2］パリのナンジェセール＝エ＝コリ通り 24 番地のル・コルビュジエのアパルトマンとアトリエ（1933）のこと。

329

0 et niveau 2, ou terrasse) et un demi-niveau intermédiaire, le problème des déplacements dans le sens vertical peut être aisément résolu, sans escaliers, ascenseurs ni monte-charges, par quelques rampes à faible pente, accessibles aux chariots électrique de manutention.

d - malgré la prédominance de l'extension horizontale, le principe de la spirale carrée se développant au niveau 1 assure une extraordinaire <u>liberté dans l'organisation des volumes</u> : des différences de niveaux peuvent être obtenues à partir du niveau 1 en enlevant par exemple des éléments de plancher des salles ouvertes, en enlevant des éléments de couverture, etc. Des transformations profondes des volumes peuvent en outré être réalisées à moindres frais.

Les éclairages (2e zénithal, latéral, totalement artificiel) peuvent alterner suivant les exigences du "circuit" choisi.

e - les <u>circuits de visite</u> peuvent être établis et modifiés avec la plus grande liberté au moyen d'éléments semi-mobiles indépendants de la structure portante. Dans les limites du terrain disponible, le Musée peut <u>croître</u> par simple adjonction de spires nouvelles, sans qu'il soit nécessaire de modifier ou surcharger la structure, ni interrompre le fonctionnement du Musée.

f - la <u>galerie technique</u> suspendue employée à Tokyo libère les volumes d'exposition de tous impedimenta et facilite la mise en place et l'entretien des dispositifs d'éclairage, de ventilation, etc. Elle permet de régler à volonté les éclairages naturels et artificiels.

g - <u>la séparation radicale des volumes d'exposition</u> et des services administratifs et techniques est la seule solution valable au problème de l'articulation de ces deux zones, entre lesquelles les réserves établissent la liaison.

1963年2月18日（推定）にル・コルビュジエが記した「限りなく成長する美術館」と「20世紀美術館」についての草稿

限りなく成長する美術館

　美術館の問題は35年以上ル・コルビュジエの頭のなかにある。「デカルト的摩天楼」「適正規模のユニテ・ダビタシオン」「緑の工場」「輝く農場」もそうであるが、「限りなく成長する美術館」は1927年以来の研究対象である（ジュネーヴの「ムンダネウム」構想に初出）。さらにアーメダバードと東京の実践を機会に本質的な適応を検討することになった。結果は決定的であった。現在、スイスとドイツにおいて、二件が検討中である。エルレンバッハとサンクト・ガレンである[1]。さらに「不思議の箱」にも言及しておきたい。これは美術館における「造形表現」を補完する視聴覚表現のセンターである。東京で確立され、チューリッヒに建設しようとしている企画展示のための展示館もしかり[2]。

　継続的に研究し、根本の理念を損なわないように附属施設を付け加え、完璧なものを目指していると、美術館の問題はかえって単純化し、洗練されていった。

　限りなく成長する美術館に特徴的な原理は以下である。

a — <u>矩型の螺旋</u>は内容を固定する形式でも鑑賞者の順路を決めてしまう形式でもない（グッゲンハイム美術館でF・L・ライトが構想したカタツムリのような螺旋階段とは対照的）。<u>組織化のための構造的な原理</u>であり、先験的な形態の問題ではない。美術館の機能に完全に対応することができる[3]。

b — <u>ファサードのない美術館</u>の理念は単に19世紀における「美の宮殿」に対して論戦を挑んでいるだけではない。鑑賞者は美術館の中心に直接導かれ、そこから様々な順路を<u>選択</u>できるようになっている。そうしてより自由により自然に鑑賞できる[4]。

c — 限りなく成長する美術館は<u>水平的に発展していく美術館</u>である[5]。主階（1層階）[6]には、補助的に二層がある（0層階と2層階もしくはテラス[7]）。そして半層階もある[8]。垂直的な移動の問題は簡単に解決されるであろう。階段やエレベーターや搬入昇降機などなくても、緩やかなスロープや電動の荷台があればこと足りる。

d — 水平的に発展していくことには違いないが、1層階での矩型の螺旋の展開には<u>ヴォリュームの構成に自</u>

由度がある。たとえば、諸室の壁や屋根の建築要素を取り除いて1層階以外の階と結ぶことも可能である。そのうえヴォリュームを変えてもそんなに経費はかからない[9]。

　照明（天井、壁面の完全照明）は配線にしたがって自由に交換可能である。

e ― 鑑賞者の動線は半可動で構造体から独立した要素によって最大限の自由度を得る。与えられた敷地の条件のなかで、美術館はさらに螺旋を付け足して成長し、構造体や機能の問題によって阻害されることはない。

f ― 東京で用いられた設備室は展示室から分離していて、照明や通風等を必要に応じて容易に設定することができる。人工照明でも自然採光でも調光可能である[10]。

g ― 事務室や設備室は展示室から完全に独立し、より機能的な連携をはかることによって、展示空間のより明快な分節が可能になる[11]。

訳註

おそらく1963年2月18日、ナンテールの20世紀美術館（1965）について、ル・コルビュジエが芸術史家モーリス・ベッセ Maurice Besset（1921〜2008）に説明している「美術館 musée」の概念であり、ル・コルビュジエが「美術館」についてまとまって執筆しているおそらく最後の文書である。「洗練」かどうかは別にして、ル・コルビュジエは「限りなく成長する美術館 musée à croissance illimitée」における螺旋型という空間規定と、その内部での「自由な平面 plan libre」という建築学的難問に挑み続けている。

[1]　エルレンバッハの美術館（1963）は素描や図面が残されているが、サンクト・ガレンからの依頼と思われる事業については、詳細は不明である。

[2]　ハイディ・ヴェーバーのための展示館、ル・コルビュジエ・センター（1967）のこと。ル・コルビュジエが「不思議の箱 boîte à miracle」や「展示館 pavillon」に加えて、「自発劇場 théâtre spontané」のプロトタイプに触れていないのは、おそらく芸術における「造形表現」に問題を限定しているからである。

[3]　フランク・ロイド・ライトのグッゲンハイム美術館（1959）は、ムンダネウムの世界博物館（1929）と同じく上階から螺旋状に下る動線である。しかし、一方のグッゲンハイム美術館（1959）は、中央の吹き抜けと対面する壁にしか展示できないのに対して（幅4.8m）、ル・コルビュジエの「限りなく成長する美術館」は、螺旋の動線上に様々な自由な平面を挿入できる幅が確保されている（6.35m×2スパンが規準）。さらに、ライトの美術館の展示空間の床面はスロープであるのに対して、ル・コルビュジエの美術館はあくまで「水平に発展していく」床面である。

[4]　鑑賞の自由度は、螺旋型と卍型の拡張によって規定される空間での動線の選択である。

[5]　無限に拡がる建設地はありえない。水平方向への拡張は有限である。アーメダバードの美術館（1957）のファサードに突起する小梁のように、実現し得るのは「限りなく成長する à croissance illimitée」可能性の比喩的表現である。

[6]　「限りなく成長する美術館 musée à croissance illimitée」のピロティに持ち上げられた展示階。

[7]　「限りなく成長する美術館 musée à croissance illimitée」の2層階の活用事例は、すべて屋上庭園である。

[8]　「限りなく成長する美術館 musée à croissance illimitée」の半層階は、卍型に接続する附属施設の廊であるが、ほとんどが展示室ではなく事務や管理のための諸室によって充足されている。訳註［11］を参照。

[9]　上下階の垂直方向の連結は、理論的に可能であっても、ル・コルビュジエの構想においては皆無である。むしろ、梨状器での水平方向の連結である。すなわち、中央のホール以外はレストラン、図書室、売店、講堂など諸室を「自由な平面」のなかに挿入することができる。また、講堂のような比較的規模の大きな施設ならば、独立した棟として卍型で水平に連結することもできる。

[10]　ル・コルビュジエは、アーメダバードの美術館（1957）では天井からの自然採光を断念しているが、東京の国立西洋美術館（1959）では卍型の拡張を照明設備室に置き換えて自然採光と人工照明を併用している。しかし、人工照明はあくまで補助的な装置であり、天井からの自然採光が大原則である。チャンディガールの美術館（1964）でも同じ原理を踏襲し、人工照明さえ検討していない。20世紀美術館（1965）では展示空間の採光を検討するまでにはいたっていないために、人工照明の仕掛けに対するル・コルビュジエの考えは不明である。

[11]　事務室や設備室は卍型の半層階に配されている。アーメダバードの美術館（1957）において半層階は展示機能を担っているが、東京の国立西洋美術館（1959）以降、チャンディガールの美術館（1964）においても、ル・コルビュジエは構想のはじめから展示空間の機能を半層階に配置していない（cf., FLC 4833, 1957.4.23）。訳註［8］を参照。

3AFLC, I3-17-46

Paris, le 6 Novembre 1964

Madame Heidi WEBER
Galerie Mezzanin
Neumarkt 28
Z U R I C H, 1

OBJET: Zürichhorn

Cher Madame et Amie,

J'ai reçu le 31 octobre 1964 un ozalide n° S11 201 01 avec le tampon de la maison WARTMANN & Cie, Ingenieurbüro Zürich.

Sur cette ozalide S11 201 01 les propositions de détails A, de détails B, de détails C me paraissent absolument inacceptables. Ces détails A, détails B et détails C trahissent complètement mon projet qui apparaît sur cette même feuille de plan à échelle 1:100.

En conséquence, je vous prie de bien vouloir m'envoyer immédiatement les feuilles de dessins de Mr. Fruitet, Ingénisuer à Paris, qui exprimaient la construction qui doit être adoptée par les constructeurs de Zürich (Wartmann & Cie, Ingenieurbüro).

L'immeuble Zürichhorn est une conception Le Corbusier et je n'aime pas voir intervenir dans les plans que j'ai faits mon ami Boesiger, qui présente lui-même la solution Wartmann.

Nous allons à une impasse.

La construction du pavillon de Zürichhorn est une construction de Paris, par un architecte de Paris, en collaboration intime avec l'ingénieur Fruitet, spécialiste des constructions en tôle soudée (Ingénieur Chef de la maison Besson et Lepeu). M. Fruitet a étudié, d'accord avec moi, tout ce pavillon et je n'admets pas que Zürich remplace Paris dans cette question technique. Les plans techniques seront envoyés par nous sous le contrôle de M. Fruitet, spécialiste des constructions de tôle.

Quand j'aurai reçu les dessins originaux de M. Fruitet qui vous avaient été confiés par Oubrerie, je pourrai reprendre ce travail en mains et le conduire à bonne fin.

Bien sincèrement à vous

LE CORBUSIER

Oubrerie à Boesiger

1964年11月6日にル・コルビュジエがハイディ・ヴェーバーに宛てた手紙

パリ、1964年11月6日

ハイディ・ヴェーバー様
メザナン画廊
ノイマルクト28番地
チューリッヒ、1区

用件：チューリッヒホルン公園

親愛なる友の夫人へ、

1964年10月31日にチューリッヒの技術事務所ヴァルトマン社の印のある青図S11 201 01を受け取りました[1]。

青図S11 201 01に示された提案A、B、Cはまったく受け入れられません。A、B、Cの詳細は1/100の私の図面に提案に反しているように思います。

結論から言えば、パリの技術者フルュイテ氏の図面をすぐに送り返していただきたい。チューリッヒの建設業者（技術事務所、ヴァルトマン社）でも施工できる建設方法を検討してくれています。

チューリッヒの家はル・コルビュジエの構想であり、友のベジガー[2]を巻き込みたくありません。ベジガー自身はヴァルトマン社の解決方法を勧めているのです。

手詰まり状態です。

チューリッヒの家の展示館は、溶接の専門家、技術者フリュイテ（ブソン・エ・ルプ社社長）との綿密な打ち合わせによって、パリの建築家のもと、パリでつくります[3]。フリュイテ氏は、私の同意のもとで、この展示館を検討しました[4]。チューリッヒの技術的検討は認めません。技術的な図面は溶接専門家、フリュイテ氏の責任によって私たちの方から送ります。

フリュイテ氏の図面をウブルリから受け取り次第、この件について回答を示します。

敬具

ル・コルビュジエ

ウブルリからボエジガーへ連絡のこと

訳註

第二次世界大戦後のル・コルビュジエは、建設事業に関してはすべて外注している。モノル型住宅（1920）、シトロアン型住宅（1920）、ルシュール型住宅（1929）、ミュロンダン式建造（1940）において目指した生産システムがすでに確立されているからではない。むしろ、個々の建設事業は、どれもル・コルビュジエと個性的な技術者との協働から生み出される一品制作である。ハイディ・ヴェーバーのための展示館（1967）における建築家の統制は、匿名的（プロトタイプ的）でもあり、また記号的（建築作品的）でもある。フィリップス館（1958）におけるL・C・カルフとの関係については、cf. **AFLC, J2-19-151, lettre de Le Corbusier à L.C. Kalff, 1958.1.6**。

[1] cf., AFLC, I3-17-93, lettre de Wartemann & Cie, à Le Corbusier, 1964.10.30. チューリッヒの展示館「人間の家」として構想し、ル・コルビュジエ・センター（1967）となる建築作品の「雨傘 parasol」と呼ばれる鉄骨屋根架構に関する建築詳細図面。柱と屋根の接合詳細と配水管詳細である（cf., AFLC, K2-15-18, Plan Wartemann, 511 201 01）。A、B、C各案では内樋であるが、ル・コルビュジエは雨水処理を外樋として造形している（cf., Oubrerie, Rebutato, Le Corbusier, FLC21100, 1965.6.29; Oubrerie, Rebutato, Le Corbusier, FLC21101, 1965.6.29）。

[2] ヴィリー・ベジガー Willy Boesiger（1904〜1991）はスイスの建築家。1920年代にル・コルビュジエのアトリエで研修し、『全集』の編者。ル・コルビュジエ・センター（1967）でも協働している。ベジガー署名の建築図面は、平面図のみであるが（cf., Boesiger, FLC21123, 1964.4.8; Boesiger, FLC21124, 1962..1.10）、ベジガーと推測される断面詳細図もある（cf., [Boesiger], FLC21120, 1965.5.12; [Boesiger]、FLC21129, 1961.10.31）。

[3] ル・コルビュジエによれば、「ブリーズ・ソレイユ」としての屋根（cf., Le Corbusier, Willy Boesiger éd., *Le Corbusier, les Dernières Œuvres, Œuvre complète 1965-1969*, Les Éditions d'Architecture, Artemis, Zürich, 1970, p.148; 邦訳、p. 142）は、まるで工業製品のように完璧な溶接技術によってパリで製造されなければならない。仕上がりの平滑さは、「雨傘」下の蜂巣状空間の鉄骨骨組みのボルト締めの詳細と対比をなしている。

[4] 1961年から1965年まで、チューリッヒの展示館（1967）の構想に関して、フリュイテは断続的にアトリエ・ル・コルビュジエに技術詳細図面を渡している。

参考文献

＊ル・コルビュジエ

Le Corbusier et Pierre Jeanneret, W. Boesiger et O. Stonorov éd., *Œuvre complète 1910-1929*, Girsberger, Zürich, 1929［吉阪隆正訳、『ル・コルビュジエ全作品集』、A.D.A. EDITA Tokyo、1979］

Le Corbusier et Pierre Jeanneret, W. Boesiger éd., *Œuvre complète 1929-1934*, Girsberger, Zürich, 1934［吉阪隆正訳、『ル・コルビュジエ全作品集』、A.D.A. EDITA Tokyo、1979］

Le Corbusier et Pierre Jeanneret, Max Bill éd., *Œuvre complète 1934-1938*, Girsberger, Zürich, 1938［吉阪隆正訳、『ル・コルビュジエ全作品集』、A.D.A. EDITA Tokyo、1979］

Le Corbusier, W. Boesiger éd., *Œuvre complète 1938-1946*, Girsberger, Zürich, 1946［吉阪隆正訳、『ル・コルビュジエ全作品集』、A.D.A. EDITA Tokyo、1979］

Le Corbusier, W. Boesiger éd., *Œuvre complète 1946-1952*, Girsberger, Zürich, 1953［吉阪隆正訳、『ル・コルビュジエ全作品集』、A.D.A. EDITA Tokyo、1979］

Le Corbusier et son atelier rue de Sèvres 35, W. Boesiger éd., *Œuvre complète 1952-1957*, Girsberger, Zürich, 1957［吉阪隆正訳、『ル・コルビュジエ全作品集』、A.D.A. EDITA Tokyo、1979］

Le Corbusier et son atelier rue de Sèvres 35, W. Boesiger éd., *Œuvre complète 1957-1965*, Les Éditions d'Architecture, Zürich, 1965［吉阪隆正訳、『ル・コルビュジエ全作品集』、A.D.A. EDITA Tokyo、1979］

Le Corbusier, Willy Boesiger éd., *Le Corbusier, les Dernières Œuvres, Œuvre complète 1965-1969*, Les Éditions d'Architecture, Zürich, 1970［吉阪隆正訳、『ル・コルビュジエ全作品集』、A.D.A. EDITA Tokyo、1979］

Le Corbusier, *Le Corbusier 1910-60*, Les Éditions Girsberger, Zurich, 1960

Le Corbusier, préface de Maurice Jardot, *L'aterier de la recherche patiente*, Éditions Vincent, Fréal&Cie, Paris, 1960

＊

Le Corbusier, *Le Corbusier Plans*, DVD, vols.16, Echelle-1, Tokyo, 2005-2011（vol.1-12, 2005, vol.13-16, 2011）

＊

Le Corbusier, *Le Corbusier Carnets 1 1914-1948*, Éditions Herscher / Dessain et Tolra, Paris, 1981

Le Corbusier, *Le Corbusier Carnets 2 1950-1954*, Éditions Herscher / Dessain et Tolra, Paris, 1981

Le Corbusier, *Le Corbusier Carnets 3 1954-1957*, Éditions Herscher / Dessain et Tolra, Paris, 1981

Le Corbusier, *Le Corbusier Carnets 4 1957-1964*, Éditions Herscher / Dessain et Tolra, Paris, 1982

＊

Ch.-E. Jeanneret Le Corbusier, *Voyage d'Orient Carnets*, Electa, Milano, Fondation Le Corbusier, Paris, 2000［中村貴志・松政貞治訳、『ル・コルビュジエの手帖　東方への旅』、同朋舎、1989］

Ch.-E. Jeanneret Le Corbusier, *Les Voyages d'Allemagne Carnets*, Electa, Milano, Fondation Le Corbusier, Paris, 2000［佐々木宏訳、『ル・コルビュジエの手帖　ドイツ紀行』、同朋舎、1995］

＊

Amédée Ozanfant et Charles-Édouard Jeanneret, Jean Jenger éd., *Le Corbusier Choix de lettres*, Birkhäuser, Basel, 2002［近刊］

Remi Baudouï et Arnaud Dercelles éd., *Le Corbusier Correspondance*, Tome I - III, Infolio editions, Paris, 2011 - 2015

Guillemette Morel Journal, *Lettre manuscrites de Le Corbusier*, Editions Texuel, Paris, 2015

＊

Le Corbusier, *Vers une architecture*, G. Crès et Cie, Paris, 1923［吉阪隆正訳、『建築をめざして』、鹿島出版会、1967；樋口清訳、『建築へ』、中央公論美術出版、2003］

Amédée Ozanfant et Charles-Édouard Jeanneret, "Idées personnelles", *L'Esprit Nouveau*, n°27, Paris, s. p., 1924.11

Le Corbusier, *L'art décoratif d'aujourd'hui*, G. Crès et Cie, Paris, 1925［前川国男訳、『今日の装飾芸術』、鹿島出版会、1966］

Le Corbusier, *Almanach d'architecture moderne*, G. Crès et Cie, Paris, 1926［山口知之訳、『エスプリ・ヌーヴォー［近代建築名鑑］』、鹿島出版会、1980］

Le Corbusier et Paul Otlet, *Mundaneum*, Publication n°128 de l'Union des associations internationales, Palais mondiale, Bruxelles, 1928［ル・コルビュジエ・ポール・オトレ、山名善之・桑田光平訳、『ムンダネウム』、筑摩書房、2009］

Le Corbusier, *Les Claviers de couleurs*, Salubra, Basel, 1931, 1959

Le Corbusier, "Les tendances de l'architecture rationaliste en rapport avec la peinture et la sculpture", à la réunion Volta, 1936 in *L'Architecture vivante*, vol.7, 1937

Le Corbusier, *Sur les quatre routes*, Gallimard, Paris, 1941

Le Corbusier, "L'espace indicible", *L'Architecture d'Aujourd'hui*, numéro hors série, 1946

Le Corbusier, "Le théâtre spontané", in André Villiers, *Architecture et dramaturgie*, Flammarion, Paris, 1948

préface de Le Corbusier, Antoine Fasani, *Éléments de peinture murale*, 1951

préface de Le Corbusier, Paul Damaz, *Art in European architecture. Synthèse des Arts*, 1956, p.viii, 1955

Le Corbusier, Jean Petit éd., *Un couvent de Le Corbusier*, Les Éditions Forces Vives, Paris, 1961

Le Corbusier, Keller Smith ed. , *The Development by Le Corbusier of the Design for l'Église de Firminy a Church in France*, Student Publications of School of Design North Carolina State of University of North Carolina at Raleigh, Vol.14, n°2, 1964

Le Corbusier, *Texte et dessins pour Ronchamp*, Association œuvre de Notre-Dame-du-Haut, Ronchamp, Genève, 1965

＊

千代章一郎、『ル・コルビュジエの宗教建築と「建築的景観」の生成』、中央公論美術出版、2004

千代章一郎・鈴木基紘、「ル・コルビュジエの建築色彩理論と環境概念」、日本建築学会計画系論文集、第582号、2004年8月、pp.185-191

千代章一郎、「サン・ピエール教会堂建設におけるル・コルビュジエの最終構想と建築図面による復元—建築的景観のオーセンティシティに関する一考察（1）—」、建築史学、第四十三号、2004年9月、pp.125-148

千代章一郎、「ル・コルビュジエによるサン・ピエール教会堂の最終構想（一九六四年）と再建案（一九九五年）の比較検討—建築的景観のオーセンティシティに関する一考察（2）—」、建築史学、第四十五号、東京、2005年9月、pp.133-150

千代章一郎・益原実礼、「感性空間としてのル・コルビュジエのパビリオン建築」、日本感性工学会論文誌、日本感性工学会、2010年2月、Vol.9、No.2、pp.205-214

千代章一郎、「ル・コルビュジエの建築制作における「壁」の多義性」、『デザイン理論』、55号、2010年7月、pp.69-83

千代章一郎、「ル・コルビュジエの建築制作における「屋根」の類型」、『デザイン理論』、57号、2011年6月、pp.45-59

千代章一郎、「建築家ル・コルビュジエの建築制作における「窓」への感性」、日本感性工学会論文誌、Vo.13、No.1、2014年2月、pp.83-90

千代章一郎、「ル・コルビュジエの「屋上庭園」における野生性」、日本建築学会計画系論文集、第78巻、第692号、2013年10月、pp.2241-2249

Sendai, Shoichiro., 'Architectural Kansei of 'Wall' in the Façade Design by Le Corbusier', Kansei Engineering International Journal, Japan Society of Kansei Engineering, Vol.10, No.1, pp. 29-36, 2010

Sendai, Shoichiro., "Idea of Environment and Architectural Form in India by Le Corbusier – On the Creation of Villa Shodhan at Ahmedabad –", *Journal of Asian Architecture and Building Engineering*, Vol.4, No.1, Architectural Instutute of Japan, Architectural Institute of Korea, Architectural Society of China, 2005.5., pp.37-42

Sendai, Shoichiro., "Realization of the "Roof Garden" in Ahmedabad by Le Corbusier – On the Creation of Villa Sarabhai –", *Journal of Asian Architecture and Building Engineering*, Vol.11, No.1, Architectural Instutute of Japan, Architectural Institute of Korea, Architectural Society of China, 2012.5., pp.17-23

Sendai, Shoichiro., "Realization of the "Museum of Unlimited Growth" Without Façade in Ahmedabad by Le Corbusier", *Journal of Asian Architecture and Building Engineering*, Vol.14, No.3, Architectural Instutute of Japan, Architectural Institute of Korea, Architectural Society of China, 2015.9., pp.521-528

Sendai, Shoichiro., "Realization of Vertical Light for Le Corbusier's "Synthesis of the Arts" in the National Museum of Western Art in Tokyo", *Journal of Asian Architecture and Building Engineering*, Vol.15, No.2, Architectural Instutute of Japan, Architectural Institute of Korea, Architectural Society of China, 2016.5.［採用決定］

＊

Boyer, M. Christine., *Le Corbusier, Homme de Lettres*, Princeton Architectural Press, New York, 2011

Cinqualbre, Olivier. et Migayrou, Frédéric. dir., *Le Corbusier, mesures de l'homme*, Éditions du Centre Pompidou, Paris, 2015

Doshi, Balkrishna., *Architectural Legacies of Ahmedabad*, Vastu-Shilpa Foundation for Studies and Research in Environmental Design, 2000

Gargiani, Roberto. and Rosellini, Anna., tr. Piccolo, Stephen., *Le Corbusier, Béton Brut and Ineffable Space, 1940-1965*, EPFL Press, Lausanne, 2011

Lucan, Jaques. dir., *Le Corbusier une encyclopédie*, Les Éditions du Centre Pompidou/CCI, Paris, 1987［加藤邦男監訳、『ル・コルビュジエ事典』、中央公論美術出版、2007］

Misino, Paola. et Trasi, Nicoletta., tr. Thévenin, Nicole. et Morselli, Rosetta., *Andé Wogenscky, Raisons profondes de la forme*, Éditions Le Moniteur, Paris, 2000

Mumford, Eric., *The CIAM Discourse on Urbanism, 1928-1960*, The MIT Press, Cambridge, Massachusetts, 2000

Taige, Karel., "Mundaneum", *Stavba*, vol.7, Praha, 1929

Tyrwhitte, J., Sert, J. L. and Roger, E. N. ed., *The Heart of the City*, Lund Humphries, London, 1952

＊「美術館」

テオドール・W・アドルノ、渡辺裕邦・三原弟平訳、『プリズメン』、筑摩書房、1996

石森秀三、『改訂版　博物館概論』、放送大学教育振興会、2003

ジョン・アーリ、加太宏邦訳、『観光のまなざし』、りぶらりあ選書、法政大学出版局、東京、1995

ポール・ヴァレリー、渡辺一夫・佐々木明訳、「博物館の問題」、『ヴァレリー全集10芸術論集』、筑摩書房、1967

W・ヴェルシュ、小林信之訳、『感性の思考　美的リアリティの変容』、勁草書房、1998

梅棹忠夫、『メディアとしての博物館学』、平凡社、1987

大坪健二、『アルフレッド・バーとニューヨーク近代美術館の誕生』、三元社、2012

太田喬夫・三木順子編、『芸術展示の現象学』、晃洋書房、2007

岡田温司、『芸術と生政治』、平凡社、2006

岡田温司、『もうひとつのルネサンス』、平凡社、2007

岡田温司、『グランドツアー　18世紀イタリアへの旅』、岩波書店、2010

小黒昌文、『プルースト　芸術と土地』、名古屋大学出版会、2009

神代雄一郎、『現代建築と芸術』、彰国社、1958

アレクシス・カレル、渡辺昇一訳、『人間、この未知なるもの』、三笠書房、2007

河上眞理、清水重敦、『辰野金吾』、ミネルヴァ書房、2015

ジェイムズ・クリフォード、毛利嘉孝、有元健、柴山麻妃、島村奈生子、福住廉、遠藤水城訳、『ルーツ―20世紀後期の旅と翻訳』、月曜社、2002

スーザン・A・クレイン編著、伊藤博明監訳、『ミュージアムと記憶』、ありな書房、2009

ハンス・ゲオルグ・ガダマー、『真理と方法I』、法政大学出版局、1986

ルイス・カーン、前田忠直編訳、『ルイスカーン建築論集』、鹿島出版会、1992

ビアトリス・コロミーナ、松畑強訳、『マスメディアとしての近代建築』、鹿島出版会、1996

酒井健、『ゴシックとは何か　大聖堂の精神史』、筑摩書房、2006

佐々木健一、『作品の哲学』、東京大学出版会、1985

白井秀和、『カトルメール・ド・カンシーの建築論』、ナカニシヤ出版、1992

白井秀和編著、『ルドゥー「建築論」注解II』、中央公論美術出版、1994

スーザン・ソンタグ、喜志哲雄訳、『反解釈』、筑摩書房、1996

高階秀爾・鈴木博之・三宅理一・太田泰人編、『ル・コルビュジエと日本』、鹿島出版会、1999

谷川渥、「比較芸術学と美術館的知」、『美学の逆説』、筑摩書房、2003

垂木祐三編、『国立西洋美術館設置の状況　第一巻〜第三巻』、国立西洋美術館協会、1989

丹下健三、「近代建築の問題」、芸術新潮、6巻5号、1995年5月

丹下健三、『復刻版　人間と建築　デザインおぼえがき』、彰国社、2011

ミシェル・テマン、阪田由美子訳、『アンドレ・マルローの日本』、阪急コミュニケーションズ、2001

並木誠士・吉中充代・米屋優編、『現代美術館学』、昭和堂、1998

並木誠士、中川理、『美術館の可能性』、学芸出版社、2006

西野嘉章、『博物館学―フランスの文化と戦略』、東京大学出版会、2000

ミヒャエル・パーモンティエ、眞壁宏幹訳、『ミュージアム・エデュケーション』、慶應義塾大学出版会、2012

ジョルジュ・バタイユ、片山正樹訳、『ドキュマン』、二見書房、1974

アンリ・フォション、杉本秀太郎訳、『形の生命』、平凡社、2009

エイドリアン・フォーティー、坂牛卓・邉見浩久監訳、『言葉と建築』、鹿島出版会、2006

ミシェル・フーコー、渡辺一民・佐々木明訳、『言葉と物』、新潮社、1974

ミシェル・フーコー、佐藤嘉幸訳、『ユートピア的身体／ヘテロトピア』、2013、水声社

ヴァルター・ベンヤミン、佐々木基一編、『複製時代における芸術作品』、晶文社、1995

ヴァルター・ベンヤミン、山口裕之編訳、『ベンヤミン・アンソロジー』、河出書房新社、2011

ジャン・ボードリヤール、今村仁司・塚原史訳、『シミュラークルとシミュレーション』、法政大学出版局、1984

クシシトフ・ポミアン、吉田城・吉田典子訳、『コレクション　趣味と好奇心の歴史人類学』、平凡社、1992

松宮秀治、『ミュージアムの思想』、白水社、2003

マルロオ、小松清訳、『空想の美術館』、新潮社、1957

マルロー、小松清訳、「芸術的創造」、『世界の大思想　II-14』、河出書房、1968

吉見俊哉、『博覧会の政治学』、講談社、2010

フランソワ・ラブレー、宮下志朗訳、『第四の書　ガルガンチュアとパンタグリュエル4』、筑摩書房、2009

ジャン＝フランソワ・リオタール、篠原資明・上村博・平芳幸浩訳、『非人間的なもの―時間についての講話』、法政大学出版局、2002

＊

Boulée, Étienne-Louis., Texte réunis et présentés par J.-M. Pérouse de Montclos, *L'architecte visionnaire et néoclassique*, Hermann, Paris, 1993

Dubray, Charlotte., dir., *Le Mundaneum, les archives de la connaissance*, Les Impressions Nouvelles, Bruxelles, 2008

Durand, Jean-Nicolas-Louis., *Précis des leçons d'Architecture*, L'École royale polytechnique, Paris, 1817［丹羽和彦・飯田喜四郎訳、『建築講義要録』、中央公論美術出版、2014］

Jodidio, Philip., *Architecture Now! Museums*, Taschen GMBH, Cologne, 2010

Jodidio, Philip., Le Bon, Laurent. et Lemonier, Aurélien. dir., *Chefs-d'œuvre? Architectures de musées 1937-2014*, Éditions du Centre Pompidou-Metz, Metz, 2010

O'Doherty, Brian., *Inside the White Cube*, Art Forum Magazine, 1976

McClellan, Andrew., *The Art Museum from Boullée to Bilbao*, University of California Press, Berkeley, 2008

Lemonier, Aurélien. et Magayrou, Frédéric., *Frank Gehry*, Éditions du Centre Pompidou, Paris, 2014

Poulot, Dominique., *Musée et muséologie*, Éditions La Découverte, Paris, 2005

Poulot, Dominique., *Une histoire des muées de France XVIIIe-XXe siècle*, Éditions La Découverte, Paris, 2005

Pfeiffer, Bruce Brooks., *Frank Lloyd Wright 1943-1959 The Complete Works*, Taschen, Köln, 2009

Riley, Terence. and Bergdoll, Barry., *Mies in Berlin*, The Museum of Modern Art, New York, 2001

Schaer, Roland., *L'invention des musées*, Éditions Gallimard, Paris, 1993

Storrie, Calum., *The Delirious Museum: A Journey from the Louvre to Las Vegas*, I. B. Tauris, London, New York, 2006

おわりに

　建築史における建築図面の位置は様々である。建築作品が何よりも重要であることは論を待たないが、物理的な経年変化が避けられない以上、建築についての言葉と同様に、建築図面もまた建築作品になりかわって永遠性を獲得し、記録と記憶の道具となる。あるいはまた、かりに建築作品の永遠性が保証されたとしても、建築作品が建築家の真実を体現しているとは限らない。かくして、建築空間の図化という行為は、少なくとも古代ローマ以来、建築家にとって根本的に重要であり続けてきた。極点は20世紀の建築図面である。素描から施工図、写真やフィルム、雑誌や映画まで、20世紀の建築家はあらゆる媒体に思考の痕跡をよせ集めてコラージュする。建築図面の歴史から見れば、たかだか1世紀ほどの期間であるが、20世紀の建築図面は建築家の制作の多様性、そして建築空間の美学の深度を表象する。

　それにしても、（建築作品についての）建築図面について書くことは、建築作品について書くこと以上に困難な仕事である。建築様式史にかかる膨大な概念の蓄積を前にして、20世紀の建築図面を語るための語彙ははなはだ少ない。建築図面は、理念という言語的論理の証であると同時に手という感性的論理の証でもある。たとえ、まっすぐな線でも、素描の速度感やスケール感が残されている。筆圧に確心の強度が刻まれている。手の重層的な論理が潜んでいるのである。しかしながら、手は声を発しない。頭と体の無言のはたらきを日本語に置き換えることは、推論や臆見に満ちた印象記を綴ることと同義である。しかしそれでも、建築図面や素描が手の「論理」である限り、手の運動そのものの道筋、その軌跡を描き出すことはできる。描かれたものよりも、描こうとしていることを論じることはできる。

　建築図面は理論的であると同時に、美学的、感性的な論理である。それゆえに、ル・コルビュジエの「美術館」は、建築図面についてはじめに（そして根本的に）論じるに相応しい主題であるかもしれない。美術館に限らず、「芸術（の綜合）」はル・コルビュジエによるあらゆる空間（拡がり）に沁み渡っているからである。筆者の「論理」の飛躍と破綻については、忌憚なきご批評をいただければ幸いです。

＊＊＊

　本書は、ル・コルビュジエ財団のミシェル・リシャール Michel Richard、アルノー・デルセル Arnaud Derselles、前財団事務局長クロード・プレロレンゾ Claude Prelorenzo、（株）echelle-1 の下田泰也、友コリーヌ・チリー＝オノ Corinne Tiry-Ono とブノワ・ジャケ Benoît Jacquet の諸氏から無私のご助言とご協力があり、かたちとなりました。心からのお礼を申し上げます。

　そして、『ル・コルビュジエ図面撰集』を通してこれまで以上に深い共感に結ばれ、多大なご尽力をいただいた中央公論美術出版の小菅勉氏には心からの謝意を表します。また、困難な編集を丹念にまとめていただいた柏智久氏にもお礼を申し上げます。

2016年2月14日
広島大学にて

千代 章一郎

索引（人名・作品・事項）

＊人名（アルファベット順）

在フランス日本大使館（田村）Ambassadeur du Japon en France (Tamura) *118, 259, 272, 287*

アーレンベルク、ヴァルター Arensberg, Walter
246, 247

バー・ジュニア、アルフレッド Barr, Jr., Alfred
27, 29

ベンヤミン、ヴァルター Benjamin, Walter
16, 27

ベッセ、モーリス Besset, Maurice
328, 329, 331

ビアジニ、E Biasini, E.
307, 308

ボーデ、ヴェルヘルム・フォン Bode, Wilhelm von
27, 29

ベジガー、ヴィリー Boesiger, Willy
332, 333

ブーレー、エチエンヌ＝ルイ Boulée, Étienne-Louis
11

カミュ、アルベール Camus Arbert
280

チマンバイ、チヌバイ Chimanbhai, Chinubhai
44

コスタ、ルシオ Costa, Lúcio
161

ドーシ、バリクリシュナ・ヴィタルダス Doshi, Balkrishna Vithaldas
56, 78, 80, 258, 270

デュラン、ジャン＝ニコラ＝ルイ Durand, Jean-Nicolas-Louis
11, 12, 18, 26, 27, 238

フーコー、ミシェル Foucault, Michel
27

フルュイテ Fruitet
332

藤木忠善 Fujiki Tadayoshi
117, 118, 119, 288, 291

ガルディアン Gardian
315

ゲーリー、フランク Gehry, Frank
13

ゲズ、オスカー Ghez, Oscar
327

ヘルツォーク＆ド・ムーロン Herzog & de Meuron
28

ジャンヌレ、ピエール Jeanneret, Pierre
173, 184, 186, 187, 189, 190, 206, 208, 209, 222-231, 233, 262, 317, 318

ジョンソン、フィリップ Johnson, Philip
27

カーン、ルイス Kahn, Lous
12, 27, 94

カイロン、パラタプ・シン Kairon, Paratap Singh
313, 314

カルフ、L・C Kalff, L. C.
284, 285, 293, 294, 304, 305, 314, 321, 333

ラ・ロッシュ、ラウル La Roche, Raoul
10, 32, 36, 128, 243, 249, 250, 253, 254, 277

ルドゥ、クロード＝ニコラ Ledoux, Claude-Nicolas
26

レジェ、フェルナン Léger, Fernand
243, 305

リベスキンド *13*

メゾニエ、アンドレ Maisonnier, André
51, 65, 66, 81, 83, 86, 87, 112, 127, 129, 135, 140, 157, 162, 164, 165, 168, 174, 175, 277, 278, 281, 287

メゾンスル、ジャン・ド Maisonseul, Jean de
280

マルロー、アンドレ Malraux, André
13, 14, 17, 25, 28, 35, 329

前川國男 Mayekawa, Kunio
106, 112, 114, 117, 118, 122, 153, 173, 266, 267, 278, 295

マイヤー、アルバート Mayer, Albert
192

マイヤー、リチャード Meier, Richard
13

ミケランジェロ・ブオナローティ Michelangelo Buonarroti
298

ミシェル、ルイ Michel, Louis
37

日本文部大臣 Ministre de l'Éducation National au Japon
106, 117, 283, 287

村田豊 Murata, Yutaka
287

ネルー、ジャワハルラール Nehru, Jawaharlāl
53, 276, 289, 292, 302, 321

オトレ、ポール Otlet, Paul
13, 14, 17, 28, 32, 238

341

ウブルリ・ジョゼ Oubrerie, José
224, *226*, *232*, *332*

ペレ、オーギュスト Perret, Auguste
291, *305*, *314*

ピカソ、パブロ Picasso, Pablo
10, *242*, *243*, *292*, *305*

プルーヴェ、ジャン Prouvé, Jean
256, *257*

カンシー、カトルメール・ド Quincy, Quatremère de
12, *14*, *27*

クオニアン Quonian *325*

ラボ、ポール・ウジェーヌ・L. Raboz, Paul Eugène L.
307, *308*, *309*

ランダヴァ、シン Randhawa, Singh
212, *218*, *220*, *221*, *225*, *318*

リヴィエール、G・H Rivière, G. H.
268

ロダン、オーギュスト Rodin, Auguste
21, *109*, *128*, *129*, *130*, *131*, *156*

ローエ、ミース・ファン・デル Rohe, Mies van der
12

ルー、マルセル Roux, Marcel
253, *254*

アス、アイナー Ruths, Heiner
251, *253*, *318*

坂倉準三 Sakakura, Junzo
37, *111*, *114*, *116*, *117*, *118*, *122*, *153*, *160*, *166*, *266*, *267*, *278*, *295*, *299*, *324*

サラバイ、ゴタム Sarabhai, Gautam
54, *55*, *79*, *114*, *196*, *210*, *215*, *260*, *261*, *262*, *278*

スカルパ、カルロ Scarpa, Carlo
28

シンケル、カール・フリードリヒ Schinkel, Karl Friedrich
11

妹島和代と西沢立衛（SANAA）Sejima, Kazuyo and Nishizawa, Ryue (SANAA) *28*

シヴ、アンドレ Sive, André
253, *254*

ソンディ、G・D Sondhi, G. D.
264

丹下健三 Tange, Kenzo
30

ヴァレリー、ポール Valéry, Paul
14, *27*, *28*

ヴァレーズ、エドガー Varèse, Edgard
10, *292*, *293*, *304*, *305*

ヴェレ、ジャン＝ルイ Véret Jean-Louis
89, *96*, *270*, *275*

ヴァーグナー、リヒャルト Wagner, Richard
15

ヴェーバー、ハイディ Weber, Heidi
331, *332*, *333*

ヴォジャンスキー、アンドレ Wogenscky, André
266, *306*

ライト、フランク・ロイド Wright, Frank Lloyd
12, *13*, *33*, *34*, *238*, *243*, *266*, *330*, *331*

ヤニス・クセナキス Xenakis, Iannis
70, *71*, *170*, *171*

吉阪隆正 Yoshizaka, Takamasa
114, *117*, *118*, *122*, *126*, *173*, *266*, *267*, *295*, *296*, *297*

ゼルヴォス、クリスチャン Zervos Christian
33, *186*, *240*, *315*, *317*

＊作品（年代順）

ラ・ショー＝ド＝フォンの芸術家のアトリエ（1910）Atelier d'Artistes, La Chaux-de-Fonds　*17, 32, 238*

パリのヴィラ・ラ・ロッシュ＝ジャンヌレ（1923）Villas La Roche et Jeanneret , Paris　*10, 32, 128, 250, 285*

パリのレスプリ・ヌーヴォー館（1925）Pavillon de L'Esprit Nouveau, Paris　*10, 15, 28, 29, 292*

ペサックのフルージェス新地区（1925）Quartiers modernes Frugès, Pessac　*133*

ガルシュのヴィラ・シュタイン＝ド・モンジー（1927）Villa Stein-de Monzie, Garches　*64*

ジュネーヴのムンダネウムのための世界博物館（1929）Mundaneum, Musée Mondial, Genève
　17, 18, 26, 32, 33, 180, 187, 238, 240, 242, 250, 262, 270, 273, 276, 285, 288, 290, 331

トランブレイの教会堂（1929）Église de Tremblay　*159*

ポワシーのヴィラ・サヴォワ（1931）Villa Savoye, Poissy
　18, 25, 81, 86, 90, 91, 243

パリの現代芸術美術館（1931）Musée d'Art contemporain à Paris　*10, 18, 33, 34, 35, 102, 116, 240, 241, 242, 247, 250, 315, 323*

モスクワのソヴィエト・パレス（1931）Palais des Soviets, Moscou　*31, 306*

パリのスイス学生会館（1932）Pavillon Suisse, Paris
　33, 118, 174, 296

パリのンジェセール＝エ＝コリ通り24番地のル・コルビュジエのアパルトマン（1933）Immeuble et appartement de Le Corbusier 24 rue Nungesser et Coli, Paris
　69, 329

レ・マトのヴィラ・ル・セクスタン（1935）Villa Le Sextant, les Mathes　*161*

パリ国立および市立美術館（1935）Plans pour les musée de la Ville et de l'Etat à Paris　*10, 33*

パリの現代美学センター（1936）Centre d'esthétique contemporaine à Paris　*10, 18, 19, 33, 34, 243*

リオ・デ・ジャネイロの大学都市（1936）Rio de Janeiro: Cité universitaire du Brésil　*30, 306*

パリの10万人祝祭センター（1937）Centre de réjouissance pour 100 000 personnes, Paris
　31

パリの新時代館（1937）Pavillon des Temps Nouveaux, Paris
　118, 119, 174, 296

リオ・デ・ジャネイロの教育省（1938）Ministère de l'Education nationale, Rio de Janeiro
　161

リエージュの水の博覧会のためのフランス館（1938）Pavillon de la France à l'exposition de l'eau - Liège
　10

パリの「海外フランス」展（1940）Exposition de « La France d'outre-mer » à Paris　*68, 70*

サン・ディエの都市計画（1945）Urbanisation de Saint-Dié
　10

ブエノス・アイレスのクルチェット博士邸（1949）Maison du docteur Currutchet, Buenos Aires　*10*

チャンディガールの都市計画(1951) Urbanisme de Chandigarh　*180, 188, 192, 268, 281, 285, 318*

カブ＝マルタンのカバノン（1952）Cabanon, Cap-Martin
　69

マルセイユのユニテ・ダビタシオン（1952）Unité d'habitation, Marseille　*78, 88, 114, 146, 267, 307, 321*

ロンシャンの礼拝堂（1953）Chapelle de Ronchamp
　32, 66, 78, 79, 90, 93, 100, 114, 115, 117, 123, 130, 141, 146, 149, 167, 203, 205, 210, 219, 281, 290, 294, 305, 306

アーメダバードの製糸業者協会会館（1954）Siège de l'Union des Filateurs, Ahmedabad　*54, 56, 95, 98, 100, 267, 270*

チャンディガールの開かれた手（1954）La main-ouverte, Chandigarh　*187*

チャンディガールのカピトール（1955）Plan du Capitole, Chandigarh　*24, 80, 83, 98, 108, 124, 127, 133, 313, 314, 321*

チャンディガールの高等法院（1955）Palais de Justice, Chandigarh　*133, 196*

アーメダバードのサラバイ住宅（1955）Maison Sarabhai, Ahmedabad　*54, 55, 79, 196, 215, 278*

アーメダバードのショーダン住宅（1956）Maison Shodan, Ahmedabad　*54, 55, 78, 79, 80, 215*

チャンディガールの総督官邸（1956）Palais du gouverneur, Chandigarh　*25, 26, 36, 37, 189, 265, 288, 318*

アーメダバードの美術館（1957）Musée, Ahmedabad
　16, 19- 22, 25, 31, 35, 54, 56, 106, 108-113, 115, 116, 122, 125-127, 131, 139, 140, 142, 151, 153, 157, 162, 167, 169, 170, 181, 185, 186, 188, 189, 194, 196, 199, 201, 203, 208, 210, 211, 215, 216, 219, 221, 223, 226, 247, 254, 256, 258, 260, 262, 265, 267, 268, 270, 273, 275, 276, 278, 280, 285, 288, 289, 299, 307, 318, 324, 331

ブリュッセル万博のフィリップス館（1958）Pavillon Philips à l'Exposition Internationale Bruxelles
　31, 67, 216, 251, 285, 293, 305, 333

東京国立西洋美術館（東京の美術館）（1959）Musée national des beaux-arts l'Occident à Tokyo (Musée de Tokyo)
　10, 13, 16, 21, 22, 31, 33, 34, 71, 79, 81, 106, 108, 110, 112, 115-118, 122, 123, 127, 129-131, 135, 136, 139-143, 145, 146, 149, 150, 151, 155-159, 161, 166-168, 170, 171, 173, 174, 175, 180, 181, 183-186, 189, 194, 196, 197, 199, 203, 207-210, 211, 213, 215, 216, 219, 221, 223, 225, 226, 228, 243, 247, 258, 259, 265, 267, 273, 275, 278, 280, 285, 287, 289, 296, 298, 299, 307, 324, 331

ラ・トゥーレットの修道院（1959）Couvent de la Tourette
　32, 71, 85, 88, 98, 115, 117, 123, 130, 141, 146, 149, 171, 201, 208, 230, 294

フォール・ラミーの文化センター（1960）Centre culturel, Fort Lamy　*22*

チャンディガールの知の博物館(1960) musée de la connaissance, Chandigarh　*10, 25, 26, 181, 189, 277, 280, 294, 321, 329*

ストックホルムの展示館(1962) Pavillon d'exposition, Stockholm
　10

フィルミニの教会堂（1963）Église, Firminy

159, 233, 306, 327

エルレンバッハの現代芸術センター（1963）Centre d'Art contemporain, Erlenbach　36, *188*

アーメダバードの製糸業者協会会館（1954）Siège de l'Union des Filateurs, Ahmedabad　*197*

ケンブリッジ、ハーヴァードの視覚芸術センター（1964）Visual Arts Center, Harvard-Cambridge　*31*

チャンディガールの美術館（1964）Musée, Chandigarh
10, 16, 21, 22, 28, 31, 35, 54, 55, 71, 79, 81, 118, 123, 128, 139, 142, 171, 180, 181, 183, 184, 186-189, 192, 196, 197, 203, 207, 209, 210, 215, 216, 219, 221, 223, 224, 228, 230, 232, 233, 262, 264, 280, 285, 289, 290, 307, 308, 318, 323, 331, 344

ナンテール（パリ）の20世紀美術館（1965）Musée du XXe siècle à Nanterre (Paris)　*35, 315, 329, 331*

チューリッヒのル・コルビュジエ・センター（1967）（展示館「人間の家」（1961））Centre Le Corbusier (Pavillon d'exposition, Maison de l'homme), Zurich　*31, 331*

＊事項（アイウエオ順）

アウラ Aura *12, 13, 16, 27, 28*

アエラトゥール（換気開口装置）aérateur *199*

新しい時代 modern *11, 14, 17, 25, 26, 29, 32, 57, 65, 78, 94, 129, 180, 238, 240, 242, 243, 247, 249, 262, 273, 276, 283-285, 292, 302, 313, 314, 325*

アトリエ atelier *10, 17, 23, 32, 33, 55, 62, 64, 65, 66, 70, 71, 73, 75, 76, 78-83, 87, 88, 97, 98, 100, 117, 122, 124, 126, 128, 134, 143-147, 150, 153-155, 158, 161, 164, 166, 169, 170, 173, 174, 180, 185, 189, 190, 194-196, 198, 199, 201-203, 205, 208, 213, 218-221, 223-226, 228, 230, 233, 238, 251, 253, 266, 267, 278, 287, 289, 305, 306, 308, 323, 329, 333*

    ル・コルビュジエのアトリエ Atelier Le Corbusier
       24, 37, 56, 106, 116, 126, 173, 181, 206, 250, 262, 263, 266, 267, 270, 275, 278, 286, 287, 289, 315, 333

入口 entrée *62, 65, 66, 81, 87, 100, 101, 108, 112, 122, 141, 147, 154-156, 165-167, 172, 189, 195-198, 200, 205, 206, 212, 215, 220, 222, 224, 226, 240, 246, 247*

ヴォリューム volume *13, 18, 19, 20, 22, 24, 25, 33, 35, 44, 45, 56, 64, 65, 67, 71, 80, 82, 86, 88-90, 93, 94, 97, 100, 108-110, 112, 116, 118, 122, 124-128, 130, 131, 134, 142, 146, 149, 150, 154, 159, 167, 169, 170, 181, 184, 185, 192-194, 196, 203, 208, 209, 213, 219, 223, 226, 238, 243, 320, 330, 331*

雨水 pluie *22, 45, 55, 63, 79, 117, 146, 149, 150, 153, 161, 167, 183, 184-187, 189, 203, 205-207, 209-211, 213, 227-230, 233, 247, 262, 278, 307, 317, 318, 333*

映画 cinéma *14, 16, 31, 35, 129, 156, 158, 250, 253, 254, 261, 264, 284, 304, 307, 323, 329, 339*

エスプラナード esplanade *35, 50, 80-83, 108, 109, 112, 115, 124-127, 130, 131, 133, 134, 147, 150, 154, 155, 159, 166, 167, 171, 181, 194-196, 205, 215, 219, 221, 223, 224, 226, 246, 247, 250, 255, 308*

演劇 théâtre *16, 23, 31, 45, 47, 48, 51, 61, 63-67, 73, 80, 81, 83, 131, 154, 193, 216, 250, 254, 256, 275, 280, 321, 323*

オーディトリアム auditorium *48, 49, 50, 66, 67, 73, 80, 206*

オブジェ *11-15, 17, 24, 26-29, 69, 117, 190, 205, 223, 247, 265*

    オブジェ型 objet-type *14, 28*

    詩的反応性オブジェ objets à réaction poétique *28*

音響（学的形態）acoustique (forme acoustique) *26, 31, 66, 293, 294, 321*

ガーゴイユ gargouille *56, 79, 95, 183, 187, 203, 205, 207, 210, 220, 229, 232, 233, 270*

輝く都市 ville radieuse *37, 49*

傘型 parasol *30, 36*

重ね合わせ superposition *27, 137, 159, 183, 199*

風 vent *22, 26, 44, 50, 54, 74, 108, 109, 123, 135, 163, 183, 196, 202, 203, 212, 293*

型 type *9, 11-13, 15, 18, 19, 23, 25, 27, 30, 31, 33, 35, 36, 44, 45, 54, 56, 64, 69, 82, 93-95, 108, 110, 111, 116, 117, 128, 132, 136, 141, 146, 150, 163, 166, 168, 171, 172, 183-186, 189, 196, 197, 199, 201, 203, 209, 210, 215, 216, 219, 222, 226, 230, 232, 233, 238, 240, 246, 247, 249, 251, 254, 256, 257, 260, 262, 278, 283, 285, 301, 306, 307, 308, 309, 315, 317, 327, 333*

壁 mur *13, 14, 18, 21, 24, 27, 29, 31, 33, 35, 44, 45, 49, 50, 52, 53, 60, 64, 65, 66, 68-71, 74, 76-79, 85, 88, 92-95, 97, 98, 101, 102, 109, 112, 113, 116, 118, 119, 124, 127, 130, 131, 133, 139, 141, 143, 153, 154, 156, 158, 161-163, 167, 169, 170, 171, 174, 183-185, 189, 194-196, 199, 203, 205, 207, 212, 215, 219, 222, 224, 226, 227, 230, 246, 247, 262, 275, 295, 296, 297, 302, 306, 307, 320, 321, 331*

    市松模様のガラス壁 pans de verre à carreaux *98*

    ガラス壁 pans de verre *12, 70, 71, 75, 93, 98, 101, 112, 158, 166-168, 170, 171, 199, 201, 203, 206, 207, 225-227*

    写真壁 photo-mural *10, 21, 33, 113, 114, 118, 119, 128, 130, 149, 156, 174, 175, 285, 289, 295, 296, 297, 298, 299, 324*

    波動ガラス壁 pans de verre ondulatoires *71, 112, 113, 118, 163, 166, 170, 171, 184, 185, 206-208, 226*

    壁画 peinture murale *11, 33, 131, 133, 156, 246, 276, 287, 288, 305*

    壁面緑化 plantation murale *21, 52, 94, 95, 97, 139*

    間仕切り壁 paroi *44, 68, 76, 77, 101, 119, 139, 156, 215, 284, 295, 297*

カムフラージュ（建築的）camouflage (architectural) *52, 53, 56, 170*

感覚 sens *14, 56, 131, 153, 243, 270, 294*

鑑賞（者）visiteur *13, 14, 16, 18-23, 27, 29, 30, 34, 44, 45, 52, 70, 74, 76, 79, 85, 100, 102, 111, 128, 133, 134, 139, 140, 143, 144, 149, 155, 157, 162, 166, 183, 185, 187, 195, 198, 215, 216, 233, 240, 246, 249, 256, 268, 318, 323, 330, 331*

感性（的）sensible *26, 81, 226, 339*

幾何学（的）géométrique *63-65, 80, 109, 116, 134, 194, 205, 213, 223*

器官 organ *17, 32, 243*

規模縮小（縮約）réduction *73, 80, 82, 83, 86, 142, 185, 208, 212, 256, 318*

協働 collaboration
   29, 184, 243, 254, 305, 318, 321, 333

矩型 carré *18, 19, 20, 34, 44, 45, 60, 86, 88, 109, 112, 116, 142, 146, 166, 181, 187, 194, 215, 221, 241, 246, 252, 280, 318, 323, 330*

クロストラ *50, 52, 78, 79, 93, 109, 110, 113, 116, 130, 141, 149, 159, 174, 189, 219, 230*

景観 paysage *18, 23, 25, 26, 35, 68, 70, 83, 85, 90, 91, 102, 108, 109, 123, 125, 127, 133, 150, 151, 159, 223, 258, 323, 327*

芸術の綜合 synthèse des arts *10, 14, 15, 16, 17, 20, 21, 22, 23, 24, 29, 32, 33, 36, 109, 116, 119, 130, 131, 155, 175, 180, 188, 247, 250, 251, 253, 255, 283, 314, 321*

    絵画 peinture *10, 11, 13-16, 18, 20, 21, 23, 26, 28-30, 32, 35, 49, 69, 102, 106, 109, 113, 116, 119, 122, 128-131, 140, 153, 154, 156, 162, 174, 180, 185, 188, 219, 224, 225, 228, 246, 250, 251, 253, 256, 260, 261, 284, 289, 293, 297, 299, 305, 321, 323-325, 327*

    芸術（造形）art (plastique) *14-16, 116, 155, 249, 250, 256, 257, 283, 284*

    彫刻 sculpture *10, 14-16, 18, 20, 21, 23, 29-32, 65, 72, 75, 86, 88, 98, 106, 109, 116, 119, 128-131, 140, 141, 150, 154-156, 174, 180, 181, 185, 188, 194, 195, 212, 220, 225, 228, 230, 231, 233, 240, 243,*

246, 251, 253, 276, 281, 285, 289, 291, 323, 325, 327, 328
形態 forme 17, 26, 28, 32, 34, 44, 45, 63, 67, 78, 79, 83, 86, 109, 135, 142, 147, 150, 151, 153, 154, 159, 183, 190, 229, 240, 294, 306, 308, 330
劇場 théâtre 13, 15, 26, 29-31, 45, 48, 51, 52, 54, 60, 62, 63, 65, 66, 73, 82, 83, 85-87, 108, 115, 155, 180, 192, 193, 195, 216, 256, 272, 280, 281, 329
 自発劇場 théâtre spontané 10, 16, 22-24, 31, 54, 60, 123, 180, 181, 188, 216, 222, 223, 250, 252-254, 256, 307, 308, 323, 331
 屋外劇場 théâtre en plein air 195
言語を絶する空間 espace indicible 16, 32
建築的プロムナード promenade architecturale 23-25, 32, 35, 64, 65, 68, 70, 77, 81, 89, 100-102, 126, 127, 133, 140, 141, 154, 215
現場 chantier 15, 16, 20, 23, 33, 34, 45, 49, 55, 56, 109, 117-119, 123, 161, 163, 173, 224, 225, 228, 240, 241, 246, 258, 259, 267, 275, 278, 285, 287, 289, 292, 297, 298, 299
考古学 archéologie 10, 17, 26, 32, 37, 44, 45, 51, 62, 63, 65-67, 72, 81, 86, 87, 260, 261, 273, 325
講堂 salle de conférence 51, 66, 73, 80-82, 86-88, 109, 111, 112, 114, 116, 126-129, 134, 136, 142, 146, 147, 155-159, 162, 166, 167, 185, 189, 216, 219-222, 22-226, 231, 238, 306, 331
コラージュ collage 22, 79, 118, 119, 130, 174, 175, 285, 287, 288, 308, 339
コンクリート打ち放し（打ち放しコンクリート、荒々しいコンクリート）béton bruit 21, 56, 65, 95, 118, 161, 163, 275, 278, 286
再文脈化 relocalisation 28
参照 référence 24, 50, 78, 92, 93, 152, 153, 159, 167, 183, 203, 223-225, 238, 242, 246, 272
自然史 histoire naturelle 10, 44, 45, 51, 62, 63, 65-67, 72, 81, 87, 260, 261, 273
ジャリー Jali 50, 55, 78, 222
収集 collection 11, 12, 13, 26-28, 32, 36, 172, 242, 243, 247, 250, 261, 262, 284
自由な平面 plan libre 88, 134, 135, 213-215, 331
詳細（部分） détail 9, 27, 35, 44, 47-51, 55, 56, 61, 63, 64, 68, 70, 71, 78, 80, 89, 90, 93, 100, 106, 108-110, 112, 113, 115-118, 126, 134, 136, 139, 146, 149, 153, 154, 157-161, 163, 164, 166, 167, 169, 170, 173, 180, 185, 186, 188, 189, 196, 201, 205, 206, 207, 209, 210, 215, 216, 221, 223-228, 231, 238, 246, 247, 250, 262, 267, 270, 278, 289, 293, 295, 296, 299, 302, 305, 318, 331-333
人工照明 illumination 21, 48, 49, 63, 70, 71, 76-78, 94, 102, 110, 112, 116, 117, 129, 139-141, 153, 158, 162, 186, 188, 199, 210, 229, 240, 247, 285, 331
身体 corps 16, 25, 26, 27, 60, 61, 65, 69, 256, 321
人類学 anthropologie 10, 26, 62, 65, 66, 72, 81, 87, 265
水盤 bassin 21, 49, 51, 52, 63, 74-76, 78, 79, 83, 85-88, 90, 93-95, 117, 146, 149, 151, 157, 185, 189, 195, 198, 203, 205, 213, 220, 262, 275
図面 plan 5, 21, 24, 26, 32, 33, 55, 56, 59, 62, 64, 65, 67, 73, 75, 80, 82, 85, 89, 93, 97, 101, 106, 111-113, 115, 117, 118, 121, 124, 126, 130, 135, 136, 143-146, 154, 158, 160, 161, 166, 167, 169, 170, 173, 181, 184, 186, 188-190, 194, 195, 199, 201, 205-209, 221, 223-230, 232, 233, 238, 240, 241, 243, 256, 262, 263, 266, 278, 280, 285, 287, 295, 296, 302, 307, 308, 314, 317, 318, 320, 321, 331-333, 339
スロープ pente 13, 18, 20, 25, 33, 44, 60, 63, 68, 73, 80, 81, 85, 87, 90, 97, 100, 101, 110, 116, 122, 126, 128, 134, 142, 143, 144, 148, 149, 154, 155, 157, 158, 164, 166, 183, 185, 189, 194-197, 203, 205, 206, 212, 221, 224, 330, 331
選択 choix 5, 14, 23, 34, 44, 54, 73, 75, 94, 108, 112, 123, 136, 143, 173, 212, 213, 221, 223, 224, 226, 230, 262, 285, 330, 331
造形 plastique 10, 14-16, 21, 22, 35, 37, 51, 52, 55, 56, 66, 75, 78, 79, 83, 88, 89, 93, 95, 112, 116, 117, 123, 127, 132, 134, 139, 149-151, 153, 155, 157, 161, 169, 185, 187, 201, 203, 205, 207, 208, 210-213, 219, 221, 224, 233, 238, 240, 241, 249-251, 253, 255, 256, 257, 262, 278, 283, 284, 307, 321, 330, 331, 333
装置（仕掛け）dispositif 5, 11, 18, 19, 21, 22, 31, 34, 44, 45, 47, 49, 52, 63-66, 71, 75-79, 85, 86, 90, 91, 95, 98, 100, 102, 109-114, 116-118, 129, 130, 136, 139, 141, 143, 146, 148-151, 153, 154, 156-159, 161, 162, 167, 169, 171, 180, 183-187, 189, 193, 196, 197, 199-201, 203, 205-210, 212, 213, 216, 221, 226-230, 233, 240, 246, 247, 268, 288, 292, 301, 302, 304, 305, 328, 331
増築（拡張） agrandissement 18-23, 31, 35, 44, 49, 52, 53, 64, 65, 68, 78, 79, 86, 93, 97, 102, 108, 109, 111-115, 126, 128, 134-136, 139, 147, 155-157, 164, 166, 169, 180, 181, 183, 185, 186, 187, 189, 194, 195, 197, 199, 213, 215, 216, 219, 221-224, 226, 231, 240, 242, 246, 247, 250, 254, 262, 272, 273, 280, 289, 309, 315, 318, 323, 329, 331
装備 équipement 15, 29, 69, 76, 77, 97, 109, 112, 119, 173, 180, 205, 215, 255
素材 matériau 12, 13, 35, 44, 50, 52, 61, 93, 94, 112, 119, 142, 169, 173, 174, 224-226, 228, 287, 289, 291, 307
 素材の簡素化 simplification des matériaux 142
 地域素材 matériaux régionaux 52, 93
素描 esquisse 15, 17, 18, 23, 24, 35, 45, 47, 50, 55, 56, 60-65, 67, 69, 73, 76, 77, 80, 82, 85, 90, 93, 94, 97, 101, 102, 108-110, 113, 115, 116, 124, 128, 130, 131, 133, 134, 135, 136, 137, 139, 142, 143, 146, 149-151, 153, 159, 161, 167, 169, 171, 173, 180, 181, 183, 184, 188, 194, 203, 205, 208, 209, 213, 215, 216, 219, 221, 227-229, 238, 251, 253, 257, 262, 288, 309, 320, 321, 325, 328, 329, 331, 339
大地 terre 26, 90, 133, 143, 181, 187, 233, 255, 320
太陽 soleil 19-22, 24, 45, 49, 52, 71, 77, 98, 102, 119, 139, 152, 158, 162, 181, 183-185, 187, 199, 226, 228, 229, 233, 275, 285, 296, 314
 太陽・空間・緑 soleil, espace, verdure 49
 24時間の太陽 24 heures solaires 21, 34, 110, 111, 139, 162
 自然光 lumière naturelle 12, 21, 22, 27, 34, 44, 49, 70, 71, 75, 76, 110-112, 140, 141, 158, 161, 162, 183, 186, 201, 210, 228-230, 285
 光のもと sous la lumière 22, 70, 71, 113, 140, 141, 171, 229
棚（展示棚、整理棚）casier 29, 68-70, 76, 77, 79, 82, 102, 111, 129, 140, 155, 158, 162, 224, 324
断念 annulation 20, 22, 23, 25, 36, 48, 49, 51, 52, 56, 66, 73, 75, 76, 80, 82, 83, 86, 90, 101, 112, 116, 118, 139, 142, 149, 153, 162, 167, 174, 185, 186, 201, 205, 211, 212, 215, 223, 230, 260, 285, 331
抽象 abstraction 15, 29, 93, 284
調和 harmonie 20, 30, 69, 109, 116, 212, 247, 255, 262, 268, 273, 284, 285
直角 angle droite 161, 292, 293
水平 horizontale 18, 22, 23, 25, 33, 35, 44, 49, 52, 63, 93, 95, 133, 140, 143, 169, 171, 199, 208, 230, 240, 242, 295, 329, 330, 331
垂直 verticale 18, 25, 26, 33, 85, 90, 98, 110, 113, 140, 143, 161, 175, 187, 189, 230, 233, 294, 329, 330, 331

索　引

手 main　*23, 52, 54, 61, 76, 83, 100, 113, 135, 150, 151, 159, 173, 187, 201, 208, 215, 241, 260, 270, 309, 323, 339*

庭園 jardin　*18, 20, 23, 45, 49, 64, 79, 80, 81, 91, 151, 157, 189, 195, 225, 246, 250, 292, 293, 323, 328*

　　中庭 cour　*17, 20, 21, 45, 50-52, 54, 55, 60, 62, 63, 65, 68, 75, 78, 79, 82-86, 88, 90, 91, 94, 95, 97, 98, 100, 109, 146, 171, 194, 196, 203, 238, 267*

　　屋上庭園 toit-jardin　*18, 20, 21, 25, 26, 31, 36, 49, 51, 52, 81, 88, 90, 91, 93, 94, 102, 111, 112, 117, 118, 150, 151, 157, 167, 185, 189, 193, 208, 209, 211, 221, 225, 230, 256, 264, 294, 320, 321*

適用 adaptation　*30, 31, 44, 50, 52, 70, 71, 79, 108, 112, 115, 116, 118, 126, 128, 180, 193, 240, 256, 274, 288, 309*

天空 ciel　*18, 35, 85, 90, 150, 175, 183, 187, 255, 302*

展示（展示空間）exposition　*10-36, 44, 45, 48, 49, 52, 54, 55, 61, 63-66, 68-81, 83, 85, 87, 90, 91, 93-95, 98, 100, 102, 106, 108-119, 122-124, 126-134, 136, 139-147, 149, 150, 153-159, 161, 162, 164, 166, 167, 170-172, 174, 175, 180, 181, 183-189, 193-197, 199, 201, 203, 205-212, 216, 219-221, 223, 225, 226, 228, 230, 231, 233, 238, 240-243, 246, 247, 249-251, 260-262, 268, 272, 275-277, 289, 291, 294, 304, 305, 307, 308, 313, 314, 317, 318, 323, 326-328, 330-333*

　　常設展示 exposition permanente　*27, 108-112, 128, 142, 144, 156, 157, 164, 185, 221, 225, 251-253, 265, 318*

　　企画展示 exposition temporaire　*17, 30, 109, 110, 112, 114, 115, 122, 128, 129, 142, 144, 157, 164, 180, 185, 220, 221, 222, 225, 273, 280, 323, 328, 330*

　　資料陳列展示 stand　*109, 112, 128, 129, 144, 156, 157, 164, 273, 285*

　　資料室 tableauthèque　*129, 144, 148, 156, 158, 164, 218, 230, 273, 284, 285*

展示館 pavillon　*10, 15-17, 22-24, 30, 31, 36, 108, 109, 112, 114-116, 119, 122-124, 126, 130-133, 154, 155, 159, 167, 180, 181, 193-195, 205, 223, 250, 251, 256, 257, 280, 283, 285, 299, 304, 307, 308, 323, 330-333*

動線 circulation　*13, 18-23, 25, 29, 32-35, 44, 45, 49, 50, 52, 63-65, 67, 68, 72, 73, 76, 88-90, 109, 110, 112, 116, 118, 122, 126, 128, 131, 134, 135, 141, 142, 144-146, 148, 149, 154, 157, 164, 166, 183, 185, 187, 196, 197, 203, 205, 212, 213, 215, 221, 223, 238, 240, 247, 256, 261, 268, 280, 318, 323, 329, 331*

都市計画 urbanisme　*10, 29, 30, 37, 45, 47, 66, 124, 180, 181, 188, 192-194, 212, 223, 251-255, 266, 268, 276, 277, 280, 281, 285, 288, 305, 306, 314, 317, 318*

都市のコア noyau de la ville　*37, 250, 251*

図書室 bibliothèque　*72, 73, 75, 80-82, 87, 109, 111, 112, 116, 127, 134, 136, 142, 146, 147, 155, 159, 162, 166, 167, 197, 206, 221, 225, 296, 331*

扉 porte　*95, 100, 101, 167, 168, 215, 289, 305*

トラッセ・レギュラトゥール tracé régulateur　*95, 240*

博物館 musée　*11, 13-18, 24-28, 31-33, 37, 44, 54, 60, 65, 109, 116, 122, 126, 181, 188, 238, 247, 249, 250, 260, 262, 264, 265, 268, 283-285, 313, 314, 318, 325*

　　世界博物館（ムンダネウムの）musée mondial (Mundaneum)　*10, 13, 17, 18, 26, 32, 33, 44, 180, 187, 238, 240, 242, 250, 262, 270, 273, 276, 285, 288, 290, 325, 331*

　　知の博物館 musée de la connaissance　*10, 11, 20, 24-26, 36, 37, 56, 65, 66, 122, 181, 189, 195, 247, 249,* *250, 262, 264, 265, 268, 277, 280, 294, 313, 314, 318, 321, 327, 329*

　　知の博物館（チャンディガール）musée de la connaissance (Chandigarh)　*10, 25, 26, 181, 189, 277, 280, 294, 321, 329*

場所 lieu　*5, 10, 11, 12, 14, 15, 18, 20, 25-27, 29, 31, 45, 52, 54, 80, 98, 102, 106, 124, 149, 150, 151, 154, 157, 164, 175, 180, 195, 208, 219, 221, 238, 247, 250, 255, 266, 280, 283, 305, 321, 324*

バルコニー balcon　*50, 102, 109, 116, 126, 128, 129, 133, 136, 144, 149, 156, 158, 166, 167, 181, 189, 194, 195, 205, 284*

反転 renversement　*15, 18, 26, 49, 72, 73, 80, 130, 131, 142*

反復 répétition　*23, 69, 159, 187, 194, 226, 230, 264*

光の機関銃 mitraillette à lumière　*130*

光の大砲 canons à lumière　*130, 141, 230*

ピクチャー・ウィンドウ picture window, écran　*18, 91*

ピクチュアレスク pittoresque　*23, 31, 45, 64, 80, 188, 222, 223, 323*

美術館 musée　*5, 10-37, 44, 45, 48-56, 59, 60, 62-75, 78-91, 93, 94, 96-98, 100-102, 106, 108-118, 122-137, 139-147, 149-151, 153-159, 161, 162, 164-175, 180, 181, 183-189, 192-194, 196, 197, 199-201, 203, 205, 207-213, 215, 216, 218-226, 228, 230, 232, 233, 235, 238, 240-243, 246, 247, 250, 251, 253, 254, 256, 258-262, 264-268, 270, 272-276, 279-282, 287-290, 296, 299, 307-309, 313-315, 317, 318, 323-325, 327-329, 330, 331, 339*

　　限りなく成長する美術館 musée à croissance illimitée　*5, 9, 10, 16-25, 31, 33-37, 44-46, 48, 49, 52, 54, 60, 63, 65, 106-108, 111, 113, 122, 128, 157, 180-182, 186, 187, 223, 238, 243, 246, 247, 250, 251, 254, 258, 260, 265, 268, 269, 272, 276, 277, 280, 284, 288, 289, 306-309, 313-315, 317, 318, 323, 329, 330, 331*

　　空想の美術館 musée imaginaire　*13, 14, 15, 17, 28*

ピラミッド型 pyramide　*21, 32, 110-113, 116-118, 148-150, 153, 154, 157-159, 183, 184, 185, 197, 199, 203, 205, 207-210, 213, 238, 242*

ピロティ pilotis　*18, 44, 48, 51, 54, 56, 62, 73, 85, 86, 88, 93, 95, 97, 108-110, 112, 118, 127, 131, 134, 159, 161, 169-171, 180, 183-186, 195, 196, 203, 207, 208, 210, 212, 213, 215, 226, 233, 238, 240, 243, 246, 247, 275, 299, 307, 317, 331*

ファサード（自由な）façade libre　*11, 17, 18, 19, 21, 34, 44, 49, 50, 52, 53, 55, 71, 78, 93, 95-98, 101, 112, 116, 159, 161, 168-171, 184, 199, 203, 205, 206, 208, 209, 222, 226, 232, 240-242, 247, 254, 262, 285, 299, 304, 314, 321, 330, 331*

吹き抜け vide　*13, 18, 21, 33, 44, 56, 110, 113, 128, 130, 131, 142, 149, 156, 183, 194, 196, 197, 207, 225, 238, 275, 285, 302, 331*

複製 reproduction　*12-14, 27, 28, 45, 77, 81, 87, 134, 155-158, 166, 172, 175, 224*

不思議の箱 boîte à miracle　*10, 16, 17, 22-24, 31, 45, 47-51, 54, 56, 63-67, 73, 80-82, 85, 108, 109, 112, 114, 116, 122-124, 126, 130, 131, 154, 155, 159, 167, 180, 181, 188, 193-195, 205, 213, 216, 222, 223, 250, 252, 254, 264, 280, 283, 285, 288, 289, 307, 308, 323, 328-330, 331*

舞台 scène　*15, 26, 31, 45, 47, 50, 51, 54, 60, 62, 63, 65-68, 80, 81, 82, 87, 124, 155, 181, 188, 195, 264, 320, 321*

ブリーズ・ソレイユ brise-soleil　*75, 95, 98, 139, 184, 199, 207, 232, 240, 321, 333*

プロトタイプ prototype　*5, 44, 45, 48-50, 52-54, 79, 106, 108, 109, 111, 113, 115, 116, 180, 181, 183-189, 242, 247, 250, 251, 256, 264, 266, 274-276, 288, 289, 307-309, 315, 318, 323, 329, 331, 333*

文化センター（文化地区）centre cultuel　*10, 14, 20, 22, 36, 44, 45,*

347

47-49, 60, 62-68, 73, 80-83, 86, 94, 110, 115, 155, 159, 180, 181, 188, 192-195, 204, 205, 213, 216, 224, 262, 264, 272, 283, 285, 288, 289, 318, 329

ヘテロトピア hétérotopie 11, 17, 27

方位（定位）orientation 60, 68, 76, 196, 212, 213, 215

ポーティコ portique 134, 147, 154, 155, 158, 166, 167, 171, 183, 196, 203

ホール salle 17, 18, 21-23, 33, 44, 45, 78, 109, 110, 111, 113, 114, 116, 128-131, 133-135, 141-144, 147-150, 152-158, 164-167, 172-175, 183, 187, 189, 194-199, 202, 203, 206, 215, 221, 224, 225, 230, 231, 238, 243, 246, 284, 285, 289, 295, 296, 298, 305, 324, 331

   19世紀大ホール grande salle (du XIXème siècle)
    21, 109, 113, 114, 116, 119, 130, 141, 155, 158, 166, 174, 284, 285, 295, 296, 299

ホワイト・キューブ white cube 12, 13, 15, 17-20, 27, 31

窓 fenêtre 24, 49, 68, 70, 95, 100, 102, 140, 158, 161, 167, 206, 207, 218, 229, 231, 240, 267, 285, 317, 318

   水平横長窓 finêtre en longueur 52, 93, 230
   天窓 lanterne 72, 109, 116, 158, 160-162, 167, 187, 189, 195, 206, 207, 218, 219, 229-231, 277, 317

卍型 svastika 10, 21-23, 25, 33, 35, 45, 51, 52, 63, 68, 86, 102, 108, 109, 126, 128, 134, 136, 137, 146, 147, 154, 157, 166, 169, 180, 181, 185, 187, 189, 194, 212, 213, 215, 216, 220, 221, 246, 247, 254, 256, 268, 280, 309, 329, 331

民族芸能 folklore 270

モニュメント（モニュメンタリティ）monument
   11, 13, 28, 29, 32

屋根 toiture 22, 30, 31, 55, 93, 109, 117, 133, 149, 150, 160, 161, 183, 186, 187, 189, 199, 203, 210, 211, 231, 233, 238, 251, 256, 257, 262, 318, 331, 333

   ヴォールト屋根 voûte 12, 25, 36, 133, 196, 215
   陸屋根 toiture en terasse 22, 75, 150, 205, 208

遊戯 jeu 134, 150, 151, 171, 213, 214, 215

有機（的）organique 65, 67, 83, 86, 117, 134, 135, 154, 185, 187, 190, 210, 213, 215, 219, 233

ユニテ・ダビタシオン unité d'habitation 21, 31, 69, 78, 88, 114, 146, 150, 151, 193, 208, 213, 257, 275, 305, 307, 321, 330

螺旋型 spirale 10, 19, 21-23, 25, 32, 33, 35, 37, 44, 45, 63, 64, 67, 68, 76, 77, 89, 97, 102, 108-110, 112, 114, 124, 126, 128, 134-136, 139, 142, 144-146, 149, 154, 156, 157, 164, 169, 180, 181, 183, 185-187, 194, 197, 199, 212, 213, 221, 223, 233, 238, 240, 242, 247, 254, 256, 268, 280, 309, 315, 318, 323, 331

理念 idea 13, 14, 16, 17, 20, 21, 23, 25, 29, 31, 33, 34, 44, 56, 108, 116, 126, 140, 142, 153, 192, 262, 273, 285, 293, 308, 330, 339

理論 théorie 5, 11, 12, 14, 15, 17, 20, 21, 23, 25, 27, 29, 34, 35, 37, 44, 49, 56, 97, 137, 154, 157, 197, 199, 223, 240, 262, 269, 285, 314, 339

『レスプリ・ヌーヴォー』L'Esprit nouveau
   80-83, 86, 112, 116, 117, 126, 127, 134, 135, 142, 146, 147, 154, 155, 292, 331

論理的 logique 32, 243

著者略歴

千代章一郎　　SENDAI, Shoichiro

建築論。広島大学大学院工学研究院社会環境空間部門准教授。1968年京都府生まれ。京都大学大学院工学研究科博士後期課程修了。博士（工学）。主著に『ル・コルビュジエの宗教建築と「建築的景観」の生成』（単著、中央公論美術出版）、『技術と身体』（共著、ミネルヴァ書房）、『都市の風土学』（共著、ミネルヴァ書房）、*Vocabulaire de la spatialité japonaise*（共著、CNRS Éditions）、『歩くこどもの感性空間』（単著、鹿島出版会）ほか。日本建築学会奨励賞（2000）、日本感性工学会出版賞（2004、2015）、西洋美術振興財団学術賞（2008）、こども環境学会論文奨励賞（2006、2011）などを受賞。

ル・コルビュジエ図面撰集 © ―美術館篇―

平成二十八年二月　十　日印刷
平成二十八年二月二十九日発行

著　者　千代　章一郎
発行者　小菅　勉
印刷・製本　図書印刷株式会社
用紙　三菱製紙株式会社

中央公論美術出版
東京都千代田区神田神保町二-一〇-一　ＩＶＹビル6階
電話〇三-五五七七-四七九七

製函　株式会社加藤製函所

ISBN 978-4-8055-0759-9